한국 복지국가의 기원과 궤적 1

자본주의로의 이행의 시작 — 18세기부터 1945년까지

한국 복지국가의 기원과 궤적

1

자본주의로의 이행의 시작 — 18세기부터 1945년까지

윤홍식 지음

사회평론아카데미

한국 복지국가의 기원과 궤적 1
자본주의로의 이행의 시작—18세기부터 1945년까지

2019년 6월 27일 초판 1쇄 발행
2023년 3월 21일 초판 3쇄 발행

지은이 윤홍식
편집 김천희
디자인 김진운
본문조판 민들레
마케팅 김현주

펴낸이 권현준
펴낸곳 ㈜ 사회평론아카데미
등록번호 2013-000247 (2013년 8월 23일)
전화 02-326-1545
팩스 02-326-1626
주소 03993 서울특별시 마포구 월드컵북로6길 56
홈페이지 www.sapyoung.com
이메일 academy@sapyoung.com
ISBN 979-11-89946-14-2

* 이 저서는 한국연구재단의 2014년 저술출판지원사업에 의해 지원되었습니다. (과제번호 2014S1A
6A4025417)

어린 시절 학교를 오가는 길에는 시장이 있어서 매일 갈치, 고등어, 동태 등 갖가지 물고기들과 순댓국, 잔치국수, 팥죽 등 다양한 먹거리의 냄새를 맡고 보면서 자랐다. 그 모습과 냄새가 참 좋았다.

자라면서 유난히 역사를 좋아했고 정의롭게 살고 싶어 했던 것 같다. 초등학교 시절에 계몽사에서 발간한 3천 쪽이 넘는 10권짜리 한국사 이야기를 열 번 이상 읽었다. 역사를 좋아했기에 우리 역사에 대한 자긍심과 응어리진 한을 동시에 품고 성장했다. 중학교 때는 친구들과 함께 모여서 민족적 영웅담을 늘어놓는 일을 즐겨 했다. 입시라는 틀에 얽매여 있던 고등학교 시절은 정말 재미없었다.

고등학교를 졸업한 후에 1년을 더 있다가 대학에 입학하자마자 찾은 곳은 사회과학을 공부할 수 있는 동아리였다. 운 좋게 1주일 만에 좋은 동아리를 찾아서 열심히 사회과학 책을 읽고 토론했다. 당시에는 그 공부가 내 인생에서 가장 중요한 순간이 될 줄 몰랐다. 대학생활을 시작한 지 두 달이 지난 즈음인 1987년 5월 4일 명동성당에서 민주화를 위한 철야시위를 하고 새벽에 귀가하던 중 백골단에 연행되었다. 열심히 도망쳤는데 잡히고 말았다. 경찰들이 시위 주동자를 대라고 했지만, 신입생이 무엇을 알 리가 없었다. 중부경찰서에서 참 많이 맞았는데, 아는 것이 없어서 누구의 이름도 댈 수 없었다. 덕분에 난생처음 재판을 받고 구류처분을 받았다. 친구들과 함께 재미있는 철창 체험을 했다.

불행히도 이 경험은 나를 교화시키지 못했고, 세상에 대해 더 많은 문제의식을 갖게 했으며, 더 정의롭게 살아야 한다는 생각을 하게 했다. 그 뒤로도 부족했지만 열심히 사회문제에 관심을 갖고 활동을 했다. 대학은 10년 만에 졸업했는데, 다니던 대학을 졸업하지 못하고 오렌지도 아닌 것이 오렌지처럼 미국에서 대학을 마쳤다. 생각해보면 참 어처구니없는 일이었다.

미국 대학에 편입해서 다니는 동안 이곳저곳을 기웃거리다가 아내가 공부하는 사회복지학에 관심을 갖게 되어 석·박사 과정을 마치고 한국에 돌아와서 전북대에서 교수 생활을 시작했다. 참 운이 좋았다. 듣지도 보지도 못했던 나를 뽑아준 전북대 교수님들께는 지금도 고마운 마음이 가득하다.

막상 한국에서 한국 사회에 필요한 공부를 하려고 하니 미국에서 무엇을 배웠는지 모르겠고 방법론을 제외하고 모든 것을 다시 공부해야 했다. 귀국 후 18년 동안 부족하지만 학문과 실천을 함께하려고 노력했지만, 늘 쉽지 않았다. 『한국 복지국가의 기원과 궤적』은 학문과 실천을 함께하려고 했던 나의 작은 삶의 결과이다. 모두가 착하게 사는 정의로운 세상이 되었으면 좋겠다는 생각으로 이 책을 썼다.

2019년 3월 서달산의 봄을 바라보며
윤홍식

보이지 않는 곳에서 이름도 없이
조국의 해방, 산업화, 민주화를 위해
헌신하신 분들께…

한국 복지국가의 이야기를 시작하며

"모든 시간은 그 시간만의 고유한 흔적을 역사에 남긴다. 역사는 그 시간들이 남긴 흔적들의 누적된 결과이고, 우리는 지금 그 누적된 시간의 흔적 위에 올라서서 새로운 흔적을 역사에 더하고 있는 것이다."

부끄러움이었습니다. 스스로에 대한 부끄러움이야말로 제가 『한국 복지국가의 기원과 궤적』(이하 『기원과 궤적』)을 쓰기 시작한 동인이자 2013년부터 지금까지 7년간의 긴 작업을 할 수 있게 해준 힘이었습니다. 이야기는 2010년으로 거슬러 올라갑니다. 시민사회의 복지 확대 운동이 주로 복지제도를 도입하는 일에 집중하고 있던 때에 갑작스럽게 불거진 보편적 무상급식 논쟁은 한국 복지국가 운동의 지형을 단번에 바꾸어놓는 계기가 되었습니다. 지금까지 누구도 중요한 제도라고 생각하지 않았던 학교 무상급식의 도입 방식을 둘러싸고 대중적 논쟁이 벌어졌던 것입니다. 학교에서 한 단락 정도로 간단하게 취급했고 한국 사회와는 관계없는 일처럼 이야기했던 보편주의가 한국 복지국가의 방향을 결정하는 중요한 쟁점으로 부상했습니다. 파고는 대단했습니다. 무상급식으로 촉발된 복지국가에 대한 대중적 열망은 몇 차례의 논쟁과 2010년의 지방선거와 2011년의 서울시장 보궐선거를 거치면서 거스를 수 없는 대세가 되었습니다. 마침내 보수정당마저 보편적 복지제도를 선거공약으로 채택했고, 보수정당의 유력한 대선후보였던 박근혜 전 대통령은 아버지와 어머니의 꿈을 이야기하면서 복지국가를 대통령 선거의 핵심 공약으로 부각시켰습니다. 복지국가가 좌우의 경쟁적 개념이 된 것입니다.

이러한 변화는 복지국가운동을 하는 사람들에게 열심히 운동하면 한국 사회가 복지국가로 나아갈 것 같다는 착각이 들게 했습니다. 게다가 2012년 4월과 12월에 치러질 예정이었던 국회의원 총선거와 대통령 선거는 한국 사회를 복지국가로 전환하기 위한 다시없는 기회로 여겨졌습니다. 제 몸과 마음이 모두 바빴습니다. 시민사회가 조금만 더 열심히 하면 한국 사회도 경제성장 제일주의에서 벗어나 복지국가를 꿈꿀 수 있겠다는 생각이 들었습니다. 2012년 12월의 대선을 앞두고 '왜 한국이 복지국가로 나아가야 하는지'라는 주제로 강연을 하기 위해 제주도, 강원도, 경기도, 부산, 전주, 천안, 광주 등 전국 방방곡곡을 돌아다녔습니다. 2012년 11월 한 달 동안에만 전국적으로 30여 차례의 강연을 했던 것 같습니다. 지금 생각하면 어떻게 그 많은 곳을 갔는지 모르겠습니다. 스웨덴, 독일, 영국 등 서구의 사례를 들며 복지국가만이 평범한 사람들을 위한 사회를 만드는 유일한 길이라고 이야기하고 다녔습니다.

그러던 어느 날 불현듯 제가 이야기하고 있는 모든 것들이 거의 대부분 제가 잘 알지 못하는 서구의 특별한 역사적 경험이라는 것을 깨달았습니다. 스웨덴과 독일 복지국가의 역사를 18세기까지 거슬러 올라가 설명하고 영국 복지국가의 역사를 14세기의 노동자 조례까지 거슬러 올라가 이야기했지만, 정작 저는 한국 사회가 어떤 길을 걸어왔는지를 알지 못했습니다. 한국 사회가 어떻게 자본주의 사회로 이행했는지, 조선의 분배체계는 어떠했는지 알지 못했습니다. 서구 복지국가의 18세기와 19세기의 역사를 이야기하면서 한국의 18세기와 19세기에 대해서는 까막눈이었습니다. 사실 20세기 후반의 역사를 제외하고는 거의 아는 바가 없었습니다. 조선의 분배제도에 대해서는 향약, 계, 두레 등을 이야기하는 수준이었습니다. 제가 한국인이기 때문에 한국 복지국가의 역사에 대해 잘 알고 있다고 착각했습니다. 하지만 정작 한국 사회가 걸어왔던 길을 알지 못했습니다.

부끄럽다는 생각에 고개를 들 수 없었습니다. 자존심도 무척 많이 상했습니다. 한국 학자로서 자신이 태어나고 자라서 살고 있는 사회보다 서구 사회를 더 잘 안다고 생각하다니 제가 무엇을 하고 있나 하는 생각이 들었습니다. 서구 복지국가의 역사에 대해서는 수세기에 걸친 이야기를 하면서 정작 한국 복지국가의 역사에 대해서는 할 말이 없었습니다. 서구 학자들이 이러한 상황을 안다면 저에게 뭐라고 할지 창피했습니다. 이런 부끄러움이 제가 한국 복지국가의 역사를 공부하는 계기가 되었습니다.

마침 2013년부터 연구년을 신청해놓은 상태였습니다. 2012년 12월의 대통령 선거가 끝난 후 2013년 1월에 짐을 싸들고 전남 신안군에 있는 증도라는 섬으로 향했고, 그곳에 잠시 머물면서 지금까지 제대로 읽지 못했던 고전들을 읽기 시작했습니다. 대학 때 읽었던 사회과학서적도 다시 읽기 시작했습니다. 서구라는 틀을 벗어나지 못했지만, 마르크스의 저작부터 시작해서 막스 베버, 에릭 홉스봄, 페르낭 브로델, 이매뉴얼 월러스틴, 칼 폴라니, E. P. 톰슨, 폴 스위지, 모리스 돕, 찰스 틸리, 한나 아렌트, 마르크 블로크, 페리 앤더슨 등 다양한 서적과 논문을 읽기 시작했습니다. 글을 읽으면서 복지제도와 무관할 것 같았던 이야기들이 복지제도와 어렴풋이 연결되기 시작하면서 복지정책이라는 좁은 틀로 복지국가를 보았던 인식의 틀에 변화가 일어나기 시작했습니다.

복지제도가 정치·경제와 연결되었고, 국민국가의 분배구조가 자본주의 세계체계와 연결되었으며, 지금 이 시대의 모습을 규정하고 있던 수세기 동안의 누적된 역사가 솟아오르기 시작했습니다. 가슴 벅찬 경험인 동시에 감당할 수 없는 중압감을 느꼈습니다. 2014년 한국연구재단의 저술지원사업의 지원을 받아 한국 복지국가의 역사에 대한 300쪽 정도의 단행본을 쓴다는 계획은 읽고 쓰는 과정에서 서구와 한국의 정치, 경제, 분배를 다루는 3권의 책으로 변했습니다. 의도한 바가 아니었습니다. 후배 학자들에게 한국 복지국가의 지금 모습을 이해하려면 자본주의 세계체계의 변화와 한국 사회의 정치, 경제, 분배의 역사를 종합적으로 이해해야 한다는 문제의식만을 간단하게 전달하기 위해 시작한 일이 감당할 수 없는 일로 커져버렸습니다.

그리고 7년의 시간이 흘러 간신히 제 고민을 정리한 글을 출판할 수 있게 되었습니다. 『자본』의 프랑스어판을 출간하면서 마르크스가 프랑스 출판업자에게 했던, "학문을 하는 데에는 평탄한 길이 없으며, 가파르고 험한 길을 힘들여 기어 올라가는 노고를 두려워하지 않는 사람만이 빛나는 정상에 도달할 가망성이 있습니다."라는 말이 큰 위안이 되었습니다. 그나마 다행스러웠던 일은 2013년부터 2017년 5월까지 저를 찾는 곳이 없어서 읽고 쓰는 일에 시간을 할애할 수 있었다는 것입니다.

『기원과 궤적 1, 2, 3』은 이렇게 만들어졌습니다. 하지만 초고를 쓰고 나서는 부끄러워서 도저히 출간할 수 없을 것 같았습니다. 시간이 갈수록 제가 모르던 새로운 내용이 계속 나왔고, 읽으면 읽을수록 제 작업이 너무 초라해 보였습니다. 수많은 논쟁과 내용을 혼자서 정리한다는 것이 불가능해 보였습니다. 어리석게도 A4 몇 장짜리 논문만 쓸 때는 전혀 몰랐습니다. 『기원과 궤적』을 쓰면서 비로소 절실히 깨닫게 된 사실은 제가 정말 '가볍고' 아는 것이 없다는 것과 세상에는 고수들이 정말로 많다는 것이었습니다. 국내외 연구자들의 노작이 없었다면 제가 이런 책을 쓴다는 것은 불가능했고, 지금 이 순간도 저는 제가 인용한 저작들의 참된 의미와 내용을 정확하게 알고 있는지 의심스럽습니다. 그리고 책을 쓰면서 주변에서 벌어지는 많은 논쟁에 스스로 입을 닫게 되는 경우가 생겼고 유보적인 입장을 취하는 경우도 늘었습니다. 입은 말하라고 있는 것이 아니라 음식을 먹으라고 있는 것이라는 경구를 생각했습니다[口可以飮 不可以言]. 그리고 세상은 지식인들의 생각처럼 쉽게 변하지 않고, 주장하기는 쉽지만 실제적인 변화를 이끌어내는 것은 어렵다는 것을 알게 되었습니다.

『기원과 궤적』을 쓰면서 이런 생각들이 몇 가지 틀로 구체화되었습니다. 지극히 평범한 이야기이고 누구나 아는 상식이지만, 사회정책은 사회의 다른 부분과 밀접히 연관되어 있다는 사실을 절감했습니다. 정치, 경제, 복지가 하나의 벡터 안에 있는 것처럼 하나를 움직이려면 다른 것들이 움직여야 한다는 것을 깨닫게 되었습니다. 많은 사람들이 한국은 경제는 성장했는데 복지는 뒤처졌다고 이야기하지만, 경제, 정치, 복지가 한국 사회라는 하나의 벡터를 구성하는 요소들이라면 경제와 정치에서 분리된 독립된 복지란 있을 수 없는 것이었습니다. 현재 한국의 후진적인 복지체제는 한국 사회가 전자본주의 사회에서 자본주의 사회로 이행하면서 걸어왔던 산업화와 민주화의 결과입니다. 후진적이고 뒤처진 복지국가는 한국 사회의 미운 오리 새끼가 아니라 한국의 산업화와 민주화와 조응하는 분배체계라인 것입니다. 물론 조응한다는 것이 반드시 바람직한 것도 좋은 것도 아닙니다. 사실이 이와 같다면 한국 사회에서 복지국가를 만들어가는 과정은 지금까지 한국 사회가 걸어왔던 산업화와 민주화의 경로를 바꾸지 않고는 불가능하고 지속 가능하지 않습니다. 선성장-후분배라는 권위주의 개발국가의 프레임에서 벗어나는 길은 사회지출을 늘리는 것만으로는 불가능합니다. 새로운 분배체계는 새로운 성장체제를 필요로 한다는 것을 확인했습니다. 그러니 선성장-후분배를 대신해 그동안 지체되었던 사회지출을 단순히 늘리는 것은 한국 사회가 걸어가야 할 복지국가의 길이 아닙니다.

더욱이 긴 역사에서 보면 세상은 혁명적으로 변하지도 멈추어 서 있지도 않습니다. 현재 한국 복지체제의 모습은 한국 사회가 걸어왔던 역사가 누적된 결과이고 우리는 그 역사적 규정으로부터 자유롭지 않지만, 지금 이 순간도 한국 사회는 변화하고 있고 그 변화가 누적되면서 우리의 미래는 과거는 물론 현재와도 다른 모습으로 그려질 수 있습니다. 이렇게 보면 지금 우리가 할 수 있는 일은 역사가 과거에 그려놓은 한계 내에서 가능하지만, 우리가 하는 일들이 누적되면 누적된 역사가 쳐놓은 한계를 바꿀 수 있고 새로운 역사를 기록할 수 있습니다. 우리는 "가능성의 한계" 내에 있지만 우리의 누적된 행위는 "가능성의 한계"의 폭과 깊이를 변화시킬 수 있다는 것을 역사를 통해 확인했습니다. 우리가 지금 당장 세상을 혁명적으로 바꿀 수 없을지 모르지만, 세상을 바꾸려는 우리의 노력이 쌓인다면 결국 세상은 지금과는 완전히 다른 모습으로 구성될 수 있다는 희망을 갖게 되었습니다. 모든 역사의 시간은 그 시간만의 고유한 흔적을 남깁니다. 그리고 역사는 그 시간들이 남긴 흔적들의 누적된 결과이며, 우리는 지금 그 누적된 시간의 흔적 위에 올라서서 새로운 흔적을 역사에 더하고 있습니다.

방대한 시대와 내용을 다루는 것은 어쩌면 처음부터 제가 할 수 있는 일이 아니었습니다. 초고를 놓고 보니 곳곳에 빈틈이 많고 보완해야 할 셀 수 없는 틈들이 보입니다. 하지만 처음부터 어떤 기념비적인 저작을 내려고 했던 것이 아니었기 때문에 이쯤에서 저의 주제를 알고 물러서려고 합니다. 단지 제가 지난 7년간 공부한 내용을 기록한다는 마음으로 책을 마무리하고 제가 공부하고 정리한 것들을 후학들과 나누는 것으로 만족하려고 합니다. 아마도 부족한 부분은 제가 평생을 걸쳐 보완해야 하리라고 생각합니다.

그럼에도 불구하고 아쉬운 점은 18세기부터 2016년까지 한국 복지국가의 역사적 궤적을 서구와는 다른 한국의 국민국가의 형성과정으로 꿰뚫어 보지 못했다는 것입니다. 유럽에서 지금과 같은 배타적 영토를 갖는 국가 체제가 형성된 것이 상대적으로 최근의 일이었다는 점을 고려하면 한국 역사에서 국가는 어쩌면 서구와 다른 모습으로 오래전부터 존재해왔기 때문입니다. 이런 한국의 동아시아적 특성이 소위 강제와 자본의 집중 과정과 결합하면서 어떻게 국민국가를 만들어 갔고, 국민국가가 만들어지는 과정에서 어떤 분배체계가 구조화되었는지를 통찰하지 못했습니다. 큰 아쉬움으로 남습니다. 남은 시간 서구와 다른 길을 걸은 한국의 국민국가 형성과정을 분배문제와 연관 지어 공부해볼 생각입니다.

이제 감사의 말씀을 전하려고 합니다. 『기원과 궤적』이 나오기까지 초고를 같이 읽어주고 비평해준 수많은 고마운 분들이 계십니다. 분권과 복지국가에 관한 공부를 같이한 김진석(서울여대), 남기철(동덕여대), 정창훈(인하대), 김형용(동국대), 최영(중앙대), 이태수(꽃동네대), 사회정책 공부모임을 함께한 김성욱(호서대), 김교성(중앙대), 이용재(호서대), 이용우(건국대), 김종건(동서대), 성은미(경기연구원), 노혜진(KC대학교), 김송이(서울시여성가족재단), 최영, 학회에서 발표된 글에 대해 좋은 코멘트를 주었던 남찬섭(동아대), 백승호(가톨릭대), 한동우(강남대), 류연규(서울신학대), 은민수(고려대), 김연명(중앙대), 홍경준(성균관대), 장지연(한국노동연구원), 진보정책의 새로운 길을 모색하기 위해 토론의 장을 마련해주고 참여해주었던 정의당의 윤소하(정의당 의원), 박선민(보좌관) 등 여러분들, 수업과 세미나에서 좋은 코멘트를 주고 오탈자를 지적해주었던 김솔, 최동국, 신진영, 장부년, 주수정, 오유진, 김잔디, 민기연, 조혜진, 조형규 등 많은 학생들, 한국 사회에 대한 고민을 함께 나누었던 이태수, 이창곤(한겨레), 김양중(한겨레), 송상호(건강보험관리공단), 이주호(민주노총정책실장), 우태현(경제사회노동위원회 기획위원), 복지국가에 대한 고민을 함께 나누는 곽경인(서울사협회), 김진석, 김형용, 남기철, 류만희(상지대), 박기석(북구노인복지관), 박진제(사협회), 박일규(경기사협회), 배인제(전북사협회), 신진영, 신용규(서울복지시민연대), 오승환(울산대), 유동철(동의대), 윤해복, 이진희(나눔본부), 이태수, 장재구(서울 사협회), 홍영준(상명대), 허선(순천향대), 황운성(인력개발원), 김은주(경기도의 원), 인천에서 함께 시민운동을 고민하고 세미나를 했던 인천평화복지연대의 강 주수(상임대표), 신규철(정책위원장), 김영구(전 공동대표), 신진영(협동처장), 홍 계옥(국장), 조선희(정의당 시의원), 인수영, 전용호(인천대), 김영수(인천대), 최 윤형, 정락녀, 신선아, 권현진(재능대학), 김준희 등과 특별히 제1권과 제2권의 초 안을 꼼꼼히 읽어준 이충권(인하대) 교수에게 깊은 감사의 인사를 드리고 싶습 니다. 이 책을 쓸 수 있도록 격려해주신 분들이 계십니다. 이병천(강원대), 황규 성(노동연구원), 이태수, 김연명, 문진영(서강대), 이창곤, 김윤태(고려대), 최옥채 (전북대), 남찬섭, 박윤영(성결대), 이병훈(중앙대), 장은주(영산대), 정태석(전북 대), 최태욱(한림국제대학원) 교수님께 진심으로 감사의 인사를 전합니다. 더불어 인하대학교 행정학과의 김천권, 정일섭, 김영민, 김진영, 명승환, 정창훈, 문성진, 경제학과의 김진방, 강병구, 정치외교학과의 정영태, 노태우 정부 시기의 귀한 자 료를 빌려주신 최영준 교수님께도 깊은 감사의 인사를 전합니다. 특히 행정학과 의 김영민 교수님께서는 뵐 때마다 좋은 말씀과 격려를 아끼지 않으셨습니다. 앞 서 언급한 모든 분들은 지금까지 제가 사회운동을 할 수 있도록 격려해주시고 이 끌어주셨습니다. 더불어 어려운 출판시장 상황에서도 두꺼운 3권짜리 책을 출간 해주신 윤철호, 김천희 사회평론아카데미 대표님과 꼼꼼히 교정해주신 박정민님 께 특별히 감사의 인사를 드리고 싶습니다. 마지막으로 이 책이 나올 수 있도록 영감을 준 나의 친구 양정무(한예종), 오랜 기간 동안 저술 작업을 지켜보며 힘을 준 사랑하는 아내 정슬기와 아들 윤한솔에게도 고마운 마음을 전하고, 건강하게 활동 중이신 네 분의 부모님(윤관영, 이건아, 정태기, 박성자)께도 깊은 감사의 말 씀을 드립니다.

윤홍식

14

차례

제4장   역사적 복지국가와 개발국가 229

제7장   식민지, 강요된 자본주의 세계체계의 주변부화, 1910~1945년: 반공주의와 민간 중심의 잔여적 복지체제의 시작 505

3권 차례

1부

이론과 방법

제1장

문제 설정과 연구 전략

"역사가들의 산물은 모든 사회과학에 꼭 필요한 서류철로 생각될 수 있고, 나는 이것이 올바르고 유익한 견해라고 생각한다. (⋯) 가장 근본적인 견해는 모든 사회과학—정확히 말하면 충분한 숙고 과정을 거친 모든 사회 연구—이 역사적인 개념 범주와 역사적인 소재의 충분한 활용을 필요로 한다는 것이다. 바로 이 간단한 개념이 내가 주장하는 주요점이다."

— Mills, W.(2004[1959]). 『사회학적 상상력』(개정판). 강희경·이해찬 역. (*The Sociological Imagination*). 서울: 돌베개, p.183.

제1절 왜 한국 복지체제의 역사적 기원과 궤적인가?

　제도는 진공 상태에서 만들어지지 않는다. 오늘날 서구 복지국가를 대표하는 영국, 독일, 스웨덴 복지국가의 특성은 그들이 걸어왔던 역사의 산물이라는 것을 우리는 잘 알고 있다. 논쟁적이지만, 우리는 독일 복지국가의 역사는 보수의 기획으로부터 시작되었고, 스웨덴 복지국가를 만들었던 힘은 계급연대에 있었으며, 영국 복지국가의 기원은 자기조정적 시장의 폐해로부터 자본주의를 지키기 위한 자유주의적 고뇌의 산물이었다고 이야기한다. 그러나 우리는 정작 한국 복지체제의 기원과 역사적 궤적을 알지 못한다.[1] 서구 복지국가의 기원과 역사에

....
1　본 연구에서 한국 복지국가 대신 한국 복지체제라는 용어를 사용하는 것은 본 연구의 관심이 과거로부터 현재, 그리고 미래로 이어지는 자본주의 국가로서 한국의 분배체계에 대한 역사적 궤적을 찾고자 하기 때문이다(복지체제와 복지국가 개념에 대한 논의는 제4장에서 자세히 다루었고, 제4장의 논의에 근거해 한국 복지국가 대신 한국 복지체제라는 용어를 사용했다). 물론 2019년 현재 한국은 복지국가일 수도 있다. 그러나 30년 전의 한국을 복지국가라고 이야기하기는 어려울 것이다. 또한 20년 후에 한국이 자연스럽게 복지국가로 불릴 때가 온다면, 그때 지금을 돌아본다면 한국이 복지국가인지의 여부를 둘러싼 논란은 한국 복지체제가 걸어온 역사적 과정으로 이해될 수 있을 것이다. 구체적인 쟁점은 제2장에서 개략할 예정이다. '맥락'에서 중요한 것은 각각의 사례의 역사적 특수성이다. 맥락의 대조에서 각각의 사회(사례)는 서로에게 환언될 수 없는 특수한 사회적 구성체를 구성하고 있다는 것을 전제

대한 외국 학자들의 다양한 저작들이 번역되어 소개되는 것은 물론이고 국내 학자들도 서구 복지국가에 대한 학술논문과 저술 활동을 왕성하게 하고 있다. 반면 한국 복지국가의 역사에 대한 연구는 매우 제한적이다. 물론 어려운 여건에서도 훌륭한 성과를 낸 몇몇 선행연구들도 있다. 이들 선구적인 연구들은 근현대 한국 복지정책의 역사를 개괄하고 있다. 하지만 대부분의 연구는 복지제도의 변화를 편년체식으로 기술하거나 1980년대 후반 이후의 정책 변화에 대해 다루고 있을 뿐이다.[2] 더욱이 대부분의 저작들은 "역사적 관점" 다시 말해 한국 복지체제의 역사를 바라보는 사관이 분명하지 않다. 이로 인해 이 연구들은 한국 복지체제의 특성을 '기술'하고 있을 뿐, 한국 복지체제의 특성이 어떤 역사적 맥락에서 나타나게 되었는지 '설명'하지 않는다. 테다 스카치폴(Theda Skocpol)의 지적과 같이, 이 연구들은 형식적으로는 역사를 다루고 있지만 실제로는 비역사적인 방식을 취하고 있는 것이다.[3]

한국 복지국가의 역사적 기원과 궤적(이하 『기원과 궤적』)은 다양한 방식으로 연구될 수 있다. 하지만 기원과 궤적은 기술되는 것이 아니라 설명되어야 하며, 설명의 핵심은 "어떤 눈으로" 역사를 볼 것인가를 담고 있어야 한다. 역사 인식, 사관(史觀)의 부재는 한국 복지체제를 둘러싼 정치(精緻)한 학문적 논쟁을 가로막는 중요한 장애 요인이다. 또한 사관의 부재는 한국 복지체제가 구성되는 과정에서 한국 사회가 풀어나가야 할 핵심적인 과제들을 보편성과 특수성의 측면에서 설명하는 것을 어렵게 하고 있다. 예를 들어, 2000년대 초반에 있었던 한국 복지국가 성격에 관한 논쟁은 한국 사회복지학계에서는 보기 드문 학문적 성과

....

한다. Skocpol, T. and Somers, M.(1990[1980]). "거시사회 연구에 있어서 비교사의 유용성." 『비교사회학: 방법과 실제 I』. 한국비교사회연구회 편역. pp.175-198, 서울: 열음사, p.180, 183. 그렇기 때문에 맥락에 대한 이해가 없다면 인과적 추론은 온전한 일반화로 나아갈 수 없다.

2   감정기·최원규·진재문(2010). 『사회복지의 역사』(개정판). 서울: 나남; 안상훈·조성은·길현종(2005). 『한국 근대의 사회복지』. 서울: 서울대학교출판부; 하상락 편(1989). 『韓國社會福祉史論』. 서울: 박영사.

3   Skocpol, T.(1986b[1984]). "역사 사회학의 쟁점과 전략." 테다 스카치폴 편. 『역사 사회학의 방법과 전망』. 박영신·이준식·박희 역. pp.434-473. (Vision and Method in Historical Sociology). 서울: 민영사. p.442.

였다.[4] 그러나 역사 인식이 결여된 논쟁은 서구 복지국가의 역사적 경험에 근거해 만들어진 에스핑-앤더슨(Esping-Andersen)[5]의 유형화와 권력자원론에 비판적인 생산체제론 등을 단순히 한국 복지체제에 적용하는 것에 그쳤다.[6]

에스핑-앤더슨의 유형화와 자본주의의 다양성(생산체제) 논의의 핵심 문제의식은 1970년대 자본주의 이행 논쟁에서 보는 것과 같이 서구 자본주의의 기원을 정치적 문제(계급관계)를 중심으로 설명할 것인지, 아니면 경제적 문제(생산체제)를 중심으로 설명할 것인지를 둘러싼 오랜 논쟁과 맞닿아 있다.[7] 서구 복지국가들 간의 유사성과 상이성을 둘러싼 논쟁은 서구 자본주의 체제의 역사적 산물로서 서구 복지국가를 어떻게 이해할 것인가를 두고 벌어진 논쟁이라고 할 수 있다. 사실이 이와 같음에도 불구하고 한국에서 벌어진 '한국 복지국가 성격 논쟁'은 한국 복지체제의 역사를 사상(捨象)하고 단지 서구 복지체제의 유형에 근거해 한국 복지체제의 성격을 규명하려고 했다. 우리는 한국 복지제도에 대규모 사각지대가 존재하며, 사회서비스의 대부분이 (영리적인) 민간기관에 의해 전달되고 있다는 것을 알고 있다. 그러나 우리는 언제, 왜, 누구에 의해, 어떠한 역사적 맥락을 거쳐 현재와 같은 한국 복지체제의 모습이 만들어졌는지 알지 못한다. 복지국가란 단지 몇 개의 복지정책과 프로그램의 구성물이 아니다.

『기원과 궤적』의 집필 목적은 바로 이러한 질문에 답하는 것이다. 교실에서, 대중 강연에서, 언론 보도에서, 사람들과의 대화에서 서구 복지국가의 역사적 기원과 궤적만이 아닌 한국 복지체제의 역사적 기원과 궤적을 이야기하며 한국 복지체제의 모습과 과제를 그려보자는 것이다. 복지국가를 꿈꾸는 우리에게 필요

....

4   김연명 편(2002). 『한국 복지국가 성격논쟁 I』. 서울: 인간과 복지; 정무권 편(2009). 『한국 복지국가 성격논쟁 II』. 서울: 인간과 복지.

5   Esping-Andersen, G.(1990). *The Three Worlds of Welfare Capitalism*. Cambridge, UK: Polity Press.

6   김연명 편. 『한국 복지국가 성격논쟁 I』; 정무권 편. 『한국 복지국가 성격논쟁 II』.

7   Aston, T. H. and Philpin, C. H. E. eds.(1991[1985]). 『농업계급구조와 경제발전: 브레너 논쟁』. 이연규 역. (*The Brenner Debate: Agrarian Class Structure and Economic Development in Pre-industrial Europe*). 서울: 집문당.

한 것은 한국 복지체제를 서구의 역사적 경험으로부터 정립된 이론에 근거해 단순히 비교하는 작업을 넘어 한국 자본주의의 역사적 맥락에 근거해 한국 복지체제의 역사적 기원과 궤적을 (기술하는 것이 아닌) 설명하는 것이다. 또한 역사적 기원과 궤적에 대한 연구는 단순히 복지제도의 기원을 찾는 것을 의미하지 않는다. 후술하겠지만 『기원과 궤적』은 현재 한국 복지체제의 특성이 배태(胚胎)되는 한국 자본주의의 역사와 주체 형성의 역사(권력자원과 권력관계)로부터 한국 복지체제의 기원과 궤적을 규명하는 작업이 될 것이다.

『기원과 궤적』은 한국 복지체제에 대한 이해를 높이고 후속 연구를 촉발시키는 계기가 될 수 있을 것이다. 더불어 한국 복지체제의 역사적 기원과 궤적을 연구하는 것은 제3세계 국가들이 걸어가야 할 복지체제의 궤적과 과제를 보여준다는 점에서도 중요한 의의가 있다. 제1장에서는 『기원과 궤적』의 핵심 문제제기와 연구 전략을 다루었다. 문제제기에서는 한국 복지체제의 역사적 기원과 궤적과 관련된 네 가지 핵심 문제를 제기했다. 연구 전략에서는 연구 방법과 분석을 구체화하기 위해 필요한 분석 단위, 분석 시기, 분석 내용에 대해 서술했다.

제2절 한국 복지체제의 역사적 기원과 궤적의 네 가지 질문

『기원과 궤적』에서는 한국 복지체제와 관련해 네 가지 도전적인 질문을 던진다. 첫째, "한국 복지체제의 역사적 기원을 어디까지 거슬러 올라가야 하나?" 둘째, "한국과 같은 개발도상국가가 서구와 같은 복지국가로 이행할 수 있을까?"[8] 셋째, "한국 복지체제의 역사적 기원과 궤적을 일국적 관점에서 설명할 수

....
8   한국이 현재 개발도상국가인지 여부는 논란이 될 수 있다. 그러나 본 연구의 분석 시점이 18세기부터 시작되기 때문에 대부분의 분석 시기에서 한국이 저개발국 또는 개발도상국이었다는 점에는 이견이 없을 것이다. 세계체계분석의 권위자인 월러스틴(Wallerstein)도 2008년 1월 17일 연합뉴스와의 인터뷰에서 "한국은 반주변부 중 강력한 국가이기는 하나 여전히 반주변부다."라고 했다. 연합뉴스(2008) 〈인터뷰〉 예일대 석좌교수 이매뉴얼 월러스틴. http://news.naver.com/main/read.nhn?mode=LSD&mid=sec&sid1=101&oid=001&aid=0001926869, 접근일 2013년 12월 26일. 월러스틴은 "반주변

있는가?" 마지막 문제는 앞서 제기한 세 가지 문제 설정을 통해 얻어진 답을 통해 현재 한국 복지체제의 성격을 어떻게 정의할 수 있는지를 묻는 것이다.

문제 설정 1
한국 복지체제의 역사적 기원을 어디까지 거슬러 올라가야 하나?

첫 번째 문제 설정은 지금 우리가 알고 있는 서구 복지국가란 자본주의 역사의 특정한 시기의 산물이라는 인식에 기초한다.[9] 이러한 인식에 기초한다면 한국 복지체제의 기원은 한국 사회가 전(前)자본주의 사회에서 자본주의 사회로 이행을 시작한 출발점으로 거슬러 올라가야 한다. 하지만 자본주의로의 이행이 곧 복지국가의 시작을 의미하지는 않는다. 서구 사회가 대략 16세기에 봉건제에서 자본주의 사회로 이행을 시작한 것으로 알려졌지만, 연금과 의료보장 등과 같은 복지정책은 19세기 말에 이르러서야 제도화되었기 때문이다.[10]

....

부 국가의 모델은 주변부의 생산물을 중심부 국가로 수출하고 중심부의 생산물을 주변부 지역으로 수출하는 모델이며, 양자는 대략 균형을 이루고 있다."라고 이야기한다. Wallerstein, I.(1985[1978]). "제9장 세계체계론적 분석: 이론적·해석적 문제."『세계체계론 자본주의 사회변동의 이해』. 김광식·여현덕 편역. pp.229-248. 서울: 학민글밭. p.233. 자본주의 세계체계에서 한국이 갖는 지위는 논란의 여지가 있지만, 대략적으로 1876년 개항을 전후로 근대 세계체계와 관계를 맺고 1960년대 이후 주변부에서 반주변부로 전환되었다고 볼 수 있다. 여현덕의 주장도 이와 유사하다. 여현덕(1985). "보론, 자본주의 사회변동과 세계체계론."『세계체계론 자본주의 사회변동의 이해』. pp.272-273. 김용학과 임현진도 한국 사회에서 비교연구의 과제를 제시하면서 한국과 같은 "제3세계적 현실에서 제1세계적 이론화가 지니는 한계"를 넘어설 필요가 있다는 점을 강조하고 있다. 김용학·임현진(2000).『비교사회학: 쟁점, 방법 및 실제』. 서울: 나남출판. p.305.

9   복지국가는 반드시 자본주의 국가여야 할까? 에스핑-앤더슨은 사회주의권에서도 복지국가를 발견할 수 있다고 했다. Esping-Andersen. *The Three Worlds of Welfare Capitalism*. p.14. 에스핑-앤더슨에 따르면 복지국가는 반드시 자본주의 체제를 전제하지 않는다고 볼 수도 있다. 그러나 이러한 해석은 세계체계 관점에서는 적절하지 않다. 세계체계 관점에서 보면 동구권 또한 자본주의 세계체계에 포섭된 하위 체제, 즉 국가자본주의 체제로 이해되기 때문이다. 세계체계 관점에서 보면 동구권에서도 "복지국가가 발견된다."는 에스핑-앤더슨의 주장이 복지국가가 자본주의에 기반하고 있다는 명제에 대한 반명제가 될 수는 없다. 이수훈(1993).『세계체계론』. 서울: 나남. p.238; Wallerstein, I.(1979). *The Capitalist World-economy*. Cambridge: Cambridge University Press. p.35. 물론 동구권이 자본주의 세계체계에 포함되는지의 여부는 여전히 논란이 되고 있다.

10 마르크스(Marx)는 서구 자본주의의 시작을 다음과 같이 언급하고 있다. "상품유통은 자본의 출발점

이렇게 보면 한국 복지체제의 역사적 기원을 전자본주의적 관계가 지배적인 1876년 개항을 전후한 시점에서 찾는 것은 적절하지 않을 수도 있다.[11] 그러나 한국 복지체제의 역사적 기원을 찾는 것은 '역사적 기원'을 어떻게 이해하는가에 따라 상이해질 수 있다. '역사적 기원'은 단순히 복지제도의 기원을 찾는 작업이 아니다. 역사적 기원을 찾는 작업은 복지정책들을 포괄하는 '총체적 체제'로서 한 사회의 특정한 '분배체계'가 만들어지게 된 사회·경제·정치적 요인들의 역사적 맥락을 밝히는 것이다. 예를 들어, 자본주의 세계체계의 기원을 찾는 이매뉴얼 월러스틴(Immanuel Wallerstein)의 연구는 자본주의의 기원을 산업자본주의가 지배적인 생산양식으로 등장하기 훨씬 전인 15세기 말에서 16세기 초의 유럽에서 찾고 있다.[12] 페리 앤더슨(Perry Anderson)은 서유럽 자본주의의 기원을 찾기

....

이다. 상품생산과 발달된 상품유통(즉 상업)은 자본이 성립하기 위한 역사적 전제이다. 16세기에 세계무역과 세계시장이 형성됨으로써 자본의 근대적 생활사는 시작된다." Marx, K.(2008[1867]). 『자본 I: 경제학 비판』. 강신준 역. (*Das Kapital, Kriik der Politischen Ökonomie I*, 4th ed, 1890). 서울: 도서출판 길, p.225. 월러스틴도 『근대세계체제 I』에서 "자본주의적 생산양식에 근거한 유럽 세계경제가 등장한 것은 16세기의 일이었다."라고 단언한다. Wallerstein, I.(2013a[2011]). 『근대세계체제 I: 자본주의적 농업과 16세기 유럽 세계경제의 기원』(제2판). 나종일·박상익·김명환·김대륜 역. (*The Modern World-system I*, 2nd ed.). 서울: 까치. p.109. 반면 브로델(Braudel)은 서구 자본주의가 16세기보다 훨씬 이전인 지금의 이탈리아 지역을 중심으로 13세기경에 시작되었다고 주장한다. Braudel, F.(1997[1986]). 『물질문명과 자본주의 III: 세계의 시간』. 주경철 역. (*Les Structures du Quotidien: Le Possible et L'Impossibe*, 1986). 서울: 까치. p.70. 프랑크(Frank)도 월러스틴이 이야기하는 "근대세계자본주의체제"는 16세기에 재발명된 것이 아니라 13세기부터 이미 존재하고 있었다고 주장한다. Frank, A.(2003[1998]). 『리오리엔트』. 이희재 역. (*ReOrient: Global Economy in the Asian Age*, 1998). 서울: 이산, p.37. 이후에 다시 다루겠지만 자본주의가 언제 시작되었는지를 확증하는 것은 불가능해 보인다. 예를 들어 베버(Weber)는 자본주의가 서유럽만이 아닌 인도, 중국 등에도 존재했다고 주장하기 때문이다. Weber, M.(1996[1920]). 『프로테스탄티즘의 윤리와 자본주의 정신』. 박성수 역. (*Die Protestantische Ethik und der Geist des Kapitalismus*, 1920). 서울: 문예출판사. p.43.

11 한국 복지체제의 기원을 찾는다고 할 수는 없지만 한국 복지정책의 기원(또는 특성이 만들어지는 시점)을 1960년대에서 찾거나 1980년대 후반에서 찾는 시도들이 있어왔다. 자본주의로의 이행의 시작이 곧 복지정책의 탄생을 의미하지는 않기 때문에 한국 복지체제의 기원이 아닌 복지정책 기원을 산업화 시기에서 찾는 것은 적절해 보인다. 안상훈(2010). 『현대 한국복지국가의 제도적 전환』. 서울: 서울대학교출판부; 양재진(2004). "한국의 산업화시기 숙련형성과 복지제도의 기원: 생산레짐 시각에서 본 1962-1986년의 재해석." 『한국정치학회보』 38(5): 85-103; 송호근·홍경준(2006). 『복지국가의 태동: 민주화, 세계화, 그리고 한국의 복지정치』. 서울: 나남출판.

12 Wallerstein. 『근대세계체계 I』. p.33. 전자본주의 사회의 성격을 둘러싼 논의는 제4장에서 다루었다.

위해 연구의 시점을 서유럽의 고대 노예제 사회까지 거슬러 올라갔다.[13] 그러므로 한국 복지체제의 역사적 기원을 고찰하는 일은 단순히 주요 복지정책이 제도화된 시점을 찾는 단순한 작업이 아니라 분배체계로서 현재 한국 복지체제의 특성이 나타나게 된 역사적 기원을 탐색하는 것이다. 연구의 시점을 18세기부터 조선과 일본 간에 체결된 1876년 병자수호조약(일명 강화도조약)을 전후한 시기로 잡은 이유도 18세기에 시작해 1876년 개항을 계기로 조선(한국)이 자본주의 세계체계의 주변부로 편입되었기 때문이다.

복지국가들 간의 차이를 설명하는 핵심 변수로 권력자원론이 강조하는 계급동원과 계급연대의 성격도, 자본주의 다양성에서 강조하는 생산체제의 성격도, 신제도주의에서 중시하는 정치제도도 모두 전자본주의 체제에서 자본주의 체제로의 이행과 이행 이후에 구성된 자본주의 체제의 특성을 전제하지 않고는 이해될 수 없다. 한국 복지체제의 특성을 설명하는 권력자원, 선거제도, 생산체제 등핵심 변수들은 단순히 진공 상태에서 누군가에 의해 창조된 것이 아니다. 『기원과 궤적』에서는 한국 복지체제의 특성을 결정하는 핵심 변수들이 한국 사회가 전자본주의 체제에서 자본주의 체제로 이행하는 과정에서 한국 사회의 내부적 요인과 외부적 요인들이 중층적이고 누적적인 상호 과정을 통해 만들어진 결과라고 주장할 것이다. 특히 『기원과 궤적』에서는 한국 복지체제의 특성을 설명하기 위해 권력자원, 제도주의, 세계체계 관점 등 여러 가지 이론 중 어느 하나를 배타적으로 선택하지 않는다. 대신 역사적 국면이 변화할 때마다 각각의 이론이 갖는 상대적 중요성이 상이해진다고 주장할 것이다. 한국 복지체제의 어떤 시점의 특성은 권력자원론보다 세계체계 관점에서 더 잘 설명될 수 있다. 하지만 한 시점

....

여기서는 전자본주의 사회를 일단 자본주의 사회로의 이행 이전의 사회로 규정하고 논의를 시작했다. 논쟁에 대한 구체적인 논의는 다음의 서적과 논문을 참고하라. 김대환 편역(1984). 『자본주의 이행 논쟁』. 서울: 동녘; Aston, T. H. and Philpin, C. H. E. eds. 『농업계급구조와 경제발전: 브레너 논쟁』; Vilar, P.(1956). "Problems of the Formation of Capitalism." *Past & Present* 10: 15-38.

13　Anderson, P.(2014a[1974]). 『고대에서 봉건제로의 이행』. 유재건·한정숙 역. (*Passages from Antiquity to Feudalism*). 서울: 현실문화; Anderson, P.(2014b[1974]). 『절대주의 국가의 계보』. 김현일 역. (*Lineages of the Absolutist State*). 서울: 현실문화.

의 특성을 잘 설명하는 이론이 모든 시기에서 한국 복지체제의 특성을 잘 설명할 수 있는 것은 아니다.

문제 설정 2
한국과 같은 개발도상국가(제3세계 국가)도 서구와 같은 복지국가로 이행할 수 있을까?

두 번째 문제 설정은 현재 복지국가로 간주되는 국가가 일본을 예외로 한다면 대부분 산업화된 서구 국가라는 상식으로부터 출발한다. 만약 복지국가가 서구와 같이 고도로 발달한 자본주의의 산물이라면, 한국과 같은 제3세계 국가가 복지국가로 이행할 수 있다고 주장하는 것은 모순적이다. 조반니 아리기(Giovanni Arrighi)와 같은 세계체계분석을 지지하는 논자들의 주장을 빌리면, 복지국가는 자본주의 세계체계의 핵심부 국가들의 분배체계이기 때문이다.[14] 한국과 같은 자본주의 세계체계의 (반)주변부 국가는 서구 국가들이 제도화한 몇몇 복지 정책과 프로그램을 제도화할 수는 있지만 (반)주변부 국가가 체제 차원에서 분배체계의 한 형태로서 복지국가를 만들어가는 것은 불가능할 수도 있다.

이러한 주장은 두 가지 방향에서 검토할 수 있다. 하나는 한국이 복지국가로 이행하기 위해서는 먼저 세계체계 핵심부로의 진입이 선행되어야 하는지의 여부를 검토하는 것이다. 만약 선행되어야 한다면, 한국 사회의 전통적 보수 담론인 "선성장 후분배"론을 지지하게 된다. 왜냐하면 어떤 국가가 복지국가로 이행할 수 있는지의 여부를 결정하는 가장 중요한 조건은 그 국가가 자본주의 세계체계의 핵심부에 위치하는지의 여부가 되기 때문이다. 반면 병행할 수 있다면, "성장과 분배의 선순환"이라는 진보 담론을 뒷받침하는 근거가 될 수 있다. 경제 성장 없이 복지국가로의 발전도 없지만, 복지국가로의 발전 없이는 경제 성장도 불가

....

14   Arrighi, G. (2008[1994]). 『장기20세기: 화폐, 권력, 그리고 우리 시대의 기원』. 백승욱 역. (*The Long Twentieth Century: Money, Power, and the Origins of Our Times*). 서울: 그린비.

능하다는 것이다. 하지만 "성장과 분배의 선순환"이라는 논리도 한국이 복지국가가 되기 위해서는 분배와 성장의 선순환을 통해 선진국에 진입해야 한다는 것을 전제하고 있다는 점에서 방법론의 차이가 있을 뿐 보수의 주장과 크게 다르지 않다. 결국 한국의 보수와 진보의 주장은 역사를 선형적 발전이라는 관점에서 이해하는 서구 중심의 근대화론의 틀을 벗어나지 못하고 있다.

다른 하나의 가능성은 한국 사회가 자본주의 세계체계에서 한국 자본주의 체제에 조응하는 복지체제를 만들어갈 수 있다고 주장하는 것이다. 하지만 이러한 주장은 두 가지 질문에 대해 답해야 한다. 하나는 한국적 복지체제가 근대 서구 복지국가의 (사회권의 보편적 확대와 같은) 보편적 특성을 공유할 수 있는지의 여부이다. 다른 하나는 "만약" 한국이 핵심 국가로서의 지위를 갖게 된다면, 한국이 핵심 국가임에도 불구하고 한국 복지체제의 특성이 사회권의 보편성에 기초한 서구 복지국가와는 다른 예외적인 복지체제로 존재할 수 있는지에 대해 답을 해야만 한다는 것이다. 정리하면 두 번째 문제 설정의 핵심은 한국 복지체제의 역사적 기원과 궤적을 서구의 관점이 아닌 한국 사회의 관점에서 접근해야 한다는 것이다. 이는 복지국가를 연구하는 한국 학계에 깊이 뿌리박혀 있는 오리엔탈리즘과 '한국적' 또는 '한국형'이라는 이름으로 그 반대편에 강력하게 버티고 서 있는 옥시덴탈리즘을 최소화하는 것이다. 폴 코헨(Paul Cohen)[15]의 표현을 빌리면, 이는 한국 중심적(Korea-centered) 관점에 근거해 한국 복지체제의 역사적 기원과 궤적을 분석해야 한다는 것을 의미한다.

....

15   Cohen, P.(2013[2010]). 『학문의 제국주의: 오리엔탈리즘과 중국사』. 이남희 역. (*Discovering History in China*). 아산시: 순천향대학교출판부. p.55.

문제 설정 3
한국 복지체제의 역사적 기원과 궤적을 일국적 관점에서 설명할 수 있을까?

세 번째 문제 설정은 복지국가의 형성과 발전은 내적 요인만이 아닌 외적 요인과도 밀접하게 관련되어 있다는 인식에 기초한다. 실제로 서구 복지국가의 확장은 1945년부터 1970년대 초까지 지속된 자본주의 세계경제의 전례 없는 호황을 토대로 가능했다. 역사를 더 거슬러 올라가도 마찬가지이다. 영국의 빈민법(the Poor Law) 제정 과정을 보면, 이는 당시 자본주의 세계체계에서 영국 자본주의의 지위와 밀접한 관련을 가지며 제도화되었다.[16] 독일 복지국가를 대표하는 사회보험의 제도화 또한 당시 독일 자본주의의 취약함을 반영한 것이라는 사실은 잘 알려져 있다.[17] 한국도 예외가 아니다. 박정희 정권에서 추진되었던 국민복지연금법의 계획과 시행 유보도 1960년대 말부터 1970년대 초까지 진행된 자본주의 세계경제의 변화와 밀접한 관련이 있다.[18] 더욱이 한국 자본주의의 발전이 자본주의 세계경제에서 (전적이었다고는 할 수 없지만) 미국의 필요와 밀접하게 연관되었다는 점을 고려한다면, 한국 복지체제의 역사적 기원과 궤적이 자본주의 세계경제의 변화와 밀접한 관련성을 갖는다는 것은 지극히 상식적인 생각이다. 특히 한국 자본주의가 국내 수요만이 아닌 해외 수요를 충족시키는 방식으로 발전했고 2017년 현재 국내총생산(GDP) 대비 무역의존도가 68.8%(수출의존도 37.5%, 수입의존도 31.3%)에 이르는 상황에서,[19] 한국 복지체제의 특성을 국내

....

16 Jones, K.(2003). 『영국 사회정책의 현대사』. 엄영진·이영찬 역. (*The Making of Social Policy in Britain*, 2000). 서울: 인간과 복지; Polanyi, K.(2009[1944]). 『거대한 전환』. 홍기빈 역. (*The Great Transformation*). 서울: 도서출판 길.

17 박근갑(2009). 『복지국가 만들기: 독일 사회민주주의 기원』. 서울: 문학과 지성사.

18 Riefer, T. and Sudler, J.(1999[1996]). "국가 간 체제." 『이행의 시대: 세계체계의 궤적, 1945-2025』. 백승욱·김영아 역. pp.27-56. (*The Age of Transition: Trajectory of the World-system, 1945-2025*). 서울: 창작과 비평사. p.47; Ikeda, S.(1999[1996]). "세계생산." 『이행의 시대: 세계체계의 궤적, 1945-2025』. 백승욱·김영아 역. pp.57-105. (*The age of transition: Trajectory of the World-system, 1945-2025*). 서울: 창작과 비평사. p.57. 콘트라티에프 주기에 대한 설명은 4장에 수록되어 있다.

적 요인만으로 설명하는 것은 적절하지 않다. 이러한 사실에 근거하면 한국 복지체제의 역사적 기원과 궤적에 대한 연구는 일국적 차원의 변수만이 아닌 자본주의 세계체계라는 외적 변수와 함께 조망될 필요가 있다.

문제 설정 4
한국은 어떤 복지체제인가?

『기원과 궤적』에서는 그간 한국 복지체제의 성격을 규명하는 연구들과 달리 한국 복지체제를 서구 복지국가와 비교하는 방법을 사용하지 않았다. 예를 들어, 『한국복지국가 성격논쟁 I』에서 김연명은 한국 복지국가는 동태적으로 국가의 책임이 확대되고 있으며 정태적으로는 자유주의적 성격과 보수주의적 성격이 혼재된 혼합형이라고 주장한다.[20] 이에 대해 조영훈은 1997년 이후 GDP 대비 사회지출이 증가한 것은 사실이지만 주로 잔여주의적인 복지정책(국민기초생활제도와 같은 공공부조)을 중심으로 사회지출이 증대되었기 때문에 한국 복지체제를 자유주의 복지체제로 분류해야 한다고 주장한다.[21] 반면 송백석[22]은 에스핑-앤더슨의 세 가지 유형과 한국 복지체제를 비교하면서 한국 복지체제를 자유주의적 복지체제로 규정하는 것에 대해 유보적 입장을 취했다. 하지만 문제는 이러한 논의들이 모두 한국 복지체제를 에스핑-앤더슨의 세 가지 복지체제 유형에 끼워

....

19   한국무역협회(2018). 한국의 무역의존도, http://stat.kita.net/stat/world/major/KoreaStats02. screen, 접근일 2019년 1월 3일. OECD 국가의 국내총생산 대비 수출입 비중은 58.0%(수출 28.9%, 수입 29.1%)이고, 대외개방도가 높은 스웨덴, 핀란드 등의 수출입 비중은 각각 85.3%(수출 44.5%, 40.8%), 76.6%(수출 37.9%, 수입 38.7%)이다. OECD(2016). *OECD Factbook 2015-2016: Economic, Environmental and Social Statistics.* OECD Publishing. DOI: http://dx.doi.org/10.1787/factbook-2015-en

20   김연명(2002a). "김대중 정부의 사회복지정책: 신자유주의를 넘어서." 김연명 편. 『한국복지국가 성격논쟁 I』. 서울: 인간과 복지. pp.109-142.

21   조영훈(2002). "현 정부 복지정책의 성격: 신자유주의를 넘었나." 김연명 편. 『한국복지국가 성격논쟁 I』. pp.275-296.

22   송백석(2006). "김대중 정부의 정책성격 분석 비판." 『경제와 사회』71: 121-153.

맞추는 방식으로 전개되었다는 점이다. 더욱 문제가 되는 것은 이러한 비교도 방법론적으로 정치(精緻)하게 이루어지지 않았다는 점이다. 에스핑-앤더슨의 세 가지 유형과의 비교를 통해 한국 복지체제의 성격을 논하고 있지만 실제로『한국 복지국가 성격논쟁 I』에 실린 대부분의 논문은 에스핑-앤더슨이 사용한 지표를 동일하게 사용하지는 않았다.[23]

이러한 인식을 기반으로『기원과 궤적』에서는 1876년 개항을 전후한 시점부터(내용적으로는 18세기부터) 한국 사회가 걸어온 역사적 과정과 맥락에 근거해 한국 복지체제의 동태적·정태적 성격을 규명하고자 한다. 한국 복지체제의 동태적 성격과 정태적 성격을 함께 규명하고자 하는 이유는 한국과 같이 복지가 확대되는 단계에 있는 사회에서 복지체제를 정태적으로만 파악할 경우 복지체제의 특성이 과소 또는 과대평가될 수도 있기 때문이다. 예를 들어, 박근혜 정부가 추진한 미취학 아동에 대한 보편적 보육료 지원은 정태적 측면에서 보면 시민의 복지에 대한 국가의 책임을 강화한 사민주의적 정책이라고 평가할 수도 있지만, 동태적으로 보면 공적 전달체계의 확대 없이 이루어졌다는 점에서 민간 중심의 사회서비스 전달체계를 강화한 자유주의적 정책으로 평가할 수도 있다. 더불어 한국 복지체제의 성격을 이해하는 데 중요한 것은 단순히 제도와 사회지출 확대를 관찰하는 것이 아니다. 중요한 것은 한국 복지체제를 한국 자본주의와 정치적 특성과의 관련성하에서 이해하는 것이다.

....

23 이러한 면에서 남찬섭의 논문은 예외적이다. 물론 남찬섭도 정확하게 에스핑-앤더슨이 사용한 지표와 동일한 지표를 사용하지는 않았다. 하지만 에스핑-앤더슨이 사용한 지표와 가장 유사한 지표를 사용해 한국 복지국가의 성격을 규명하려고 시도했다. 남찬섭(2002). "한국 복지체제의 성격에 대한 경험적 연구: 에스핑 앤더슨의 기준을 중심으로." 김연명 편.『한국복지국가 성격논쟁 I』. pp.557-592.

제3절 연구 전략: 비교역사방법[24]

사회과학에서 비교연구와 역사연구는 분리될 수 없다. 밀스는 "비교연구와 역사적 연구는 서로 깊은 관계를 맺고 있다."고 단언한다.[25] 역사적이지 않은 비교연구는 현대 세계에 존재하는 다양한 국가체제(저개발국가, 자본주의국가 등)의 정치·경제·사회를 설명할 수 없기 때문이다. 예를 들어, 역사에 대한 이해 없이 우리는 왜 대부분의 제3세계 국가들이 식민지로부터 해방되었음에도 불구하고 여전히 빈곤 상태를 벗어나지 못하고 있는지 이해할 수 없다. 결국 우리가 어떤 사회를 이해하기 위해서는 반드시 그 사회의 역사를 이해해야 하며, 그 사회에 대한 이해는 반드시 다른 사회와의 비교를 통해 이해될 수 있다.[26] 이러한 이유로 밀스는 "사회학이라고 이름 붙일 만한 모든 것이 역사사회학이다."라고 주장했다.[27] 역사에 근거하지 않은 사회과학은 존재할 수 없다는 것이다. 폴 스위지(Paul Sweezy)의 탁월한 언명처럼, 우리 사회과학자들은 모두 "역사로서의 현재"를 기술하는 것이기 때문이다. 대표적인 사례로 언급할 수 있는 칼 폴라니(Karl Polanyi)의 『거대한 전환』은 비교연구와 역사연구를 종합하는 전체론적인 방법을 취함으로써 비교역사방법에 중요한 공헌을 했다.[28] 이러한 인식에 기초해

....

24 비교역사방법이 무엇인지를 다루는 것 자체가 또 다른 연구 영역으로, 본서의 연구 범위를 벗어나는 주제이다. 비교역사방법을 국내에 소개한 서적으로는 김용학·임현진의 『비교사회학』, 테다 스카치폴이 엮은 『역사 사회학의 방법과 전망』, 한국비교사회연구회의 편저인 『비교사회학: 방법과 실제 I, II』, 찰스 레긴(Charles Ragin)의 『비교방법론』, 찰스 틸리(Charles Tilly)의 『비교역사사회학』 등이 있다. 영문서적은 매튜 란지(Matthew Lange)의 *Comparative-Historical Methods*, 제임스 마호니(James Mahoney)와 디트리히 뤼시마이어(Dietrich Rueschemeyer)가 편집한 *Comparative Historical Analysis in the Social Science*를 참고하라. 또한 밀스의 『사회학적 상상력』과 월러스틴의 『사회과학으로부터의 탈피: 19세기 패러다임의 한계』도 좋은 안내서가 될 것으로 생각된다.

25 Mills. 『사회학적 상상력』(개정판). p.189.

26 Mills. 『사회학적 상상력』(개정판). p.188.

27 Mills. 『사회학적 상상력』(개정판). p.184.

28 박영신, 이준식, 박희는 『*The Great Transformation*』을 『대변혁』이라고 번역했으나, 여기서는 『거대한 전환』이라는 홍기빈의 번역을 따랐다. 『대변혁』으로 번역하든 『거대한 전환』으로 번역하든 의미를 전달하는 데 큰 문제는 없어 보인다. Block, F. and Somers, M.(1986[1984]). "경제주의적 오류를 넘어서: 칼 폴라니의 전체론적 사회과학." 테다 스카치폴 편. 『역사 사회학의 방법과 전망』. 박영신·이준

『기원과 궤적』에서는 역사적 방법과 비교적 방법을 동시에 사용했다.[29]

다만 역사적 분석과 비교 분석을 통해 한 사회를 이해하는 방식(방법론)을 무엇으로 부를지에 대한 합의는 없는 것 같다. 명칭에 대한 합의만 없는 것이 아니라 비교역사방법이 무엇인지에 대한 합의도 없다.[30] 테다 스카치폴은 역사사회학이라는 범주로 이러한 연구방법론을 분류했다. 스카치폴의 역사사회학의 범주에는 이매뉴얼 월러스틴의 『근대세계체제』는 물론이고 에드워드 톰슨(Edward P. Thompson)의 『영국 노동계급의 형성』 등 다양한 (비교)역사연구가 포함되어 있다.[31] 한편 마호니(Mahoney)와 뤼시마이어(Rueschemeyer)는 비교역사분석(Comparative Historical Analysis)이라는 용어를 사용하고, 란지(Lange)는 비교역사방법(Comparative-Historical Methods)이라는 용어를 사용하고 있다.[32] 또한 위키피디아를 보면 역사적 비교연구(Historical Comparative Research)라는 용어를 사용하고 있다.[33] 김용학과 임현진은 비교사회학과 사회학을 동일한 것으로 간주한다.[34] 이러한 논의를 참고해 『기원과 궤적』에서는 비교역사방법이라는 용

....

식·박희 역. pp.64-110. (*Vision and Method in Historical Sociology*). 서울: 민영사. p.94.

29 이는 비교연구와 관련해 매우 중요한 문제를 제기한다. 만약 비교연구가 단순히 비교되는 두 사회의 유사점과 차이점을 서술하는 것이라면 비교연구는 왜 그러한 차이와 유사성이 나타나게 되었는지를 설명할 수 없다. 이 점이 비교연구에 대한 마르크스주의자들의 비판, 즉 비교연구는 구조의 깊은 곳을 볼 수 없다고 한 이유이다. 그러나 비교연구가 역사연구와 결합되면 이야기는 달라진다. 역사연구는 비교연구의 표피적 유사성과 상이성에 대해 왜 그런 유사성과 상이성이 나타나는지에 대한 근본적인 설명을 찾기 때문이다.

30 김용학과 임현진도 비교사회학이 무엇인지에 대해 학자들이 합의하지 못하고 있다고 지적하고 있다. 비교사회학이 독자적인 학문 분야인가에 대한 논쟁에서부터 비교사회학이 추구하는 목적이 무엇인지에 대한 합의 역시 존재하지 않는다. 김용학·임현진. 『비교사회학: 쟁점, 방법 및 실제』. p.51.

31 Skocpol, T.(1986a[1984]). "사회학에서의 역사적 상상력." 테다 스카치폴 편. 『역사 사회학의 방법과 전망』. 박영신·이준식·박희 역. pp.7-32. (*Vision and Method in Historical Sociology*). 서울: 민영사.

32 Mahoney, J. and Rueschemeyer, D.(2003). "Comparative Historical Analysis." In Mahoney, J. and Rueschemeyer, J. (eds.). *Comparative Historical Analysis in the Social Sciences*. New York: Cambridge University Press; Lange, M.(2013). *Comparative-Historical Methods*. Los Angeles, CA: Sage.

33 WIKIPEDA(2016). "Comparative historical research." 출처: https://en.wikipedia.org/wiki/Comparative_historical_research, 접근일 2017년 3월 15일.

34 김용학·임현진. 『비교사회학: 쟁점, 방법 및 실제』. p.18.

어를 사용했다.[35] 『기원과 궤적』은 비교보다는 상대적으로 역사에 더 중점을 두고 있기 때문에 비교역사방법이라는 용어가 더 적절하다고 생각했다.

비교역사방법은 애덤 스미스(Adam Smith), 카를 마르크스(Karl Marx) 등으로부터 이어지는 사회과학의 가장 오래된 연구방법론 중 하나이다. 또한 사회학의 초창기에는 핵심적 연구방법론이었다. 하지만 제2차 세계대전 이후 비교역사방법을 사용한 연구는 감소하기 시작했고, 1970년대에 들어서면 매우 소수의 연구만이 이 분석 방법을 사용했다.[36] 하지만 쇠퇴하던 비교역사방법은 1970년대 중반 이후 다시 부활했다.[37] 마호니와 뤼시마이어[38]에 따르면 비교역사방법은 광범위한 주제를 다루며, 거시적이고 중요한 역사적 결과에 대해 역사적 근거를 제시하려는 분석 방법으로 활용되고 있다.[39] 비교역사방법은 복지국가의 성립, 사회 변화, 자본주의 발전, 국가 성립, 혁명 등 인류 역사의 거대 주제들을 다루고 있다.[40] 일반적으로 비교역사방법의 특징은 인과관계의 분석, 시간에 따른 과정분석, 체계적이고 맥락적인 비교 등을 수행한다는 점에 있다.[41] 사무엘 노아 아이젠스타트(Samuel Noah Eisenstadt)의 지적처럼 "비교는 자세한 관찰에 의해 파악하기 어려운 역사의 구성을 포착하는 그물"인 것이다.[42] 이렇듯 복지국가

....

35 월러스틴은 사회과학과 역사학이 불가분의 관계에 있다고 보고, 역사학과 사회과학을 종합한 역사사회과학이라는 학문 명을 제안한 바 있다. Wallerstein, I.(1994[1991]). 『사회과학으로부터의 탈피: 19세기 패러다임의 한계』. 성백용 역. (*Unthinking Social Science*). 서울: 창작과 비평사.

36 정진성(1987). "스카치폴의 비교역사학적 연구." 『사회와 역사』 6: 28-62. p.31.

37 Skocpol. "역사 사회학의 쟁점과 전략." p.435. 미국 사회학 분야에서 소수의 연구자들만이 비교역사방법을 사용하고 있음에도 불구하고, 1986년부터 2010년까지 미국 사회학회상을 수상한 저작의 1/4이 비교역사방법을 사용한 저작이었다. Lange. *Comparative-Historical Methods*. p.1.

38 Mahoney and Rueschemeyer. "*Comparative Historical Analysis.*" p.4.

39 물론 비교역사방법이 혁명, 자본주의의 성립 등과 같은 거대한 역사적 결과만을 다루는 것은 아니다. 왜 뉴잉글랜드 패트리어츠(New England Patriots)가 2003년 슈퍼볼(Super Bowl)에서 우승했는지도 비교역사방법을 적용할 수 있다. Little, D.(2005). "Causal Mechanisms in Comparative Historical Sociology." *Paper Presented at the Social Science History Association 2005*. Portland, Oregon. p.3.

40 Mahoney and Rueschemeyer. "Comparative Historical Analysis."; Lange. *Comparative-Historical Methods*. p.1; Little. "Causal Mechanisms in Comparative Historical Sociology." p.1.

41 Mahoney and Rueschemeyer. "Comparative Historical Analysis." p.10.

42 Hamilton, G.(1986[1984]). "역사에서의 구성: S. N. 아이젠슈타트." 테다 스카치폴 편. 『역사 사회학

의 형성, 민주주의의 기원 등 소위 거시역사사회학에서 비교역사방법을 사용하는 이유에 대해 메리 풀부룩(Mary Fulbrook)과 테다 스카치폴은 다음과 같이 설명한다.[43]

"먼저 비교 방법은 특정의 이론적 주장이 각 사례마다 반복적으로 적용될 수 있는지를 파악하여, 반복적인 역사적 사건들로 다양한 역사적 맥락에 통용될 수 있는 일반 이론을 구성하는 데 사용될 수 있다. 또 다양한 역사적 사례 가운데 특수한 개별 사례가 지니는 고유한 특징을 끌어내기 위해, 각 사례들을 서로 대비시켜주는 이념형 내지는 개념적 논지와 더불어 비교 방법을 사용하기도 한다. 마지막으로 비교역사학은 특정 사례나 혹은 각 사례의 제 측면들을 비교하여, 다차원적 분석 논리와 거의 흡사한 방식으로 인과적 가설의 타당성을 검증하는 데 사용되기도 한다."

비교역사방법에는 다른 사회과학의 방법론과 비교해 두 가지 중요한 차이점이 있다. 하나는 비교역사방법이 인과관계를 밝히는 데 관심이 있다는 점에서 (대규모로 수집된 자료에서) 변수들 간의 관계에 관심을 두는 통계적 분석 방법과는 차이가 있다는 것이다.[44] 이러한 차이는 비교역사방법은 역사적 결과에 대한 인과적 결정 요인에 대한 통찰을 얻기 위해 비교를 수단으로 사용하기 때문이다.[45] 다른 하나는 비교역사방법이 역사적 결과를 시간적 맥락에서 비교분석한

....

의 방법과 전망』. 박영신·이준식·박희 역. pp.111-162. (*Vision and Method in Historical Sociology*). 서울: 민영사. p.134.

43 Fulbrook, M. and Skocpol, T.(1986[1984]). "운명지워진 역사 노정: 페리 앤더슨의 역사 사회학." 테다 스카치폴 편.『역사 사회학의 방법과 전망』. 박영신·이준식·박희 역. pp.210-257. (*Vision and Method in Historical Sociology*). 서울: 민영사. p.238. 그러나 풀브룩과 스카치폴의 주장에 모두가 동의하는 것은 아니다. 에드워드 톰슨은 역사가들과 사회학자들이 역사적 자료를 단순히 자신들의 이론을 증명하기 위한 자료로만 다루는 것에 동의하지 않는다. Trimberger, E.(1986[1984]). "역사 과정의 이해: 톰슨의 역사 사회학." 테다 스카치폴 편. 박영신·이준식·박희 역. pp.258-297. (*Vision and method in Historical Sociology*). 서울: 민영사.『역사 사회학의 방법과 전망』. p.279.

44 Lange. *Comparative-Historical Methods.* p.14.

다는 점에서 역사적 방법론(historical method)과 유사하다는 것이다. 그러나 역사적 방법론이 주로 해석(또는 기술)에 집중하는 데 반해 비교역사방법은 설명을 추구한다는 점에서 차이가 있다.[46] 또한 역사적 방법론이 주로 연구 대상 시기에 활동했던 사람들이 남긴 문서, 기록 등 1차 사료를 활용하는 데 반해, 비교역사방법은 주로 2차 자료(기존의 연구 성과)를 활용한다는 점에서 차이가 있다. 사회과학에서 1차 사료를 직접 분석하는 것은 쉽지 않은 일이다. 대신 사회과학자들에게는 1차 사료를 사용한 역사가의 연구결과물인 2차 자료를 활용해 사회이론을 발전시키는 것이 일반적이다.[47] 실제로 자본주의 이행 논쟁과 관련된 중요한 문헌 중 하나인 모리스 돕(Maurice Dobb)의『자본주의 발전연구』, 서구 자본주의의 역사적 기원을 추적한 페리 앤더슨의『고대에서 봉건제로의 이행』과『절대주의 국가의 계보』, 자본주의 세계 체제의 성립 과정을 연구한 이매뉴얼 월러스틴의『근대세계체제 I~IV』와 이를 비판한 안드레 프랑크(Andre Frank)의『리오리엔트』등이 2차 자료를 활용한 대표적 연구라고 할 수 있다.[48]

이러한 특성을 갖고 있는 비교역사방법이『기원과 궤적』에 적합한 이유는 다음과 같다. 먼저『기원과 궤적』의 주제가 "한국 복지체제의 역사적 기원과 궤적"이라는 비교적 거대한 역사적 결과물을 분석 대상으로 삼고 있기 때문이다. 다음으로『기원과 궤적』이 18세기부터 21세기 초까지 시간의 경과에 따라 한국

....

45   Lange. *Comparative-Historical Methods*. p.14.

46   Lange. *Comparative-Historical Methods*. p.15.

47   임현진(1992). "역사로 되돌아가자: 비교사회학의 방법론적 전략." 한국비교사회연구회 편.『비교사회학: 방법과 실제 II』. 서울: 열음사. p.21.

48   Dobb, M.(1980[1946]).『자본주의 발전연구』. 이선근 역. (*Studies in the Development of Capitalism*). 서울: 광민사; Wallerstein, I.,『근대세계체제 I』; Wallerstein, I.(2013b[2011]),『근대세계체제 II: 중상주의와 유럽 세계경제의 공고화 1600-1750』(제2판). 유재건·서영건·현재열 역. (*The Modern World-system II: Mercantilism and the Consolidation of the European World-economy, 1600-1750*, 2nd ed.). 서울: 까치; Wallerstein, I.(2013c[2011]).『근대세계체제 III: 자본주의 세계경제의 거대한 팽창의 두 번째 시대 1730-1840년대』(제2판). 김인중·이동기 역. (*The Modern World-system III: The Second Ear of Great Expansion of the Capitalist World-economy, 1730-1840s*, 2nd ed.). 서울: 까치; Wallerstein, I.(2011). *The Modern World-system IV Centrist Liberalism Triumphant, 1789-1914*. CA: University of California Press; Frank.『리오리엔트』.

복지체제의 특성이 형성되는 역사적 인과관계를 분석했다는 점이다. 마지막으로 논란이 될 수 있는 쟁점은 『기원과 궤적』이 "한국"이라는 단일 사례를 분석했다는 점이다. 통상적으로 비교역사방법이 다수의 (두 개 이상의) 사례를 비교분석해야 한다는 점을 고려하면,[49] 한국이라는 단일사례를 연구하는 『기원과 궤적』의 방법론으로 비교역사방법은 적합하지 않을 수도 있다. 그러나 단일사례이기 때문에 비교역사방법의 방법론을 적용할 수 없다는 주장은 비교역사방법의 범주를 지나치게 협소하게 이해하는 것이다. 실제로 한국 복지체제와 관련해 『기원과 궤적』이 제기한 네 가지 문제설정에 대한 분석은 '비교' 없이는 불가능하다. 예를 들어, 첫 번째 문제 설정인 "한국 복지체제의 역사적 기원을 어디까지 거슬러 올라가야 하나?"는 다른 복지국가들과의 비교 없이 답을 내오는 것이 불가능하다. 아무런 준거도 없이 한국 복지체제의 역사적 기원을 논의할 수는 없다. 실제로 『기원과 궤적』에서는 시기별로 한국 복지체제의 특성을 분석하기 전에 서구 복지체제에 대한 분석을 먼저 하고 있다. 예를 들어, 『기원과 궤적』에서는 제6장 조선 후기와 제7장 일제강점기를 분석하기 전에 제5장에서 1870년대부터 1940년대까지 서구와 (한국을 제외한) 동아시아 사회를 분석했다.

마지막 문제 설정인 "한국 복지체제의 성격" 또한 다른 복지국가가 존재하지 않는다면 무의미한 것이다. 만약 한국만이 유일한 복지체제라면 한국 복지체제의 성격을 논할 이유가 없다. 어떤 복지체제의 성격은 곧 한국 복지체제의 성격과 등치되기 때문이다. 비교연구의 고전으로 불리는 알렉시스 드 토크빌(Alexis de Tocqueville)의 『미국의 민주주의』도 미국 사회를 프랑스와 비교하는 방식으로 분석하고 있다.[50] 또한 콘(Kohn)[51]이 1987년에 미국사회학회에서 행한 기조

....

49   Lange. *Comparative-Historical Methods*. 이와 다른 주장도 있다. 틸리에 따르면 비교역사방법론을 적용할 수 있는 경우는 단일사례로부터 다수의 사례까지, 공통성이 적은 경우부터 다수인 경우까지 모두를 포괄할 수 있다. 실제로 단일사례라고 하더라도 시간의 변화에 따라 특정한 역사적 결과들이 상이한 모습을 보인다는 점에서 단일사례 또한 비교분석이 가능하다. Tilly, C.(1984). *Big Structure, Large Processes, Huge Comparison*. Thousand Oaks, CA: Russell Sage Foundation Publication.

50   Tocqueville, A.(2002[1835]). 『미국의 민주주의』. 임효선·박지동 역. (*De la Democratie en Amerique*). 서울: 한길사.

연설을 보면, 비교사회학에서는 상이한 의도를 가진 네 가지 국가 간 비교 방식을 구별할 수 있다고 했다. 이중 첫 번째 방식은 한 국가를 연구의 대상으로 설정하고, 다른 국가들은 암묵적인 비교 대상으로 다루는 방식이다. 『기원과 궤적』이 취하는 비교 방식과 유사하다. 뤼시마이어(Rueschemeyer)[52]의 지적처럼 순수한 단일 사례란 존재하지 않는다. 실제로 한국 복지체제의 역사적 기원과 궤적에 대한 연구는 필연적으로 서구 복지국가와의 비교를 전제하고 있다는 점에서 비교역사방법은 『기원과 궤적』의 핵심적 방법론이 될 수 있다. 더욱이 비교는 단순히 공간적 비교만을 의미하지 않는다. 찰스 틸리(Charles Tilly)의 프랑스 연구는 역사 분석을 통해 비교를 시간적으로 가로질렀다.[53] 스티븐 워너(Stephen Warner)는 「마르크스의 생산양식 비교분석 방법론」이라는 논문에서 마르크스의 연구를 시간 축에 따라 사회구성체를 비교한 연구로 분류했다.[54]

더불어 비교역사방법은 보편성(nomothetic)과 특수성(ideographic) 간의 균형을 추구한다는 점에 연구방법론으로 장점이 있다. 한국 복지체제의 역사적 기원과 궤적에 대한 분석은 전자본주의 사회에서 자본주의 사회로의 이행으로부터 시작된다. 제2차 세계대전 이후 유명했던 모리스 돕과 폴 스위지의 자본주의 이행 논쟁은 서구 사회가 자본주의로 이행하는 과정에서 발생하는 논란을 이해하는 데 중요한 지침을 제공해준다.[55] 하지만 한국 사회가 전자본주의 체제에서

....

51 Kohn, M.(1987). "Cross-national Research as an Analytic Strategy: American Sociological Association, 1987 Presidential Address." *American Sociological Review* 52(6): 713-731. p.714.

52 Rueschemeyer, D.(2003). "Can One or a Few Cases Yield Theoretical Gains?" In Mahoney, J. and Rueschemeyer, J.(eds.). *Comparative Historical Analysis in the Social Sciences*. pp.305-336. New York: Cambridge University Press. p.332.

53 Hunt, L.(1986[1984]). "찰스 틸리의 집합 행위." 테다 스카치폴 편. 『역사 사회학의 방법과 전망』. 박영신·이준식·박희 역. pp.298-333. (*Vision and Method in Historical Sociology*). 서울: 민영사. p.319.

54 Warner, S.(1990[1971]). "마르크스의 생산양식 비교분석 방법론." 『비교사회학: 방법과 실제 I』. 한국비교사회연구회 편역. pp.83-98. 서울: 열음사. 워너에 따르면 마르크스의 분석은 아시아적 생산양식, 고대노예제 생산양식, 봉건제 생산양식, 자본주의 생산양식 등을 시간적으로 비교분석한 것으로, 『독일이데올로기』, 『공산당 선언』 등에 잘 나타나 있다고 한다.

55 Dobb. 『자본주의 발전연구』; Sweezy, P.(1984[1950]). "돕의 소론에 대한 비판." 『자본주의 이행논쟁』. 김대환 편역. pp.101-128. 서울: 동녘; 高橋幸八郎(1984[1950]). "돕-스위지 논쟁에 부쳐." 『자본

자본주의 체제로 이행하는 과정을 돕과 스위지의 논쟁을 원용해 설명하는 것은 적절하지 않을 수도 있다. 물론 한국에서도 전자본주의 사회에서 자본주의 사회로의 이행은 노동력의 상품화와 국제교역의 증대 등과 같은 서구 사회가 자본주의로 이행하는 과정에서 나타난 일반적 특성을 공유한다. 하지만 한국 사회가 자본주의로 이행하는 과정에는 제국주의의 침탈, 남북 분단, 군사독재 등 한국 사회의 고유한 역사적 특수성이 존재한다.[56] 이러한 한국 사회의 특수성으로 인해 한국 복지체제의 역사적 기원과 궤적에 대한 연구는 보편성과 특수성의 균형을 추구하는 비교역사방법의 특성을 잘 담아낼 수 있는 연구 주제라고 할 수 있다. 물론 장점만이 있는 것은 아니다. 방법론으로서의 비교역사방법에 대한 비판도 거세게 일고 있다. 먼저 소수의 사례로부터 인과관계를 추정하는 방법론에 대한 비판이다.[57] 다음으로 종속변수를 임의로 선택하는 문제와 2차 자료가 선별적으로 사용될 수 있다는 비판이다. 하이데 분더(Heide Wunder)는 서구 자본주의의 기원을 정치적인 차원(계급구조와 관계)에서 찾으려고 하는 로버트 브레너(Robert Brenner)의 주장이 오류라고 비판하면서, 이러한 오류가 "교과서와 2차 자료에 기댈 수밖에 없는 비교사가의 운명"이라며 유감스럽다고 했다.[58] 분더는 비교역사방법이 2차 자료를 사용해 연구하는 한 선행연구의 오류를 수정할 수단이 없기 때문에 오류를 반복할 수밖에 없다는 점을 지적했다.

그러나 적은 사례 수와 2차 자료를 이용한 분석이 반드시 구조적 오류를 범한다고 할 수는 없다. 거대 역사적 결과와 관련된 요인들은 무수히 많이 존재하기 때문에 모든 요인들을 고려한다는 것은 사실상 불가능하기 때문이다. 예를 들어, 왜 영국에서 가장 먼저 산업혁명이 진행되었는가에 대한 오랜 논쟁의 결과는

....

주의 이행논쟁』. 김대환 편역. pp.142-175. 서울: 동녘.

56 이 또한 지난 수십 년간 수많은 반론에 직면했다.

57 Mahoney and Rueschemeyer. "Comparative Historical Analysis." pp.17-18.

58 Wunder, H.(1991[1985]). "독일의 동부와 서부에서의 농민조직과 계급갈등." Aston, T. H. and Philpin, C. H. E. eds. 『농업계급구조와 경제발전: 브레너 논쟁』. 이규연 역. pp.129-140. (*The Brenner Debate: Agrarian Class Structure and Economic Development in Pre-industrial Europe*). 서울: 집문당. p.130.

관련된 요인이 너무 많아 사실상 어떤 단일한 합의가 불가능하다는 것이다.[59] "역사학의 교황"이라고 불리는 페르낭 브로델(Fernand Braudel)[60]도 산업혁명을 "장기 지속적이고 누진적이며 신중하고 조용한, 그리하여 흔히는 거의 알아볼 수도 없는 과정"이라고 했다. 비교역사방법을 사용한 연구들은 인류 역사의 중요한 역사적 결과가 왜 특정한 시점과 특정한 지역에서 발생했는지에 대한 합의된 결론에 도달하지 못했다. 마지막으로 스카치폴은 비교역사방법의 핵심 주제인 혁명, 복지국가, 근대국가, 자본주의의 기원 등이 대부분 서구 사회의 역사적 경험에 근거하고 있다는 점에서 비판받고 있다고 했다.[61] 『기원과 궤적』이 분석 방법으로 비교역사방법을 취하고 있는 한 비교역사방법론의 한계를 벗어나기는 어렵다. 이로 인해 『기원과 궤적』의 성과 또한 제한적일 수밖에 없다. 하지만 적어도 비교역사방법이 서구 중심이라는 마지막 비판은 한국 복지체제의 역사적 기원과 궤적에 대한 연구를 통해 극복할 수 있다. 더불어 최근 비교역사방법론의 경향은 단순히 과거의 역사적 결과에 대해 인과적으로 설명하는 수준을 넘어 미래에 대한 예측까지 그 영역을 넓혀가고 있다.[62] 이는 비교역사방법이 한국 복지체제의 역사적 기원과 궤적은 물론 한국 복지체제의 전망을 내다보는 데 유용하게 활용될 수 있다는 것을 의미한다.

제4절 분석 수준, 분석 시기, 분석의 이론과 관점

이상의 연구 전략에 근거해 『기원과 궤적』에서는 〈그림 1.1〉에서 보는 것과 같이 한국 복지체제의 역사적 기원과 궤적을 세 차원에서 접근한다. 첫 번째 차원

....

59   Wallerstein. 『근대세계체제 III』. 자세한 내용은 "제1장 공업과 부르주아지"(pp.11-85)를 참고하라.
60   Braudel. 『물질문명과 자본주의 III: 세계의 시간』. p.746.
61   정진성. "스카치폴의 비교역사학적 연구."
62   Mahoney, J. (2009). "Comparative-Historical Analysis: Generalizing Past the Past." American Sociological Science Association. Berkeley, CA, August 12, 2009.

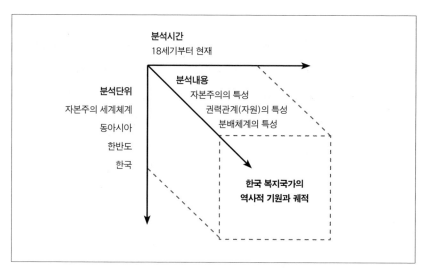

분석시간
18세기부터 현재

분석내용
자본주의의 특성
권력관계(자원)의 특성
분배체계의 특성

분석단위
자본주의 세계체계
동아시아
한반도
한국

한국 복지국가의
역사적 기원과 궤적

그림 1.1 분석 단위, 분석 시간, 이론과 관점

은 "분석 수준"으로 한국 복지체제를 중층적으로 접근한다. 두 번째 차원은 "분석 시간"이다. 여기서 중요한 점은『기원과 궤적』의 분석 시점을 18세기부터 1876년 개항을 전후한 시기로 설정했다는 것과 시간은 일원적 시간대가 아니라 중층적 시간대라고 전제하는 것이다. 특히 중층적 시간대라는 개념을 설정한 이유는 서구 복지국가와 한국 복지체제가 형성되는 시점(timing)의 차이가 주는 의미를 드러내기 위해서이다. 마지막 차원은 분석 내용(주제)이다. 분석 내용은 자본주의의 특성(경제), 권력관계(자원)의 특성(정치), 분배체계의 특성(복지)을 중심으로 한다.

『기원과 궤적』의 실질적 분석 단위는 한국 복지체제이다. 하지만 한국 복지체제는 한국을 둘러싼 세계체계의 중층적 수준들과의 관련성 하에서 검토된다. 한국 복지체제의 역사적 기원과 궤적은 한국과 세계체계, 동아시아, 한반도와의 관련성 하에서 분석된다. 이러한 접근이 필요한 이유는 한 사회의 특성과 변화를 일국적 차원에서 고찰했을 때 직면하는 한계를 넘어서기 위해서이다. 예를 들어, 1980년대에 국내에서 활발하게 논의되었던 "사회구성체 논쟁"이 지속되지 못했던 이유 중 하나로 한국 자본주의를 일국적 차원에서 접근했기 때문이라는 지적이 있다.[63] 또한 에스핑-앤더슨의 복지국가 유형론을 한국과 같은 비(非)서구 국가 또는 개발도상국에 적용하기 어려운 이유는 에스핑-앤더슨의 유형론이 복지국가의 특성을 일국적 차원에서만 설명하고 있기 때문이다.[64] 에스핑-앤더슨의 유형화는 서구 복지국가들 간의 차이를 일국적 차원에서 개별 복지국가의 내적 권력자원의 차이로 접근한 것이다. 더욱이 에스핑-앤더슨이 서구 복지국가들 간의 차이를 계급연합의 성격을 중심으로 설명할 수 있도록 영감을 준 베링턴 무어(Barrington Moore)는 소(小)국은 다른 강대국들의 영향을 많이 받기 때문에, 소국의 정치적인 결정은 국내 요인이 아닌 국외 요인에 의해 결정된다고 주장했다.[65] 이렇게 보면 한국 복지체제에 대한 분석은 한국 내부의 요인뿐만 아니라 외부의 요인도 함께 고려되어야 한다.

세계체계분석을 적용하면 한국 복지체제의 특성은 18세기부터 1876년 개항 전후로 형성되기 시작한 한국 자본주의의 내재적 특성이 반영된 결과인 동시에 자본주의 세계체계의 역사적 과정이 투영된 결과이다. 이러한 중층적 수준의 분석은 폴라니의 『거대한 전환』에 잘 구현되어 있다. 폴라니는 자본주의를 분석하면서 일국적 차원에서 벌어지는 자기조정적 시장에 대한 국가의 보호주의적 행위, 계급들 간의 역관계는 물론이고 세계경제가 이러한 일국적 문제에 어떻게 관

....

63 백승욱(2006). 『자본주의 역사 강의』. 서울: 그린비. p.20.

64 Esping-Andersen. *The Three Worlds of Welfare Capitalism.* p.14. 에스핑-앤더슨의 분석이 가능했던 이유 중 하나는 (추정하건데) 서구 복지국가들이 주로 자본주의 세계체계에서 핵심부에 위치한 국가들이기 때문일 것이다. 물론 핵심부 국가들 또한 세계체계의 규정성으로부터 자유로울 수는 없다. 그러나 자본주의 세계체계의 규칙은 (핵심부 국가들 중 헤게모니를 행사하는 국가의 영향력이 상대적으로 크기는 하지만) 핵심부 국가들 간의 경쟁을 통해 만들어지기 때문에 이들 핵심부 국가들을 분석하는 데 있어 세계체계의 영향은 (중요하지만) 가시적으로 드러나지 않을 수도 있다. 더욱이 에스핑-앤더슨의 분석은 종단적 분석이 아닌 횡단적 분석에 근거하고 있기 때문에 자본주의 세계체계가 핵심부 국가들에 미치는 영향이 가시화되지 않았고, 개별 국가의 복지체제의 특성이 마치 일국적 차원에서 논의될 수 있는 것처럼 보였다.

65 에스핑-앤더슨은 계급연합에 대한 베링턴 무어의 영향에 대해 다음과 같이 이야기한다. "아마도 선형성과 소수파로서 노동계급의 결합된 문제를 풀 수 있는 가장 유력한 방법은 근대국가로의 전환 과정을 설명하는 베링턴 무어의 획기적인 계급연합 명제에 관한 최근의 연구에서 찾을 수 있을 것이다." Esping-Andersen. *The Three Worlds of Welfare Capitalism.* p.17; Moore, B.(1966). *Social Origins of Dictatorship and Democracy: Lord and Peasant in the Making of the Modern World.* Boston: Beacon Press. xix.

런되는지를 분석했다.[66] 월러스틴의 세계체계분석도 폴라니의 이러한 분석 방법을 적용한 연구라고 할 수 있다.[67]

구체적으로 보면 첫 번째 층위는 세계체계이다. 한국 복지체제의 역사적 기원과 궤적이 세계체계의 관점에서 접근되어야 하는 이유는 한국 자본주의 시작이 내부적 힘과 외부적 강제라는 이중적 힘에 의해 자본주의 세계체계에 편입되면서 출발했기 때문이다.[68] 브로델로부터 시작해 아민(Amin), 프랑크, 월러스틴, 아리기 등의 세계체계 관점[69]을 적용하면 1876년을 기점으로 한국은 일본에 의해 중국 중심의 세계체계에서 이탈해 자본주의 세계체계의 주변부로 편입되었다. 당시 조선 사회의 지배적 생산관계가 자본주의 체제인지의 여부는 중요하지 않다. 왜냐하면 자본주의 세계체계에 포괄된 모든 사회의 생산양식이 반드시 자본주의 생산양식일 필요는 없기 때문이다. 오히려 자본주의 세계체계는 세계경제의 필요에 의해 다양한 생산양식(노예제, 봉건제, 임금노동 등)이 공존(해야)하기 때문이다.[70]

서유럽에서 자본주의 세계체계가 출현한 장기 16세기 동안(1450~1640년) 서유럽에서는 임금노동이 지배적인 노동양식으로 등장했지만, 동유럽에서는 서

....

66 Polanyi. 『거대한 전환』.
67 Wallerstein, I.(2001[1999]), 『우리가 아는 세계의 종언: 21세기를 위한 사회과학』. 백승욱 역. (*The End of the World as We Know It: Social Science for the Twenty-first Century*). 서울: 창비, p.271.
68 윤소영은 "조선은 1876년 일본에 개항함으로써 비로소 세계자본주의체제에 편입되었다."라고 쓰고 있다. 윤소영(2013). "한국 근대사를 어떻게 볼 것인가." 한국근현대사학회 편. 『한국근현대사강의』. pp.13-22. 파주시: 한울 아카데미, p.15.
69 Braudel, F.(1995[1979]). 『물질문명과 자본주의 I: 일상생활의 구조』. 주경철 역. (*Civilisation Materielle, Economie et Capitalisme: Les Structures du Quotidien: Le Possible et L'Impossible*). 서울: 까치; Braudel, F.(1996[1986]). 『물질문명과 자본주의 II: 교환의 세계』. 주경철 역. (*Civilisation Materielle, Economie et Capitalisme: Les Jeux de l'échange*). 서울: 까치; Braudel. 『물질문명과 자본주의 III: 세계의 시간』; Amin, S.(1986[1974]). 『세계적 규모의 자본축적』. 김대환·윤진호 역. (*Accumulation on a World Scale: A Critique of the Theory of Underdevelopment*). 서울: 한길사; Frank. 『리오리엔트』; Wallerstein. 『근대세계체제 I』; Wallerstein. 『근대세계체제 II』; Wallerstein. 『근대세계체제 III』; Wallerstein. *The Modern World-system IV: Centrist Liberalism Triumphant, 1789-1914*; Arrighi. 『장기20세기: 화폐, 권력, 그리고 우리 시대의 기원』.
70 Wallerstein. 『근대세계체제 I』. p.139.

유럽과 반대로 봉건적 농노제가 강화되는 현상(재판농노제)이 나타났다.[71] 그러 므로 조선이 자본주의 세계체계에 편입된 것과 조선의 지배적 생산양식이 자본 주의라는 것은 별개의 문제이다. 조선은 세계체계의 주변부 국가로서 자본주의 세계체계를 구성하는 한 부분이 된 것이다. 이처럼 한국의 자본주의 이행기의 특성은 세계체계를 전제하지 않고는 적절히 이해될 수 없으며, 한국 복지체제 또한 자본주의 이행기에 만들어진 사회경제적 특성에 대한 고려 없이 설명될 수 없다.

두 번째 층위는 동아시아이다. 동아시아는 20세기에 들어서면서 "지역사의 단위로 모습을" 드러낸다.[72] 실제로 20세기 초 동아시아의 세력관계는 조선의 자본주의화와 식민지화에 중요한 영향을 미쳤다. 세 번째 층위는 한반도 분단이다. 한국 복지체제는 1945년 해방 이후 한반도에 존재하는 두 개의 정치 실체를 고려해서 설명되어야 한다. 백낙청[73]의 분단체제에 동의하지는 않지만, 해방 후 한국 복지체제는 한반도 분단과 밀접한 관계 속에서 형성되었다.[74] 김연명의 연구는 한반도의 분단이 어떻게 한국의 사회복지에 영향을 미쳤는지를 보여주고 있다.[75] 헌법재판소의 2014년 12월 19일 통합진보당에 대한 해산심판, 2017년 대선과 문재인 정부 집권 초기에 벌어진 사드 배치 논란은 한국 사회가 여전히 분단체제의 규정 하에 있다는 현실을 분명하게 드러낸다. 한국 복지국가에 대한 중층적 접근은 세계체계의 핵심 국가인 서유럽과 미국의 경험에 근거해 복지국가의 동학을 일국적 차원으로 제한한 에스핑-앤더슨[76]의 복지체제론을 비판적으로 재구성하는 작업이다. 핵심부 국가들의 복지국가의 길은 주변을 고려할 필요가 거의 없다. 세계체계의 규칙은 (전부는 아니겠지만) 대부분 핵심국가들에 의해 정해지기 때문이다. 반면 (반)주변부 국가들의 길은 그들을 둘러싼 외부적 조건에

....

71 Dobb. 『자본주의 발전연구』. p.50.
72 유용태·박진우·박태균(2010). 『함께 읽는 동아시아 근현대사 1』. 서울: 창비. p.26.
73 백낙청(1992). "분단체제의 인식을 위하여." 『창작과 비평』 78: 288-309.
74 윤홍식(2013). "한국 복지국가 주체 형성에 대한 분단체제의 규정성." 『사회복지정책』 40(3): 299-319.
75 김연명(1993). "한반도의 냉전체제가 남북한 사회복지에 미친 영향." 중앙대학교 사회복지학과 박사 학위논문.
76 Esping-Andersen. *The Three Worlds of Welfare Capitalism*.

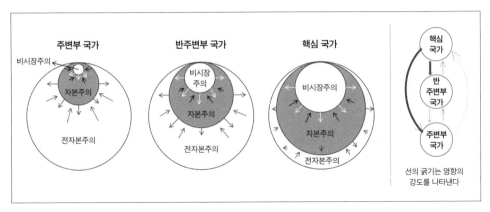

그림 1.2 세계체계 하에서 개별 국가의 자본주의와 전자본주의

대한 고려 없이 설명될 수 없다.

　다음으로 자본주의 사회에서 비시장주의적 관계의 크기를 보여주는 복지의 크기는 세계체계에서 개별국가가 차지하는 지위와 밀접한 관련을 갖고 있다. 대부분의 복지체제들은 전자본주의, 자본주의, 비시장주의(비자본주의) 성격을 모두 갖고 있다. 그러나 (도식적이라는 위험이 있지만) 그 크기는 〈그림 1.2〉에서 보는 것처럼 개별 국가가 자본주의 세계체계에서 점하는 위계적 지위에 따라 상이하다. 주변부 국가의 경우 자본주의 영역은 상대적으로 작은 반면 전자본주의 영역은 크며, 자본주의의 틀 내에서 분배를 주관하는 비시장주의 영역 또한 작다. 반면 핵심부 국가의 경우 전자본주의 영역은 작고 자본주의 영역이 지배적이며, 이에 따라 비시장적 원리에 의해 운영되는 상대적으로 큰 복지영역을 갖고 있다. 더욱이 중요한 것은 이런 개별 국가에서 나타나는 자본주의, 전자본주의, 비시장 영역(복지)이 개별 국가의 요인만이 아닌 (이후 구체적으로 검토하겠지만) 국가 간의 관계에 의해서도 영향을 받는다는 사실이다. 이러한 중층적 수준의 분석을 통해 『기원과 궤적』에서는 자본주의 사회에는 단 하나의 분석 단위만 존재한다는 주장과 복지국가 논의를 일국적 차원으로 제한하려는 시도 모두를 지양(止揚)해나갈 것이다.[77]

　구체적 분석은 폴라니의 방법론을 차용한다.[78] 폴라니는 『거대한 전환』에서

서구 사회가 전자본주의 체제에서 자본주의 체제로 이행하는 과정을 다루고 있지만, 방법론적으로는 스핀햄랜드법, 빈민법 등과 같은 영국의 구체적인 정책(제도)을 분석하는 방법을 취했다. 이를 통해 폴라니는 자본주의 체제로의 이행에 관한 분석에 실증적 힘을 불어넣었다. 폴라니의 이러한 분석 방법은 비교역사 연구에 커다란 공헌을 했다.[79] 폴라니는 제도에 초점을 맞추어 분석했기 때문에 표면상으로는 유사해 보이는 제도적 장치들을 구분할 수 있었고, 비교하기 어려운 것들을 비교할 수 있었다.『기원과 궤적』에서도 폴라니와 같이 한국 복지체제를 구체적인 사례를 통해 분석하는 방식을 취했다.

1. 분석 내용: 경제-정치-분배체계

한국 복지체제의 역사적 기원과 궤적에 대한 분석은 한국 자본주의, 권력관계(자원), 분배체계가 상호 공진(共進)하는 과정을 담아내야 한다.『기원과 궤적』에서는 기존의 한국 복지국가에 대한 연구들이 한국의 복지제도를 연대기적으로 나열하는 방식으로 기술되었다는 점을 비판한다. 대신 한국의 복지체제가 한국과 자본주의 세계체계의 정치·경제와의 상호관련성 하에서 형성되어가는 과정을 드러내려고 시도했다. 예를 들어, 제5장 "사회민주주의의 부상과 역사적 복지국가의 태동"에서는 먼저 19세기부터 20세기 초까지 서구 복지체제의 특성에 대해 서술하고, 이어서 제6장 "전자본주의 분배체계의 해체"에서는 당시의 조선사회의 경제적·정치적 특성 및 변화에 대해 서술했다. 분배체계(복지체제)는 이러한 경제·정치의 변화와의 관련성 하에서 당시의 시대적 특성을 드러내는 방식으로 분석했다. 구체적으로 경제적 차원에서는 자본주의 맹아론, 내재적 발전론, 식

....

77   월러스틴은 한 사회의 권력관계, 경제체제 등이 세계체계에 의해 결정된다고 상정함으로써, 국가와 같이 세계체계와 밀접한 관계에 있지만 상대적 자율성을 갖고 있고 구분되어야 하는 분석 단위를 세계체계라는 하나의 분석 단위로 통합해버리는 오류를 범했다.

78   Polanyi.『거대한 전환』.

79   Block and Somers. "경제주의적 오류를 넘어서: 칼 폴라니의 전체론적 사회과학." p.94.

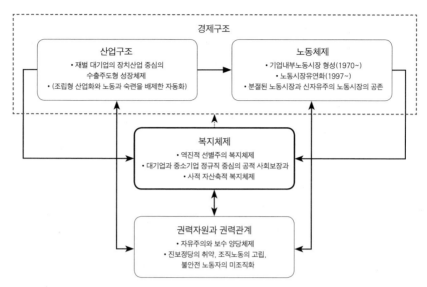

그림 1.3 정치·경제적 성격과 한국 복지체제의 특성

민지 근대화론 등과 같은 논쟁에 대한 이해를 바탕으로 개항을 전후한 시기의 조선 경제에 대해 설명하고, 정치적 차원에서는 이러한 경제적 변화와 관련해 갑신정변, 갑오개혁, 광무개혁과 같은 조선 지배계급의 대응과 평안도 농민항쟁, 임술 농민항쟁, 임오군란, 갑오농민전쟁 등 민중의 저항을 중심으로 권력관계를 분석했다. 분배체계는 이러한 정치·경제 변화와 관련해 조선사회를 유지시켰던 전통적 분배체계가 해체되어가는 과정과 이를 대신할 새로운 대안적 분배체계가 등장하지 못했던 상황을 분석했다.

〈그림 1.3〉을 보면서 조금 더 구체적으로 설명하면 2019년 현재 한국복지체제의 특성은 1960년대와 1970년대 산업화 과정에서 만들어진 노동체제(고용의 특성과 노동 시장구조)와 복지국가를 만들어가는 주체역량의 취약함이 만들어낸 결과라고 할 수 있다. 이는 현재 한국 복지체제의 모습이 단순히 경제성장에 비해 낙후된 것이 아니라 한국의 산업화와 민주화의 과정의 결과라는 인식의 기초가 된다. 1970년대부터 시작된 재벌 대기업 중심의 조립형 전략에 입각한 한국의 수출주도형 중화학공업화는 한국 노동체제에서 기업내부노동시장이 만들어지

는 계기가 되었고, 이러한 특성이 1987년 민주화 이후 생산직 노동자로 확대되면서 기업내부노동시장과 외부노동시장의 분절성이 강화되었다. 특히 1987년 민주화 과정에서 노동의 조직화가 대기업 노동자를 중심으로 기업별로 이루어지면서 민주화가 오히려 노동시장의 분절성을 강화하는 역설적인 상황이 발생했다. 다만 1987년 민주화 이후 분절된 노동시장 구조가 즉각적으로 가시화되지 않았던 이유는 한국 경제가 1980년 후반부터 1990년대 초까지 호황국면에 있었기 때문이다. 이러한 상황에서 1997년 경제위기에 직면하자 기업의 내부노동시장은 축소되고, 외부노동시장이 확대되면서 한국 노동체제는 1980년대 후반부터 진행된 노동시장 분절화 경향에 노동시장 유연화가 더해지면서 노동시장의 신자유주의화가 가속화되었다.

1998년 이후 김대중·노무현으로 이어지는 자유주의 정부가 추진한 사회보험 중심의 복지 확대는 바로 이러한 재벌 대기업 중심의 수출주도형 산업화가 만들어 놓은 노동체제의 특성과 결합하면서 한국 복지체제를 외부노동시장에 존재하는 불안정 고용상태에 있는 노동자와 영세자영업자를 배제한 대기업과 일정한 규모가 있는 중소기업의 정규직 노동자 중심의 역진적 선별주의 복지체제로 만들었다. 사회보험이 정기적으로 기여금을 납부할 수 있는 안정적으로 고용된 정규직 노동자를 위한 사회보장제도라는 점을 고려하면 1998년 이후 사회보험 중심의 공적 복지 확대는 필연적으로 광범위한 노동계급과 영세자영업자를 공적 사회보장제도에서 배제할 수밖에 없었던 것이다. 정치적으로 이러한 문제가 완화될 수도 있었겠지만, 조직되지 않은 비정규직과 영세자영업자는 그럴 힘이 없었고, 제도권의 권력관계도 보수정당과 자유주의 정당으로 제도화된 상황에서 이들의 이해를 반영하는 사회보장제도의 확대는 기대할 수 없었던 것이다. 더불어 한국 사회의 정치경제적 특성은 한국 복지체제의 또 다른 특성인 사적 자산을 축적해 사회위험에 대응할 수 있는 소수 계층이 만들어지는 토대가 되었다. 정리하면 『기원과 궤적』은 자본주의 세계체계와 한국 사회 간의 관련성과 정치·경제체제와 분배체제 간의 관련성이라는 두 가지 차원에서 한국 복지국가의 기원과 궤적을 검토했다.

2. 분석 시기: 분석 시점과 중층적 시간대

『기원과 궤적』은 18세기부터 한국의 분배체계를 분석하지만 주된 분석 시점은 1876년 개항을 전후한 시기이다.[80] 한국 사회는 이 시기를 전후로 전자본주의 체제에서 자본주의 체제로 이행을 시작했다. 한국의 분배체계 또한 자족적 농업 중심의 전자본주의 분배체제에서 자본주의 체제에 조응하는 상품화폐경제에 기초한 분배체제로 변화해갔다. 물론 개항 이전에도 조선 내부에 자본주의의 맹아가 존재했다는 연구도 있다.[81] 하지만 조선에서 자본주의 생산양식의 맹아가 존재했다는 것이 곧 자본주의로의 이행이 시작되었다고 할 수는 없다. 다만 중요한 것은 1876년 개항을 기점으로 전자본주의 생산체제가 지배적인 조선이 자본주의 세계체계에 편입되었다는 사실이다. 조선이 자본주의 체제로 전환되지 못했음에도 자본주의 세계체계에 편입될 수 있었던 것은 세계체계에서는 상이한 노동조직의 방식들(노예제, 봉건제, 임금노동제 등)이 공존할 수 있기 때문이다.[82]

주된 분석 시점을 1876년 개항이라고 명시하지 않고 개항을 전후한 시기로 조금 넓게 설정한 이유는 한국 사회의 변화를 "한국 중심적(Korea-centered) 접근법"에 근거해 분석하기 위해서이다. 폴 코헨은 중국 근대사 연구에서 아편전쟁으로 대표되는 서구의 충격이 지나치게 과장되었다고 비판한다.[83] 코헨은 중국 근대사를 온전히 이해하기 위해서는 내외(內外) 행위자의 상호작용에 대한 이해

....

80 당시 동아시아 정세를 보면 조선이 세계체계에 편입되는 것은 예정된 수순이었다. 조선의 대외관계에서 핵심적 지위를 차지하던 중국과 일본은 각각 1842년 남경조약과 1861년 미일화친조약을 통해 이미 자본주의 세계체계에 편입된 상태였다. 조선이 속해 있던 중국을 중심으로 한 세계체계는 더 이상 존재하지 않았다. 이는 마르크스가 정세라고 부르는 것으로, 단기적으로 쉽게 변화하는 것이 아니라 "일정 정도 지속되는 세력균형, 관계의 시간"이라고 할 수 있다. 백승욱.『자본주의 역사 강의』. p.75.

81 김광진·정영술·손전후(1988).『조선에서 자본주의적 관계의 발전』. 서울: 열사람; 이욱(2000). "조선 후기 상업사에서의 자본주의 맹아론." 강만길 편.『조선후기사 연구의 현황과 과제』. pp.235-266. 서울: 창작과 비평; 전석담·허종호·홍희유(1989).『조선에서 자본주의적 관계의 발생』. 서울: 이성과 실천; 정연태(2011).『한국근대와 식민지 근대화 논쟁』. 서울: 푸른역사.

82 Wallerstein.『근대세계체제 I』. p.139.

83 Cohen, P.『학문의 제국주의: 오리엔탈리즘과 중국사』. p.55.

가 필수적이라고 주장했다. 다시 말해 중국의 근대사는 단지 서구의 충격으로만 설명될 수 없으며, 중국 내부의 동학을 이해할 때 비로소 온전한 이해가 가능하다는 것이다.[84] 이렇게 보면 한국 사회가 자본주의 사회로 이행하는 과정도 개항이라는 외부적 충격과 한국 사회의 내재적 변화 간의 상호작용의 결과로 분석할 필요가 있다. 이러한 이유로 한국 사회의 자본주의로의 이행의 시작은 개항이라는 특정한 시점이 아닌 개항을 전후한 시기로 확장될 필요가 있었다. 한국 사학계의 최근 저작에서도 이러한 인식이 확인된다. 한국 근대사의 시점을 둘러싼 다양한 주장들이 있지만, 조동걸은 한국 근대사의 시점을 정치·사회·경제·문화의 변동기인 1860년대로 설정하는 것이 적절하다고 주장했다.[85] 비록 한국 사회가 1876년 개항 이후로 큰 변화를 겪었지만 제국주의 침략에 의한 개항을 근대의 시점으로 볼 수는 없다는 주장이다.

다음으로 『기원과 궤적』에서는 한국 복지체제의 역사적 기원과 궤적을 (크게 세 시기의) 중층적 시간대로 (나눠) 분석했다.[86] 한국 복지체제는 세계 자본주

....

84 코헨의 관점은 사실 새로울 것이 없다. 지극히 상식적이다. 그러나 필자를 포함한 학계의 관행은 이러한 상식으로부터 벗어나 있는 듯하다. 너무나 당연하기 때문에 간과했던 것일까?

85 조동걸(2014). 『한국 근현대사 개론』. 서울: 역사공간. pp.28-29. 물론 조동걸이 1876년 개항을 근대화의 시점으로 설정할 수 없다고 주장한 이유는 필자의 주장과는 다르다. 조동걸이 1876년 개항을 근대의 시점으로 설정할 수 없다고 한 이유는 근대를 인간주의의 시대라고 규정했을 때 비인간적인 제국주의 침략의 시점인 1876년 개항은 근대의 시점이 될 수 없다는 것이다. 하지만 조동걸의 이러한 인식은 논란의 여지가 커 보인다. 왜냐하면 19세기의 근대를 인간주의라고 규정할 수 없기 때문이다. 19세기는 영국이 자본주의 세계체계에서 패권을 행사했던 시기로, 이 시기에 아시아, 아프리카의 민족들은 서구의 식민지가 되고 수탈당했다.

86 중층적 시간대는 본래 페르낭 브로델이 사용한 개념으로, 본서에서 사용한 개념과는 상이하다. 브로델은 초장기지속, 장기지속, 장기지속보다 짧은 콩종크튀르(conjoncture), 이보다 짧은 사건의 시간대가 중첩적으로 나타난다는 의미로 시간의 중첩성을 사용했다. Braudel. 『물질문명과 자본주의 I: 일상생활의 구조』; Braudel. 『물질문명과 자본주의 II: 교환의 세계』; Braudel. 『물질문명과 자본주의 III: 세계의 시간』. 즉 어떤 한 시점은 초장기지속, 장기지속, 콩종크튀르, 사건의 시대가 중첩되어 있는 시점인 것이다. 『기원과 궤적』에서는 중층적 시간이라는 개념을 자본주의 세계체계의 변화, 동아시아 체제의 변화, 한반도 분단체제의 변화, 한국 사회의 변화가 반드시 동일한 시간대에 같은 성격으로 나타나지 않는다는 점을 강조하기 위해 사용했다. 예를 들어, 세계 자본주의는 1970년대부터 신자유주의 체제로 이행한 데 반해, 한국 경제에서 국가를 대신해 시장이 더 중요한 지위를 갖게 된 시점은 1995년부터이다. 장하성(2014). 『한국 자본주의: 경제민주화를 넘어 정의로운 경제로』. 서울: 헤이북스. p.80.

의의 변화라는 시간대(세계체계의 헤게모니의 변화), 동아시아와 분단의 시간대(동아시아 질서와 남북관계의 변화의 시간대), 한국의 정치적 변화의 시간대(식민지, 미군정, 독재, 보수정부 등) 등 서로 다른 시작과 끝이 있는 중층적 시간대를 따라 다양한 영향을 주고받으며 변화했다. 한국은 자본주의 세계체계에서 영국 헤게모니의 위기가 시작된 시기에 일본의 식민지가 되었고, 일제강점기 동안 세계체계의 헤게모니는 영국에서 미국으로 이행했다. 한국은 미국 헤게모니가 최정점이었을 때 해방되었고, 미국 헤게모니가 약화되고 서구 국가들의 복지체제가 위기에 처한 시기에 복지국가를 만들어 나아가려고 하고 있다. 페리 앤더슨[87]의 연구는 이러한 중층적 시간대를 잘 반영하고 있다. 앤더슨은 유럽의 절대주의에 대한 자신의 연구에서 "단일한 시간적 매개는 존재하지 않는다."고 선언한다. 스페인에서 절대주의는 16세기 말에 종식되었지만, 영국에서는 17세기 중엽에, 프랑스에서는 18세기 말까지 지속되었고, 러시아에서는 20세기에 들어와서야 종식되었기 때문이다. 이러한 인식에 기초해『기원과 궤적』에서는 한국 복지체제의 역사적 기원과 궤적은 서로 다른 중층적 체제의 중층적 시간의 변화 과정에서 형성되었다고 주장할 것이다.

3. 분석을 위한 이론과 관점

『기원과 궤적』에서는 한국 복지체제의 역사적 기원과 궤적을 분석하기 위해 두 가지 이론과 세 가지 관점을 취한다. 먼저 두 가지 이론은 에스핑-앤더슨[88]이 서구 복지국가들 간의 차이를 설명하기 위해 사용한 계급동원과 계급연합으로 대표되는 권력자원론과 제도의 역사적 유산을 강조하는 (신)제도주의를 상호보완적으로 활용했다. 권력자원으로 복지국가의 차이를 설명하는 시도에 대한 비판이 있지만, 많은 연구들은 노동조합과 좌파정당이 복지국가들 간의 차이를 결

....

87   Anderson.『절대주의 국가의 계보』. pp.10-11.
88   Esping-Andersen. *The Three Worlds of Welfare Capitalism*. pp.67-68.

정하는 중요한 요인이라는 점을 확인해주고 있다.[89] 더욱이 최근의 연구에 따르면 제3세계 복지체제의 차이 또한 좌파정당과 노동조합의 역할과 밀접한 관련이 있는 것으로 나타난다.[90]

(신)제도주의는 현재 복지국가의 특성이 과거 제도[91]의 역사적 유산과 밀접한 관련을 갖는다는 관점을 취한다. 구체적으로 "제도화의 역사적 유산"은 역사적 제도주의의 네 가지 핵심적 개념(제도 변화와 관련된 결정적 국면, 경로의존, 점진적 변화, 상호관련성)을 통해 분석된다. 『기원과 궤적』에서는 한국 복지체제를 변화시키는 결정적 국면(critical junctures)들을 규명하고, 이러한 결정적 국면들이 어떻게 이후 경로의존의 출발점이 되었는지를 검토하게 될 것이다. 또한 제도의 점진적 변화가 어떻게 한국 복지체제의 특성을 변화시키는지도 관찰할 수 있다. 상호관련성이라는 개념을 통해 『기원과 궤적』에서는 한국 복지체제를 만들어가는 힘이 어느 한 가지 요인의 압도적 우위가 아닌 여러 요인들이 여러 방향에서 작용하고 있음을 보여줄 수 있을 것이다. 또한 한국 복지체제의 역사적 기원과 궤적을 권력자원론과 같은 정치적 관점에서 접근할 때 나타나는 문제는 한국 생산체제의 특성을 살펴보는 것으로 보완하고자 한다. 생산체제론(자본주의의 다양성)의 핵심은 자본주의 체제 하에서 모든 제도는 다른 제도와 관련되며, 복지체제 또한 예외가 아니라는 것이다.[92] 실제로 생산체제를 옹호하는 논자들은 평등하고 높은 수준의 소득 분배는 권력자원론의 핵심 전제인 참정권이 보편적으로 확대되기 이전에 이미 제도화되었다고 주장한다.[93]

....

89   Huber, E. and Stephens, J. (2001). *Development and Crisis of the Welfare State: Parties and Policies in Global Markets*. Chicago: Chicago University Press. p.113.

90   Haggard, Stephan and Kaufman, Robert (2008), *Development, Democracy, and Welfare States: Latin America, East Asia, and Eastern Europe*. Princeton, New Jersey: Princeton University Press. p.22

91   여기서 제도는 복지정책만을 의미하는 것이 아니라 복지국가와 관련된 핵심적인 정치, 경제, 사회제도들을 포괄하는 개념이다.

92   Iversen, T. (2009). "Capitalism and Democracy." In Goodin, R. ed., *The Oxford Handbook of Political Science*. pp.826-848. New York: Oxford University Press.

93   Iversen, T. and Soskice, D. (2009). "Distribution and Redistribution: The Shadow of the Nine-

세 가지 관점은 세계체계분석의 관점, 한국 중심적 접근 방법, 젠더관점이다. 먼저 세계체계는 한국 복지체제의 역사적 기원과 궤적이 일국적 차원에서 설명될 수 없으며, 반드시 자본주의 세계체계와의 관계 속에서 설명되어야 한다는 관점을 취한다. 복지국가는 미국 헤게모니가 관철되는 자본주의 세계체계의 특정한 시기의 산물이기 때문이다.[94]

두 번째 관점은 한국 중심적 접근 방법이다. 『기원과 궤적』에서는 한국 복지체제의 기원과 궤적을 분석하는 데 있어 한국 사회의 내부 동학(動學)과 자본주의 세계체계라고 할 수 있는 외부 충격의 상호관련성을 강조하는 관점을 견지한다. 세계체계 관점을 적용하면서도 한국 사회의 내부 동학의 자율성을 강조하는 이유는 비서구 사회의 근대화에 대한 논의가 대부분 서구 중심적인 관점을 취하고 있기 때문이다. 문제는 서구 중심적인 관점이 한국 사회의 변화에 대한 이해를 왜곡할 수도 있다는 점이다. 코헨의 비판처럼 서구 중심적인 관점에서 보면 비서구 사회는 정체되어 있으며, 변화가 있다고 해도 그러한 변화는 대세에 영향을 미치지 못하는 작은 변화로 간주된다.[95]

....

teenth Century." *World Politics* 61(3): 438-486.

94 다만 세계체계분석이 이론(理論)인지의 여부는 논란의 여지가 있다. 1985년에 한국에 세계체계와 관련된 논의를 처음으로 번역 출간한 김광식과 여현덕(1985)은 영어 원제인 *Social Change in the Capitalist World Economy*를 『세계체계론: 자본주의 사회변동의 이해』로 번역했다. 이후 월러스틴의 세계체계분석을 적극적으로 소개한 이수훈(1993)도 자신의 저서 『세계체제론』에서 '논(論)'이라는 개념을 사용했다. 한국서양사학회(1996)가 편집한 『근대 세계체제론의 역사적 이해』에서도 '논'이라는 개념을 사용함으로써 세계체계분석에 이론적 지위를 부여한다. 그러나 정작 월러스틴은 세계체계분석에 이론적 지위를 부여하는 것을 거부했다. 그는 대신 분석 또는 관점이라는 입장을 취했다. 월러스틴은 자신의 세계체계분석은 이론을 만들어가는 것이 아닌 "자본주의에 관한 대안적 관점을 만들어가고" 있는 것이라고 밝혔다. 『기원과 궤적』에서는 월러스틴의 입장을 존중해 세계체계를 '논'이 아니라 '분석관점'이라는 개념을 사용했다. 하지만 월러스틴의 세계체계분석이 근대화 이론과 마르크스주의적 진화론에 대한 비판으로부터 생성되었다는 점을 고려하면 세계체계분석에 이론의 지위를 부여한다는 것이 부적절한 것은 아니다. 김광식·여연덕 편역(1985). 『세계체계론: 자본주의 사회변동의 이해』. 서울: 학민사; 한국서양사학회 편(1996). 『근대 세계체제론의 역사적 이해: 브로델과 월러스틴을 중심으로』. 서울: 까치; Wallerstein. 『근대세계체제 I』. pp.vi; Skocpol. "사회학에서의 역사적 상상력." p.26.

95 Cohen. 『학문의 제국주의: 오리엔탈리즘과 중국사』. pp.88-98. 코헨의 연구 대상은 중국이었기 때문에 한국을 직접적으로 언급하고 있지는 않다. 그러나 큰 틀에서 보면 중국의 근대사에 대한 서구 중심적인 접근은 한국의 근대사에 적용하는 데 무리가 없어 보인다.

마지막은 젠더관점이다. 젠더관점은 대부분의 주류 복지국가 논의에서 간과되고 있지만 현대 복지국가를 이해하는 가장 중요한 관점 중 하나이다. 실제로 젠더관점에 대한 이해 없이 현대 복지국가에 대한 이해는 불가능하다. 에스핑-앤더슨의 *The Three Worlds of Welfare Capitalism*은 복지국가 유형 논의에서 고전적 반열에 올랐다고 평가받지만 젠더관점을 결여하고 있다는 점에서 치명적 한계를 갖고 있다. 왜냐하면 복지국가의 지속 가능성은 자본주의의 지속 가능성에 기반하고, 자본주의의 지속 가능성은 노동력의 지속적인 재생산에 기초하기 때문이다. 더욱이 서구 복지국가는 1970년대 이후 새로운 사회위험에 대응하기 위해 복지국가의 역할을 탈상품화(노동시장에서 발생하는 남성 노동자의 소득 상실에 대한 대응)에서 (재)상품화(노동시장 참여), 탈가족화(돌봄 책임으로부터의 자유), 가족화(돌볼 권리의 보장)로 확대하고 있다.[96] 특히 복지국가의 새로운 역할로 인식되는 재상품화, 탈가족화, 가족화가 남성＝생계부양자와 여성＝돌봄 제공자라는 전통적 성별 분업의 해체를 요구 한다는 점에서 복지국가에 대한 분석은 반드시 젠더관점에 근거할 필요가 있다. 이는 복지국가의 핵심 역할이 분배 문제만이 아닌 개별 시민들의 다양성을 인정하는 '인정의 문제'를 포괄하는 방향으로 확대되고 있다는 것을 의미한다.[97] 한국 복지체제를 젠더관점에 근거해 분석하는 것은 단순히 성(性) 간 불평등 문제만을 다루는 것이 아니라, 역사적으로 구성된 모든 불평등을 다룬다는 것을 의미한다. 다만 젠더관점을 역사적 과정에서 구체적으로 적용하는 것은 생각보다 매우 어려운 과제가 될 것이다. 이상 간단히 소개한 한국 복지체제의 역사적 기원과 궤적을 설명하는 이론과 관점은 제3장에서 구체적으로 다룰 예정이다.

....

96   윤홍식·송다영·김인숙(2011). 『가족정책: 복지국가의 새로운 전망』(개정판). 서울: 공동체.
97   윤홍식·류연규·최은영·이나영·김혜영·김진석·문은영·장현정·김보람·임경진(2014). 『서울시 중장기 가족정책 수립연구』. 서울: 서울시여성가족재단. p.2.

제5절 『기원과 궤적』의 시기 구분과 구성

1. 시기 구분

『기원과 궤적』에서는 18세기부터 탄핵으로 파면된 박근혜 정부의 마지막 해인 2016년까지 대략 200여 년의 역사적 궤적을 따라가며 한국 복지체제의 형성과 성격을 분석했다. 『기원과 궤적』은 이 기간을 (자본주의 세계체계의 패권 변화를 기준으로) 대략 세 시기로 구분했다.[98] 첫 번째 시기는 18세기부터 1940년대까지 시기이다. 자본주의 세계체계에서 영국의 헤게모니가 위기에 처하고 미국이 새로운 헤게모니 국가로 등장했던 시기이다. 한국 사회는 1876년 개항을 전후해 자본주의 세계체계로 편입되면서 자본주의 체제로의 이행을 시작했다. 『기원과 궤적』에서는 이 첫 번째 시기를 두 시기로 구분해서 다룬다. 먼저 18세기부터 1910년 일제에 의한 강제병탄에 이르는 시기를 다루고, 이어서 1910년부터 1945년 해방까지를 다룬다. 두 번째 시기는 1945년부터 1970년대까지 대략 40년이다. 이 시기에는 미국이 자본주의 세계체계의 헤게모니 국가로 전성기를 구가했다. 『기원과 궤적』은 이 시기를 크게 세 시기로 나누어 분석했다. 먼저 한국 사회에 자유주의를 이식한 미군정 기간을 다룬다. 다음으로 반공주의가 심화되는 이승만 정권 시기를 다루고, 이어서 반공주의와 개발주의가 권위주의 방식으로 결합되는 박정희 정권 시기를 다룬다.

마지막 시기는 1980년대부터 2016까지의 36년이다. 이 기간은 자본주의 세계체계에서 미국 헤게모니의 위기가 시작된 시기이다. 한국 복지체제와 관련해서는 크게 세 시기를 다룬다. 먼저 1980년부터 1997년까지의 시기로, 이 시기에

....

98   Arrighi, G.(2009[2007]), 『베이징의 애덤 스미스: 21세기의 계보』. 강진아 역. (*Adam Smith in Beijing: Lineages of the Twenty-First Century*). 서울: 도서출판 길; Arrighi, G., Siver, B., Hui, P. Ray, K., Reifer, T., Barr, K., Sisaeda, S., Slater, E., Ahmad, I., and Shin, M.(2008[1999]). 『체계론으로 보는 세계사』. 최홍주 역. (*Chaos and Governance in the Modern World System*). 서울: 모티브북; Wallerstein. 『근대세계체제 I』; Wallerstein. 『근대세계체제 II』; Wallerstein. 『근대세계체제 III』; Wallerstein. *The Modern World-system IV*.

권위주의적 반공개발국가(反共開發國家)가 신자유주의적 반공개발국가로 이행했다. 다음으로 한국 역사상 처음으로 민주적 정권 교체를 통해 등장한 김대중 정부와 노무현 정부를 다룬다. 이 시기의 핵심 쟁점은 김대중·노무현 정부에서 확대된 복지의 성격을 어떻게 규정할 것인가이다. 미국 헤게모니의 위기의 시대에 다룰 마지막 시기는 2008년부터 시작된 이명박·박근혜 보수정부 9년이다. 여기서 쟁점은 보수정부 9년의 복지체제가 자유주의 정부라고 할 수 있는 김대중·노무현 정부시기 복지체제를 계승한 것인지 아니면 단절된 것인지를 살펴보는 것이다.

2. 구성 방법

『기원과 궤적』의 구성은 먼저 제1부에서는 한국복지국가의 역사적 기원과 궤적을 검토하기 위해 필요한 몇 가지 이론과 선행연구에 대해 정리했다. 제2장에서는 한국복지체제의 연구성과를 비판적으로 정리했고, 제3장에서는 복지체제 분석에 필요한 몇 가지 이론과 관점을 제시했다. 제4장에서는 지금 우리가 알고 있는 복지국가를 역사적으로 특정한 시기에 만들어진 분배체계라는 관점에서 서술했다. 제2부부터 제4부까지는 〈표 1.1〉에서 보는 것처럼 본격적으로 한국복지체제의 역사적 기원과 궤적을 검토했다. 각 부를 시작하는 첫 장은 자본주의 세계체계의 정치, 경제, 복지체제의 변화와 성격에 대해 먼저 서술했다. 특히 제2부 제5장에서는 서구 주요 복지국가들만이 아닌 동아시아의 일본과 중국의 변화에 대해서도 기술했다. 기존의 연구들이 주로 서구 국가를 준거로 한국을 비교하는 방식에서 벗어나 서구의 변화와 동아시아의 변화를 함께 기술하려고 했다. 구체적으로 제5장 '사회민주주의의 부상과 역사적 복지국가의 태동: 1870년대부터 1930년대까지'는 서구의 사례와 함께 일본과 중국에서 벌어진 자본주의의 발전과정과 복지국가의 주체형성을 중심으로 분석하고, 이러한 정치경제적 변화와 특성이 당시 이들 사회의 분배체계의 특성과 어떻게 관련되었는지를 분석했다. 이어지는 제6장과 제7장에서는 해당시기 한국사회의 변화와 특성에 대해 분석

표 1.1 한국 복지체제의 기원과 궤적 시기 구분과 구성

서구 복지국가	한국 복지체제		주요 특성
사민주의의 부상과 역사적 복지국가의 태동, 19세기~1945 (제2부 5장)	전근대적 분배체계와 자본주의 복지체제로의 이행기 18세기~1945	조선후기 18세기 전후~ 1910 (제2부 6장)	·환곡을 중심으로 국가적 분배제도의 성장과 해체 ·정치경제적 변화에 조응하지 못하는 소농 중심의 분배체계(환곡체제)
		일제강점기 1910~1945 (제2부 7장)	·자본주의 분배제도로서 사적 소유권 확립 ·지주중심의 세금정책과 전근대적 구휼제도
역사적 복지국가의 형성과 위기, 1945~1979 (제3부 8장)	원조복지체제 1945~1961	미군 점령시기 1945~1948 (제3부 9장)	·자본주의 분배체계의 형성 ·외국원조에 기초한 전근대적 구휼제도의 지속
		이승만 권위주의 정권 시기 1948~1961 (제3부 10장)	·자본주의 분배체계의 확립 ·사회보장제도에 대한 논의와 공무원연금제도 도입 ·원조에 의한 사회복지급여(원조복지체제의 성립)
	개발국가 복지체제 1961~1997	박정희 권위주의 정권 시기 1961~1979 (제3부 11장)	·경제성장과 낮은 세금을 통한 사적 자산축적이 국가복지를 대신하는 개발국가 복지체제의 확립
신자유주의 시기 복지국가 위기와 재편 시기, 1980~2016 (제4부 12장)		민주화 이행기 전두환 권위주의 정권과 보수정부 1, 2기(노태우·김영삼) 1980~1997 (제4부 13장)	·전두환 정권의 안정화 조치로 인한 공적 재원의 체계적 축소 ·성장을 통해 불평등과 빈곤을 완화하는 개발국가 복지체제의 약화 ·노동과 숙련을 배제한 성장체제의 지속으로 공적 사회보장의 이중구조화 형성 ·건강보험 통합 논쟁을 계기로 복지정치의 태동
	복지국가 복지체제 이행기 1997~2016	자유주의 정부 (김대중·노무현) 1998~2007 (제4부 14장)	·전통적 복지제도(사회보험과 공공부조)의 도입과 확대 ·공·사적 영역에서 한국 복지체제의 역진적 선별성 강화[99] ·민간 중심의 사회서비스 확장
		보수정부: 자유주의 신개발국가 (이명박·박근혜) 2008~2017 (제4부 15장)	·성장을 통한 분배를 실현하기 위해 개발국가 복지체제의 복원 시도와 실패 ·사회보험 중심과 민간 중심의 사회서비스 확대라는 측면에서 자유주의 정부의 복지정책 계승 ·공적 복지의 "확장성 제약"의 제도화

했다. 이러한 방식을 통해 『기원과 궤적』은 서구와 동아시아의 변화에 대한 이해를 기초로 한국사회의 변화와 특성을 설명하려고 했다. 요컨대 『기원과 궤적』의 구성은 자본주의 세계체계의 관점에서 한국사회를 이해하고, 한국사회의 관점에서 자본주의 세계체계를 이해하는 시각을 제공하려고 했다.

제6절 정리와 함의

본 장에서는 한국 복지체제의 역사적 기원과 궤적을 연구하는 데 필요한 네 가지 문제 설정과 연구 전략을 정리했다. 네 가지 문제 설정은 첫째, "한국 복지국가의 역사적 기원을 어디까지 거슬러 올라가야 하나?" 둘째, "한국과 같은 개발도상국이 서구와 같은 복지국가로 이행할 수 있을까?" 셋째, "한국 복지국가의 역사적 기원과 궤적을 일국적 관점에서 설명할 수 있을까?" 마지막으로 한국 복지체제의 성격을 비교사회과학적 관점에서 묻는 것이다. 이렇게 설정된 문제를 분석하기 위해 연구 전략으로 분석 수준, 분석 시기, 분석 내용, 분석과 관련된 이론과 관점을 개략했다. 먼저 분석 수준에서는 한국 복지체제에 대한 분석을 일국적 차원에 국한하지 않고 자본주의 세계체계, 동아시아체계, 한반도 분단체제 등 중층적 수준에서 분석해야 할 필요성을 제기했다. 분석 시간에서는 18세기에서 시작해 2016년까지를 시기별로 구분해 분석할 것을 제안했다. 분석 내용에서는 자본주의 경제의 특성, 권력관계, 분배체계를 중심으로 구성했다. 분석과 관련된 이론과 관점에서는 통상 일국적 차원에서 복지국가를 설명하는 권력자원론, 제도주의, 젠더관점, 한국 중심적 관점과 한국 복지체제를 자본주의 세계체계와 관계 속에서 분석하는 세계체계분석 관점을 활용했다. 제3장에서 구체적

....

99 복지정책에서 선별주의는 일반적으로 자산과 소득조사를 통해 취약계층을 걸러내고, 이들에게 복지급여를 제공하는 할당원리를 말한다. 반면 역진적 선별주의 또는 선별성은 통상적인 선별주의와는 반대로 상대적으로 높은 임금과 안정적 고용을 받는 중·상위계층에게 공적 사회보장제도가 집중되는 현상을 설명하기 위한 용어로 사용했다.

으로 설명하겠지만, 2개의 이론과 3개의 관점은 시간에 따라 상이한 비중을 가지며 상호보완적으로 한국 복지체제의 역사적 기원과 궤적을 설명할 수 있을 것으로 기대한다.

자본주의 세계체계에서 영국 헤게모니가 쇠퇴하는 시기에 한국은 자본주의 체제로의 이행을 시작했고, 미국 헤게모니의 정점에서 개발국가의 길을 걸었다. 미국 헤게모니가 위기에 처한 2000년대 이후에 한국은 복지국가의 길을 모색하고 있다. 서구 복지국가가 미국 헤게모니의 전성기에 중간계급을 포섭하기 위한 분배 정책의 산물이었다는 점을 고려하면, 미국 헤게모니의 약화는 곧 서구 복지국가의 위기를 의미한다. 실제로 서구 복지국가의 위기는 정확하게 자본주의 세계체계에서 미국 헤게모니가 약화되기 시작한 1970년대부터 시작되었다. 이러한 상황을 고려하면, 한국 사회가 1945년부터 1970년대까지 미국 헤게모니의 전성기에 만들어진 서구 복지국가를 현재 한국에서 실현하려고 한다는 것이 어떤 의미가 있는지를 생각해볼 필요가 있다. 아직 무엇이라고 단정할 수는 없지만 『기원과 궤적』에서 지난 역사를 되돌아보며 한국 복지체제의 과거, 현재, 미래에 대한 답을 내기를 기대한다.

제2장

한국 복지체제 연구의 성과와 한계[1]

"그들은 스스로를 대표할 수 없고, 누군가에 의해 대표되어야 한다."
— 카를 마르크스(Karl Marx)[2]

"오리엔탈리즘을 하나의 담론으로 검토하지 않는 한, 계몽주의 시대 이후의 유럽 문화가 동양을 정치적·사회적·군사적·이데올로기적·과학적·상상적으로 관리하거나 심지어 동양을 생산하기도 한 거대한 조직적 규율이라는 점을 이해할 수 없다고 나는 주장한다."
— 에드워드 사이드(Edward Said)[3]

....

1   제2장의 일부 내용은 다음 글에 기초해 작성된 것이다. 윤홍식(2016). "우리는 어떤 복지체제에 살고 있을까? 비교시각을 통해 본 한국 복지체제." 이병천·유철규·전창환·정준호 편. 『한국의 민주주의와 자본주의: 불화와 공존』. pp.320-347. 서울: 돌베개.

2   Marx, K.(2012[1869]). 『루이 보나파르트의 브뤼메르 18일』. 최형익 역. (*The Eighteenth Brumaire of Louis Bonaparte*, 2nd ed.). 서울: 비르투. p.141.

3   Said, E.(2011[1978]). 『오리엔탈리즘』(개정증보판). 박홍규 역. (*Orientalism*). 서울: 교보문고. p.18. 사이드는 『오리엔탈리즘』의 서설에서 "그들은 스스로 자신을 대변할 수 없고 다른 누군가에 의해 대변되어야 한다."라는 마르크스의 『루이 보나파르트의 브뤼메르 18일』의 내용을 인용한다. Said. 『오리엔탈리즘』. p.51. 기가 막힌 인용이지만, '기가 막힌'이 갖는 중의적 의미처럼, 사실 마르크스의 문구는 동양을 대상으로 한 말이 아니다. 마르크스는 프랑스 혁명 이후의 공화정과 왕정을 반복하는 정치적 과정에서 개별 농가별로 자급자족 생활을 하는 고립적인 프랑스의 분할지 농민들이 자신들을 하나의 단일한 계급으로 만들지 못하고 있는 문제를 지적하면서, 그들이 지지하는 보나파르트 왕조가 그들 자신을 착취하고 억압한다는 사실을 모르고 있다고 비판하면서 이 구절을 언급한다. 문맥의 전후를 보면, 스스로 연대하고 단결하지 못하는 사람들은 그들 스스로를 대표할 수 없다는 의미인 것이다. 물론 이 문구는 에드워드 사이드가 인용한 것처럼 동양에 적용할 때 동양 스스로가 정체성을 갖지 못한다면 서양에 의해 대표될 수밖에 없다는 의미로 의역할 수 있다. 그리고 자신의 정체성과 이해를 대변하지 못하는 모든 계급, 성, 인종 등에게 마르크스가 주는 교훈이기도 하다.

제1절 문제제기

한국 복지체제의 성격에 대한 분명한 합의는 없다. 심지어 일부에서는 김대중 정부의 복지 개혁 때문에 한국 복지체제의 성격이 사민주의 체제에 가까운 유형이 될 것이라고 주장했다.[4] 로버트 핀커(Robert Pinker)[5]도 한국 복지모델의 특성을 리처드 티트머스(Richard Titmuss)가 이야기한 산업성취형과 제도적 분배 모델(사민주의 모델)이 혼합된 것으로 보고 있다. 실제로 한국의 건강보험은 모든 직역을 포괄하고 있는 단일체계로 설계되어 있고, 국민연금 또한 특수직 연금을 제외하면 모든 임금노동자를 단일체계로 포함하고 있다. 아동보육서비스도 소득과 관계없이 전 계층을 지원하는 등 (논란의 여지가 있겠지만) 부분적으로 사민주

....

4   Kuhnle, S.(2004). "Productive Welfare in Korea: Moving Toward a European Welfare Type?" Mishra, R., Kuhnle, S., Gilbert, N., and Chung, K. eds. *Modernizing the Korean Welfare State: Towards the Productive Welfare Model*. pp.47-64. New Brunswick: Transaction Publishers.

5   Pinker, R.(2004). "Implementing Productive Welfare: From philosophical Theory to Everyday Practice." Mishra, R., Kuhnle, S., Gilbert, N., and Chung, K. eds. *Modernizing the Korean Welfare State: Towards the Productive Welfare Model*. pp.89-106.

의 복지체제의 특성을 갖고 있다. 이처럼 한국 복지체제에 대한 묘사는 연구자들에 따라 다양한 모습을 띠고 있는 것이 현실이다. 이러한 현실을 빗대어 한국 복지체제를 모든 복지체제 유형의 특성을 부분적으로 갖고 있는 "카멜레온 복지체제"라고 부르기도 한다.[6]

하지만 어떻게 생각하면 한국 복지체제의 모습이 카멜레온 같은 것은 너무나 당연할지도 모른다. 어쩌면 한국 사회는 해방 이후 지금까지 한국 사회를 지배해온 개발국가(developmental state)를 넘어 복지국가로 이행하는 과정의 시작점에 있는지도 모르기 때문이다. 흥미로운 현상은 이행 시기의 복지 확대는 (시장의 역할을 강화하는 방식이든 국가의 책임을 확대하는 방식이든 어떤 방식으로 이루어지든 그 방식과 관계없이) 다양한 방식의 국가 개입을 필요로 한다는 점이다. 마치 유럽에서 (20마일 내외의) 전통적인 지역단위 시장을 넘어 국민국가 단위의 전국시장을 만들기 위해 대규모의 국가 개입이 필요했던 것처럼,[7] 복지국가로의 이행 또한 대규모의 국가 개입을 필요로 한다. 예를 들어, 노인장기요양보험을 제도화하고 이에 필요한 돌봄 서비스를 제공하기 위해 한국이라는 국가는 시장에서는 자생적으로는 생겨날 수 없는 영리를 추구하는 민간서비스기관들을 창출해냈다. 이러한 과정에서 국가는 때로는 자유주의적이고, 때로는 보수주의적이며, 때로는 사민주의적인 방식을 취했다.

한국에서는 서구와 달리 계급의 역관계에 따라 정부를 구성하고 정부가 자신의 정치적 이해에 따라 복지를 확대하는 방식이 나타나지 않았다. 한국에서 복지는 현재의 필요에 대해 임기응변식으로 대응하는 과정 속에서 확대되었다고 하는 것이 적절할 것 같다. 물론 때때로 복지정책을 둘러싸고 상이한 계급들 간의 대립이 나타나기도 했지만, 계급 간의 역관계가 복지정책의 제도적 모습을 결

....

6   Powell, M. and Kim, K. T.(2014). "The 'chameleon' Korean welfare regime." *Social Policy and Administration.* 48(6): 626-646, pp.632-635.

7   Schwartz, H.(2015[2010]).『국가 대 시장: 지구 경제의 출현』. 장석준 역. (*Limited Title Under States Versus Markets*). 서울: 책세상; Wallerstein. 『근대세계체제 I』; Braudel. 『물질문명과 자본주의 III: 세계의 시간』; Polanyi. 『거대한 전환』.

정하는 결정적 변수였다고 주장하기는 어렵다. 이러한 조건에서 한국 복지체제의 성격을 규명한다는 것은 쉬운 일이 아니다. 게다가 자본주의가 19세기에 그랬던 것처럼 점점 더 세계화된 모습으로 나타나고 있는 현재의 상황에서 한국 복지체제의 성격과 궤적을 분석하기 위해 준용할 수 있는 합의된 지표를 찾는 것은 쉽지 않은 일이다. 대부분의 지표와 문헌은 전후 서구 복지국가들이 걸어왔던, 역사적으로 예외적인 시기의 발자국들에 근거하고 있기 때문이다. 우리는 한국 복지체제를 한국 사회의 눈으로 분석하고 재단할 변변한 변수조차 제시하지 못하고 있다.

이러한 문제의식에 기초해 제2장에서는 한국 복지체제의 성격에 대한 기존 연구를 비판적으로 검토했다. 특히 한국 복지체제 연구와 관련된 많은 선행연구가 한국 복지체제의 특성을 기술하고 있을 뿐 설명하지 못하고 있다는 비판에 기초해 한국 복지체제 연구를 위한 함의를 도출하려고 시도했다. 다음 절에서는 에스핑-앤더슨의 복지체제 유형화 모형에 근거해 지난 2000년대 초반에 있었던 한국 복지국가의 성격 논쟁의 성과를 비판적으로 정리했고, 이어지는 절에서는 독립적 유형으로서 한국 복지체제의 성립 가능성을 둘러싸고 벌어진, 발전주의(생산주의) 복지체제에 대한 논의를 정리했다.

제2절 한국은 복지국가인가?

이제 기억조차 가물가물하지만 2010년 12월 22일 이명박 전 대통령은 보건복지부 신년 업무를 보고 받는 자리에서 "우리가 복지국가라고 해도 과언이 아닐 정도의 수준에 들어가고 있다."는 입장을 밝혔다.[8] 국내외 일부 학자들도 한국이

....

8   경향신문(2011). "[설 대화상, 복지 생각해 봅시다](1) 한국은 복지국가인가." 2011년 2월 1일. http://news.khan.co.kr/kh_news/khan_art_view.html?artid=201102011838155&code=910100, 접근일 2014년 12월11일.

복지국가의 초입에 들어섰다고 주장했다.[9] 반면 다른 일군의 학자들은 한국은 여전히 복지국가가 아니라고 주장한다.[10] 이태수[11]는 『왜 복지국가인가』라는 저서에서 (복지와 복지국가, 복지국가와 보편적 복지국가를 명확하게 구분해서 사용하지는 않지만) 복지국가를 현재가 아닌 한국 사회가 성취해야 할 미래 과제로 상정했다. 고세훈은 한국이 시장의 안과 밖에 있는 저임금과 불완전 고용 상태에 있는 모든 사람들을 포괄하지 못하기 때문에 복지국가가 아니라고 주장한다.[12] 그러나 고세훈의 주장에 따라 한국이 복지국가인지의 여부를 판단하면, 통상적으로 복지국가로 분류되는 서구 국가들 중 극히 일부 국가를 제외하면 복지국가로 분류될 수 있는 국가는 거의 없게 된다.[13] 예를 들어, 전체 인구 중 4천만 명이 넘는 사람들이 의료보장으로부터 배제된 미국은 복지국가일 수 없고 따라서 복지국가 유형화의 분석 대상이 될 수도 없다. 스웨덴도 예외가 아니다. 2010년 현재 스웨덴의 상대적 빈곤율은 무려 9.1%에 이르고 있다.[14] 인구 10명 중 1명이 빈곤에 처해 있다면 이런 국가를 고세훈이 정의한 복지국가로 부르기는 어려울 것 같다. 한편 탕(Tang)은 한국이 복지제도를 확대한다고 해도 (복지에 대한) 자격이 시민권에 근거하지 않기 때문에 한국을 복지국가라고 할 수 없다고 주장한다.[15]

....

9   Mishra. R.(2003). "Globalization and Social Security Expansion in East Asia." Linda W. ed. *State in the Global Economy: Bringing Domestic Institutions Back in*. Cambridge University Press; 武川正吾(2005). "韓國の福祉國家形成과 福祉國家의 國際比較." 武川正吾·金淵明 共編, 『韓國の福祉國家 日本の福祉國家』. 東京: 東信堂; 송호근·홍경준. 『복지국가의 태동: 민주화, 세계화, 그리고 한국의 복지정치』; 김연명(2011). "한국에서 보편주의 복지국가의 의미와 과제." 『민주사회와 정책연구』 19: 15-41.

10 고세훈(2006). 『복지한국, 미래는 있는가: 이해관계자 복지의 모색』. 서울: 후마니타스; Holliday, I.(2005). "East Asian Social Policy in the Wake of the Financial Crisis: Farewell to Productivism." *Policy and Politics* 33(1): 145-162; Tang, K.(2000), *Social Welfare Development in East Asia*. Houndmills, New York: Palgrave.

11 이태수(2011). 『왜 복지국가인가: 정글의 한국 사회, 복지가 해답이다』. 서울: 이학사.

12 고세훈. 『복지한국, 미래는 있는가』. p.181.

13 尹洪植(2010). "福祉レジーム爭點と韓國の位置づけた關する新しい眺望." 金成垣 編著, 『現代の比較福祉國家論』. pp.169-189. ミネルヴァ書房.

14 OECD(2014b). *Society at a Glance 2014: OECD Social Indicators*. Paris: OECD Publishing.

15 Tang. *Social Welfare Development in East Asia*. p.109.

1. 복지국가는 서구의 발명품

거의 대부분의 사회과학적 논쟁들이 그렇듯이 "한국을 복지국가라고 할 수 있을까?"라는 질문에 대해 모두가 동의할 수 있는 답을 내오기란 사실상 불가능하다. 그럼에도 불구하고 한국이 복지국가인지의 여부에 대한 논의는 한국 복지체제를 이해하는 데 있어서 매우 중요한 의미를 갖는다. 한국이 복지국가인지의 여부에 따라 향후 한국 복지국가의 확대 과정을 규정하는 결정적인 요인들이 상이할 수도 있기 때문이다. 그러나 한국이 복지국가인지의 여부를 논하는 것은 그 시작부터 해결하기 어려운 난관에 부딪친다. 왜냐하면 복지국가는 서구, 구체적으로 북서유럽 사회의 사회 · 경제 · 정치를 반영한 역사적 구성물일지도 모르기 때문이다. 서구와 상이한 사회 · 경제 · 정치의 역사를 가지고 있는 한국에서 (서구적 기준에 근거한) 복지국가를 논하는 것은 어쩌면 문제 설정 자체가 적절하지 않을 수도 있다. 쾰러(Köhler)의 주장을 들어보자.[16]

> "복지국가가 유럽의 발명품이라는 것은 일상적인 토론과 정치적 담론은 물론 학술문헌에서도 일반적으로 인식되고 있는 바이다. 이러한 인식은 북유럽(서유럽 – 인용자) 복지국가의 역사에 의해 만들어졌다. 비록 비스마르크 수상의 사회정책 개혁이 비민주적이고, 국민국가 건설과 경제적 발전을 위한 의도를 갖고 있었으며, 노동조합을 해체하고 사회민주주의 운동을 탄압하는 것과 함께 이루어졌다고 해도, 최초의 복지국가는 1870년대 독일에서 성립된 것으로 알려져 있다. (⋯) 영국 모델은 1950년대에 상이한 형태의 복지국가로 자리 매김한 북부와 남부 유럽의 사회정책에 영향을 준 경제학자인 존 메이너드 케인즈의 작업에 깊은 영향을 받았다. 이것은 결국 고스타 에스핑–앤더슨이 유럽의 복지국가 정책을 분석하고, 이를 기반으로 복지국가를 세 가지 전형으로 체계화하는

----

16 Köhler, G.(2014). *Is There an Asian Welfare State Model? East and South Asian Trajectories and Approaches to the Welfare State*. Friedrich Ebert Stiftung. p.1.

결과를 낳았다."

실제로 에스핑-앤더슨의 『복지자본주의의 세 가지 세계』는 복지국가체제를 철저히 서유럽의 계급연합의 역사로 다루고 있으며, 이러한 서유럽 각국의 계급 연합의 역사적 차이가 서유럽 복지국가들의 상이한 성격을 결정했다고 단언하고 있다.[17] 더불어 반드시 주목해야 할 사실은 이들이 자본주의 세계체계의 핵심부 에 위치하고 있는 국가들이라는 점이다. 이매뉴얼 월러스틴과 조반니 아리기와 같이 세계체계분석을 지지하는 논자들에 따르면, 복지국가는 서유럽의 발명품인 동시에 16세기부터 시작된 자본주의 세계체계의 핵심부 국가들의 분배체계인 것이다.[18] 복지국가를 이러한 시각에서 정의하면, 한국과 같은 비서구 사회에서, 그것도 20세기 대부분을 자본주의 세계체계의 주변부와 반주변부에 놓여 있었 던 한국을 복지국가로 규정하기 위해서는 필연적으로 많은 논란이 수반될 수밖 에 없어 보인다. 물론 서구 사회에서 상식으로 통용되는 서구 사회의 발명품으로 서의 복지국가라는 주장에 대한 반론도 있다. 많은 연구자들은 서구 사회와 병행 해 비서구 사회에도 복지국가가 존재했다고 주장한다.[19] 자본주의 세계체제의 주 변부 국가들에서 사회민주주의, 경제성장, 정치·사회·경제적 권리의 신장 간의 관계를 분석한 연구에 따르면, 1910년대 우루과이, 아르헨티나, 칠레, 브라질, 코 스타리카 등에서 이미 복지국가의 요소들이 발견되었다는 것이다.[20] 더욱이 (우 리는 상상하지도 못했지만) 스리랑카에서는 이미 1930년대에 교육, 건강, 복지를 기반으로 하는 복지국가가 출범했다고 한다.[21]

....

17   Esping-Andersen. *The Three Worlds of Welfare Capitalism.* p.1.
18   Wallerstein. *The Modern World-system IV*; Arrighi. 『장기20세기』.
19   Midgley, J. (1997). *Social Welfare in Global Context.* Thousand Oak, CA: Sage Publication.
20   Sandbrook, R., Edelman, M., Heller. p., and Teichman, J. (2007). *Social Democracy in the Global Periphery: Origins, Challenges, Prospects.* Cambridge: Cambridge University Press.
21   Köhler, G. (2014). "Introduction: Preliminary Reflections on Development and Welfare Policy." Köhler, G. and Chopra, D. eds. *Development and Welfare Policy in South Asia.* pp.25-38. Abingdon: Routledge. p.15.

하지만 복지국가의 성립 여부는 단지 건강, 소득이전 프로그램 등 몇 가지 복지정책을 제도화했는지의 여부에 따라 결정되는 문제가 아니다. 제도의 유무를 기준으로 복지국가를 판단하게 되면 전자본주의 사회의 분배기제와 자본주의 사회의 분배기제를 등치시키는 문제를 야기하게 된다. 예를 들어, 전자본주의 사회로 간주되는 조선에서 전국적으로 시행했던 환곡도 분배 기능을 갖고 있는 한 복지정책으로 간주할 수도 있기 때문이다.[22] 박이택[23]의 추정에 따르면, 18~19세기에 쌀로 환산한 환곡의 총 규모는 1776년 7,281,611석으로 정점에 이르렀다. 고종 4년인 1867년에 간행된 『六典條例(육전조례)』에 근거해 중앙정부의 재정 규모를 쌀로 환산해보면 대략 1,000,696석 정도가 된다.[24] 추계연도에는 차이가 있지만 1862년 환곡 규모는 19세기 중반의 국내총생산(GDP) 대비 19.8%이다. 물론 전자본주의 사회의 분배정책과 자본주의 사회의 복지정책이 기능적 등가물이라고 할 수도 있다. 그러나 기능적 등가물이 존재한다는 것이 곧 복지국가의 성립을 의미하지는 않는다. 앞서 언급했듯이 복지국가는 서구 사회에서 산업자본주의가 성립되는 과정에서 만들어진 분배체계로 이해되기 때문이다. 또한 탕[25]이 지적한 것과 같이 시민권에 근거하지 않은 분배는 가부장적인 온정적 시혜이지 근대적 의미의 복지정책이라고 할 수 없을지도 모른다. 이안 고프(Ian Gough)의 분류를 적용하면, 전근대적 또는 제3세계의 복지체제는 비공식적 복지체제(informal welfare regime) 또는 비보장적 체제(insecurity regime)로 분류되고,

....

22   물론 환곡은 조선 후기로 내려갈수록 부세화(분배제도의 성격보다는 수탈적 조세제도의 성격으로 변화하는 현상)하는 경향이 강화되었기 때문에, 이를 분배제도로 보는 것은 논란이 있을 수 있다. 그러나 문용식과 송찬섭에 따르면, 적어도 19세기 전반기까지 환곡은 여전히 진휼의 기능을 담당하고 있었다는 사실이 확인되고 있다. 개항을 전후한 시기부터 일제강점기 이전까지의 분배정책은 이 책의 제5장에서 다루었다. 문용식(2000). 『조선후기 진정과 환곡운영』. 서울: 경인문화사; 송찬섭(2002). 『조선후기 환곡제개혁연구』. 서울: 서울대학교출판부.

23   박이택(2010). "17, 18세기 환곡에 대한 제도론적 접근: 재량적 규제체계의 역할을 중심으로." 『조선후기재정과 시장: 경제체제론의 접근』. 이헌창 편. pp.175-207. 서울: 서울대학교출판문화원. p.183.

24   김재호(2010). "조선후기 중앙재정의 운영: 六典條例의 분석을 중심으로." 이헌창 편. 『조선후기재정과 시장: 경제체제론의 접근』. pp.41-74.. 서울: 서울대학교출판문화원. p.49.

25   Tang. Social Welfare Development in East Asia.

현재 서구 자본주의 체제에서 성립된 분배체계를 공식적 복지국가체제(formal welfare-state regime)로 분류할 수 있다.[26]

선형적 발전이라는 19세기 서구의 근대적·계몽적 인식의 틀에서 벗어나지 못했지만 복지국가가 국민국가 발전 단계의 네 번째 단계라는 일부의 주장도 근대적·서구적 의미에서 복지체제를 규정하려는 시도로 이해된다.[27] 정원오도 국가의 발전 단계를 논하면서 복지국가는 민주국가 단계를 거쳐야 한다고 역설한다.[28] 하지만 이러한 주장은 역사적 사실에 부합하지 않는다. 다소 본론의 요지에서 벗어나지만 역사적 사실을 개략할 필요가 있다. 우리 모두가 알고 있듯이 복지국가는 근대국가의 선형적 발전 단계에 따라 만들어지지 않았다. 독재(권위주의) 정권이 민주주의를 억압하는 과정에서 복지국가의 기본 속성이 탄생했다는 것은 부인할 수 없는 역사적 사실이다. 많은 학자들이 복지국가는 민주화 없이는 불가능했다고 주장하지만, 비스마르크의 사회보험정책은 국가에 대한 노동자들의 충성을 강화하기 위해서 제도화되었다.[29] 오스트리아의 권위주의 정권인 에두아르트 폰 타페(Eduard von Taaffe) 정권에서도 산재보험을 도입했고, 민주주의와는 거리가 있는 러시아도 미국에서 사회보장(social security)이라는 용어를 사용하기 훨씬 전인 1918년부터 사회보장(социальное обеспечение)이라는 용어를 공식적으로 사용했다.

물론 민주주의와 복지국가의 성립 간의 관계 또한 복지국가를 어떻게 정의하는가에 따라 논의는 달라진다. 그럼에도 불구하고 포라트(Forrat)의 주장은 귀기울일 만하다. 포라트는 "일반적으로 사회과학은 주로 북미와 유럽에 집중되어

....

26   Gough, I.(2004). "Welfare Regimes in Development Context: A Global Regional Analysis." Gough, I., Wood, G., Barrientos, A., Bevan. p., Davis. p., and Room, G., eds. *Insecurity and Welfare Regimes in Asia, Africa, and Latin America: Social Policy in Developmental Contexts.* pp.15-48. Cambridge: Cambridge University Press. p.33.

27   Kuhnle. "Productive Welfare in Korea: Moving Toward a European Welfare Type?"

28   정원호(2010). 『복지국가』. 서울: 책세상. p.22.

29   Forrat, N.(2012). "The Authoritarian Welfare State: a Marginalized Concept." *Comparative-Historical Social Science(CHSS) Working Paper No.12-005.* The Roberta Buffett Center for International and Comparative Studies, Northwestern University. pp.1-3.

있고 이 지역의 국가들이 자본주의적 민주주의 국가"라는 점을 상기시킨다.[30] 또한 포라트는 (서구적 의미에서 민주화되지 않은) 비서구 사회의 복지에 대한 영어 문헌은 빙산의 일각 정도로 적기 때문에 영어권 학계에서 비서구적(권위주의적) 복지국가에 대한 논의가 거의 없는 것이라고 주장한다. 복지국가를 민주주의와 시민권과 연결시켜 설명하려는 것은 서구적 경험에 근거해 복지국가를 이해하려고 하기 때문에 나타나는 현상일 수도 있다는 것이다. 분명한 것은 우리가 알고 있는 복지국가란 서구의 기획물이며, 정확히 말하면 복지국가는 서구가 창조해 낸 자본주의 세계체계의 역사적 산물이다.

2. 복지국가의 요건

번거롭지만 우리는 다시 복지국가가 무엇인지를 묻지 않을 수 없다. 이안 고프의 정의에 따르면, 복지국가체제(welfare state regime)란 사람들이 노동시장과 금융시장에 참여하고 복지국가로부터 소득이전과 서비스를 제공받는 것을 통해 자신들에게 필요한 욕구를 충족시키는 상태를 반영한 것이다.[31] 이안 고프는 고세훈과 같이 추상적이고 비계량적인 방식으로 복지국가를 정의했다. 반면 피어슨(Pierson)은 어떤 국가가 복지국가인지 아닌지를 판단할 수 있는 (그 기준의 신뢰성과 타당성 여부를 판단하는 것을 떠나서) 상대적으로 측정 가능한 세 가지 지표를 제시했다.[32] 첫째는 사회보장과 관련된 주요 정책들이 제도화되었는지의 여부이다. 연금, 건강보험, 산재보험 등 사회보험과 인구학적 특성에 근거한 수당 등의 도입 여부를 일국적 차원에서 복지국가의 성립 여부를 판단하는 제도적 기준으로 제시했다. 둘째는 사회지출이 대략적으로 GDP의 5%를 넘어섰는지의 여부를 판단하는 것이다. 유럽과 북미의 주요 복지국가들의 사회지출 규모가 1930년대 초반에 대략 GDP의

....

30   Forrat. "The Authoritarian Welfare State: a Marginalized Concept." pp.5-6.
31   Gough. "Welfare Regimes in Development Context: A global Regional Analysis." p.22.
32   Pierson, C.(1998). *Beyond the Welfare State: The New Political Economy of Welfare*. Pennsylvania, PA: Pennsylvania State University Press. p.103.

5%를 넘어섰던 역사적 사실을 준거로 삼은 것처럼 보인다. 마지막으로 국가가 빈곤 제거를 국가의 책임으로 받아들이고 있는지의 여부이다. 이 기준은 논란이 될 수 있다. 빈곤 제거의 책임을 국가가 받아들이는 것과 빈곤이 실제적으로 제거되는 것은 다른 문제일 수 있고, 빈곤 제거 또는 완화가 반드시 복지정책의 소득이전을 통해서만 이루어지는 것은 아니기 때문이다. 예를 들어, 박정희 권위주의 정권 시기에 한국의 절대빈곤율은 1965년 41%에서 1978년 12%로 무려 70.7%나 감소했지만,[33] 이러한 빈곤 감소의 원인이 박정희 권위주의 정권이 복지를 확대했기 때문은 아니다. 〈그림 2.1〉에서 보는 것과 같이 같은 기간 동안 GDP 대비 사회복지지출 비중은 1.0%에서 1.4%로 고작 0.4%포인트 증가했기 때문이다.

그림 2.1 한국과 OECD의 국내총생산(GDP) 대비 사회지출 비율: 1962~2014년
출처: OECD(2015). Social Expenditure Dataset; 김연명(2015); 신동면(2011: 316); 한국은행, 각 연도 경제통계연보.[34]
주의: 1980년부터 1989년까지의 GDP 대비 사회지출 규모는 한국은행에서 제공하는 경제통계연보에서 1980년부터 1989년까지의 중앙정부와 지방정부의 총 복지예산을 해당 연도 GDP로 나눈 값이다. 이러한 산출 방식은 신동면이 산출한 1962년부터 1979년까지의 GDP 대비 사회지출 비중과 1990년부터 현재까지의 GDP 대비 사회지출 비중과는 그 산출 방식이 상이할 수도 있기 때문에 대략적인 경향만 확인하는 정도로 이해할 필요가 있다. 1962~1979년간 OECD 지출 통계는 김연명(2015)의 발표문을 참고했다.

....

33   한국개발연구원(1981). 『빈곤의 실태와 영세민 대책』. 서울: 한국개발연구원. p.4.
34   한국은행, 각 연도 경제통계연보, 김연명(2015). "대한민국 복지국가의 과제와 전망." 2015 정책자문위원회 정책아카데미(사회복지분야) 발표문. 2015년 1월 4일. 충청남도 도청 중회의실.

여하튼 일단 피어슨의 기준이 타당한지의 여부에 대한 판단은 접어두고, 그가 제시한 기준으로 한국 복지체제의 현실을 진단해보자. 먼저 논란이 가장 적은 기준인 GDP 대비 사회지출 비율은 〈그림 2.1〉에서 보는 것과 같이 박정희 권위주의 정권의 집권 첫해인 1962년에 1.3%에 불과했고 이후로도 2%를 넘지 않았다(제11장과 제12장에서 구체적으로 검토하겠지만, 복지정책은 박정희와 전두환 권위주의 정권의 정당성을 보증하는 핵심적 기제가 아니었던 것 같다). GDP 대비 사회지출은 1987년 민주화 이후 점차 높아지기 시작해서 1997년 경제위기 직후인 1998년 국민의 정부(김대중 정부)의 시작과 함께 피어슨이 제시한 5%의 기준을 넘었다.[35] 이후 사회지출은 지속적으로 증가해서 박근혜 정부의 출범 첫해인 2013년에는 1998년의 두 배가 넘는 10.0%, 2016년에는 10.4%에 이르렀다. 다음으로 주요 사회보장제도는 이승만 권위주의 정권의 마지막 해인 1960년 공무원연금법 제정을 시작으로 2008년 8월 노인장기요양보험을 시행하면서 중요한 사회보험을 모두 제도화했고, 비록 형식적이기는 하지만 대상의 보편성도 담보했다. 아동수당과 같은 보편적 수당제도도 제도화되었다.[36] 마지막으로 빈곤에 대한 대응은 앞서 언급한 것처럼 국민기초생활보장제도의 시행을 통해 시혜적 차원이 아닌 (명목상으로는) 권리에 기반한 공공부조를 제도화했다. 하지만 역설적이게도 빈곤을 완화하려는 국가의 노력을 측정해볼 수 있는 (상대적) 빈곤율과 빈곤갭은 공공부조의 제도화 이후에 오히려 증가했다.[37] 또한 OECD 자료를 보면 2014년 현재 한국의 상대빈곤율은 14.4%로 OECD 평균인 11.4%에 비해 높은 편이다.[38] 다만 한국의 빈곤율은 자유주의 복지국가로 분류되는 미국의 17.5%

....

35 신동면(2011). "복지 없는 성장." 유종일 편. 『박정희의 맨얼굴』. pp.309-347. 서울: 시사IN북. p.318; OECD(2015a). "Social Expenditure: Aggregated date." http://stats.oecd.org/Index.aspx?Data-SetCode=SOCX_AGG#, 접근일 2015년 1월 31일.

36 아동수당은 2018년 9월부터 2인 가구 기준 소득하위 90%의 미취학 아동이 있는 가구에게 지급되었고, 2019년부터 지급대상이 모든 미취학 아동이 있는 가구로 확대되었다. 인구학적 기준만을 적용한 한국 최초의 보편적 사회수당이라고 할 수 있다.

37 김교성(2009). "국민의 정부 복지개혁에 대한 실증적 평가." 정무권 편. 『한국복지국가성격논쟁 II』. pp.237-265. 인간과 복지.

38 OECD(2016). "Poverty." in Society at a Glance 2016: OECD Social Indicators. OECD Publish-

보다는 낮다.

이를 근거로 크루스(Kroos)[39]는 1990년대와 2000년대를 경유하면서 한국이 복지국가에 진입했다고 평가했고, 미쉬라(Mishra)[40]도 1997년 경제위기 이후 김대중 정부에서 추진한 생산적 복지는 한국 복지국가를 현대화, 발전, 강화시켰다는 데 의심의 여지가 없다고 평가했다. 우드(Wood)와 고프[41]는 동아시아, 남아시아, 남미 등 대부분의 제3세계 국가들을 비공식보장체제로 분류했지만, 한국은 일본, 대만과 함께 복지국가체제로 간주할 수 있다고 평가했다. 다케가와 쇼고(武川正吾)는 일본이 1970년대 초반에 복지국가로 진입한 것처럼, 1990년대 후반에 한국도 동아시아에서는 유일하게 일본과 비교할 수 있는 복지국가로 진입했다고 평가했다.[42] 일본이 스스로 복지원년이라고 선언했던 1973년을 전후한 시기에 일본의 GDP 대비 사회지출 비중은 1970년 5.6%에서 1975년 8.9%로 급증했다.[43] 김연명은 이러한 평가를 근거로 한국이 "복지국가를 공고화하는 단계"에 들어섰다고 평가했다.[44] 하지만 한국이 복지국가의 공고화 단계에 진입했는지의 여부는 단지 사회지출 규모로도, 중요한 복지정책의 제도화 여부로도, 빈곤에 대한 국가의 책임 여부로도 평가할 수 없다. 한국이 복지국가 단계로 진입하고 복지국가를 공고화해가고 있는 단계라고 평가하기 위해서 우리는 먼저 한국이 어떤 복지체제인지를 규명할 필요가 있다. 왜

....

ing, Paris. DOI: http://dx.doi.org/10.1787/soc_glance-2016-17-en

39   Kroos, K.(2013). "Developmental Welfare Capitalism in East Asia with a Speical Emphasis on South Korea." Diskurs 2013-5, Ordnungspolitische Diskurse.

40   Mishra, R.(2004). "Introduction." Mishra, R., Kuhnle, S., Gilbert, N., and Chung, K., eds. *Modernizing the Korean Welfare State: Towards the Productive Welfare Model.* pp.1-8. New Brunswick: Transaction Publishers. p.2.

41   Wood, G. and Gough, I.(2006). "A comparative Welfare Regime Approach to Global Social Policy." *World Development* 34(10): 1696-1712.

42   武川正吾. "韓國の福祉國家形成과 福祉國家의 國際比較."

43   조영훈(2006). 『일본 복지국가의 어제와 오늘: 복지국가 이론들의 비교와 평가』. 서울: 한울 아카데미. p.18.

44   Kim, Y. M.(2008). "Beyond East Asian Welfare Productivism in South Korea." *Policy and Politics* 36(1): 109-125. p.113.

냐하면 우리는 어떤 복지체제가 공고화되었는지에 대해 답해야 하기 때문이다. 이어지는 두 절에서는 한국 복지체제에 대한 그간의 연구 성과를 비판적으로 정리했다.

제3절 한국 복지체제의 성격 논쟁

한국 복지국가의 성격을 둘러싼 국내 학계의 논쟁이 벌어지기 이전에, 한국 복지국가[45]에 대한 연구들은 주로 서구 복지국가를 하나의 동질적인 체제로 상정하고 이에 근거해 한국이 복지국가가 되기 위한 조건과 전략 등을 살펴보았다.[46] 반면 2000년대 초반에 있었던 한국 복지국가의 성격을 둘러싼 국내 학자들 간의 논쟁에서는 에스핑-앤더슨의 유형화 논의에 힘입어 한국 복지체제의 성격을 규명하고자 했다.[47] 이들의 주된 관심은 1997년 경제위기 이후 김대중 정부에서 이루어진 (사회보험의 대상을 보편적으로 확대한) 제도 확대와 (국민기초생활보장제도와 같은) 새로운 제도 도입을 어떻게 평가할지를 중심으로 한 것이었다. 논쟁에

....

45 사실 한국 복지국가라는 용어를 명시적으로 사용한 연구는 드물다. 앞서 언급한 김종일의 연구에서도, 한반도 분단과 한국의 복지 확대 간의 관계를 분석한 김연명의 연구에서도 한국 복지국가라는 용어는 사용되지 않았고, 대신 한국 사회복지라는 용어를 대체물로 사용한 것으로 추정된다. 김종일(1991). "한국에서의 사회복지 형성과 공장체제의 변화: 1987년 이후를 중심으로." 『한국 사회학』 25: 71-91; 김연명. 『한반도의 냉전체제가 남북한 사회복지에 미친 영향』. 김상균·홍경준과 홍경준(1998)의 연구에서는 복지국가라는 용어 대신 국가복지라는 용어를 사용했다. 당시의 조건에서 한국을 복지국가로 명명한다는 것은 무모해 보였을 것이라고 판단된다. 다만 이혜경은 "한국복지국가"라는 용어를 명시적으로 사용했다. 이혜경(1993). "권위주의적 자본주의 사회에서의 복지국가의 발달: 한국의 경험." 『한국 사회복지학』 21: 162-191. p.163. 이처럼 2000년대 초반 이전까지 한국을 복지국가로 지칭하는 용어는 일반적이지 않았던 것으로 보인다. 김상균·홍경준(1999). "한국 사회복지의 현실: 낙후된 국가, 성장한 시장, 그리고 변형된 공동체." 『사회복지연구』 13: 29-59; 홍경준(1998). "한국과 서구의 국가복지 발전에 대한 비교사적 검토: 전통과 탈현대의 사이에서." 『한국 사회복지학』 35: 427-451.

46 김종일. "한국에서의 사회복지 형성과 공장체제의 변화: 1987년 이후를 중심으로"; 김연명. 『한반도의 냉전체제가 남북한 사회복지에 미친 영향』; 이혜경. "권위주의적 자본주의 사회에서의 복지국가의 발달: 한국의 경험."; 홍경준. "한국과 서구의 국가복지 발전에 대한 비교사적 검토: 전통과 탈현대의 사이에서."

47 Esping-Andersen. *The Three Worlds of Welfare Capitalism.*

서는 더 이상 과거의 연구와 같이 서구 복지국가를 하나의 동질적인 복지국가군으로 상정하지 않았다. 성격 논쟁은 김대중 정부에서 이루어진 복지 확대에 힘입어 한국을 복지국가로 규정하고, 그 성격을 서구의 세 가지 복지체제 유형(자유주의, 보수주의, 사민주의)과 비교하면서, 한국이 어느 유형에 더 가까운지를 둘러싸고 진행되었다. 지금 돌이켜보면 복지국가의 성격을 둘러싼 초보적 수준의 논쟁이었다고 평가할 수도 있지만, 2000년대 이전의 연구들과 비교하면 보기 드문 학문적 성과라고 평가할 수 있다. 본 절에서는 이러한 논쟁의 성과를 비판적으로 정리했다.

1. 보수주의 복지체제

복지국가에 대한 기존의 연구가 주로 산업화된 국가들, 특히 서유럽 사회의 경험에 기반하고 있기 때문에,[48] 한국과 같은 신흥공업국 또는 제3세계 국가들은 서구 학자들의 복지국가 비교연구의 대상이 아니었다. 일본은 예외적이었지만, 일본 또한 선진 산업국가라는 점에서 한국과 같은 위치에 있다고 할 수 없다. 이러한 점에서 한국을 서구의 세 가지 복지체제 유형과 비교한 2000년대 초반의 연구는 비서구 국가이자 선진 산업국도 아닌 한국을 복지국가로 정의하고 서구 복지국가와 동등하게 비교하려고 했다는 점에서 그 의의가 있다고 할 수 있다.

당시 논쟁의 핵심 쟁점은 크게 보면 두 가지이다. 하나는 에스핑-앤더슨의 유형화에 근거했을 때 한국 복지체제가 서구의 세 가지 유형 중 어느 유형과 유사한지를 둘러싸고 벌어진 논쟁이고, 다른 하나는 김대중 정부 하에서 이루어진 복지 확대를 어떻게 평가할 것인지의 문제이다. 한국 복지국가의 유형과 관련된 논쟁을 주도한 논자는 크게 보면 한국 복지국가를 서구의 보수주의 복지체제와 유사한 유형이라고 주장하는 논자, 신자유주의 복지체제로 규정하는 논자, 자유

....

48   Haggard and Kaufman. *Development, Democracy, and Welfare States: Latin America, East Asia, and Eastern Europe*. p.21.

주의와 보수주의가 혼합된 유형으로 구분하는 논자로 구분된다.

한국을 대륙유럽의 보수주의 복지체제와 유사한 유형이라고 주장한 대표적 논자는 남찬섭[49]이다. 남찬섭은 첫째, 한국의 사회보장제도는 사회보험을 중심으로 구성되어 있고 사회보험도 수익자들이 재원을 분담하는 구조로 되어 있다는 점에서 보수주의 복지체제와 유사하다고 했다. 둘째, 공무원, 군인, 사립학교 교직원을 위한 특수직 연금이 존재하고 이러한 특수직 연금의 계층화 효과가 낮다고 할 수 없다는 점에서 사회보험이 직역별로 세분화된 보수주의 복지체제와 유사하다는 것이다. 더욱이 한국의 사회보험은 비정규직, 자영업자 등 사회적으로 취약한 계층을 배제함으로써 사회보장의 계층화가 크다는 점에서 보수주의 복지체제와 유사한 특성을 갖고 있다고 할 수 있다고 했다. 마지막으로 국민기초생활보장제도의 수급 자격을 판단하는 결정적 기준으로 가족의 부양 책임을 제도화한 부양의무자기준이 존재한다는 점을 들어 한국의 복지체제가 가족책임주의(familialism)를 강조하는 보수주의 복지체제와 유사하다는 것이다. 이러한 특성에 근거했을 때 한국 복지국가의 성격은 대륙유럽의 보수적 조합주의 체제와 유사하다는 것이 남찬섭의 주장이었다. 박찬웅과 정동철도 홍콩을 제외한 동아시아 복지체제를 보수주의 복지체제로 규정하면서 남찬섭과 유사한 주장을 했다.[50]

보수주의 복지체제의 관점에서 한국 복지체제의 성격을 설명하려는 시도는 한국 복지체제의 성격을 이해하는 데 유용한 단서를 제공해준다. 실제로 많은 연구들은 한국 복지체제를 보수주의 복지체제로 규정할 수는 없지만 보수주의 복지체제는 한국 복지체제의 특성을 설명하는 중요한 특성이 될 수 있다는 점을 부정하지 않는다.[51] 그러나 한국 복지체제를 보수주의의 틀로 설명하려는 시도는

....

49 남찬섭(2002b). "경제위기 이후 복지개혁의 성격: 구상, 귀결, 복지국가체제에의 함의." 김연명 편. 『한국복지국가성격논쟁 I』. pp.144-174. 서울: 인간과 복지.

50 Park, C. U. and Jung, D. C.(2007). "The Asian Welfare Regimes Revisited: The Preliminary Typologies Based on Welfare Legislation and Expenditure." Paper Prepared for the 4th International Conference on 'Restructuring Care Responsibility, Dynamics of Welfare Mix in East Asia', 20-21 October 2007, University of Tokyo, Japan.

51 정무권(2009). "한국의 발전주의 생산레짐과 복지체제의 형성." 정무권 편. 『한국복지국가성격논쟁

그 해석 및 방법론과 관련해서 중대한 도전에 직면해 있다. 먼저, 특수직 연금(공무원연금, 군인연금, 사립학교교직원연금)의 존재와 한국 복지체제의 관계이다. 특수직 연금의 존재는 한국의 연금체계가 보수주의 복지체제와 같이 직업별로 분리된 체계를 갖고 있다는 것을 확인해주는 대표적 실례가 될 수도 있다. 하지만 건강보험, 고용보험, 산재보험, 노인장기요양보험 같은 다른 사회보험제도는 적어도 형식적으로는 전(全)국민(또는 전체 임금노동자)을 대상으로 하는 단일 조합 형태로 운영되고 있다. 사실 연금의 경우에도 공무원, 군인, 사립학교교직원을 제외한 절대 다수의 국민은 직역(職域)에 관계없이 국민연금이라는 단일한 보험체계에 포괄되어 있다. 특수직 연금이 존재한다는 이유만으로 한국 복지체제를 대륙유럽의 직역별로 분리된 조합주의 방식의 사회보험 체계와 유사하다고 평가하는 것은 지나친 비약이다.[52]

또한 한국 사회보험에 광범위한 사각지대가 존재하는 것은 사실이지만, 이 사실만 가지고 한국을 보수주의 복지체제로 분류할 수는 없다. 왜냐하면 사회보험의 사각지대를 보수주의적 계층화로 해석한다면 미국과 같은 자유주의 복지체제야말로 보수주의 복지체제로 분류해야 하기 때문이다.[53] 우리가 잘 알고 있듯이 미국의 건강보장체계는 4천만 명에 이르는 미국인을 공·사적 건강보장으로부터 배제하고 있다. 공적 사회보장으로부터의 배제는 보수주의의 특성이 아닌 자유주의 복지체제의 특성으로 볼 수도 있다. 더욱이 한국은 보수주의 복지체제는 물론이고 (상대적으로 공적 사회보험이 취약한) 자유주의 복지체제보다도 GDP 대비 민간보험 총수입 비율이 사회지출비율보다 큰 국가이다.[54] 다시 말해

....

II』. pp.113-166. 경기도: 인간과 복지; 조영훈(2002b). "생산적 복지론과 한국 복지국가의 미래." 김연명 편.『한국복지국가성격논쟁 I』. pp.81-108. 인간과 복지; 조영훈(2002c). "유교주의, 보수주의, 혹은 자유주의? 한국의 복지유형 검토." 김연명 편.『한국복지국가성격논쟁 I』. pp.243-271. 인간과 복지.

52 독일의 (경제활동의 인구의 82%가 가입한) 공적연금제도는 노동자, 광부, 농어민, 공무원, 군인, 자유직업자(의사, 변호사, 약사 등) 등 직업군에 따라 별도의 연금체계를 운영하고 있다. 국민연금관리공단(2005). "독일의 공적연금제도." http://www.nps.or.kr/html/download/worldwide/data_pdf/report/05_02_01_germany.pdf, 접근일 2015년 4월 5일.

53 尹洪植. "福祉レジーム爭點と韓國の位置づけた關する新しい眺望."

54 〈그림 2.2〉에서 보는 것과 같이 2012년을 기준으로 한국은 GDP 대비 민간보험의 총수입 비중이 사회

민간보험이 사회보험보다 더 큰 규모로 운영되고 있는 사회를 보수주의 복지체제라고 규정하는 것은 논란의 여지도 크고 실증적 근거도 취약해 보인다.

국민기초생활보장제도의 부양의무자기준은 남찬섭이 주장하는 것과 같이 복지의 책임을 가족에게 강제하는 것으로 이해될 수 있다. 김진욱[55]도 한국이 형식적으로는 복지제도를 확대했지만 복지 제공과 관련해서 여전히 가족이 중요한 역할을 담당하고 있다는 점을 들어 한국을 보수주의 복지체제로 규정할 수 있다고 주장한다. 그러나 이러한 방식의 가족(책임)주의는 보수주의 복지체제의 가족책임주의의 특성이 아니라 남부유럽 복지체제의 가족책임주의의 특성이다.[56] 보수주의 복지체제의 가족책임주의의 특성은 국가가 공적지원을 통해 (성별 분업에 근거한) 전통적인 가족의 기능을 강화하는 것이지, 국가가 아무런 역할을 하지 않으면서 단순히 복지의 책임을 가족에게 전가하는 것이 아니다. 더욱이 한국의 가족책임주의가 지속적으로 약화되고 있다는 점을 고려하면, 부양의무자기준을 근거로 한국을 보수주의 복지체제로 규정할 수는 없다. 예를 들어, 노인 가구의 소득구성 중 가족 간 이전(사적 이전)이 차지하는 비중의 변화를 보면 1980년 72.4%에서 2005년 37.3%로 급격히 감소했고,[57] 2006년과 2010년을 비교한 연구에 따르면 38.4%에서 24.7%로 불과 5년 만에 13.7%포인트나 감소했다.[58] 중요한 사실은 이러한 현상이 모든 소득 계층에서 공통적으로 나타나고 있다는 것이다.

더욱이 북서유럽에서 보수주의 복지체제를 형성했던 사회적 동인 또한 한국 사회에서는 관찰되지 않는다. 보수주의 복지체제의 핵심은 지역 공동체의 상호

....

지출 비중보다 높은 거의 유일한 OECD 국가이다.

55   김진욱(2009). "한국의 복지혼합과 복지체제." 정무권 편. 『한국복지국가성격논쟁 II』. pp.595-632, 경기도: 인간과 복지.

56   Yoon, H. S.(2014a). "The Same Familialistic Welfare Regime? Family Policies in Southern Europe Countries and Korea." Paper presented at the 11th Annual Conference of the East Asian Social Policy(EASP) Conference, Manoa, Hawaii, July 24-25, 2014.

57   김향남(2010). "한국고령자의 생활과 소득보장정책: 일본과의 비교를 중심으로." 게이오대학 현대한국연구센터 일한공동연구. 2010년 3월 서울 가든 호텔.

58   석상훈(2012). "노인 빈곤과 소득불평등의 실태와 원인분석." 제2회 한국 사회정책연합 공동학술대회 발표문. 2012년 10월 12-13일. 한신대학교.

책임에 근거한 복지체제인데, 한국은 유럽의 봉건제가 갖고 있던 것과 같은 강력한 상호 책임을 제도화한 적이 없다. 실제로 유럽은 국민국가를 만들어가기 위해 봉건적 질서를 해체하고 중앙집권적 체제를 새롭게 만드는 것이 필요했지만, 한국은 근대 이전부터 상대적으로 강력한 중앙집권적 체제를 유지하고 있었다. 강력한 노동조합의 힘이 보수주의 복지국가의 확장에 중요한 역할을 했다는 사실[59] 또한 한국 복지체제를 보수주의라고 규정하기 어려운 근거이다. 오히려 한국에서 복지 확대는 서유럽과 달리 중간계급의 계급정치에 의존했다는 점에서 유럽의 보수주의 복지체제와는 상이하다고 할 수 있다.[60]

한국 복지체제가 보수주의 복지체제라는 주장은 방법론적인 측면에서도 비판받았다. 김연명[61]은 남찬섭이 한국 복지체제를 에스핑-앤더슨의 복지체제 유형 중 하나로 설명하면서 그 근거를 에스핑-앤더슨의 유형화의 핵심 준거인 탈상품화와 계층화에서 찾지 않고 남부유럽의 복지체제를 설명하는 페레라(Ferrera)의 논거를 혼용해서 사용하고 있다는 점을 지적한다. 즉, 차원이 다른 두 논의를 혼합해 한국 복지체제의 성격을 보수주의 복지체제라고 주장하고 있다는 것이다. 정리하면, 한국 복지체제가 부분적으로 '보수주의'적 특성을 갖고 있다는 점은 분명해 보인다. 하지만 한국을 보수주의 복지체제로 규정하기에는 한국의 사회·경제·정치의 역사적 맥락이 보수주의 복지체제와 상이한 것은 물론이고 현상적으로 나타나는 특성 또한 서구의 보수주의 복지체제와 유사하다고 보기 어렵다. 아마도 정답은 남찬섭의 주장과 다른 비판자들의 중간쯤 어디에 위치하고 있을 것이다.

....

59 Kwon, H. J.(1997). "Beyond European Welfare Regimes: Comparative Perspectives on East Asian Welfare Systems." *Journal of Social Policy* 26(4): 467-484.
60 Lee, Y. J., and Ku, Y. W.(2007). "East Asian Welfare Regimes: Testing the Hypothesis of the Developmental State." *Social Policy and Administration* 41(2): 197-212. p.199.
61 김연명(2002b). "국가복지 강화론 비판에 대한 재비판과 쟁점." 김연명 편. 『한국복지국가성격논쟁 I』. pp.351-384. 서울: 인간과 복지.

2. 신자유주의 복지체제

한국 복지체제가 신자유주의 복지체제라고 주장하는 대표적인 논자는 조영
훈이다. 조영훈은 김대중 정부에서 복지 지출이 확대된 것은 분명한 사실이지만
역설적으로 이러한 확대가 한국 복지체제의 신자유주의적 특성을 강화했다고 평
가한다.[62] 그의 주장의 핵심은 첫째, 김대중 정부 하에서 이루어진 복지 확대는 국
가 책임을 확대했기보다는 민간의 역할을 강화한 것이고, 둘째, 직접적인 복지 확
대보다는 노동연계복지(workfare)를 확대했다는 것이다. 셋째, 조영훈은 김대중
정부가 복지를 확대했음에도 불구하고 빈곤과 불평등이 감소하지 않는 것은 복
지 확대가 신자유주의적으로 이루어졌기 때문이라고 지적한다.[63] 넷째, 조영훈은
김대중 정부에서 이루어진 사회보험의 확대가 국가의 직접적인 (재정적) 책임을
확대하지 않았다는 점에서 한국 복지체제가 신자유주의적이라고 주장한다. 홍미
로운 점은 조영훈이 한국 복지체제의 신자유주의적인 특성을 보여주는 근거라고
언급했던 이 특성을 남찬섭은 한국 복지체제를 보수주의 복지체제로 규정하기
위해 사용했다는 것이다.[64] 마지막으로 조영훈은 티트머스와 에스핑-앤더슨을
거명하면서 한국에서 공적 사회보험의 대체재 역할을 하는 민간보험이 발달했다
는 사실을 근거로 한국 복지체제의 성격을 (신)자유주의 복지체제로 규정한다.[65]
손호철 또한 한국에서 민간보험의 비중이 공적 사회보험보다 크다는 점을 들어
한국 복지체제를 신자유주의로 규정하는 주장에 동의한다.[66]

한국 복지체제를 자유주의로 규정하는 주장 또한 부분적으로 한국 복지체제
의 특성을 설명하고 있다는 점에서 한국 복지체제의 한 단면을 보여준다. 그럼에

....

62　조영훈(2007). "경제위기 이후의 복지정책에 대한 평가와 한국복지국가의 전망." 2007 한국 사회학회
　　특별 심포지엄 자료집. pp.87-110. 2007년 9월 4일. 서울 전국은행연합회관 2층 국제회의실.

63　조영훈. "경제위기 이후의 복지정책에 대한 평가와 한국복지국가의 전망."

64　남찬섭. "경제위기 이후 복지개혁의 성격: 구상, 귀결, 복지국가체제에의 함의."

65　조영훈(2009). "자유주의 복지유형으로서의 한국 복지국가: 민영보험의 상대적 발달을 중심으로." 정
　　무권 편. 『한국복지국가성격논쟁 II』. pp.867-887. 경기도: 인간과 복지.

66　손호철(2005). "김대중 정부 복지개혁의 성격: 신자유주의로의 전진?" 『한국정치학회보』 39(1): 217-

도 불구하고 한국 복지체제가 신자유주의 체제라는 주장에 대해 반론을 제기할 수 있다.[67] 가장 중요한 논점 중 하나는 (신)자유주의의 성격과 관련된다. 일반적으로 자유주의(화)는 복지국가의 축소를 의미한다. 단순화시키면 자유주의 복지체제는 시민의 복지와 관련해서 국가보다는 시장을 포함한 민간의 역할을 강조한다. 실제로 서구 복지국가에서 신자유주의화가 명백하게(?) 국가복지를 축소시키고 민간(시장)의 역할을 강화시켰기 때문이다. 신자유주의론자들의 주장은 비록 김대중 정부에서 복지가 확대되었지만 이러한 복지 확대가 민간의 역할을 강화했기 때문에 1997년 이후 한국 복지체제를 신자유주의 복지체제로 규정할 수 있다는 것이다.

쟁점은 김대중 정부 하에서 국가복지가 확대되었음에도 불구하고 이를 신자유주의화라고 규정할 수 있는지의 여부이다. 한국은 국가의 역할이 확대되는 동시에 민간의 역할 또한 확대되는 모습을 보였기 때문이다. 서구 복지국가의 신자유주의화와는 상이한 모습이다. 〈그림 2.1〉에서 보는 것과 같이 김대중 정부의 첫해인 1998년 GDP 대비 사회지출은 1997년 3.6%보다 41.7%(1.5%포인트) 증가한 5.1%로, 피어슨이 제시한 사회지출을 기준으로 한 복지국가의 최소 요건을 처음으로 충족시켰다. 단순히 사회지출만 증가한 것이 아니다. 앞서 언급했지만 사회보험은 비록 형식적이지만 보편적으로 확대되었고, 시민권에 기반한 공공부조 또한 제도화되었다. 물론 사회지출이 확대되었다는 것이 곧 반(反)신자유주

....

231.

67 먼저 용어와 관련된 혼란을 정리할 필요가 있다. 일반적으로 복지체제 유형화 논의에서 사용되는 용어는 자유주의 복지체제이지 신자유주의 복지체제가 아니다. 조영훈과 손호철 등이 사용하는 '신자유주의'라는 용어는 한국 복지체제의 전반적인 성격을 규정하는 용어이기보다는 1997년 이후 김대중 정부에서 이루어진 복지 확대의 성격을 설명하려는 용어이다. 다만 논의의 맥락상 김대중 정부의 신자유주의적 복지 확대로 인해 한국 복지체제가 자유주의 복지체제의 특성이 지배적인 체제가 되었다는 의미로 해석될 수 있다. 그러므로 여기서 신자유주의는 김대중 정부의 복지 확대를 설명하는 용어로, 자유주의 복지체제는 김대중 정부의 신자유주의적 복지 확대의 결과로 나타난 한국 복지체제의 성격을 설명하는 용어로 사용할 필요가 있다. 조영훈. "생산적 복지론과 한국 복지국가의 미래."; 조영훈 "유교주의, 보수주의, 혹은 자유주의? 한국의 복지유형 검토."; 조영훈. "경제위기 이후의 복지정책에 대한 평가와 한국복지국가의 전망."; 조영훈. "자유주의 복지유형으로서의 한국 복지국가: 민영보험의 상대적 발달을 중심으로."; 손호철. "김대중 정부 복지개혁의 성격: 신자유주의로의 전진?"

의화의 근거가 되지는 않는다. 예를 들어, 마거릿 대처(Margaret Thatcher)의 집권 기간(1979~1991년) 동안 영국의 사회지출은 연평균 1.1% 증가했다.[68] 대처의 12년 집권 기간 동안 공적지출이 감소한 시기는 '1985~1986년'과 '1988~ 1989년' 단 두 회계연도뿐이다. 하지만 대처의 집권 기간 동안 영국 복지체제의 자유주의적 성격이 강화되었다는 주장에 대부분의 논자들은 동의할 것이다. 다시 말해, 사회지출의 확대 자체가 한국 복지체제의 신자유주의화에 반(反)명제가 되지는 않는다. 특히 한국의 경우 1998년과 1999년 GDP 대비 사회지출이 각각 5.1%, 6.1%로 (상대적으로) 급격히 증가한 데에는 1997년 경제위기로 인해 발생한 사회문제(예를 들면 실업과 빈곤의 증대)를 완화하기 위한 응급조치적인 성격이 강했다. 실제로 2000년에 들어서면 사회지출은 4.8%로 전년도 대비 21.3%나 감소했다.[69]

신자유주의자 논자들의 또 다른 주장은 민간보험의 규모이다. 일반적으로 민간보험은 공적 사회보험과 대체관계에 있는 것으로 알려져 있기 때문에, 민간보험의 크기는 공적 사회보험과 반비례관계에 있다고 주장된다. 실제로 1997년 경제위기 당시 1조 5,946억 원이었던 민간의료보험(생명보험, 장기손해보험, 상해보험)의 총보험료는 3년 만인 2000년에는 3조 816억 원으로 두 배 가까이 성장했다.[70] 더욱이 〈그림 2.2〉에서 보는 것과 같이 한국은 비교 대상 OECD 국가들 중 GDP 대비 민간보험수입의 비중이 공적 사회지출 비중보다 높은 유일한 국가이다. 그러나 주목할 점은 GDP 민간보험총수입 비중이 복지체제 유형에 따라 큰 차이를 보이지 않는다는 것이다. 더욱 놀라운 사실은 사민주의 복지국가들의 민

....

68   Eaton, G.(2013, April 8). "How Public Spending Rose Under Thatcher." NewStateman, Retrieved February 3, 2015. http://www.newstatesman.com/politics/2013/04/how-public-spending-rose-under-thatcher

69   물론 2000년을 제외하면 김대중 정부 기간 동안 연평균 사회지출은 5.3%로, 김영삼 정부 기간 동안의 연평균 사회지출 3.2%보다 1.7배 높았다.

70   전종환(2002). "국내 민간의료보험의 현황 및 과제." http://www.snu-dhpm.ac.kr/pds/files/%B1% B9%B3%BB%20%B9%CE%B0%A3%C0%C7%B7%E1%BA%B8%C7%E8%C0%C7%20 %C7%F6%C8%B2.pdf. p.19, 접근일 2015년 2월 3일.

간보험 비중이 자유주의 복지체제보다도 높다는 점이다. 복지체제 유형에 따른 GDP 대비 민간보험수입 비중은 자유주의 복지체제가 7.6%, 보수주의 복지체제가 8.5%, 사민주의 복지체제가 7.9%이고 남부유럽 복지체제는 5.2%이다.

물론 〈그림 2.3〉에서 보는 것과 같이 사회지출 대비 민간보험총수입의 비율을 보면 자유주의 복지체제(37.2%)가 사민주의(28.3%)나 보수주의 복지체제 (30.7%)보다 높다. 그러나 〈그림 2.2〉를 보면 그 비율이 높은 이유는 GDP 대비 민간보험총수입의 비중이 높기 때문만이 아니라 GDP 대비 사회지출의 비중이 낮기 때문이다. 예를 들어, 한국의 해당 비중은 2003년 178%에서 2012년 131%로 26.4%나 감소했는데,[71] 그 이유는 GDP 대비 민간보험총수입 비중의 증가율 (26.7%)보다 공적 사회지출의 증가율(72.2%)이 높았기 때문이다. 한국에서 이러한 현상이 나타나는 이유는 한국 복지체제의 성숙도와 관련이 있는 것으로 보인다. 한국 복지체제는 성숙한 복지국가 단계에 있는 것이 아니라 거의 아무것도

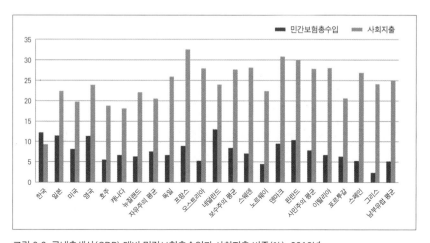

그림 2.2 국내총생산(GDP) 대비 민간보험총수입과 사회지출 비중(%), 2012년
출처: Karl, ed. *World Insurance in 2012: Progressing on the Long and Winding Road to Recovery*. Economic Research & Consulting, OECD, Social Expenditure Database.

....

71　Hess, T., ed.(2003). *World Insurance in 2003: Insurance Industry on the Road to Recovery* No.3/2004. Zurich: Swiss Re Ltd.; Karl, K., ed.(2013). *World Insurance in 2012: Progressing on the Long and Winding Road to Recovery*. Economic Research & Consulting No.3/2013. Zurich: Swiss Re Ltd., OECD, Social Expenditure: Aggregated date.

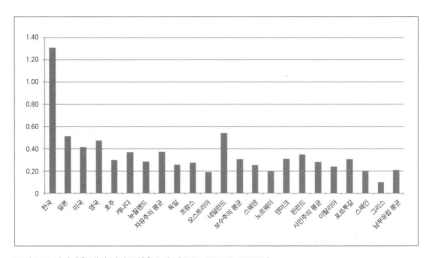

그림 2.3 사회지출 대비 민간보험총수입 비중(1=100%), 2012년

출처: Karl, ed. *World Insurance in 2012: Progressing on the Long and Winding Road to Recovery*. Economic Research & Consulting, OECD, Social Expenditure Database.

없던 단계에서 이제 막 복지가 확대되는 단계에 있다. 심지어 한국이 자유주의 복지체제의 잔여주의 원칙에 입각해 복지를 확대한다고 해도 한국에서 국가복지의 확대는 필연적이다. 왜냐하면 모든 복지제도는 비록 그 수준과 성격이 다를지라도 국가 개입을 필요로 하기 때문이다.

이런 점을 고려하면 김연명[72]이 주장하는 '국가책임 확대'는 김대중 정부에서 나타난 국가복지 확대의 현상을 '기술(記述)'하는 용어로는 적당하지만 한국 복지체제의 성격을 '설명(說明)'하는 유용한 개념이 아니다. 예를 들어, 미국의 GDP 대비 사회지출은 2000년 14.5%에서 2013년 20.0%로 OECD 평균인 21.9%에 근접했다.[73] 이는 분명 국가복지의 확대라고 이야기할 수 있다. 그러나 여기서 국가책임 확대는 사회지출이 증가한 현상을 기술하는 것 이외에 아무런 의미를 갖지 못한다. 왜냐하면 국가복지 확대는 때로는 시장의 역할을 강화하기 위해서 사용될 수도 있고 비재정적인 의미로 사용될 수도 있다. 예를 들어, 사회

....

72   김연명. "국가복지 강화론 비판에 대한 재비판과 쟁점."

73   OECD. OECD Facebook 2014: Economic. Environmental and Social Statistics.

보험의 법적 대상을 확대하는 조치는 사회위험에 대한 국가의 책임을 확대한 것이라고 할 수 있기 때문이다. 이처럼 '국가복지 확대'의 용례는 현상에 대한 기술로 제한되기 때문에 김대중 정부의 복지 확대를 설명하는 적절한 개념이 되기 어렵다.

장하준이 지적하는 것처럼 우리에게 익숙한 신화 중 하나는 시장은 국가를 필요로 하지 않는다는 것이다.[74] 하지만 고전학파 경제학에 반대하는 많은 저명한 학자들은(예를 들어, 마르크스, 폴라니, 브로델, 월러스틴 등) 자본주의 역사에서 시장은 국가의 적극적인 개입과 지원을 통해 성장했다는 것을 반복적으로 보여주고 있다. 복지체제 또한 마찬가지이다. 국가의 의도된 계획과 지원 없이 자유주의 복지체제가 만들어질 수는 없다. 실제로 한국에서 민간보험의 성장은 세금 공제와 (공적연금의 소득대체율 인하와 같은) 공적 복지의 약화 등과 같은 국가의 의도된 개입에 의해 만들어진 인위적인 결과이다. 그러므로 민간보험의 비중이 크다는 것이 곧 작은 국가를 의미하지는 않으며, 현상적으로 작은 국가가 곧 한국 복지체제의 특성을 자유주의 복지체제라고 주장할 근거가 될 수는 없다.

한국 복지체제가 자유주의 복지체제라는 또 다른 근거는 1997년 경제위기 이후 복지 확대가 주로 (근로와 연계된) 공공부조와 같은 저소득층을 위한 잔여적 제도를 중심으로 확대되었다는 것이다.[75] 하지만 국민기초생활보장제도의 경우 과거 생활보호제도에 비해 권리적 성격이 강화되었는데도 불구하고 이를 단순히 저소득층을 대상으로 하는 노동과 연계된 복지를 확대했기 때문에 신자유주의화라고 해석하는 것은 적절하지 않다. 앞서 언급한 것과 같이 공공부조를 시민권에 근거해서 제도화한 것이 문제가 아니라 국가복지의 확대를 체제

....

74   장하준(2004[2002]). 『사다리 걷어차기』. 형성백 역. (*Kicking Away the Ladder*). 서울: 부키; 장하
      준(2010). 『그들이 말하지 않는 23가지』. 김희정·안세민 역. (*23 Things They Don't Tell You About*
      Capitalism). 서울: 부키.
75   조영훈. "생산적 복지론과 한국 복지국가의 미래."; 조영훈. "경제위기 이후의 복지정책에 대한 평가와
      한국복지국가의 전망."

적 수준에서 보편적으로 확대하지 못한 것이 문제이다. 더욱이 시민권에 기초한 공공부조제도의 확립은 신자유주의 복지체제의 강화가 아닌 한국이 복지국가로 나아가기 위한 중요한 제도적 전제이다. 이러한 현상은 한국이 아직 서유럽 복지체제와 같이 자신의 고유한 특성이 분명해지는 성숙한 단계에 진입하지 않았기 때문에 나타나는 오해일 수 있다. 그러므로 발달된 서구 복지국가의 재편 과정에서 논쟁이 되는 국가 역할의 축소와 시장 역할의 강화라는 신자유주의적 논리를 한국과 같은 복지발전도상국가에 그대로 적용하는 것은 타당하지 않다.[76]

1997년 이후 복지정책의 제도적 확산을 보면, 한국 복지체제는 사회보험의 제도적 성숙에 따라 보수주의적 성격이 강화될 수도, 시장의 역할이 중심이 되는 자유주의 복지체제가 될 수도 있다. 물론 누구도 아직 미래를 예단할 수는 없다. 한국 복지체제는 지금도 변화하고 있기 때문이다. 그리고 (제도가 빠르게 만들어지고 변화하는) 이러한 특성으로 인해 한국 복지체제의 특성을 기술하는 것은 쉽지 않으며, 한국 복지체제의 동태적 모습을 포착해 있는 그대로 그려내기는 더더욱 어려운 일이다. 쟁점은 김대중 정부의 복지 확대가 중장기적으로 한국 복지체제에 자유주의적 성격을 강화했는지 여부이다. 필자의 판단으로는 신자유주의화 논자들의 주장을 뒷받침하는 제도적 특성을 김대중 정부에서 찾는 것이 쉽지 않아 보인다. 김대중 정부 하에서 이루어진 공적 사회보험의 보편적 확대, 건강보험의 통합, 국민기초생활보장제도의 도입 등 새롭게 만들어진 제도적 유산이 한국 복지체제의 자유주의적 속성을 강화했다고 보기는 어렵기 때문이다. 하지만 김대중 정부가 노동시장 유연화를 추진해 한국 노동시장에서 불완전 고용을 확산시키는 중요한 계기를 제공했다는 점에서 김대중 정부가 한국 사회의 신자유주의화, 나아가 복지체제의 신자유주의화와 무관하다고 볼 수는 없다. 더욱이 김대중 정부를 계승한 노무현 정부와 이후 정부들에서 이루어진 국민연금의 소득대체율 인하, 공무원연금 개혁, 영리민간병원의 도입 시도,

....

76   尹洪植, "福祉レジーム爭點と韓國の位置づけた關する新しい眺望."

사회서비스의 바우처제도 도입, 노인요양서비스의 민간시설 중심 확대 등은 한국 복지체제의 자유주의적 성격을 강화하는 제도적 유산을 만들었다고 평가할 수 있을 것 같다.

3. 혼합유형?

보수주의와 자유주의 복지체제 둘 중 어떤 유형도 1997년 경제위기 이후 한국 복지체제의 성격에 대한 납득할 만한 설명을 제시하지 못했다. 그렇다고 두 주장 모두 한국 복지체제의 특성과 무관하다고 할 수는 없다. 단지 부분적으로 타당하고 부분적으로 부적절할 뿐이다. 한국 복지체제를 보수주의와 자유주의 복지체제의 관점에서 설명하려고 했던 논의들을 보면서 우리는 어쩌면 한국 복지체제는 두 가지 특성을 모두 갖고 있다는 생각을 했을지 모른다. 실제로 여러 학자들은 한국 복지체제를 특정한 서구 복지체제 유형으로 설명하기보다는 두 개 이상의 특성이 혼합된 유형으로 설명하고 있다.[77] 에스핑-앤더슨은 『복지자본주의의 세 가지 세계』의 중국어판 서문에서 동아시아 복지모델을 자유주의와 보수주의가 혼합된 유형 또는 제4의 복지체제의 출현으로 이해할 수 있다고 했다.[78] 이러한 주장은 1997년 이후 한국의 복지 확대가 주로 사회보험을 중심으로 이루어졌고 성별 분업에 기초한 가족(책임)주의[79]가 여전히 강고하게 남아 있으며 특수직역 연금

....

77 정무권. "한국의 발전주의 생산레짐과 복지체제의 형성."; Peng, I.(2007). "Welfare State Restruc-turing in South Korea: A Political Economic Perspective." Paper prepared for ISA RC19 Confer-ence, University of Florence, Florence, Italy, 4-8 September 2007; 김연명. "김대중 정부의 사회복지정책: 신자유주의를 넘어서."

78 Kam, Y. W.(2012). "The Contributions of the Health Decommodification Typologies to the Study of the East Asian Welfare Regime." *Social Policy & Administration* 46(1): 108-128; Lee and Ku. "East Asian Welfare Regimes: Testing the Hypothesis of the Developmental Welfare State."; Ku, Y. W. and Jones Finer, C.(2007). "Developments in East Asian Welfare Studies." *Social Policy & Administration* 41(2): 115-131.

79 가족주의(familism)는 단위로서의 가족의 이해가 가장 우선시된다는 의미를 담고 있으며, 가족책임주의(familialism)는 가족 구성원의 복지에 대한 1차적 책임을 가족이 져야 한다는 의미를 담고 있다. 자세한 내용은 다음 논문을 참고하라. 윤홍식(2012a). "가족주의와 가족정책 재유형화를 위한 이론적 논

에 대해 (국민연금과 비교해서) 상당히 높은 수준의 급여를 제공하는 등 보수주의적 특성을 갖고 있기 때문이다. 한국 복지체제는 민간보험의 규모가 크고 보육과 돌봄 등에서 시장의 역할이 크며 사회지출의 규모가 상대적으로 작은 데 반해 공공부조의 비중은 크고 시민권에 기초해 공공부조를 제도화했지만 (조건부 수급과 같은) 노동연계가 제도화되는 등 자유주의 복지체제의 특성 또한 갖고 있다.

당황스러운 사실은 한국 복지체제가 단지 보수주의와 자유주의의 특성만 갖고 있는 것이 아니라는 점이다. 앞서 언급했지만, 커너(Kuhnle)는 김대중 정부의 복지 개혁 이후 한국 복지체제는 사민주의에 가까운 복지체제가 될 것이라고 주장했다.[80] 이명박 정부 기간 동안 실시된 보편적 학교급식과 박근혜 정부에서 실시된 아동보육료의 보편적 지원, 가정양육수당 등은 공적 전달체계의 확대 없이 이루어졌다는 점과 전통적인 성별 분업을 강화시키는 등 많은 문제를 야기하고 있지만, 급여의 대상이 보편적이라는 점만은 사민주의 복지체제의 보편성을 부분적으로 담지하고 있다. 직역이 통합된 건강보험 단일체제도 전 국민을 하나의 조합에 통합시켰다는 점에서 사민주의 복지체제의 특성을 갖고 있다고 할 수 있다. 이처럼 한국은 서구의 세 가지 복지체제의 특성을 모두 갖고 있다고 할 수도 있다. 하지만 이러한 현상이 한국만의 특성은 아닐지도 모른다. 영국은 일반적으로 자유주의 복지체제로 간주되지만, 영국의 국민건강제도(NHS)는 서비스 대상과 내용 등 모든 측면에서 보편주의를 구현하고 있다는 점에서 사민주의적이다. 이렇게 보면 한국 복지체제는 연구자가 보는 관점에서 따라 다양한 모습을 띠는 카멜레온과 같아 모든 가능한 유형의 특성을 부분적으로 갖고 있을지도 모른다.

....

　　의.”『한국 사회복지학』64(4): 261-284. pp.263-264.
80　　Kuhnle. "Productive Welfare in Korea: Moving Toward a European Welfare Type?"

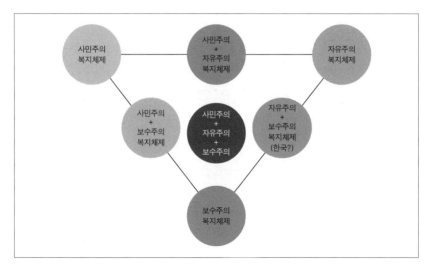

그림 2.4 복지체제의 이념적 유형: 기본유형 3 + 혼합유형 4

4. 비판적 정리

이제 우리는 앞서 검토한 한국 복지체제를 둘러싼 논쟁 전반에 관한 종합적인 비판을 할 필요가 있다. 비판은 세 가지이다. 첫째는 한국 복지체제의 성격을 규명하는 데 있어 총체성이 사라졌다는 것이고, 둘째는 방법론과 관련된 비판이다. 마지막으로는 20세기 복지국가를 기준으로 21세기 한국 복지체제의 성격을 논하고 있다는 점이다.

1) 비판 1: 총체성이 사라졌다

에스핑-앤더슨의 기념비적인 저작이 출간된 1990년 이후 거의 모든 복지국가 (비교)연구들은 에스핑-앤더슨의 복지체제 유형화 논의를 인용하고 있다.[81] 이러한 현상은 아트(Art)와 겔리슨(Gelissen)의 주장과 달리 단지 산업화된 선

....

81   Arts, W. and Gelissen, J. (2002). "Three Worlds of Welfare Capitalism or More?" *Journal of European Social Policy* 12(2): 137-158.

진 복지체제 연구에만 국한된 것이 아니다. 해거드(Haggard)와 카우프만(Kaufman)[82]의 연구에서 보는 것과 같이 한국과 같은 제3세계 복지체제에 대한 연구에서도 에스핑-앤더슨의 유형화는 거의 예외 없이 등장한다. 이렇게 에스핑-앤더슨의 유형화가 광범위하게 인용될 수 있었던 데에는 캐슬(Castles)[83]의 주장과같이 에스핑-앤더슨의 비교연구가 복지체제의 전형적 유형에 대한 실증적 근거를 제시했기 때문인 것으로 보인다. 사실 에스핑-앤더슨의 유형화 연구 이전에이루어진 대부분의 복지국가 비교연구들은 체계적인 실증적 자료에 근거하기보다는 직관적으로 또는 이론적으로 복지정책의 특성을 비교하거나 아니면 사회지출 수준을 단순 비교하는 것에 그쳤다.[84]

하지만 에스핑-앤더슨의 비교연구의 핵심은 서구 복지체제들의 다양성을서구의 사회·경제·정치의 역사적 맥락에서 설명하려는 것이었다. 달리 표현하면 복지국가를 다른 사회적 벡터(정치, 경제 등)들과 무관하게 사회지출의 수준,복지정책(프로그램)의 특성 등으로 설명하는 것이 아니라 한 사회(국민국가)를구성하는 주요한 벡터들의 총체성이라는 관점에서 서구 복지체제의 다양성을 설명하려는 시도였다고 평가할 수 있다. 안타깝게도 국내 연구자들은 에스핑-앤더슨의 문제의식을 충분히 수용하지 못했다. 대신 국내 연구들은 (앞에서 검토한 것과 같이) 에스핑-앤더슨이 서구 사회의 역사성에 기반해서 도출한 현상적인 지표(탈상품화와 계층화)와 특성(특수직 연금의 존재 여부, 시장의 역할 등)만을 한국복지체제와 단순 비교하는 방식으로 한국 복지체제의 성격에 관한 논의를 전개했다.[85] 사실 '한국 복지국가의 성격 논쟁' 같은 방식의 연구는 한국 복지체제를

....

82 Haggard and Kaufman. *Development, Democracy, and Welfare States: Latin America, East Asia, and Eastern Europe.*

83 Castles, F.(2001). "Reflections on the Methodology of Comparative Type Construction: Three Worlds or Real Worlds?" *Acta Politica* 36: 141-154.

84 Scruggs, L. and Allan, J.(2006). "Welfare-state Decommodification in 18 OECD Countries: a Replication and Revision." *Journal of European Social Policy* 16(1): 55-72. p.54.

85 엄밀하게 이야기하면, 에스핑-앤더슨이 도출한 복지체제의 현상적 특성 또한 정확하게 비교되었다고 보기 어렵다. 예를 들어, 한국 복지체제의 성격을 에스핑-앤더슨의 보수주의 복지체제와 유사하다고 규정하면서도 실제로는 에스핑-앤더슨이 설명한 보수주의 복지체제의 특성과 한국 복지체제를 정

총체성의 관점에서 분석하려고 시도했던 이전의 연구들과의 (전적이라고 할 수는 없지만 부분적인) 단절을 의미했다. 물론 몇 편의 논문들은 한국 복지체제를 총체적 시각에서 접근했던 이전의 전통 위에 있었지만,[86] 이러한 연구 경향은 한국 복지체제의 유형 논의가 지배적인 상황에서 주목받지 못했다.

2000년대 초 성격 논쟁 이전의 연구들은 비록 서구 '복지국가'를 동질적인 하나의 전형으로 간주하는 오류를 범하기는 했지만, 적어도 한국 복지국가를 총체성의 관점에서 이해하려고 시도했다. 예를 들어, 김종일은 「한국에서의 사회복지 형성과 공장체제의 변화」에서 한국의 사회복지 형성을 한국 자본주의의 축적의 문제와 관련지어 설명하려고 시도했다.[87] 기본적 문제의식은 한국에서는 왜 경제 발전이 서구와 같은 복지 확대를 유발하지 않았는지를 묻는 것이었다. 특히 김종일의 연구는 한국 사회복지의 형성을 일국적 관점에서만이 아닌 국제적 정치경제라는 관점에서 접근했다는 점에서 높이 평가받을 만하다. 김연명도 한국의 사회복지의 형성을 한반도 분단체제라는 독특한 시각에서 분석했다.[88] 김연명은 한국 복지정책을 한반도 분단과 관련지어 분석해 이전까지 간과되었던 분단을 한국 복지정책을 설명하는 변수로 도입했다. 실제로 분단체제가 한국 복지국가의 연구 주제로 다시 등장한 것은 그로부터 20년이 지난 2013년이 되어서였다.[89] 권위주의적 자본주의 체제에서의 복지국가의 발달 가능성을 검토한 이혜경의 1993년 논문도 주목할 만하다. 이혜경은 1945년부터 1992년까지 한국 복지체제의 역사적 전개 과정을 분석하면서, 한국 복지국가를 복지정책만이 아닌 민

....

확하게 비교 분석하지는 않았다. 신자유주의 논자들의 주장 또한 부분적으로 에스핑-앤더슨의 연구를 인용하고 자신의 주장을 뒷받침하는 다른 근거들을 제시하는 방식으로 논의를 전개했다("보수주의 복지체제", "(신)자유주의 복지체제", "혼합유형?" 부분을 참고하라).

86 양재진(2002). "구조조정과 사회복지: 개발국가 사회복지 패러다임의 붕괴와 김대중 정부의 과제." 김연명 편. 『한국복지국가성격논쟁 I』. pp.525-556. 서울: 인간과 복지; 정무권(2002). "김대중 정부의 복지개혁과 한국 복지제도의 성격 논쟁에 대하여: 발전주의 유산과 복지개혁의 한계." 김연명 편. 『한국복지국가성격논쟁 I』. pp.385-448. 서울: 인간과 복지.

87 김종일. "한국에서의 사회복지 형성과 공장체제의 변화: 1987년 이후를 중심으로."

88 김연명. 『한반도의 냉전체제가 남북한 사회복지에 미친 영향』.

89 윤홍식. "한국 복지국가 주체 형성에 대한 분단체제의 규정성."

주주의, 경제정책, 노동정책 등 한국 사회 전반과 관련지으려고 했다.[90] 복지국가를 서구의 민족(국민)국가의 형성 과정에서 나타난 특수한 경험이라는 측면에서 고찰하고 이를 한국에서의 국가복지 발전의 궤적과 비교사적 관점에서 검토한 홍경준의 연구 또한 주목할 만하다.[91] 그는 한국 사회의 국가복지의 취약성을 국가복지의 탈정치화에서 찾았다.

정리하면, 한국 복지국가의 성격을 둘러싼 논쟁은 한국 복지체제의 특성을 구체적이고 실증적인 자료에 근거해 분석했다는 점에서 그 의의가 있다고 할 수 있다. 하지만 비판적 관점에서 보면, 서구적 경험과 그에 근거한 변수를 사용한 한국 복지국가의 성격 논쟁은 기존의 한국 복지체제 연구의 총체성이라는 시각과 이론적 성과를 계승하지 못했고 (전적이라고 할 수는 없지만 총체성이라는 관점에서 보면) 퇴행시켰다고 평가할 수도 있다. 사실 한국 복지체제에 대한 연구가 2000년대 초의 유형화 논의로 빨려들기 전까지 한국 복지체제의 성격과 형성과정에 대한 분석은 한국 사회의 사회·경제·정치와의 밀접한 관계 속에서 이루어졌다. 더욱이 한국 복지체제의 성격을 동태적인 관점이 아닌 정태적인 관점에서 접근했다는 점은 한국 복지국가 성격 논쟁의 중요한 한계라고 지적할 수 있다.[92] 다행스러운 점은 한국 복지체제의 성격과 관련된 연구가 서구의 복지체제 유형화 논의로 편향되었던 경향이 이후 후속 연구들에 의해 지양되었고 2010년대에 들어서면서 한국 복지체제의 성격을 한국 사회의 총체성에 입각해 분석한 연구들이 다시 등장하기 시작했다.[93]

....

90 이러한 분석을 통해 이혜경은 노태우 정권의 복지정책을 시장과 복지에 대해 통합적으로 접근했다고 긍정적으로 평가하면서 한국 사회의 복지국가화를 기정사실화했다. 이혜경. "권위주의적 자본주의 사회에서의 복지국가의 발달: 한국의 경험."

91 홍경준. "한국과 서구의 국가복지 발전에 대한 비교사적 검토: 전통과 탈현대의 사이에서."

92 尹洪植. "福祉レジ―ム争点と韓國の位置づけた關する新しい眺望."

93 강명세(2014). 『민주주의 복지국가 그리고 재분배』. 서울: 도서출판 선인; 김연명(2013). "한국 복지국가의 성격과 전망: 남부유럽복지체제와의 비교를 중심으로." 『한국 사회복지조사연구』 36: 27-59; 양재진·민효상(2013). "한국 복지국가의 저부담 조세체제의 기원과 복지 증세에 관한 연구." 『동향과 전망』 88: 48-96; 우명숙(2011). "한국 복지국가의 이론화와 점진적 변화 이론의 기여: 한국의 작은 복지국가 경로의 이해." 『한국 사회정책』 18(4): 135-173; 김원섭(2011). "한국 복지국가 연구에 대한 이론

2) 비판 2: 방법론을 둘러싼 논쟁이 필요했다

유형화 논쟁이 제기한 '한국은 어떤 유형의 복지체제일까?'라는 질문은 매력적이었다. 다양한 주장들이 있었지만, 앞서 검토한 것과 같이 한국 복지체제에 대해 에스핑-앤더슨의 세 가지 유형 중 하나를 선택하는 것보다는 보수주의와 자유주의 특성이 혼합된 유형으로 접근하는 시도가 설득력이 있어 보였다. 특히 한국 복지체제가 성숙 단계를 지나 조정 단계에 있는 것이 아니라 형성 단계에 있다는 점을 고려하면, 혼합유형은 한국 복지체제의 현재 특성을 잘 설명하고 있으며 한국 복지체제의 미래 모습을 전망할 수 있게 한다는 점에서 유용했다. 그러나 이러한 혼합유형을 독립적인 복지체제로 유형화할 수 있는지의 여부는 불명확하다. 사실 에스핑-앤더슨이 구분한 세 가지 복지체제 유형에 정확하게 일치하는 '이념형'은 현실 세계에 존재하지 않는다. 모든 복지체제는 이질적인 요소들이 섞여 있는 혼합형이라고 간주하는 것이 타당해 보인다.

만약 모든 복지체제가 부분적으로 혼합유형적 성격을 갖고 있다면, (모든 복지체제가 혼합적인데도 불구하고) 각각의 복지체제를 배타적인 유형으로 구분하기 위해서는 그 구분의 기준을 명확히 제시할 필요가 있다. 우리가 혼합유형을 기존의 복지체제와 병렬되는 독립적인 유형으로 받아들인다면, 혼합형을 이념형 중 하나로 구분하는 기준이 제시되어야 한다. 하지만 한국 복지국가의 성격 논쟁을 통해 제기된 자유주의와 보수주의 복지체제의 혼합형으로서 한국 복지체제의 성격은 관련된 몇 가지 제도적 특성에 의해 지지될 뿐 혼합유형을 지지하는 합의된 기준은 없다. 어떻게 보면 문제는 에스핑-앤더슨의 유형화 방식 자체의 불완전성에 기인할 수도 있다. 『복지자본주의의 세 가지 세계』에서 에스핑-앤더슨이 사용한 데이터를 재분석한 스크럭스(Scruggs)와 앨런(Allan)에 따르면, 에스핑-앤더슨의 탈상품화 지표는 복지체제들 간에 유형을 구분해주는 지표로서의 역할

....

적 고찰." 『아세아연구』 54(4): 186-232; 김영순(2011). "한국의 복지정치는 변화하고 있는가? 1, 2차 국민연금 개혁을 통해 본 한국의 복지정치." 『한국정치학회보』 54(1): 141-163; 남지민(2009). "한국 복지체제의 발전주의적 성격에 관한 연구." 『대한정치학보』 16(3): 273-297; 최영준(2011). "한국 복지정책과 복지정치의 발전: 생산주의 복지체제의 진화." 『아세아연구』 54(2): 7-41.

을 하지 못했다.[94] 체제 유형을 구분하는 탈상품화 점수의 불연속성이 정당화되지 않는다는 것이다. 정리하면, 앞서 제시한 〈그림 2.4〉와 같은 혼합형이 성립하기 위해서는 혼합형을 다른 유형들과 구분할 수 있는 측정 가능한 기준을 제시할 필요가 있다. 스크럭스와 앨런의 이야기를 직접 들어보고 다음 논의로 넘어가도록 하자.[95]

"개략하면, 우리는 탈상품화 점수가 매겨진 여러 국가들이 잘못된 체제로 분류되어 있고, 국가별 핵심 프로그램들의 점수들 간에 강한 상관관계가 없다는 것을 발견했다. (…) 우리의 분석은 탈상품화 지수가 체제를 구분하는 강력한 요소가 아니라는 점을 제안한다. 또한 우리의 분석은 세 가지 프로그램을 가로지르는 국가체제의 동질성과 관련된 근거가 거의 없다는 점을 제안한다. 예를 들어, 실업보험의 높은 점수는 상병급여 또는 연금의 높은 점수와 밀접하게 관련되지 않았다. 이러한 결과는 분명하게 구분되는 체제라는 개념이 의존하는 국가의 사회보험 프로그램 간의 선택적 친화성이 존재하지 않는다는 것을 의미한다."

또 다른 방법론적 비판은 과연 한국 복지체제의 특성을 일국적 관점에서 조망할 수 있는지에 대한 의문이다. 일부 연구는 복지체제가 국내적 요인만이 아닌 국외적 요인과 상호관계 속에서 형성되고 변화되었다는 점을 지적하고 있다.[96] 예를 들면, 스웨덴 복지국가의 형성을 설명하는 중요한 견해 중 하나인 피터 카젠스타인(Peter Katzenstein)[97]의 이론에 따르면, 유럽의 작은 조합주의 국가들처

....

94 Scruggs and Allan. "Welfare-state Decommodification in 18 OECD Countries: a Replication and Revision."

95 Scruggs and Allan. "Welfare-state Decommodification in 18 OECD Countries: a Replication and Revision." p.69.

96 Hopkins, T. and Wallerstein, I.(1999[1996]). "세계체제: 위기는 있는가?" 『이행의 시대: 세계체제의 궤적, 1945~2025』. 백승욱·김영아 역. (*The Age of Transition: Trajectory of the World-system 1945-2025*). pp.11-23. 서울: 창작과비평사.

97 Katzenstein. p.(1985). *Small States in World Markets: Industrial Policy in Europe*. New York: Cornell University Press.

럼 소규모 개방경제(수출 지향적 경제)에서는 불안정하고 예측할 수 없는 세계시장의 변화에 대응하기 위해 높은 수준의 복지를 제도화하는 것이 필수적이었다는 것이다.[98] 하지만 이러한 가설을 한국에 그대로 적용할 수는 없다. 왜냐하면 한국은 박정희가 군사쿠데타로 집권한 직후를 제외하고 1960년대부터 지금까지 반세기가 넘는 기간 동안 수출주도형 산업화를 통해 경제성장을 이루었다. 하지만 한국에서 수출주도형 경제성장은 산업화된 유럽의 작은 조합주의 국가들과 비견되는 복지 확대를 동반하지 않았다. 반대로 박정희 권위주의 정권에서 추진된 수출주도형 경제성장은 김종일의 지적처럼 한국 자본의 과잉생산 위기를 국내 소비로 해소할 필요가 없었기 때문에 경제성장이 복지 확대를 동반하지 않았다고 할 수도 있다.[99] 차이가 있다면 박정희 권위주의 정권에 의해 추진된 개발국가는 산업 분야에 일자리를 제공했고 이러한 일자리를 통해 사람들이 절대빈곤으로부터 벗어나기 시작했다는 것이다. 이러한 점에서 당시 한국 개발국가는 서구 복지국가의 기능적 등가물이었을지도 모른다. 물론 스웨덴과 한국은 복지국가를 만들어가는 주체 역량에서 큰 차이를 보이기 때문에 이 두 나라를 수평적으로 비교할 수 없다는 점도 지적해두는 것이 좋을 것 같다.

분명한 사실은, 한국의 산업화는 비벌리 실버(Beverly Silver)가 지적한 것처럼 세계 자본주의의 불균등한 노동 분업의 변화와 밀접한 관련을 갖고 있었고,[100] 이러한 세계 자본주의의 노동 분업에 근거한 산업화가 1987년 민주화로 대표되는 자본, 노동, 중간계급 간의 권력관계의 변화를 가져왔다는 것이다. 더불어 한국 복지체제의 형성이 한반도 분단체제와 밀접히 관련된 것이라면, 한국 복지체제의 성격에 대한 논의는 한국이라는 (냉전에 의해) 분단된 불완전한 국민국

....

98 카젠스타인의 저작의 본래 목적은 작은 조합주의 유럽 국가들(스웨덴, 노르웨이, 덴마크, 네덜란드, 벨기에, 오스트리아, 스위스)의 산업구조 전략을 분석하는 것이었지 이들 국가들의 복지체제를 설명하기 위한 것은 아니었다는 점을 고려한다면 한국 복지체제와 자본주의 세계체제의 관계를 상상해볼 수 있을 것이다. Katzenstein. *Small States in World Markets: Industrial Policy in Europe*. p.21.

99 김종일. "한국에서의 사회복지 형성과 공장체제의 변화: 1987년 이후를 중심으로."

100 Silver, B.(2005[2003]). 『노동의 힘: 1870년 이후의 노동자운동과 세계화』. 백승욱·안정옥·윤상우 역. (*Forces of Labor: Workers' Movements and Globalization Since 1870*). 서울: 그린비.

가의 테두리를 넘어 한반도 전체와 자본주의 세계체제와의 관련성 하에서 조망될 필요가 있다. 그러나 한국 복지국가의 성격 논쟁은 한국 복지체제의 특성을 일국적 차원에서 검토함으로써 국외적인 변수, 즉 자본주의 세계체계의 변화라는 변수를 전혀 고려하지 못했다. 세계체계의 관점을 지지하는 논자들의 주장과 달리 일국의 정치·사회·경제가 전적으로 세계체계에 의해 결정된다고 볼 수는 없다. 하지만 한국 자본주의의 변화가 세계 자본주의의 변화와 밀접한 관련이 있고, 한국 복지체제가 그 자본주의 위에 올라서 있다는 것을 부정하기는 어려울 것 같다.

3) 비판 3: 복지국가에 대한 새로운 시각

또 다른 비판은 한국 복지국가의 성격 논쟁이 변화된 복지국가의 역할을 고려하지 못했다는 것이다. 에스핑-앤더슨의 저작은 출간된 직후부터 무급·돌봄노동을 반영하지 못했다는 비판을 받았음에도 불구하고,[101] 한국에서 벌어진 한국 복지체제의 성격 논쟁은 이러한 비판에 둔감했다. 비판의 핵심은 노동력의 상품화를 전제한 탈상품화 지표에 근거한 복지체제의 유형화는 가족 내에서 이루어지는 무급·돌봄노동을 유형화 논의에서 배제했다는 것이다. 더욱이 가족 내 무급노동의 대부분을 여성이 담당한다는 점을 고려하면 에스핑-앤더슨의 유형화 논의는 '남성' 중심의 복지국가 논의라는 비판을 받을 수밖에 없다. 실제로 복지체제의 유형화에 무급·돌봄노동을 반영했을 때 복지체제 유형은 에스핑-앤

....

101 Sainsbury, D.(1996). *Gender, Equality, and Welfare States.* Cambridge: Cambridge University Press; Sainsbury, D.(1994). "Women's and Men's Social Rights: Gendering Times and Stratificatiln." D. Sainsbury ed. *Gendering Welfare States.* London: Sage Publication; Lewis, J.(1992). "Gender and the Development of Welfare Regimes." *Journal of European Social Policy* 2(3): 159-173; Daly, B.(1994). "Comparing Welfare states: Towards a Gender Friendly Approach." D. Sainsbury ed. *Gendering Welfare State.* pp.101-117. London: Sage Publication; Orloff, A.(1993). "Gender and the Social Rights of Citizenship: The Comparative Analysis of Gender Relations and Welfare States." *American Sociological Review* 53(June): 308-328; Hobson, B.(1994). "Solo Mothers, Social Policy Regimes and the Logics of Gender." D. Sainsbury ed. *Gerndering Welfare State.* pp.170-187. London: Sage Publication.

더슨의 세 가지 유형과 상이한 형태로 나타났다. 예를 들어, 시아로프(Siaroff)[102]는 여성의 노동시장 참여에 대한 사회적 바람직성(female work desirability), 가족정책의 지향성, 복지급여 수급의 성별 차이 등을 기준으로 복지체제를 네 가지 유형으로 구분했고, 라이트너(Leitner)[103]는 탈가족화 정책을 중심으로 복지체제를 여섯 가지 유형으로 구분했다.

이는 단지 무급·돌봄노동을 한국 복지체제의 유형화 논의에 포함시키지 않았다는 비판이 아니다. 비판의 핵심은 제2차 세계대전 이후 본격적으로 확대되기 시작한 복지국가가 1980년대를 지나면서 근본적으로 변화하기 시작했는데도 불구하고 한국 복지체제의 유형화 논의는 1980년대 서구 복지국가의 정태적 지표에 근거해 복지체제를 유형화한 에스핑-앤더슨의 논의를 벗어나지 못했다는 점을 지적하는 것이다. 서구 사회에서 복지국가의 역할이 이미 노동시장에서 발생하는 (구)사회위험(실업, 질병, 노령, 산재)에 대한 대응에서 새로운 사회위험(돌봄, 서비스의 민영화, 비정규직화)[104]으로 확대되는 상황에서, 한국에서 진행된 복지국가의 성격 논쟁은 철저히 노동시장에서 발생하는 구사회위험에 초점을 맞추어 진행되었다.

에스핑-앤더슨도 결과적으로 자신의 유형화를 고수하기는 했지만 페미니스트들의 비판을 반영해 1999년 저작에서는 탈가족화(defamilialization)를 복지체제 유형화를 위한 지표 중 하나로 수용했다.[105] 국내에서는 2000년대 후반에 들어

....

102 Siaroff, A.(1994). "Work, Welfare and Gender Equality: A New Typology. Gendering Welfare States." D. Sainsbury ed. *Gerndering Welfare State*. pp.82-100. London: Sage Publication.

103 Leitner, S.(2003). "Varieties of Familialism: The Caring Function of the Family in Comparative Perspective." *European Societies* 5(4): 353-375.

104 새로운 사회위험에 대한 논의는 테일러-구비(Taylor-Gooby)가 편집한 아래 저작을 참고하라. Taylor-Gooby. p. ed.(2004). *New Risks, New Welfare*. New York: Oxford University Press.

105 Esping-Andersen, G.(1999). *Social Foundations of Postindustrial Economics*. New York, NY: Oxford University Press. 문제는 에스핑-앤더슨의 탈가족화 지표는 탈상품화 지표를 보완하는 지표이지, 무급(돌봄)노동이 유급노동과 동등한 가치를 지니는, 즉 탈가족화에 탈상품화와 동등한 지위를 부여하지 않았다는 점에서 페미니스트들의 비판을 수용했다고 볼 수 없다. Yoon and Chung. "A Comparison Between Conservative Welfare States and Korean Childcare Policy, 1993-2003." 더욱이 에스핑-앤더슨은 무급(돌봄)노동 자체에 가치를 부여했다기보다는 가족에 대한 여성의 독립성

서야 젠더관점에서 복지국가를 유형화한 다양한 연구들이 나타나기 시작했다는 점을 고려하면 젠더관점에 기반한 성격 논쟁을 기대하는 것은 시기상조였을 수도 있다. 그럼에도 불구하고 2000년대 초 한국에서 진행된 복지국가 성격 논쟁은 몰성적이었고 복지국가의 전통적 역할이라는 관점에서 벗어나지 못했다.

제4절 새로운 유형으로서 한국 복지체제의 가능성

한국 복지국가의 유형을 분석한 연구들 중 일부는 한국을 에스핑-앤더슨의 3가지 복지체제 유형 중 하나가 아닌 독립된 제4의 복지체제로 구분하려는 시도가 있었다. 물론 한국이 서구 복지체제와 구분되는 독립적인 유형의 복지체제인가에 대한 문제는 앞서 정리한 논쟁에서도 제기되었다. 당시 김연명[106]은 한국이 세 가지 복지체제로 분명하게 수렴되지 않는, 보수주의와 자유주의가 혼합된 유형일 가능성이 있다는 점에서 한국 복지체제의 독특성을 이야기했다. 그러나 김연명이 주장한 한국 복지체제의 "독특성"은 어디까지나 에스핑-앤더슨의 유형화 논의에 입각해서 이루어진 것이다. 여기서 논의될 "독립적 유형"은 더 이상 에스핑-앤더슨의 유형 구분에 의존하지 않았다.

....

이라는 가치를 탈가족화 개념에 담고자 했다. 이로 인해 탈상품화와 탈가족화 개념은 중첩되는 모호한 성격을 갖게 되었다. 예를 들어, 아동수당이 탈가족화를 구성하는 지표 중 하나가 되었다. 탈가족화를 중심으로 복지체제를 유형화한 밤브라(Bambra)의 연구도 에스핑-앤더슨의 복지체제 유형화를 크게 벗어나지는 않았다. Bambra, C.(2007). "Defamilisation and Welfare State Regimes: a Cluster Analysis." *International Journal of Social Welfare* 16: 326-338; Bambra, C.(2004). "The World of Welfare: Illusory and Gender Blind?" *Social Policy and Society* 3(3): 201-211.

106 김연명은 여기서 한국 복지체제의 특성을 혼합형이라고 주장한 것은 현재의 상태가 아니라 향후 그렇게 될 것이라는 의미라고 설명하고 있다. 김연명. "김대중 정부의 사회복지정책: 신자유주의를 넘어서."

1. 초기 연구와 문화적 접근

정치경제학 관점에서 한국을 포함한 동아시아[107]가 서구와 구분되는 복지체제라는 주장은 제임스 미드글레이(James Midgley)에 의해 처음 제기된 것으로 알려져 있다.[108] 그의 주장의 핵심은 동아시아(제3세계의 신흥공업국이라고 표현된 홍콩, 한국, 싱가포르, 대만)에서 산업화와 복지 확대의 관계는 서구 국가의 경험에 기초한 (복지국가 성립의) 이론으로는 설명할 수 없는 다양한 인과관계에 의해 누적적으로 형성되었다고 주장했다.[109] 동아시아에서의 복지 확대는 급속한 경제성장에 따라 어쩔 수 없이 확대되는 복지주의(reluctant welfarism)로, 높은 경제성장을 이루기 위해 요구되는 낮은 생산 비용을 담보할 목적에서 제도화되었다는 것이다. 이러한 동아시아 산업화 과정의 특성이 경제정책과 사회정책 간의 불균등한 발전이라는 동아시아의 특성으로 나타나게 되었다는 논리이다.

미드글레이가 정치경제학 관점에서 동아시아 복지체제의 형성을 서구 복지체제의 형성과 구별되는 과정으로 설명하려고 시도했다면, 존스(Jones)는 문화적 관점에서 서구와 구별되는 동아시아 복지체제의 특성을 기술했다.[110] 그리고 그 핵심 특성을 "유교주의"라고 정의했다. 한국을 포함한 동아시아 5개국은 산업화로 인해 전통사회가 약화되었음에도 불구하고 여전히 유교주의 사회로서 공

....

107 지역을 규정하는 개념으로서 동아시아라는 개념은 명확하지 않다. 동아시아는 경우에 따라서는 한국, 일본, 대만, 중국, 홍콩, 싱가포르를 지칭하는 개념으로 사용되기도 하고, 동남아시아를 포함한 개념으로 사용되기도 한다. 유용태·박진우·박태균에 따르면, 동아시아의 범위는 광의로 보면 인도 동북부의 벵골만 이동의 동남아시아와 동북아시아를 포함하지만, 협의로 보면 동북아시아 지역을 의미한다. 유용태·박진우·박태균, 『함께 읽는 동아시아 근현대사 1』. 여기서는 동아시아를 동남아시아를 제외한 협의의 지역 개념으로 사용했다.

108 Kuypers, S.(2014). "The East Asian Welfare Regime: Reality or Fiction." CSB Working Paper, No 14/04. pp.4-5.

109 Midgley, J.(1986). "Industrialization and Welfare: the Case of the Four Little Tigers." *Social Policy & Administration* 20(3): 225-238.

110 Jones, C.(1993). "The Pacific Challenge: Confucian Welfare States." C. Jones ed. *New Perspectives on the Welfare state in Europe.* pp.198-217. London: Routledge; Jones, C.(1990). "Hong Kong, Singapore, South Korea, and Taiwan: Oikonomic welfare states." *Government and Opposition* 25: 446-462.

통의 특징을 가지고 있다는 것이다. 동아시아 사회는 공통의 유교적 규율, 가치, 금기를 가지고 있고, 개인보다는 가족, 기업, 사회가 더 중요하며, 집단적인 사회가 위계적으로 구조화되어 있어서 개인들은 자신들의 위치를 잘 알고 그에 따라 행동한다. 또한 의무와 복종은 위로부터의 명령체계에 따라, 책임과 보호는 하향식 체계를 따라 구조화되어 있다. 이로 인해 민주화가 이루어지더라도 서구와 같은 복지정치를 기대할 수 없으며, 사회정책은 권위와 위계에 기초해 위에서 아래로 내려가는 방식으로 제도화된다고 설명한다. 더불어 시민의 복지는 총체적으로 접근되기 때문에 복지정책과 다른 정책들 간의 구분은 없으며 가족과 공동체를 중심으로 한 비공식적 복지가 여전히 강조되고 있다. 이러한 사회에서 개인에게는 의무와 책임은 강조되지만 이에 수반되는 권리는 강조되지 않고 복지급여의 수급 자격은 집단 내 업적이나 지위에 따라 주어진다는 것이다. 특히 동아시아 사회에서는 유교적 이상에 근거한, 정부가 국민을 위하는 착한 정부라는 사회적 인식이 여전히 남아 있다는 것이다. 정부는 단순히 다른 제도들과 병렬적으로 존재하는 하나의 기관이 아닌, 사회 전체의 위계에서 가장 상위에 있는 주체로 인식되고 있다.

이러한 동아시아 복지체제의 특성을 존스는 "노동자의 참여가 없는 보수적 조합주의, 교회 없는 보충성의 원리, 평등이 없는 연대, 자유주의 없는 자유방임주의"라고 묘사했다(Jones, 1993: 214). 또한 이러한 오이코노믹(Oikonomic: 헬라어의 '가구'라는 의미) 복지국가에서 사회정책의 가장 중요한 목적은 경제성장이고 사회정책은 사회의 안정화를 위해 도구적으로 이용된다는 것이다. 결론적으로 존스는 동아시아 복지체제가 티트머스와 에스핑-앤더슨의 유형으로 설명하기 어려운 독특한 특성을 가지고 있으며 동아시아 복지체제를 유교주의 복지체제라는 독립적인 유형으로 구분해야 한다고 주장한다. 존스는 동아시아 복지모델에 대해 긍정적으로 평가하면서 동아시아 모델이 동아시아를 넘어 세계의 여타 지역에도 적용될 수 있다고 주장한다(Jones, 1993: 214). 실제로 존스(Jones, 1993)의 유교주의 복지체제의 핵심 문헌인 「Pacific challenge: Confucian welfare states」는 유럽 사회에 (동아시아의 사례를 소개해) 복지국가에 대한 새로운 관점을 제시하기 위한 목적에서 저술된 것이다. 존스의 의도는 사회지출 수준이 낮음에도 불구하고 상대적으로 양호한 사회지표(예를 들어, 낮은 불평등, 양호한 건강지표 등)를 나타내는 동아시아 복지체제에 대한 분석을 통해 유럽 복지국가들이 당면한 위기를 극복할 수 있는 대안을 찾으려는 것이었다.

사실 1997년 경제위기에 직면하기까지 동아시아의 성공은 1970년대 위기 이후 서구 복지국가가 직면한 문제를 해결할 수 있는 유력한 대안 중 하나로 검토되었다. 물론 동아시아의 사례는 정치적 이해에 따라 상이한 방식으로 해석되었다.[111] 예를 들어, 동아시아의 성공은 보수에게는 낮은 사회지출, 작은 국가, 개인과 집단의 책임, 가족의 역할에 기반한 성공 사례로 해석되었다. 반대로 진보(또는 사민주의)에게 동아시아의 성공은 강력한 국가 개입을 상징했다. 영국에서 보수당은 동아시아의 특성으로 낮은 정부지출과 자조에 근거한 기업사회를 강조한 반면, 신노동당은 경제성장, 사회적 결속, 국민복지의 증진을 동시에 이룬 동아시아로부터 교훈을 얻으려고 했다.[112] 일본으로 대표되는 동아시아 복지체제는 높은 수준의 복지가 반드시 높은 재정 부담을 수반하지 않는다는 것을 보여주는 실례가 되었다.[113] 이러한 당시의 정치경제적 맥락을 이해하면 왜 존스가 동아시

....

111 영국만이 아닌 호주와 독일에서도 동아시아를 바라보는 시각은 보수와 진보라는 이념에 따라 둘로 나누어졌다. 덧붙여 당시 논쟁이 되었던 사례는 엄밀한 의미에서 동아시아 전체이기보다는 일본 복지모델을 중심으로 이루어졌다. 일본 모델은 권리 없이 사회보장을 제공하고, 높은 기대수명, 좋은 건강, 교육적 성취, 가족의 역할을 통한 낮은 정부지출, 기업과 자원조직의 역할, 낮은 도시문제, 활동적인 노년세대, 높은 고용률, 낮은 복지의존, 작은 관료제 등으로 이해되었다. Vogel, E. (1980). *Japan as Number One: Lessons for America*. Tokyo: Tuttle; White and Goodman. "The East Asian Welfare Model: Welfare Orientalism and the State." 재인용; Patten, C. (1995). "Britain, Asia and Europe: A Conservative View." a Speech at the Conservative Political Centre. London; Hutton, W. (1995). *The State We are In*. London: Vintage; White, G. and Goodman, R. (1998). "The East Asian Welfare Model: Welfare Orientalism and the State." Gordon White, and Huck-ju Kwon ed. *The East Asian Welfare Model: Welfare Orientalism and the State*. Roger Goodman. pp.3-24. London: Routledge; Kwon, H. (1998). "Democracy and the Politics of Social Welfare: A Comparative Analysis of Welfare Systems in East Asia." Roger Goodman, Gordon White, and Huck-ju Kwon ed. *The East Asian Welfare Model: Welfare Orientalism and the State*. pp.27-74. London: Routledge. pp.28-29.

112 White and Goodman. "The East Asian Welfare Model: Welfare Orientalism and the State." p.3.

113 White and Goodman. "The East Asian Welfare Model: Welfare Orientalism and the State." p.11.

아의 유교주의 복지체제에 대해 긍정적인 평가를 하고 서구 사회에 동아시아 모델의 적용 가능성을 타진했는지를 이해할 수 있을 것이다.[114]

한편 국내에서도 한국 복지체제의 특성을 유교주의로 설명하려는 시도가 있었다. 대표적 연구자로는 홍경준이 있다.[115] 하지만 홍경준의 유교주의는 존스의 유교주의와는 상이한 관점을 취했다. 존스가 동아시아의 지리적 특성과 문화적 특성에 기초해 동아시아 복지체제를 기술한 반면, 홍경준은 시민의 복지에 대한 국가-시장-가족 간의 역할이라는 체제관점[116]을 활용해 한국 복지체제를 유교주의라고 정의했다. 홍경준은 한국과 같이 국가, 시장, 가족이라는 복지 제공의 세 주체 중 국가와 시장의 역할이 취약한 대신 가족의 역할이 상대적으로 큰 체제를 유교주의 복지국가 또는 동아시아 복지국가라고 정의했다. 그러나 이러한 특성이 그가 말하는 소위 "유교주의" 복지국가의 배타적 특성이라고 정의하는 것은 설득력이 없는 것 같다. 왜냐하면 비공식적 결속 또는 그가 말하는 연복지가 유교주의 복지체제의 특성이라면, 우리는 (유교와는 전혀 관련 없는) 가족 간의 유대가 강하게 남아 있는 남부유럽의 복지체제 또한 유교주의 복지체제라고 명명해야 할지도 모르기 때문이다. 남부유럽 4개국과 한국의 가족책임주의의 유사성과 상이성을 분석한 연구에 따르면, 한국의 가족책임주의는 (시간에 따라 변화하고 있지만) 그리스, 포르투갈, 이탈리아, 스페인과 유사한 특성을 공유하고 있는 것으로 나타났다.[117] 실제로 남부유럽과 한국은 놀랄 만큼 유사한 특성을 공유하고 있다. 다음의 글을 보자.

....

114 홍경준(1999). 『한국의 사회복지체제 연구』. 서울: 나남; 홍경준(2002). "복지국가의 유형에 관한 질적 비교분석: 개입주의, 자유주의 그리고 유교주의 복지국가."; 김연명 편. 『한국복지국가성격논쟁 I』. pp.177-208. 서울: 인간과 복지.

115 홍경준. 『한국의 사회복지체제 연구』; 홍경준. "복지국가의 유형에 관한 질적 비교분석: 개입주의, 자유주의 그리고 유교주의 복지국가."

116 Esping-Andersen. *The Three Worlds of Welfare Capitalism*.

117 Yoon, H. S. "The Same Familialistic Welfare Regime? Family policies in Southern Europe Countries and Korea."

"핵가족이 지배적이지만, 여전히 확대가족이 견고하게 유지되고 있다. 성인 자녀들은 안정적 직장을 구하기 전까지(또는 안정적 직장을 구한 이후에도) 오랫동안 부모와 함께 동거하며, 부모는 자녀가 결혼을 하거나 주택을 구입할 때 중요한 재정적 후원자가 된다. 또한 주택은 가족구성원의 가장 중요한 안전망 역할을 하고 있다. 견고한 성별 분업과 가부장제의 지속도 이들이 공유하고 있는 특성이라고 할 수 있다."

이상의 묘사는 정확하게 한국 사회의 가족책임주의를 묘사하고 있는 것처럼 느껴진다. 그러나 실상은 그리스, 이탈리아, 스페인, 포르투갈 사회의 특성을 묘사한 것이다.[118] 이는 국가-시장-가족 간의 관계에서 한국과 남부유럽의 가족이 얼마나 유사한 특성을 공유하고 있는지를 잘 보여준다. 그러나 홍경준은 자신의 "유교주의 복지국가" 개념을 이론적으로 정치화하는 작업을 수행하지는 않았던 것으로 보인다.[119] 홍경준이 송호근과 공동작업한『복지국가의 태동: 민주화, 세계화, 그리고 한국의 복지정치』에서 홍경준은 가족 간의 재화와 용역이 이전된다는 의미로 연복지라는 용어를 사용했지만 한국 복지국가를 더 이상 유교주의의 관점에서 접근하지는 않았다. 대신 "한국의 복지정치는 생산체제의 함수"라는 점을 강조하면서 "한국 복지제도의 특성을 기업과 생산체제로 대표되는 경제에 문제가 발생했을 때 그에 대응하는 기제"라고 주장했다.[120] 문화적 관점을 강조하

....

118 Kalmijn, M. and Saraceno, C.(2008). "A Comparative Perspective on Intergenerational Support: Responsiveness to Parental Needs in Individualistic and Familialistic Countries." *European Societies* 10(3): 479-508; Katrougalos, G. and Lazaridis. G.(2003). *Southern European Welfare States: Problems, Challenges, and Prospects.* New York: Palgrave Macmillan; Nardini, M. and Jurado. T.(2013). "Family and Welfare State Reorientation in Spain and Inertia in Italy from a European Perspective." *Population Review* 52(1). Retrieved from Project Muse Database; Papadopoulos, T.(2011, November). "Familistic Welfare Capitalism in Greece: From the Crisis of Social Reproduction to the Emergence of a Political Economy of Generalized Insecurity." Presentation Presented at Department of Social and Policy Sciences, Bath, the United Kingdom.
119 송호근·홍경준.『복지국가의 태동: 민주화, 세계화, 그리고 한국의 복지정치』.
120 송호근·홍경준.『복지국가의 태동: 민주화, 세계화, 그리고 한국의 복지정치』. p.313.

는 관점에서 경제(생산체제)를 강조하는 방향으로 선회한 것이다.

존스가 제기한 유교주의 복지체제 역시 이후 다양한 비판을 거치면서 설명력이 약화되고 동아시아 복지체제의 특성을 설명하는 부차적인 위치로 자리를 옮기게 된다. 다양한 비판이 제기되었지만, 비판의 핵심은 첫째, 비교의 준거가 모호하다는 것이다. 존스는 동아시아 복지체제를 에스핑-앤더슨이 구분한 세 가지 복지체제로는 설명할 수 없다고 주장했지만, 서구 복지체제와 동아시아 복지체제의 비교는 동일한 기준에 의해 분석되지 않았다. 앞서 언급했듯이 존스가 서구 복지체제에는 없는 동아시아 사회의 고유한 특성을 통해 동아시아 복지체제를 이해하려고 했다는 점은 긍정적 평가를 할 수 있지만, 동아시아 모델을 설명하기 위해 사용한 개념들은 서구 복지체제를 설명하는 데 사용된 (부분적으로 그 내용을 포함할 수도 있지만) 핵심 개념들이 아니었다. 예를 들어, 존스가 동아시아의 특성을 설명하기 위해 사용한 정책 실행에서 있어서 '위에서부터 아래로' 향하는 방식, 정부의 성격과 정부에 대한 공중의 인식, 개인보다 우월적 지위에 있는 전체(집단) 등은 서구 복지국가들 간의 차이를 설명하는 변수로 사용되지 않는다.[121] 만약 존스가 자신의 관점에서 동아시아 복지체제를 서구 복지체제와 구별되는 독립적 모델로 유형화하고자 했다면, 존스 자신이 동아시아 복지체제를 기술하기 위해 사용한 변수들을 서구 복지체제를 설명하는 변수로 사용해서 동아시아와 서구 복지모델의 상이성을 설명해야 했다. 에스폴터(Aspalter)[122]도 존스가 복지국가를 체계적으로 비교하지 못했다고 비판했다.

둘째, 동아시아가 유교라는 공통분모를 갖고 있지만 동아시아 국가들은 동

....

121   에스핑-앤더슨의 세 가지 복지체제에서 가톨릭적 가치는 대륙유럽의 보수주의 복지체제의 중요한 특성 중 하나로 기술되지만, 종교적 가치라는 준거는 세 가지 복지체제를 구분하는 핵심 준거가 아니다. Esping-Andersen. *The Three Worlds of Welfare Capitalism.* 설령 이를 역사적 맥락에서 서구 복지체제의 차이를 이해하는 중요한 준거로 언급했다고 해도, 실질적 비교는 역사적 맥락에서 권력자원과 제도적 유산으로부터 도출된 (시민의 복지와 관련된) 국가-시장-가족 간의 관계를 설명하는 탈상품화와 계층화라는 변수를 통해 이루어지고 있다.

122   Aspalter, C.(2002). "Exploring Old and New Shores in Welfare State Theory." Christian Aspalter ed. *Discovering the Welfare State in East Asia.* pp.9-37. London: Praeger. p.9.

일한 유교주의 복지체제로 분류되지는 않는다. 이후 구체적으로 살펴보겠지만 최근 진행된 경험적 연구들에 따르면, 동아시아 국가들은 단일한 복지모델로 분류되기보다는 다양한 이념형으로 구분되고 있다.[123] 예를 들어, 한 연구에서는 한국, 일본, 싱가포르, 홍콩은 각각 상이한 복지체제로 분류된다.[124] 더불어 동아시아 국가들이 유학(교)이라는 공통의 문화유산을 갖고 있다고 하지만 유학이 이들 사회에 미치는 영향은 상이하다. 예를 들어, 한국에서 유학은 전근대사회(조선)를 지배하는 가장 강력한 이념이자 실천 강령이었던 데 반해 일본에서 유학은 한국과 같은 지위를 누리지 못했다. 복지국가의 성격과 밀접한 관련성을 가지는 공(公)의 개념도 상이하다.[125] 한국과 중국에서 공의 개념은 군주와 국가를 넘어 천리(天理)라는 의미를 갖지만, 일본에서 공은 곧 군주와 국가를 의미한다. 일본에서의 공은 민과 대치되는 개념으로 언제나 민보다 높은 지위를 갖는 개념이다.[126]

마지막으로 유교주의와 같은 문화적 요인에 기반해서 동아시아 복지체제를 설명하려는 시도에 대한 전면적 비판과 관련해서는 화이트(White)와 굿맨(Goodman)[127]을 참고할 만하다. 이들은 문화주의적 설명을 복지오리엔탈리즘이라고 비판한다. 서양과 동양이 다른 것은 사실이지만 이들 간의 유사성 또한 존재하며 (유교와 같이) 변하지 않는 동아시아만의 기본적인 특성이 있다는 가정

....

123 Yang, N.(2013). "Beyond Productive Dimension: East Asian Welfare in Transition." http://lssoz3.sowi.uni-mannheim.de/yang_ma2013_pdf.pdf; Hudson, J. and Kühner, S.(2011). "Analysing the Productive and Protective Dimensions of Welfare: Looking Beyond the OECD." COMPASS Working Paper 2011-63; Park and Jung. "The Asian Welfare Regimes Revisited: The Preliminary Typologies Based on Welfare Legislation and Expenditure."

124 Hudson and Kühner. "Analysing the Productive and Protective Dimensions of Welfare: Looking Beyond the OECD."

125 윤홍식(2012b). "공공성과 사회서비스: 공공성을 둘러싼 논란과 적용." 보편적 복지 확대를 위한 공공성 강화 방안 토론회. 2012년 8월 23일. 참여연대 느티나무홀.

126 김석근(2011). "공과 사 그리고 수기치인: 정의와 도덕 담론과 관련해서." 『오늘의 동양사상』 22: 101-119. 아마도 이러한 일본의 공의 개념이 일본에서 개발국가를 가능하게 했던 이념적 토대가 되었을 것으로 추정된다.

127 White and Goodman. "The East Asian Welfare Model: Welfare Orientalism and the State." pp.15-17.

은 동아시아의 역동성을 설명할 수 없다는 것이다. 예를 들어, 에스핑-앤더슨[128] 이 동아시아 복지체제의 특성으로 언급한 기업복지도 단순히 기업들이 노동자들의 충성을 얻어내기 위해 제도화한 것이 아니라 국가가 노동조합과 국민의 복지 요구를 좌절시키기 위해 조장한 이념에 의해 만들어졌다고 주장한다. 그들은 문화에 기반한 오리엔탈리즘이 동아시아의 역동성, 충돌, 중복성 등을 적절히 다루지 못하기 때문에 동아시아 복지국가의 발전을 이해하는 데 도움이 되지 않는다고 단언한다.

1997년 동아시아 경제위기 이후 동아시아 모델에 대한 칭송은 사라졌지만, 동아시아 복지체제를 "유교주의 복지체제"로 규정한 존스의 시도는 동아시아 복지체제를 서구 복지체제의 아류 또는 (서구 복지체제를 지향하는) 저발전된 유형이 아닌 서구 복지체제와 구별되는 독립된 유형으로 정립하려는 것이었다. 지금까지 서구의 눈으로만 재단되었던 동아시아 모델이 (역설적이지만 서구 학자에 의해 그리고 서구적 관점에서 본) 동아시아 내부의 고유한 특성에 의해 기술된 것이다. 더욱이 존스의 연구는 이후 동아시아 복지체제를 서구 복지체제와 구별하려는 후속 연구를 촉발시켰다는 점에서도 긍정적으로 평가할 수 있다. 존스의 주장은 이후 비문화적인 관점에서 비판적으로 계승된다. 동아시아의 발전주의(또는 생산주의) 복지체제의 핵심 특성으로 거론되는 경제정책에 대한 사회정책의 종속성은 존스가 동아시아 복지체제에서 사회정책의 목적이 경제성장이라고 주장한 대목과 유사한 맥락에 있다고 할 수 있다.

2. 존슨(Johnson)의 개발(발전)국가

개발주의(발전주의)는 문화적 관점을 대신해서 한국 복지체제의 독자성을 설명하는 설득력 있는 접근 방법이라고 평가받고 있다. 그러나 정작 개발국가가 무엇인지에 대한 합의는 없는 것 같다. 먼저 '발전주의'라는 번역의 적합성부터

....

128 Esping-Andersen. *The Three Worlds of Welfare Capitalism*.

짚어보자. 사실 영어의 'developmental'은 '발전(發展)'으로 번역되고 있지만, 한국어에서의 '발전'이 영어에서의 'developmental'이 갖는 의미와 뉘앙스를 정확하게 표현하고 있는지는 의문이다. 일반적으로 국내에서 발행되는 대부분의 영어사전은 'developmental'을 '발달(개발)상의', '발달(개발)중인'으로 번역하고 있으며, 와이비엠(YBM) 영어사전만이 'developmental'을 '개발의'와 함께 '발전의'라고 번역하고 있다.[129] 개발과 발전을 구분하는 것은 중요하다. 일견 유사해 보이지만 한국어에서 발전과 개발의 뉘앙스는 상이하다. 국어사전에 따르면, '발전'은 "더 낫고 좋은 상태나 더 높은 단계로 나아감"이라는 포괄적이고 긍정적 의미가 강한 반면 '개발'은 "산업이나 경제 따위가 발전하게 함"으로 정의되고 그 용례를 경제적·산업적 영역으로 제한하고 있다. 다시 말해, 발전이 사회 전체가 더 좋은 상태로 나아간다는 포괄적 의미를 갖는다면 '개발'은 상대적으로 경제나 산업 영역에 국한해서 발전의 의미를 적용하고 있다고 할 수 있다. 이후 검토하겠지만, 'developmental'이 경제성장이 모든 것에 우선하는 동아시아 국가들의 특성을 설명하기 위한 용어로 사용되었다면 경제적 발전을 의미하는 '개발'로 번역될 필요가 있고 당연히 동아시아 복지체제는 발전주의가 아닌 개발주의로 번역될 필요가 있다. 이병천[130]은 존슨의 'developmental state'를 '발전국가'가 아닌 '개발국가'로 번역해 사용했다. 한국 사회에서 개발주의가 주로 박정희 권위주의 정권 하에서 이루어진 경제 발전을 설명하는 핵심개념이라는 점을 감안하면 적절한 용어 선택으로 보인다.[131]

이제 발전주의 복지체제의 모태가 되는 개발국가의 개념에 대해 살펴보자.

....

129 네이버 어학사전에서 제공하는 옥스퍼드, 동아출판, YBM, 교학사, 슈프림 사전을 참고. http://endic. naver.com/enkrEntry.nhn?sLn=kr&entryId=88828b8ecb0b40cd8ab29b2445057b64&query=developmental

130 이병천(2003a). "개발국가론 딛고 넘어서기." 『경제와 사회』57: 99-124.

131 다만 박정희 체제를 설명하는 개발독재와 개발국가는 정확하게 동일한 의미로 사용되지 않는다. 김수행과 박승호에 따르면, 이병천이 사용하는 개발독재론은 개발국가론의 제도주의적 수정으로 설명하고 있다. 구체적인 내용은 김수행과 박승호의 『박정희 체제의 성립과 전개 및 몰락: 국제적·국내적 계급관계의 관점』을 참고하라. 김수행·박승호(2007). 『박정희 체제의 성립과 전개 및 몰락: 국제적·국내적 계급관계의 관점』. 서울: 서울대학교출판부.

존슨의 개발국가 개념은 동아시아 발전주의 복지체제를 다룬 국내외 논문에서 적절히 소개되고 있지 않는 것 같다. 성공적인 경제 발전의 조건으로서 국가의 권위,[132] 산업화 과정에서 국가의 주도적인 역할, 경제 발전에 대한 전략적인 역할을 담당하는 효율적인 관료,[133] 미국과 소련식 발전과 대비되는 형태,[134] 경제에 대한 복지의 종속성 등[135] 존슨의 개발국가 개념은 연구자의 필요에 따라 취사선택되고 있다. 여기서는 존슨[136]의 기념비적 저서인『통상산업성과 일본의 기적』에서 정리된 개발국가의 핵심 개념을 개략적으로 정리하고자 한다.[137]

존슨은 스스로 경제 기적(발전)의 요인으로 개발국가의 역할을 강조하는 입장을 지지하는 학파에 속한다고 선언한다.[138] 그리고 개발국가의 정의에 대해 다음과 같이 설명한다. 개발국가를 정의하는 것은 어려운 일이 아니지만 영미권 국가들에서는 마르크스-레닌주의와의 수년간의 논쟁의 결과로 공산주의 국가가 아닌 개발국가의 존재가 잊혀졌다. 하지만 일본 정치경제학은 경제적 민족주의 또는 신중상주의라고 불리는 독일 역사학파를 계승했다고 할 수 있고, 개발국가는 바로 이러한 일본의 정치경제학적 맥락에서 이해될 수 있다.[139] 존슨은 이러한 이유 때문에 영미권에서 익숙하지 않은 개념인 개발국가를 직접 정의하기보다는

....

132 Dostal, J. M.(2010). "The Developmental Welfare state and Social Policy: Shifting from Basic to Universal Social Protection." *The Korean Journal of Policy Studies* 25(3): 147-172. p.151.

133 Kwon, H. J.(2007). "Transforming the Developmental Welfare States in East Asia." DESA Working Paper No.40, Department of Economic and Social Affairs, United Nations. p.1.

134 Yang. "Beyond Productive Dimension: East Asian Welfare in Transition." p.4.

135 정무권. "한국의 발전주의 생산레짐과 복지체제의 형성."

136 Johnson, C.(1982). *MITI and the Japanese Miracle: the Growth of Industrial Policy, 1925-1975.* Stanford, CA: Standford University Press.

137 존슨의 개발국가는 2차 세계대전 이후 일본으로 대표되는 동아시아의 경이적인 경제성장의 이유를 설명하기 위해 쓰인 저작이다.

138 Johnson. *MITI and the Japanese Miracle: the Growth of Industrial Policy.* pp.17-23.

139 리터(Ritter)에 따르면, 이러한 독일의 신중상주의가 다른 유럽 국가들이 아닌 독일에서 사회보험이 가장 먼저 성립하게 된 중요한 원인 중 하나라고 설명한다. 리터는 독일의 "강력하고 자각한 공무원 계급의 독자적인 전통에 기초한 행정실무가 중요한 역할을 수행했다."고 평가하고, 이러한 독일의 중상주의 전통은 자유방임주의가 지배적이었던 19세기에도 관료들이 사회정책 및 경제정책에 대해 적극적인 개입 정책을 유지하는 것으로 나타났다고 한다. Ritter, G.(2005[1983]).『복지국가의 기원』. 전광석 역. (*Sozialversicherung in Deutschland und England*). 서울: 법문사. pp.21-22.

개발국가가 아닌 것이 무엇인지를 규정하는 방식으로 개발국가를 정의한다. 존슨이 강조하는 것은 무엇보다도 어떤 국가가 개발국가인지의 여부를 가리는 핵심이 단순히 경제에 대한 국가의 개입 여부를 의미하지 않는다는 점이다. 존슨은 모든 국가가 국가 안보, 산업 안전, 소비자 보호, 시장에서의 공정성, 규모의 경제, 지나친 경쟁 규제 등과 같이 다양한 이유로 경제에 개입하고 있기 때문이라고 말한다. 그러므로 단순히 국가가 경제에 개입한다고 해서 그 국가를 개발국가로 정의할 수는 없다. 대신 존슨은 '시장합리성(market rationality)'과 '계획합리성(plan rationality)'을 대비시키면서 개발국가를 정의하고, 일본을 계획합리성에 근거한 전형적 '개발국가'로, 미국은 시장합리성에 근거한 전형적인 '규제국가(regulatory state)'로 대비시킨다.[140]

계획합리성과 시장합리성을 구별하는 가장 기본적인 준거는 경제적 과제와 관련된 국가 역할의 차이이다.[141] 일본과 같이 후발 산업화를 경험한 국가들에서 국가는 산업화를 이끌기 위해 개발 기능을 담당한 데 반해, 미국에서 국가는 경제 개발을 주도하기보다는 주로 규제자의 역할을 담당했다. 미국에서 국가는 경제적 경쟁의 규칙과 절차를 정하는 데 관심이 있고 경제 발전과 같은 실질적인 문제에 대해서는 관심이 없다는 것이다. 예를 들어, 미국과 같은 시장합리성이 지배하는 규제국가는 필요한 산업이 무엇이고 불필요한 산업이 무엇인지를 구분하는 것에 관심이 없다. 반면 개발국가는 어떤 산업이 필요하고 어떤 산업이 불필요한지 등을 결정하는 것과 같은 실질적인 사회경제적 목표를 설정한다. 좀 더 구체적으로 보면, 개발국가와 규제국가를 구별하는 준거는 직접적으로 국가가

....

140 Johnson. *MITI and the Japanese Miracle: the Growth of Industrial Policy.* p.10. 다만 여기서 주의해야 할 점은 합리적 계획이 소련 방식의 지시경제(command economy)와는 상이하다는 것이다. 왜냐하면 소련식 경제는 '계획합리성'이 아닌 '계획이념성(plan ideological)'이기 때문이라고 존슨은 주장한다.

141 본문에는 개발국가를 직접 언급하지 않고 계획합리성과 시장합리성을 대비시키는 방식으로 논의를 전개한다. 계획합리성은 일본과 같은 개발국가를 의미하고, 시장합리성은 미국과 같은 비개발국가를 의미하는 개념으로 사용된다. 여기서는 논의를 보다 분명히 하기 위해 계획합리성과 시장합리성이라는 용어 대신 개발국가와 규제국가라는 용어를 사용했다. 규제국가는 일본이라는 개발국가에 대응해 상대적으로 시장의 역할을 강조하는 미국이라는 전형을 지칭하는 용어로 일단 사용하기로 한다.

경제정책에 우선성을 두는지 여부에 있기보다는 국가가 경제정책에 개입하는 방식의 차이에 있다고 할 수 있다. 경제에 대한 규제국가의 개입 방식은 규제정책을 통해 이루어지는 데 반해, 개발국가의 개입 방식은 (국가가 주도하는 적극적인) 개발정책을 통해 이루어진다고 할 수 있다. 개발국가에서 정부는 국내 산업의 구조와 국제경쟁력을 고려해 산업정책에 가장 큰 우선성을 부여한다. 이로 인해 개발국가에서는 경제 관료들이 상대적으로 우월한 지위를 점하는 것으로 나타난다는 것이다.

또한 존슨은 네 가지 측면에서 계획합리성으로 대표되는 개발국가의 특성을 시장합리성에 기반한 규제국가의 특성과 비교한다. 첫째, 규제국가(시장합리성)가 효율성(efficiency)을 중시하는 데 반해 개발국가(계획합리성)는 효과성(effectiveness)을 우선시한다.[142] 둘째, 개발국가와 규제국가의 차이는 환경오염과 같은 외부효과(externality)를 다루는 데서도 나타난다. 일반적으로 개발국가는 규제국가와 달리 외부효과에 관심을 기울이지 않는다. 그러나 개발국가는 자신이 설정한 목적을 달성하기 위해 외부효과를 제거하는 것이 필수적이라고 판단하면 그 어떤 형태의 국가보다 훨씬 더 효과적으로 외부효과를 다루게 된다는 것이다. 존슨이 언급한 이 두 번째 특성을 적극적으로 해석해보면, 개발국가의 목적은 주로 경제성장에 맞추어져 있었지만 이를 위한 수단은 고정된 것이 아니며 사회경제적 여건의 변화에 따라 언제든지 변화할 수도 있다는 것을 의미한다.[143] 예를 들어, 열악한 복지제도가 개발국가가 추구하는 지속적인 경제성장의 장애요인이 된다면 개발국가는 복지 확대를 적극적으로 모색할 수도 있다는 것

....

142 존슨은 구체적으로 효율성과 효과성의 개념에 대해 설명하지는 않았지만, 예를 들어 설명해보면, 어떤 국가가 효율성을 중시한다는 것은 정부가 투입한 비용 대비 수익이 얼마나 발생하는지에 관심을 두는 것을 의미한다. 반면 어떤 국가가 효과성을 중시한다는 것은 단지 투자 대비 수익의 규모가 중요한 것이 아니라 그 투자가 꼭 필요했는지의 여부를 중심으로 그 투자의 가치를 판단한다는 것을 의미한다. 존슨은 효과성을 강조하는 것이 효율성을 강조하는 것보다 목표지향적인 전략적 행위의 평가에 더 적합하다고 했다. Johnson. *MITI and the Japanese Miracle: the Growth of Industrial Policy*. p.21.

143 존슨은 이러한 사례로 1970년대 환경오염에 대한 미국과 일본의 사례를 언급하면서, 개발국가인 일본이 미국보다 더 효과적으로 환경오염 문제를 다루었다고 언급하고 있다. Johnson. *MITI and the Japanese Miracle: the Growth of Industrial Policy*. p.21.

이다.

셋째, 존슨은 개발국가의 또 다른 특성을 정책결정 과정에서 찾고 있다. 개발국가에서 정책의 결정과 변화는 의회에서 논의되고 결정되는 것이 아니라 행정부 내 관료들에 의해 논의되고 결정된다. 개발국가라고 불리는 박정희 권위주의 정권은 1974년 1월 14일 긴급조치 3호를 발의해 국민복지연금법의 시행을 전격적으로 유보했는데, 이러한 결정은 국회가 아닌 정부 내 관료, 특히 당시 비서실장인 김정렴, 재무부, 상공부 관료들로 구성된 청와대 경제팀이 주도했다.[144] 마지막으로 존슨은 만약 '고도성장'과 같은 개발국가의 목표가 광범위한 사회적 합의에 기반한다면 개발국가의 성과는 시장합리성이 지배하는 국가보다 더 나은 결과를 내올 수 있다고 주장한다. 이러한 주장에 따르면, 한국 개발국가가 성공적인 경제성장을 이룬 것도 경제성장이라는 개발국가의 목표에 대한 국민의 광범위한 동의가 있었기 때문에 가능했다고 할 수도 있다. 왜냐하면 전후 국가가 경제계획을 주도하고 적극적인 개입을 시도했던 제3세계의 개발국가들이 모두 지속적인 경제성장을 이룬 것은 아니기 때문이다. 실제로 개발국가라는 국가 개입을 통해 산업화에 성공한 경우는 보편적이기보다는 예외적이었다.[145] 이러한 맥락에서 이병천은 박정희 독재 시기에 이루어진 한국 개발국가의 성공적인 산업화는 노동 대중의 "동의"에 근거한 것이라는 (논란의 여지가 매우 큰) 주장을 펼친다.[146] 노동계급이 경제성장을 대가로 자신을 탄압하는 권위주의 정권에 정당성을 부여해주었다는 것이다.

> "한국의 개발주의 성장체제는 재벌이 성장의 대표 주자가 되고 '병영적 노동통제' 하에서 대중의 삶이 소수 재벌집단의 성장 성과에 의존하는, 고생산성

....

144 양재진·김영순·조영재·권순미·우명숙·정홍모(2008). 『한국의 복지정책 결정과정: 역사와 자료』. 서울: 나남. pp.116-120.
145 이병천(2003b). "개발독재의 정치경제학과 한국의 경험." 이병천 편. 『개발독재와 박정희시대: 우리 시대의 정치경제적 기원』. pp.17-65. 서울: 창비. p.48.
146 이병천. "개발독재의 정치경제학과 한국의 경험." p.50.

과 저임금이 결합된 '선성장 후분배' 체제였고, 후분배의 약속을 담보로 노동 대중이 현재의 희생을 감수하며 선성장 프로젝트에 동의하고(인용자 강조) 헌신한 체제인 것이다."

정리하면, 개발국가란 20세기 후반 일본으로 대표되는 동아시아의 경이적인 경제성장을 설명하기 위해 만들어진 개념으로, 국가가 단순히 경제에 개입하는 수준을 넘어 적극적으로 경제정책을 계획하고 고속성장을 주도한 국가라고 정의할 수 있다. 하지만 앞서 존슨이 제기한 개발국가의 두 번째 논의를 검토해보면 경제성장만이 개발국가의 최고의 목적이 될 수 있는 것은 아니다. 개발국가는 어쩌면 해당 사회의 광범위한 대중의 (명시적 또는 암묵적) 합의에 근거해서 어떠한 목적이라도 국가가 '계획'이라는 방식을 통해 적극적·직접적으로 개입하는 국가로 정의되어야 할지도 모른다. 더불어 개발국가에서 '사회적 합의'가 무엇을 의미하는지를 분명히 할 필요가 있다. 개발국가의 정의와 관련해서는 여전히 모호한 부분이 있지만, 펨펠(Pempel)[147]은 존슨의 개발국가론을 동아시아의 경제성장을 설명하는 가장 강력한 논제라고 평가하고 있다. 또한 개발국가론은 서구의 기준이 아닌 동아시아의 특성에 의해 동아시아 사회를 설명하려고 했다는 점에서 그 의의가 있다고 할 수 있다.[148]

....

147 Pempel, T. J.(1999). "The Developmental Regime in a Changing World Economy." Meredith Woo-Cumings, M. ed. *The Developmental State.* pp.137-181. London: Cornell University Press.
148 물론 개발국가론은 20세기 후반 동아시아의 경이적인 경제성장을 서구와 다른 동아시아의 '무엇'에서 찾으려고 시도했다는 점에서, 에드워드 사이드가 주장한 것처럼 '서구와 구별되는 동아시아의 특수성'을 강조하는 것 자체가 서구의 오래된 오리엔탈리즘이라고 할 수도 있다. Said. 『오리엔탈리즘』. 우리는 이러한 비판을 진지하게 받아들일 필요가 있다. 실제로 서구에서 동아시아의 급격한 경제성장의 원인이라고 칭송받았던 동아시아의 고유한 특성들은 1997년 동아시아 경제위기를 거치면서 동아시아 경제를 위기로 몰아넣은 주범이라는 정반대의 평가를 받았다.

3. 생산주의 복지체제

생산주의 복지체제는 일본으로 대표되는 동아시아 국가들의 급격한 경제 성장을 설명하기 위해 고안된 존슨의 개발국가의 특성 중 경제정책과 사회정책의 관계를 동아시아 복지체제에 적용시킨 개념이다. 존슨의 개발주의를 생산주의 복지체제(productive welfare state)라는 개념으로 정식화한 홀리데이(Holliday)[149]의 정의에 따르면, 다른 복지체제와 구별되는 동아시아 복지체제의 핵심적 특성은 '성장 지향적 개발국가와 경제정책에 대한 복지정책(사회정책)의 종속성'이다. 계속해서 홀리데이는 서구의 세 가지 복지체제와 생산주의 복지체제를 비교하면서, 자유주의에서는 시장이 우선권을 갖고 보수주의에서는 지위가 핵심이며 사민주의에서는 복지 그 자체가 중요하고 생산주의에서는 성장이 우선순위를 갖는다고 주장한다. 아래 〈표 2.1〉은 홀리데이가 서구의 세 가지 복지체제와 동아시아의 생산주의 복지체제를 비교 정리한 것이다. 이에 따르면, 생산주의 복지체제의 특성은 사회정책이 경제정책에 종속되어 있고 사회권은 최소한으로 보장되며 그 권리는 생산적 활동과 연계되어 보장되고 생산주의적 요소에 근거해

표 2.1 복지자본주의의 네 가지 세계

복지체제	사회정책	사회권	계층화 효과	국가-시장-가족관계
자유주의	무(無)특권, 무종속	최소한	소수를 위한 빈곤의 평등, 다수를 위한 시장에 의한 복지 차이	시장에 의한 공급 장려
보수주의	무특권, 무종속	어느 정도 폭넓음	지위에 따른 차이 유지	가족 보호
사민주의	특권적	폭넓음	소득 수준에 따라 점증하는 보편적 급여	시장 구축과 가족의 사회화
생산주의	경제정책에 종속	최소한, 생산적 활동과 관계된 경우 확장	생산적 요소의 강화	성장의 우선성

출처: Holliday. "Productivist Welfare Capitalism: Social Policy in East Asia." p.709.

....

149 Holliday, I. (2000). "Productivist Welfare Capitalism: Social Policy in East Asia." *Political Studies* 48: 706-723. p.709.

계층화가 강화되며 성장이 모든 것에 우선하는 것이다. 그리고 이러한 경제정책에 사회정책이 종속되는 특성은 서구 복지체제에서는 발견되지 않는 동아시아의 고유한 특성이기 때문에 동아시아 복지체제를 제4의 복지체제로 구분해야 한다는 것이다.[150]

동아시아의 복지체제를 제4의 독립된 유형으로 제기한 홀리데이의 생산주의 복지체제는 개발주의라는 특성에 근거해 동아시아의 고유한 복지체제를 설명하려고 했다는 점에서 그 의의가 있다. 그러나 홀리데이의 생산주의 복지체제라는 개념은 이후 후속 연구들에 의해 도전을 받는다. 동아시아 복지체제와 관련된 핵심 쟁점은 크게 세 가지이다. 첫째는 개발국가와 사회정책의 (경제정책에 대한) 종속성이라는 특성이 동아시아를 서구의 세 가지 복지체제와 구분하는 결정적 특성이 될 수 있는지의 여부를 판단하는 것이다. 둘째는 생산주의 복지체제가 통시적으로 동아시아 복지체제의 특성을 설명할 수 있는지의 여부이다. 특히 1997년 동아시아 경제위기 이후에도 생산주의가 동아시아 복지체제의 고유한 특성으로 이야기될 수 있는지의 여부와 관련된 쟁점이다. 마지막으로는 생산주의 복지체제를 서구의 복지체제와 구분하는 방법론적 정합성과 관련된 논쟁이다.

1) 쟁점 1: 생산주의는 한국 복지체제의 고유한 특성인가?

생산주의 복지체제[151]에 대한 근본적인 질문은 한국(동아시아 국가들) 개발

....

150 Deyo, F.(1992). "The Political Economy of Social Policy Formation: East Asia's Newly Indus-
      trialised Countries." Applebaum, R. and Henderson, J. eds. *States and Development in Asian
      Pacific Rim*. pp.289-306. London: Sage Publication; Holliday. "Productivist Welfare Capitalism:
      Social policy in East Asia."; Holliday. "East Asian Social Policy in the Wake of the Financial Cri-
      sis: Farewell to Productivism."

151 홀리데이와 권순만의 글을 보면 개발국가의 복지체제를 '생산주의 복지체제'로 규정하고 있다. Holl-
      iday. "Productivist Welfare Capitalism: Social Policy in East Asia."; Holliday. "East Asian Social
      Policy in the Wake of the Financial Crisis: Farewell to Productivism."; Kwon, S. M. and Holliday,
      I.(2007). "The Korean Welfare State: a Paradox of Expansion in an Era of Globalisation and
      Economic crisis." *International Journal of Social Welfare* 16: 242-248. 국내 논문에서는 생산주의
      복지체제 대신 발전주의 복지체제라는 개념이 사용되기도 한다. 양재진(2008). "한국 복지정책 60년:
      발전주의 복지체제의 형성과 전환의 필요성." 『한국행정학보』 42(2): 327-349; 남지민. "한국 복지체제

국가의 특성이 한국 복지체제를 서구의 복지체제와 구분하는 고유한 특성이 될 수 있는지의 여부이다. 다시 말해, 한국이 생산주의 복지체제라는 서구 복지체제와 구분되는 제4의 독립적인 유형이 되기 위해서는 한국의 개발주의가 역사적으로 한국(또는 동아시아)만의 고유한 특성인지의 여부를 논증해야 한다. 이러한 질문은 존슨(1982)이 개발국가에서 제기한 산업정책의 우선성을 어떻게 이해할 것인지에 달려 있다. 다만 여기서 우리는 경제에 대한 국가의 개입은 개발국가를 다른 국가와 구별하는 고유한 특성이 아닐 수도 있다는 점을 인식할 필요가 있다. 그렇다면 우리는 비(非)개발국가가 경제에 개입하는 것과 개발국가가 경제에 개입하는 방식을 구분할 필요가 있다. 앞서 언급했지만 존슨에 따르면, 이를 구분하는 핵심 기준은 국가가 효율성이 아닌 효과성에 기초해 그 국가가 설정한 목표(일반적으로 고도성장이라는 경제적 목표)를 달성하기 위해 산업구조를 계획하고 만들어나갔는지의 여부이다. 개발국가는 경제성장을 위해 단순히 인센티브를 부여하거나 규제하는 차원을 넘어 적극적으로 산업구조를 조정해 필요한 산업을 장려하고 불필요한 산업은 퇴출시키면서 국내 산업의 국제경쟁력을 높이고 이를 바탕으로 경제성장을 도모한다. 그리고 경제를 계획하고 주도하는 주체는 민간이 아닌, 잘 훈련되고 유능한 국가 관료이다. 그렇다면 우리는 이러한 개발국가의 특성이 한국과 같은 동아시아 국가들에만 나타나는 고유한 특성인지를 질문해야 한다.

역사적으로 보면, 사실 사회정책을 (직접적으로 인민의 복지가 아닌) 다른 국가적 목적(예를 들어, 경제성장)에 종속시킨 사례는 예외적이기보다는 일반적이었던 것 같다. 도스탈(Dostal)[152]에 따르면, 역사적으로 최초의 생산주의 복지국가는 1883년 이후 노동계급을 대상으로 사회보험법을 도입한 오토 폰 비스마르크(Otto von Bismarck)의 독일(프러시아)이다. 당시 비스마르크가 사회보험의 제도화를 중요하게 생각했던 이유 중 하나는, 노동계급과 사민당에 대한 정치적 탄압만으로는 독일 제국의 정치적 안정을 이룰 수 없다고 판단했기 때문이다. 하

....

의 발전주의적 성격에 관한 연구."

152 Dostal. "The Developmental Welfare state and Social Policy: Shifting from Basic to Universal Social Protection." p.154.

지만 또 다른 측면에서 보면, 국가의 통제하에 있는 공적 사회보험의 도입은 기술적으로 인접 경쟁국들보다 뒤처져 있던 독일 중공업의 국제경쟁력을 높이기 위한 중요한 방안 중 하나이자 안정적으로 노동력을 수급하기 위한 자본 측의 이해를 대변한 것이기도 했다.[153] 이후 대부분의 유럽 국가들은 이러한 독일의 전례를 따라 사회보험을 제도화했다. 당시 유럽 각국에서 사회보험의 도입을 지켜보았던 사람들은 사회보험의 도입이 자본주의를 경제적, 정치적으로 안정화시키고 국민국가 건설에 기여했으며 국가안보의 강화에 조력했다고 평가했다.[154] 도스탈은 2차 세계대전 이후 동아시아 국가들에서 나타난 사회보험의 제도화 또한 19세기 독일과 유럽에서 사회보험을 제도화했던 상황과 다르지 않았다고 평가했다.[155]

구딘(Goodin), 헤디(Headey), 메펠스(Meffels), 다이어벤(Dirven)[156]도 모든 국가에서 복지체제는 사회적 평등과 통합은 물론이고 경제적 효율성을 증대시키기 위한 정당한 수단이라고 평가한다. 더욱이 구딘과 동료들은 전통적으로 복지국가의 의무라고 가정되는 여섯 가지 도덕적 가치(경제적 효율성, 빈곤 감소, 사회적 평등 진작, 사회통합 증진과 배제 척결, 사회적 안정, 자치 증진) 중 경제적 효율성(성장)이 가장 중요한 도덕적 가치이고 어떤 복지국가에서나 경제성장은 가장 중요한 목적이었다는 사실을 보여주고 있다. 보놀리(Bonoli)와 신카와(Shinka-wa)[157] 역시 모든 복지국가는 생산성 향상을 지원하고 평화적인 계급 관계를 만

....

153 박근갑. 『복지국가 만들기: 독일 사회민주주의의 기원』. pp.189-190.

154 Kwon, H. J., Dong, G., and Moon, H.(2010). "The Future Challenges of the Developmental Welfare State: the Case of Korea." Paper presented at the Social Policy Association 2010 Conference. University of Lincoln, July 5th-7th, 2010.

155 물론 도스탈은 독일의 경우 사회보험을 국가가 직접 통제했지만 한국의 경우 국가의 역할은 사회보험에 대한 관리와 감독으로 제한되었다는 점에서 차이가 있다고 했다. Dostal. "The Developmental Welfare state and Social Policy: Shifting from Basic to Universal Social Protection." p.154.

156 Goodin, R., Headey, B., Meffels, R., and Dirven, H.(1999). *The Real Worlds of Welfare Capitalism.* Cambridge: Cambridge University Press. pp.22-23.

157 Bonoli, G. and Shinkawa, T.(2005). "Population Ageing and the Logic of Pension Reform in Western Europe, East Asia and North America." Bonoli, G. and Shinkwawa, T. eds. *Ageing and Pension Reform Around the World: Evidence from Eleven Countries.* London: Edward Elgar. p.21.

들어냄으로써 해당 국가의 경제성장에 기여한다는 점에서 생산주의 복지국가라고 평가했다.

보편주의 복지국가의 전형이라고 평가받고 있으며 홀리데이[158]가 사회정책이 다른 정책과 비교해 특권적 위치에 있다고 주장하는 사민주의 복지국가인 스웨덴의 역사 역시 스웨덴 복지체제가 어떻게 스웨덴의 경제성장에 긍정적 영향을 줄 수 있는지를 둘러싼 좌우의 치열한 논쟁의 역사였다.[159] 사실 1932년 "사회정책을 비용이 아닌 생산적인 투자"라고 했던, 스웨덴 복지국가의 대표적인 이론가라고 할 수 있는 군나르 뮈르달(Gunnar Myrdal)의 생각 또한 (존슨이 일본 개발국가가 계승했다고 하는) 독일 역사학파의 경제 담론을 계승한 것이다.[160] 스웨덴 복지국가의 역사는 복지국가와 복지국가를 구성하는 사회정책이 시장의 역할을 제한하는 비용이 아니라 스웨덴 산업경제를 경쟁력 있게 만들기 위한 투자라는 관념에 기초해있다는 것을 일관되게 보여주고 있다.[161]

실제로 렌-마이드너 모델(Rehn-Meidner Model)은 스웨덴 복지국가에서 사회정책과 경제정책의 밀접한 관계를 보여주는 대표적 사례라고 할 수 있다. 전후 제도화되었던 적극적 재정정책과 분배정책을 통한 수요창출정책이 인플레이션을 유발하고 비생산적인 기업을 유지시키는 등 문제를 야기하자 이에 대한 대안으로 제시된 것이 연대임금정책이라고 알려진 렌-마이드너 모델이었다.[162] 더불어 1960년대 스웨덴 경제정책의 지침이 된 두 개의 문서는 스웨덴 복지국가의 강력한 생산주의적 특성을 보여주고 있으며, 사회정책이 경제성장의 핵심적 수단임을 확인해준다. 먼저 경제정책위원회가 1961년 스웨덴 노동자총연맹 총회에 제출한 「조정

....

158 Holliday. "Productivist Welfare Capitalism: Social Policy in East Asia."

159 Andersson, J.(2014[2006]).『경제성장과 사회보장 사이에서: 스웨덴 사민주의, 변화의 궤적』. 박형준 역. 서울: 책세상. pp.70-72.

160 Andersson.『경제성장과 사회보장 사이에서』. p.9, 18.

161 Andersson, J.(2017[2010]).『도서관과 작업장: 스웨덴, 영국의 사회민주주의와 제3의 길』. 장석준 역. (The Library and the Workshop). 서울: 책세상. p. 124.

162 Hamilton, M.(1989). Democratic Socialism in Britain and Sweden. New York: St. Martin's Press. p.187; Andersson.『경제성장과 사회보장 사이에서』. pp.51-82.

된 경제정책(Samordnad näringspolitik)」은 지속적인 경제성장만이 복지국가의 지속 가능성을 담보한다는 주장을 담고 있는 것은 물론 경제성장은 노동운동이 가장 우선해야 할 과제라고 결론지었다. 1964년 스웨덴 사민당에서 발간한 「결과와 개혁(Resultat och reformer)」 또한 「조정된 경제정책」과 유사한 결론을 담고 있다. 더욱이 스웨덴 복지국가의 역사는 매 시기 스웨덴 사회가 직면한 국내외적인 위기를 해결하기 위한, 정부, 정당, 노동조합의 관료, 전문가들의 경제정책과 사회정책에 대한 (때로는 실패했지만) 의도된 기획이었다는 것을 보여준다.[163]

더욱이 복지정책(사회정책)이 경제성장에 기여하도록 제도화하는 것은 단지 선진 복지국가들만의 특성이 아니다. 피어슨[164]에 따르면, 복지에 대한 생산주의적 관점은 남미 국가들에서도 나타나는 일반적 특성이다. 물론 반복되는 질문일 수 있지만, 여기서 우리는 경제에 대한 국가의 개입이라는 일반적 사실을 이야기하는 것이 아니다. 존슨이 언급한 것과 같이 경제에 국가가 개입하는 것은 모든 국가들에서 나타나는 공통된 현상이기 때문이다. 생산주의 복지체제와 다른 복지체제를 구분하는 중요한 논거는 국가에 의해 복지제도가 경제성장에 복무하도록 의도적으로 설계되었느냐는 것인데, 앞서 살펴본 것과 같이 역사적 사례들을 살펴보면 산업화된 국가들에서 이러한 현상은 어렵지 않게 목격되고 있다.

그렇다고 해서 생산주의체제가 모두 동일하다고 주장하는 것은 적절하지 않다. 생산주의체제 간에는 중요한 차이가 존재한다. 차이의 핵심은 경제와 복지의

....

163 구체적인 내용은 앞에서 인용한 옌뉘 안데르손(Jenny Andersson, 2014[2006])의 『경제성장과 사회보장 사이에서: 스웨덴 사민주의, 변화의 궤적』, 신정완(2012)의 『복지자본주의냐 민주적 사회주의냐: 임노동자기금논쟁과 스웨덴 사회민주주의』, 홍기빈(2011)의 『비그포르스, 복지 국가와 잠정적 유토피아』를 참고하라. Andersson. 『경제성장과 사회보장 사이에서』; 신정완(2012). 『복지자본주의냐 민주적 사회주의냐: 임노동자기금논쟁과 스웨덴 사회민주주의』. 서울: 사회평론; 홍기빈(2011). 『비그포르스, 복지 국가와 잠정적 유토피아』. 서울: 책세상. 하지만 논란이 전혀 없는 것은 아니다. 동아시아와 남미를 비교한 연구를 보면 남미에서 동아시아와 같은 개발국가를 주도할 효율적인 관료체계가 존재했는지에 대해서는 회의적이기 때문이다. Haggard and Kaufman. *Development, Democracy, and Welfare States: Latin America, East Asia, and Eastern Europe.*

164 Pierson, C.(2004). "Late Industrialisers' and the Development of the Welfare State." Mkandawire, Thandika ed. *Development Context.* pp.215-245. New York: Palgrave Macmillan. pp.223-232.

상호성의 정도와 형식이라고 할 수 있다. 스웨덴식 생산주의체제에서도 복지정책의 목적은 경제정책의 목적에 우선적으로 조응하지만, 경제정책의 목적 또한 복지정책의 목적에 조응하는 "순환적 생산주의체제"이다. 반면 한국식 생산주의체제는 경제정책이 사회정책의 목적에 조응하지 않는, 복지정책의 목적이 경제정책의 목적에 일방적으로 복무하는 특성을 갖는 "일방적 생산주의체제"라고 할 수 있다.[165] 다시 말해 스웨덴에서도 사회보장정책은 경제성장이라는 목적에 우선적으로 복무하지만 경제성장의 결과 역시 사회보장정책(분배)의 확대를 통해 다시 순환되는 체계인 데 반해, 한국에서는 (항상 그렇다고 할 수는 없지만 대부분의 경우) 경제성장의 결과가 사회보장의 확대로 순환되지 않고 경제영역에 머무르는, 사회보장정책에서 경제정책으로 이어지는 일방적 흐름만이 존재한다고 할 수 있다. 스웨덴과 달리 한국에서 1960년대부터 최근까지 높은 수준의 경제성장을 경험했음에도 불구하고 공적 복지 확대가 지체된 것이 바로 한국 복지체제가 "일방적 생산주의체제"의 특성을 갖고 있기 때문이다.

한국 복지체제가 생산주의 복지체제라고 주장하는 글들에서 인용되는 또 다른 중요한 논거는 사회보험의 제도화 과정에서 한국이 경제성장을 위해 필수적인 노동계급을 위한 산업재해보험을 먼저 도입했다는 것과[166] 사회보험의 대상을 핵심 산업의 노동자로 제한했다는 사실이다. 그러나 이 또한 한국만의 고유한 특성은 아니다. 유럽의 복지국가들도 사회보험을 제도화할 당시에는 그 대상을 핵심 산업의 노동자로 제한했고 점차적으로 그 대상을 확대했다.[167] 사회보험 도입의 순서도 산재보험을 먼저 도입한 것이 특별히 예외적인 경우는 아니다. 독일과 오스트리아를 포함해 대부분의 복지국가들은 산업화 과정에서 산재보험을 먼저 도입하고 이후 점차 보편적 수당제도로 복지제도를 확대해나갔다.[168] 1961년 당

....

165 생산주의체제의 유형(순환적, 일방적, 단절적 생산주의체제)은 본서의 연구범위는 아니지만 이후 한국 복지체제 연구에서 구체적으로 다룰 필요가 있다. 본문에서 언급하지 않은 "단절적 생산주의체제"는 경제정책과 복지 확대가 상호 관련성 없이 각각의 정치·경제·사회적 이유에 근거해 추진되는 경우로, 남미의 사례가 대표적이라고 할 수 있을 것 같다.

166 정무권. "한국의 발전주의 생산레짐과 복지체제의 형성."

167 Pierson. *Beyond the Welfare State: The New Political Economy of Welfare.* p.111.

시 독립 과정에 있던 아프리카 국가들을 제외하고 복지제도를 도입한 76개국을 분석한 연구에서도, 복지제도가 도입되는 일반적 순서는 산재보험, 질병보험과 (또는) 모성급여, 연금, 가족수당, 실업보험 순으로 나타났다.[169] 그리고 20년 후 커트라이트(Cutright)가 5개 주요 복지제도를 모두 도입한 18개국을 대상으로 제도 도입연도를 분석한 결과에 따르면, 이 역시 산재보험이 가장 빨리 도입된 것으로 나타났다.[170] 아시아 지역만을 분석한 결과를 보더라도 제도 도입의 순서는 산재보험, 건강보험, 연금, 가족수당, 실업보험 순이었다.[171] 그러므로 한국과 같은 개발도상국가에서 핵심 산업노동자가 사회보험의 우선적 대상이 된 것도, 산재보험이 제일 먼저 도입된 것도 결코 예외적이거나 특별하다고 할 수 없다.

사실이 이와 같다면 경제정책이 사회정책에 우선하는 현상을 한국 복지체제, 나아가 동아시아 복지체제의 고유한 특성이라고 주장할 수 있을지 의문이다. 우리는 사회정책이 경제정책에 종속되는 방식과 수준의 국가별 차이를 관찰할 수 있을 뿐이지, 사회정책이 경제정책에 종속되는지의 여부를 판단해 한국과 동아시아 국가를 서구 복지국가들과 구분되는 생산주의 복지체제로 명명할 이론적·경험적 근거를 갖고 있지 않다. 복지체제에서 나타나는 생산주의적 성격은 유무의 문제가 아닌 수준의 문제이며 내용의 문제이다. 이렇게 보면 생산주의를 강조하면서 동아시아만의 고유한 복지체제가 있다고 주장하는 것은 동아시아와 서구를 구분하는 또 다른 오리엔탈리즘일지도 모른다.

2) 쟁점 2: 한국 복지체제는 여전히 생산주의 복지체제이다?

생산주의 복지체제의 성립 자체에 대한 의문을 제기한 이상 한국 복지체제

....

168 Forrat. "The Authoritarian Welfare State: a Marginalized Concept."; Pierson. "Late Industrial-isers' and the Development of the Welfare state." p.226.
169 Cutright. p.(1965). "Political structure, Economic Development, and National Social Security Programs." *American Sociological Review* 43: 797-812. p.539.
170 Abbott, A. and DeViney, S.(1992). "The Welfare State as Transnational Event: Evidence from Sequences of Policy Adoption." *Social Science History* 16(2): 245-274. p.226.
171 정동철·박철웅(2005). "아시아 복지국가 형성과정의 계보." 『경제와 사회』 68: 213-235. p.225.

에서 생산주의 복지체제의 특성이 지속되고 있는지의 여부를 검토하는 것은 논리적으로 모순된다. 생산주의 복지체제 자체가 독립적인 복지체제로 성립할 수 없기 때문이다. 그럼에도 불구하고 생산주의 복지체제의 지속성 여부를 둘러싼 기존 연구를 정리하는 것은 한국 복지체제의 성격을 이해하는 데 중요한 함의를 준다. 왜냐하면 (직접적으로 언급하지는 않지만) 한국 복지체제가 생산주의적 특성을 벗어났는지의 여부는 (연구자에 따라 명시적 또는 암묵적으로) 한국 복지체제가 시민권에 근거한 복지체제로 이행하고 있는지의 여부를 판단하는 중요한 근거로 활용되기 때문이다.

한국 복지체제가 여전히 생산주의적 특성을 유지하고 있다는 주장부터 살펴보자. 1997년 경제위기 이후에도 한국 복지체제는 근본적으로 변화하지 않았다고 주장하는 학자들은 한국이 1997년 이후 명백한 복지제도의 개혁과 확대가 이루어졌음에도 불구하고 개발국가라는 국가모델과 사회보험체계가 여전히 지배적이고 근본적인 변화가 없다고 주장한다.[172] 홀리데이는 아시아 외환위기 이후 제도화되거나 확장된 몇몇 복지정책들은 한국 복지체제의 생산주의적 특성에 근본적인 도전을 불러일으켰지만 외환위기 이후 제도화된 복지정책의 복잡하고 심도 깊은 변화에도 불구하고 '생산주의'는 여전히 한국 복지체제를 설명하는 핵심 개념이라고 강조한다.[173] 그렇기 때문에 생산주의라는 개념을 포기하는 것은 잘못되었다는 것이 홀리데이의 주장이다. 권순만과 홀리데이의 주장을 직접 들어보자.

....

172 Kwon and Holliday. "The Korean welfare state: a Paradox of Expansion in an Era of Globalisation and Economic Crisis."; Peng. "Welfare State Restructuring in South Korea: A political Economic Perspective."; Holliday, "East Asian Social Policy in the Wake of the Financial Crisis: Farewell to Productivism."; Kwon, H. J.(2005). "Reforming of the Developmental Welfare state in Korea: Advocacy Coalition and Health Politics." Kwon, H. J. ed. *Transforming the Developmental Welfare State in East Asian*. pp.27-49. London: Palgrave.

173 Holliday. "East Asian Social Policy in the Wake of the Financial Crisis: Farewell to Productivism."

"한국 복지국가가 1997~1998년 아시아 금융위기 이후 즉각적으로 확대된 것은 사실이지만, 많은 관찰자들과 분석가들에 의해 금융위기 이후 이루어진 개혁의 범위가 과장되었다. 실제로, 한국 사회정책의 현실을 개혁을 둘러싼 정치적·학문적 담론의 수사로부터 분리시키면, 1990년대 후반에 이루어진 확장은 실제로는 그다지 대단한 것이 아니다. 결정적으로 지구화 시대에 그것은(1990년대 후반에 이루어진 복지 개혁 – 인용자) 한국 복지국가의 근본적인 성격을 변화시키지 못했다. (…) 우리는 1990년대 후반에 이르기까지 그 주된 지향이 생산주의라고 주장한다."[174]

그렇다면 이들이 한국 복지체제가 여전히 생산주의 복지체제라고 주장하는 근거는 무엇일까? 논리는 간명하다. 개발국가의 틀 속에서 복지체제를 이해하고 있는 이들이 보기에 1997년 경제위기 이후에 이루어진 복지 확장도 결국 경제정책과 분리된 것이 아닌 경제적 요구에 의해, 경제적 목적(경제성장 또는 회복)에 기여하기 위해 제도화되었다는 것이다. 경제위기 직후인 1998년 국민의 정부 하에서 이루어진 연금 개혁의 경우 재정 건전성을 높이기 위해 급여율을 낮추고 기여율을 높였다는 점에서, 그리고 시민권에 기반해 공공부조의 새 지평을 연 것으로 평가받는 국민기초생활보장제도도 실상은 노동시장 유연화 정책에 대한 대응이었다는 점에서 생산주의적 복지정책이라고 평가하고 있다.[175] 국민의 정부(김대중)와 참여정부(노무현)가 신자유주의적 정책을 추진했다는 것도 한국 복지체제에서 생산주의가 지속되고 있다는 근거로 활용된다.[176] 다만 홀리데이도 복지체제가 고정된 것이 아니라 역동적이기 때문에 변화할 수 있다는 점을 인정하지만, 생산주의 개념을 폐기하기에는 아직 이르다고 평가한다.[177] 홀리데이는 1997

....

174 Kwon and Holliday. "The Korean Welfare State: a Paradox of Expansion in an Era of Globalisation and Economic crisis." p.242.
175 홀리데이는 한국, 대만, 싱가포르, 홍콩 4개국의 복지체제를 분석했는데, 여기서는 본 글의 목적에 부합하도록 한국과 관련된 부분을 발췌해서 논쟁을 전개했다. Holliday. "East Asian Social Policy in the Wake of the Financial Crisis: Farewell to Productivism." pp.158-159.
176 Peng. "Welfare State Restructuring in South Korea: A political Economic Perspective." p.2.

년 경제위기 이후 한국의 복지개혁은 에스핑-앤더슨이 분류한 서구의 세 가지 복지체제보다는 여전히 생산주의 복지체제에 더 잘 맞는다고 주장한다. 여기서 우리가 다음 논의를 위해 기억해두어야 할 점은 홀리데이가 복지체제의 역동성을 부정한 것이 아니라 한국 복지체제의 성격을 논하는 데 있어 생산주의 명제를 폐기하기에는 너무 이르다고 평가했다는 것이다.

펭(Peng)과 권혁주도 한국 복지체제가 1997년 경제위기 이후에도 여전히 그 고유한 특성을 유지하고 있다고 주장한다. 펭은 한국 복지체제가 1997년 경제위기 이후 분명히 변화했지만 여전히 사회보험에 의존하는 복지모델은 변화하지 않았다고 진단한다.[178] 그러나 한국 복지체제에 대한 펭의 인식은 홀리데이와는 상이하다. 펭이 한국 복지체제가 변화하지 않았다고 제시한 근거는 한국 복지체제에서 사회보험모델이 여전히 지배적이라는 점이다. 권혁주[179]도 한국의 복지체제가 변화한 것은 사실이지만 그렇다고 해서 한국이 티트머스가 이야기한 것과 같은 제도주의 복지체제로 변화했는지에 대한 판단은 신중히 할 필요가 있다고 주장한다. 그러면서 권혁주는 개발국가 내에서 포괄적 복지국가를 유지하는 것도 가능하다는 새로운 주장을 한다. 그리고 한국과 대만이 경제 발전, 민주주의, 사회적 포괄을 동시에 성취될 수 있다는 것을 보여주었다고 주장한다. 그러나 개발국가의 포괄적 복지국가는 스칸디나비아의 포괄적 복지국가와는 상이한데, 그 이유는 개발국가의 포괄적 복지국가가 여전히 젠더 편향적이고(남성 중심적이고) 사회적 포괄보다는 (경제) 발전에 강조점을 두기 때문이다.[180] 홀리데이, 펭, 권혁주는 모두 한국 복지체제의 본질적 속성(홀리데이에게는 생산주의, 권혁주에게는 개발국가, 펭에게는 사회보험 중심)이 변화하지 않았다고 주장한다.[181]

....

177 Holliday. "East Asian Social Policy in the Wake of the Financial Crisis: Farewell to Productivism." pp.154-155.

178 Peng. "Welfare State Restructuring in South Korea: A political Economic Perspective."

179 Kwon. "Transforming the Developmental Welfare States in East Asia." p.2, 13.

180 Kwon. "Transforming the Developmental Welfare States in East Asia." p.13.

181 펭은 1997년 이후 한국 복지체제의 변화 여부를 둘러싼 논쟁에서 권혁주와 자신 등을 한국 복지체제가 변화했다고 주장하는 집단으로 분류하고, 권순만과 홀리데이, 홍경준, 송호근 등을 한국 복지체제가 변

반면 일군의 학자들은 한국 복지체제가 1997년 경제위기를 전후해서 근본적으로 변화했다고 주장한다. 김연명은 '생산주의'가 한국 사회정책의 초기 발달 과정을 이해하는 데는 도움이 되지만 1997년 경제위기 이후의 더 연대적이고 재분배적인 한국 복지체제를 설명하는 데는 적절하지 않다고 주장한다.[182] 한국 복지체제에서 생산주의가 지속되고 있다는 주장에 대한 김연명의 비판을 구체적으로 살펴보자. 김연명은 홀리데이가 2005년 논문에서 한국의 생산주의 복지체제가 지속되고 있다는 근거로 제시한 1998년 연금 개혁과 국민기초생활보장제도의 도입에 대해 잘못 이해하고 있다고 비판한다.[183] 먼저 1998년 연금 개혁은 비용절감을 통해 경제적 부담을 덜어주기 위한 생산주의적 의도에서 이루어진 개혁이 아니라는 것이다. 만약 연금의 소득대체율을 70%에서 60%로 낮추고 기여율을 높인 것이 생산주의적 개혁이라면, 서구 복지국가들에서 나타나는 급여 축소 또한 생산주의적인 것으로 보아야 한다는 것이다. 또한 국민연금의 본래 목적 자체가 사회적 연대를 강화하는 것을 목적으로 하는 것이지 생산주의적 속성

....

화하지 않았다고 주장하는 집단으로 분류했다. Peng. "Welfare State Restructuring in South Korea: A political Economic Perspective." p.2; Kwon, H. J. "Reforming of the Developmental Welfare State in Korea: Advocacy Coalition and Health Politics."; Kwon, S. M. and Holliday. "The Korean Welfare State: a Paradox of Expansion in an Era of Globalisation and Economic crisis."; Hong, K. Z. and Song, H. K.(2006). "Continuity and Change in Korean Welfare Regime." *Journal of Social Policy* 35(2): 247-265; Peng, I.(2004). "Post-Industrial Pressures, Political Regime Shift, and Social Policy Reforms in Japan and Korea." *Journal of East Asian Studies* 4(3): 389-425. 그러나 이러한 분류는 재고할 필요가 있다. 위에서 검토한 것과 같이 권순만, 홀리데이가 한국 복지체제의 생산주의적 특성이 지속되었다고 주장한 것은 사실이지만, 펭 자신과 권력주도 1997년 이후의 변화가 한국 복지체제가 근본적으로 변화한 것이기보다는 제도의 대상 확대, 국민기초생활보장제도와 같은 새로운 제도의 도입, 사회지출의 증가와 같이 양적으로 팽창했다는 의미에서 변화했다고 이야기했기 때문이다. 또한 송호근은 한편으로는 변화하지 않았다고 주장하고 다른 한편으로는 변화했다고 주장했다. Song, H. K.(2003). "The Birth of Welfare State in Korea: the Unfinished Symphony of Democratization and Globalization." *Journal of East Asian Studies* 3(3): 405-432; Hong and Song. "Continuity and Change in Korean Welfare Regime." 펭의 글에서 한국의 복지체제를 논하면서 인용한 'Peng(2005)'는 'Peng(2004)'의 오기로 보인다. 2005년도 글은 일본의 돌봄정책에 대한 연구이고, 2004년도 글에서 일본과 한국의 체제 이행에 대해 다루고 있다.

182　Kim, Y. M. "Beyond East Asian Welfare Productivism in South Korea." p.110.
183　Kim, Y. M. "Beyond East Asian Welfare Productivism in South Korea." p.114.

을 유지·강화하기 위한 것이 아니라는 것이다. 실제로 국민연금 가입자가 1996년 780만 명에서 2003년 1,720만 명으로 불과 7년 만에 두 배 이상 증가했으며 1998년 연금 개혁이 (이혼 여성, 단속적 노동자 등) 취약계층에 대한 소득이전을 강화했다는 점에서 생산주의적이라고 할 수 없다는 것이다. 국민기초생활보장제도 역시 시민권적 권리에 기반해서 제도화되었으며 대상자 또한 확대되었다는 점에서 생산주의적이라고 볼 수 없고, 사회서비스와 관련해서도 2000년대에 들어서 저출산과 고령화 같은 인구학적 변화로 인해 잔여적이고 선별적인 특성이 점차 해체되고 있다고 주장한다.[184] 다만 김연명도 한국 복지체제의 생산주의 성격이 완전히 사라졌다고 주장하는 것은 아니다. 한국 복지체제에 대한 생산주의의 설명력이 약화되었지만 한국 복지체제는 생산주의(productive)와 보호주의(protective)적 요소가 혼재된 새로운 형태라고 주장한다.[185] 이러한 비판은 지난 2000년대 초에 있었던 한국 복지국가 성격 논쟁 당시부터 김연명이 계속 주장해왔던, 한국 복지체제를 '혼합형'으로 보는 입장을 반복하고 있는 것으로 보인다. 다만 보다 진전된 인식은 한국 복지체제의 변화를 단순히 제도 변화를 통해서만 설명하는 것이 아닌, 제도를 변화시키는 복지정치에도 주목했다는 점이다.

한국 복지체제가 생산주의 복지체제로부터 벗어났다고 주장하는 연구도 있다.[186] 김연명과 비교해서 이 연구는 경제정책에 대한 사회정책의 종속성이라는 생산주의 복지체제의 문제를 직접적으로 다루면서 사회정책이 경제정책의 지배

....

184 그러나 생각해보면 정책이 한 가지 목적만을 갖고 있지 않다는 것은 지극히 상식적인 것이다. 예를 들어, 국민기초생활보장제도는 홀리데이와 권혁주 주장처럼 노동시장 유연화로 인해 발생하는 실업에 대한 대응책의 성격을 갖고 있는 동시에 김연명의 주장처럼 시민권에 근거한 공공부조이기도 하다. 1880년대 독일에서 비스마르크의 사회보험이 사회주의자들에 대한 대응인 동시에 독일 사회가 직면한 사회문제를 해결하기 위한 대응책이었고, 제국 의회에서 자신의 입지를 강화시키기 위한 정치적 목적으로 갖고 있었으며, 조세와 재정 개혁을 통한 독일 경제의 경쟁력 강화 등과 같은 다양한 목적 하에 추진되었다는 것은 주지의 사실이다. Ritter. 『복지국가의 기원』. pp.61-62. 물론 무엇이 더 우선적인가에 대한 논의는 가능하겠지만, 홀리데이와 김연명의 주장에는 이를 판단할 준거가 제시되어 있지 않다. 무엇을 준거로 정책의 주된 성격을 판단할 것인가?

185 Kim, Y. M. "Beyond East Asian Welfare Productivism in South Korea." p.120.

186 Choi, Y. J.(2012). "End of the Era of Productivist Welfare Capitalism? Diverging Welfare Regimes in East Asia." *Asian Journal of Social Science* 40: 275-294.

로부터 벗어났다고 주장한다. 그러나 이 연구는 사회정책이 경제정책에 대한 종속성을 벗어났다는 경험적 근거를 제시하지는 않는다. 한국 복지체제가 건강, 연금, 근로 무능력자에 대한 사회지출을 확대했다는 것 자체가 생산주의적 동기와 무관하게 복지를 확대했다는 근거라는 것이다. 그러나 우리는 세계은행과 국제통화기금이 (수정된 워싱턴 컨센서스에 따라) 1997년 경제위기 당시 한국 정부에 신자유주의적 경제 개혁을 실시할 것을 요구하는 동시에 취약계층에 대한 사회안전망의 확충을 권고했다는 점을 기억할 필요가 있다. 취약계층에 대한 지원과 건강보험, 연금제도의 확대가 생산주의와 무관한 복지 확대인지의 여부에 대해서는 보다 더 신중한 분석이 필요해 보인다. 더욱이 이 연구는 1997년 경제위기 이후 한국 복지체제는 생산주의 특성이 명백히 약화되면서 명실상부한 복지국가체제로 성공적인 이행을 했지만 일본은 이러한 이행에 실패했다고 주장했다.[187] 2011년 기준으로 GDP 대비 사회지출이 2016년 한국의 10.4%의 두 배가 넘는 23.1%인 일본이[188] 복지국가체제로 이행하는 데 실패했는데 한국은 성공했다는 주장에는 논란의 여지가 있다. 물론 사회지출이 모든 것을 이야기해주는 것은 아니다. 하지만 일본은 여전히 '복지국가체제'가 아닌데 한국이 '복지국가체제'로 이행했다는 주장은 논리적이고 실증적 근거를 통해 논증될 필요가 있다.

이러한 논거가 한국이 생산주의 복지체제로부터 이행했다는 주장을 논리적·경험적으로 지지해줄 수 있을지는 의문이다. 만약 김연명이 한국 복지체제가 생산주의 복지체제로부터 이탈했다고 주장하고 싶다면 '경제정책에 대한 사회정책의 종속'이라는 명제를 뒤집을 수 있는 논리적·경제적 근거를 제시해야 한다. 그러나 이는 사실상 불가능한 작업일 수 있다. 왜냐하면 '쟁점 1'에서 검토했듯이 모든 복지체제의 가장 중요한 목적 중 하나는 바로 경제적 효율성을 증대시키는 것이고, 경제적 효율성은 모든 복지체제에서 가장 우선시되는 가치이기 때문이다.[189] 안데르손이 인용한 스웨덴 노총과 사민당의 경제성장 및 복지 확대와 관

....

187　Choi. "End of the Ear of Productivist Welfare Capitalism? Diverging Welfare Regimes in East Asia." p.276.

188　OECD. Social Expenditure: Aggregated Date.

련된 두 보고서(「조정된 경제정책」과 「결과와 개혁」) 또한 이러한 사실을 확인해준다고 언급한 바 있다.[190] 실제로 김연명은 생산주의 복지체제의 핵심 특성인 '경제정책에 대한 복지정책의 종속성'을 반박하는 논리적·경험적 비판을 제시하지 못했다. 예를 들어, 1998년 연금 개혁을 경제적 문제가 아닌 사회적 연대의 확장이라는 관점에서 해석한 것이 그 예이다. 사실 국민의 정부와 참여정부 내내 친복지 진영에서 주장했던 (그리고 지금도 주장하는) '성장과 분배의 선순환'이라는 프레임 자체가 복지 확대와 경제적 효율성이 분리될 수 없다는 주장이었다. 더욱이 친복지 진영에서 복지국가의 전형으로 이해하고 있는 스웨덴 복지국가의 핵심 가치 또한 복지 확대와 경제성장이 선순환한다는 것이 아니었던가. 2017년 문재인 정부가 제기한 소득주도성장 또한 이러한 맥락에서 이해될 수 있다. 소득주도형 성장 전략은 "임금주도성장 전략과 노동 친화적인 분배정책, 사회정책, 노동시장정책이 결합"되어야 성공할 수 있기 때문이다.[191] 상식적으로 우리가 자본주의 체제에서 살고 있다면 경제적 효율성과 무관한 사회정책도, 사회정책과 무관한 경제정책도 존재할 수 없다.

더욱이 복지정책이 경제정책과 무관하게 확대되는 것이 가능한 것인지, 바람직한 것인지 판단해볼 필요가 있다. 미쉬라는 경제정책과 사회정책 간의 관계를 기반으로 복지국가를 분절적 복지국가와 통합적 복지국가로 구분했는데, 분절적 복지국가를 복지정책이 경제정책과 무관하게 이루어지는 복지국가로, 통합적 복지국가를 복지정책이 경제정책과 통합된 복지국가로 정의했다.[192] 미쉬라가 이야기한, 경제와 복지가 분절된 복지국가는 결코 바람직한 체제라고 할 수 없으며 지속 가능하지도 않다. 우리가 자본주의 체제의 고유한 특성이 자본주의 체제의 고유한 '생산양식'에 있다는 점에 동의한다면, 자본주의 체제에 기

....

189 Goodin et al. *The Real Worlds of Welfare Capitalism*. Cambridge: Cambridge University Press. pp.22-23.

190 Andersson. 『경제성장과 사회보장 사이에서: 스웨덴 사민주의, 변화의 궤적』.

191 김병권(2012). "2013년 체제의 성장전략 '소득주도 성장'." 『사람과 정책』 5: 42-52. p.52.

192 Mishra, R.(1984). *Welfare State in Crisis: Social Thought and Social Change*. Sussex, UK: Wheatsheaf Books Ltd.

초한 복지체제가 생산과 무관하게 존재한다는 것은 애초부터 성립할 수 없는 주장이다.

3) 쟁점 3: 생산주의 복지체제의 방법론

생산주의 복지체제 개념의 성립 여부는 생산주의 복지체제를 어떻게 측정할 것인가에 달려 있다. 생산주의 복지체제 논제의 가장 큰 난점은 '경제정책에 대한 사회정책의 종속성'을 가시화시킬 수 있는 양적(또는 질적) 지표를 결여하고 있다는 것이다. 앞서 '쟁점 1'에서 검토한 것과 같이 대부분의 복지체제에서 경제와 복지는 밀접한 관계를 갖고 있다. 만약 생산주의가 복지체제를 구분하는 핵심 준거가 되기 위해서는 '경제정책에 대한 사회정책의 종속성'이 여부의 문제가 아닌 수준의 문제가 되어야 하고, 수준의 문제가 된다면 어느 수준에서 생산주의 복지체제와 다른 복지체제를 구분할 것인지 그 기준을 제시할 필요가 있다. 즉, 생산주의와 비생산주의 복지체제의 '경제정책에 대한 사회정책의 종속성' 수준 간의 불연속성을 제시해야 한다. 에스핑-앤더슨의 유형론도 결국 탈상품화와 계층화를 양적 지표화함으로써 복지체제의 세 가지 유형을 구분하는 불연속성을 가시화시킨 것이라고 할 수 있다.[193] 우리가 구분해야 하는 것은 경제정책에 대한 사회정책의 종속성 여부가 아닌 그 수준의 차이이며, 그 수준의 차이가 복지체제들 간에 불연속성을 갖는 모습으로 나타나고 있음을 경험적으로 보여주어야 한다.

또 다른 비판은 생산주의 복지체제를 서구의 세 가지 복지체제와 동일한 차원에서 비교하는 것이 적절한지에 관한 것이다. 한국(또는 동아시아) 복지체제의 독자성을 주장하는 많은 연구들에서는 한국 복지체제를 자유주의, 보수주의, 사민주의로 대표되는 서구 복지체제와 구별되는 독립적 유형으로 구분해야 한다고

....

193 물론 비판도 존재한다. 에스핑-앤더슨의 1990년도 저작을 재분석한 스크럭스와 알렌에 따르면, 에스핑-앤더슨의 탈상품화와 계층화 점수에서 복지체제를 세 가지 유형으로 구분할 수 있을 정도의 불연속성을 발견할 수 없다고 비판하면서 군집분석을 그 대안으로 제시한다. Scruggs and Allan. "Welfare-State Decommodification in 18 OECD Countries: a Replication and Revision."

주장한다. 그러나 서구 복지체제와 생산주의 복지체제는 동일한 기준에 근거해서 비교되지 않았다. 에스핑-앤더슨으로 대표되는 서구 복지체제의 유형화가 탈상품화와 계층화를 기준으로 사용한 반면, 동아시아 복지체제의 성립 여부의 준거는 '경제정책에 대한 사회정책의 종속성'이었다. 이러한 비교에는 심각한 문제가 있다. 서구 복지체제와 동아시아 복지체제를 비교하면서 서로 다른 기준을 적용하는 오류를 범하고 있는 것이다. 통계학적으로 이야기하면 사과와 오렌지를 비교하는 오류를 범한 것이다.[194] 만약 우리가 서구 복지체제와 한국 복지체제를 비교해서 한국 복지체제를 서구 복지체제와 상이한 복지체제로 유형화해야 할 근거를 보여주기를 원한다면 한국과 서구 복지체제를 비교하는 공통의 기준을 마련해야 한다. 그러나 생산주의를 지지하는 논자들도, 생산주의를 비판하는 논자들도 이러한 근거를 제시하지는 못했다. 사실 이러한 문제의식은 조영훈과 김연명 같은 국내 연구자들에게도 공유되고 있었다.[195]

이러한 문제의식에 근거해 동아시아 복지체제와 서구 복지체제를 비교한 최근의 연구들에서는 이 두 복지체제를 비교하는 공통의 기준을 제시하려는 시도를 했다. 기본적인 문제의식은 동아시아의 복지체제를 다른 체제와 비교하기 위해서는 서구 복지체제의 유형화가 그랬던 것처럼 동아시아 복지체제 역시 동아시아의 역사적 맥락에 근거해 비교의 준거를 도출할 필요가 있다는 것이다. 김연명은 한국 복지체제에서 생산주의 특성이 지속된다는 홀리데이의 주장을 비판하면서 한국 복지체제의 성격을 생산주의와 보호주의가 혼합된 유형이라고 부를 수 있다고 주장했다.[196] 하지만 김연명은 왜 복지체제를 생산주의와 보호주의라는 새로운 유형으로 구분해야 하는지 그 기준은 무엇인지에 대해 설명하지 않았다.

....

194 Best, J. (2003[2001]). 『통계라는 이름의 거짓말』. 노혜숙 역. (*Damned Lies and Statistics*). 서울: 무수. pp.106-136.

195 조영훈. "현 정부 복지정책의 성격: 신자유주의를 넘었나."; 김연명(2009). "동아시아 복지체제론 재검토: 복지체제 유형 비교의 방법론적 문제와 동아시아 복지체제 유형화의 가능성." 정무권 편. 『한국복지국가성격논쟁 II』. pp.167-198, 경기도: 인간과 복지.

196 Kim. "Beyond East Asian Welfare Productivism in South Korea."

4. 새로운 시도

허드슨(Hudson)과 쿠너(Kühner)는 생산주의와 보호주의라는 차원으로 복지국가의 재유형화를 시도했다.[197] 보호주의 차원의 변수로는 고용과 소득보장 프로그램을 포함시켰고, 생산주의 차원의 변수로는 교육과 적극적 노동시장정책을 포함시켰다. 결과적으로 홀리데이가 생산주의 복지체제의 전형이라고 주장했던 한국과 같은 동아시아 국가들은 순수한 생산주의 복지체제가 아닌 생산주의와 보호주의가 혼합된 유형으로 분류되었다. 대신 미국과 뉴질랜드가 순수한 생산주의 복지체제로 분류되었다. 주목해야 할 또 다른 결과는 소위 보편적 복지체제로 분류되는 스칸디나비아 4개국도 한국과 같이 생산주의와 보호주의가 긴밀하게 결합된 유형으로 분류되었다는 사실이다. 퍼지셋 분석 방법을 활용한 양난(Yang, Nan)의 연구에서도 허드슨과 쿠너와 유사한 결론이 도출되었다.[198] 한국은 싱가포르, 홍콩 등과 함께 약한 생산주의와 보호주의가 혼합된 이념형으로 분류되었다. 카이퍼스(Kuypers)의 최근 연구에서도 한국은 순수한 생산주의 복지체제가 아닌, 중국, 멕시코, 파나마와 함께 생산주의와 노동 보호가 혼합된 복지체제로 분류되고 있다.[199] 반면 허드슨과 쿠너의 연구에서 생산주의와 보호주의가 혼합된 유형으로 분류되었던 핀란드, 노르웨이, 스웨덴 복지체제들은 카이퍼스의 연구에서는 모두 보호주의 복지체제로 분류되었다.

이상의 결과를 종합하면, 생산주의와 보호주의라는 공통의 기준으로 동아시아와 서구 복지체제를 분석했을 경우 한국은 세 연구 모두에서 순수한 생산주의 복지체제로 분류되지 않았다.[200] 홀리데이가 생산주의 복지체제로 분류한 대

....

197   Hudson and Kühner. "Analysing the Productive and Protective Dimensions of Welfare: Looking Beyond the OECD."

198   Yang. "Beyond Productive Dimension: East Asian Welfare in Transition."; Hudson and Kühner. "Analysing the Productive and Protective Dimensions of Welfare: Looking Beyond the OECD."

199   Kuypers. "The East Asian Welfare Regime: Reality or Fiction." p.33.

200   Holliday. "Productivist Welfare Capitalism: Social Policy in East Asia."; Holliday. "East Asian Social Policy in the Wake of the Financial Crisis: Farewell to Productivism."; Kuypers. "The East

만, 홍콩, 싱가포르, 한국, 일본도 동일한 복지체제로 분류되지 않았다. 이처럼 한국 복지체제를 서구와 구별되는 생산주의 복지체제로 구분하려는 시도는 경험적으로 지지되지 않았다. 대신 생산주의 논의를 수용해 복지체제를 유형화한 결과 복지체제는 에스핑-앤더슨이 제시한 세 가지 유형과는 상이한 모습으로 유형화되었고, 각각의 유형을 구성하는 국가들 또한 세 가지 유형과는 상이했다. 더욱이 주목해야 할 결과는 에스핑-앤더슨의 세 가지 복지체제 유형과 제4의 복지체제 유형이 (의도한 결과는 아닐지 몰라도) 각 복지체제의 지리적 위치와 긴밀히 연관되어 있던 것에 비해 보호주의와 생산주의를 기준으로 한 유형화는 각 복지체제의 지리적 유사성과 관련성이 없었다는 것이다. 결과가 이렇다면, 비록 브로델의 지적처럼 지리가 장기적인 관점에서 한 사회의 구조의 실제를 볼 수 있도록 해줄 수도 있지만,[201] 복지체제를 분류하고 명명하는 데 동아시아 복지체제와 같은 지리적 명칭을 사용하는 것이 적절할지에 대한 고민도 필요해 보인다.

5. 복지국가의 주체

이제 방법론과 관련된 마지막 쟁점으로 복지국가의 주체 문제를 다루어보자.[202] 한국 복지체제를 만들고 확대한 주체가 누구였는지에 대한 평가가 논쟁의 핵심이다. 한국 복지체제의 특성을 개발국가와 '경제정책에 대한 사회정책의 종속성'에서 찾는다는 것에는 한국 복지체제를 제도화하는 주체 또한 개발국가를 형성한 주체와 동일하다는 가정이 전제되어 있다. 그러나 한국 복지체제의 역사를 보면 개발국가를 주도했던 (군인과 관료로 대표되는) 국가만이 아닌 노동, 농

....

Asian Welfare Regime: Reality or Fiction."; Yang. "Beyond Productive Dimension: East Asian Welfare in Transition."; Hudson and Kühner. "Analysing the Productive and Protective Dimensions of Welfare: Looking Beyond the OECD."; Kam. "The Contributions of the Health Decommodification Typologies to the Study of the East Asian Welfare Regime."
201 Braudel. 『물질문명과 자본주의 I: 일상생활의 구조』.
202 주체 문제는 방법론적인 문제보다는 이론적인 문제에 가깝지만, 한국 복지국가의 특성을 이해하는 접근 방법이라는 관점에서 다루기로 했다.

민, 중간계급 등도 중요한 역할을 했다. 홀리데이의 생산주의 복지체제 논의가 "성장 지향적인 국가의 역할을 과대평가하고, 시민사회에 의한 아래로부터의 복지국가 만들기를 과소평가했다."는 비판은 정당하다.[203] 그러나 진보적 시민사회와 노동계급의 역할은 1997년 경제위기 이후 복지 확대 과정에서만 나타난 것도, 1987년 민주화 이후에야 나타난 것도 아니다.

일부의 주장과 달리 노동자와 농민 등 기층 민중의 역할은 이미 박정희 권위주의 정권 하에서도 생존권 요구라는 형태로 가시화되었다.[204] 노동자들의 자발적인 생존권 요구는 노사분규의 급격한 증가로 나타나는데, 1969년 130건에 불과했던 노사분규는 1971년에 이르면 무려 1,656건으로 급증한다. 전태일 열사의 분신 투쟁 이후 박정희 권위주의 정권의 탄압에 맞선 노동자들의 투쟁은 가속화되었을 뿐만 아니라 도시빈민과 소상인들의 생존권 투쟁도 줄을 이었다. 1969년 8월 전국해상노조 조선공사지부 파업에는 최초로 긴급조정권이 발동되었고, 1971년 8월 10일에는 경기도 광주대단지에서 3만 명이 넘는 도시빈민이 생존권 요구 투쟁을 전개했다. 1973년 삼립식품 파업, 1974년 울산 현대조선 노동자 투쟁 등 셀 수 없이 많은 노동자와 농민들의 생존권 투쟁이 계속되었다. 이뿐만이 아니다. 기층 민중과 중간계급의 연대는 이미 1970년대에 나타나기 시작했다. 기층 민중들의 생존권 요구에 대해 중간계급이라고 할 수 있는 종교인과 지식인들의 참여와 지원이 지속적으로 확산되었던 것은 익히 알려진 사실이다. 개발독재 정권 하에서도 복지정책의 제도화는 생존권을 보장받기 위한 기층 민중들과 중간계급의 투쟁 없이는 설명할 수 없다. 한국 복지체제를 생산주의 복지체제로 설명하려는 시도는 한국 역사에 면면히 흐르는 기층 민중과 중간계급의 생존권을 둘러싼 지속적인 연대투쟁의 역할을 간과하는 것일 수도 있다.

....

203   Kim. "Beyond East Asian Welfare Productivism in South Korea."
204   이원보(2004).『한국노동운동사 5: 경제발전기의 노동운동, 1961-1987』. 서울: 지식마당.

제5절 정리와 함의

2000년대 초반에 있었던 한국 복지국가의 성격 논쟁은 서구 복지국가의 기준에 기대어 우리가 살고 있는 분배체계의 성격을 조망하려는 시도였다. 물론 명백한 한계가 있었지만, 성격 논쟁은 우리가 그 논쟁의 비판적 성과 위에 올라가 우리가 살고 있는 분배체계의 모습을 되돌아보는 전기를 마련해주었다. 성격 논쟁의 성과는 한국 복지체제의 고유한 성격에 주목했던 이전의 연구들을 되돌아볼 수 있는 계기를 제공했고, 존스의 유교주의 복지국가에서 시작해 한국 복지체제의 고유한 성격을 찾고자 하는 가시적 성과로 이어졌다. 존슨의 개발국가 이론에 기대어 한국 복지체제의 성격을 설명하려고 했던 생산주의 논의는 문화적 관점이 아닌 정치경제학적 관점에서 한국 복지체제가 서구 복지국가와는 상이한 고유한 특성을 내재한 복지체제라는 설득력 있는 논리를 제공해주었다. 하지만 '생산주의 복지체제' 역시 중대한 도전에 직면했다. 비판은 크게 두 가지 측면에서 제기되었다. 하나는 생산주의가 한국과 같은 동아시아 복지체제만의 고유한 특성으로 볼 수 있는지의 여부에 대한 문제제기였다. 스웨덴은 물론이고 대부분의 복지체제는 사실상 생산주의와 분리될 수 없다는 경험적 근거가 제시되었기 때문이다. 다른 하나는 첫 번째 비판의 연장선상에서 만약 한국을 생산주의 복지체제로 분류하고자 한다면 생산주의 복지체제를 비생산주의 복지체제와 구별하는 명확한 준거를 제시해야 한다는 것이다. 안타깝게도 생산주의 복지체제에 대한 지금까지의 논의는 이 두 가지 비판에 대한 적절한 답을 제시하지 못하고 있는 것 같다.

한국 복지체제가 서구 복지체제와 구분되는 독자적인 복지체제로 유형화될 수 있는지의 여부를 판단하기 위해서는 한국(비서구 사회)과 서구 복지체제를 구분하는 공통의 기준이 마련될 필요가 있다. 몇몇 연구들이 생산주의와 보호주의라는 차원으로 한국과 서구 복지국가들을 유형화했고, 이러한 연구들은 우리가 통상적으로 알고 있는 에스핑-앤더슨의 세 가지 복지체제 유형은 물론이고 한국 복지체제를 설명했던 다양한 시도들이 사실상 전면적으로 재검토될 필요가 있다는 것을 이야기해주고 있다. 결국 우리의 역사적 경험에 근거해 한국 복지체제를 분석하는 이론 및 방법론과 서구 복지체제를 분석하는 이론 및 방법론을 통합적으로 접근하는 것이 필요하다는 것을 의미한다. 그리고 이러한 통합적 접근은 서구 복지체제와 한국 복지체제가 전혀 관계없는 별개의 상호 배타적인 독립적인 체제가 아니라는 인식이 전제될 때 가능한 것이다. 현재 한국과 서구 사회가 자본주의 세계체계라는 동시대를 살아가고 있는 이상 두 사회에 대한 이해와 비교는 두 사회를 바라보는 보편성과 특수성이라는 지극히 상식적인 접근을 통해서만이 온전히 이해될 수 있을 것이다. 이제 다음 장에서는 이러한 문제의식에 근거해 (이미 '제1장 문제 설정과 연구 전략'에서 간단하게 언급한 바 있지만) 한국 복지체제의 역사적 기원과 궤적을 분석하는 데 필요한 이론과 관점에 대해 검토하고자 한다.

제3장

복지체제 분석을 위한 이론과 관점

"인간은 자신의 역사를 만들어가지만, 그들이 바라는 꼭 그대로 역사를 형성해가는 것은 아니다. 다시 말해서, 스스로 선택한 환경 아래서가 아니라 과거로부터 곧바로 맞닥뜨리게 되거나 그로부터 조건 지어지고 넘겨받은 환경 하에서 역사를 만들어가는 것이다. 모든 죽은 세대의 전통은 악몽과도 같이 살아 있는 세대의 머리를 짓누르고 있다."
— 카를 마르크스(Karl Marx)[1]

....

1   Marx. 『루이 보나파르트의 브뤼메르 18일』. p.11.

제1절 문제제기

이론의 역할이란 역사를 이해하는 데 더 적합한 자료를 선택할 수 있게 해주는 나침반과 같다.[2] 하지만 역사를 이해하기 위해 반드시 어떤 특정한 이론적 입장을 취할 필요는 없다. 중요한 점은 역사를 분석하는 과정에서 각각의 시대에 적합한 이론적 자원을 동원해 그 역사의 의미를 설명하는 것이다.[3] 이러한 관점은 아날학파를 다른 역사학파들과 구분하는 중요한 특성 중 하나이다. 아날학파는 역사를 설명하는 데 어떤 단일한 원리를 거부한다. 대신 아날학파는 서로 상이한 요소들의 중요성을 인정한다.[4] 이러한 문제의식에 기초한다면 한국 복지체제의 역사적 기원과 궤적에 대한 연구 또한 단일한 이론적 프레임에 근거한 설명보다는 다양한 이론의 조합이 필요하다.

....

2   Bloch, M.(2007).『역사를 위한 변명』. 고봉만 역. (*Apologie Pour L'historie*). 서울: 한길사; Skocpol. "사회학에서의 역사적 상상력." p.30.
3   Skocpol. "사회학에서의 역사적 상상력." pp.28-29.
4   Chirot, D.(1986[1984]). "마이크 블로흐에 관한 역사 사회학적 조명." 테다 스카치폴 편. 『역사 사회학의 방법과 전망』. 박영신·이준식·박희 역. pp.33-65. (*Vision and Method in Historical Sociology*). 서울: 민영사. p.57.

그러면 우리는 한국 복지체제의 역사적 기원과 궤적을 어떤 이론과 관점으로 설명할 수 있을까? 자본주의가 일국 사회체제가 아닌 이상 일국 자본주의는 자본주의 세계체계와 밀접한 관련이 있다는 사실은 누구도 부정할 수 없다. 폴 스위지, 이매뉴얼 월러스틴 등 세계체계관점을 지지하는 사람들은 내적 요인보다는 외적 요인이 더 결정적이라고 주장했다. 다만 이러한 주장에 기초해 자본주의 세계체계가 일국 자본주의의 성격에 결정적 영향력을 발휘한다는 입장을 받아들인다고 해도, 한 사회의 자본주의 특성이 해당 사회의 내적 요인과 밀접한 관련을 갖는다는 사실을 부정할 수는 없다. 구체적인 자본주의의 발전 과정이 지역과 국가에 따라 다양한 모습을 띠고 있는 것도 그 때문이다. 실제로 정통 마르크스주의자들은[5] 자본주의 발전과 관련해 한 국가의 외생적 요인보다는 내생적 요인을 더 중요하게 생각했다.[6] 한 사회의 복지체제도 마찬가지이다. 결국 너무나 상식적인 이야기지만, 우리가 한국복지체제의 역사적 기원과 궤적을 온전히 설명하려고 한다면 우리는 한국복지체제의 성격과 관련된 내적 요인과 외적 요인을 균형있게 다뤄야한다. 〈그림 3.1〉은 이러한 『기원과 궤적』의 문제의식을 도식화한 것이다.

먼저 한국 복지체제의 기원과 궤적을 일국적 관점에서 설명할 수 있는 이론과 관점으로는 권력자원론, (신)제도주의, 젠더관점, 한국 중심적 접근 방법 등이 있다. 간단히 언급하면 권력자원론은 한국 복지체제의 형성을 한국 사회 내부의 노동, 자본, 시민사회 등 권력관계로 설명한다. 다음으로 (신)제도주의는 한국 복지체제가 진공상태에서 만들어진 것이 아니라 과거의 제도적 유산과 밀접한 관

....

5   월러스틴에 따르면 "정통 마르크스주의란 독일 사회민주당, 소련 공산당, 트로츠키주의 정당들이 정의한 마르크스주의를 따르는 마르크스주의자, 즉 사회주의 정당이 이야기하는 마르크스주의자를 의미한다." Wallerstein. 『근대세계체제 I』. p.v.
6   모리스 돕과 폴 스위지의 자본주의 이행에 관한 고전적 논쟁과 1970년대 중반에 로버트 브레너의 문제제기로 시작된 신자본주의 이행 논쟁을 상기해보라. 1950년대에 벌어졌던 모리스 돕과 폴 스위지의 이행 논쟁은 김대환이 편역한 『자본주의 이행논쟁』을 참고하고, 브레너가 제기한 논쟁은 『농업계급구조와 결제발전: 브레너 논쟁』을 참고하라. Aston and Philpin eds. 『농업계급구조와 경제발전: 브레너 논쟁』.

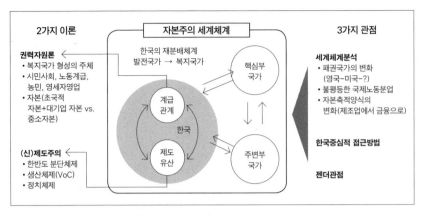

그림 3.1 한국 복지체제 분석을 위한 대안적 접근

련을 가지며 형성되고 변화되었다고 가정한다. 다만 제도주의 이론을 적용하는 데 있어 우리가 반드시 기억해야 할 사실은 복지제도가 명백한 경로의존성을 갖지만 한국 복지체제는 국내외적 사회·경제·정치적 환경의 변화에 따라 기존 경로에서 이탈해 새로운 경로를 만들 수도 있다는 점이다. 젠더관점은 한국 복지체제의 성격을 규명하는 데 있어 단순히 성(性) 차이를 고려하자는 것이 아니다. 젠더관점은 현재 한국 사회의 불평등한 모습이 사회적으로 구성된 역사적 산물이라는 것을 드러낸다. 한국 중심적 접근 방법은 제1장에서 언급했듯이 폴 코헨이 중국 근현대사를 서양의 충격에 대한 대응으로 설명하는 전통적 관점을 비판하면서 제기했던 관점이다.[7] 한국 중심적 접근 방법은 코헨의 문제의식을 한국 복지체제의 역사적 기원과 궤적을 설명하는 데 적용한 것이다. 핵심은 한국 복지체제의 역사적 기원과 궤적을 논하기 위해서는 한국 복지체제를 설명할 수 있는 변수를 제시할 수 있어야 한다는 것이다. 물론 그 변수가 무엇인지를 파악하는 것은 쉬운 일이 아니다. 하지만 한국 사회의 특수성을 고려하지 않는다면 한국 복지체제에 대한 설명은 '한국 복지국가 성격 논쟁'과 같이 서구의 관점에서 한국 복지체제의 성격을 기술하는 정도에 머무를 가능성이 높다.

....

7   Cohen. 『학문의 제국주의: 오리엔탈리즘과 중국사』.

마지막으로 세계체계관점은 한국 사회의 내적 요인만으로 설명할 수 없는 한국 복지체제의 특성을 설명할 수 있는 이론적 근거를 제시해준다. 예를 들어, 서구 복지국가가 만들어졌던 전후 수십 년간은 세계 자본주의의 역사에서 국민국가가 상대적으로 강력한 힘을 가졌던 매우 특별한 시기였다. 반면 한국 사회가 복지국가를 만들어가고 있는 지금은 자본의 세계화가 강화되고 국민국가의 힘이 약화된 21세기 초이다. 이러한 인식에 기초한다면 한국 복지체제의 역사적 기원, 궤적, 전망을 설명하려면 한국 복지체제를 형성한 내적 요인과 함께 자본주의 세계체계의 성격과 변화라는 외적 요인을 고려하지 않을 수 없다. 제3장에서는 한국 복지체제를 설명하기 위한 두 가지 이론과 세 가지 관점에 대해 간단하게 검토했다. 다만 권력자원론, (신)제도주의, 젠더관점은 이미 많은 선행연구에서 논의되었기 때문에 여기서는 간단하게 서술했다.

제2절 세계체계관점, 복지체제를 설명하는 또 하나의 관점

1. 세계체계관점

왜 세계체계인가?

한국 복지체제를 분석하는 데 세계체계관점을 적용하는 것은 뜬금없고 생소해 보인다. 일반적으로 복지국가란 지극히 일국적인 문제로 이해되고 있기 때문이다. 실제로 복지국가를 설명하는 중요한 이론들은 일국적 관점에 근거해 있다. 복지국가 형성과 관련된 초창기 이론인 산업화론은 복지국가가 산업화 과정에서 가족, 교회, 지역사회 등과 같은 분배를 담당하던 전통적 기제들이 해체되면서 형성되었다고 설명한다. 산업화론은 복지국가의 형성을 근대화, 산업화, 도시화, 인구 증가에 따른 사회적 변화에 대한 대응으로 이해했다.[8] 이렇듯 산업화론은 일

....

8   Olsen, G. and O'Connor, J.(1998). "Understanding the Welfare State: Power Resources Theory

견 복지국가 형성의 원인에 대해 자본주의 사회 전체의 보편적 과정으로 접근했다는 점에서 일국적 관점을 지양하는 것처럼 보인다. 그러나 산업화론이 산업화를 자본주의 체제의 보편적 과정이라고 설명하고 있는 것처럼 보이지만 실제로는 산업화를 일국적 과정으로 이해하고 있다. 산업화론은 산업화 수준이 높을수록 높은 수준의 복지가 이루어진다고 주장한다. 즉, 산업화론은 개별 국가의 경제 발전 수준이 복지국가의 발전을 결정하는 핵심 요인이라고 간주한다.[9]

산업화론을 비판하면서 등장한 권력자원론과 (신)제도주의 또한 복지국가의 형성과 발전을 일국적 차원에서 설명한다. 권력자원론은 서구 복지국가의 다양성을 일국 내의 노동계급과 중간계급의 연대 여부 등으로 설명한다. (신)제도주의도 복지국가의 성격을 비례대표제, 시장경제의 성격(조정시장경제 대 자유시장경제) 등과 같은 국민국가 내부의 문제로 설명한다. 자본주의의 모순을 세계 자본주의의 관점에서 인식했던 마르크스주의자도 일국적 관점에서 벗어나지 못했다.[10] 예를 들어, 자본주의 복지국가의 정치경제학이라는 새로운 지평을 열었던 오코너(O'Connor)의 핵심 문제의식은 국민국가라는 공간적 범위를 넘어서지 않았다.[11] 오코너는 현대 자본주의 국가의 위기를 축적과 정당화 기능 간에 발생하는 모순으로 설명하고 있지만 그 구체적 분석 대상은 자본주의 세계체계가 아닌 개별 국가에 제한되어 있다.

이렇듯 우리는 복지국가를 일국적 관점에서 접근하는 것에 익숙하지만 복지국가를 세계체계의 관점에서 설명하려는 시도가 없었던 것은 아니다. 칼 폴라니

....

    and Its Critics." O'Connor, J. and Olsen, G., eds. *Power Resources Theory and the Welfare State: A Critical Approach.* pp.3-33. Toronto: University of Toronto Press. p.5.

9   Wilensky, H.(2002). *Rich Democracies: Political Economy, Public Policy and Performance.* Los Angeles: University of California Press.

10   마르크스는 자본주의의 보편적 원리를 규명하고자 했고, 자본주의의 모순을 해결하기 위해서는 개별 국가 차원의 투쟁이 아닌 세계적 차원의 투쟁의 성공 여부가 중요하다고 인식했다. 실제로 마르크스 자신의 묘비명과『공산당선언』의 마지막 문장을 "전 세계 노동자들이여, 단결하라!"라고 했을 만큼 마르크스는 자본주의를 세계적인 관점에서 접근했다. 이러한 점을 고려하면, 마르크스주의자들조차 복지국가를 일국적 관점에서 분석했다는 것은 역설적이라고 할 수 있다.

11   O'Connor, J.(1973). *The Fiscal Crisis of the State.* NY: St. Martin's Press.

의 『거대한 전환』은 자본주의 세계경제에서 축적이라는 지상과제와 국민국가 내에서 사회복지를 추구하는 힘들 간의 갈등을 다루고 있다. 비록 유럽의 사례(주로 영국의 사례)를 인용하고 있지만, 폴라니는 자본주의가 일국적 시스템이 아닌 세계적 시스템이며 이러한 자본주의의 세계체계적 성격이 개별 국가에서 시민의 복지와 관련되어 있다고 이야기하고 있다. 예를 들어, 폴라니는 스핀햄랜드법이 만들어진 이유를 영국 자본주의의 발전 과정에서 나타난 대외무역의 확장이 빈곤 문제를 심화시키자, 이에 대한 대응으로 제도화 된 것이라고 설명한다.[12] 비스마르크의 사회보험 또한 당시의 자본주의 세계체계하에서 경쟁국들에 비해 후진적이었던 프러시아가 자국 중공업의 생산력을 높이기 위한 방안의 일환으로 제도화되었다.[13]

더욱이 자본주의 세계체계와 국민국가의 분배체계의 관련성은 과거 역사의 유물이 아니다. 현대 사회에서도 자본주의 세계체계는 국민국가의 분배체계를 결정하는 가장 중요한 요인들 중 하나이다. 실제로 1980년대부터 가시화된 세계화가 국민국가의 자본에 대한 통제권을 약화시키고 시민의 생활과 노동자의 권리를 보호하는 복지국가를 약화시켰다는 것은 공지의 사실이다.[14] 비벌리 실버는 복지체제의 성격을 결정하는 중요한 요소 중 하나인 노동방식이 자본주의 세계체계의 변화와 밀접한 관련이 있다는 것을 경험적으로 논증하고 있다. 이러한 논거들은 한국 복지체제의 역사적 기원과 궤적이 한국 사회의 내부 요인만이 아닌 자본주의 세계체계라는 외부 요인과의 관계 속에서 검토되어야 한다는 것을 이야기해주고 있다.

....

12 Polanyi. 『거대한 전환』; Block and Smers. "경제주의적 오류를 넘어서: 칼 폴라니의 전체론적 사회과학." p.73.
13 박근갑. 『복지국가 만들기: 독일 사회민주주의 기원』. pp.189-190.
14 Silver. 『노동의 힘』. p.23.

월드 시스템(the world-system): 체계 또는 체제?

먼저 용어에 대한 정의가 필요하다. 일견 기술(記述)상의 문제로 치부할 수도 있지만, 세계체계로 부를지 세계체제로 명명할지는 세계체계관점을 이해하는 데 중요한 의미를 갖는다. 월러스틴의 "the modern world-system"이라는 용어는 근대세계체제 또는 근대세계체계로 번역되어 사용되고 있다. 월러스틴의 "*The Modern World-System I, II, III, IV*"는 『근대세계체제 I, II, III, IV』로 번역되어 출간되었고,[15] 일부 다른 저작들은 세계체계로 번역되어 출간되었다. 무엇이 적확한 번역인지 판단하기는 어렵지만 '시스템 (system)'은 체제로 번역되는 것보다는 체계로 번역되는 것이 월러스틴의 본래 의도에 더 부합하는 것으로 보인다. 왜냐하면 가장 중요한 저작인 『근대세계체제 I』에서 월러스틴은 세계체계를 천문학과 비교하고 천문학으로부터 영감을 받았다고 기술하고 있기 때문이다.

> 오직 하나의 "근대세계"가 존재했던 것이다. 어느 날엔가 다른 혹성에서 그것과 비교될 만한 현상이 발견될 수도 있을 것이며, 이 지구상에 또 하나의 근대세계체계[16]가 발견될 수도 있을 것이다. 그러나 지금 이 자리에서의 현실은 분명했다—그것은 오직 하나였다. 바로 이 점에서 나는 우주를 지배하는 법칙들을 설명하고자 하는 천문학과의 유사성으로부터 영감을 받았다. (우리가 알고 있는 한) 이제까지 오직 하나의 우주가 존재했지만 말이다."[17]

....

15 근대세계-체계의 4부작 중 마지막 네 번째 저작은 미국에서는 2011년 *The Modern World-System IV: Centrist Liberalism Triumphant, 1789-1914*로 출간되었지만, 한국에서는 2017년 번역본이 출간되었다. Wallerstein, I. (2017[2011]). 『근대세계체제 IV』. 박구병 역. (*The Modern World-System IV*). 서울: 까치.
16 번역서에는 세계체제로 되어 있다.

이처럼 월러스틴은 '세계체계'에 천문학과 같은 보편타당한 원리를 구현하고 싶었던 것 같다.[18] 이렇게 보면 우리가 'the solar system'을 태양계로 번역하듯이 'the world-system' 또한 체제가 아닌 체계로 번역하는 것이 타당해 보인다. 물론 이수훈의 지적처럼 이미 국내에서 관례적으로 세계체제라는 용어를 쓰고 있기 때문에 혼란을 피하기 위해 체제라는 용어를 사용하는 것이 적절할 수도 있다.[19] 그러나 국내에서 체제는 레짐(regime)이라는 의미로 더 많이 사용되고 있다.[20] 특히 국내 복지국가 연구에서 체제는 주로 복지체제(welfare regime)를 지칭할 때 사용하기 때문에 시스템(system)은 체계로 번역되는 것이 적절해 보인다. 더욱이 월러스틴의 체계는 모든 요인들이 서로 맞물려 움직이는 구조를 상정하고 있다는 점에서 체제보다는 체계의 성격에 더 가깝다고 할 수 있다.

2. 근대세계체계

월러스틴의 세계체계관점의 핵심은 크게 두 가지이다. 하나는 유일한 사회체계로 세계체계를 상정하고 있다는 점이다. 월러스틴은 사회변화는 하나의 사

....

17 Wallerstein. 『근대세계체제 I』. pp.23-24.

18 Ragin, C. and Chirot, D.(1986[1984]). "왈라스틴의 세계 체계: 역사로서의 사회학과 정치학." 『역사사회학의 방법과 전망』. 테다 스카치폴 편. 박영신·이준식·박희 역. pp.334-379. (*Vision and Method in Historical Sociology*). 서울: 민영사. pp.347-348.

19 이수훈. 『세계체계론』. p.91.

20 백승욱은 세계체제보다는 세계체계라는 번역이 더 적절하다고 주장하면서, 그 이유로 "세계체계 연구자들이 레짐(regime)이라는 용어를 사용하고 있기 때문에 이를 시스템(system)과 구별할 필요가 있다"고 했다. 백승욱. 『자본주의 역사 강의: 세계체계 분석으로 본 자본주의의 기원과 미래』. p.17. 하지만 백승욱 역시 월러스틴과 다른 학자들이 집필한 *The Age of Transition: Trajectory of the World-system*이라는 저작을 김영아와 함께 번역하면서 세계체계가 아닌 『이행의 시대: 세계체제의 궤적, 1945~2025』로 번역했다.

회체계 안에서만 논의될 수 있고, 여기서 거론될 수 있는 하나의 사회체계가 현재 우리가 살고 있는 자본주의 세계체계라고 했다.[21] 또한 이러한 유일한 분석단위로서 세계체계는 분리될 수 없는 6개의 벡터(vector)들을 발전시켜왔는데, 이는 국가 간 체계, 세계생산구조, 세계노동력구조, 세계 인간복지의 양상, 국가의 사회적 응집력과 지식구조이다.[22] 다시 말해, 현재 우리가 살고 있는 유일한 사회체계는 자본주의 세계체계이며 자본주의 세계체계 내에서 정치적으로 독립적인 국민국가들이 존재할 수는 있지만, 이러한 국민국가 단위의 정치체제는 독립된 단위가 아닌 세계체계를 구성하는 부분이라는 것이다. 그러므로 하나의 변화는 다른 하나의 변화와 연동될 수밖에 없고, 일국의 변화조차 유일한 분석단위로서 세계체계의 변화 속에서만 온전히 이해될 수 있는 것이다. 복지체제도 마찬가지이다. 복지체제의 형성과 변화 또한 세계체계를 구성하는 6개의 벡터 중 하나인 '세계 인간복지의 양상'을 이야기하는데, 이는 세계체계의 다른 벡터들의 변화와 밀접한 관련성 하에서 이해되어야 한다.

자본주의 세계체계는 대략 1450년부터 1640년까지 장기 16세기 동안 유럽에서 탄생한 자본주의 세계경제가 이후 확대 과정을 거치면서 전 세계를 아우르는 세계체계로 확대되었다.[23] 다만 여기서 주의해야 할 점은 자본주의 세계체계가 곧 지구에 존재하는 모든 인간 공동체를 자동적으로 포괄하지는 않는다는 것이다. 월러스틴은 자신의 세계체계관점에서 '세계'에 대한 정의를 했는데, 월러스틴의 '세계'는 페르낭 브로델의 유일한 세계(The World)가 아닌 하나의 세계(A

....

21　Wallerstein. 『근대세계체제 I』. pp.22.

22　이수훈. 『세계체계론』. p.91; Hopkins and Wallerstein, I. "세계체제: 위기는 있는가?" p.12.

23　Wallerstein. 『근대세계체제 I』. 월러스틴이 왜 16세기(1500년대)가 아니라 장기 16세기(실제로 15세기 중엽부터 17세기 중엽에 끝나는 근 200년의 기간)라는 개념을 설정했는지 생각해볼 필요가 있다. 이는 아마도 논란이 되었던 봉건제가 서유럽에서 소멸한 시점에 대한 마르크스와 엥겔스의 주장을 고려한 것으로 보인다. 스위지가 정리한 내용에 따르면, 1882년 마르크스와 엥겔스가 주고받은 편지에서 둘은 서유럽에서 봉건제는 15세기에 들어서면서 그 실체가 사라졌으며 생산양식으로서 봉건제도 이미 지배적인 지위를 잃었다고 "신중하게" 판단했다고 한다. 더욱이 봉건제의 소멸과 자본주의의 등장이 단절이 없는 연속적인 과정이 아니라면 월러스틴은 자본주의가 시작된 특정한 시점을 주장하는 것이 적절하지 않다고 판단했을 것이다. Sweezy. "돕의 소론에 대한 비판." p.118.

World)라는 관점에서 접근한 것이다.[24] 세계체계는 자본주의의 세계적 노동 분업에 포괄된 국가 및 공동체만으로 구성된 체계인 것이다. 만약 어떤 국가 또는 인간 공동체가 자본주의의 세계적 노동 분업에서 벗어나 (실현 가능할지는 모르겠지만) 독립적이고 자족적으로 생활한다면, 해당 사회는 더 이상 세계체계에 포괄된 사회라고 할 수 없다. 이러한 세계경제와 관계없는 고립적이고 독립적인 생존 단위를 월러스틴은 소체계로 구분했다.[25]

다른 하나는 세계경제의 구성과 관련된다. 세계체계관점에서는 자본주의 세계체계가 세계경제 내에서 (기축적 분업에 의해) 상이한 역할과 위계적 관계를 가진 핵심(중심)부, 반주변부, 주변부로 구성되어 있다고 주장한다. 핵심부는 선도산업(당시 가장 고도의 기술이 요구되는 산업)이 집중된 곳으로, 고부가가치와 고이윤이 실현되는 지역이다. 주변부는 식량과 원자재와 같은 생필품을 생산하는 곳으로, 핵심부가 선도산업을 통해 높은 이윤을 실현할 수 있도록 저렴한 가격으로 원자재와 식량을 생산하는 지역이다. 월러스틴에 따르면, 이러한 세계경제의 기축적 분업은 중심부와 주변부의 생산과정 간의 이윤 창출의 규모와 독점화 수준을 반영한다.[26] 중심부에서 이루어지는 생산과정은 상대적으로 높은 수준의 기술력을 요구하는 선도산업으로 독점 또는 준독점 상태에 있기 때문에 많은 이윤확보가 가능한 반면, (반)주변부에서 이루어지는 생산과정은 상대적으로 한물간, 즉 더 이상 독점이윤이 보장되지 않은 산업으로 경쟁자가 쉽게 진입할 수 있어서 경쟁이 심해 독점이 불가능한 생산 영역이다. 세계경제의 이러한 기축적 분업은 '부등가 교환(unequal exchange)' 체계로, 자본주의 세계체계가 창출하는 잉여가 주변부에서 중심부로 지속적으로 유입되게 한다. 예를 들면, 19세기 세계경제에서 지배력을 행사하던 선도 산업은 면방직산업이었는데, 영국은 면방직산업

....

24   Wallerstein. 『근대세계체제 I』. p.iii.
25   세계체계는 세계경제, 세계제국, 소체계와 구별된다. 세계제국은 지리적 연결망과 정치체제가 일치하는 형태이고, 세계경제는 지리적 연결망은 존재하지만 다수의 독립적인 정치체제들이 존재하는 형태이다.
26   Wallerstein, I. (2005[2004]). 『월러스틴의 세계체제 분석』. 이광근 역. (*World-system Analysis: An Introduction*). 서울: 당대. p.73.

분야에서 세계적인 경쟁력을 갖고 있는 핵심부 국가였다. 반면 인도는 (영국에 의해 강제적으로 토착 면방직산업이 붕괴된 이후) 영국 면방직산업에 원자재를 제공하는 주변부 국가였다. 사실 이러한 핵심부와 주변부의 관계는 이미 종속이론이 제기했던 관점이다.

월러스틴의 독창성은 핵심부와 주변부로부터 구분되는 반주변부를 개념화했다는 점과 핵심부, 주변부, 반주변부 지역이 고정된 것이 아니라 자본주의 세계체계의 변화에 따라 유동적이라는 것을 보여주었다는 점에 있다. 월러스틴에 따르면, 반주변부는 세계경제를 구성하는 필수적인 구성요소로 핵심부와 주변부의 중간 교역집단의 역할을 수행하는 곳이다.[27] 반주변부는 핵심부와의 관계에서는 불평등한 분업의 희생자이지만 주변부와의 관계에서는 불평등한 분업으로 이득을 얻는 지역이다. 또한 반주변부는 중심부가 될 수도 있는데, 역사적으로 네덜란드에서 영국으로, 영국에서 미국으로 이어지는 자본주의 세계체계의 패권의 변화가 대표적 사례라고 할 수 있다. 다만 반주변부라는 개념이 반주변부를 핵심부와 주변부로부터 구별하는 이론적·경험적 준거 없이 쓰이고 있다는 점은 반주변부 개념이 갖고 있는 한계이다.

3. 근대세계체계에서 시간(대)과 패권(hegemony)의 순환

세계경제의 시간 변화(경제의 팽창과 위축)와 관련해 브로델과 월러스틴의 기본 가정은 세계경제가 45~55년 주기로 팽창과 위축을 반복한다는 콘트라티에프 순환(Kondratiev cycle)에 기초해 있다는 것이다. 실제로 역사적으로 보면 세계경제는 팽창과 위축을 반복했다. 그러나 이러한 팽창과 위축이 45~55년을 주기로 반복된다는 주장에 대해서는 많은 비판이 있다. 세계경제의 팽창과 위축을 콘트라티에프의 순환 주기로 설명하는 것은 세계경제의 팽창과 위축을 관찰과 실증을 통해 설명하는 것이 아니라 마치 "주기 자체가 동인인 것처럼 보는 신비

....
27 Wallerstein. 『근대세계체제 I』. p.535.

주의적 발상"이라고 비판받는다.[28] 더욱이 월러스틴이 이야기하는 주기는 아무리 관대하게 보아도 서유럽에나 적용될 수 있고 서유럽에서조차도 주기의 시발점은 같지 않다. 조반니 아리기도 브로델이 이야기한 "장기 순환(secular cycles)과 콘트라티에프 순환 모두 상품 가격의 장기 변동에서 도출된 불확실한 이론적 입장에서 만들어진 경험적 구성물"에 불과하다고 했다.[29] 더 나아가 아리기는 브로델이 주장한 장기 순환과 자본주의적 축적 간에는 어떠한 역사적·논리적 관계도 없다고 평가했다.[30] 아리기는 자본주의 세계체계의 변화를 콘트라티에프 순환 대신 '체계적 축적순환' 개념으로 대체하고 이를 중심으로 자본주의 세계체계의 '헤게모니 순환'을 설명한다.[31] 여기서는 아리기의 주장에 근거해 자본주의 세계체계의 순환을 설명하려고 한다.

〈그림 3.2〉와 같이 아리기는 근대세계체계가 대략 지난 600년 동안 네 번의 '체계적 축적순환'이 있었다고 설명한다. 아리기의 '체계적 축적순환'이라는 개념은 마르크스의 화폐1(M)-상품(C)-화폐2(M')의 순환을 해석한 것인데,[32] 화폐1은 유동성, 유연성, 선택의 자유를, 상품은 상품 생산을 통해 이윤을 얻고자 투자된 자본을, 화폐2는 확대된 유동성, 유연성, 선택의 자유를 의미한다. 여기서 중요한 점은 새로운 축적구조가 만들어졌다고 해서 이러한 새로운 축적구조가 곧 세계적 규모의 축적구조로 나타나지는 않는다는 것이다. 새로운 축적구조가 세계적 규모의 축적구조로 나타나기 위해서는 반드시 새로운 축적구조를 뒷받침하는 국가 간 체계가 형성되어야 하고, 이 새로운 국가 간 체계가 만들어질 때 새로운 세계패권이 등장한다.[33] 아리기는 이러한 체계적 축적구조가 새로운 국가 간 체계에 의해 뒷받침되면서 근대 자본주의 세계체계는 네 번의 체계적 축적순

....

28   Abu-Rughod, J.(2006[1989]). 『유럽 패권 이전: 13세기 세계체제』. 박홍식·이은정 역. (*Before Scruggsopean Hegemony: The World System A.D. 1250-1350*). 서울: 까치. p.387.

29   Arrighi. 『장기20세기』. p.39.

30   Arrighi. 『장기20세기』. p.41.

31   백승욱. 『자본주의 역사 강의』. p.255.

32   Arrighi. 『장기20세기』. pp.38-39.

33   백승욱. 『자본주의 역사 강의』. p.269.

환, 국가 간 관계에 근거한 패권국가의 출현, 세 번의 패권의 순환을 경험했다고 주장한다.[34]

콘트라티에프 주기(Kondratiev Cycles)

만델(Mandel)[35]이 정리한 바에 따르면, 콘트라티에프 주기는 마르크스주의 경제발전의 장기파동 이론으로 20세기 초에 제기된 개념이다. 역사적으로 보면 러시아의 경제사학자인 니콜라이 콘트라티에프(Nicolai Kondratiev)와 오스트리아의 경제학자인 조지프 슘페터(Joseph Schumpeter)의 이론으로부터 개념화되었다. 콘트라티에프는 러시아의 2월 혁명 이후 반(反)차르 세력에 의해 수립된 임시정부인 알렉산드르 케렌스키(Aleksandr Kerenskii) 정부 하에서 부수상을 지냈던 경제학자이다. 콘트라티에프는 경험적 연구를 통해 자본주의 경제가 19세기부터 50년 주기로 순환한다는 결론을 내리게 된다. 50년의 기간 중 25년은 상승기로(A국면), 상승기를 뒤이어 나타나는 25년은 하강기(B국면)로 나타난다. 이러한 순환을 결정하는 핵심적인 요인은 가격의 변화인데, 가격의 변화는 생산과 소득과 관련되어 나타나게 된다. 구체적으로 콘트라티에프와 학자들은 관찰 가능한 경제순환의 하강 국면이 끝나는 시점으로 1789년, 1849년, 1896년, 1940년을, 반대로 상승 국면이 끝나는 시점으로 1815년, 1849년, 1896년, 1920년을 언급하고 있다. 다만 윌리엄 슈워츠(William Schwartz)에 따르면, 콘트라티에프 주기와 같은 경기순환에 관한 실증적 자료는 19세기에 들어서야 볼 수 있게 되었다고 한다.[36] 슈워츠는 세계적인 금융위기가 발생한 2007~2009년을 콘

....

34 Arrighi. 『장기20세기』.
35 Mandel, A.(1991). "Long Wave", Bottomore, T., Harris, L., Kiernan, V., and Miliband, R. eds. A *Dictionary of Marxist Thought*. 2nd ed. pp.324-325. Maiden, Massachusetts: Blackwell.
36 Schwartz. 『국가 대 시장』. p.140.

트라티에프 주기에서 상승이 끝난 시점으로 인식해, 위기 이후 근대 자본주의 세계체계가 콘트라티에프의 수축 국면으로 진입했다고 주장한다. 반면 아리기는 이러한 콘트라티에프의 주기는 가격 로지스틱 정도만 보여주었을 뿐 실증적으로 관찰할 수 없는 추상적 개념이라고 비판했다.[37] 하지만 지금도 상당수의 전문가들은 확장 국면과 수축 국면이 교차하면서 출현하는 50~60년 주기의 규칙적인 경기순환이 존재한다고 믿는다.[38]

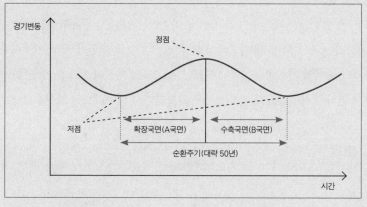

그림 3.2 콘트라티에프 주기

근대세계체계의 첫 번째 순환은 〈그림 3.3〉에서 보는 것처럼 제노바를 중심으로 나타났다. 시기적으로는 브로델이 장기 16세기라고 부르는 15세기부터 16세기 초반에 이르는 기간이다. 제노바를 네덜란드, 영국, 미국과 같은 국민국가로 보기는 어렵지만, 아리기가 제노바의 시대를 첫 번째 순환이라고 명명한 것은 제노바의 시대에 들어서면서 인류가 "역사적 사회체계로서 자본주의의 탄생"을 목

....

37 Arrighi. 『장기20세기』.

38 Goldstein, J. (1988). *Long Cycles: War and Prosperity in the Modern Age*. New Haven, Conn: Yale University Press; Schwartz. 『국가 대 시장』. p.140. 재인용.

도했기 때문이다.[39] 아리기의 이러한 시각은 자본주의의 기원에 대한 브로델의 생각과 유사하다. 아리기는 북부 이탈리아의 도시국가에서 근대국가 간 체계의 네 가지 중요한 특징이 모습을 드러냈다고 평가했다. 네 가지 특징 중 우리가 주목해야 할 특성은 아리기가 세 번째 특성으로 언급한 새로운 축적체계를 유지하기 위한 비용을 다루는 방식과 관련된 것이다.[40] 첫 번째 패권지역인 북부 이탈리아의 도시국가는 보호비용을 일종의 군사 케인스주의처럼 산업화함으로써 보호비용을 수익으로 전환시키는 체제였다.[41] 용병을 고용하기 위해 군사비를 지출하지만 용병은 소비와 세금을 통해 도시국가의 세입을 늘리고 이는 다시 새로운 군사비 지출을 가능하게 하는 선순환 구조를 만든 것이다.

두 번째 순환은 네덜란드가 패권을 차지하는 16세기 말에서 18세기까지이다. 아리기는 '조직혁명'의 관점에서 볼 때 네덜란드의 패권이 북부 이탈리아 도시국가의 패권과 상이했던 점은 네덜란드가 "그들 자신의 보호를 생산"한 것이었다고 했다.[42] 사업조직과 정부조직이 혼합되면서 네덜란드는 패권을 유지하기

....

39 아리기는 자본주의가 13세기에 시작되었다고 보는데, 이때의 자본주의는 생산양식을 중시하는 모리스 돕과 로버트 브레너가 이야기하는 자본주의와는 다르다. 간단히 말하면, 브로델, 아리기에게 자본주의의 기원은 생산양식에 기반한 자본주의에서 출발했다기보다는 교역에 기반한 상업자본주의에서 출발했다고 할 수 있다. Arrighi. 『장기20세기』. p.173.

40 백승욱. 『자본주의 역사 강의』.

41 제노바와 베네치아는 이후 자본주의 역사에서 국가와 자본 간의 힘의 관계의 한 측면을 각각 보여준다는 점에서 역사적으로 중요한 의미가 있다. 베네치아에서는 국가가 자본을 압도한 반면, 제노바에서는 자본이 국가를 압도한, 즉 자본이 곧 국가권력의 주체였기 때문이다. Arrighi. 『장기20세기』. pp.90-91, p.260.

42 조직혁명이란 아리기가 "체계적 축적체계"의 순환 간에 나타나는 차이를 설명하기 위해 도입한 개념으로, 아리기가 의도적으로 "혁명"이라는 용어를 사용한 것은 아마도 이전의 체계적 축적체계를 "혁신"하는 새로운 체계적 축적체계라는 의미를 드러내기 위한 것으로 추정된다. 아리기는 조직혁명으로 자본주의 발전단계를 구분했고, 조직혁명을 각각의 순환기마다 체계적 축적체계를 유지하기 위한 비용을 어떻게 효율화하는가의 문제로 바라본 것 같다. 그래서 아리기는 조직혁명을 네덜란드의 경우 보호비용의 내부화, 영국의 경우 생산비용의 내부화, 미국의 경우 거래비용의 내부화로 설명했다. Arrighi. 『장기20세기』. pp.258-259, p.268. 또한 월러스틴은 조직혁명에 대해 슘페터적인 함의를 담고 있는 개념이라고 평가했다. 백승욱. 『자본주의 역사 강의』. p.271. 월러스틴이 아리기의 조직혁명을 슘페터적인 함의(자본주의의 혁신)를 갖고 있다고 평가한 것은 아리기가 체계적 축적체계의 순환을 설명할 때 이전과는 구별되는 새로운 체계적 축적체계와 국가 간 관계라는 혁신을 강조했기 때문인 것으로 보인다.

위해 소요되는 비용을 완전히 내부화한 것이다. 이를 통해 네덜란드는 제노바의
자본가계급이 축적할 수 있는 규모보다 더 큰 축적체계를 만들었다. 하지만 아리
기는 사업조직과 정부조직이 하나의 조직으로 혼합된 것은 근대 자본주의 세계
체계에서 사업조직과 정부조직이 분리되어갔기 때문에 발전이라기보다는 "한
걸음" 후퇴한 것이었다고 평가했다.

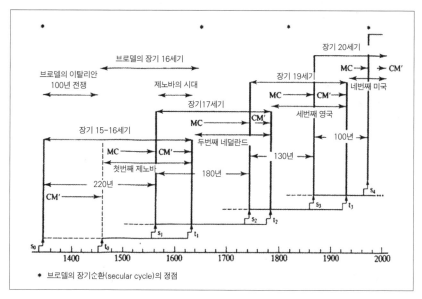

그림 3.3 아리기의 장기 세기와 체계적 축적순환의 역사
출처: Arrighi, G.(1994). *The Long Twentieth Century: Money, Power, and the Origins of Our Times*. New York, NY:
Verso. p.220.

세 번째는 영국 패권의 순환기는 18세기 후반부터 19세기 말까지이다. 영국
자본주의는 조직혁명 차원에서 생산비용을 내부화함으로써 네덜란드의 체계적
축적체계를 대신한 새로운 체계적 축적체계를 만들었다.[43] 생산비용 내부화의 핵
심은 산업주의로 나타났다. 네덜란드는 세계체계의 교역을 장악했지만 상품을
직접 생산하는 경우는 드물었다. 하지만 영국의 축적체계는 소위 산업주의라고

....

43   Arrighi. 『장기20세기』. p.311.

부르는 생산과정에 개입함으로써 원료 조달에서 생산까지 생산비용을 내부화하고, 이를 통해 네덜란드보다 더 큰 규모의 축적을 가능하게 했다. 영국 패권시대에 들어서면서 근대세계체계는 처음으로 교역보다 생산이 자본에 더 많은 이윤을 주는 영역이 되었다. 브로델은 이러한 현상을 자본이 교역에서 생산으로 이동해 자기영역을 벗어났다고 표현했다.[44]

마지막 네 번째 체계적 축적체계는 현재 우리가 살고 있는 미국 패권의 시대이다. 대략 19세기 말에 시작되어 현재에 이르는 시기이다. 네덜란드가 북부 이탈리아 도시국가의 축적체계를 지양하고 영국이 네덜란드의 축적체계를 지양했던 것처럼, 미국 또한 영국의 축적체계를 지양하고 새로운 체계적 축적체계와 국제관계를 형성함으로써 세계적인 차원에서 패권 장악에 성공하게 된다. 미국은 영국과 달리 법인기업을 통해 거래비용을 내부화함으로써 새로운 축적구조를 만들었다.[45] 여기서 거래비용이란 원료를 구입하고 이를 가공해서 최종 단계의 상품으로 만드는 중간 단계들에서 발생하는 비용을 의미한다. 미국의 체계적 축적체계는 영국이 가족기업에 의존해 생산비용을 내부화했던 것과 달리 법인기업을 통해 생산과정을 수직적으로 통합해 거래비용을 내부화하는 방식으로 새로운 축적체계를 구축했다. 그리고 이러한 체계적 축적체계는 정치적으로는 냉전체제, 경제적으로는 브레튼우즈(Bretton Woods) 협약과 관세 및 무역에 관한 일반협정(General Agreement on Tariffs and Trade, GATT)이라는 국가 간 체계를 통해 공고화되었다. 현재 우리는 거래비용을 내부화한 체계적 축적체계와 국가 간 체계에 기초한 미국 패권의 위기를 목도하고 있다.[46] 역사가 진공상태에서 만들

....

44   Braudel. 『물질문명과 자본주의 II』. p.326.

45   Arrighi. 『장기20세기』. p.413.

46   브루스 커밍스(Bruce Cummings)는 그의 최근작에서 1970년대 위기 이후에도 미국이 전 세계의 총 생산에 차지하는 비중이 여전히 30% 수준을 유지하고 있다고 했는데, 그 지속 가능성의 핵심적인 이유가 "역사상 볼 수 없었던 대륙형 산업 경제를 완성했기" 때문이라고 평가한다. 그러면서 동아시아의 성공을 미국의 쇠퇴 또는 소멸과 대비시키는 것을 "헛된 예언자"의 이야기라고 일축한다. Cummings, B.(2011[2009]). 『바다에서 바다로 미국 패권의 역사』. 박진빈·김동노·임종명 역. (*Dominion from Sea to Sea: Pacific Ascendary and American Power*). 파주시: 서해문집. p.30.

어지는 것이 아니라면, 지금 우리가 살고 있는 시대를 온전히 이해하기 위해서는 이러한 체계적 축적체계의 역사적 순환을 파악할 필요가 있다. 한국(조선)은 영국 패권이 쇠락하고 미국의 패권이 떠오르던 시기에 자본주의 세계체계에 편입되었고, 미국 패권의 절정기에 산업화를 이루었으며, 미국 패권이 위기에 처한 시기에 복지국가로 나아가려고 하고 있다.

4. 근대화론, 종속이론, 그리고 세계체계

월러스틴의 세계체계관점을 이해하기 위해서는 1945년 이후 1960년대 말까지의 국제 상황을 이해할 필요가 있다. 당시 세계를 지배하던 담론은 '근대화론'으로, 근대화론은 식민지로부터 해방된 제3세계 국가들이 자유주의적 자본주의의 길을 따른다면 종국에는 선진국처럼 부를 보장받을 수 있다고 주장하는 이론이다.[47] 영국 자본주의의 발전 과정을 전형으로 삼아 모든 사회가 전통사회에서 도약준비기를 거쳐 도약기, 성숙기, 대중소비 사회에 이르는 단계적 과정을 거쳐 발전한다고 주장했던 월트 로스토(Walt Rostow)의 5단계 이론이 대표적인 근대화론이라고 할 수 있다.[48] 그러나 현실은 이론과 같지 않았다. 〈그림 3.4〉에서 보는 것과 같이 유럽-미 대륙과 아시아-아프리카 간의 불평등은 1910년대 식민지 시기보다 식민지에서 해방된 이후 20년 동안 더 확대되었다.[49] 세계 교역에서 제3세계가 차지하는 비중은 감소했고, 교역조건이 불리해지면서 수출증가율도 확연히 감소했다.[50]

종속이론은 이러한 현상을 '저발전의 발전(development of underdevelop-

....

47   Ragin and Chirot. "왈라스틴의 세계 체계: 역사로서의 사회학과 정치학." p.336.

48   Roxborough, I. (1980[1979]). 『종속이론이란 무엇인가』. 박종수 역. (*Theories of Underdevelopment*). 서울: 청아. p.39.

49   Piketty, T. (2014[2013]). 『21세기 자본』. 장경덕 역. (*Capital in the Twenty-first Century*). 서울: 글항아리. p.80.

50   McMichael, P. (2013[2012]). 『거대한 역설: 왜 개발할수록 불평등해지는가』. 조효제 역. (*Development and Social Change: A Global Perspective*, 5th ed.). 서울: 교양인. p.127.

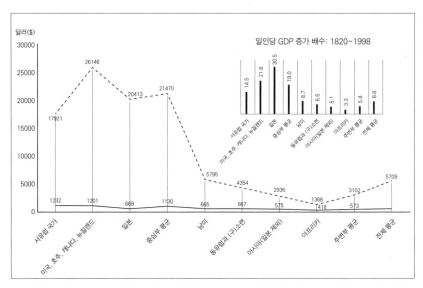

그림 3.4 핵심부와 주변부의 1인당 GDP의 변화: 1820년 대 1998년[51]

ment)'이라는 개념으로 설명했다.[51] 대표적인 종속이론가인 사미르 아민은 세계적 차원에서 자본주의의 발전을 핵심부와 주변부 국가 간의 부등가 교환과정으로 정의하고, 이로 인해 주변부 국가들은 산업화된 핵심부 국가들과 교역하면 할수록 점점 더 저발전(underdevelopment)이라는 경로에 고착화된다고 주장했다.[52] 하지만 종속이론이 저발전의 발전에 의해 영영 종속적 지위에 고착될 것이라고 단언했던 제3세계 국가들 중 일부가 경제발전을 이루어내면서 종속이론은 그 정당성을 위협받았다. 한국, 대만, 홍콩, 싱가포르가 그 대표적인 사례라고 할 수 있다. 더욱이 종속이론은 앤서니 브루어(Anthony Brewer)로부터 "과장된 일반적 설명과 특정한 역사적 사례에 관한 논의 간 연관성을 제시하지 못함으로써 현실성이 결여된 이론이다(What is lacking is real theory)"라는 혹독한 비판을 받았다.[53] 월러스틴의 세계체계관점은 자본주의 세계체계의 핵심원리가 불균

....

51 이 그래프는 다음 문헌을 참고해 작성한 것이다. Maddison, A.(2006). *The World Economy: Volume 1: A Millennial Perspective, Volume 2: Historical Statistics.* Paris: OECD Publication. p.264.

52 Amin. 『세계적 규모의 자본축적』.

등한 교환이라고 인식했다는 점에서 종속이론과 유사하지만 교환의 주체인 핵심부, 반주변부, 주변부의 위치가 고정된 것이 아니라 변화할 수 있다고 주장함으로써 종속이론의 한계를 넘어 이론이 현실 자본주의에 좀 더 부합하도록 구성했다. 아리기, 실버 등이 집필한 『체계론으로 보는 세계사』는 근대세계체계의 탄생 이후 (반)주변부가 핵심부로 변화했던 사례들을 보여주고 있다.[54] 17세기만 해도 유럽의 (반)주변부에 지나지 않았던 영국이 19세기에 들어서면서 핵심부의 패권국가로 등장하고, 영국의 식민지였던 미국이 20세기에 영국을 대신한 패권국가로 등장한 것이다.

5. 세계체계관점의 지적 계보

세계체계관점의 계보는 세계체계관점을 한국 복지체제 연구에 적용해야 하는 이유를 보여준다. 크게 보면 아래 〈그림 3.5〉와 같이 세계체계관점은 아날학파, 제국주의론, 종속이론, 칼 폴라니 등 서구 사회과학의 지적 유산으로부터 영향을 받은 것으로 평가할 수 있다.[55] 먼저 아날학파의 영향을 살펴보자. 아날학파, 특히 브로델의 연구는 월러스틴의 세계체계 탄생에 결정적 영향을 주었다.[56] 세계체계를 세계제국과 구별하는 핵심개념인 세계경제라는 개념도 브로델이 지중해를 연구한 자신의 박사학위논문인 "펠리페 2세 시대의 지중해와 지중해 세계"에서 처음 사용한 지중해 '세계경제'라는 개념을 차용한 것이다.[57]

....

53 Brewer, A.(1990). *Marxist Theories of Imperialism: A Critical Survey*. 2nd ed. London: Routledge. p.198.
54 Arrighi et al. 『체계론으로 보는 세계사』.
55 근대세계체계의 이론적 배경을 카를 마르크스의 사상, 제국주의론, 페르낭 브로델의 사상 세 가지로 정리하고 있다. 한국서양사학회 편(1996). 『근대 세계체제론의 역사적 이해: 브로델과 월러스틴을 중심으로』. 서울: 까치.
56 브로델이 월러스틴에 미친 영향을 보여주는 사례는 1976년 월러스틴이 세계체계 연구를 심화·확산시키기 위해 뉴욕 주립대에 설립한 연구소를 '페르낭 브로델 센터'로 명명한 것이다.
57 김응종(1996). "브로델의 지리적 역사: 장기지속과 변화." 한국서양사학회 편. 『근대 세계체제론의 역사적 이해: 브로델과 월러스틴을 중심으로』. pp.67-92. 서울: 까치. pp.88-89. 페르낭 브로델의 『펠리

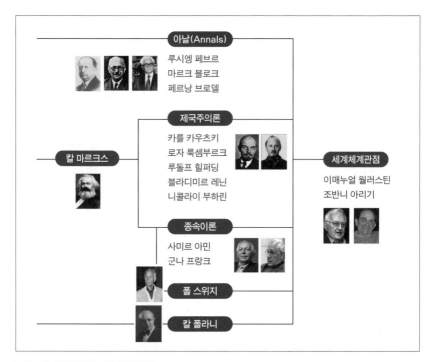

그림 3.5 세계체계분석의 지적 계보

　　특히 시간 개념은 브로델이 월러스틴의 세계체계관점에 미친 가장 중요한
영향 중 하나라고 할 수 있다. 브로델은 시간을 거의 변화하지 않는 초장기지속,
초장기지속보다는 짧은 장기지속(대략 수세기에 해당하는 시간대), 장기지속보다
짧은 중기적 시간대인 콩종크튀르(conjoncture), 마지막으로 사건사에 해당하
는 단기로 구분했다.[58] 여기서 중요한 관점은 이 네 가지 시간대가 병렬적으로 나
열되어 있는 것이 아니라 중첩되어 있다는 것이다. 초장기가 거의 변화하지 않는

....

　　페 2세 시대의 지중해와 지중해 세계(*La Méditerranée et le Monde Méditerranéen àLépoque de Phil-
lippe II*)』는 3권의 번역본으로 출간되었다. Braudel, F.(2017[1990]).『펠리페 2세 시대의 지중해와 지
중해 세계 I, II, III』. 주경철·조준희 옮김. (*La Méditerranée et le monde méditerranéen aLépoque
de Phillippe II*). 서울: 까치. 브로델의 지중해 연구를 살펴볼 수 있는 다른 저작은 다음과 같다. Brau-
del, F.(2006[1998]).『지중해의 기억』. 강주헌 역. (*Les-mémories de la Méditerranée*). 서울: 한길사.
58　　백승욱.『자본주의 역사 강의』. pp.60-61; 김응종. "브로델의 지리적 역사: 장기지속과 변화." p.71.

레비-스트로스(Lévi-Strauss)의 시간대[59]라는 점을 고려하면 브로델의 시간대는 실질적으로 삼분구조로 이해하는 것이 적절해 보인다. 브로델은 이러한 삼분구조의 시간대를 바다에 비유하는데, "맨 아래에는 거의 움직이지 않는 역사가 있고, 그 위에 완만한 리듬을 가진 역사가 있으며, 맨 위에는 표면의 출렁거림이 있다."고 했다.[60] 이러한 브로델의 개념은 월러스틴의 시간대의 핵심적 준거가 된다. 실제로 월러스틴은 사건이 아닌 중기적 시간대인 콘트라티에프 순환을 중심으로 세계체계를 분석하고 있다.

(마르크스주의) 제국주의론은 세계체계를 구성하는 또 하나의 중요한 이론적 유산이다. 사실 브루어는 월러스틴의 세계체계관점을 제국주의에 관한 현대 마르크주의 이론 중 하나로 분류하고 있다.[61] 마르크스주의 제국주의론은 20세기 초 루돌프 힐퍼딩(Rudolf Hilferding), 니콜라이 부하린(Nikolai Bukharin), 블라디미르 레닌(Vladimir Lenin), 폴 바란(Paul Baran) 등에 의해 형성되고 발전되었다. 이수훈의 설명에 따르면, 이러한 마르크스주의 제국주의론은 사실 우리가 상식적으로 알고 있는 제국주의론과는 차이가 있다.[62] 제국주의론의 핵심은 단순히 약소국에 대한 강대국의 정치적, 군사적 지배를 의미하지 않는다. 물론 마르크스주의 제국주의론은 강대국에 의한 약소국의 지배라는 현상 자체를 부정하지는 않는다. 하지만 제국주의론의 핵심은 제국주의 국가들 간의 경제적, 정치적, 군사적 경쟁이라는 투쟁의 의미를 담고 있다. 제국주의 국가들 간의 경쟁은 세계체계 관점에서 보면 자본주의 세계체계의 패권을 장악하기 위한 국가들 간의 투쟁으로 이해될 수 있다. 특히 마르크스주의 제국주의론자들 중 부하린의 이론은 세계

....

59 "휴즈(Hughes)에 따르면 레비-스트로스의 최상의 목적은 아직 발견되지 않은 모든 이론적 차원의 본질을 파헤쳐서 모든 시기와 문명 상태를 통틀어 표면적인 인간 행위에 대한 수많은 설명을 통합하고 동시에 조정시킬 수 있는 인간 집단 사고과정의 가장 근본적 구조에 도달하는 데 있다." Swanson, G.(1990[1971]). "비교연구를 위한 분석틀: 레비-스트로스의 구조 인류학과 파즌스의 행위 이론을 중심으로."『비교사회학: 방법과 실제 I』. 한국비교사회연구회 편역. pp.51-82. 서울: 열음사. p.153.

60 김응종. "브로델의 지리적 역사: 장기지속과 변화." p.73.

61 Brewer. *Marxist Theories of Imperialism*.

62 이수훈.『세계체계론』. p.74.

체계관점의 형성에 중요한 영향을 미쳤다.

마르크스 제국주의론의 대표적인 주자 중 하나인 힐퍼딩이 자본의 집중과 집적을 하나의 과정으로 접근한 데 반해, 부하린은 이를 자본의 국제화(internationalisation)와 국민화(nationalisation)라는 두 과정으로 접근했다.[63] 부하린에 따르면, 자본주의 체제는 상품 생산이 핵심인데, 상품 생산은 생산자 자신이 사용하기 위해 생산하는 것이 아니라 다른 사람의 사용을 전제로 생산된다는 점에서 유통과 교역이 전제된다. 이로 인해 자본주의 세계경제 내에서는 국제적인 상호의존성과 국민국가로의 분할이 동시에 진행된다고 부하린은 주장한다. 이러한 부하린의 인식은 자본주의 세계체계가 단일한 세계경제로 통합되어 있음에도 불구하고 정치적인 측면에서 다수의 독립적인 정치체들로 분할되어 있고 세계경제 내에서 유통과 교역이 중요하다는 세계체계의 인식과 유사하다.[64] 정리하면 세계체계관점의 자본주의에 대한 인식은 상품 생산과 세계적 차원의 시장경제를 중심에 두고 있다는 점에서 부하린의 인식을 공유한다고 할 수 있다.[65]

프랑크와 아민의 종속이론도 세계체계관점의 형성에 중요한 영향을 준 것으로 보인다. 세계체계관점은 앞서 언급했듯이 전후 서구 사회과학계의 지배적 담론으로 자리 잡은 근대화론의[66] 대항담론으로 출발했다는 점에서 프랑크와 아민의 세계체계 구상[67]과 밀접한 교류 속에서 발전했다고 할 수 있다. 아민의 대표적

....

63 Brewer. *Marxist Theories of Imperialism*. p.111.

64 세계체계의 이러한 인식은 정통 마르크스주의자들이 (자본주의의 생산양식을 중시하는 자신들과 달리) 세계체계관점을 수용한 논자들에게 유통주의자라는 딱지를 붙이는 근거가 된다. Brenner, R.(1977). "The Origins of Capitalist Development: A Critique of Neo-Smithian Marxism." *New Left Review* 104: 25-92.

65 이수훈. 『세계체계론』. p.75.

66 근대화론(modernization theory)은 세계체계관점에 직접적인 영향을 주지는 않았지만 세계체계론이 근대화론에 대한 대항 담론으로 등장했다는 점에서 세계체계관점의 형성에 중요한 영향을 미쳤다고 할 수 있다.

67 월러스틴의 이론은 세계체계관점으로, 프랑크와 아민의 이론은 세계체제론으로 표기했다. 월러스틴은 자신의 이론이 이론으로서 지위를 갖는 것을 거부하고 분석 또는 관점으로 대신 표현했지만, 아민과 프랑크의 경우에는 이에 대한 특별한 언급이 없었고 종속이론의 범주에서 논의되기 때문에 세계체제론이라는 용어를 사용했다. 더불어 통상적으로 세계 자본주의를 이야기할 때는 세계체계라는 용어를 사용했다.

인 저작인 『세계적 규모의 자본축적』의 공동 번역자 중 한 명인 김대환은 큰 틀에서 프랑크, 아민, 월러스틴을 모두 종속이론가로 분류했다.[68] 먼저 프랑크의 공헌은 첫째, 제3세계 자본주의 발전에 관한 고전적 마르크스주의의 이론의 오류를 비판하고 대안적 담론으로 종속이론을 제시했다는 점이다. 마르크스와 레닌은 자본주의 세계체계에서 선진지역과 후진지역 간의 불균등성을 인식하기는 했지만 자본주의 발전에 따라 두 지역 간의 생활수준의 격차는 점진적으로 사라질 것이라고 예상했다. 그러나 프랑크가 논증한 것과 같이 지난 한 세기 동안 자본주의 세계체계의 생산력은 놀라울 정도로 발전했지만 두 지역 간의 생활수준의 격차는 마르크스와 레닌의 주장과 달리 더 벌어졌다.[69] 둘째, 자본주의 세계체계의 발전이 중심부(metropolis)와 위성부(satellite)의 역사적 관계 속에서 만들어졌다는 프랑크의 주장[70]은 월러스틴의 세계체계관점에서 핵심부(core state)-반주변부(semi-peripheral state)-주변부(peripheral state)의 형태로 정식화된다.

아민도 프랑크의 '저발전의 발전'이라는 개념에 근거해 자신의 세계체제이론을 전개한다.[71] 아민도 프랑크와 유사하게 세계체제를 중심부(center)와 주변부(periphery)로 구분했다. 주목해야 할 점은 아민이 중심부 자본주의 국가들이 자신의 체제 내에서 발생하는 (자본주의의 이윤 극대화에 반대하는 노동계급의 투쟁과 같은) 모순을 주변부로 이전시켜 중심부 체제 내의 모순을 완화시켰다고 주장했다는 것이다. 이러한 아민의 주장은 생산, 재생산 등 자본주의 세계체계를 구성하는 주요한 벡터들이 서로 밀접하게 연관되어 있다는 세계체계관점을 상기시킨다.[72] 더욱이 아민의 주장은 현실세계에서 왜 복지국가가 유독 서구 선진산업 국가들에서만 공고화되었는지를 설명하는 동시에 체제 내 모순을 이전시킬 곳이

....

68   Brewer. *Marxist Theories of Imperialism*; Amin(1986). "아민의 이론세계와 주변부사회." 『세계적 규모의 자본축적』. 김대환·윤진호 역. (*Accumulation on a World Scale*). pp.4-24. 서울: 한길사, p.12.
69   Brewer. *Marxist Theories of Imperialism*. p.161.
70   이수훈. 『세계체계론』. p.69.
71   Amin. 『세계적 규모의 자본축적』.
72   Hopkins and Wallerstein. "세계체제: 위기는 있는가?"

없는 저개발국가와 개발도상국가에서 복지국가화가 가능한지를 묻고 있다고 할 수 있다. 아민의 주장의 핵심은 세계체계의 중심부와 주변부 간의 부등가 교환으로 인해 두 지역 간의 임금 격차가 생산성의 차이보다 커져 주변부의 저발전이 고착화된다는 것이다. 이러한 아민의 주장은 자본축적을 세계체계의 차원에서 접근할 수 있게 해서 자본주의 세계체계의 모순을 해결하기 위한 투쟁 또한 일국적 차원이 아닌 세계적 차원에서 이루어져야 한다는 점을 상기시켜준다.[73]

대표적인 마르크스주의 경제학자인 폴 스위지도 세계체계관점의 성립에 중요한 영향을 미친 것으로 보인다. 먼저 자본주의 세계체계에서 임금노동, 노예노동, 농노노동 등 다양한 노동방식이 공존할 수 있다는 세계체계관점은 1950년대 자본주의 이행에 관한 세기적인 논쟁에서 스위지가 모리스 돕의 이론을 비판하기 위해 사용한 개념과 논거이다. 제4장에서 구체적으로 다루겠지만, 봉건제에서 자본주의로의 이행과 관련해 돕은 상업적 영향력(외적 요인)을 무시하지 않았으나 내적 요인이 더 결정적이었다고 주장했다.[74] 반면 스위지는 이행에 있어 내적 요인보다는 외적 요인이 더 결정적이었다고 주장했다.[75] 돕은 자신의 주장을 뒷받침하는 논거로 상업교역이 발달했음에도 불구하고 영국을 포함한 유럽 대륙의 많은 지역(주로 동유럽)에서 봉건제가 약화되기보다는 농민에 대한 봉건영주의 강제적 부역이 강화되는 등 봉건제가 오히려 강화되었던 사실을 들어 스위지를 비판했다. 반면 스위지는 교환경제의 확대가 곧 봉건제의 종식을 의미하지 않으며 교환경제는 농노제, 노예제 등 다양한 형태의 노동방식과 양립할 수 있다고 주장했다. 이러한 스위지의 주장은 자본주의 세계체계 내에 다양한 생산양식이 공존할 수 있다는 세계체계관점과 유사하다.

두 번째, 중심과 주변으로 구성되는 (일국의 범위를 넘어서 국가 간 관계를 포함한) 경제체계는 이미 1950년에 출간한 논문에서 스위지가 주장한 개념이다. 앞서 언급한 것과 같이 그는 다양한 노동방식이 공존할 수 있다고 주장하면서 노동

....

73 Amin. 『세계적 규모의 자본축적』.
74 Dobb. 『자본주의 발전연구』.
75 Sweezy. "돕의 소론에 대한 비판."

방식은 각 지역이 교환경제에서 차지하는 위치에 따라 상이하다는 점을 지적했다.[76] 교환관계의 중심에 위치한 지역에서는 임금노동이 강화되는 반면, 교환관계의 중심에서 멀어질수록 다른 노동방식, 예를 들어 농노제, 노예제 등이 강화된다는 것이다. 스위지는 세계체계관점의 중요한 분석 틀인 (정확하게 동일한 단어를 사용하지는 않았지만) 중심과 주변 간에 이루어지는 "기축적 노동 분업"이라는 개념[77]을 제기했다고 할 수 있다.

세 번째 관련성은 월러스틴이 근대세계체계의 출발점으로 제기한 '장기 16세기'라는 설정과 관련된 것이다. 장기 16세기의 시간대는 대략 15세기 중엽부터 17세기 중엽에 이르는 근 200년간의 시기로, 서유럽 경제사에서 그 시기 생산양식의 성격을 둘러싸고 논란이 있는 시대이다. 단순하게 이야기하면 봉건제는 종식되고 상품 생산이라는 자본주의 생산양식이 출현해 성장하고 있었지만 아직까지 자본주의 생산양식이 지배적인 생산양식으로 등장했다고 단언하기 어려운 시기이다. 스위지는 이 시기를 봉건제와 자본주의의 중간 시기로 '전자본주의적 상품 생산(pre-capitalist commodity production)'이라고 불렀다.[78] 또한 월러스틴은 '장기 16세기'를 자본주의 세계체계가 본격화되기 위한 준비기로 규정했다. 물론 스위지는 이 기간을 자본주의도 봉건주의도 아닌 시기로 설정한 반면 월러스틴은 이 시기를 자본주의 세계체계의 출발점으로 보고 있다는 점에서 둘의 인식이 상이하다고 할 수도 있다.

그간 크게 주목하지는 않았지만 1950년대 초반에 스위지가 돕을 비판하기 위해 제기했던 (1) 동시대의 노동방식에 다양한 방식이 존재할 수 있고, (2) 이러한 차이가 교환관계의 중심에서 얼마나 떨어져 있는지와 관련되며, (3) 봉건제에

....

76   Sweezy. "돕의 소론에 대한 비판." pp.115-116.
77   자본주의 세계체계를 중심과 (반)주변으로 구분하는 것이 세계체계관점의 핵심개념인지에 대해서는 논란의 여지가 있을 수 있다. 사실 아리기는 중심과 (반)주변이라는 틀을 그의 대표적인 저작인 『장기 20세기: 화폐, 권력, 그리고 우리 시대의 기원』에서는 거의 사용하지 않았다. 반면 최근작인 『베이징의 애덤 스미스: 21세기의 계보』에서 아리기는 헤게모니 교체를 설명하기 위해 지면의 상당 부분을 할애해 세계체계에서 반주변부(주로 동아시아 중심)의 특성을 설명하고 있다.
78   Sweezy. "돕의 소론에 대한 비판." p.120.

서 자본주의로의 이행에는 장기간에 걸친 이행기(전자본주의적 상품 생산)가 필요했다는 주장은 1970년대에 월러스틴이 정식화한 세계체계관점에 계승되었다. 월러스틴이 자본주의 이행 논쟁이 벌어지던 1950년대에 컬럼비아 대학원에 재학 중이었다는 점을 고려하면, 월러스틴은 당시 사회과학계의 가장 중요한 논쟁이었던 '자본주의 이행 논쟁'을 알고 있었을 것이고, 이러한 논쟁으로부터 영향, 특히 자본주의 발전에 있어 외부요인(교역과 상업)을 중시하는 스위지의 영향을 받았을 것이라고 추정할 수 있다.

마지막으로 세계체계관점에 대한 폴라니의 영향에 대해 개략해보자. 사실 국내에서 세계체계와 폴라니의 관련성을 언급한 저작은 백승욱의 『자본주의 역사 강의』가 유일해 보인다.[79] 큰 틀에서 보았을 때 폴라니의 사상은 두 측면에서 세계체계관점에 중요한 영향을 주었다.[80] 하나는 우리가 익히 알고 있듯이 폴라니는 자본주의 분석을 일국적 차원으로 제한하지 않았다. 개별 국민국가들에서 벌어지는 자기조정적 시장의 힘과 국가의 보호주의 행위로 대표되는 계급들 간의 투쟁을 세계경제라는 차원으로 확대해서 이해하려고 했다는 점에서 폴라니는 자본주의를 세계체계의 관점에서 바라보았다고 할 수 있다. 이러한 점에서 세계체계관점은 폴라니의 선구적 사상과 밀접한 관련이 있는 것으로 보인다. 특히 국민국가 내에서 이루어지는 분배로 대표되는 국가의 보호주의 정책들은 단순히 국민국가의 내적 요인들에 의해 결정되는 것이 아니라 세계적 차원에서 이루어지는 자본주의의 확산 및 결합과 밀접한 관련성을 갖는다는 폴라니의 주장은 세계체계관점에서 한국 복지체제를 분석하려는 『기원과 궤적』의 의도를 지지하고 있다. 실제로 폴라니에 따르면, 영국이라는 개별 국민국가 내에서 벌어진 빈곤에 대한 정책의 변화(빈민법, 스핀햄랜드법, 신빈민법 등)는 자본주의 세계체계의 변화를 전제하지 않고는 이해할 수 없다.

다른 하나는 방법론이다. 폴라니는 자본주의 체제를 분석하면서 단지 추상

....

79   백승욱. 『자본주의 역사 강의』.
80   Polanyi. 『거대한 전환』.

적 수준에서 자신의 주장을 전개한 것이 아니라 스핀햄랜드법과 같은 역사적 사실에 근거해 실증적 분석을 했다. 이러한 폴라니의 선구적인 연구 방법은 비교역사연구 분야에 커다란 공헌을 했다.[81] 월러스틴은『근대세계체제 I~IV』의 엄청난 각주가 보여주듯이 수많은 역사적 사실들에 대한 분석을 통해 자신의 주장에 실증적 힘을 불어넣었다. 또한 세계체계관점에 입각해 1870년대부터 노동운동의 세계화를 분석한 비벌리 실버[82]의『노동의 힘』도 폴라니가『거대한 전환』에서 취했던 방법론을 따르고 있다. 정리하면 세계체계관점은 마르크스 이래 자본주의를 분석하고 세계적인 차원에서 더 나은 대안사회를 고민했던 진보적 사회과학자들의 유산을 계승한 관점이라고 할 수 있다. 이수훈은 세계체계관점이 지난 수십 년 동안 세계 사회과학계에 중요한 영향을 미쳤다고 평가하면서 세계체계관점을 한때의 유행으로 취급하지 말고 한국 사회를 이해하는 유용한 이론으로 진지한 관심을 다시 가질 필요가 있다고 했다.[83]

6. 세계체계관점을 둘러싼 쟁점: 복지국가와 관련된 논의를 중심으로

자본주의의 기원과 역사를 이해하는 데 있어 세계체계관점은 적어도 두 가지 점에서 중요한 공헌을 했다. 하나는 봉건제가 단순한 암흑시대가 아니라 유럽에서 자본주의가 출현하게 된 핵심 조건이었다고 평가했다는 점이다. 이러한 평가는 최근에 번역되어 소개된 움베르토 에코(Umberto Eco)가 편집한 중세시대에 관한 연작의 핵심 메시지이기도 하다.[84] 월러스틴은 자본주의적 생산양식이 유럽이 아닌 다른 지역과 시대에도 존재했는데 왜 1450년에서 1650년 사이에 유독 서유럽에서만 봉건제에서 자본주의로의 이행이 성공적으로 이루어졌는지를

....

81   Block and Somers. "경제주의적 오류를 넘어서: 칼 폴라니의 전체론적 사회 과학." p.94.
82   Silver.『노동의 힘』.
83   이수훈.『세계체제론』. p.33.
84   Eco, U. (2015 [2010]). "전체 서문." Eco, U. 편.『중세 I: 야만인, 그리스도교도, 이슬람교도의 시대』. 김효정 · 최병진 역. (Il Medioevo 1). pp.12-46. 서울: 시공사.

설명하기 위해 서유럽 봉건제에 대한 재평가가 필요했던 것으로 보인다.[85] 다른 하나는 앞서 아민을 언급하면서 이야기한 것처럼 '불균등 발전'에 대해 일국적 현상이 아닌 세계적 차원에서 접근했다는 점이다.[86] 에릭 밀란츠(Eric Mielants) 는 월러스틴의 세계체계관점이 일국 차원에서 자본주의 생산을 중시하는 마르크스의 관점과 교환을 중시하는 스미스의 관점을 통합하려고 시도했다는 점을 높이 평가했다.[87]

이러한 긍정적인 평가에도 불구하고 세계체계관점은 해결되지 않는 중요한 이론적 문제를 제기하고 있다. 어느 장단에 춤을 춰야 할지 모르겠지만 월러스틴에 따르면 세계체계관점은 정통 마르크스주의자들로부터는 네오스미스안주의자라는 비판을 받고 베버주의자들로부터는 지나치게 마르크스주의에 가깝다는 비판을 받고 있다.[88] 심지어 일부 국내 학자들은 세계체계관점을 비판하면서, 세계체계관점을 한국 복지체제의 분석에 적용시키려는 시도에 대해 이를 적용하는 대신 지구화 현상을 고려한 변수를 추가하는 방식으로 대체할 수 있다고 주장하기도 한다. 여기서는 『근대세계체제 I』의 제2판 서문에서 제기된 비판을 참고해 세계체계관점을 한국 복지체제 분석에 적용할 때 제기될 수 있는 중요한 비판들을 정리했다.

1) 분석 단위로서 세계체계

앞서 언급했듯이 월러스틴에 따르면 세계체계관점에서 분석 단위는 오직 하나만 존재하는데, 이는 16세기 유럽에서 시작된 자본주의 세계체계를 의미한다.[89] 세계체계관점은 세계체계를 구성하는 모든 부문들을 하나의 '세계'로 보며

....

85 Wallerstein. *The Capitalist World-economy*. p.138-151.
86 Mielants, E.(2012[2007]). 『자본주의의 기원과 서양의 발흥』. 김병순 역. (*The Origins of Capitalism and the Rise of the West*). 서울: 글항아리. p.22.
87 이러한 특성으로 인해 브레너(Brenner, 1977)는 월러스틴과 같은 세계체제론자들을 네오스미스안 마르크스주의자로 분류한다.
88 Wallerstein. 『근대세계체제 I』. p.v.
89 Wallerstein. 『근대세계체제 I』.

이들은 개별적으로 분석될 수 없다고 주장한다.[90] 이러한 주장에 따르면, 세계체계를 구성하는 한 부분인 한국은 독립적인 분석 단위가 될 수 없다. 한국 복지체제 또한 마찬가지이다. 하지만 우리는 자본주의 세계체계를 유일한 분석 단위로 상정하는 세계체계관점이 세계체계를 구성하는 부분들 간에 차이가 없고 부분들 간의 비교가 불가능하다고 이야기하는 것이 아니라는 점을 이해할 필요가 있다. 개별 사회(또는 국가)의 특성은 세계체계의 영향을 받지만 세계체계라는 외적 변수만이 한 사회의 성격을 결정하는 유일한 변수는 아니다. 자본주의 세계체계는 세계체계의 관점에서 보면 하나의 세계체계이지만 독립적인 정치경제적 국가(단위)들로 구성되어 있기 때문이다. 세계체계가 고정된 것이 아니라면 세계체계는 변화하고, 그 변화는 바로 세계체계를 구성하는 부분들의 변화로부터 영향을 받는다. 스카치폴과 소머즈(Somers)는 프랜시스 몰더(Frances Moulder)의 『일본, 중국 그리고 근대세계경제(*Japan, China and the Modern World Economy*)』가 이러한 관점을 적용한 훌륭한 저작이라고 평가한다.[91]

> "단 하나의 세계경제가 존재함은 사실이다. 그러나 국가, 지역, '세계적 시간'의 교차영역의 발전에 대한 인과가설이 이론의 도움에 힘입어 만들어지는 한, 단 하나의 분석 단위만 존재할 필요는 없다. 몰더가 일본과 중국을 대조할 때 일종의 통제된 비교가 인과가설을 검증하기 위해 사용된다."[92]

하나의 세계체계가 존재하는 것이 곧 단 하나의 분석 단위만이 존재한다는 것을 의미하지는 않는다. 실제로 월러스틴의 주장(단 하나의 분석 단위로서 세계체계)과 달리 『근대세계체제 I~IV』를 보면 분석 단위로 핵심부, 반주변부, 주변부에 속해 있는 국가들을 비교하고 있다. 자본주의 세계체계의 헤게모니 변화와

....

90 Wallerstein. 『우리가 아는 세계의 종언: 21세기를 위한 사회과학』. p.271.
91 Moulder, F.(1977). *Japan, China and the Modern World Economy: Toward A Reinterpretation of East Asian Development ca.1600 to ca.1918.* New York, NY: Cambridge University Press.
92 Skocpol and Somers. "거시사회 연구에 있어서 비교사의 유용성." p.187.

관련한 네덜란드와 스페인의 비교, 영국과 프랑스의 비교, 독일과 미국의 비교 등이 그 사례라고 할 수 있다. 그렇기 때문에 찰스 레긴의 지적과 같이 "월러스틴의 논의와 세계체계에 대한 실제 분석을 보면, 세계체제는 유일한 타당성 있는 자료 단위가 아니라 유일하게 타당성 있는 설명 단위"라고 이해하는 것이 적절해 보인다.[93] 그러므로 세계체계관점을 한국 복지체제의 역사적 기원과 궤적에 적용하는 것은 모순된 것이 아니다. 세계체계의 분석 단위를 이와 같은 방식으로 이해하면 우리는 세계체계-동아시아-한반도-한국이라는 중층적 분석 단위에 입각해 한국 복지체제를 분석하는 것이 가능해진다.

유일한 분석 단위로서 세계체계가 갖는 또 다른 의미는 총체성이다.[94] 총체성은 폴라니의 거대한 전환의 핵심개념으로, 블록(Block)과 소머즈에 따르면 총체성은 "특수한 사회적 역동성을 파악하는 데 필요한 전후 맥락을 제공해주는 사회적 전제"라고 할 수 있다.[95] 또한 총체성은 비교역사분석들이 공유하는 핵심개념 중 하나이다. 마르크 블로크(Mark Bloch)는 『봉건사회 I, II』에서 총체성의 개념을 사회의 각 부분이 구조적으로 관련되어 있으며 사회의 한 부분에 대한 이해는 나머지 부분들에 대한 이해를 전제하지 않고는 불가능하다는 의미로 정의한다.[96] 페리 앤더슨 또한 역사에 대한 이해는 총체적 성격에 기초해야 한다는 점을 강조했다. 사회는 전체로, 역사적 과정으로 이해되어야 한다는 것이다.[97] 이러한 총체성은 찰스 틸리의 지적처럼 개별 사회가 독립적인 실체라는, 19세기의 사회 변동과 이로부터 유래된 20세기의 잘못된 가정을 부정하는

....

93 Ragin, C.(2002[1989]). 『비교방법론』. 이재은·신현중·윤경준·이우권 역. (*The Comparative Method: Moving Beyond Qualitative and Quantitative Strategies*). 서울: 대영문화사; Ragin, C.(1990[1981]). "비교사회학과 비교방법." 『비교사회학: 방법과 실제 I』. 한국비교사회연구회 편역. pp.257-278. 서울: 열음사.

94 사실 총체성의 개념은 마르크스가 제기한 것으로, 사회구성체를 비교할 때 어느 한 부분을 분리해서 별도의 축을 설정하고 비교하는 것은 적절하지 않으며 사회구성체 전체를 하나로, 즉 총체성으로 비교해야 한다는 것이다. 김용학·임현진. 『비교사회학: 쟁점, 방법 및 실제』. p.102.

95 Block and Somers. "경제주의적 오류를 넘어서: 칼 폴라니의 전체론적 사회 과학." p.84.

96 Bloch, M.(2001a[1939]). 『봉건사회 I』. 한정숙 역. (*La SociétéFéodale I*). 서울: 한길사; Bloch, M.(2001b[1940]). 『봉건사회 II』. 한정숙 역. (*La SociétéFéodale II*). 서울: 한길사.

97 Fulbrook and Skocpol. "운명 지워진 역사 노정: 페리 앤더슨." p.219.

것이다.[98]

세계체계관점에서 홉킨스(Hopkins)와 월러스틴은 총체성의 개념을 서로 분리될 수 없는 '세계체계의 벡터들'로 정의한다.[99] 이는 "끊임없이 변화하는 구조화된 틀을 제공하는 과정들의 복합체"인데, 계급갈등과 같은 사회적 행위들은 모두 이러한 세계체계의 벡터들이라는 구조화된 틀 안에서 발생하게 된다. 홉킨스와 월러스틴은 구분할 수는 있지만 분리할 수 없는 근대세계체계의 벡터로 '국가 간 체계, 세계생산구조, 세계노동력의 구조, 세계 인간복지의 양상, 국가의 사회적 응집력 그리고 지식구조' 여섯 가지를 언급하고 있다. 총체성의 관점에서 보면 한 벡터의 변화는 반드시 나머지 벡터들의 변화를 수반하게 된다. 그러므로 홉킨스와 월러스틴이 '세계 인간복지의 양상'으로 표현한 복지체제에 대한 이해는 (여섯 가지 벡터로 구성된) 자본주의 세계체계에 대한 이해 없이는 불가능하며, 한국 복지체제 또한 다른 벡터들과 구분해서 그 특징이 기술될 수 있지만 다른 벡터들과의 연관성을 배제한 채 독립적인 것으로 설명될 수는 없다.

2) 세계체계의 시간적 전제조건

세계체계관점의 가장 중요한 쟁점 중 하나는 봉건제에서 자본주의로의 이행의 시점을 규정하는 것이다. 앞서 언급했듯이 월러스틴은 그 시기를 '장기 16세기'라고 부르는 1450년부터 1650년까지의 시간대로 정의한다. 하지만 밀란츠의 지적처럼 왜 "16세기 이전에는 자본주의 체제가 없었는가?"라는 질문에 대해 세계체계관점을 지지하는 논자들의 대답은 모호하다.[100] 일부 학자들은 월러스틴이 주장하는 봉건제에서 자본주의로의 이행이 16세기에 발생했다는 기술은 근거가 없다고 주장한다. 대표적인 종속이론가 중 한 명인 프랑크는 "아프로유라시

....

98   Tilly, C.(1998[1984]). 『비교역사사회학: 거대구조, 폭넓은 과정, 대규모 비교』. 안치민·박형신 역.
      (Big Structures, Large Processes, Huge Comparisons). 서울: 일신사. p.33.
99   Hopkins and Wallerstein. "세계체제: 위기는 있는가?" p.12.
100   Mielants. 『자본주의의 기원과 서양의 발흥』. p.23.

아(Afroeurasia)에 속하는 대부분의 구세계가 체계적으로 상호 연관된 역사는 적어도 5천 년이 되었다."고 주장한다.[101] 데이비드 윌킨슨(David Wilkinson)도 월러스틴이 자본주의 세계체계의 성립 여부와 관련해 가장 중요한 준거 중 하나로 간주하는 핵심부와 주변부 간의 기축적 노동 분업은 이미 기원전 3천 년 메소포타미아와 이집트 사회 간에 출현했다고 주장한다.[102] 비유럽 세계만이 아니다. 유럽에서도 이미 13세기경부터 발트해 연안국들로부터 시작해 북유럽 저지대 국가들, 영국, 흑해 지역과 지금의 이탈리아 지역까지 곡물 수출을 중심으로 한 분업체계가 존재했다는 많은 연구들이 있다.[103] 월러스틴의 세계체계관점에 지대한 영향을 미친 브로델도 (이미 한 차례 인용했지만) 유럽 자본주의 세계경제는 16세기에 탄생한 것이 아니라 그보다 훨씬 이전에 이미 존재했다고 주장하면서, 월러스틴이 16세기를 고집하는 이유는 아마도 마르크스의 영향을 받은 때문이라고 추정했다.[104] 브로델은 마르크스가 (비록 나중에 후회하기는 했지만) 자본주의가 13세기 이탈리아에서 시작되었다고 했고 자신은 마르크스의 주장에 동의한다고 밝혔다.

....

101 Frank, G.(2003). "World System History and the World After September 11, 2001." Inaugural address to the "X Semana Sociógica", at Universidade Lusófona de Humanidades e Tecnologias, in Lisbon on 5 June 2003. p.1. 아프로유라시아는 아프리카, 유럽, 아시아와 같은 구대륙 전체를 통칭하는 표현이다.

102 Wilkinson, D.(1993). "Civilization, Cores, World Economies, and Oikumenses." Frank, G. and Gills, B. eds. *The World System: Five Hundred Years or Five Thousand?* pp.221-246. New York: Routledge. p.222.

103 Mielants. 『자본주의의 기원과 서양의 발흥』. p.27.

104 Braudel. 『물질문명과 자본주의 III: 세계의 시간』. p.70. 브로델은 마르크스가 13세기에 자본주의가 시작되었다는 견해를 표명했다고 주장한다. 하지만 『자본』 어디에도 자본주의가 13세기에 이탈리아에서 시작되었다는 문구는 없다. 대신 마르크스는 『자본 I』에서 자본주의 시점에 대해 두 차례 언급하는데, 한 번은 '제4장 화폐의 자본으로의 전화'에서 "16세기에 세계무역과 세계시장이 형성됨으로써 자본의 근대적 생활사는 시작된다."라고 한 것이고, 다른 한 번은 마르크스가 자본주의가 "14~15세기에 지중해 연안의 몇몇 도시에서 산발적으로 나타났지만 자본주 시대가 본격적으로 시작된 것은 16세기 이후의 일이다."라고 언급한 것이다. Marx. 『자본 I』. p.225, 964. 아마도 브로델이 주장하는 13세기는 마르크스가 14~15세기를 언급한 것을('자본주의적 맹아'를) 본격적인 자본주의 시작으로 오독한 것으로 보인다. 다만 현재로서는 브로델이 읽었을 『자본』의 프랑스 판본을 확인할 수 없기 때문에 브로델의 오독이라고 단언하기는 주저된다.

정리하면 자본주의 세계체계는 16세기를 전후해 갑자기 만들어진 것이 아니라는 것이다. 더욱이 16세기에 형성된 자본주의 세계체계에 그 이전 시기와 구분되는 특별한 변화가 있었다고 할 수도 없다는 것이다. 만약 우리가 이러한 주장을 받아들인다면 자본주의의 기원과 세계체계의 성립 시점에 대한 재검토가 필요한 것은 물론 어떤 사회를 자본주의 사회로 규정할 수 있는지 어려움에 처하게 된다. 이러한 비판에 대해 월러스틴의 입장은 단호하다. 월러스틴은 프랑크의 『리오리엔트』를 언급하면서 "이 책이야말로 유통론(circulationist)의 꼬리를 부여 받을 만하며, 프랑크와 같이 자본주의의 기원을 5천 년 전으로 거슬러 올라간다면 자본주의를 역사 전체에서 완전히 지워버리는 것"이라고 비판했다.[105] 프랑크의 주장을 받아들이면 자본주의는 더 이상 역사적 분석을 위한 개념으로서 지위를 상실하게 되고 자본주의에 대한 분석 자체가 불가능해지고 불필요해진다는 것이다.

3) 세계체계관점의 이론적 정합성

월러스틴 자신은 세계체계는 이론이 아니라 자본주의 세계를 바라보는 하나의 관점 또는 분석 방법이라고 주장했다. 월러스틴이 왜 세계체계론(論)을 부정하고 세계체계분석 또는 관점이라는 개념을 사용했는지에 대해서, 스카치폴은 월러스틴과 그 지지자들이 "기존의 이론과 역사에 대비해서 새로운 일반화를 시도하지 않았다."고 평가한다.[106] 다시 말해, 월러스틴의 목적은 거시이론의 일반화가 아니고 세계체계라는 관점을 현재 우리가 살고 있는 자본주의를 분석하는 데 적용하고자 했던 것이다. 만약 세계체계관점이 월러스틴의 주장처럼 이론이 아니라면 세계체계관점이 이론적 정합성을 결여했다는 비판 또한 성립하기 어렵

....

105 Wallerstein. 『근대세계체제 Ⅰ』. p.xxi. 흥미로운 사실은 월러스틴 자신이 브레너와 같은 네오마르크스주의자들로부터 유통론자로 비판을 받고 있다는 점이다. Brenner. "The Origins of Capitalist Development: A Critique of Neo-Smithian Marxism." pp.38-41. 자본주의 이행 논쟁과 관련된 문헌들을 보면 마르크스주의자들에게 '유통론자'라는 딱지를 붙이는 것은 진보적인 지식인들에게 반마르크스주의자는 아닐지라도 비마르크스주의자라는 낙인(?)을 부여하는 것으로 보인다.

106 Skocpol. "사회학에서의 역사적 상상력." p.26.

다. 그러나 세계체계관점은 월러스틴 자신이 이론으로 인정하는지의 여부와 관계없이 이미 이론(理論)의 지위를 부여받고 있다. 이미 많은 저작들이 '세계체제론'이라는 용어를 사용하고 있다는 점을 고려하면, 세계체계관점에 대해 이론적 정합성을 요구하는 것은 그렇게 터무니없는 요구는 아니라고 생각된다.

브루어는 세계체계관점의 문제 중 하나는 세계체계가 총체성을 강조하는 데 비해 세계체계의 총체성을 구체적인 사실과 연결시키는 이론적 고민이 충분하지 않다는 점을 지적한다.[107] 예를 들어, 브루어에 따르면 월러스틴은 노동력을 완전한 상품으로 이해하고 있지만, 노동력의 상품화가 곧 임금노동을 의미하지는 않는다. 월러스틴은 임금노동은 노동이 동원되는 다양한 방식중 하나이며, 자본주의 세계체계에서 상품화된 노동에는 임금노동, 노예제, 강제현금, 차지농 등 그 성격이 상이한 형태의 생산양식이 뒤섞여 있다고 했다. 하지만 자본주의를 전자본주의와 구별 짓는 가장 중요한 특징이 인간 노동력의 상품화이고, 인간 노동력의 상품화란 곧 임금노동자화를 의미한다는 점에서, 노예제, 농노제 등을 임금노동과 함께 자본주의의 노동 동원양식에 포괄하는 월러스틴의 주장은 정통 마르크스주의자들은 물론 자본주의에 대한 일반적 상식을 갖고 있는 사람들이 받아들이기 어려운 주장이다. 브루어가 제기한 비판의 핵심은 월러스틴이 자본주의 세계체계만이 유일한 분석 단위라고 주장한 이상 노예제, 농노제 등과 같은 비(非)자본주의적 생산양식이 어떻게 자본-노동이라는 자본주의 생산양식의 계급관계와 함께 자본주의 생산양식이 지배하는 세계체계를 구성할 수 있는지에 대해 설득력 있는 논거를 제시해야 한다는 것이다. 브루어는 월러스틴처럼 많은 현학적인 사료들을 제시하고 모호한 전문용어를 사용하는 것으로는 이러한 문제를 해결할 수 없다고 비판했다.

월러스틴의 세계체계에 대한 백승욱의 비판도 주로 과도한 일반화에 집중되어 있다.[108] 백승욱은 월러스틴의 세계체계관점이 자본주의의 내적 동학을 충분

....

107 Brewer. *Marxist Theories of Imperialism*. p.178.
108 백승욱. 『자본주의 역사 강의』. pp.242-246.

히 분석하지 않았고, 마르크스가 제기한 노동에 대한 실질적 포섭의 문제를 정치적 포섭의 문제로 대체했으며, 세계체계를 구성하는 지역 간 차이를 충분히 고려하지 못했다고 비판한다. 또한 자본주의 세계체계의 변화를 이해하는 핵심개념이라고 할 수 있는 장기추세의 개념도 분명하지 않다고 지적했다. 덧붙여 백승욱은 월러스틴이 사회주의를 자유주의의 한 형태라고 주장하면서 이에 대한 충분한 논거를 제기하지 않았다고 비판한다. 즉, "사회주의 역사를 너무 단순하게 본다."는 것이다. 하지만 이는 다소 오해가 있는 것으로 보인다. 월러스틴은 근대세계체계 4부작 중 마지막 저작인 『근대세계체계 IV(*The Modern World-system IV: Centrist Liberalism Triumphat, 1789-1914*)』에서 1789년부터 1914년까지 유럽에서 전개된 자유주의, 보수주의, 사회주의의 특성과 역사에 대해 상세히 다루고 있기 때문이다.[109] 물론 월러스틴은 역사상 존재했던 사회주의 또한 자본주의 세계체계를 구성하는 일부라고 주장한다. 하지만 월러스틴은 사회주의 체제를 자본주의 세계체계의 반주변부로 규정한 것 이외에 왜 사회주의 체제가 자신의 지향과는 상반된 특성을 가진 자본주의 세계체계의 구성 부문이 될 수 있는지에 대한 설득력 있는 논거를 제시하지는 못했다. 더욱이 월러스틴이 최근 발간한 (이론서나 역사서이기보다는 에세이집에 가까운) 저작들에서는 역사적 자본주의의 운명이 다했고 새로운 체제로 이행하고 있는 중이라고 주장하고 있다. 하지만 이역시 설득력 있는 근거를 제시하지는 못하고 있다.[110] 단순히 주장과 추정만이 있을 뿐이다.

결국 월러스틴의 세계체계를 둘러싼 논란의 핵심은 자본주의의 기원으로부터 시작해 자본주의를 어떻게 정의할 것인가와 관련된 문제이다. 예를 들어, 마르크스주의의 전통에 따른다면 자본주의는 임금노동자와 자본가로 이루어진 생산관계를 의미하지만, 브로델의 방식을 적용하면 자본주의는 생산양식과는 무관하게 독점을 중심으로 존재하는 "본질적으로 가장 높은 곳의 경제 활동에서 비롯되

....

109　Wallerstein. *The Modern World-system IV*.
110　Wallerstein. 『우리가 아는 세계의 종언: 21세기를 위한 사회과학』.

는 것"[111]으로 자본주의의 생산양식이 반드시 임금노동자와 자본가 간의 관계에 기초한 생산양식일 필요는 없다. 자본주의에 대한 모호한 정의가 세계체계관점에 대한 비판의 여지를 넓게 만들었다고 할 수 있을 것 같다.

4) 세계체계관점과 젠더관점

세계체계관점은 자본주의를 일국적 관점이 아닌 세계체계의 관점에서 이해하려고 시도했다는 점에서 그 의미가 크다. 하지만 다른 주류 이론들이 그렇듯이 세계체계관점 또한 자본주의 세계체계를 생산노동에 의해 만들어진 상품의 부등가 교환에 기초한 체제로 정의했다는 점에서 명백히 몰(沒)성적(gender-blinded)이다. 이후 젠더관점을 살펴보면서 조금 더 자세히 언급하겠지만, 자본주의는 단순히 생산노동에 의해 유지되는 체제가 아니다. 자본주의의 지속 가능성은 생산노동만이 아니라, 마리아 미즈(Maria Mies)의 표현처럼 수면 아래에 감추어져 있는 무급재생산노동에 의존하고 있는 생산체제이자 교환체제이기 때문이다.[112] 더욱이 젠더관점과 세계체계관점은 상호 보완적 관계를 만들 수 있다는 점에서, 젠더관점에 근거한 세계체계관점을 상상해보는 것이 불가능한 것은 아니다. 왜냐하면 서구 복지국가는 물론이고 홍콩, 한국 등과 같은 동아시아 국가들에서도 돌봄은 점점 더 국제적 성격을 띠고 있고, 전지구적 돌봄 연결구조(Global care chain)를 고려하지 않고서는 국민국가 내에서 벌어지는 돌봄을 온전히 이해할 수 없기 때문이다.[113] 실제로 2012년 현재 한국에서 가사와 돌봄 서비스에 종사하는 제3세계 여성은 대략 20만 명에 달하고 있는 것으로 추산되고 있다.

....

111 Braudel, F.(2012[2008]). 『물질문명과 자본주의 읽기』. 김홍식 역. (*Le Dynamique de Capitalisme*). 서울: 갈라파고스. p.131.

112 Mies, M.(2007). "Patriarch and Accumulation on a World Scale-revisited." Keynote Lecture at the Green Economics Institute, Reading, 29 October 2005. *International Journal of Green Economics* 1(3/4): 268-275; Mies, M.(1986). *Patriarch and Accumulation on a World Scale: Women in the International Division of Labour*. London: Zed Books.

113 Yoon, H. S.(2014b). "The Characteristics of 'Global Care Chains' in East Asian Countries: Focusing on the Case of the Republic of Korea." paper prepared for "Global Care Chains: Why Should We Care?" Fredrich Ebert-Stiftung, Berlin, October 22-23, 2014.

낸시 프레이저(Nancy Fraser)는 (복지국가의 전통적 분석 단위가 되는) 국민국가에 기초한 '주권' 개념은 국경을 경계로 정치적 공간을 분할해 국민국가의 경계를 넘는 정의의 문제에 대해 침묵하게 만들었다고 비판했다.[114] 돌봄으로 대표되는 정의의 문제는 국민국가만의 정치적 공간에서 실현될 수 없기 때문이다. 자본주의 세계체계 내에서 핵심부, 반주변부, 주변부 간에 이루어지는 부등가 교환은 단순히 상품(재화)에 제한되지 않고 용역(서비스)으로 확산되고 있는데, 이는 국가 간 무역체계가 '관세 및 무역에 관한 일반협정(GATT)'에서 '세계무역기구(WTO)'로 전환된 가장 중요한 이유이기도 하다. 또한 미국으로 대표되는 핵심 국가들은 최근 서비스의 자유로운 교역을 통해 자본의 이윤을 실현하려고 한다.[115] 그러므로 현재 자본주의 세계를 온전히 이해하기 위해서 생산노동만이 아닌 돌봄노동에 주목하고 있는 젠더관점과 자본주의를 하나의 체계로 간주하는 세계체계관점의 결합은 선택이 아닌 필수적이라고 할 수 있다.

제3절 한국 중심적 접근 방법

한국 복지체제의 역사적 기원과 궤적을 분석하는 데 있어 '한국 중심적 접근 방법'을 취하는 것은 어쩌면 너무나 상식적인 생각일지도 모른다. 하지만 상식을 실천하는 것은 쉽지 않다. 제2장에서 검토한 것과 같이 기존의 한국 복지체제에 대한 연구들은 주로 서구 사회의 경제·정치·문화의 역사적 경험에 근거한 이론, 개념, 지표를 준거로 한국 복지체제의 성격을 분석했다. 한국 복지체제의 전망에 관한 대부분의 논의도 사실상 서구의 경험으로부터 유추된 것이 현실이었다. 대표적인 사례로 2000년대 초반에 진행된 소위 '한국 복지국가 성격 논쟁(이하 성격 논쟁)'은 당시로서는 진일보한 논쟁이었음에 의문의 여지가 없지만, 일

....

114 Fraser, N. (2010[2008]). 『지구화 시대의 정의: 정치적 공간에 대한 새로운 상상』. 김원식 역. (*Scales of Justice: Reimagining Political Space in A Globalizing World*). 서울: 그린비. p.49.
115 Schwartz. 『국가 대 시장: 지구 경제의 출현』. p.398.

부 예외적인 논의를 제외하면 '성격 논쟁' 자체는 서구 복지체제의 기준에 한국 복지체제를 비추어보는 것 이상도 이하도 아니었다.[116] 특히 총체성의 관점과 같이 2000년대 이전에 이루어진 한국 복지체제에 대한 논의의 성과가 '성격 논쟁'에서 발전적으로 계승되지 못했다는 점에서 '성격 논쟁'에 대한 평가는 양가적일 수밖에 없다. 그렇다면 도대체 한국 복지체제를 한국 중심적으로 분석하고 이해한다는 것은 어떤 의미를 담고 있는 것일까? 본 절에서는 이러한 문제를 중심으로 『기원과 궤적』의 중요한 이론적 관점 중 하나인 '한국 중심적 접근 방법'에 대해 개략했다.

1. 내적 요인과 외적 요인

한국 복지체제의 역사적 전개과정에서 우리가 갖는 근본적 의문 중 하나는 왜 한국에서는 1960년대 이후 급격한 산업화와 경제성장에도 불구하고 북서유럽과 같은 국가복지의 확대가 이루어지지 않았느냐는 것이다. 이러한 질문에 대한 한국 학계의 대답은 대체로 북서유럽 복지국가의 역사적 경험에 단단히 얽매여 있다. 한국 학계는 북서유럽에서 전후 경제성장과 함께 확대된 국가복지를 복지체제 발전의 정상적인 궤적으로 상정하고 북서유럽과 비교해 한국에 없는 요인을 찾는 것으로 답을 대신했다. 그래서 우리는 북서유럽에서 전후 국가복지 확대를 설명하는 주요한 변수인 (이후 구체적으로 살펴보겠지만) 권력자원과 제도적 유산이 한국에는 없거나 취약했다는 사실에 주목했다. 하지만 이러한 접근 방법은 그야말로 북서유럽 복지국가의 역사적 경험을 한국 사회에 강제하는 우리 스스로 만들어낸 '오리엔탈리즘'의 전형이다.

한국 복지체제의 성격과 역사는 한국 사회의 역사적 경험에 근거해 설명해야 한다. 『기원과 궤적』에서 '한국 중심적 접근 방법'을 취하려는 이유는 바로 여

....
116 물론 '성격 논쟁'을 계기로 한국 복지체제에 대한 연구와 논의가 본격화되었다는 점을 고려하면 '성격 논쟁'이 한국 복지체제 연구에 기여한 공을 간과해서는 안 된다.

기에 있다. 하지만 '한국 중심적 접근 방법'은 결코 복지국가의 역사적 기원과 궤적에 대한 보편성을 부정하고 한국적 특수성만을 강조하는 관점이 아니다. 『기원과 궤적』에서 '한국 중심적(Korea-centered) 접근 방법'이라고 명명한 근거가 되는 폴 코헨의 '중국 자신에 입각한(China-centered)' 접근법에 대해, 코헨은 『학문의 제국주의: 오리엔탈리즘과 중국사』에서 다음과 같이 말했다.

"내가 '중국 자신에 입각한(China-centered)'이라고 이름 붙인 그 접근법의 핵심적 특징은 학자들이 역사적 문제를 외부에서 들여온 의미라는 관점보다는 중국인들 자신이 경험한 중국의 과거에 감정을 이입해 재구성하려는 연구 방법이라는 점이다. 중국 자신에 입각한 접근법은 중국적인 상황에서 설정된 중국의 문제로부터 출발하여 중국 역사의 규모와 복잡성을 자세하게 다룰 수 있는 좀 더 작은 단위로 분해하려고 하며, 또 중국 사회를 여러 수준에서 위계적으로 조직화된 존재로 보고, 역사학 이외의 다른 분야—배타적인 것은 아니지만, 대부분 사회과학—에서 발전된 이론, 방법론, 기법들을 기꺼이 환영하며, 또 그렇게 함으로써 그들을 역사적 분석에 통합하려 한다."[117]

"우리가 중국 근대사에 대해서 완전하고 정확한 이해를 얻고자 한다면 당연히 중국 근대사를 내적 행위자와 외적 행위자 사이의 복잡한 상호작용의 산물로 보아야 할 것이다."[118]

사실 코헨의 접근법은 '새롭다'기보다는 코헨 자신이 위에서 언급한 것처럼 지극히 당연하고 상식적인 것이다. 왜냐하면 우리가 한국 복지체제의 역사적 기원과 궤적을 정확하게 이해하기 위해서 한국 복지체제가 걸어왔던 역사를 한국 내부의 요인들과 자본주의 세계체계와 같은 외부의 요인들 간의 밀접한 상호작

....

117   Cohen. 『학문의 제국주의』. p.34.
118   Cohen. 『학문의 제국주의』. p.30.

용의 결과로 보는 것은 너무나 당연하다. 예를 들어, 1960년대와 1970년대에 경공업과 중화학공업이 핵심부 지역에서 한국과 같은 주변부 또는 반주변부로 이전되는 것과 같은 자본주의 세계체계 차원의 산업 재배치와 노동 분업이 없었다면[119] 박정희 권위주의 정권 하에서 경제발전은 불가능했을 것이다. 더 나아가 한국 복지체제에 중요한 유산을 남긴 사회보험 중심의 복지체제도 형성되지 않았거나 적어도 그 형성 시점이 1970년대는 아니었을 것이다.

물론 자본주의 세계체계의 분업구조의 재편에도 불구하고 대부분의 저개발 국가들은 한국과 같은 성과를 내지는 못했다.[120] 이러한 현실은 당시 한국 경제성장의 원인을 순전히 자본주의 세계체계의 산업 재배치와 노동 분업의 결과만으로 설명할 수는 없다는 것을 의미한다. 개발국가 논자들이 주장하는 것처럼 다양한 이해집단의 요구로부터 자유로운 한국의 국가 관료체계가 이러한 성장을 가능하게 한 것일 수도 있고[121] 지배계급과 피지배계급 모두가 암묵적으로 개발독재에 동의했을 수도 있다.[122] 분명한 것은 코헨의 지적처럼 한국의 경제성장은 당시 한국 사회를 둘러싼 내·외부적 요인의 상호작용의 결과라는 것이다. 그러므로 '한국 중심적 접근 방법'은 단순히 한국 사회 내부의 요인들만을 중심에 놓고 한국 복지체제의 역사적 기원과 궤적을 설명하려는 접근 방법이 아니다. 그렇다고 일부 세계체계론자들의 관점처럼 자본주의 세계체계에 의해 한국 복지체제의 특성이 결정된다는 결정론을 주장하는 것은 더더욱 아니다.

반복하지만 한국 중심적 접근 방법은 내부적 요인들과 외부적 요인들을 모두 고려하고 이 둘 간에 밀접한 상호관계가 있다는 관점을 취하자는 것이다. 예를 들어, 에스핑-앤더슨과 같은 일군의 학자들은 서구 복지체제와 구별되는 동아시아 복지체제의 특수성을 상대적으로 관대한 기업복지에서 찾고 있다.[123] 동

....

119   Silver. 『노동의 힘』.
120   McMichael. 『거대한 역설』.
121   Johnson. *MITI and the Japanese Miracle*.
122   이병천. "개발독재의 정치경제학과 한국의 경험." p.50.
123   Esping-Andersen. *The Three Worlds of Welfare Capitalism*.

아시아 복지체제의 이러한 특성은 고용주가 노동자들의 충성심을 높이기 위한 전략일 수도 있고, 굴드(Gould)가 주장하는 것처럼 강력한 노동조합의 발전을 저지하고 국민 전체를 위한 거대한 복지 요구를 제한하기 위해 국가가 후원하는 이념 공세라는 국민국가의 내적 요인들의 결과일 수도 있다.[124] 다른 한편 한국의 기업복지는 조립형 수출 주도적 산업화를 통해 성장한 한국 자본주의의 특성이 반영된 결과일 수도 있다. 조립형 수출 주도적 산업화에서 자본이 재생산을 보장해야 할 노동력은 보편적이기보다 수출산업에 종사하는 자신들이 고용한 핵심 노동자로 제한되기 때문이다.

물론 반론도 가능하다. 카젠스타인의 주장처럼 스웨덴, 덴마크 등과 같은 유럽의 소국들은 한국과 같이 수출 주도형 전략을 통해 경제성장을 이루었지만[125] 한국과 달리 국가복지를 확대했다. 하지만 한국과 유럽의 소국들이 세계체계에서 갖는 지위가 상이했다는 점을 고려할 필요가 있다. 실제로 1960년대와 1970년대 한국의 경제성장을 주도했던 섬유산업으로 대표되는 소비재산업은 선진 산업국에서는 사양산업이었기 때문에,[126] 한국 자본주의는 수출 주도형 경제성장을 통한 자본축적과 국가복지의 확대를 통한 체제의 정당성을 확보하는 두 마리 토끼를 동시에 잡을 수 없었는지도 모른다. 자동차산업도 마찬가지이다. 한국은 자동차산업에서 일정 수준의 성취를 이루어냈지만, 한국이 자동차산업에 본격적으로 진입했을 때 자동차산업은 제품 생산주기에서 혁신 단계(선도산업의 단계)가 아닌 다수의 경쟁자가 참여하는 표준화 단계에 진입했고,[127] 표준화 단계에서 자본의 이윤 확보는 선도산업 단계에 비해 상대적으로 낮을 수밖에 없었다.

'한국 중심적 접근 방법'을 이해하는 또 다른 관점은 서구 사회가 동아시아 사회를 이해하는 방식으로부터 벗어나는 것이다. 대표적으로 충격-반응 접근법

....

124 white, and Goodman. "The East Asian Welfare Model." p.16.
125 Katzenstein. *Small States in World Markets: Industrial Policy in Europe.*
126 섬유산업에서 혁신 단계는 대략 19세기였고, 이미 1920년대와 1930년대에 접어들면서 표준화 단계에 진입했다. 한국에서 섬유산업이 경제성장에 중추적 역할을 했던 시기는 1960년대부터 1980년대까지였다. Silver. 『노동의 힘』. p.132.
127 Silver. 『노동의 힘』. p.125.

(impact-response approach)의 관점, 근대화론, 제국주의 관점이 있다. 충격-반응 접근법에서는 동아시아 사회(구체적으로 중국)의 변화를 서구의 충격에 대한 동아시아 사회의 대응으로 이해한다. 예를 들어, 한국 사회의 변화를 외부의 충격(1876년 일제에 의한 개항)에 대한 반응으로 이해하려고 하는 것과 유사하다. 근대화론(전통-근대성 접근법, traditional-modernity approach)도 충격-반응 접근법과 크게 다르지 않다. 근대화론은 근대화와 관련된 서구의 경험(과학기술, 산업혁명 등)을 동아시아 국가에 적용하는 방식으로 비서구 사회의 변화에 접근한다. 대표적으로 이영훈과 같은 일군의 식민지 근대화론자들은 외부의 충격(이영훈이 일본의 투자라고 표현하는 일본 제국주의의 침탈)이 없었다면 한국이 자생적으로 근대과학이나 산업혁명을 수행할 수 없었을 것이라고 주장한다.[128] 이러한 관점을 취하면 한국 내부의 변화와 발전은 외부의 충격으로 인한 변화에 비해 부차적인 의미 이상을 갖지 못하게 된다.

제국주의 관점도 충격-반응 접근법과 근대화론과는 대척점에 있는 듯 보이지만 한국 사회의 변화를 서구 중심적으로 접근한다는 점에서 충격-반응 접근법과 근대화론의 접근과 유사하다. 1970년대 북한 학계와 이후 한국 학계에서 제기한 '내재적 발전론'이 그 대표적인 예라고 할 수 있다.[129] 하지만 이러한 제국주의 접근법 역시 한국의 근대화가 지체된 원인을 일본 제국주의의 침탈이라는 외적 요인에서 찾고 있다는 점에서 충격-반응 접근법과 크게 다르지 않다고 할 수 있다.

『기원과 궤적』은 한국이 상대적으로 높은 경제적 수준에 도달했음에도 불구하고 낮은 사회지출을 유지하고 있는 현실에 대해 아부-루고드(Abu-Rughod)의 지적처럼 어떠한 역사적 필연성도 없다는 관점을 취할 것이다. 우리에게 익숙한 방식은 복지국가의 '전형'으로서 서구 복지국가의 특성을 검토해 서구가 어떻게 지금과 같은 복지국가를 만들 수 있었는지를 분석하고 이를 현재의 한국과 비교

....

128 백일(2005). "이영훈 등 뉴라이트의 한국 근대사 식민사관 비판." 『마르크스주의 연구』 2(2): 163-187.
129 김광진·정영술·손전후. 『조선에서 자본주의적 관계의 발전』; 이욱. "조선후기 상업사에서의 자본주의 맹아론"; 전석담·허종호·홍희유. 『조선에서 자본주의적 관계의 발생』; 정연태. 『한국근대와 식민지 근대회 논쟁』.

하는 것이다. 『기원과 궤적』이 '한국 중심적 접근 방법'을 지향한다는 것은 이러한 한국 학계에 만연한 접근 방법을 '가급적' 지양하겠다는 것을 의미한다.[130] 만약 『기원과 궤적』이 현재 서구 복지체제의 모습이 한국이 추구해야 할 보편적 전형이라는 관점에서 벗어날 수만 있다면, 한국 복지국가의 역사적 기원과 궤적에 대한 연구는 한국 사회의 내·외부적 요인들의 상호작용을 조금 더 균형 있게 반영할 수 있을 것이다. 아부-루고드는 역사를 바라보는 자신의 관점을 이렇게 정리했다.

> "이 책의 기본 논지는 그 체제가 동양보다 서양에 유리한 방향으로 흘러야만 할 아무런 고유한 역사적 필연성도 없었으며, 동양의 문화가 근대세계체제의 원조가 되는 것을 가로막았던 그 어떤 고유한 역사적 필연성도 없었다는 것이다. 이와 같은 논지는 적어도 그 정반대의 내용을 강제하는 것일지도 모르겠다. 일반적인 접근이라면 먼저 결과—즉, 근대 서양의 경제적, 정치적 패권—를 검토하고 나서 거슬러 올라가 어찌하여 서양이 이 우월한 지위를 차지하는 것이 불가피했는지를 정당화해야 할 것이다. 하지만 나는 이러한 방식을 피하고자 한다."[131]

마지막으로 한국 중심적 접근 방법은 우리가 한국 복지국가를 설명하는 데 있어 한국의 사회·경제·문화·정치의 역사적 맥락에 근거한 변수를 개념화해야 한다는 것을 의미한다. 이는 단순히 한국만이 갖고 있고 서구는 갖고 있지 않은 고유한 무엇을 찾아 변수로 만들고 이를 근거로 한국 복지체제를 설명해야 한다는 주장과는 구별된다. 예를 들어, 캐서린 존스(Kathleen Jones)는 한국과 같은 동아시아 복지체제들이 서구와 구별되는 고유한 특성으로 유교를 지목하고 이를

....

130 필자가 여기서 '가급적'이라고 이야기한 것은 필자가 지금까지 읽은 책과 자료들이 대부분 이러한 서구 중심적 관점에 근거해 쓰여 있고 이론과 개념 또한 철저히 서구 중심적 역사를 반영하고 있기 때문이다. 필자는 『기원과 궤적』을 이러한 문제로부터 완전히 자유로운 연구물로 만들 능력이 없다. 다만 서구 중심적 사고와 관점에 대해 문제의식을 갖고 있으며 이를 지양하려는 노력을 할 것이라고 이야기할 수 있을 것 같다.

131 Abu-Rughod. 『유럽 패권 이전: 13세기 세계체제』. p.33.

근거로 동아시아 복지체제를 유교주의 복지국가로 명명했다. 하지만 이러한 시도는 '한국 중심적 접근 방법'이 될 수 없다. 만약 한국을 유교주의 복지국가로 유형화하고자 한다면, 같은 관점에서 서구를 기독교주의 복지국가로 규정해야 한다. 즉, 한국과 서구 복지국가를 종교(또는 문화)라는 차원에서 접근할 때 유교주의 복지체제는 비로소 유의미한 논의가 될 수 있는 것이다.[132] 왜냐하면 한국을 서구와 구분하기 위해서는 한국과 서구 복지국가를 설명하는 공통의 변수가 있어야 하고, 그 변수가 한국과 서구에서 각각의 복지체제를 설명하는 결정적 변수라는 조건을 충족시켜주어야 한다. 이러한 조건을 충족시키지 못한 채 한국 또는 동아시아 복지체제를 동아시아 국가들에만 해당하는 변수로 설명하려는 시도는 또 하나의 '오리엔탈리즘'일 뿐이다.

핵심은 (매우 어려운 작업이지만) 제2장에서 언급한 것과 같이 한국 사회는 물론 서구 사회의 복지체제를 공통으로 분석할 수 있는 개념(변수)을 만들어야 한다는 것이다. 예를 들어보자. 어떤 사람들은 2000년대 초에 있었던 한국 복지국가 성격 논쟁과 같이 에스핑-앤더슨의 유형화의 핵심 변수인 '탈상품화' 개념을 한국과 서구 복지국가의 성격을 분석하는 핵심 변수로 사용할 수 있다. 왜냐하면 서구나 한국이나 모두 자본주의 사회이고 자본주의 사회에서 복지국가의 핵심 역할은 노동력의 상품화가 중단될 때 발생하는 위험에 대해 대응하는 것이기 때문이다. 그러나 '탈상품화' 지수가 서구는 물론 한국의 복지 수준을 가장 잘 나타낼 수 있는지는 생각해볼 필요가 있다. 복지국가 유형화의 기준으로서 탈상품화 개념은 상대적으로 서구 친화적인, 현재 서구 복지국가의 사회경제적인 맥

....

132 사실 해당 지역의 종교를 준거로 복지국가의 특성을 설명하고 유형화하려는 시도는 거의 설득력이 없어 보인다. 왜냐하면 첫째, 형식상 동일한 종교라고 해도 그 내적 다양성은 매우 크기 때문이다. 한·중·일의 유교를 동질적인 유교라고 규정하는 것이 어렵듯이 서구의 기독교를 하나의 동질적인 종교라고 할 수는 없다. 둘째, 우리는 해당 종교가 어떻게 분배체제의 특성을 구분하는 결정적 준거가 되어야 하는지를 설명할 역사적, 이론적 논거를 찾기 어려울 것 같다. 제4장에서 구체적으로 검토하겠지만, 복지국가는 특정한 시기를 대표하는 분배체제인 데 반해, 종교는 역사적으로 보면 상당히 통시적인 성격을 갖고 있기 때문이다. 또한 부차적이지만 유교를 종교라고 규정하는 것에 대해서는 많은 논란이 있다.

락을 반영한 개념일 수도 있기 때문이다.

어떤 국가의 탈상품화 수준이 높다는 것은 시민들이 노동력을 시장에 팔지 않아도 빈곤에 처할 가능성이 상대적으로 낮고 소득불평등도 낮다는 것을 의미한다. 그러나 시장 소득으로 본 한국의 지니계수(불평등지표)는 대부분의 유럽 국가보다 낮다.[133] 또한 조세와 소득이전 프로그램을 더한 소득불평등을 보아도 한국은 다른 OECD 국가들에 비해 소득불평등이 그렇게 높지 않다.[134] 예를 들어, 2016년 현재 GDP 대비 사회지출비율이 가장 높은 프랑스(31.5%)와 한국 (10.4%)을 비교해보면,[135] 프랑스의 탈상품화 수준은 한국보다 월등히 높다. 하지만 시장소득을 기준으로 측정한 불평등지수(지니계수)는 한국이 0.34로 프랑스 0.51의 대략 3분의 2에 불과하고, 세금과 이전소득을 고려한 소득불평등지수는 한국과 프랑스가 0.31로 같다.[136] 사실 이와 같다면 탈상품화 지수가 한국과 프랑스의 복지 수준을 측정하는 보편적 지수로 적절한 것일지 생각해볼 필요가 있다. 답은 아마도 반은 적절하고 반은 적절하지 않다는 것에 가까울 것이다. 이처럼 사회과학이 상이한 사회경제적 현실과 역사를 갖고 있는 두 사회를 한 시점에서 비교하기 위해서는 좀 더 정치한 개념화 작업이 필요하다. 바로 '한국 중심적 접근 방법'은 이러한 문제의식을 반영해 한국 복지체제를 설명할 수 있는 보편적이지만 특수한 이론화와 개념화가 필요하다고 주장하는 것이고 그러한 관점으로 한국 복지체제를 분석하겠다는 것이다.

이러한 문제의식에 근거해『기원과 궤적』에서는 한국 사회의 변화, 구체적으로 한국 복지체제의 역사적 기원과 궤적을 이해하는 데 있어 외부 충격과 내부

....

133 OECD(2015b). OECD Income Distribution Database: Gini, Poverty, Income, Methods and Concepts. www.oecd.org/social/income-distribution-database.htm

134 물론 한국의 지니계수가 과소 추정되었다는 주장이 지속적으로 제기되고 있다는 사실을 기억해야 한다.

135 OECD. Social Expenditure: Aggregated Date.

136 왜 이런 현상이 나타나는 것일까? 가장 중요한 이유 중 하나는 두 국가의 65세 이상 노인인구 비중 (소득 활동을 하지 않는 인구의 비율)의 차이 때문일 수도 있다. 노인인구 비중이 높은 프랑스는 당연히 한국보다 (임금)소득이 없는 인구 비율이 높아 시장소득의 불평등이 높게 나타나는 것일 수도 있다. OECD 자료에 따르면, 2012년 현재 한국의 65세 이상 인구의 비율은 11.8%, 프랑스는 17.1%이다. OECD. OECD Factbook 2014: Economic, Environmental and Social Statistics.

동학이 상호 보완적으로 결합될 필요가 있고, 한국과 서구 복지국가를 분석할 수 있는 보편적 이론화와 개념화가 필요한 동시에 (모순적이지만) 한국 복지체제의 특성을 반영하는 이론화와 개념화 또한 필요하다는 관점을 취할 것이다.[137] 역사적 자본주의가 유럽을 떠나 세계로 확장된 이후 한국 사회의 변화는 외부(자본주의 세계체계)로부터의 충격에 대한 반응만이 아닌 한국 내부의 동학에 의해서도 변화했다. 한국 복지체제는 큰 틀에서 세계체계의 일반적 성격에 의해 규정되지만, 세계체계의 규정성으로부터 자율성을 갖고 있다. 정리하면 한국 중심적 접근 방법은 한국 복지체제의 역사적 기원과 궤적을 설명하기 위해 한국 사회의 내적 요인은 물론 외적 요인을 고려하는 동시에 이 둘 간의 관계를 한국 복지체제를 설명하는 중요한 변수로 간주하는 접근 방법이라고 할 수 있다. 국민국가는 자본주의 세계체계가 자신의 모형대로 찍어내고 그것이 시키는 대로 따라가는 수동적 존재가 아니다. 국민국가는 역동적인 내부의 힘에 따라 온 사방으로 자라나고 커가는 나무와 같은 존재이다.[138]

2. 가능성의 한계

한국 중심적 관점에서 강조하는 한국 복지체제가 갖는 자율성은 브로델이 이야기했던 것처럼 어디까지나 '가능성의 한계' 내에서 보장된다는 점을 분명히 할 필요가 있다.[139] 한국 복지체제의 특성은 당시 한국 사회가 놓여 있는 국내

....

137 다만 경계해야 할 것은 자칫 내부 동학을 강조하는 과정에서 외부 충격의 역할을 과소평가해서는 안 된다는 점이다. 코헨의 지적처럼 서구 중심적인 관점을 비판하는 이유는 서구 중심적인 관점에서 한 사회의 변화를 설명하는 데 외부(서양)의 역할이 갖는 중요성이 지나치게 과대평가되었다는 것이지 외부의 역할이 중요하지 않다는 것은 아니기 때문이다. Cohen. 『학문의 제국주의』. p.94.

138 존 스튜어트 밀(John Stuart Mill)이 인간이 이성을 가진 자율적인 존재라고 주장한 글을 국민국가와 세계체계에 대비해 변환시킨 문장이다. Mill, J. S.(2005[1859]). 『자유론』. 서병훈 역. (On Liberty). 서울: 책세상. p.13.

139 물론 브로델은 가능성의 한계라는 개념을 『기원과 궤적』에서처럼 사용하지는 않았다. 브로델에게 가능성의 한계는 장기 지속되는 것으로 쉽게 변화하지 않는 구조를 의미한다. 이러한 브로델의 논의에 착안해 『기원과 궤적』에서는 가능성의 한계를 자본주의 세계체계의 한국 복지체제에 대한 규정성으로 재개념화했다. Braudel. 『물질문명과 자본주의 I: 일상생활의 구조』.

외 조건에 따라 그 확장의 한계가 정해져 있다. 그리고 한국 사회는 주어진 '가능성의 한계'를 한국 사회 내부의 권력관계의 변화와 역사적 제도주의에서 이야기하는 '결정적 국면' 또는 점진적 변화를 통해 확장할 수도 있다. 실제로 2010년에 있었던 무상급식 논쟁으로 증폭된 보편적 복지국가 담론은 한국 사회에서 중간계급과 시민운동을 중심으로 복지정치가 작동하면서 이루어낸 성과라고 할 수 있다.

〈그림 3.6〉을 보면서 '가능성의 한계' 개념을 조금 더 자세히 설명해보자. 지금 우리가 B시대에 살고 있다면, 한국 복지체제의 변화는 B시대(예를 들면 미국 패권의 자본주의 세계체계)가 규정하는 분포곡선(구조)의 좌측 끝에서 우측 끝이라는 한계 내에서 한국 사회 내부의 권력관계와 제도적 유산에 따라 우측 끝에 가까워질 수도 좌측 끝에 가까워질 수도 있다. 예를 들어, 보수정권 시기는 B시대의 좌측 끝에 가까워질 가능성이 높을 것이고 진보정권 시기는 우측 끝에 가까워질 가능성이 더 높을 것이다. 그러나 내·외부적으로 특별한 충격과 양적으로 누적된 변화가 질적변화로 나타나지 않는 한 B시대가 규정하는 좌우측 극단을 넘어 A시대의 좌측 극단으로도 C시대의 우측 극단으로도 이행할 수는 없다. 이처럼 각 시대가 갖는 가능성의 한계가 존재한다고 했을 때, 북서유럽이 국가복지를

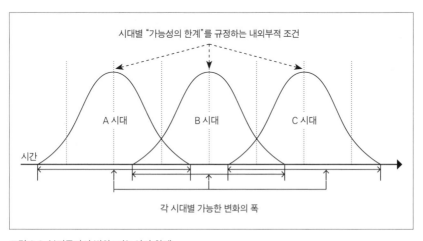

그림 3.6 복지국가의 변화: 가능성의 한계

확대했던 가능성의 한계는 21세기 초 한국 사회가 직면한 가능성의 한계와는 달랐다고 할 수 있다. 20세기 초 북서유럽에서 국가복지의 확대를 설명하는 변수들이 21세기 초 한국 사회에서 국가복지의 확대를 설명하는 변수가 될 수 있을지 확신할 수 없다는 것을 의미한다. 시대의 변화에 따라 가능성의 한계가 변화했다면, 그 가능성의 한계 내에서 변화의 폭을 설명하는 변수도, 가능성의 한계를 넘어서기 위해 필요한 변수도 다를 수밖에 없는 것이다. 그러므로 '한국 중심적 접근 방법'은 (서구 복지체제를 설명하는 변수와는 상이한) 한국 복지체제를 설명할 수 있는 고유한 변수가 무엇인지를 한국 복지체제의 역사적 기원과 궤적을 분석하는 과정에서 도출할 수 있는 유력한 도구가 될 수 있다.

더욱이 이러한 시도는 한국과 서구 복지체제를 비교하는 데 있어 서구의 역사적 경험에 근거한 변수만이 아닌 한국의 역사적 경험에 근거한 변수가 두 체제를 비교하는 공통의 변수로 검토되어야 한다는 것을 의미한다. 이러한 시각은 역사학계에서 동아시아의 역사를 설명하는 데 있어 제기된 관점이다. 윙(Wing)은 이러한 관점을 대칭적 시각(symmetric perspectives)이라고 했고, 포머란츠(Pomeranz)는 상호비교(reciprocal comparisons)라는 용어로 설명했다.[140] 『기원과 궤적』은 이러한 관점을 한국 복지체제 연구에 적용해, 복지국가 형성과 변화에 관한 유럽 중심적인 선입관에서 벗어나려고 했다. 긍정적인 것은 이러한 관점이 이미 한국 복지체제 또는 동아시아 복지체제를 연구하는 국내외 연구자들로부터 꾸준히 제기되고 있다는 사실이다. 아직까지는 문제를 제기하는 수준이지만, 카이퍼스, 양(Yang), 허드슨, 쿠너처럼 서구와 동아시아를 포함한 비서구 복지체제를 공통으로 분석할 수 있는 변수(개발주의와 보호주의 변수로, 제2장을 참고하라)를 제시하고 이를 통해 기존의 서구 복지체제 중심적인 복지체제 유형화에서 벗어나 새로운 복지체제 유형화를 구축하려는 시도들이 행해지고 있다.[141] 『기원과 궤적』 또한 이러한 시도에 기여할 수 있을 것으로 기대한다.

....

140 Cohen. 『학문의 제국주의: 오리엔탈리즘과 중국사』. p.57.
141 Yang. "Beyond Productive Dimension."; Kuypers. "The East Asian Welfare Regime."; Hudson and Kühner "Analysing the Productive and Protective Dimensions of Welfare."

제4절 젠더관점

전후 서구 복지국가의 주요한 복지는 노동시장에서 발생하는 질병, 노령, 산업재해 등으로 인해 소득을 상실한 남성 생계부양자에 대한 지원을 중심으로 제도화되었다. 가족 내에서, 사회에서 이루어지는 성 간 불평등과 여성이 수행하는 무급노동은 자본주의 사회를 유지하기 위해 필수적이었음에도 불구하고 보이지 않는 노동으로 간주되었다. 이러한 이유로 전후 복지국가의 확대는 성 불평등을 해소시키지 못했다. 비록 1970년대 이후 북유럽을 중심으로 돌봄에 대한 사회적 책임이 확대되고 젠더가 중요한 사회적 이슈로 등장했지만, 가장 선진적인 복지국가라고 여겨지는 북유럽에서조차도 여성은 여전히 불평등한 지위에 놓여 있다. 실제로 OECD 국가들 중 2016년 현재 일하는 여성이 직면한 유리천장이 가장 얇다고 평가받는 아이슬란드도 여성의 사회경제적 지위는 남성의 80%를 조금 넘는 데 불과했다.[142]

복지국가는 도대체 무엇을 한 것일까? 물론 우리는 복지국가가 성 평등에 기여했다는 역사적 사실을 부인해서는 안 된다. 그러나 소득보장을 중심으로 만들어지고 확대된 복지국가가 성 불평등을 해소시키는 데 적절하지 않았다는 것 또한 분명한 역사적 사실이다. 그렇다면 한국 복지체제는 성 불평등과 관련해서 어떠한 역할을 했을까? 『기원과 궤적』을 젠더관점에서 분석하고자 하는 주된 이유는 바로 한국 복지체제의 역사적 기원과 궤적에서 성 불평등으로 대표되는 젠더 문제가 어떤 식으로 은폐되고 다루어졌는지를 분석하기 위해서이다. 자본주의 시대를 살고 있는 우리의 생존은 마르크스의 지적처럼 단순히 상품을 생산하는 노동만으로 보장되는 것이 아니라 재생산노동으로 불리는 보이지 않는 노동이 존재할 때 가능하기 때문이다.

이 절에서는 이러한 문제의식에 기초해 젠더관점을 개략했다. 다만 주로 복

....

142 The Economist(2017). The Best and Worst Places to Be A Working Woman, March 8th 2017.
https://www.economist.com/blogs/graphicdetail/2017/03/daily-chart-0

지체제와 관련된 문제를 분석할 때 유용한 방식으로 개략해 젠더 분석의 중요한 영역을 모두 포괄하지는 못했다. 가족 영역만 국한해서 보더라도 젠더관점을 적용한다는 것은 섹슈얼리티, 재생산, 돌봄이라는 적어도 세 가지 주요 영역을 포괄해야 한다.[143] 『기원과 궤적』에서는 단지 가족 영역에서 벌어지는 돌봄의 일부만을 포괄했을 뿐이다.[144]

1. 젠더관점

젠더관점이 무엇인지에 대한 합의된 정의는 없다. 하지만 당황할 필요는 없다. 젠더관점과 관련해 합의된 관점이 존재하지 않는 것 자체가 당연하고 자연스러운 일일지도 모르기 때문이다. 젠더관점은 사회를 바라보는 고정된 렌즈가 아

....

143 Zaresky, E.(1976). *Capitalism, the Family and the Personal Life*. 2nd ed. New York: Harper and Row. p.19.

144 섹슈얼리티는 급진적 페미니즘의 핵심 의제인 동시에 여성해방을 이해하는 가장 중요한 개념 중 하나이다. 슐라미스 파이어스톤(Shulamith Firestone), 케이트 밀레트(Kate Millett) 등과 같은 급진적 페미니스트들은 자유주의 페미미즘이 참정권, 남녀차별 금지법 등 법과 제도를 개선하면 성 평등이 이루어질 수 있다고 주장했지만 현실은 자유주의 페미니즘의 주장과는 상이했다고 비판한다. 실제로 여성 참정권이 보장된 지 한 세기가 지났고 많은 사회에서 성차별을 금지하는 제도와 법들이 만들어졌지만 성 불평등은 사라지지 않았고, 1980년대 이후 신자유주의 물결과 함께 오히려 공고화되고 있다. 한편 알렉산드라 콜론타이(Alexandra Kollontai) 같은 마르크스주의 페미니스트들은 제도가 아닌 '사적 소유'에 기초한 '자본주의'가 여성을 억압하는 근본적인 문제라고 주장하면서 자유주의 페미니즘을 비판했다. 그러나 급진적 페미니스트들이 보기에는 사적 소유가 사라진 구사회주의권에서도 여성은 여전히 불평등한 사회구조에 놓여 있었다. 이러한 역사적 현실로부터 급진적 페미니스트들은 제도적 변화와 자본주의의 모순과는 독립적으로 존재하는 여성을 억압하는 근본적인 원인이 있다고 주장했고, 그 문제의 본질을 섹슈얼리티에서 찾았다. 여성이 결혼을 하고 아이를 낳으며 출산을 계속하는 한 여성해방은 불가능하기 때문에 진정한 여성해방을 위해서는 생물학적 성을 문제삼아야 한다는 것이다. 필자는 『기원과 궤적』에서 지난 140년간의 한국 복지체제의 역사를 다루면서 섹슈얼리티의 문제를 드러낼 역량을 갖고 있지 않다. 하지만 필자는 기본적으로 섹슈얼리티가 여성 억압의 근본 원인이라는 그들의 주장에 부분적으로 동의하고 깊이 경청할 필요가 있다고 생각한다. 원칙과 방향에 공감하지만 현실이라는 가능성의 한계에 갇혀 있다고 해야 할 것 같다. Firestone, S.(1983[1970]). 『성의 변증법』. 김예숙 역. (*Dialectic of Sex: A Case for Feminist Revolution*). 서울: 풀빛; Millett, K.(2009[1969]). 『성의 정치학』. 김전유경 역. (Sexual Politics). 서울: 이후; Lokaneeta, J.(2001). "Alexandra Kollontai and Marxist Feminism." *Economic and Political Weekly* 36(17): 1405-1412.

니라 사회의 변화에 따라 역사적으로 다양한 모습과 색깔을 반영하는 역동적인 렌즈이다. 이러한 이유로 단수인 '페미니즘'보다는 복수인 '페미니즘들'이 더 적절해 보인다.[145] 제인 프리드먼(Jane Freedman)은 페미니즘을 "하나의 통일된 개념이 아니라 여러 사상들과 현실의 여러 행동들로 구성된 다양하고 복수적인 조각들의 묶음"이라고 규정했다. 그렇다고 젠더라는 개념에 공통의 인식이 부재한 것은 아니다. 다양한 페미니즘들이 존재하지만, 우리는 젠더가 2차 세계대전 이후 시몬 드 보부아르(Simone de Beauvoir)의 "여성은 태어나는 것이 아니라 만들어진다."라는 선언에 따라 초창기 2세대 페미니즘 이론가들과 활동가들에 의해 창조된 개념이라는 것을 잘 알고 있다.[146]

젠더는 신체적 차이를 이분법적으로 구분하는 생물학적 성(sex)이라는 개념을 비판하면서 등장했다.[147] 즉, 젠더를 둘러싼 다양한 논의가 존재하지만, 젠더는 "사회적·문화적·역사적으로 만들어진 성적 차이라는 의미로 사용되었다." 그러므로 젠더관점을 적용한다는 것은 사회적, 문화적, 역사적으로 만들어진 차이가 한국 복지체제의 역사적 기원과 궤적에 어떻게 나타나며 은폐되었는지를 보여주는 것이라고 할 수 있다. 예를 들어, 2013년 박근혜 정부의 출범과 함께 전격적으로 확대된 '아동양육수당'은 그 대상을 보육시설을 이용하지 않는 미취학 자녀를 둔 모든 가구로 확대했다는 점에서 복지급여의 보편주의적 확대라고 볼수 있다. 하지만 젠더관점에서 '아동양육수당' 정책을 들여다보면 보편주의 복지의 확대라는 현상 아래 감추어진 젠더 불평등을 드러낼 수 있다. 현실적으로 자녀를 보육시설에 보내지 않고 직접 양육하는 주체는 어머니(여성)이기 때문에 '아동양육수당' 정책은 가족 내 전통적 성별 분업을 강화하는 반(反)평등 정책이다. 이처럼 젠더관점을 적용한다는 것은 정책의 수면 아래에 감추어진 젠더 불평

....

145 Freedman, J. (2002[2001]). 『페미니즘』. 이박혜경 역. (*Feminism*). 서울: 이후. p.17.

146 Leonardo, M. and Lancaster, R. (2012[2002]). "젠더, 섹슈얼리티, 정치경제." Holmstrom, N. 편. 『페미니즘, 왼쪽 날개를 펴다』. 유강은 역. pp.89-118. (*The Socialist Feminist Project: A Contemporary Reader in Theory and Politics*). 서울: 메이데이. p.90.

147 김현미(2014). "젠더와 사회구조." 한국여성연구소 편. 『젠더와 사회』. pp.61-95. 서울: 동녘. p.63.

등이 한국 복지국가의 역사적 기원과 궤적에서 어떻게 발현되고 작동하는지를 분석하는 것이라고 할 수 있다.

2. 연구 방법론으로서 젠더관점

젠더관점을 한국 복지체제 분석에 적용한다는 것은 방법론적으로 크게 두 가지 의미를 갖는다.[148] 첫 번째는 『기원과 궤적』이 한국 복지체제의 역사에서 주류의 경험과 삶만이 아닌 비주류의 경험과 삶을 포괄하는 의식적 노력을 수행한다는 것을 의미한다. 여기서 비주류란 단지 여성을 의미하기보다는 사회적, 경제적, 문화적으로 차별받는 모든 소수자를 의미한다. 젠더 개념 자체가 주어진 것이 아닌 사회적, 문화적, 경제적으로 만들어진 개념이라는 점을 고려하면, 젠더는 성 차이만이 아니라 시민들의 다양한 정체성을 받아들이는 것이라고 할 수 있다.[149] 젠더가 타고난 것이 아닌 사회문화적으로 구성되었다는 의미는 성 불평등이 사회문화적으로 구성된 인위적 결과라는 의미인 동시에, 사회적으로 나타나는 모든 불평등 또한 인위적 불평등이라는 의미로 확장된다. 불평등이 인위적으로 구성되었다는 것을 받아들인다는 것은 우리의 목적의식적인 행위가 사회적 불평등을 해소할 수 있다는 것을 의미한다.

젠더 문제를 슐라미스 파이어스톤(Shulamith Firestone)과 같이 단지 성 간의 문제로 치환하는 것은[150] 벨 훅스(Bell Hooks)가 지적한 것처럼 젠더 불평등에 내재된 인종, 계급, 섹슈얼리티, 성이 교차하는 복합적인 불평등의 문제를 간과하고 젠더 문제를 단지 주류 여성과 남성의 단순한 이분법적인 문제로 바라보는 오류를 범하는 것이다.[151] 백인 여성에게 불평등은 성의 문제이지만, 흑인 노

....

148 이를 개념화하면 젠더 분석방법(gender analysis)이라고 할 수 있다. 보다 자세한 내용은 다음 문헌을 참고하라. 김귀옥·김순영·배은경(2006). 『젠더연구의 방법과 사회분석』. 서울: 다혜.

149 윤홍식 외. 『서울시 중장기 가족정책 수립연구』. pp.25-26.

150 Firestone. 『성의 변증법』.

151 Hooks, B.(2008[2000]). 『벨 훅스, 계급에 대해 말하지 않기』. 이경아 역. (*Where We Stand: Class Matters*). 서울: 모티브북.

동자 여성에게 불평등은 성, 인종, 계급이 복합되어 있는 문제이기 때문이다. 그 반대도 마찬가지이다. 계급 문제에 대한 카를 마르크스와 안토니오 그람시(Antonio Gramsci)의 저작들은 일상생활에서 성을 매개로 벌어지는 복잡한 계급 문제를 풀어갈 실제적 대안을 제시하지 못했다.[152] 다시 강조하지만 젠더관점을 적용한다는 것은 한국 복지체제의 분석에 단지 성과 관련된 문제를 추가하는 것이 아니라 한국 사회에서 사회적으로나 구조적으로 만들어지고 구성되는 불평등을 해소하는 과제를 포괄하는 것을 의미한다.

두 번째는 『기원과 궤적』의 분석 대상이 되는 정책과 제도들을 소위 공적 영역으로 간주되는 노동시장과 이와 관련된 사회정책으로 제한하지 않고 사적 영역으로 간주되는 '가족'의 영역 또한 분석 대상에 포함시킨다는 것을 의미한다.[153] 이는 노동이라는 개념에 생산노동만이 아닌 재생산노동을 포함시키는 마르크스와 엥겔스의 이론적 전통을 따른다는 것을 의미한다.[154] 구체적으로 젠더관점을 적용했을 때 우리는 한국 복지체제의 정책분석 대상에 사회보험과 공공부조와 같은 탈상품화정책과 제도만이 아니라 보육과 육아휴직과 같은 탈가족화와 가족화정책은 물론 전통적 성별 분업을 해체하고 여성의 노동시장 참여를 지원하는 적극적 노동시장정책(상품화정책) 또한 포괄한다는 것을 의미한다.

이를 통해 『기원과 궤적』은 한국 복지체제에 대한 분석을 노동시장에서 발생하는 구사회위험에서 가족 영역에서 발생하는 새로운 사회위험으로 확대한다. 공적 영역과 사적 영역에 불균등하게 놓여 있는 젠더관계를 상정하지 않고서는 한국 복지체제에 대한 온전한 분석이 어렵기 때문이다.[155] 이미 서구 복지국가들이 1970년대부터 노동시장으로 대표되는 공적 영역과 사적 영역으로 간주되는 가족 영역에서 성별 분업의 해체를 사회정책에 반영해나가고 있었다는 점을

....

152 Hooks. 『벨 훅스, 계급에 대해 말하지 않기』. pp.62-63.
153 파이어스톤의 주장처럼 재생산노동의 대부분이 행해지는 가족은 자본주의 사회에서 남성의 지배권이 행사되는 실재적인 물적 토대라고 할 수 있기 때문이다. Firestone. 『성의 변증법』.
154 Leonardo and Lancaster. "젠더, 섹슈얼리티, 정치경제." p.92.
155 Yoon, H. S.(2014c). "Factors That Affect Women's Intentions to Have Additional Children: The Role of the State, Market, and Family." *Korea Journal* 54(3): 79-102.

고려하면, 한국 복지체제에 대한 이러한 분석은 현대 복지국가의 변화를 반영하는 뒤늦은 작업이기도 하다. 따라서 한국 복지체제의 역사적 기원과 궤적에 대한 연구를 젠더관점에서 분석한다는 것은 자본주의 체제가 인위적으로 구분한 공적 영역과 사적 영역의 경계를 해체하고 복지국가에 대한 재(再)이해와 재개념화를 요구하는 작업인 것이다.

3. 보이지 않는 세계를 보는 렌즈, 젠더관점

복지국가가 자본주의 세계체계를 구성하는 가시적 벡터 중 하나라면, 젠더관점은 자본주의 세계체계를 지속시키는 자본축적의 보이지 않는 벡터이다. 사실 자본주의의 문제를 국민국가 차원이 아닌 자본주의 세계경제의 관점에서 접근하는 세계체계 논의에서도 (여성의 무급노동으로 대표되는) '자본축적의 보이지 않는 기제'에 대한 인식은 불충분하다. 이러한 현실을 고려하면 젠더관점은 생산노동의 불균등한 노동 분업에 근거한 세계체계관점을 불균등한 재생산노동의 분업으로 확대할 수 있게 해주는 유용한 이론적 틀이라고 할 수 있다. 마리아 미즈가 보여주었던 것처럼 자본주의 축적체계는 〈그림 3.7〉의 빙산경제모델(Iceberg model)과 같다.[156] 자본주의 세계체계에서 일반적으로 '경제(the economy)'라고 불리는 자본과 임금노동은 실제로는 자본주의 전체 축적체계의 빙산의[157] 일각에 불과하다.[158] 실제로 자본주의의 축적을 가능하게 하는 대부분 생산활동은 여성들이 수행하는 무급가사·돌봄노동, 불법이민자의 저임금노동 등과 같은 공식적인 경제의 수면 아래에 보이지 않는 상태로 잠겨 있기 때문에, 젠더관점을 취하지 않는 한 자본주의 세계체계의 축적 과정에서 쉽게 드러나지 않는다. 자본주의 세계체계는 이러한 수면 아래에 감추어져 있는 노동 없이는 단 하루도

....

156 Mies. "Patriarch and Accumulation on A World Scale-revisited."
157 마리아 미즈의 빙산경제모델을 설명하기 위해 사용한 그림의 출처: http://venessapaech.com/2012/05/10/media140-building-community-around-your-personal-brand/, 접근일 2015년 3월 6일.
158 Mies. "Patriarch and Accumulation on A World Scale-revisited." pp.270-271.

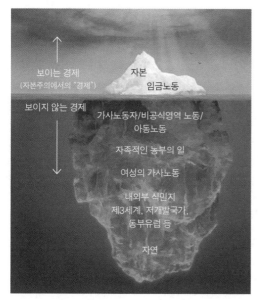

그림 3.7 빙산경제모델(Iceberg Model)

존재할 수 없다. 젠더관점은 바로 이러한 수면 아래에 감추어져 있는 빙산의 전체 모습을 볼 수 있는 렌즈를 우리에게 제공해준다. 미즈의 주장을 들어보자.

"식민화와 가정주부화라는 이 두 과정들은 밀접하고도 인과적으로 상호 연관되어 있다. 외부 식민지의 지속적인 착취—과거에는 직접적인 식민지로서, 오늘날에는 새로운 국제 분업 속에서—없이는 '내부 식민지', 즉 남성 '생계벌이자'에 의해 부양되는 핵가족과 여성을 만들어내는 것은 가능하지 않았을 것이다."[159]

특히 젠더관점은 한국과 같은 반주변부 또는 주변부 지역의 국가들이 중심부 국가를 따라잡으려는 시도가 신화에 지나지 않으며 그 과정 또한 성에 따라

....

159 Mies. "Patriarch and Accumulation on A World Scale-revisited." 마리아 미즈의 국역된 글은 이박혜경이 번역한 제인 프리드먼의 『페미니즘』의 번역본에서 가져왔다. Freedman, J.(2002[2001]). 『페미니즘』. p.105.

차별적으로 나타나기 때문에 여성 억압을 지속시킨다는 점을 보여줄 수 있다. 자본주의 세계체계에서 핵심부에 위치한 자본은 자신들의 지역에서 발생하는 계급모순을 완화하기 위해 이윤이 낮아진 필수적인 산업을 제3세계로 이전시키고, 제3세계에서는 산업화라는 미명하에 여성에 대한 이중적 착취(노동시장에서 저렴한 노동력을 제공하는 집단인 동시에 가족 내에서 여전히 무급노동을 수행하는 집단)를 실현하고 있다. 실제로 1960년대와 1970년대 한국의 산업화 과정을 상기해보면 젠더관점이 왜 한국 복지체제 분석에서 필수적인 분석관점이 되어야 하는지를 이해할 수 있다. 이는 1960년대와 1970년대에 국한된 문제가 아니다. 『이코노미스트』가 조사한 자료에 따르면, 성 간 고등교육 참여율 차이, 여성 국회의원 비율, 기업의 여성임원 비율 등으로 측정한 '유리천장지수(Glass ceiling index)'에서 한국은 2017년 기준으로 OECD 29개 국가들 중 가장 낮은 점수를 기록했다(낮을수록 차별이 심하다는 것을 의미한다).[160]

젠더 불평등을 국민국가 차원이 아닌 세계체계의 관점에서 접근하는 것도 필요하다. 낸시 프레이저의 주장을 빌리면 젠더 문제는 국민국가가 아닌 전지구적 차원에서 대응할 필요가 있다.[161] 국민국가는 국경으로 정치적 공간을 분할해 경계를 가로지르는 정의의 문제에 대해 침묵하게 만들기 때문이다.

"정의가 적용될 수 있는 범위는 근대적인 영토국가 내부라는 사실을 당연하게 여겼던 사회민주주의의 전성기 동안 이러한 상황은 실제로 지속되었다. 이런 상황 속에서 대부분의 정치적 적대세력들은 분배 정의와 관련된 의무들이 오직 동료 시민들 사이에서만 적용될 수 있다는 무언의 가정을 공유하고 있었다. 그러나 오늘날에는 정의에 관한 이러한 '베스트팔렌적(Westphalian)' 틀이 논란의

....

160 『이코노미스트』에서 제시한 유리천장지수가 낮다는 것은 노동시장에서 여성에 대한 유리천장이 그만큼 더 두껍다는 것을 의미한다. 『이코노미스트』의 유리천장지수는 아홉 가지 지표로 구성되어 있다(고등교육에서 성 간 격차, 노동시장 참여율, 임금 격차, 중견 관리자(senior manager) 중 여성 비율, 기업 이사회의 여성 비율, 아동돌봄 비용, 유급 모성휴가, GMAT 후보자의 비율, 국회의원 중 여성 비율). The Economist. *The Best and Worst Places to Be A Working Woman*.
161 Fraser. 『지구화 시대의 정의』.

대상이 되고 있다. 인권활동가들과 국제주의적 여성주의자들이 국경을 초월한 부정의들을 전면에 내세우며 세계무역기구(WTO)에 대한 비판에 참여하면서, 틀을 설정하는 문제가 투쟁의 쟁점으로 새롭게 부상하여 논란의 대상이 되고 있다. 그 결과 오늘날 정의 요구들은 점차로 서로 경쟁하는 지리적 범위를 가진 지도들 속에서 표현되고 있다."[162]

『기원과 궤적』에서는 이러한 인식에 기초해 성 불평등이 단지 국민국가만의 문제가 아닌 자본주의 세계체계가 야기하는 현상의 일부라는 사실을 드러낼 수 있을 것이다. 더욱이 저개발국가로부터의 결혼 이민자들과 여성 노동자들의 유입이 증가하는 상황을 고려한다면, 돌봄의 문제로 대표되는 젠더 문제가 단순히 한국만의 문제가 아니라는 사실을 직감할 수 있을 것이다. 우리가 젠더관점에서 한국 복지체제의 역사적 기원과 궤적을 분석하게 되면, 우리는 현재 우리가 살아가고 있는 자본주의 세계체계에서 나타나는 '돌봄의 제국주의(care imperialism)'라는 자본주의 세계체계의 핵심부, 반주변부, 주변부 사이에 이루어지는 불균등한 돌봄노동의 분업의 사슬을 드러낼 수 있을 것이다.

제5절 권력자원론[163]

본 절에서는 권력자원론이 복지국가 논의의 주류 이론으로 등장하기 전까지 복지국가의 형성과 궤적을 설명하는 중요한 이론으로 간주되었던 (구조)기능주의와 권력의 소재에 관심을 가진 다원주의와 엘리트주의 등 권력자원론의 전사(前史)에 대해 검토하고 이어서 권력자원론과 제도주의에 대해 다루었다.

....

162 Fraser. 『지구화 시대의 정의』. pp.14-15.
163 본 절은 다음의 글에 기초해 작성되었다. 윤홍식(2014). "복지국가의 다양성과 발전 동인: 논쟁과 함의." 이병천 · 전창환 편. 『사회경제 민주주의의 경제학: 이론과 경험』. pp.343-374. 서울: 돌베개.

1. 권력자원론과 제도주의 이전의 논의

우리가 세상을 새롭게 볼 수 있는 것은 거인의 어깨 위에 올라서 있기 때문이라는 아이작 뉴턴(Isaac Newton)의 이야기는 전후 상이한 복지국가의 형성과 발전을 가장 탁월하게 설명해주고 있다는 권력자원론에도 적용된다.[164] 여기서는 복지국가의 발전을 계급투쟁과 타협의 산물로 이해한 권력자원론의 전사에 대해 살펴보고자 한다. 사실 복지국가가 어떻게 만들어지고 위기에 처하게 되었는지를 둘러싼 논란은 오랫동안 사회과학자들의 주된 관심 영역이었다. (1970년대 말과 1980년대 초에 걸쳐 정식화된) 권력자원론을 이해하기 위해서는 권력자원론의 배경이 되었던 이론적 접근들을 살펴볼 필요가 있다. 발테르 코르피(Walter Korpi)에 따르면, 권력자원론은 권력에 대한 마르크스주의, 네오마르크스주의, 기능주의, 다원주의 등 이전의 이론적 접근에 대한 비판으로부터 정식화되었다.[165]

복지국가의 기원에 대한 산업화론은 산업화, 도시화 등으로 인해 전근대 사회에서 노동력을 재생산했던 지역사회, 교회, 가족 등과 같은 전통적 제도들이 해체·약화되면서 전통적 제도들이 담당했던 재생산 기능을 대신할 주체로 복지국가가 등장했다고 설명한다.[166] 모든 사회체제는 (재)생산이 지속될 때 유지될 수 있다는 점에서 복지국가는 전근대 사회의 전통적 분배 기제인 교회, 지역사회 등의 기능적 등가물일 수도 있다. 그러나 산업화론으로 대표되는 기능주의적 접근은 왜 산업화 이후 한참이 지나서야 복지국가의 핵심 정책들이 제도화되었는지를 설명하지 않았다.[167] 월러스틴 같은 세계체계론자들은 근대 자본주의가 16세

....

164 Rothstein, B., Samanni, M., and Teorell, J.(2010). "Quality of Government, Political Power And The Welfare State." QoG Working Paper Series 2010: 6. University of Gothenburg.

165 Korpi, W.(1998a). "The Iceberg of Power Below The Surface: A Preface to Power Resources Theory." O'Connor, J. and Olsen, G. eds. *Power Resources Theory and The Welfare State: A Critical Approach.* pp.vii-xiv. Toronto: University of Toronto Press.

166 Esping-Andersen. *The Three Worlds of Welfare Capitalism*; Olsen and O'Connor. "Understanding The Welfare State." p.5.

167 Olsen and O'Connor. "Understanding The Welfare State." p.8.

기경 유럽에서 시작되었다고 주장하고,[168] 영국에서 산업혁명은 대략 18세기 중엽부터 시작되었다고 알려져 있다. 북서유럽의 대부분의 국가들도 늦어도 19세기를 경과하면서 산업화를 거치게 된다. 하지만 〈표 3.1〉에서 보는 것과 같이 영국이 사회보험을 도입한 시기는 19세기 말(1897년)이다.[169] 가장 먼저 사회보험을 제도화한 독일도 영국보다 단지 13년 빠른 1884년 최초의 사회보험인 산재보험을 제도화했다. 영국이 본격적으로 산업화를 시작한 시점과 최초의 사회보험이 도입된 시점을 비교해도 무려 100여 년의 간극이 있다. 물론 윌렌스키(Wilensky)와 르보(Lebuaux)에 따르면, 산업화 당시는 자본주의 체제가 생산하는 잉여가 분배에 쓸 수 있을 만큼 충분하지 못했기 때문에 산업화와 도시화로 전통적 분배기제가 약화되고 해체되었음에도 불구하고 국가에 의한 즉각적인 복지제도를 도입할 수 없었다.[170] 경제가 일정 수준에 도달해야 복지국가가 발전할 수 있다는 주장이다.[171] 하지만 경험적 연구는 전후 국가복지의 확대와 경제성장은 서로 유의미한 관계에 있지 않았다는 것을 확인해주고 있다.[172]

한편 좌파(주로 네오마르크스주의자)는 자본주의 체제의 지속과 관련된 복

표 3.1 독일, 영국, 스웨덴의 핵심 복지제도 도입 시기

	산재보험	상병급여와 모성급여	연금	실업보험	가족수당
독일	1884	1883	1889	1927	1954
영국	1897	1911	1908	1911	1945
스웨덴	1901	1891	1913	1934	1947

출처: Schneider(1982).

....

168 Wallerstein. 『근대세계체제 I』. pp.109-110; Marx. 『자본 I』. p.964.
169 Schneider, S.(1982). "The Sequential Development of Social Programs in Eighteen Welfare States." *Comparative Social Research* 5: 195-219.
170 Esping-Andersen. *The Three Worlds of Welfare Capitalism*.
171 Wilensky. *Rich Democracies*.
172 Esping-Andersen, G. and Korpi, W.(1987). "From Poor Relief to Institutional Welfare State." Eriksson, R., Hanson, E., Ringen, S., and Uusitalo, H. eds. *Scandinavian Model: Welfare States and Welfare Research*. New York: M E Sharpe Inc.

지국가의 정치적 측면을 강조한다. 네오마르크스주의 또한 복지국가의 기능적 역할을 강조했다는 점에서 또 다른 기능주의 관점이라고 이야기할 수 있다. 설령 자본주의 국가가 단기적으로 자본의 이해에 반해 국가복지를 확대할 수 있지만,[173] 장기적으로 보면 복지국가가 자본주의의 지속 가능성에 복무한다는 점에서 복지국가는 자본의 헤게모니를 유지하기 위한 정치적 기능을 담당한다는 풀란자스(Poulanzas)의 견해를 반영하고 있다.[174] 에스핑-앤더슨은 이러한 네오마르크스주의자들의 주장에 대해 두 가지 반론을 제기한다.[175] 하나는 네오마르크스주의는 자본축적을 저해할 수도 있는 복지지출을 왜 GDP의 20~30% 수준까지 지출해야 하는지 설명하지 못했다는 것이다.[176] 다른 하나는 자본주의 국가에 비해 정치적 정당성으로부터 상대적으로 자유로울 수 있는 사회주의 국가가 왜 복지국가가 필요했는지를 네오마르크스주의는 설명할 수 없다고 비판한다.

하지만 에스핑-앤더슨의 비판은 보는 관점에서 따라 상이하게 해석될 수 있다. 먼저 GDP의 20~30%를 재분배에 지출하는 것과 자본축적이 상호 배치되는 것이 아닐 수도 있다. 토마 피케티(Thomas Piketty)의 연구에 따르면, 서구 복지국가들에서 GDP 대비 사회지출이 20%를 넘기 시작한 1980년대 이후에도 자본축적은 계속되었다.[177] 다른 하나는 에스핑-앤더슨의 주상처럼 동유럽 사회주의를 복지국가로 볼 수 있는지에 관한 문제이다. 월러스틴과 같은 세계체계론자들은 동유럽 사회주의 국가가 자본주의 세계체계와 분리된 독립된 체계라는 주장

....

173 O'Connor. *The Fiscal Crisis of the State.*
174 Poulanzas, N.(1986). "현대국가와 자본가 계급." 『계급분석의 기초이론』. 박준식·한현옥 편역. pp.439-460. 서울: 세계. p.44.
175 Esping-Andersen. *The Three Worlds of Welfare Capitalism.*
176 Esping-Andersen. *The Three Worlds of Welfare Capitalism.* p.14. OECD가 제공하는 사회지출 자료(Social expenditure database)에 따르면, 2014년 현재 OECD 국가들의 평균 사회지출 수준은 GDP 대비 21.6%에 이르고, 사민주의 복지체제를 대표하는 스웨덴은 28.1%, 보수주의를 대표하는 독일은 25.8%, 자유주의를 대표하는 미국은 19.2%이다. 1980년 이전에 이미 GDP 대비 사회지출이 20%를 넘은 OECD 국가들은 오스트리아, 벨기에, 덴마크, 프랑스, 독일, 룩셈부르크, 네덜란드, 스웨덴 8개국이다. OECD. Social Expenditure: Aggregated date.
177 Piketty. 『21세기 자본』.

에 동의하지 않는다.[178] 사회주의 체제도 자본주의 세계체계를 구성하는 하위 구성 부문이기 때문에 이들 체제에서도 체제의 정당성을 유지하기 위한 분배체계, 즉 서구의 복지국가에 준하는 기능적 등가물이 존재한다는 점은 전혀 문제가 되지 않는다는 것이다.

한편 다원주의와 엘리트주의는 누가 권력을 갖고 있는지에 대해 관심을 기울였다. 먼저 다원주의의 핵심 주장은 권력이 특정한 집단에게 집중되어 있지 않고 정치적 이해에 따라 이합집산하는 다양한 집단들에 (불균등하게) 분산되어 있다고 주장한다.[179] 권력이 이처럼 고정되어 있지 않고 사안에 따라 다양한 집단에 분산되어 있다는 것은 복지국가를 움직이는 권력 또한 다양한 집단에 분산되어 있다는 것을 의미한다. 반면 엘리트주의는 권력이 다양한 집단에 분포되어 있다는 다원주의 주장을 비판하고 권력이 소수의 엘리트에 집중되어 있다고 주장한다.[180] 이렇게 보면 올슨(Olsen)과 오코너가 지적한 것처럼 엘리트주의의 주장은 국가권력이 소수의 자본가들에게 집중되어 있고 자본주의 국가를 이들의 이해를 대변하는 기구로 해석하는 네오마르크스주의자들의 주장과 유사하다.[181] 엘리트주의의 입장에 따른다면 복지국가는 자본가라는 자본주의 체제의 엘리트들이 자신들의 필요에 따라 창조한 의도된 기획물이라고 할 수도 있을 것이다. 실제로 엘리트주의의 입장에 서면, 1960년대 한국에서 사회보험을 포함한 다양한 복지정책의 도입도 노동과 그 연대세력의 힘에 의한 결과였다기보다는 권위주의 정권의 관료 엘리트들이 경제개발을 가속화하기 위한 (광범위한 복지 확대 요구로 인해 경제개발에 미칠 부정적 영향을 최소화하기 위한) 선제적 대응이었다고 평가

....

178 Wallerstein. *The Capitalist World-economy*. p.35.
179 로버트 달(Robert Dahl)은 뉴헤이븐 시의 사례분석을 통해 시 정책의 결정이 특정한 집단의 이해만을 반영해 결정되는 것이 아니라 사안에 따라 다양한 집단에 의해 결정된다는 사실을 보여줌으로써 권력이 비록 불균등하지만 다수에게 산재되어 있다고 주장했다. Dahl, R.(2005). *Who Governs? Democracy and Power in an American City*. 2nd ed. New Haven: Yale University Press; Polsby, N.(1980). *Community Power and Political Theory: A Further Look at Problems of Evidence and Inference*. 2nd ed. New Haven: Yale University Press.
180 Korpi. "The Iceberg of Power Below the Surface."
181 Olsen and O'Connor. "Understanding the Welfare State."

할 수도 있다.[182]

2. 권력자원론

권력자원론의 핵심질문은 왜 복지국가가 만들어졌을까라는 질문보다는 "왜 복지국가들이 상이한 복지체제로 발전했을까?"라는 질문에 초점이 맞추어져 있다. 1883년 독일에서 처음 상병급여가 도입된 이후 근 한 세기 동안 복지국가의 형성과 발전을 설명하는 다양한 논의들이 있었다. 그러나 1970년대 말과 1980년대 초를 거치면서 이론화되기 시작한 권력자원론(power resources theory)만큼 전후 서구 복지국가의 형성과 발전을 잘 설명해주는 이론은 없었다.[183] 권력자원론의 영향력은 에스핑-앤더슨의 기념비적 저작인『복지자본주의의 세 가지 세계』에서 정점에 이른다.[184] 실제로 대부분의 복지체제 유형 논의는 직·간접적으로 에스핑-앤더슨의 세 가지 체제에 근간을 두고 있다. 그러나 1970년대와 1980년대의 이론적 성과가 '세 가지 체제'로 정형화되었던 그 시기에 권력자원론은 새로운 이론적 도전에 직면한다.

코르피에 따르면, 1950년대의 사회과학자들 간의 논쟁은 권력이 어디에 있느냐를 둘러싸고 벌어진 다원주의 대 엘리트주의 간의 논쟁이었다. 권력자원론은 권력을 둘러싼 1950년대의 이러한 논쟁을 비판하면서 정식화되었다고 할 수 있다.[185] 권력자원론은 권력자원을 어떤 행위자(개인 또는 집단)가 다른 행위자를 처벌하거나 보상을 줄 수 있는 능력 또는 수단으로 정의했다는 점에서 다원주의

....

182 윤홍식. "복지국가의 다양성과 발전 동인: 논쟁과 함의."
183 Olsen and O'Connor. "Understanding the Welfare State." Rothstein et al. "Quality of government, political power and the welfare state."
184 Esping-Andersen. *The Three Worlds of Welfare Capitalism.*
185 Korpi, W.(1998b). "Power Resources Approach vs Action and Conflict: On Causal and Intentional Explanations in the Study of Power." O'Connor, J. and Olsen, G. eds. *Power Resources Theory and the Welfare State: A Critical Approach.* pp.38-69. Toronto: University of Toronto Press. pp.38-39, 42-45.

와 엘리트주의의 권력에 대한 인식과 유사해 보인다. 하지만 권력자원론은 다원주의와 (네오)엘리트주의 등과 비교해 적어도 네 가지 측면에서 상이한 인식을 갖고 있다. 첫째, 권력자원론은 다원주의와 엘리트주의와 달리 권력의 행사에 관심을 두기보다는 권력의 소재에 상대적으로 더 큰 관심을 두고 있다.[186] 이에 비해 다원주의와 엘리트주의의 주요한 관심은 권력의 소재보다는 권력의 행사에 더 관심을 두고 있다. 예를 들어, 로버트 달(Robert Dahl)[187]은 권력의 개념을 정의하기 위해 외교정책과 조세재정정책을 둘러싼 상원의원들 간의 권력관계를 분석했다. 뉴헤이븐 시에 대한 달의 사례연구도 권력의 소재보다는 시정(市政)이 누구에 의해 결정되고 행사되는지에 관한 것이다.[188] 하지만 권력의 소재와 행사는 코르피가 주장하는 것처럼 그렇게 명확하게 분리될 수 있는 성질의 것이 아니기 때문에 이 둘 간의 관계를 상호 배타적으로 규정하는 것은 적절하지 않다. 다만 권력자원론은 다원주의와 엘리트주의에 비해 상대적으로 권력의 소재에 더 많은 관심을 기울인다.

둘째, 권력자원론은 다원주의에 비해 권력이 불균등하게 분포되어 있다는 점을 강조한다. 물론 다원주의도 권력자원이 불균등하게 분포되어 있다는 점을 부정하지 않는다.[189] 하지만 두 이론의 '불균등' 간에는 중요한 차이가 있는 것으로 보인다. 다원주의가 이야기하는 집단 간 불균등한 권력 분포에서 집단은 계급과 같이 상대적으로 고정된 집단이 아니라 이해에 따라 이합집산하는 유동적 개인 또는 집단이다. 반면 권력자원에서 집단은 계급으로 상대적으로 집단적 정체성을 갖는 집단이라고 할 수 있다. 근대 자본주의 사회의 권력자

....

186 다원주의가 권력의 행사에 더 큰 관심을 갖고 있는 것은 다원주의가 행동주의 이론에 기반하고 있기 때문이다. 쉽게 이야기하면 코르피가 달을 인용하면서 정리한 것과 같이 다원주의에서 권력은 어떤 사람 갑이 다른 사람 을에 대해 힘을 가지면 갑은 을이 원하지 않는 어떤 일을 하도록 강제할 수 있다는 행동주의의 전통에 근거해 정의할 수 있다. Dahl, R. (1957). "The Concept of Power." *Behavioral Science* 2(3): 201-215. p.201; Korpi. "Power Resources Approach vs Action and Conflict."

187 Dahl. "The Concept of Power."

188 Dahl. *Who Governs? Democracy and Power in an American City.*

189 Dahl. *Who Governs? Democracy and Power in an American City*; Polsby. *Community Power and Political Theory: A Further Look at Problems of Evidence and Inference.*

원은 폭력적 수단, 자산, 인간의 노동력인데,[190] 폭력적 수단은 막스 베버(Max Weber)[191]의 주장처럼 국가에 의해 독점되어 있기 때문에 불균등의 문제는 주로 자산과 노동력 간에 나타난다고 할 수 있다. 왜냐하면 자산은 상대적으로 소수에게 집중되어 있고 동원과 집중이 용이한 반면, 노동력은 수많은 사람들에게 분산되어 있으며 동원과 집중이 어렵기 때문이다. 자본주의 사회는 이처럼 자산을 소유한 계급과 노동력을 소유한 계급 간의 권력이 구조적으로 불균등하게 놓여 있다. 네오고전학파 경제학에서는 민주주의 사회에서 권력이 불균형 상태에 있다는 주장을 거부하지만, 자본주의 사회에서 자본과 노동 간의 불균등한 권력 분포는 자유주의 경제학의 태두라고 할 수 있는 애덤 스미스도 인지한 사실이다.

"자본가(masters)와 노동자(workmen) 중 누가 유리한 위치에서 상대방으로 하여금 자신의 조건에 합의할 수 있게 할 수 있는지를 예상하는 일은 어렵지 않다. 고용주들은 수적으로 더 적기 때문에 쉽게 단결할 수 있고, 법과 정부 또한 자본가들의 연합(combine)을 법률로 금지하지 않는다. 자본가들이 임금을 낮추기 위해 연합하는 것을 금지하는 법률은 없지만 노동자가 임금을 올리기 위해 단결하는 것을 금지하는 법률은 많다. 모든 쟁의에 자본가들은 훨씬 오래 버틸 수 있다. (…) 그러나 노동자들 가운데 일을 하지 않으면 한 주간을 버틸 수 있는 사람은 많지 않고, 한 달간 버틸 수 있는 사람은 거의 없으며, 일 년 동안 버틸 노동자는 아무도 없다."[192]

셋째, 권력자원론은 계급동원과 계급연대에 주목했다는 점에서 다원주의와 (네오)엘리트주의 등과 차이가 있다. 권력자원론이 계급동원과 계급연대에

....

190   Korpi. "Power Resources Approach vs Action and Conflict." p.44.
191   Weber, M.(2011[1919]). 『소명으로서의 정치』. 박상훈 역. 서울: 후마니타스.
192   Smith, A.(1976[1776]). *An Inquiry into the Nature and Cause of the Wealth of Nations*. Chicago: The University of Chicago Press. pp.74-75.

주목한 것은 아담 스미스가 이야기한 것처럼 자본과 비교해 노동의 취약한 권력자원의 특성을 반영한 이론적 작업이라고 할 수 있다. 집중과 동원이 어려운 노동력만을 소유한 노동계급이 축적 가능하고 동원과 집중이 용이한 자산을 가진 자본가계급에 대항해 국가권력을 장악해서 자신들이 원하는 정책을 실현하기 위해서는 노동계급의 동원과 다른 계급과의 연대가 가장 중요한 과제이기 때문이다. 더욱이 노동계급은 노동계급이 절대 다수가 아닌 상황에서 동원과 집중의 대상을 중간계급으로 확대해야 했다. 실제로 노동계급의 권력자원의 크기가 유사하다고 해서 유사한 복지체제가 만들어지는 것은 아니다. 호주와 뉴질랜드의 노동운동은 스웨덴과 덴마크처럼 강력했지만, 호주와 뉴질랜드는 자유주의 복지체제로, 스웨덴과 덴마크는 사민주의 복지체제로 분화했다.[193] 둘의 가장 중요한 차이는 노동계급이 비노동계급과의 연대에 성공했는지 여부였다.[194] '계급연대'라고 불리는 이러한 계급 간의 연대의 성공 여부가 북유럽 국가들과 호주와 뉴질랜드에서 좌파정당의 집권 여부는 물론 집권 기간의 차이를 결정하고, 이는 다시 해당 국가의 복지체제의 특성을 규정짓는 결정적 변수로 작동했던 것이다.[195]

하지만 노동계급이 당파성을 버리고 소자산가인 농민 또는 중간계급과 연대하는 계급연대는 말처럼 쉬운 일이 아니다.[196] 아담 쉐보르스키(Adam Prezeworski)는 자본주의 사회에서 노동계급이 직면한 어려움을 다음과 같이 정리하면서 노동자 정당이 비노동계급과 연대할 경우 노동자계급의 지지를 잃어버릴 위험성이 있다고 경고했다. 실제로 에두아르트 베른슈타인(Eduard Bernstein)에서 비

....

193   Castles, F. and Mitchell, D.(1991). "Three Worlds of Welfare Capitalism or Four?" LIS Working Paper No. 63.

194   Korpi. "Power Resources Approach vs Action and Conflict."; Esping-Andersen. *The Three Worlds of Welfare Capitalism*; Korpi, W. and Palme, J.(2003). "New Politics and Class Politics in the Context of Austerity and Globalization: Welfare State Regress in 18 Countries, 1975-95." *American Political Science Review* 97(3): 425-446.

195   Castles and Mitchell. "Three Worlds of Welfare Capitalism or Four?"

196   윤홍식. "복지국가의 다양성과 발전 동인: 논쟁과 함의." p.359.

롯된 독일 사민당의 수정주의 논쟁은 노동자계급에게 복지국가를 지지하는 것이 얼마나 어려운 과제였는지를 간접적으로 보여주었다.[197] 노동계급 정당의 계급연대는 노동계급 정당이 당파성과 사회주의로의 이행을 위한 혁명노선을 포기해야 한다는 것을 의미할 수도 있기 때문이다.

"사회주의를 위한 운동은 자본주의 내에서 발전하고, 바로 이 사회적 조직으로부터 분명한 선택에 직면한다. 이 선택은 세 층위로 구성되어 있다. (1) 사회주의의 진보를 자본주의 사회의 정치적 제도를 통해 이룰 것인지 아니면 어떠한 타협도 없이 자본가에게 정면으로 맞서는 것을 통해 이룰 것인지, (2) 사회주의로의 전환을 배타적으로 노동계급만을 통해 이룰 것인지 아니면 다양한 계급, 심지어 상층계급의 지원에 의존할 것인지, (3) 개선과 개혁을 자본주의의 한계 내에서 찾을 것인지 아니면 모든 노력과 에너지를 완전한 이행을 위해 집중할 것인지를 선택해야 한다."[198]

이러한 인식이 바로 권력자원에서 권력을 사회적 관계에 선행하는 것으로 이해하는 이유이다. 만약 권력이 사회적 관계에 선행해서 존재한다면, 권력의 주체들 간의 이해는 사안에 따라 이합집산하는 것이 아니라 (자본주의 사회에서) 구조적으로 결정된 불균형을 어떻게 유지하고 극복할 수 있느냐에 달려 있다고 할 수 있다.

마지막으로, 권력자원론은 권력을 공간과 시간의 변수로 이해하고 있다는 점에서 다원주의, 엘리트주의 등과 구별된다. 자본주의 사회에서 자본과 노동 간의 불균등한 권력 분포는 예외적이기보다는 보편적이지만 그 구체적 양태는 시간과 공간(국가 또는 지역)에 따라 상이하다. 예를 들어, 독일과 스웨덴은 모두 자

....

197 Bernstein, E.(1999[1899]). 『사민주의의 전제와 사민당의 과제』. 강신중 역. (*Die Voraussetzungen des Sozialismus und die Aufgaben der Sozialdemokratie*). 서울: 한길사.

198 Prezeworski. A.(1980). "Social Democracy as a Historical Phenomenon." *New Left Review* 122: 27-58. pp.27-28.

본주의 사회이지만 두 사회에서 노동계급의 권력자원은 상이했다. 독일의 노동계급은 농민, 중간계급과 연대하는 데 실패해 자본에 비해 취약한 권력자원을 형성했지만, 스웨덴의 노동계급은 계급연대에 성공해 자본을 압도하는 권력자원을 형성했다.[199] 또한 영국 노동계급의 권력자원은 강력했지만 1979년 대처의 집권 이후 현격하게 약화된 것처럼,[200] 한 국가에서 권력자원의 분포는 시간의 변화에 따라 상이한 모습으로 나타날 수 있다. 이처럼 권력자원론이 권력자원을 고정된 실체로 접근하기보다는 공간과 시간에 따라 상이하고 변화할 수 있는 변수로 이해했다는 점에서 다양한 정치적 함의를 주고 있다. 이러한 인식에 기초해 권력자원론에서는 서구의 복지체제가 하나의 유형으로 수렴되지 않고 상이한 복지체제로 분화된 원인을 각 복지체제의 상이한 권력자원 때문이라고 주장한다.[201]

끝으로 덧붙이고 싶은 것은 권력자원론에서 상정하고 있는 핵심 권력자원인 노동계급이 여전히 (남성) 제조업 노동자를 상정하고 있다면, 권력자원론은 남성 중심적 복지국가 이론이라는 비판을 피하기 어려워 보인다. 더욱이 계급연대를 고려해도 전통적 노동계급에 기초한 권력자원론은 비서구 국가들에서 형성·확대되고 있는 복지체제의 성격은 물론 현재 서구 복지국가의 변화 또한 적절히 설명할 수 없다. 한국과 같이 비서구 사회이면서 후기산업사회에 접어든 사회에서 복지체제의 형성과 발전은 단순히 서유럽에서 복지국가를 만들어갔던 전통적인 노동계급으로 대표되는 권력자원으로 설명할 수 없기 때문이다. 전형적 제조업 노동자는 복지국가에서 전통적 지위를 잃어가고 있고, 비전형적 노동자가 확대되고 있다. 특히 서비스 분야에서 여성 임금노동자가 증가하고 있는 것이 현실이

....

199 박근갑.『복지국가 만들기: 독일 사민주의의 기원』; 김수진(2007).『노동지배의 이념과 전략: 스칸디나비아 사회민주주의 성장과 쇠퇴』. 서울: 백산서당; Korpi. "Power Resources Approach vs Action and Conflict."; Esping-Andersen. *The Three Worlds of Welfare Capitalism*; Korpi and Palme. "New Politics and Class Politics in the Context of Austerity and Globalization".

200 고세훈(2011).『영국정치와 국가복지: 신(New)자유주의에서 신(Neo)자유주의로』. 서울: 집문당.

201 Korpi. "Power Resources Approach vs Action and Conflict."; Korpi. "The Iceberg of Power Below the Surface."; Korpi, W.(2003). "Welfare-state Regress in Western Euope: Politics, Institutions, Globalization." *Annual Review of Sociology* 29: 589-609; Korpi and Palme. "New Politics and Class Politics in the Context of Austerity and Globalization."

다. 돌봄의 책임이 없다고 (암묵적이건 명시적이건) 간주되었던 남성 노동자가 아닌 돌봄의 책임이 있다고 간주되고 있는 여성의 노동시장 참여로 복지체제를 둘러싼 권력관계가 근본적으로 변하고 있다. 물론 이에 대한 반론도 있다. 코르피는 계급불평등을 감소시키는 것과 젠더 불평등을 감소시키는 것은 별개의 문제가 아니라 동일한 문제라고 주장한다.[202] 이를 권력자원론의 관점에서 해석하면, 전통적 노동계급의 권력자원에 기초해 만들어진 복지국가는 계급평등만이 아닌 젠더평등의 확대에 기여하고 있다고 주장한다. 그러나 현실은 이러한 주장이 부분적으로만 타당하다는 것을 보여주고 있다. 실제로 서유럽에서는 이미 사회정책을 둘러싸고 여성 (서비스직) 노동자와 남성 제조업 노동자 간에 계급을 가로지르는 분열과 대립이 나타나고 있기 때문이다.[203]

정리하면 권력자원론은 왜 서구 복지국가들이 지금과 같이 다양한 체제 유형으로 분화되었는지를 설명했다는 점에서 산업화론이나 구조기능주의의 설명의 한계를 넘어선 것으로 평가할 수 있다.[204] 특히 권력자원론은 복지체제의 형성과 변화를 정치경제적 문제로 접근했다는 점에서 복지국가의 형성과 다양성을 설명하는 데 중요한 이론적 기여를 했다.[205] 이러한 이유로 피어슨은 권력자원론을 1980년대의 복지국가와 관련된 연구 중 가장 두드러진 연구라고 평가했다.[206] 하지만 권력자원론이 현재 비서구 사회의 복지체제의 형성과 발전과 함께 서구 복지국가의 변화를 설명하기 위해서는 권력자원에 대한 새로운 확장된 정의가

....

202 Korpi, W., Ferrarini, T., and Englund, S.(2010). "Women's Conditions and Opportunities under Different Types of Family Policies in Western Countries: Gender Inequalities Re-examined." paper to presented at the ESPAnet conference in Budapest, September 2-4 2010.

203 Häusermann, S.(2006). "Different Paths of Modernization in Contemporary Family Policy." paper prepared for the 4th Annual ESPAnet Conference, Transformation of the Welfare State: Political Regulation and Social Inequality, 21-23 September, 2006 Bremen.

204 윤홍식. "복지국가의 다양성과 발전 동인." p.360.

205 Harrits, G.(2006). "The Class Thesis Revisited: Social Dynamics and Welfare State Change." paper presented at the ESPAnet Conference 2006, 21-23 September, University of Germany, Bremen.

206 Pierson, P.(2000). "Three Worlds of Welfare State Research." *Comparative Political Studies* 33(6-7): 791 821.

필요해 보인다. 특정한 계급으로 설명되기 어려운 시민, 여성, 이주민 등 새로운 주체와 복지체제의 형성과 변화 간의 관계를 설명해야 할 과제를 안고 있다.

제6절 (신)제도주의

신제도주의는 1980년대 이후 세계 자본주의가 신자유주의 체제로 수렴한다는 이론에 대한 강력한 반론을 제기했다. 핵심 주장은 세계화와 같은 신자유주의가 전 지구적 현상임에는 분명하지만 국민국가의 자본주의는 다양한 형태를 유지하고 있고, 이는 신자유주의자들의 수렴론에 대한 실증적 반증이라는 것이다. 신제도주의는 개별 국민국가의 자본주의가 여전히 다양한 형태로 존재하며 지속되고 있다는 점을 강조한다. 이를 반영하듯 제도주의 관점에서 복지제도를 분석한 연구들은 제도의 지속성을 강조하는 경향이 있다. 하지만 『기원과 궤적』에서는 제도가 결정적 국면에서 만들어진 '결빙된 유산'이지만 결정적 국면이 아닌 일상적 상황에서도 끊임없이 변화하는 점증적인 변화의 누적된 결과라는 입장에서 접근하려고 한다. "제도의 존속은 곧 제도가 처음에 설립된 그대로 충실하게 재생산되는 데 달려 있는 것이 아니라 오히려 제도가 자리 잡고 있는 정치적·경제적 환경의 변화에 지속적이고 적극적으로 적응하는 데 달려 있기 때문이다."[207]

이러한 관점에서 『기원과 궤적』은 신제도주의를 한국 복지체제를 설명하는 중요한 이론으로 수용하지만, 신제도주의가 갖는 정태적 경향을 비판하고, 한국 복지체제가 한국 사회를 구성하는 주체들의 전략적 선택을 통해 제도의 한계를 넘어 변화할 수 있다는 관점을 취할 것이다. 다시 말해, 『기원과 궤적』은 한국 사회에서 복지체제를 만들어 가는 경로는 한국 사회의 제도적 유산이 만든 구조라는 "가능성의 한계" 내에서 이루어지는 것은 분명하지만, 한국 사회는 주체의 전

....

207 Thelen, K.(2011[2004]). 『제도는 어떻게 진화하는가: 독일·영국·미국·일본에서의 숙련의 정치경제』. 신원철 역. (*How Institutions Evolve*). 서울: 모티브북.

략적 선택으로 그 "가능성의 한계"의 영역을 넓힐 수 있다는 관점을 갖고 있다. 다만 본 절에서는 복지국가와 관련된 신제도주의의 주요 특성을 개략적으로 살펴보는 것으로 논의를 제한했다.

1. 권력자원론에 대한 비판과 자본주의의 다양성

권력자원론은 1980년대 복지체제를 설명하는 가장 강력한 이론으로 인식되었지만, 1990년대에 들어서면서 두 가지 비판에 직면한다. 하나는 복지체제의 형성 및 전개와 관련해 자본의 역할을 간과했다는 비판이고, 다른 하나는 복지체제를 정치적 측면에서 조망하려는 시도에 대한 비판이다. 먼저 자본의 입장을 강조하는 논리는 복지체제를 형성한 중심 정치세력이 노동계급이 아닌 자본계급이었다는 것이다.[208] 쉐보르스키의 주장처럼 자본주의 체제하에서 지속적인 경제성장이 자본의 주체적인 노력 없이는 불가능한 것이라면, 자본주의의 어깨 위에 올라탄 복지국가의 확대 또한 자본의 역할을 고려하지 않고는 상상할 수 없다.[209]

자본의 역할은 크게 두 가지 관점에서 이해되고 있다. 하나는 복지국가의 형성과 관련해 노동과 자본이라는 두 주체의 역할을 균등하게 평가해야 한다는 것이다. 스웬슨(Swenson)은 자본이 사회민주적 정치경제학에서 주장하는 것과 달리 노동계급의 힘에 길들여진 수동적 존재가 아니었다고 주장한다.[210] 1930년대에 사민당이 집권한 것은 노동계급과 농민의 연대가 자본가계급을 패퇴시켰기 때문이 아니라 스웨덴과 덴마크에서 사민당 집권에 대한 자본의 강력한 반대

....

208 Swenson, P.(1991). "Bringing Capital Back in, or Social Democracy Reconsidered: Employer Power, Cross-class Alliances, and Centralization of Industrial Relations in Denmark and Sweden." *World Politics* 43(4): 513-544; Mares, I.(2003). *The Politics of Social Risk: Business and Welfare State Development.* Cambridge: Cambridge University Press.

209 Przeworki, A.(1986). *Capitalism and Social Democracy.* Cambridge: Cambridge University Press; Iversen and Soskice. "Distribution and Redistribution."; Iversen, T. and Stephens, J.(2008). "Partisan Politics, the Welfare State, and Three Worlds of Human Capital Formation." *Comparative Political Studies* 41(4/5): 600-637; Iversen. "Capitalism and Democracy."

210 Swenson. "Bringing Capital Back in, or Social Democracy Reconsidered." pp.513-515.

가 없었기 때문이었다는 것이다. 자본은 단순히 약하기 때문에 노동에 굴복한 것이 아니라 계급을 가로지는 연대가 자본에 이득이 되었기 때문에 노동계급과 타협했고, 따라서 사민당과 같은 좌파정당의 장기집권이 가능했다는 것이다. 실제로 산업관계에서 노동과 자본의 중앙집권적 교섭은 국제적 경쟁을 해야 하는 자본에는 유리했지만, 국내 산업에 의존하는 노동에는 불리한 정책이었다. 더욱이 1946년에 있었던 연금 개혁 사례를 보면 오히려 고용주가 사민당이 제시한 자산조사 방식의 연금 개혁을 거부했을 정도로 연금 개혁과 관련해 사민당보다 더 관대한 주장을 했다.[211] 이처럼 자본은 복지국가의 형성과 확대에 핵심적 참여자였지 결코 수동적 대상이 아니었다는 것이다.[212] 예를 들어, 자본은 사회보험의 위험 분산 기능 때문에 보편적 실업보장과 산재보험을 적극적으로 제도화했다는 것이다. 이러한 사실에 근거해 고용주의 역할을 강조하는 입장에서는 고용주가 잔여주의 복지국가를 지지했다는 경험적 근거가 없다고 주장한다.[213]

다른 하나는 복지국가의 다양성을 생산체제(production regime)의 다양성으로 설명하려는 입장이다. 생산체제론은 권력자원론이 자본이 지배하는 자본주의 체제 하에서 자본의 이해에 반할 수 있는 복지국가의 대규모 분배정책이 어떻게 실현될 수 있었는지를 해명하지 못한다고 비판한다.[214] 또한 복지국가의 다양성에 대한 정치적 설명은 권력자원의 분포가 왜 국가 간에 상이한 모습으로 나타났는지도 설명하지는 못했다고 비판한다. 더욱이 권력자원론은 보편적 선거권이라는 민주주의의 실현을 전제하고 복지체제의 다양성을 설명하지만, 북서유럽에서 높은 수준의 분배체제는 참정권이 보편적으로 제도화되기 이전에 이미 제도

....

211 하지만 1944년 선거를 보면 자산조사에 대한 사민당의 입장이 분열되어 있었기 때문에 사민당이 자산조사를 지지했다고 하기에는 무리가 있다. Korpi, W.(2006). "Power Resources and Employer-centered Approaches in Explanations of Welfare States and Varieties of Capitalism: Protagonists, Consenters, and Antagonists." *World Politics* 58: 167-206.

212 Mares. *The Politics of Social Risk*.

213 Mares. *The Politics of Social Risk; Swenson*. "Bringing Capital Back in, or Social Democracy Reconsidered."

214 Iversen and Soskice. "Distribution and Redistribution."

화되었다는 점에서 복지국가의 형성과 확대에 관한 권력자원론의 설명은 취약할 수밖에 없다는 것이다. 그렇기 때문에 생산체제론이 현재 서구 복지체제의 다양성을 더 잘 설명할 수 있다고 주장한다. 현대 복지국가 또한 생산체제의 성격에 따라 다양한 형태로 구분할 수 있으며, 복지국가는 자본주의 체제에서 산업생산의 기능적 보완물로 간주할 수 있다는 것이다.[215]

생산체제론은 모든 사회제도는 상호 보완적인 관계를 갖고 있기 때문에 하나의 제도(예를 들어, 복지국가)는 다른 제도(생산체제)에 대한 이해 없이는 제대로 설명될 수 없다고 주장한다.[216] 사실 이러한 관점은 월러스틴의 세계체계관점과 유사하다. 앞서 언급했듯이 세계체계는 크게 여섯 가지 하위 벡터로 구성되어 있고 6개의 하위 벡터는 상보적 관계에 있기 때문에, 예를 들어 노동력구조가 변화하면 인간 복지의 양상 또한 필연적으로 변화하게 된다는 것이다.[217] 다만 생산체제론은 생산체제와 복지체제가 밀접한 상보적 관계에 있지만 생산체제의 변화가 복지체제의 변화를 결정한다는 관점을 취하고 있다. 생산체제론은 권력자원의 다양성이 복지국가의 다양성을 결정하는 것이 아니라 자본주의 생산체제의 다양성이 복지국가의 다양성을 결정한다고 주장하는 것이다.[218]

구체적으로 자본주의의 다양성의 관점에서 생산체제론의 특성을 설명해보면 다음과 같다. 자본주의 생산체제는 크게 〈표 3.2〉에서 보는 것과 같이 조정시장경제(Coordinated Market Economies, CME)와 자유시장경제(Liberal Market Economies, LME)라는 두 가지 체제로 구분되고, 조정시장경제는 다시 전국적 조정시장경제, 산업별 조정시장경제, 기업별 조정시장경제로 구분될 수 있다.[219] 조

....

215　Korpi. "Power Resources and Employer-centered Approaches in Explanations of Welfare States and Varieties of Capitalism." p.167.
216　Iversen. "Capitalism and Democracy."
217　Hopkins and Wallerstein. "세계체제: 위기는 있는가?"
218　윤홍식. "복지국가의 다양성과 발전 동인." p.362. 이러한 입장에 따르면 사회정책이 경제정책에 종속된다는 생산주의 복지체제가 한국과 같은 동아시아 국가의 특성이라는 주장은 성립될 수 없다.
219　Iversen and Soskice. "Distribution and Redistribution."; Iversen and Stephens. "Partisan Politics, the Welfare State, and Three Worlds of Human Capital Formation."

표 3.2 복지체제에 따른 인적자본 형성 정책 비교

	조정시장경제			자유시장경제
	전국적	산업별	기업별	자유주의
보육과 유치원	높음	낮음	중간	낮음
초중등교육	높음	중간	높음	중간
고등교육	높음	중간	높음(민간)	중간
적극적 노동시장 정책	높음	낮음	낮음	낮음
직업훈련	높음	높음	낮음	낮음
대표적 국가 사례	스웨덴, 노르웨이	독일, 오스트리아	한국, 일본	미국, 영국

출처: Iversen and Stephens. "Partisan Politics, the Welfare State, and Three Worlds of Human Capital Formation."를 수정 보완한 것임.

정시장경제로 분류되는 사민주의 복지국가에서는 교육훈련과 관련된 모든 분야에서 상대적으로 높은 투자가 이루어지고 있는 반면 자유시장경제에서는 조정시장경제와는 상반된 모습이 나타난다.

이처럼 자본주의 생산체제가 다양한 모습으로 형성된 이유는 19세기에 진행된 이들 국가들의 산업화 과정의 특성과 관련이 있다.[220] 먼저 조정시장경제와 자유시장경제를 구분하는 핵심적 차이는 조합주의 전통의 유무와 관련이 있다. 스웨덴과 독일은 조합주의 국가(독일어: Ständestaaten, 영어: Corporate State)의 전통이 있었던 것에 반해, 영국과 미국은 이러한 전통이 없었다. 강력하고 자립적인 소농들이 존재했던 스웨덴과 독일의 경우 조합주의 국가의 출현이 필연적이었던데 반해, 대농장주들과 소작농으로 구성된 영국과 미국에서 조합주의 국가가 출현할 가능성은 낮았다. 조정시장경제가 전국, 산별, 기업별 형태로 구분되는 것도 개별 국가의 산업화 과정의 특성이 반영된 것이다. 우선 전국적 조정시장경제와 산업별 조정시장경제의 분화는 농촌 지역과 도시 지역이 어떤 관계를 맺고 있는지와 밀접한 관련이 있다. 상대적으로 농촌과 도시의 관계가 밀접하지 않았던 스웨덴에서는 농업의 불안정성을 완화하기 위해 전국 단위의 조정이 필요했던 반

....

220 Iversen and Soskice. "Distribution and Redistribution."

면, 농촌과 도시의 관계가 긴밀했던 독일은 지역에 기초한 조정시장경제를 만들어낼 수 있었다.[221] 이러한 차이가 산업화 과정에서 스웨덴과 독일의 생산체제가 전국을 단위로 한 조정시장경제와 산업을 단위로 한 조정시장경제로 상이한 길을 가게 된 이유이다. 한국과 일본의 경우는 조정시장경제가 기업별로 이루어졌는데, 이는 한국과 일본의 산업화가 대기업[소위 재벌(財閥)과 자이바츠(財閥)] 중심으로 이루어진 결과를 반영한다.[222] 조정은 재벌로 대표되는 기업집단 내에서 이루어졌다.

조정시장경제와 자유시장경제는 노동자가 습득하는 '기술'과 이에 대한 기업의 대응양식에서도 차이가 난다. 먼저 조정시장경제에서 노동은 일반적으로 알려져 있는 것처럼 특정 기업에 특화된 기술을 숙련하고 이러한 특수한 숙련으로부터 오는 위험에 대응하기 위해 복지를 제도화한다. 특히 조정시장경제는 노동자들의 임금, 고용, 실업을 중심으로 노동자들이 직면하는 위험에 대한 대응을 중심으로 제도화한다.[223] 이러한 제도적 대응이 필요한 이유는 노동자들이 기업의 장기적인 안전보장이 없을 경우 해당 기업에만 특화된 기술을 획득하는 것을 주저하기 때문이다.[224] 반면 자유시장경제에서 기업은 노동자에게 기업에 특화된 기술보다는 일반 기술에 대한 숙련을 장려하는 대신 노동자에 대한 보호는 낮은 수준에서 제도화한다. 보호는 복지정책과 같은 제도적 차원에서 이루어지기보다

....

221 Hechter. M. and Brustein, W.(1980). "Regional Modes of Production and Patterns of State Formation in Western Scruggsope," *The American Journal of Sociology* 85(5): 1061-1094; Herrigel, G.(1996). "Industrial Constructions." *The Sources of German Industrial Power*, Cambridge: Cambridge University Press; Iversen and Soskice. "Distribution and Redistribution."

222 김윤태(2012). 『한국의 재벌과 발전국가: 고도성장과 독재, 지배계급의 형성』. 서울: 한울; Gordon, A.(2005[2002]). 『현대일본의 역사: 도쿠가와 시대에서 2001년까지』. 김우영 역. (*A Modern History of Japan: From Tokugawa Times to the Present*). 서울: 이산.

223 Estevez-Abe, M., Iversen, T., and Soskice, D.(2001). "Social Protection and the Formation of Skills: A Reinterpretation of the Welfare State." Hall, P. and Sosckice, D. eds. *Varieties of Capitalism: The Institutional Foundations of Comparative Advantage*. pp.145-183. Oxford: Oxford University Press.

224 Iversen. "Capitalism and Democracy."

는 노동자의 이직을 통해 보장받는다.[225] 그러므로 자유시장경제에서 기업은 노동자의 교육훈련에 대한 관심이 상대적으로 적다. 반면 전국적 조정시장경제에서 기업은 노동자의 교육훈련에 대해 높은 관심을 갖고 있다.

정리하면, 자본주의의 다양성으로 대표되는 생산체제론은 복지국가의 다양성을 경제적 측면에서 검토했다는 점에서 권력자원론이 다루지 못한 복지체제의 성격을 조망했다. 그러나 복지국가의 성립과 발전이 자본의 필요에 의한 결과인지에 대해서는 여전히 강력한 반론이 제기되고 있다. 코르피는 자본주의의 다양성 논자들이 주장하는 것과는 반대로 고용주들은 복지정책의 제도화에 부정적이었다고 한다.[226] 독일만이 아니라 프랑스에서도 고용주는 강제적인 공적보험에 반대했고 고용주가 직접 제공하는 사회보험을 선호했다. 프랑스에서는 기업의 규모와 관계없이 고용주들이 강제적 보험 도입에 반대해 중요한 사회보험제도의 도입을 중도-좌파가 집권한 1920년대 중반 이후까지 기다려야 했다.[227] 마레스도 인정했듯이 고용주는 사회정책과 관련된 어젠다를 제기하는 집단이 아니었다.[228] 또한 스웬슨의 주장과 달리 미국과 스웨덴에서도 고용주는 사회정책을 처음 제기한 집단이 아니었다.[229] 스웨덴에서 자본은 사회적 대타협 직후에도 비공식 조직인 '디렉터스 클럽(Director's Club)'을 구성해 사민당에 반대하는 정치활동을 계속했다. 코르피는 이 밖에도 국가복지를 확대하려는 사민당의 시도에 자본이 어떻게 반대했는지에 대한 구체적 사례를 제시하고 있다.[230] 이러한 역사적 근거를 바탕으로 코르피는 자본주의의 다양성 논자들의 비판은 잘못된 인과관계에 근거하고 있으며, 자본주의 체제의 다양성 접근은 권력자원론으로 수렴될 수

....

225 Iversen. "Capitalism and Democracy."

226 Korpi. "Power Resources and Employer-centered Approaches in Explanations of Welfare States and Varieties of Capitalism."

227 Korpi. "Power Resources and Employer-centered Approaches in Explanations of Welfare States and Varieties of Capitalism."

228 Mares. *The Politics of Social Risk.*

229 Swenson. "Bringing Capital Back in, or Social Democracy Reconsidered."

230 Korpi. "Power Resources and Employer-centered Approaches in Explanations of Welfare States and Varieties of Capitalism."

있다고 주장한다.

2. 제도로서 정치체제

선거제도의 비례대표성은 〈그림 3.8〉에서 보는 것처럼 복지국가의 크기와 밀접한 관련을 갖는 것으로 알려져 있다. 많은 경험적 연구들은 비례대표제와 복지국가의 친화성을 경험적으로 보여주고 있다.[231] 이는 비례대표제가 좌파정당에게 유리한 정치적 기회를 제공해 좌파정당의 집권 가능성을 높이고 이렇게 집권한 좌파정당이 국가복지를 확대하는 선순환구조를 만들었기 때문인 것으로 보인다.[232] 비례대표제와 복지국가의 관계는 우리에게 몇 가지 중요한 질문을 제기한다. 하나는 왜 비례대표제가 좌파의 집권에 유리한 정치적 환경을 제공하는가이다. 다양한 이유가 있지만 가장 중요한 두 가지 이유는 강력한 비례대표제하에서는 중위투표자 명제[233]가 작동하지 않기 때문인 것으로 알려져 있다. 비례대표제는 양당제보다는 다당제 구조를 만들고, 다당제 구도에서 정당들이 자신의 정치적 기반에 충실한 정책을 제시하기 때문이다.[234] 하지만 정당은 다당제하에서 자신의 정치적 기반만으로는 집권할 수 없기 때문에 집권을 위해 다른 정당과 연대하는 것이 필수적이다. 이러한 이유로 인해 비례대표제가 계급연대를 쉽게 하는 조건을 형성하게 되고 좌파의 집권과 복지 확대 간에 긍정적인 상관관계가 나타나게 되는 것이다.

그렇다면 이렇게 좌파 집권에 이로운 비례대표제는 누가 만들었을까? 이에

....

231 강명세(2014). 『민주주의, 복지국가, 그리고 재분배』. 서울: 선인.

232 Alesina et al. "Why doesn't the US Have a Scruggsopean-style Welfare State?"; Iversen and Soskice. "Distribution and Redistribution."; Korpi. "Power Resources and Employer-centered Approaches in Explanations of Welfare States and Varieties of Capitalism."

233 중위투표자 정리(Median Voter Theorem)는 단순하게 정의하면 유권자를 대상으로 두 정당이 경쟁할 경우 개인들의 선호가 단봉구조로 이루어졌다면 개별 정당이 전략적으로 중위투표자가 가장 선호하는 선거공약을 제시하게 될 가능성이 높다는 것이다. 김영세(2012). 『정치게임과 공공경제』. 서울: 율곡.

234 강명세. 『민주주의, 복지국가, 그리고 재분배』; Iversen and Soskice. "Distribution and Redistribution."

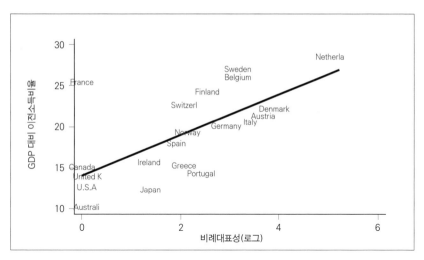

그림 3.8 GDP 대비 이전소득비율과 비례대표성(로그): OECD 회원국
출처: Alesina et. al.(2001: 53).

대해서는 정반대의 주장이 공존한다. 생산체제론자들은 생산체제와 비례대표제가 밀접한 관련성을 갖게 된 것은 자본이 자신들의 경제적 이해를 실현하기 위해 비례대표제를 제도화한 결과라고 주장한다.[235] 자본이 비례대표제를 통해 조정시장경제체제를 제도화했다는 것이다. 반면 알베르토 알레시나(Alberto Alesina)와 에드워드 글레이저(Edward Glaeser)는 다양한 역사적 근거를 제시하면서 비례대표제가 자본과 우파에 대한 노동과 좌파의 투쟁의 결과라고 주장한다.[236] 벨기에, 핀란드, 포르투갈에서 비례대표제의 도입은 직접적으로 노동계급과 좌파의 요구에 의해 실현되었고, 스웨덴에서는 노동계급과 좌파의 성장으로 인해 모든 권력을 상실할 것을 두려워한 보수가 최소한의 정치적 지분을 확보하기 위한 궁여지책의 수단으로 도입한 것이다.[237] 하지만 비례대표제를 도입했다고 해서 모든 국가에서 국가복지가 확대된 것은 아니다. 대표적으로 〈그림 3.9〉에서 보

....

235 Iversen and Soskice. "Distribution and Redistribution."; Iversen. "Capitalism and Democracy."

236 Alesina, A. and Glaeser, E.(2012). 『복지국가의 정치학: 누가 왜 복지국가에 반대하는가?』. 전용범 역.
     (Fighting Poverty in the US and Scruggsope, 2004). 서울: 생각의 힘.

237 Steinmo, S.(1993). Taxation and Democracy. New Haven: Yale University Press.

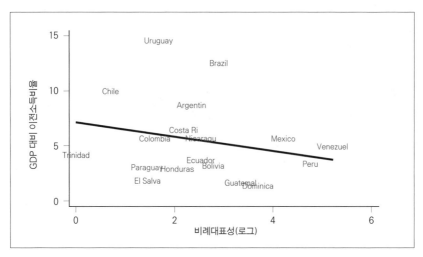

그림 3.9 GDP 대비 이전소득비율과 비례대표성(로그): 비OECD 회원국
출처: Alesina et. al.(2001: 54).

는 것과 같이 비OECD 회원국들의 사례를 보면 선거제도의 비례대표성은 〈그림 3.8〉의 OECD 회원국들과는 반대로 GDP 대비 소득이전지출과 부적관계에 있다.[238] 이러한 결과는 비례대표성 자체가 국가복지의 수준을 결정하기보다는 비례대표제가 누구에 의해 어떻게 도입되었는지가 더 중요하다는 것을 이야기해주고 있다. 즉, 노동계급과 좌파의 강력한 정치적 세력화를 수반해 도입된 비례대표제만이 국가복지 확대와 긍정적 관계를 갖는 것이다.

3. 세계화와 자본주의 세계체계

세계화(globalization)는 권력자원론과 제도주의같이 일국적 변수를 중심으로 복지체제를 설명하는 이론들이 여전히 설명력을 제공할 수 있는지 의문을 제

....

238 Alesina, A., Glaeser, E., and Sacerdote, B.(2001). "Why Doesn't the US Have a Scruggssope-an-style Welfare State?" paper was presented at the Brookings Panel on Economic Activity, September 7, 2001. Washington, D.C., http://post.economics.harvard.edu/hier/2001papers/2001list.html p.54.

기한다. 올슨과 오코너는 세계화 시대에 권력자원론에서는 계급, 인종, 젠더, 정치제도 전반에 걸쳐 심도 깊은 점검이 필요하다고 이야기한다.[239] 다시 말해 국민국가를 전제한 복지국가의 이론은 세계화 시대에 복지체제를 설명하는 적절한 이론이 될 수 없다는 의미를 담고 있다. 논리적으로 보면 세계화로 인한 자본의 이동성 증가는 자본이 국민국가에 기초한 복지국가의 존속을 위한 제(諸) 계급들과의 타협에 참여할 동기를 감소시키고 있는 것 같다. 세계화는 국민국가가 자본에 가하는 제약을 약화시켜 노동과 자본의 힘의 관계를 자본에 이롭게 만드는 구조를 만들었다고 할 수 있기 때문이다.

전후 복지국가의 핵심이라고 할 수 있는 완전고용은 개별 국민국가에 자본에 대한 통제권을 보장해주고 상품교역에 대해서는 자유화시키는 브레튼우즈로 대표되는 미국 주도의 자본주의 세계체계 하에서 수립된 분배체제였다.[240] 하지만 일국적 차원의 완전고용은 자본과 상품 모두가 자유화된 현재 세계경제에서 더 이상 가능한 선택이 아니다. 예를 들어, 유럽연합이 주도하고 있는 재정적자 축소 정책은 국민국가 차원에서 실업에 대한 대응을 제약하고 있다.[241] 문제는 이로 인해 발생하는 높은 실업률이 조세 기반을 축소시키고 복지수급자를 확대해 개별 국민국가의 재정 압박을 심화시키고 결국 복지 축소로 이어질 가능성을 높이고 있는 것이다. 다시 말해, 세계화는 국가 간 경쟁을 치열하게 만들고 치열한 경쟁에서 이기기 위해 국민국가가 사회지출을 축소시킬 수밖에 없다는 논리이다.[242] 미

....

239 Olsen and O'Connor. "Understanding the Welfare State."

240 Korpi. "Welfare-state Regress in Western Euope: Politics, Institutions, Globalization."

241 Guillén, A. and Álvarez, S.(2001). "Globalization and the Southern Welfare States." palier, B., Prior, P., Sykes, M. eds. *Globalization and Scruggsopean Welfare States: Challenges and Change.* pp.103-126. Basingstoke: Palgrave; Kosonen P.(2001). "Globalization and the Nordic Welfare States." palier, B., Prior, P., Sykes, M. eds. *Globalization and Scruggsopean Welfare States: Challenges and Change.* pp.153-172. Basingstoke: Palgrave; Olsen and O'Connor. "Understanding the Welfare State."

242 Glatzer, M. and Rueschemeyer, D.(2005). "An Introduction to the Problem." Glatzer, M. and Rueschemeyer, D. eds. *Globalization and the Future of the Welfare State.* pp.1-22. Pittsburgh: The University of Pittsburgh Press. p.2.

쉬라도 세계화가 복지국가에 심각한 위협이 되고 있다고 주장한다.[243] 그러나 이러한 주장이 전적으로 타당하고 볼 수는 없다. 왜냐하면 복지국가는 세계화로 인한 사회적 위험에 대응하기 위한 방식 중 하나로 발전했기 때문이다.[244] 카젠스타인에 따르면, 북유럽 복지국가는 수출지향적인 개방경제에 대한 대응이었다.[245]

하지만 세계화와 복지국가의 관계는 단순하지 않다. 먼저 사회지출의 변화를 보자. 고령화와 같은 인구학적 착시를 고려해도 주요 복지국가들의 사회지출은 세계화가 본격화된 1980년대 이후에도 지속적으로 증가했다. OECD 국가들의 GDP 대비 평균 사회지출비율은 1980년 15.4%에서 2016년 현재 21.0%로 지난 35년 동안 40%나 증가했다.[246] 개별 국가 차원에서도 비슷한 양상을 보이고 있다. 1980년 GDP 대비 사회지출비율이 20%를 넘는 국가는 8개국[247]에 불과했다. 하지만 2016년이 되면 그 숫자는 19개국[248]으로 증가하고, 1980년에는 없었던 30%가 넘는 국가도 2개국[249]이나 된다. 더욱이 서구의 모든 복지국가가 1980년대 이후의 세계화에 대해 동일하게 대응한 것도 아니다. 스웨덴과 핀란드 등은 상대적으로 다른 국가들에 비해 위기에 더 잘 대응했고, 영국과 미국 등은 심각한 어려움에 직면해 있다. 일반적으로 이러한 대응은 복지체제의 성격에 따라 상이하게 나타나고 있다. 다양한 원인이 있겠지만 차이는 상이한 권력자원의 구성과 관련되어 있는 것 같다.[250] 더불어 세계화가 아니라 고령화, 탈산업화, 디지털

....

243 Mishra, R.(1999). *Globalization and the Welfare State Reform*. Cheltehham: Edward Elgar Publication.
244 Rodrik, D.(1997). *Has Globaliation Gone Too Far?* Washington, D.C.: Institute for International Economics.
245 Katzenstein. *Small States in World Markets: Industrial Policy in Europe*.
246 OECD. Social Expenditure: Aggregated date.
247 오스트리아, 벨기에, 덴마크, 프랑스, 독일, 룩셈부르크, 네덜란드, 스웨덴.
248 오스트리아, 벨기에, 덴마크, 핀란드, 프랑스, 독일, 그리스, 헝가리, 이탈리아, 일본, 룩셈부르크, 네덜란드, 노르웨이, 폴란드, 포르투갈, 슬로베니아, 스페인, 스웨덴, 영국.
249 핀란드, 프랑스.
250 신정치론을 주장하는 학자들은 복지국가의 제도적 유산이 유권자와 이해조직의 선호와 기대를 변화시켜 정책 결과에 관한 (계급에 기초한) 당파적 효과를 감소시켰고 정당 또한 계급정치에 기초해 행동하지 않기 때문에 정부의 이념적 색깔은 더 이상 중요한 문제가 되지 않는다고 주장한다. Häusermann, S., Picot, G., and Geering, D.(2010). "Rethinking Party Politics and the Welfare State:

기술변화 등과 같은 후기산업사회의 변화가 복지국가를 위협하는 핵심 요인이라는 주장도 눈여겨볼 필요가 있다.[251]

그러면 이런 세계화는 세계체계관점과 어떤 관계가 있을까? 일부 국내 학자들은 세계체계관점에서 한국 복지체제를 설명하려는 것은 단순히 세계화(또는 지구화)의 변수를 고려하는 수준이면 충분하다고 이야기한다. 과연 그럴까? 여기에 대한 대답의 단초를 코르피의 문제의식에서 찾을 수 있을 것 같다.[252] 코르피는 전후 복지국가의 가장 중요한 성취 중 하나인 완전고용이 브레튼우즈체제라는 자본주의 세계체계 하에서 가능했다고 주장한다. 그리고 미국 대통령인 리처드 닉슨(Richard Nixon)이 금태환 중지를 선언한 1971년 브레튼우즈체제가 붕괴되고 관세 및 무역에 관한 일반협정(GATT)이 자본과 서비스의 자유로운 이동을 보장하는 세계무역기구(WTO)체제로 전환되면서 복지국가가 완전고용을 창출하거나 유지하는 것이 불가능하게 되었다고 주장했다.[253] 이는 현재 우리가 알고 있는 복지국가가 자본주의 세계체계가 전후 자본의 자유로운 이동을 규제하는 틀 안에서 만들어진 분배체제라는 것을 이야기해주는 것이다. 또한 전후에 공고화된 그 세계체계가 변화했을 때 분배체제로서 복지국가 또한 위기에 처했다는 것을 이야기해준다. 그러므로 세계체계관점을 한국 복지국가 연구에 적용한다는 것은 단순히 자본이 세계화된 현재의 현상을 상수로 반영한다는 의미가 아니라, 세계체계의 변화, 즉 국가 간 정치, 경제, 문화관계의 구조적 변화를 한국 복지국가의 변화에 적용하겠다는 것을 의미한다. 20세기 후반에 다시 본격화된 세계화는 1, 2차 세계대전 이전인 19세기 말과 20세기 초에 그랬던 것처럼 자본

....

Recent Advances in the Literature." paper prepared for the 17th International Conference of the Council for scruggsopean Studies, Montréal, April 15-17, 2010.

251 Pierson, P.(1995). *Dismantling the Welfare State? Reagan, Thatcher and the Politics of Retrenchment, Cambridge Studies in Comparative Politics*. NY: Cambridge University Press; Pierson, P.(2011). "The Welfare State over the Long Run." Zentrum für Sozialpolitik, Universität Bremen.

252 Korpi. "Welfare-state Regress in Western Europe."

253 Schwartz. 『국가 대 시장: 지구 경제의 출현』.

주의 세계체계의 구조적 변화로 인해 나타나는 현상이지 세계화 자체가 국민국가의 분배체계를 변화시키는 독립 변수는 아닌 것이다.

세계화를 단순히 복지국가를 설명하는 변수 중 하나로 고려해야 한다는 생각은 또 다른 오해와 관련이 있다. 세계체계가 자본, 상품, 노동의 자유로운 이동을 의미하는 세계화와 동일한 것이라는 인식이다. 세계체계가 존재한다는 것이 곧 자본, 상품, 노동의 자유로운 이동이라는 의미의 세계화를 의미하지 않는다. 자본, 상품, 노동의 자유로운 교역과 이동이 보장되지 않는다고 해도, 월러스틴의 개념에 따르면 핵심부, 주변부, 반주변부로 구성된 세계체계, 아리기의 개념에 따르면 특정한 국가의 헤게모니가 관철되는 국가 간 기축적 분업이 이루어지는 세계체계는 성립된다.[254] 1945년부터 1970년대까지 자본의 이동이 통제된 체계도, 1980년대 이후 본격화된 자본, 상품, 노동의 자유로운 이동이 보장되는 신자유주의 체제도 모두 자본주의 세계체계이다. 복지체제는 이러한 자본주의 세계체계의 성격 변화에 영향을 받고 변화하고 있다.

정리하면 복지국가 연구에 세계체계관점을 적용한다는 것은 단순히 자본, 상품, 서비스에 대한 규제 또는 자유화라는 변수를 복지국가 연구에 포함시킨다는 의미가 아니다. 복지국가 연구에 세계체계관점을 적용한다는 것은 복지국가를 자본주의 세계체계의 역사적 변화의 맥락에서 이해한다는 것을 의미한다. 다음 장들에서 구체적으로 살펴보겠지만, 복지국가 연구에 세계체계관점을 적용한다는 것은 1970년대 이후 복지국가의 위기와 변화에 대해 브레튼우즈체제와 GATT체제가 해체된 이전과 이후 분배체제로서 복지국가의 지위와 역할의 변화를 고려해야 한다는 것을 의미한다. 자본, 상품, 서비스의 자유로운 국가 간 교역이 이루어지고 있는 현재도, 자본과 서비스에 대한 국제적 교역이 제약되던 과거도 모두 자본주의 세계체계의 변화하는 모습을 보여주는 한 단면일 뿐이다. 자본주의 세계체계는 세계화의 수준이 낮았던 전후부터 1970년대까지도, 세계화의 수준이 높았던 1, 2차 세계대전 이전과 현재에도 개별 국가가 자본주의 세계체계

....

254 Wallerstein. 『근대세계체제 I』; Arrighi. 『장기20세기』.

에서 갖는 지위와 역할에 따라 국민국가의 분배체계에 중요한 규정력을 갖고 있다. 슈워츠[255]의 지적처럼 20세기 말에 다시 출현한 세계화는 자본주의 세계체계의 변화의 결과이지 원인이 아니며, 분배체계로서 복지체제의 지위와 역할을 변화시키는 원인은 더더욱 아니다. 하지만 지금의 '근대'세계체계는 역사상 존재했던 과거의 세계체계와 중요한 차이가 있다. 명(明)나라의 정화(鄭和)의 원정이 갑자기 중단된 것처럼, 거대한 세력이 종종 세계체계로부터 철수했던 역사적 사례들을 발견할 수 있다. 그러나 현재 우리는 과거와는 달리 세계체계로부터 벗어나 고립된 삶을 선택할 수 없다. 우리는 세계체계를 변화시킬 수 있을지는 몰라도 세계체계는 (적어도 당분간은) 우리에게 선택의 여지가 없는, 주어진 삶의 상수일 수도 있다.

제7절 정리와 함의

이 장에서는 『기원과 궤적』의 분석과 관련된 두 가지 이론(권력자원론과 제도주의)과 세 가지 관점(세계체계관점, 한국 중심적 접근 방법, 젠더관점)에 대해 검토했다. 이론과 관점에 대한 검토를 통해 우리는 한국 복지체제를 어떤 특정한 이론 또는 관점만으로 분석할 수 없다는 문제의식이 정당했다고 생각한다. 특히 두 가지 이론과 세 가지 관점은 한국 복지체제에 대한 분석이 국내적 요인과 국외적 요인의 상호작용의 결과로 접근되어야 한다는 분석의 틀을 제공했다. 세계체계관점은 한국 복지체제의 분석을 일국적 차원만이 아닌 자본주의 세계체계와의 관련성 하에서 이해할 수 있는 시각을 제공했다. 한국의 산업화가 자본주의 세계체계의 노동 분업의 재배치라는 거시적 변화와 관련되었다는 역사적 사실을 인식한다면, 한국 복지체제에 대한 이해를 위해서 자본주의 세계체계의 변화에 대한 이해가 병행되어야 한다는 것은 지극히 상식적인 생각일 것이다. 한국

....

255 Schwartz. 『국가 대 시장: 지구 경제의 출현』.

중심적 접근 방법 또한 우리가 알고 있는 복지국가 이론의 대부분이 서구의 역사적 경험에 근거해 만들어진 것이고 한국 복지체제를 분석하기 위해서는 한국 복지체제의 역사적 경험에 근거한 이론이 필요하다는 상식적인 사실을 환기시켜주고 있다. 하지만 한국 중심적 접근 방법이 복지국가를 설명하는 이론적 보편성을 견지하면서 한국적 특수성을 어떻게 반영할 수 있을지는 『기원과 궤적』의 어려운 숙제가 될 것 같다. 젠더관점은 그간 국내 주류 복지국가 논의에서는 거의 언급되지 않았던 관점이다. 『기원과 궤적』은 한국 복지체제의 역사 자체가 젠더 불평등에 기초해 만들어졌다고 확신한다. 젠더관점에 대한 검토를 통해 『기원과 궤적』에서는 한국 복지국가의 역사를 분석하면서 젠더관점을 드러내기 위해 지속적 노력을 해야 하는 이유를 확인했다. 하지만 한국 복지체제의 역사에서 젠더관점을 드러내는 일은 쉽지 않다.

권력자원론과 제도주의는 복지국가 연구자들에게는 잘 알려진 이론들이다. 권력자원론은 한국 복지체제의 역사적 기원과 궤적을 분석하는 데 있어 주체의 문제에 천착해야 한다는 사실을 확인시켜주고 있다. 다만 후기산업사회에서 권력자원에 대한 논의가 계급에서 교육, 지식, 기술 등을 포괄하는 개념으로 확대되고 있다는 점을 고려할 필요가 있다.[256] 이는 주체의 문제를 전통적인 노동계급에만 한정해서 볼 것이 아니라 시민이라고 표현되는 다양한 주체들을 생각할 필요가 있다는 것을 이야기해주고 있다. 코르피[257]의 논의를 빌리면, 노동계급이 서구 복지국가의 형성 과정에서 핵심 주체로 등장할 수 있었던 것은 당시 자본주의 체제에서 노동계급이 직면한 현실에 근거한 것이다. 이러한 이유로 복지국가 주체와 관련된 논의는 한국 사회에서 가장 취약한 집단이 누구인지를 분명히 하는 것이고[258] 이들이 조직화된 계급"들"로 구성되고 연대하는 과정을 기록하는 것이

....

256 Harrits. "The Class Thesis Revisited: Social Dynamics and Welfare State Change."
257 Korpi. "Power Resources and Employer-centered Approaches in Explanations of Welfare States and Varieties of Capitalism."
258 Baldwin, P.(1990). *The Politics of Social Solidarity: Class Bases of the Scruggsopean Welfare State 1875-1975*. Cambridge: Cambridge University Press.

다. 물론 그 대상은 전통적 노동계급일 수도 있고 아닐 수도 있다.[259] 다만 후발복지국가에서도 국가복지의 확대가 좌파의 권력자원에 기초해 이루어졌다는 사실을 기억할 필요가 있다.[260] 과제는 자본주의 세계체계의 역사적 변화 과정에서 한국 복지체제를 만들어가는 주체의 성격을 『기원과 궤적』에 담아내야 한다는 것이다.

역사적 경험에서 보듯이 제도는 한국 복지체제의 경로의존을 만드는 것은 물론 복지체제의 주체 형성과도 밀접한 관련을 갖는다. 실제로 호주는 강력한 노동계급이 존재했지만 다수대표제라는 정치제도의 틀에 갇혀 스웨덴과 같은 보편적 복지국가로 나아가지 못했다.[261] 한국에서는 2015년 중앙선거관리위원회가 선거구 개편과 관련해 비례대표제를 확대해야 한다는 의견을 피력했고 전문가들은 복지국가의 확대를 위해서 비례대표제를 확대해야 한다고 주장했다.[262] 제도와 관련된 또 다른 문제의식으로 한국과 같은 기업별 조정시장경제가 어떤 복지체제와 조응할 수 있을지도 고민할 필요가 있다. 생산체제와 복지체제가 조응한다는 생산체제론자들의 주장에 귀를 기울일 필요가 있기 때문이다.

마지막으로 세계화와 관련된 문제이다. 서구 복지국가는 2차 세계대전의 종전 직전인 1944년 미국 뉴햄프셔주 브레튼우즈에서 수립된 국제관계와 함께 발전했다. 또한 1971년 미국이 금과 달러의 태환을 정지해 브레튼우즈체제가 종식되자 복지국가 또한 재편의 시기로 접어들었다. 반면 한국은 자본과 상품이 세계화된 조건에서 국가복지를 확대시켜나가야 할 과제를 안고 있다. 자본에 대한 통

....

259 윤홍식. "복지국가의 다양성과 발전 동인: 논쟁과 함의."

260 Claramunt, C. and Arroyo, S.(2000). "The Role of 'the Resources of the Power Hypothesis' in Explaining the Spanish Welfare State between 1975-1995." *European Journal of Political Research* 38: 261-284.

261 Castles and Mitchell. "Three Worlds of Welfare Capitalism or four?" 호주와 뉴질랜드로 대표되는 앤티퍼디언(antipodean) 복지체제는 복지국가 축소기로 불리는 1980년대에 들어서면서 자유주의 복지국가로 수렴되었다는 평가가 있다. Huber, E. and Stephens, J.(1999). *Welfare State and Production Regimes in the Ear of Retrenchment*. NJ: School of Social Sciecne, Institute for Advanced Study.

262 최태욱(2011). "복지국가 건설과 포괄정치의 작동을 위한 선거제도 개혁." 『민주사회와 정책연구』 19: 42-70.

제권이 국민국가에 있었던 전후 서구 국가들과는 완전히 다른 조건에 놓여 있는 것이다. 더욱이 한국 사회가 직면한 현실은 복지국가를 만들어갈 주체라고 알려진 노동계급과 중간계급이 비조직화되어 있는 데 반해 복지국가의 확대를 원하지 않는 자본은 강력한 힘을 갖고 있다는 것이다. 이러한 불리한 조건을 극복하고 한국에서 보편적 복지국가를 주장하는 주체들이 자본으로부터 보편적 복지국가라는 합의를 얻어낼 수 있을지는 미지수이다. 서구의 역사적 경험이 주는 중요한 함의는 복지국가의 모습이 복지국가를 만들어가는 주체들의 힘의 정도에 따라 상이했다는 점이다. 한국 복지체제가 서구 복지국가들과 동일한 길을 갈 수는 없겠지만, 자본주의 세계체계의 변화가 만들어놓은 (자본에게 유리한) 구조적 불균형 또한 넘지 못할 장벽은 아닐 것이다. 현재 국민국가는 과거와 비교해 환율, 이자율, 법인소득, 자본 등에 대한 과세와 같은 중요한 정책수단을 상대적으로 자유롭게 사용할 수 없지만 여전히 가장 강력한 사회경제적 행위자로 남아 있다.[263] 더욱이 베버가 근대국가의 특성이라고 언급한, 국가의 목적을 실현할 수 있는 강제적 수단 또한 여전히 국민국가의 통제하에 있다고 할 수 있다.[264] 민주적 세계체제가 등장하지 않는 한 분배체계는 여전히 국민국가의 어깨 위에 올라탈 수밖에 없다.

....

263 Pierson, C. (1997[1996]). 『근대국가의 이해』. 박형신 · 이택면 역. (*The Modern State*, 1996). 서울: 일신사. p.183.

264 윤홍식(2012c). "보편주의 복지를 둘러싼 논쟁의 한계, 성과, 전망: 무상급식에서 4 · 11총선까지." 『사회보장연구』 28(4): 75-104. p.84.

제4장

역사적 복지국가와 개발국가

"노동이란 인간 활동의 다른 이름일 뿐이다. 인간 활동은 인간의 생명과 함께 붙어 있는 것이며, 판매를 위해서가 아니라 전혀 다른 이유에서 생산되는 것이다. 게다가 그 활동은 생명의 다른 영역과 분리할 수 없으며, 비축할 수도, 사람 자신과 분리하여 동원할 수도 없다. (…) 그러므로 노동을 상품으로 묘사하는 것은 전적으로 허구이다."
— 칼 폴라니[1]

....

1   Polanyi. 『거대한 전환』. p.243.

제1절 문제제기

한국 복지체제의 특성을 이해하기 위해서 우리는 시야를 시공간적으로 확대할 필요가 있다. 한국 복지체제의 특성은 한국 사회의 권력자원과 제도 유산과 같은 내생적 변수만으로는 설명될 수 없기 때문이다. 권력자원론과 (신)제도수의는 서구 복지국가들이 왜 상이한 특성을 갖게 되었는지를 설득력 있게 설명하고 있지만, 설명 변수를 내재화하고 있다는 점에서 한국과 같은 제3세계 국가의 복지체제를 설명하는 데는 분명한 한계가 있다. 권력자원론이 국민국가 내의 권력 관계를 중심으로 서구 복지국가들 간의 차이를 설명했다면, (신)제도주의는 특정 사회의 정치경제적 유산이 그 사회의 복지체제의 특성을 결정한다는 점을 강조했다. 그러나 권력자원론과 (신)제도주의의 가정과 달리 현대 복지국가의 특성은 (우리가 여기서 세계체계라고 부르는) 외생적 변수와 밀접한 관계를 맺으며 만들어졌다.

복지국가는 자본주의 체제의 보편적 산물이 아니다. 역사적 관점에서 보면 복지국가는 16세기부터 시작된 자본주의 세계체계의 특정한 시기인 미국이 헤게모니(1930년대부터 1960년대를 거쳐 1970년대 초까지)를 행사한 시기의 역사적 산물일 수도 있기 때문이다. 우리는 복지국가의 기원을 19세기 독일의 사회보험에서 찾을 수도 있고, 1601년에 시행된 영국의 빈민법에서 찾을 수도 있다. 하지만 폴라니의 표현을 빌리면, 복지국가는 자기조정적 시장경제에 대해 1930년대 이후 나타난 역사적 보호주의 운동이라는 이중운동의 결과이다.[2]

이러한 인식에 기초한다면 한국 복지체제에 대한 이해는 역사적 자본주의에 대한 이해로부터 출발하는 것이 당연하다. 특히 한국과 같은 반주변부 자본주의는 한국 사회의 내생적 요인은 물론 (소위 강대국이라고 표현되는) 자본주의 세계체계의 지배질서라는 외생적 변수와도 밀접한 관련이 있기 때문이다.[3] 배링턴 무어는 기념비적 저작인 『독재와 민주주의의 사회적 기원』에서 강대국들과 달리 소국들은 내생적 요인보다는 외생적 요인에 의해 상대적으로 더 큰 영향을 받는다는 이유로 소국들을 자신의 분석에 포함시키지 않았다.[4]

"두 번째 형태의 비판은 아마도 어떤 소국도 (민주주의 진영에서는 스위스, 스칸디나비아 또는 저지대 국가들과, 공산주의자들이 승리하거나 지배하는 지역에서는 예를 들어, 쿠바, 동유럽의 위성국들, 북베트남, 북한) 분석에 포함되지 않았다는 점이 될 것이다. (…) 실제로 소국들이 대국 또는 강력한 국가들에 정치적이나 경제적으로 의존하고 있다는 사실은 소국들의 정치의 결정적 요소들

....

2   Polanyi. 『거대한 전환』.
3   하지만 나는 단지 소국만이 외생적 변수에 영향을 받는 것은 아니라고 생각한다. 중심부 국가들 또한 외생적 변수라고 할 수 있는 자본주의 세계체계의 변화와 밀접한 관련을 갖고 있다. 다만 중심부 국가들과 (반)주변부 국가들의 성격을 결정하는 데 있어 내생적 변수와 외생적 변수의 관계가 상이할 뿐이라고 할 수 있다. 우리는 자본주의 세계체계의 규칙을 결정할 수 있는 중심부 국가들의 상대적 자율성이 반주변부 국가들이 갖는 상대적 자율성보다 상대적으로 더 크다고 주장할 수 있을 뿐이다. 홉킨스와 월러스틴의 지적처럼, 한 사회의 성격은 '국가 간 체계, 세계생산구조, 세계노동력구조, 세계 인간복지의 양상, 국가의 사회적 응집력, 지식구조'라는 6개 벡터 틀의 관계 속에서 결정되며, 한 요소의 변화는 반드시 다른 다섯 가지 요소의 변화를 수반한다는 것을 이해할 필요가 있다. 그러므로 한 사회의 복지국가의 성격은 세계체계를 설명하는 다른 벡터들의 변화를 이해하지 않고는 설명될 수 없는 것이다. Hopkins and Wallerstein. "세계체제: 위기는 있는가?" pp.12-13.
4   Moore. *Social Origins of Dictatorship and Democracy: Lord and Peasant in the Making of the Modern World*. pp.xviii-xix.

이 그들의 영역 밖에 위치해 있다는 것을 의미한다. 또한 이는 소국들의 정치적 문제가 다른 대국들의 정치적 문제와 실제적으로 비교될 수 없다는 것을 의미한다. 그러므로 소국과 대국을 포괄하는 민주주의와 권위주의의 역사적 전제에 관한 일반적 설명은 추상적이고 상투적인 것이 될 가능성이 매우 높다고 할 수 있다."

무어는 한국과 같은 소국의 특성을 설명하기 위해서는 내적 요인보다는 외적 요인이 더 중요할 수 있다는 점을 강조했다. 물론 그가 이야기하는 소국과 강대국은 세계체계에서 이야기하는 핵심부와 (반)주변부와 동일한 개념은 아니다. 그러나 한국과 같은 반주변부 국가의 특성을 설명하는 데 있어 자본주의 세계체계라는 외부적 요인이 미국, 영국과 같은 핵심부 국가들에 비해 더 강력한 영향을 미칠 수 있다는 생각은 상식적이다. 이렇게 핵심부 국가와 (반)주변부 국가가 놓여 있는 조건이 상이한데도 자본주의 세계체계의 핵심부에 위치한 서구 복지국가의 특성을 내생적 요인으로만 설명하는 권력자원론과 (신)제도주의만으로 한국 복지국가의 역사적 기원과 궤적을 설명하는 것은 적절하지 않다. 핵심부 국가는 자신의 이해에 따라 자본주의 세계체계를 재편할 수 있지만, 한국과 같은 반주변부 국가는 헤게모니 국가에 의해 만들어진 세계체계에 (때로는 자신의 의지와 무관하게) 자신을 적응시켜야 하기 때문이다.[5]

더욱이 주변부와 반주변부로부터 잉여를 수취할 수 있었던 핵심부 국가들의 복지체제인 복지국가를 반주변부와 주변부에 위치한 국가들이 만들어간다는 것은 처음부터 가능한 일이 아닐 수도 있다. 예를 들어, 1985년 플라자 합의(Plaza Accord) 이후 가격 경쟁력이 심각하게 훼손된 일본은 자본을 동남아시아로 이동시켰고, 표면상 태국, 말레이시아 등은 한국, 대만의 뒤를 잇는 새로운 신흥공업

....

5   아니, 어쩌면 한국과 같은 (반)주변부 국가들은 자본주의 세계체계에 포섭되어 그 규칙을 따르는 것만이 유일한 선택지일도 모른다. 그것이 유일한 선택지인지는 이 책을 마무리하면서 다시 한 번 숙고해 볼 생각이다.

국이 될 수 있었다.[6] 그러나 이들은 이미 수많은 곳에서 생산하는 표준화된 상품을 만들었기 때문에 이윤을 거의 창출할 수 없었다.[7] 결국 이윤을 확보하기 위해 (실업률이 이미 높은 수준에 있었지만) 인도네시아와 같은 다른 동남아시아 국가들로부터 더 저렴한 노동력을 수입하는 구조가 만들어졌던 것이다.

제4장에서는 이러한 문제의식에 기초해 자본주의 세계체계의 특정한 시기에 만들어진 분배체계와 관련된 쟁점들을 검토했다. 먼저 역사적 복지국가와 자본주의 사회로의 이행을 둘러싼 중요한 논쟁을 정리했다. 이어서 분배체계로서 역사적 복지국가와 개발국가의 특성에 대해 검토했다. 개발국가는 복지국가에 대응하는 기능적 등가물이라는 관점에서 정리했다. 마지막으로 정리와 함의에서는 제4장에서 검토한 내용을 개략하고 그 함의를 검토했다.

제2절 역사적 복지국가

전후 미국의 지배 전략은 한국과 같은 (반)주변부 소국의 자본주의와 분배체계의 성격을 이해하는 데 있어 왜 외생적 변수가 중요하게 고려되어야 하는지를 이야기해준다. 실제로 한국 복지국가의 성격과 궤적을 결정한 분단, 한국전쟁, 경제개발도 자본주의 세계체계의 세 번째 체계적 순환이라고 불리는 미국 헤게모니 체제를 도외시하고는 설명할 수 없다.[8] 미국 지배하의 자본주의 세계체계의 노동포섭 전략은 핵심부 국가에서는 복지국가로, 한국과 같은 주변부, 반주변부 국가들에서는 근대화로 통칭되는 개발국가로 나타났기 때문이다. 아리기는 동아시아의 자본주의의 부흥을 한국전쟁으로 가시화된 미국 중심의 냉전체제의 산물로 이해하고 있다.

....

6　Arrighi. 『베이징의 애덤 스미스』; McMichael. 『거대한 역설』; Schwartz. 『국가 대 시장』.
7　백승욱(2006). 『자본주의 역사 강의』. pp.437-438.
8　윤홍식. "한국 복지국가 주체 형성에 대한 분단체제의 규정성."

"1945년에 미국이 일본을 점령하고 한국전쟁의 여파로 동아시아 지역이 적대적인 두 진영으로 나뉘자, 브루스 커밍스의 말대로 "쌍무적 방위조약(일본, 한국, 대만, 필리핀과의)을 통해 뭉쳐지고 이들 네 나라의 외무장관 위에 군림하는 미 국무부가 지휘하는" 미국의 "수직적 체제"가 탄생했다. (…) 미국 체제는 중국 중심의 조공무역 체계와 세 가지 면에서 중요한 유사성을 띠고 있다. 첫째, 중심국가의 국내시장이 봉신국가의 시장과 비교할 수 없을 정도로 컸다는 점이다. 둘째, 정권의 정당성을 인정받고 중심국가의 국내시장에 대한 접근권을 획득하기 위해 봉신국가들은 중심국가에 대한 정치적 종속관계를 받아들여야만 했다. 그리고 셋째, 봉신국가들은 정치적 종속과 맞바꿔서 "선물"과 중심국가와의 매우 유리한 무역관계를 인정받았다는 점이다. 이것이 팍스 아메리카나의 "관대한" 전후 초기 무역과 원조체제였으며, 오자와 데루토모(小澤輝智)와 스기하라(杉原)는 모두 바로 이것을 동아시아 부흥의 기원으로 추적한다."[9]

미국 헤게모니 체제의 쇠퇴를 알리는 전환점으로 알려진 베트남전쟁도 한국 자본주의의 성장과 밀접히 관련되어 있다. 라이퍼(Reifer)와 서들러(Sudler)에 따르면, 베트남전쟁 기간 동안 행해진 미국의 대규모 원조와 군비 지출은 한국 자본주의에는 '횡재'와도 같은 것이었다.[10] 지정학적으로 한국과 같은 동아시아 국가들이 갖는 전략적 중요성 때문에 미국은 자국시장을 개방하고 동아시아 국가들의 중상주의 정책을 용인했다. 미국은 이러한 '역 문호개방' 정책을 통해 한국, 일본, 대만 등 동아시아 국가들을 미국이라는 단일시장에 종속시켰다. 미국의 보호와 지원이라는 조건하에서 한국 자본주의는 남미와 같은 제3세계 국가들과는 상이한, 아니 예외적인 발전 경로를 걸을 수 있었다.[11] 또한 한국이 1970년대 한

....

9   Arrighi. 『베이징의 애덤 스미스』. pp.474-475.
10   Reifer and Sudler. "국가간체제." p.43.
11   1960년대 후반에서 1990년대에 이르는 시기 동안 한국과 대만 등과 같은 일부 동아시아 국가들을 제외하고 다른 제3세계 국가들의 개발주의는 실패한 것이 명백해졌다(IKeda, 1999[1996]: 70). Ikeda. "세계생산." p.70; Brazinsky, G. (2011[2007]). 『대한민국 만들기, 1945-1987: 경제성장과 민주화, 그리고 미국』. 나종일 역. (Koreans, Americans, and the Making of a Democracy). 서울: 책과 함께.

국 자본주의의 중요한 전환점이 된 중화학공업화를 추진한 이유도 미국과 중국의 화해로 대표되는 1970년대의 데탕트와 관련이 있다. 미국의 대한(對韓) (군사)원조 감소는 한국 정부가 무기를 자급하기 위해 중화학공업화를 추진하게 된 중요한 계기 중 하나였다.[12] 이처럼 자본주의 세계체계의 변화는 한국 자본주의와 한국 복지체제의 성격을 이해하는 전제가 된다.

1. 혼란스러운 개념, 자본주의

역사적 복지국가를 논하기 전에 자본주의의 개념에 대해 검토해보자. 사실 자본주의에 대해 명확히 합의된 정의는 없다. 돕에 따르면 자본주의는 다양한 의미로 사용되며, 그 사용 방법을 규정할 공통의 척도는 없다.[13] 브로델도 자본주의는 흥미 있는 용어이기는 하지만 자본과 자본가를 전제하지 않으면 존재할 수 없는 비사실적인 용어라고 했다.[14] 앙리 피렌(Henri Pirenne)에 따르면, 자본주의의 정의에 대한 논쟁이 본격화되기 전에는 "고대 바빌로니아, 헬레니즘 시대의 그리스, 고대 중국, 로마, 중세 유럽, 인도 등에 대해서도 자본주의라는 용어를 시대착오에 대한 걱정을 하지 않고" 사용했다.[15] 자본주의는 매우 느슨한 개념으로 사용되었던 것이다.

자본주의에 대한 정의를 고전 정치경제학에서 찾으려는 시도가 있지만, 애덤 스미스나 데이비드 리카도(David Ricardo) 등의 저작에서 자본주의에 대한 정의를 찾을 수는 없다.[16] 마르크스도 마찬가지이다. 사실 마르크스는 '자본주의'라는 용어를 거의 사용하지 않았다.[17] 마르크스는 『자본』은 물론 『정치경제학 비

....

12 Reifer and Sudler. "국가간체제." p.47.

13 Dobb. 『자본주의 발전연구』. p.1.

14 Braudel. 『물질문명과 자본주의 II』. p.36.

15 Braudel. 『물질문명과 자본주의 II』. p.337.

16 Altvater, E.(2007[2005]). 『자본주의의 종말』. 엄정용 역. (*Das Ende des Kapitalismus, wie wir ihn Kennen*). 서울: 동녘. p.51.

17 엘마 알트파터(Elmar Altvater)에 따르면, 마르크스는 『자본 II』에서 딱 한 번 자본주의라는 단어를 사

판요강』 등 자신의 저서 어디에서도 '자본주의'라는 용어를 사용하지 않았다. 한 국어 번역판인『정치경제학 비판요강 II』의 제2편에 "자본주의적 생산에 선행하 는 형태들"[18]이라는 소제목이 있지만, 독일어 원문에는 '자본주의적' 대신 '자본 가'라고 표기되어 있다. 자본주의적이라는 용어는 한국어로 번역하는 과정에서 붙여진 것으로 보인다. 더욱이 돕은 자본주의적이라는 용어가 자본주의와는 관 련이 없는 용어라고 주장했다.[19]

> "아마도 우리는 한 번쯤은 오스트리아 학파에 경도된 경제학자들이 즐겨 사 용하는 자본주의적(capitalistic)[20]이라는 용어가 역사적 해석 범주로서의 자본 주의(capitalism)와는 거의 관련성이 없다는 것에 대해 분명히 할 필요가 있다. (…) 그것은 생산수단의 소유방식에 대해서는 아무런 언급이 없으며, 단지 그것 들이 사용되는 범위와 경제적 기원에 대해서만 언급하고 있을 뿐이다."

브로델의 지적처럼, 자본주의는 마르크스의 사후에 마르크스주의에 포함된 개념이다. 마르크스주의는 자본주의를 시장을 위한 상품생산체제가 아닌, 노동 력이 상품이 되고 시장에서 매매되는 체제로 규정한다.[21] 돕과 자본수의 이행 논 쟁을 벌였던 스위지도 일반적인 상품생산과 자본주의를 혼동하지 말아야 한다고

....

용한다. Altvater.『자본주의의 종말』. p.52.

18　독일어 원문은 "Formen, die der Kapitalistischen Produktion Vorhergehen"으로, 독일어의 자본 주의(Kapitalismus)라는 단어가 아닌 자본가(Kapitalistischen)라는 단어를 사용하고 있다. 직역하면 "자본가 생산양식 이전의 형태"인 문장을 한국어판에서 "자본주의적 생산에 선행하는 형태"로 번역 한 것으로 보인다. Marx, K.(2007[1953]).『정치경제학 비판요강 II』(2판). 김호균 역. (*Grudrisse der Kritik der Ploitischen Ökonomie*). 서울: 그린비.

19　Dobb.『자본주의 발전연구』. p.3.

20　하지만 '자본주의적'이라는 용어는 마르크스가 자주 사용한 개념이었다. 예들 들어, 마르크스의『자본 I』"제1장 상품"은 "자본주의적 생산양식이 지배하는 사회에서 부는 하나의 거대한 상품 집적으로 나 타나고…"로 시작한다. Marx.『자본 I』. p.87. 그리고 돕이 지적한 것과 같이 '자본주의적'이라는 용어 는 단순히 사용 범위와 경제적 기원만이 아닌 돕이 이야기하고자 했던 자본주의 생산양식을 가리키는 용어로 사용되고 있다.

21　Dobb.『자본주의 발전연구』. p.7.

했다.[22] 자본주의를 다른 체제와 구별하는 것은 단순한 상품생산이 아니라 노동력의 상품화이다. 1980년대에 대학생들이 많이 읽었던 『자본주의 사회의 형성』의 저자인 (일본에서는 자본주의 이론에 대한 독창적인 업적을 인정받고 있는) 오오스카 히사오(大塚久雄)[23]는 자본주의를 자본에 의해 상품화된 노동(력)에 기초한 상품생산이 사회 전체에 일반화된 체제로 정의하고 있다. 자본주의가 명확하게 무엇인지 정의하지는 않았지만 박현채[24]도 『민족경제론의 기초이론』에서 자본주의적 생산관계가 지배적인 체제를 자본주의로 정의하고 있는 듯하다.[25] 즉, 자본주의는 "생산수단의 개인 소유, 이윤 추구, 임금노동, 시장 교환 등"을 핵심으로 하는 체제라고 이야기할 수 있다.[26]

그러나 자본주의를 이렇게 생산관계로 접근하는 것에 대한 비판도 있다. 비판 중 하나는 자본주의를 산업자본주의와 등치시키는 것을 대한 비판하는 것이고, 다른 하나는 자본주의를 경제적 관점에서 정의하는 것에 대한 비판이다. 먼저 산업자본주의에 대한 비판부터 검토해보자. 브로델은 마르크스주의에서 산업자본주의와 자본주의를 등치시키는 방식에 동의하지 않는다. 그는 자본주의라는 용어가 마르크스주의 모델에 포함된 때는 1902년 베르너 좀바르트(Werner Sombart)의 『근대 자본주의』가 출간된 이후라고 설명하면서, 정통파 포스트-마르크스주의자의 "18세기 말 이전에, 즉 산업 생산양식 이전에는 자본주의가 존재하지 않았다."는 주장을 반박한다.[27] 브로델은 자본주의를 이윤이 생기는 곳이면 그

....

22 Sweezy, P. (1986[1942]). 『자본주의 발전이론』. 이훈·이재연 역. (*The Theory of Capitalist Development: Principles of Marxian Political Economy*). 서울: 화다. pp.81-82.

23 大塚久雄(1981[1956]). 『자본주의 사회의 형성』. 송주인 역. (資本主義社会の形成). 서울: 도서출판 한벗. p.18.

24 박현채(1989). 『민족경제론의 기초이론』. 서울: 돌베개. p.179.

25 다만 박현채는 한국 자본주의가 일제 강점기와 해방 후 대미 종속으로 왜곡되어 민족 자본주의로의 발전이 아닌 종속적 자본주의로 전개되었다고 주장한다. 이러한 주장은 한국 복지국가의 성격을 이해하는 데 매우 중요하다. 왜냐하면 이러한 한국 자본주의의 성격이 한국 복지국가의 특성과 밀접한 연관을 갖고 있기 때문이다. 이에 대해서는 이후 한국 복지국가의 기원과 궤적을 살펴보면서 구체적으로 검토할 예정이다.

26 장하준(2014). 『장하준의 경제학 강의』. 김희정 역. (*Economics: The User's Guide*). 서울: 부키. p.41.

27 Braudel. 『물질문명과 자본주의 II』. p.336, 338.

곳이 자본주의의 고유한 영역이든 아니든 가리지 않고 어디든지 찾아가는 (시장의 경쟁과 반대되는 의미로) 반시장적 독점으로 정의한다.[28] 특이한 점은 브로델의 자본주의가 한 체제를 규정하는 지배적인 생산양식이기보다는 장기구조라고 표현되는 긴 시간 동안 '3층 구조'의 맨 위층에 자리 잡은 형태라는 것이다.

1층은 사람들이 일상적으로 살아가는 생활세계(자신의 소비를 위해 생산하는 물질생활로 표현되는)이고, 2층은 그 생활세계를 위해서 투명한 교환이 이루어지는 시장경제가 있는 곳이며, 자본주의는 그 시장 위에 독점의 형태로 존재한다고 설명한다.[29] 주목할 점은 시장과 자본주의를 등치시키는 익숙한 방식과는 다르게 자본주의를 경쟁적인 투명한 시장에 반하는 반시장적인 것으로 정의하고 있다는 것이다. 자본주의를 이렇게 정의하면, 자본주의는 18세기 말 이후에 나타난 근대 산업자본주의만이 아니라 이윤을 위해 독점이 행해지는 곳 어디에나 존재했던 것이라고 할 수 있다. 다만 브로델은 우리가 현재 살아가고 있는 자본주의를 이러한 3층 도식으로 이해하지는 않았던 것 같다. 그가 "오늘날의 자본주의와 달리 지난날의 자본주의는 경제생활의 좁은 상층부만을 차지하는 것"이라고 언급한 바 있기 때문이다.[30]

다른 반론은 자본주의를 경제적 측면이 아닌 비경제적 측면에서 정의하는 것이다. 대표적으로 베르너 좀바르트와 막스 베버를 들 수 있는데, 좀바르트는 "자본주의의 기원을 근대세계를 특징지은 경제 형태나 제 관계를 형성한 정신상태 및 인간의 행동상태의 발달 속에서" 찾았다.[31] 좀바르트는 자본주의의 본질을 한 시대의 정신으로 대표되는 전체성에서 찾았던 것이다. 베버도 자본주의의 본질을 경제적 문제가 아닌 정신에서 찾았다. 그러나 자본주의 정신과 관련해서 좀바르트와 베버 간에는 큰 차이가 있다. 좀바르트가 자본주의 정신을 자본주의의 결과로 이해한 반면, 베버는 자본주의 정신이 근대 자본주의를 탄생시켰다고 이

....

28 Braudel. 『물질문명과 자본주의 II』.
29 Braudel. 『물질문명과 자본주의 I』. pp.12-13.
30 Braudel. 『물질문명과 자본주의 II』. p.338.
31 Dobb. 『자본주의 발전연구』. p.5.

해하고 있기 때문이다.[32]

베버는 자본주의 자체가 근대 서구의 산물이 아니라고 주장한다. 그는 "자본주의는 중국, 인도, 바빌로니아 그리고 고대와 중세에도 존재했다."고 주장했다.[33] 그러나 서구의 근대 자본주의는 근대 이전에 존재했던 자본주의와 구분되는 독특한 자본주의라는 것이다. 자본주의가 경영을 통해 이윤을 추구하는 것은 어느 시대나 어디에서나 존재했지만 이윤을 추구하는 목적은 근대 서구 자본주의와 다른 자본주의가 상이했다는 것이다. 근대 서구 자본주의는 이윤 자체가 목적이었지만, 다른 자본주의에서 이윤은 물질적 풍요, 권력, 쾌락 등을 구매하기 위한 수단으로만 가치 있는 것이었다.[34] 그러므로 이윤 자체를 목적으로 추구하는 서구 자본주의에는 다른 자본주의와 구별되는 "독특한 에토스"가 존재한다는 것이 베버의 주장이다.[35] 근대 서구 자본주의의 에토스는 근면을 통해 부를 축적하는 형태로 나타나게 된다. 그리고 이렇게 부를 축적하는 것 자체가 서구 자본주의의 목적이 될 수 있었던 것은 바로 부의 축적을 신으로부터 구원을 약속받은 징표로 이해했기 때문이라는 것이다. 베버는 이러한 특성을 바탕으로 근대 자본주의가 서유럽에서 발생하게 된 것이라고 주장했다. 그러나 아부-루고드는 근대세계체계로 대표되는 자본주의의 탄생이 유럽에서 시작되었다는 것이 서유럽이 동양에

....

32 Weber. 『프로테스탄티즘의 윤리와 자본주의 정신』. p.176.

33 Weber. 『프로테스탄티즘의 윤리와 자본주의 정신』. p.43.

34 Giddens. A.(1996[1976]). "해설." 『프로테스탄티즘의 윤리와 자본주의 정신』. 박성수 역. pp.317-336, 서울: 문예출판사. p.322. 하지만 근대 서구 자본주의를 제외하고 그 어떤 자본주의도 이윤 자체를 목적으로 추구하지 않았다는 베버의 주장에 대해 브로델은 동의하지 않는 것 같다. 왜냐하면 브로델은 자본주의는 이윤이 생기는 어디에나 (독점의 형태로) 존재했고(즉, 자본주의의 목적은 예나 지금이나 이윤 추구라는 것이다) 이윤 자체가 목적이 되는 자본주의 또한 근대 서구 자본주의의 고유한 특성이 아니라고 했기 때문이다. Braudel. 『물질문명과 자본주의 I』; Braudel. 『물질문명과 자본주의 II』; Braudel. 『물질문명과 자본주의 III: 세계의 시간』. 자본주의의 전형으로 간주되는 영국에서 근대 산업 자본주의가 태동할 수 있었던 것은 영국 사회의 내재적 발전만이 아니라 세계를 착취할 수 있었던 당시의 국제적 조건 때문이었다는 것이다. Braudel. 『물질문명과 자본주의 읽기』. pp.127-129. 근대 서구 자본주의가 이전 시대의 자본주의 및 비서구 자본주의와 상이했던 것은 바로 이러한 조건(영국의 관점에서 산업혁명을 가능하게 했던 식민지의 존재와 같은 제 조건)하에서 전 세계를 자본주의 세계-경제로 포괄했다는 데 있는 것이다.

35 Weber. 『프로테스탄티즘의 윤리와 자본주의 정신』. p.43.

비해 어떤 특별한 무엇인가를 갖고 있었기 때문이라고 보지 않는다. 아부-루고 드는 "결정적으로 중요한 사실"이라고 언급하면서 서양의 융성이라고 할 수 있는 서유럽에서 자본주의가 발흥하기 전에 먼저 "동양의 쇠퇴"가 일어났고 서유럽은 동양이 지배했던 13세기 세계체계의 유산을 토대로 손쉽게 동양을 정복할 수 있었다고 이야기한다.[36]

　　이러한 논의를 바탕으로 『기원과 궤적』에서는 자본주의를 두 가지 측면에서 정의하려고 한다. 하나는 마르크스의 『자본』에 기초해 도출된 자본주의의 정의라고 할 수 있는데,[37] 자본주의를 사회의 주요한 계급이 임금노동자와 자본가로 분화되고 자본이 인간 노동을 상품화시키며 이를 통해 교환을 위한 상품을 생산해 잉여가치를 생산하는 체제로 정의한다. 다른 하나는 자본주의를 일국적 차원이 아닌 세계체계 차원에서 조망하는 것이다.[38] 세계체계 차원에서 자본주의를 정의하겠다는 것은 자본주의 생산양식이 지배적이지 않은 사회와 국가 또한 자본주의 세계체계에 결합되어 있는 한 그 사회와 국가의 생산양식이 자본주의인지 여부와 관계없이 자본주의 세계체제의 구성 부문으로 규정하겠다는 것이다.[39] 이는 어떤 특정한 국가에서 자본주의 생산양식과 관계가 지배적이지 않아도, 아니 설령 그 사회의 지배적 생산양식이 봉건제 또는 노예제라고 해도 그 사회가 자본주의 세계체계의 상품관계에 연결되어 있는 한 그 체제는 자본주의 세계체계를 구성하는 한 부분이라는 것을 의미한다. 실제로 서유럽에서 자본주의 세계체계가 성립했을 때 동유럽[발틱 제국(諸國), 폴란드, 보헤미아, 헝가리 등]에서는 봉건제적 강제노동이 다시 강화되었다.[40] 그러나 프리드리히 엥겔스(Friedrich

....

36　Abu-Rughod. 『유럽 패권이전: 13세기 세계체제』. pp.392-393.
37　"자본은 생산수단과 생활수단의 소유자가 시장에서 자신의 노동력을 판매하는 자유로운 노동자를 발견할 때에만 비로소 발생하며, 이것이야말로 세계사적인 역사적 조건을 이룬다. 따라서 자본은 처음부터 사회적 생산과정의 한 시대를 알린다." Marx. 『자본 I』. p.254.
38　물론 브로델, 월러스틴 등의 논의에 기초해 자본주의를 정의해도 일국적 차원에서 마르크스의 이론에 기초한 자본주의의 핵심 특성이 발현되고 있는가를 판단하는 것은 여전히 중요한 쟁점이다.
39　이에 대한 보다 진척된 논의는 이후 검토될 세계체계에서 다루는 것이 적절해 보인다.
40　Dobb. 『자본주의 발전연구』. p.40; Wallerstein. 『근대세계체제 I』. p.464.

Engels)가 재판농노제라고 불렀던 이러한 현상은 동유럽의 전자본주의적 성격이 강화되었다는 증거이기보다는 동유럽이 핵심부 국가에 식량(원료)을 제공하는 주변부로 자본주의 세계체계에 편입되었다는 것을 의미한다.[41] 동유럽에서는 봉건제적 노동 강제에 의한 생산이 강화되었지만, 세계체계의 관점에서 보면 동유럽은 자본주의 세계체계의 상품연쇄에 포함된 한 부분인 것이다.[42] 브로델도 월러스틴의 인식을 공유하고 있는 것으로 보인다. 그리고 자본주의 세계체계의 상품연쇄에는 지리적인 구심점이 존재하는데, 그 구심점을 중심으로 중심부, 반주변부, 주변부라는 노동의 위계적 분업구조가 존재한다.[43]

이렇게 두 가지 관점에서 자본주의를 정의하려고 하는 이유는 두 가지이다. 하나는 『기원과 궤적』에서는 복지국가를 노동력의 상품화에 대한 자본주의의 자기보호운동의 특정한 형태로 규정하기 때문이다. 만약 복지국가를 이렇게 정의하면, 복지국가에 대한 이해는 우리가 살아가고 있는 자본주의에 대한 이해 없이는 불가능해진다. 복지국가를 이야기하는 많은 논자가 무의식적으로 간과하고 있지만, 일국적 차원이든 비교적 차원이든 복지국가에 대한 이해는 자본주의에 대한 이해를 전제로 한다. 자본주의 다양성 이론에 근거해 복지국가의 유형을 설명하려는 시도도 자본주의의 성격에 근거해 복지국가의 성격을 설명하려는 것이고, 노동과 자본의 권력관계로 복지국가를 설명하려는 권력자원론 또한 자본주

....

41 하지만 주변부에서 중심부로의 곡물 수출이 농노제를 강화했다는 주장에 대한 반론도 있다. 폴란드와 보헤미아 지역의 농산물 수출은 전체 생산량 중에 극히 적은 부분만을 차지했고, 유럽에서 곡물 수입이 가장 많았던 저지대 국가들도 전체 곡물 수요량의 단지 13~14%만 수입했다. 더구나 이 지역의 인구는 유럽 전체 인구의 3%에 불과했다. 실제로 18세기 이전에 유럽에서 생산된 곡물 중 수출된 비중은 1%에 지나지 않았다는 결론을 내리고 있다. Klíma, A.(1991[1985]). "전산업시대 보헤미아에서의 농업계급구조와 경제발전." Aston, T. H. and Philpin, C. H. E. 편. 『농업계급구조와 경제발전: 브레너 논쟁』. 이연규 역. pp.269-294. (The Brenner Debate: Agrarian Class Structure and Economic Development in Pre-industrial Europe). 서울: 집문당. p.285. 만약 이러한 주장이 사실이라면, 당시 유럽의 주변부로부터 중심부로의 곡물 수출이 동유럽에서 농노제를 강화했다고 주장하기는 쉽지 않을 것 같다.

42 돕은 이러한 재판농노제를 "시장생산의 성장과 관련된 구제도의 부활", 즉 봉건제적 생산양식의 부활로 이해하고 있다. Dobb. 『자본주의 발전연구』. p.50.

43 Wallerstein. 『근대세계체제 I』.

의 생산관계에 근거해 복지국가를 이해하려는 것이다.

다른 하나는 복지국가가 자본주의 세계체계의 보편적 형태가 아닌 자본주의 세계체계의 핵심부 국가들의 자기조정적 시장에 대한 특수한 시기의 특수한 보호운동의 결과라는 사실을 검토하기 위해서이다. 복지국가가 단순히 자본주의 세계체계의 보편적 산물이라면 우리는 자본주의 생산관계가 지배적인 개발도상국에서도 서구 국가와 유사한 복지국가를 발견할 수 있어야 한다. 그러나 전 세계 230여 개에 이르는 국가들 중 일부만이 (공식적인 기준이란 존재하지 않지만) 복지국가로 인식되고 있다. 다시 말해 복지국가는 자본주의의 자연스러운 결과가 아니라 자본주의 세계체계의 위계적 분업상 핵심부에 위치한 국가들의 특수한 복지체제인 것이다. 어쩌면 복지국가는 유럽적 근대성에 근거한 유럽적 보편주의의 여러 가지 전형 중 하나일 수도 있다.[44]

2. 역사적 자본주의

역사적 자본주의에 대한 이해는 목적, 역사성, 공간적 범위라는 세 가지 차

....

44   여기서 우리는 에드워드 사이드의 지적 자극으로부터 도움을 받을 필요가 있다. 사이드는 지금 우리가 받아들이고 있는 '근대성'이 보편적인 것으로 인식된 시기는 유럽이 비서구 사회로 급격히 팽창했던 1815년부터 1914년까지의 시기와 정확하게 일치한다고 주장한다. Said. 『오리엔탈리즘』. p.85. 유럽 자본주의에 근거한 근대성은 지극히 유럽적인 것이라는 것이다. 그렇다면 유럽적 자본주의의 자기 보호운동의 산물인 복지국가 또한 지극히 유럽적이라는 것은 어쩌면 너무나 상식적인 주장이 될 수도 있다. 월러스틴은 사이드의 『오리엔탈리즘』을 유럽적 보편주의에 대한 도전이라고 간주하며, 1968년 (월러스틴의 관점에서) 세계혁명은 바로 비유럽 민족들의 이러한 요구의 표현이라고 주장한다. "세계체제에서의 세력균형 변동은 근대세계체제의 역사 대부분을 지배했고, 우리는 모든 인식 틀에 깊이 뿌리내린 이분법적 대립 쌍들의 보루가 되었으며, 지배적인 사고방식에 대한 정치적·지적 정당화의 근거 역할을 했던 보편주의에 관한 단순한 확신을 종식시켰다. 우리가 아직 성취하지 못한 것은 어떤 대안적인 틀, 즉 우리 모두가 비오리엔탈리스트가 될 수 있도록 해주는 틀에 대한 어떤 합의, 아니 사실은 이에 대한 여하한의 분명한 상이다." Wallerstein, I.(2008[2006]). 『유럽적 보편주의: 권력의 레토릭』. 김재호 역. (European Universalism: The Rhetoric of Power). 서울: 창비. p.82. 서구 중심적 관점에서 탈피해 역사에 접근하기 위한 방법론에 관해서는 폴 코헨의 『학문의 제국주의』를 참고할 것을 강력하게 추천한다. 원 제목은 "중국에서 역사의 발견(Discovering History in China)" 정도로 번역될 수 있는데, 이를 "학문의 제국주의"로 읽은 것은 이 책이 서구 지식인들과 달리 제3세계 지식인들에게 주는 메시지가 무엇인지를 분명하게 나타냈기 때문이라고 할 수 있다. Cohen. 『학문의 제국주의』.

원에서 검토할 필요가 있다. 첫째, 자본의 존재 목적은 역사적 자본주의를 이전 체제와 구분하는 핵심 기준이다. 월러스틴에 따르면, 역사적 자본주의는 "역사적 체제 안에서 사람들이 자본을 매우 특수한 방식으로 사용하게 된" 자본주의이다.[45] 마르크스[46]도 자본주의적 생산양식의 중요한 특징으로 생산의 목적이 잉여가치의 생산에 있다는 것을 들어 "자본은 본질적으로 자본을 생산한다."라고 했다. 자본은 역사적 자본주의 이전에도 존재했지만 역사적 자본주의 이전의 체제에서는 축적을 위해 존재한 것이 아니었다. 이전 체제에서 자본은 권력, 향락 등을 얻기 위해 사용되었으며, 권력과 향락을 얻고 나면 더 이상 자본을 축적할 이유가 없었다.[47] 그러나 역사적 자본주의에서 자본은 생산과 교환을 위해 사용된 것이 아니라 오직 축적, 더 많은 축적만을 위해 사용되었다. 즉, 역사적 자본주의에서 자본은 축적 그 자체를 목적으로 한다.[48]

둘째, 역사적 자본주의는 자본주의 체제가 역사성을 갖고 있다는 의미를 담고 있다. 여기서 역사성이란 세 가지 의미로 해석될 수 있다. 먼저 역사성이란 시작과 끝이 있다는 것을 의미한다. 월러스틴이 역사적 자본주의가 이 세기(21세기)에 종언을 고할 것이라고 예언하고 있는 것도 이러한 맥락에서 이해될 수 있다.[49] 다음으로 역사성이란 역사적 자본주의가 고정된 것이 아니라 끊임없이 변화하는 체제라는 의미를 담고 있다. 브로델은 "자본주의는 100개의 머리를 가

....

45　Wallerstein, I. (1993[1983]). 『역사적 자본주의』. 나종일 역. (*Historical Capitalism*). 서울: 창작과 비평사. p.14.

46　Marx, K. (2010[1894]). 『자본 III』. 강신준 역. (*Das Kapital Kritik der Politischen Ökonomie*). 서울: 도서출판 길. p.1167.

47　Giddens. "해설".

48　역사적 자본주의에 대한 정의는 자본주의에 대한 마르크스와 베버의 향기를 풍기는 것 같다. 마르크스는 애덤 스미스의 『국부론』에서 다음과 같은 구절을 인용했다. "축적할지어다, 축적할지어다! 이것이 모세와 예언자들의 말이다." Marx. 『자본 I』. p.814. 마르크스는 당시 자본주의의 특성을 축적 자체를 목적으로 하는 자본주의로 이해했다. 베버도 "무분별하고 아무런 규범과도 내면적 관련이 없는 영리 활동은 그것이 실제로 가능한 경우에는 역사의 모든 시대에 존재했다."고 주장한다. 반면 근대 자본주의는 (이윤을 통해 만들어지는) 부의 축적을 통해 얻을 수 있는 물질적 보상보다 부의 축적 그 자체가 목적이 되는 자본주의라는 것이다. Giddens. "해설".

49　Wallerstein. 『역사적 자본주의』. p.96.

진 히드라 같은 변화무쌍한 존재"라고 정의했다.[50] 이윤이 생기는 곳이면 어디든 지 자본주의가 존재했다고 했는데, 이는 자본주의가 어떤 고유한 형태로 존재하는 것이 아니라 이윤을 얻기 위해 다양한 방식으로 변화 가능하다는 것을 의미한다.[51] 장하준의 지적처럼, 자본주의는 "생산수단의 개인 소유, 이윤 추구, 임금노동, 시장 교환 등"과 같은 고유한 특성을 갖고 있지만, 이러한 자본주의의 고유한 형태가 현실에 적용되는 양태는 동일하지 않다.[52] 16세기의 자본주의, 마르크스의 『자본』의 분석 대상인 19세기의 산업자본주의, 현재 우리가 살고 있는 시대의 자본주의, 그리고 (만약 자본주의 체제가 지속된다면)[53] 우리가 맞이하게 될 자본주의는 모두 동일한 자본주의가 아닐 것이다.

셋째, 역사성이란 역사적 자본주의를 역사적 실체로 이해하는 것을 의미한다. 마르크스는 "자본주의적 생산과정은 사회적 생산과정 일반의 역사적으로 규정된 형태이며 특수한 역사적·경제적 생산관계 속에서 진행되는 하나의 과정"이라고 했다.[54] 마르크스는 자본주의가 보편적으로 존재하는 것이라는 고전파 경제학자의 주장을 비판하면서 자본주의는 인류 역사상 특정한 시기에 출현한 역사적 생산양식이라는 개념을 제시했다. 월러스틴[55]은 『역사적 자본주의』에서 (마르크스가 아니라) 마르크스주의와 정치적 좌파의 자본주의에 관한 많은 저작이 있지만 이 저작들의 대부분은 역사적 실체로서 자본주의의 성격을 간과하고 있

....

50   Harris, O. (2004). "Braudel: Historical Time and the Horror of Discontinuity." *History Workshop Journal* 57 (Spring): 161-174, p.167.

51   Braudel. 『물질문명과 자본주의 II』.

52   장하준. 『장하준의 경제학 강의』. p.41.

53   자본주의가 지속될 수 있을지에 대해서는 상이한 견해가 있다. 월러스틴은 16세기에 시작된 역사적 자본주의는 1970년을 전후로 위기에 처해 있으며, 미국 헤게모니의 위기는 역사상 존재했던 헤게모니의 교체(네덜란드에서 영국으로, 영국에서 미국으로)를 의미하지 않는다고 주장한다. 그는 미국 헤게모니 이후 우리가 맞이할 체제는 역사적 자본주의와는 상이한 또 다른 역사적 체제가 될 것이라고 주장했다. Wallerstein. 『우리가 아는 세계의 종언』. 이에 반해 아리기는 현재 미국 헤게모니의 위기를 과거의 역사적 경험과 같이 헤게모니의 이전이라는 관점에서 설명한다. 아리기에 따르면, 동아시아는 유력한 헤게모니 지역이 될 수도 있다. 아리기는 적어도 다음 헤게모니 교체 시기까지 역사적 자본주의는 지속될 것이라고 주장한다. Arrighi. 『장기20세기』; Arrighi. 『베이징의 애덤 스미스』.

54   Marx. 『자본 III』. p.1093.

55   Wallerstein. 『역사적 자본주의』. pp.9-10.

다고 비판한다.

> "자본주의에 관해서 이제까지 마르크스주의자들과 정치적 좌파 계열에 속하는 다른 사람들이 많은 글을 써왔지만, 그런 글들은 대개 다음과 같은 두 가지 잘못 가운데 어느 하나를 저지르고 있다는 생각이 들었다. 그중 한 가지는 기본적으로 논리-연역적 분석들인데, 이런 분석들은 먼저 자본주의의 본질로 여겨지는 것에 대해 정의를 내리고 나서 그것이 여러 장소와 시기에 제각기 어느 정도로 발전해왔는가를 살펴본다. 다른 한 가지는 최근의 어느 시점에 일어났다고 생각되는 자본주의 체제의 커다란 변형들을 중심적으로 분석한 것인데, 이런 분석들에서는 이전의 시점들 전체가 현재의 경험적 현실을 비추어보기 위한 하나의 신화적 배경 막(foil) 구실을 할 따름이었다. 내 생각에 시급한 일은 (…) 자본주의를 하나의 역사적 체제로 보고 그것을 그 전체 역사에 걸쳐 그리고 구체적이고 독특한 실체로 다루는 것이다."

그렇다면 이러한 역사적 자본주의는 언제부터 존재했던 것일까? 안타깝게도 합의는 없다. 안드레 프랑크는 차우두리(Chaudhuri)를 인용하면서 자본주의의 기원을 찾는 것은 마치 비금속을 황금으로 바꾸려는 연금술사의 부질없는 시도라고 비판한다.[56] 프랑크는 아예 자본주의의 기원에 대한 논의 자체를 하지 않는 것은 물론이고 자본주의의 존재 여부에 대한 논의도 불필요하다고 주장한다. 아부-루고드[57]는 자본주의가 언제 시작되었는지 그 기원을 둘러싼 무의미한 학술 논쟁에 끼어들고 싶지 않다고 했다. 하지만 브로델을 예외로 한다면 우리가 역사적 자본주의라고 부르는 자본주의는 마르크스의 주장처럼 대략 16세기에 시작된 것으로 보인다. 마르크스는 자본주의의 맹아가 14~15세기 지중해 연안 도시에서 출현했고 자본주의가 본격적으로 시작된 시점은 16세기라고 했다.[58] 이

....

56 　자본주의의 논의 자체가 불필요하다고 주장하는 프랑크는 월러스틴의 단일한 세계체제가 5천 년 전에 시작되었다고 주장한다. Frank. 『리오리엔트』. p.510; Wallerstein. 『근대세계체제 I』. p.xx.

57 　Abu-Rughod. 『유럽 패권이전: 13세기 세계체제』.

러한 주장의 연장선에서 엥겔스는 1893년에 발간된『공산당선언』의 이탈리아판 서문에서 이탈리아를 최초의 자본주의 국가로 거명하고 있다.[59] 그러나 마르크스는 자본주의가 16세기에 본격적으로 시작되었다고 주장하면서도, 그가『자본』에서 분석한 역사적 실체로서 자본주의는 주로 19세기 영국에서 처음 출현한 산업자본주의로 국한했다. 아마도 이러한 이유로 마르크스의 사후에 마르크스주의자에게 자본주의는 주로 산업자본주의를 의미하는 것이 되었는지도 모른다.

"상품유통은 자본의 출발점이다. 상품생산과 발달된 상품유통(즉, 상업)은 자본이 성립하기 위한 역사적 전제이다. 16세기에 세계무역과 세계시장이 형성됨으로써 자본의 근대적 생활사는 시작된다."[60]

한편 세계체계관점을 발전시킨 월러스틴은 자본주의의 시작을 세계체계의 시작과 동일하게 인식했다. 월러스틴이 이야기하는 세계체계는 자본주의 생산양식에 근거한 세계체계이기 때문이다. 월러스틴은 이러한 자본주의 세계체계가 유럽에서 등장한 시기를 16세기로 보았다.[61] 그리고 16세기는 단지 한 세기를 의미하는 것이 아니라 1450년에서 1640년까지의 근 200년을 가리키는 것으로 월러스틴은 이를 '장기 16세기'라고 불렀다. 하지만 자본주의가 16세기에 시작되었다는 주장에 대해서는 마르크스주의자들 간에도 이견이 존재한다. 돕은 "에드워드 3세와 엘리자베스 여왕 사이의 200년 남짓한 기간은 성격상 확실히 과도기적이었다."라고 주장했다.[62] 돕은 이 시기가 자본주의도 봉건제도 아닌 시기였다고 주장하면서, 임금노동이 확산된 16세기 후반에서 17세기 초에 이르러서야 비로소 자본주의가 성립되었다고 했다.[63] 돕은 이후 스위지와의 논쟁에서 이 과도적

....

58   Marx.『자본 I』.
59   Marx, K. and Engels, F.(2010[1848]).『공산당 선언』. 권화현 역. (*The Communist Manifesto*). 서울: 펭귄클래식 코리아. p.225.
60   Marx.『자본 I』. p.225.
61   Wallerstein.『근대세계체제 I』. pp.109-110.
62   Dobb.『자본주의 발전연구』. pp.27-28.

246   제1부 이론과 방법

인 기간을 봉건제 시기로 규정했다.

브로델은 자본주의가 13세기에 시작되었다고 주장한다. 그는 월러스틴이 자본주의가 16세기에 시작되었다고 고집하는 이유는 마르크스가 자본주의는 16세기에 시작되었다고 (앞서 인용한 구절) 주장한 것에 집착하기 때문이라고 비판한다.[64] 브로델은 "유럽의 자본주의(심지어 자본주의적인 생산 역시)가 13세기에 이탈리아에서 시작된 것이라는 마르크스의 주장(그 후 마르크스는 그렇게 말한 것을 후회했다지만)에 동의한다."라고 적고 있다.[65] 그러나 『자본』 어디에도 자본주의가 13세기에 시작했다는 구절은 없다. 마르크스가 "자본주의적" 생산양식과 관련해 14세기를 언급하기는 했지만, 이때도 자본주의적 생산양식이 산발적으로 존재한다고 했지 자본주의가 13세기에 시작되었다고 이야기하지는 않았다.

"자본주의적 생산의 첫 맹아는 벌써 14~15세기 지중해 연안의 몇몇 도시에서 산발적으로 나타났지만, 자본주의가 본격적으로 시작된 것은 16세기 이후의 일이다. 자본주의 시대가 출현한 곳은 이미 오래전에 농노제가 완전히 폐지되고 중세의 정점이었던 자치도시의 존재도 이미 오래전에 빛을 잃어가던 곳이었다."[66]

정리하면 자본주의는 이전의 생산체제와 상이한 자본주의만의 고유한 특성이 있는 역사적 실체로 존재했으며, 대략 16세기에 서유럽에서 기원했다는 것이

....

63 Dobb. 『자본주의 발전연구』. p.25.
64 Braudel. 『물질문명과 자본주의 III』. p.70.
65 『물질문명과 자본주의 III: 세계의 시간』을 번역한 주경철이 책의 각주에서 설명한 것처럼, 마르크스는 자본주의가 13세기에 시작되었다고 언급한 적이 없는 것으로 보이는데, 이는 브로델이 연대를 착각한 것으로 보인다. Braudel. 『물질문명과 자본주의 III』. p.70. 또한 마르크스는 자본주의의 맹아가 산발적으로 존재한다고 했지 자본주의가 시작되었다고 하지는 않았다. 『자본 I』 제25장(주경철이 언급한 제26장은 『자본 I』에는 없다. 주경철의 단순 착오로 보인다)에서 마르크스는 본원적 축적을 설명하면서 14~15세기 지중해 연안 지역에서 자본주의의 맹아가 있었지만 자본주의가 본격적으로 시작된 것은 16세기라고 재차 확인하고 있다. Marx. 『자본 I』. p.964.
66 Marx. 『자본 I』. p.964.

다수의 견해로 보인다. 다만 최근에는 자본주의의 유럽 기원설에 대해 다양한 비판이 제기되고 있다. 프랑크는 16세기 유럽 기원설을 비판했고, 밀란츠와 아부-루고드도 유사한 주장을 했다.[67] 그러면 이런 역사적 자본주의는 어떻게 형성된 것일까?

제3절 자본주의로의 이행을 둘러싼 논란[68]

지금 우리가 살고 있는 자본주의 사회의 분배체계로서 복지체제에 대한 이해는 자본주의가 전(前)자본주의 사회로부터 어떻게 자본주의 사회로 이행했는지에 대한 이해 없이는 완전할 수 없다. 분배체계로서 복지체제의 가장 중요한 기능은 살아갈 수단이라고는 자기 자신 밖에 없는 사람들이 자신의 노동력을 상품화하지 못해 발생하는 위험에 대해 대응하는 것이기 때문이다.[69] 자본주의는 복지체제를 통해 지속 가능성을 보장받고 있다. 그렇다고 복지체제의 역할과 중요성을 저평가하는 것은 아니다. 구체적으로 검토하겠지만, 인류 역사상 존재했던 모든 인간 사회는 그 사회의 지속 가능성을 담보하기 위한 분배체계를 갖고 있었는데, 자본주의 사회에서는 그 분배체계가 인간의 상품화에 대응하는 복지체제인 것이다. 다시 말해 (결정론적 주장을 경계할 필요가 있겠지만) 분배체계는

....

67 Mielants. 『자본주의의 기원과 서양의 발흥』; Abu-Rughod. 『유럽 패권이전: 13세기 세계체제』. pp.392-393.

68 자본주의 이행 논쟁에 관한 아주 간단한 정리를 보고 싶다면 서울대학교 역사연구소가 편찬한 『역사용어사전』을 참고하라. 서울대학교 역사연구소 편(2015). 『역사용어사전』. 서울: 서울대학교출판문화원. pp.1470-1473.

69 자본주의 사회에서 복지체제의 핵심 기능과 범위는 상품화의 중단으로 인해 발생하는 위험에 대응하는 것만이 아닌 상품화 자체를 가능하게 하는 것이기도 하다. 어쩌면 복지체제의 가장 중요한 역할은 노동력의 상품화를 보장하는 것일 수도 있다. 실제로 스웨덴 복지국가는 완전고용이라는 모든 시민의 노동력의 상품화에 기반하고 있다. 구체적인 논의는 다음 문헌을 참고하라. Korpi. "Welfare-state Regress in Western Euope: Politics, Institutions, Globalization."; Andersson. 『경제성장과 사회보장사이에서』; Hilson, M.(2010[2008]). 『노르딕모델: 북유럽 복지국가의 꿈과 현실』. 주은선·김영미 역. 서울: 삼천리.

사회체제(마르크스주의의 표현을 빌리면 생산양식)와 아무런 관계없이 독립적으로 존재하는 체계가 아니다. 분배체계는 어떤 '특정한' 사회체제의 생존을 위해 요구되는 재화와 용역의 분배를 위한 체계라고 할 수 있다. 마르크스는 이러한 생산양식과 분배체계의 관계를 아주 정확하게 인식하고 있었다.

> "자본주의적 생산양식은 특별한 유형의 (즉, 특수한 역사적 규정성을 갖는) 생산양식이다. (…) 이 특수하게 역사적으로 규정된 생산양식에 조응하는 생산관계—인간이 그들의 사회적 생활과정(즉, 그들의 사회적 생활의 생산)에서 맺는 관계—는 하나의 특수하고 역사적이며 일시적인 성격을 지닌다. 그리고 마지막으로 분배관계는 본질적으로 이 생산관계와 동일한 것이면서 그것의 이면이며, 따라서 이들 두 관계는 모두 역사적으로 일시적인 성격을 똑같이 지닌다."[70]

우리가 자본주의 이후의 새로운 사회로 이행한다고 해도 우리는 여전히 그 새로운 사회체제의 지속 가능성을 담보할 새로운 '분배체계'가 필요하다. 그러므로 자본주의가 어떤 사회로부터 발생했고 어떻게 확대되었는지를 이해하는 것은 자본주의 사회의 분배체계인 복지체제의 역사적 기원과 궤적을 이해하는 중요한 토대를 제공해줄 것이다. 이러한 이유로 이 절에서는 전자본주의 사회에서 자본주의 사회로의 이행을 둘러싸고 제기되었던 쟁점들을 간략하게 검토했다.

1. 이행 논쟁의 시대적 배경

자본주의로의 이행을 둘러싼 논쟁은 크게 두 차례 진행된 것으로 보인다.[71]

....

70 Marx. 『자본 III: 경제학 비판』. pp.1164-1165.
71 봉건제에 대해서는 다양한 정의가 있을 수 있으나 제1차 자본주의 이행 논쟁에 국한해서 봉건제를 살펴보면, 돕은 봉건제를 농노제 생산양식과 동일한 것으로 간주했다. 반면 스위지는 농노제와 봉건제를 동일시하는 것에 동의하지 않았다. Sweezy. "돕의 소론에 대한 비판." pp.102-103. 배영수는 제3차 이행 논쟁이 있었다고 주장하지만, 배영수가 이야기하는 제3차 이행 논쟁은 주로 식민지 시대 뉴잉글랜드를 중심으로 이루어진 이행 논쟁으로, 정확히 이야기하면 미국이 식민지 시기에 어떻게 자본주의로

첫 번째 이행 논쟁은 1950년대에 있었던 모리스 돕과 폴 스위지 간의 논쟁이고, 두 번째 이행 논쟁은 1970년대에 로버트 브레너의 논문으로 시작된 '브레너 논쟁'이다. 두 차례에 걸친 이행 논쟁의 주제는 어떤 역사적 동인이 서유럽을 봉건제에서 자본주의로 이행시키는 데 '결정적' 역할을 했는가라는 질문에 답을 하는 것이었다. 하지만 논쟁은 단순히 봉건제에서 자본주의로의 이행의 원인을 규명하는 것에 그치지 않았다. 우리가 자본주의 운동의 "악순환에서 벗어나려면 자본주의적 축적에 선행하는 '본원적' 축적(애덤 스미스가 말하는 '선행적 축적'), 즉 자본주의적 생산양식의 결과가 아니라 그 출발점으로서의 축적을 상정할 수밖에 없다."[72]라는 마르크스의 언급을 기억할 필요가 있을 것 같다.

제1차 자본주의 이행 논쟁이 진행되던 1950년대 초는 자본주의 진영과 사회주의 진영 간의 냉전이 본격화된 시기였다. 아마도 이행 논쟁에 참여했던 사람들은 봉건제에서 자본주의로의 이행의 역사적 동인을 규명함으로써 자본주의 체제의 대안으로 여겨졌던 사회주의로의 이행을 위한 역사적 동인을 찾으려고 했을지 모른다. 그러나 1956년 11월 4일 소련이 1천여 대의 탱크와 15만여 명의 병력으로 헝가리 민주화운동을 짓밟았을 때 사회주의로의 이행에 대한 서방세계의 환상은 깨졌다. 토니 수트(Tony Judt)는 당시의 상황을 이렇게 묘사했다.[73]

"공산주의는 이제 혁명이 아니라 탄압과 영구히 결부되었다. 서방의 좌파는 40년 동안 볼셰비키의 폭력을 혁명적 자신감과 역사의 진보를 얻는 비용으로 용

....

이행했는지를 둘러싸고 벌어진 논쟁이다. 이 논쟁은 자본주의 이행과 관련된 보편적 이론을 도출하지 못했다는 점에서, 제1, 2차 이행 논쟁과 동일한 선상에서 검토될 수 있는 것은 아니라고 판단된다. 뉴잉글랜드를 배경으로 진행된 논쟁을 제3차 논쟁으로 포함할 경우 우리는 아마도 현재 대부분의 국가(또는 사회)에서 진행되고 있는(진행되었던) 개별적인 이행 논쟁 또한 제1, 2차 이행 논쟁과 동일 선상에 포함시켜야 한다. 이러한 이유로 여기서는 '제3차 이행 논쟁'을 제외하고, 돕-스위지 논쟁과 브레너 논쟁을 중심으로 자본주의 이행 논쟁을 검토했다. 배영수(2008). "제3차 자본주의 이행 논쟁을 매듭짓는 길." 『歷史學報』 197: 247-271. pp.247-248.

72   Marx. 『자본 I』. p.961.

73   Judt, T.(2008[2005]). 『포스트 워 1945~2005』. 조행복 역. (*Postwar: A History of Europe Since 1945*). 서울: 플래닛. p.530.

서하고 심지어 찬양하면서 러시아에 대한 기대를 버리지 않았다. 모스크바는 서방 좌파의 정치적 환상을 그럴듯하게 보여주는 거울이었다. 1956년 11월에 그 거울은 박살났다."

환상이 깨진 것은 서방세계만이 아니었다. 사회주의 체제에 살고 있던 사람들이 갖고 있던 사회주의의 미래에 대한 "급진적이고 전형적인 유토피아적인 전망"과 1917년에 생겨난, 자본주의에 대한 대안체제로서 사회주의 체제의 신화 또한 모두 사라졌다.[74] 돕과 스위지 논쟁으로 촉발된 자본주의 이행 논쟁이 1950년대 말 이후 더 이상 진행되지도 집단적 관심을 불러일으키지도 않았던 이유도 이러한 시대적 상황과 밀접히 관련되어 있다. 자본주의 이행 논쟁이 다시 시작된 것은 1970년대였다.[75] 제2차 이행 논쟁이 시작된 1970년대에는 전후와 확연히 다른 사회·정치·경제 환경이 만들어지고 있었다. 정치사회적으로는 월러스틴이 '1968년 세계혁명'이라고 부르는 운동이 전후 세계질서를 송두리째 흔들어놓았다.[76] 68운동은 당시 기득권 세력의 문제만이 아닌 반체제운동의 한계도 드러내면서 사회진보에 대한 기존의 가치를 전복시켰다. 베트남전쟁에서 미국의 패배, 체코슬로바키아의 프라하의 봄은 냉전의 두 축이었던 미국과 소련의 지위를 위협했다.[77] 정치경제적으로는 1971년 8월 15일 미국이 브레튼우즈체제의 기반이 되었던 고정환율제의 폐기를 선언해 전후 체제의 종식을 공식화했다.[78] 중동에서는 1973년 10월 6일 이집트와 시리아가 이스라엘을 공격해(욤 키푸르 전쟁) 촉발된 석유 수출국의 감산 결정과 이스라엘에 대한 서방의 지원에 대한 반발로

....

74 Judt. 『포스트 워 1945~2005』. p.532.
75 한국에서도 자본주의 이행 논쟁(돕과 스위지의 논쟁)은 권위주의 정권 시기에 새로운 사회체제를 꿈꾸던 사람들에게 가장 관심 있는 주제 중 하나였다. 비록 한국에서 자본주의 이행 논쟁은 서구에서 논쟁이 시작된 지 거의 30여 년이 지난 1980년대에 대두되었지만, 김대환이 편역한 『자본주의 이행논쟁』은 당시 사회변혁을 꿈꾸던 지식인들과 대학생들의 필독서 중 하나일 만큼 광범위한 관심을 불러일으켰다.
76 Wallerstein. 『우리가 아는 세계의 종언』. pp.47-48.
77 서울대학교 역사연구소 편. 『역사용어사전』. pp.1358-1359.
78 Judt. 『포스트 워 1945~2005』. p.748, 750, 752.

미국에 대한 금수조치가 단행되었고 국제 유가는 단번에 두 배 이상 올랐다. 이로 인해 전후 서구 국가들이 누렸던 저렴한 에너지(석유)에 기댄 성장이 불가능하게 되었고, 서유럽은 스태그플레이션에 빠졌다.[79] 미국 중심의 자본주의 세계체계는 전면적인 위기에 봉착한 것처럼 보였다. 브레너 논쟁은 이처럼 미국 중심의 자본주의 세계체계가 균열을 일으키기 시작한 시점에 제기되었다.

2. 제1차 이행 논쟁

첫 번째 이행 논쟁은 모리스 돕이 1946년에 출간한 『자본주의 발전연구』에 대해 폴 스위지가 『과학과 사회(Science & Society)』라는 학술지에 비판 논문[80]을 게재하면서 시작된 일명 '돕-스위지 논쟁'으로 알려졌다. 이 논쟁은 좌파 학계에 광범위한 반향을 일으키면서 돕과 스위지를 중심으로 로드니 힐튼(Rodney Hilton), 크리스토퍼 힐(Christopher Hill), 다카하시 고하지로(高橋幸八郎) 등 서구와 일본의 마르크스주의자들의 참여를 촉발했다.[81] 마르크스주의자들 간에 벌어진 논쟁인 만큼 자본주의에 대한 개념 또한 마르크스의 자본주의 개념을 전제로 했다.[82]

논쟁은 두 가지 중요한 쟁점을 제기했다. 첫 번째 쟁점은 봉건제에서 자본주의로의 이행의 역사적 동인이 봉건제 내부에 있었는지 아니면 봉건제 외부(상업

....

79　스태그플레이션(Stagflation)은 장기 경기침체 또는 수축으로 높은 수준의 실업이 발생하는 상태를 지칭하는 스태그네이션(stagnation)과 가격이 등귀하는 인플레이션(inflation)을 조합한 합성어이다. 스태그플레이션이 1950년대와 1960년대에도 발생했다는 주장이 있기는 하지만, 주로 1974년과 1975년에 처음 발생한 것으로 알려져 있다. Sherman, H.(1976). *Stagflation: A Radical Theory of Unemployment and Inflation.* New York: Harper & Row. p.1.

80　Sweezy. "돕의 소론에 대한 비판."

81　Hilton, R.(1991[1985]). "서론." Aston, T. H. and Philpin, C. H. E. 편. 『농업계급구조와 경제발전: 브레너 논쟁』. 이연규 역. pp.7-18. (*The Brenner Debate: Agrarian Class Structure and Economic Development in Pre-industrial Europe*). 서울: 집문당. p.7.

82　1절에서 자세히 살펴본 것처럼, 자본주의에 대해 합의된 개념은 없다. 마르크스주의의 자본주의 개념의 핵심은 자본주의와 이전의 봉건제를 생산양식으로 구별하는 것인데, 생산양식은 기본적으로 자본가와 노동자라는 생산관계로 이루어진 것을 지칭한다.

의 발달)로부터의 자극으로 인한 것이었는지를 둘러싼 것이었다.[83] 돕은 봉건제가 원거리 교역과 도시의 발달과 같은 외적 요인에 의해 자본주의로 이행했다는 당시의 정설에 의문을 제기했다. "시장의 확대를 봉건제 쇠퇴의 유일한 혹은 결정적 요인으로 설명하는 것"이 타당하지 않다는 것이다.[84] 돕에 따르면, 만약 상업(화폐 거래)의 영향이 봉건제 해체의 결정적 요인이었다면 영국에서 상업이 가장 발달한 남동부 지역에서 봉건제가 가장 먼저 해체되는 것이 타당한데도 실제로 봉건제가 약화된 것은 영국의 남동부가 아니라 상업 발달이 미약했던 북서쪽이었다. 영국만이 아니다. 해외에서도 상업의 발달이 봉건제의 약화 또는 해체를 유발한 것이 아니라는 증거가 풍부하게 있다는 것이다. 동유럽이 그 대표적인 사례로, 발틱 제국, 폴란드, 보헤미아 지방 등에서는 곡물 수출의 확대로 인해 상업이 활성화되었음에도 불구하고 봉건제가 약화되기는커녕 농노에 대한 영주의 봉건적 예속이 더욱 강화되는 (엥겔스가 재판농노제라고 부른) 현상이 나타났다. 더 나아가 돕은 영국에서 시장생산의 성장과 지대의 금납화 간에 밀접한 관계가 있다는 경험적 근거는 없다고 주장했다. 돕은 이 같은 역사적 사실을 들어 상업의 발달이 봉건제를 해체했던 결정적 요인은 아니라고 주장했다.[85] 돕은 이러한 잘못된 인식은 시장을 위한 상품생산을 명확한 검증 없이 자본주의 생산양식인 임금노동에 기초한 상품생산과 같은 것으로 간주했기 때문에 발생한 오류라고 지적했다.[86]

대신 돕은 봉건제의 약화와 해체의 원인이 봉건제 생산양식 내부의 고유한 모순에 있다고 주장했다. 물론 돕도 상업의 발달이 봉건제의 약화와 해체에 중요

....

83 자본주의로의 이행과 관련된 상업화모델과 인구모델은 당대의 실증적 사회경제사학의 연구 성과를 대표하는 이론들이었다. 이영석에 따르면, 상업모델의 연원은 브루노 힐데브란트(Bruno Hilde-brand)의 상업화론으로 거슬러 올라갈 수 있는데, 힐데브란트는 교역의 발달을 준거로 역사 발전단계(자연경제 – 화폐경제 – 신용경제)를 제시했다. 하지만 봉건제에서 자본주의로의 이행과 관련해 상업의 역할을 일반화한 데에는 신역사학파의 경제사학자들인 루요 브렌타노(Lujo Brentano)와 카를 뷔허(Karl Bücher)의 역할이 지대했다고 평가한다. 이영석(1985). "신자본주의 이행논쟁에 관한 일고." 『사회과학』 24: 113-128. pp.113-114.

84 Dobb. 『자본주의 발전연구』. pp.48-50.

85 Dobb. 『자본주의 발전연구』. p.51.

86 Dobb. 『자본주의 발전연구』. pp.52-53.

한 역할을 했다는 것을 인정했다. 하지만 결정적 요인은 아니라는 것이다. 돕의 주장에 따르면, 봉건제 약화와 해체의 주된 원인은 봉건영주의 수입 증대 욕구와 봉건제의 비효율성과 같은, 영주와 농노로 이루어진 봉건제 생산양식 자체에 있었다. 봉건영주는 증대되는 소득에 대한 욕구를 충족시키기 위해 농노를 더 수탈했고, 농노에 대한 추가적인 수탈은 봉건제를 지탱해왔던 노동력을 고갈시켜 봉건제를 내부로부터 붕괴시키는 원인이 되었다는 것이다.

돕은 자본주의가 바로 이러한 봉건제의 해체 과정에서, 즉 소생산자가 경쟁을 통해 자본가로 성장하는 과정에서 형성되었다고 주장한다. 돕은 마르크스의 자본주의 발전의 두 가지 길을 언급하면서 자신의 주장을 정당화했다. 마르크스는 자본주의 이행의 "참된 혁명적인 길"은 아래로부터의 길이라고 할 수 있는 "생산자들 중 일부가 스스로 자본을 축적하고 상업을 경영하여 시간이 지남에 따라 길드의 수공업적 규제에서 해방된 자본주의적 토대 위에서 생산을 조직"하는 것이라고 했다.[87] 마르크스는 상업자본가에 의한 이행은 자본주의로의 이행의 장애물이라고 했다. 돕이 인용한 마르크스의 구절은 스위지가 돕을 비판하면서 다시 인용하기 때문에 조금 길지만 직접 인용하는 것이 필요해 보인다. 마르크스는 『자본 III』에서 상인자본의 역사를 설명하면서 다음과 같이 이야기한다.

> "봉건적 생산양식으로부터의 이행은 두 가지 방식으로 이루어진다. 하나는 생산자가 상인이자 곧 자본가가 됨으로써 농업의 자연경제와 춘프트(Zunft: 중세의 독일 수공업자조합 – 옮긴이) 조직으로 된 중세 도시공업의 수공업자들과 대립하는 것이다. 이것이 참된 혁명적인 길이다. 그리고 또 하나는 상인이 생산을 직접 장악하는 방식이다. 그러나 이 후자의 길은 그것이 실제로 역사에서 이행으로 작용하는 경우에도―17세기 영국 직물상인의 경우를 예로 들면 이들은 비록 독립해 있기는 했지만 자신의 통제하에 있는 직조공들에게 양모를 팔고는 다시 그들로부터 완성된 직물을 사들였다―그 자체만으로는 낡은 생산양식의

....
87   Dobb. 『자본주의 발전연구』. p.142.

전복을 가져오지 않을 뿐만 아니라 오히려 이를 보존하고 자신의 전제조건으로 유지한다. (…) 이런 방식은 도처에서 참된 자본주의적 생산양식을 가로막고, 이 생산양식이 발전함에 따라 사라져간다. 이것은 생산양식을 전복하지 않은 채 단지 직접적 생산자들의 처지를 악화시키고 이들 생산자들을 직접 자본에 예속되어 있는 노동자보다 더 열악한 조건 속에 있는 단순 임노동자와 프롤레타리아로 전화시킬 뿐이며 이들의 잉여노동을 낡은 생산양식의 기초 위에서 획득한다."[88]

마르크스의 주장의 핵심은 농업생산자 자신이 직접 자본가가 될 때 낡은 생산양식인 봉건제를 무너뜨리고 새로운 생산양식인 자본주의를 만들어나갈 수 있는 반면, 상인이 자본가가 될 때는 오히려 낡은 생산양식을 강화하고 새로운 생산양식의 발전에 장애가 된다는 것이다. 돕은 이러한 마르크스의 글을 인용하면서 봉건제에서 자본주의로의 이행의 결정적 요인은 상인이 아닌 생산자가 자본가로 전환하는 내부적인 요인에 있다고 주장한 것이다.[89]

이에 대한 스위지의 입장은 상업의 전통적 역할을 지지하는 입장이다. 스위지는 봉건제가 토지와 가신을 얻기 위한 영주들 간의 경쟁과 인구 증가로 인해 만성적인 불안에 직면해 있었지만, 서구 봉건제는 기본적으로 봉건제적 "생산방법과 생산관계를 유지하고자 하는 강한 편향을 가진 체제"라고 규정했다.[90] 이로 인해 봉건제는 내부로부터가 아닌 상업과 도시의 발달과 같은 외부의 자극에 의해 해체될 수밖에 없었다는 것이다. 스위지는 영주의 증대되는 수입에 대한 욕구가 농노들에 대한 과잉 착취를 유발해 결국 알을 낳을 거위를 죽이는 상황이 되었다는 돕의 주장에 대해 왜 영주가 수입을 극대화하기 위해 농노를 가혹하게 착취했는지 묻는다. 그러면서 영주의 증대된 욕구는 11세기부터 진행된 상업의 발

....

88 Marx. 『자본 III』. p.438.
89 마르크스의 글을 보면서 한국 사회에서 자본주의의 발전이 민주주의와 함께 하지 않는 반동적 모습을 보인 것도 국가에 의해 상업자본이 산업자본으로 전환되는 자본주의로의 이행의 길을 걸었기 때문이라는 생각이 들었다.
90 Sweezy. "돕의 소론에 대한 비판." p.104.

달로 인해 영주가 보다 많은 소비 상품을 얻고자 했던 욕망의 결과이고, 이는 봉건제 내부의 요인으로 설명될 수 없는 것이라고 주장했다.[91] 또한 영주의 가혹한 수탈에 견디지 못하고 탈주하는 농노가 증가한 것도 농노가 탈주할 수 있는 자유로운 도시가 발달했기 때문에 가능했다는 것이다. 더욱이 스위지는 돕이 인용한 마르크스의 (위에 게재된) 구절도 돕이 마르크스의 본래 의도를 잘못 해석한 것이라고 주장한다. 스위지는 마르크스가 『자본 I』에서 산업자본가의 생성은 차지농업가의 사례와 같이 점진적인 방식으로 형성된 것이 아니라 상업과 약탈을 통해 이루어졌다고 설명했다고 주장했다.[92] 실제로 이른바 "제24장 본원적 축적"에서는 자본축적의 폭력적·약탈적 과정에 대해 반복적으로 묘사하고 있다.[93]

　　스위지는 돕이 자본주의의 발달과 관련해 상업의 역할이 제한적이었다는 주장을 뒷받침하기 위해 인용한 영국 남동부 지역과 동유럽의 사례도 잘못된 사실에 근거했다고 비판했다. 스위지는 상업의 발달에도 불구하고 동유럽에서 봉건제적 생산양식이 강화된 것은 상업의 발달과 자본주의의 발달이 관계없다는 증거가 될 수 없다고 주장한다. 대신 상업의 발달이 봉건제적 생산양식에 미치는 영향은 해당 지역의 지리적 위치에 의존한다고 주장했다. 즉, "새로운 교환경제의 중심으로부터 동쪽으로 가면 갈수록 이 현상이 점차 두드러지고 심해진다."는 것이다.[94] 생활이 발달한 중심지에서는 농업노동자가 임금노동자가 되는 길 이외에는 다른 선택의 여지가 없었던 반면, 교환경제의 주변지역에서는 (도시의 미발달로 인해) 농민이 농노가 되는 것 이외에는 다른 선택의 여지가 없었기 때문에

....

91　Sweezy. "돕의 소론에 대한 비판." pp.108-110.

92　Marx. 『자본 I』. p.1005.

93　대표적인 사례로 서덜랜드 여(女)공작은 오래전부터 씨족의 땅이었던 79만 4천 에이커(971,994,210 평)의 땅을 자기 소유의 목초지로 만드는 과정에서 1만 5천 명의 주민을 조직적으로 쫓아버린다. Marx. 『자본 I』. pp.982-983.

94　Sweezy. "돕의 소론에 대한 비판." pp.115-116. 하지만 이러한 스위지의 주장은 돕에 의해 재비판 되는데, 영국의 경우 상업의 발달로 인해 봉건제적 관계가 강화된 지역은 교환경제가 발달한 지역과 가까운 남동부 지역이었지 교환경제로부터 상대적으로 멀리 떨어져 있는 북서부 지역이 아니었기 때문이다. Dobb, M.(1984[1950]). "스위지의 비판에 대한 반비판." 『자본주의 이행논쟁』. 김대환 편역. pp.129-141. 서울: 동녘.

봉건제 생산관계가 강화되었다는 것이다.[95] 봉건제의 붕괴에는 내부적 요인이 아닌 상업의 발달이 결정적 역할을 했다는 것이다.[96]

두 번째 쟁점은 봉건제의 해체로부터 자본주의 생산양식이 지배적인 생산양식이 되었다는 16세기 후반까지 근 200년간의 성격을 둘러싼 것이다. 돕은 이 시기를 봉건제라고 부르지는 않았지만, 영주(또는 고용주)와 농민(생산자) 간의 관계에는 봉건제적 성격이 많이 남아 있었다고 주장했다. 이에 대해 스위지는 마르크스가 이야기했듯이 봉건제가 14세기 말에 사라졌다면 어떻게 14세기 말부터 200년의 시기를 봉건제로 규정할 수 있느냐고 했다. 영국의 예를 들면, 농노제는 이미 14세기 말에 사실상 사라졌고 15세기에 들어서면 대다수 농민은 자유로운 토지소유자가 되었다.[97] 돕의 방식대로 봉건제를 정의하면, 봉건제는 20세기의 미국에도 여전히 존재한다고 주장할 수 있다는 것이다.

스위지는 이 시기를 이행기로 보고 봉건제 생산양식과는 어떠한 관련성도 없는 시기로 보는 것이 타당하다고 생각했다.[98] 그리고 이 시기를 '전자본주의적 상품 생산(pre-capitalist commodity production)'의 시기라고 규정하자고 제안한다.[99] 그는 '전자본주의적 상품 생산' 시기는 자본주의적이지도 봉건적이지도 않은 이행기라고 규정한다. 그러나 돕은 물론 다카하시도 스위지의 '전자본주의적 상품 생산'이라는 시기 규정에 동의하지 않았다.[100] 돕은 해당 시기가 봉건적

....

95 스위지의 이러한 논리는 (그들이 왜 스위지를 인용하지 않았는지는 모르겠지만) 제3장에서 검토한 종속이론과 세계체계관점의 원형으로 보인다.

96 하지만 스위지는 "서유럽 봉건제의 붕괴는 지배계급이 사회의 노동력을 통제하여 그로부터 과잉착취를 하지 못했다는 데 기인한다."고 정리한다. 만약 봉건제 붕괴의 원인을 이와 같이 본다면 봉건제의 붕괴는 외적 요인이 아닌 돕이 이야기한 내적 요인에 의해서라고 할 수 있다. 스위지는 농노에 대한 봉건영주의 과잉착취의 원인이 교역의 발달로 인한, 상품에 대한 점증하는 영주의 욕구 때문이라고 규정했기 때문에, 영주가 농노를 과잉착취하지 못한 이유를 외부에서 찾은 것 같다.

97 Marx. 『자본 I』. p.965.

98 Sweezy. "돕의 소론에 대한 비판." p.119.

99 Sweezy. "돕의 소론에 대한 비판." p.120.

100 Dobb. "스위지의 비판에 대한 반비판." p.135; Dobb, M.(1984[1962]). "봉건제로부터 자본주의로의 이행." 『자본주의 이행논쟁』. pp.231-245. 서울: 동녘, p.244; 高橋幸八郎. "돕-스위지 논쟁에 부쳐." pp.161-165.

이지도 않고 자본주의적 생산관계에 종속되었다고 보기도 어렵다는 데 동의하지만, 해당 시기를 이행기로 규정하는 것에 대해서는 분명히 반대했다. 역사의 변화는 한 계급으로부터 다른 계급으로의 연속적인 권력이동을 의미하는데, 스위지처럼 200년에 이르는 이행 기간을 설정하면 그 시기의 지배계급이 누구였는지가 모호해진다는 것이다. 돕과 다카하시는 이 시기의 지배계급이 봉건적 지배계급이라고 하고 이러한 이유로 이 시기를 봉건제 시기로 규정해야 한다고 주장했다. 논란이 되었던 영국의 에드워드 3세부터 엘리자베스 여왕까지 근 200년의 기간은 유럽에서 절대주의 국가 시기로, 페리 앤더슨 또한 이 시기를 봉건왕정의 시기로 규정했다.[101]

> "절대주의는 본질적으로 바로 다음과 같은 것으로 규정할 수 있다. 그것은 공납의 광범한 형태 변화를 통해 농민 대중이 획득한 이익들을 무시할 뿐 아니라 또 이를 거슬러 농민 대중을 그 전통적인 사회적 지위에 묶어두려고 계획된 **재편되고 재충전된 봉건적 지배기구**(강조 – 원저자)이다. 즉, 절대주의 국가는 결코 귀족계급과 부르주아지 사이의 중재자가 아니었으며 귀족에 대항해 태동하는 부르주아지의 도구는 더욱더 아니었다. 그것은 위협받고 있는 귀족의 새로운 정치적 갑주였다."[102]

돕과 스위지 논쟁은 봉건제에서 자본주의로의 이행에 대한 분명한 역사적 동인에 대해 합의를 이루지 못하고 중단되었다. 물론 이행의 총체적인 성격을 규명하려고 했던 시도가 없었던 것은 아니다. 1954년 일군의 영국 마르크스주의자들[모리스 돕, 에릭 홉스봄(Eric Hobsbawm), 로드니 힐튼, 에드워드 톰슨(Edward Thompson) 등]이 이행에 관한 종합적인 연구를 기획하고 세부 분야에서 실증적 연구를 진행해 전체 사회사를 집필하려는 시도를 했지만 부분적 성과를 제외하

....

101 페리 앤더슨은 돕의 의견을 지지했다고 할 수 있다. 앤더슨의 『절대주의 국가의 계보』는 주로 이 200년 간을 다루고 있다.

102 Anderson. 『절대주의 국가의 계보』. p.37.

고 전체 사회사를 집필하지는 못했다.[103]

제1차 이행 논쟁에서 합의되지 않은 쟁점 가운데 상업화론을 대신해서는 인구 변화 요인이, 농업 내부의 발전론을 대신해서는 계급관계 변수가 새로운 쟁점으로 등장하면서 1970년대에 다시 논란이 시작되었다. 이번에는 돕과 스위지 논쟁보다 더 광범위한 분야의 학자들이 참여해 근 10년간의 논쟁이 지속되었다. 1950년대 당시 돕과 스위지의 이행 논쟁에 논평자로 참여하고 브레너 논쟁을 종합했으며 『농업계급구조와 경제발전: 브레너 논쟁』의 서론을 쓴 로드니 힐튼은 돕과 스위지의 논쟁이 마르크스주의자 내부의 논쟁이었지만 '브레너 논쟁'에는 다양한 성격의 학자들이 참여했다고 기술하고 있다.[104]

3. 제2차 이행 논쟁의 핵심 쟁점

두 번째 이행 논쟁은 로버트 브레너가 1976년 『과거와 현재(*Past and Present*)』에 "전산업시대 유럽의 농업계급구조와 경제발전"을 발표하면서 시작된 것으로 알려져 있다. 하지만 애스턴(Aston)과 필핀(Philpin)에 따르면, 제2차 이행 논쟁은 브레너가 프린스턴대학 부설 기관인 고등학문연구소가 주최한 세미나에서 논문을 발표한 1974년부터 시작되었다.[105] 논쟁의 핵심 쟁점은 여전히 봉건제에서 자본주의로의 이행의 결정적 요인이 내부적 요인인지 아니면 외부적 요인인지를 둘러싼 것이었다. 브레너는 내부적 요인을 강조하는 입장이었다. 브레너역시 돕이 그랬던 것처럼 당시 지배적인 정설로 간주되었던 인구모델을 비판했다. 브레너는 자본주의 이행과 관련해 인구 변동의 역할을 강조한 하버쿠크(Habakkuk)와 마이클 포스탄(Michael Postan) 등의 인구모델은 이전의 상업화모델을 인구모델로 간판만 바꾸어 단 것일 뿐 상업화모델과 동일한 문제를 노정하고

....

103 노동계급의 역사와 관련한 에드워드 톰슨과 에릭 홉스봄의 저작도 이러한 기획의 일환으로 출간된 것이라고 한다. 이영석. "신자본주의 이행논쟁에 관한 일고." p.121.

104 Hilton. "서론." p.8.

105 Aston and Philpin. "서문." pp.3-4.

있다고 비판했다.[106] 인구모델의 핵심은 인구의 변화가 토지의 생산력 수준과 밀접한 관련을 갖는다는 것이다.[107] 예를 들어 포스탄에 따르면, 유럽에서 14~15세기에 생산성 하락, 기근, 역병 등으로 인해 인구의 급격한 감소가 일어났고 장기 16세기에는 인구가 증가해 지대의 상승과 임금의 하락이 나타나면서 농민이 보유하고 있던 토지가 분할되는 첫 번째 국면이 나타났다.[108] 반면 17세기에는 인구 감소로 인해 16세기와는 정반대의 현상이 나타났다. 하버쿠크와 포스탄은 이러한 인구의 주기가 반복되면서 농노제의 해체를 결정지었다고 주장했다. 실제로 앤더슨이 인용한 자료에 따르면, (물론 순수하게 자연적인 원인이 아닌 전쟁이라는 상황이 영향을 미쳤지만) 17세기 무렵 보헤미아 지방의 인구는 170만 명에서 100만 명으로, 독일의 브란덴부르크 지역의 인구는 50%나 감소했다.[109]

하지만 브레너의 주장에 따르면, 유럽에서 장기적인 경제적 정체를 유발했던 인구 주기(맬서스 주기)는 계급관계의 구조가 만들어낸 결과로 접근할 때 이해될 수 있고, 기술혁신과 새로운 생산조직 또한 새로운 계급관계의 형성과 관련해서만 정확한 이해가 가능하다.[110] 인구모델에서 주장하는 것처럼 인구 변화가

....

106 Brenner. "전산업시대 유럽의 농업계급구조와 경제발전." p.24, 39.
107 인구모델의 핵심 특성을 간략하게 그려보면, 인구모델은 인구의 변화와 토지의 생산력이 밀접한 관계가 있다는 전제 위에 구성된다. 인구는 토지의 생산력이 감당할 수 있을 정도까지 성장하고, 인구가 토지가 부양할 수 있는 수준까지 늘어나면 다시 감소하는 국면에 접어들게 된다. 인구모델은 이러한 인구의 성장 국면과 감소 국면이 주기적으로 반복된다는 가정하에 성립되었다. 인구모델의 대가라고 할 수 있는 마이클 포스탄에 따르면, 유럽에서 인구 증가는 12~13세기에 일어나고 14세기에 감소했다. 엠마뉘엘 르 루아 라뒤리(Emmanuel Le Roy Ladurie)는 인구가 장기 16세기에 다시 증가하고 17세기에 감소하는 파국을 맞이했다고 한다. Brenner, R.(1991[1976]). "전산업시대 유럽의 농업계급구조와 경제발전." Aston, T. H. and Philpin, C. H. E. 편. 『농업계급구조와 경제발전: 브레너 논쟁』. 이규연 역. pp.19-89. (*The Brenner Debate: Agrarian Class Structure and Economic Development in Pre-industrial Europe*). 서울: 집문당. pp.30-33; Postan, M. and Hatcher, J.(1991[1985]). "봉건사회에서의 인구와 계급관계." Aston, T. H. and Philpin, C. H. E. 편. 『농업계급구조와 경제발전: 브레너 논쟁』. 이규연 역. pp.91-111. (*The Brenner Debate: Agrarian Class Structure and Economic Development in Pre-industrial Europe*). 서울: 집문당. p.96; Ladurie, E.(1991[1985]). "로버트 브레너에 대한 반론." Aston, T. H. and Philpin, C. H. E. 편. 『농업계급구조와 경제발전: 브레너 논쟁』. 이규연 역. pp.19-89. (*The Brenner Debate: Agrarian Class Structure and Economic Development in Pre-industrial Europe*). 서울: 집문당. p.144.
108 Brenner. "전산업시대 유럽의 농업계급구조와 경제발전." pp.32-33.
109 Anderson. 『절대주의 국가의 계보』. p.319.

결정적 요인이었다면 그 변화의 결과는 전(全) 유럽 사회에서 동일한 양태로 나타났어야 하는데, 현실은 서유럽에서는 자본주의적 생산양식의 강화로, 동유럽에서는 봉건적 생산양식으로 강화로 나타났다.[111] 14~15세기 동안 영국에서는 지대의 하락과 농민 지위의 향상이 목격되었지만, 카탈로니아(Catalonia, 스페인의 동북부 지역)에서는 영주의 권한이 더 강화되었고, 프랑스에서도 일시적이었지만 보르들레(Bordlais) 지역과 중부 지역에서 카탈로니아와 유사한 현상이 나타났다. 폴란드에서도 인구 감소는 영주권의 강화로 나타났다.

브레너는 이처럼 14~15세기 유럽에서 상반된 형태로 나타난 봉건제의 강화와 약화 현상을 인구모델이 아닌 계급관계의 차이를 통해 설명하려고 했다. 브레너에 따르면 상대적으로 농민의 힘이 강하고 봉건영주의 힘이 약했던 서유럽에서는 인구 변화와 상업화로 인해 자본주의적 관계가 확대된 반면, 농민의 힘이 약했던 동유럽에서는 봉건제가 오히려 강화되는 모순적인 결과가 나타났다는 것이다. 이러한 사실에 근거한다면 봉건제에서 자본주의로의 이행의 결정적 요인은 인구변화도 상업화도 경제적인 문제도 아닌 바로 해당 사회 내부의 계급관계의 성격이라는 것이 브레너의 주장이다. 브레너의 비판은 여기서 그치지 않는다. 브레너는 자본주의로의 이행에 관해 계급 문제(계급 간의 세력구조)를 간과하고 경제 문제만을 중시했다고 돕을 비판하면서, 심지어 돕이 경제적 요인을 인구 변화와 관련지어 설명해 (돕이 비판했던 상업모델의 후속판인) 인구모델을 수용했다고까지 비판했다.[112] 사실 돕이 스위지의 '전자본주의 상품생산'이라는 시기 설정에 대해 비판했던 핵심 논거는 스위지가 생산양식의 변화와 관련된 계급 문제를 간과했다는 것이라는 점을 고려하면[113] 브레너의 돕에 대한 비판은 지나친 면이 있다.

브레너의 주장에 대한 비판은 다양한 역사가들로부터 제기되었다. 인구모

....

110 Brenner. "전산업시대 유럽의 농업계급구조와 경제발전." p.30.
111 Brenner. "전산업시대 유럽의 농업계급구조와 경제발전." pp.35-38.
112 Brenner. "The Origins of Capitalist Development: A Critique of Neo-Smithian Marxism."
113 Dobb. "스위지의 비판에 대한 반비판." p.135.

델[114]의 가장 대표적 이론가라고 할 수 있는 포스탄과 해처(Hatcher)는 동유럽 [엘베강 이동(以東) 지역]에서 농노제가 강화된 시기가 중세 말 인구 감소 이후라는 점을 상기시키는 것으로 브레너에 대한 반론은 충분하다고 생각했다.[115] 포스탄은 동부 독일에서 일어난 봉건제의 강화가 15~18세기에 발생한 국제적인 곡물교역에 의해 자극받아 발생한 것이라고 주장했다.

한편 패트리셔 크루트(Patricia Croot)와 데이비드 파커(David Parker)는 근대 초기의 경제적 성취와 관련해 프랑스와 영국의 차이가 이 두 국가 간의 상이한 계급구조에 기인한다는 브레너의 주장에는 동의했지만, 브레너는 그 차이가 왜 발생했는지를 설명하는 데 실패했다고 평가했다.[116] 브레너의 가정, 즉 계급구조가 인구 증감과 같은 국면의 변화로부터 아무런 영향을 받지 않고 독립적으로 존재하고 영향을 미칠 수 있다는 전제를 받아들일 수 없기 때문이다. 크루트와 파커는 브레너 자신이 인구결정론이라고 비판했던 인구모델의 오류와 유사한 방식으로 계급구조 결정론이라는 오류를 스스로 범했다고 비판했다.

하이데 분더는 브레너가 인구 변화와 같은 외적 요인의 영향이 계급구조의 차이에 따라 상이한 결과를 가져온 대표적 사례로 언급한 동부 독일과 서부 독일의 사례가 정확한 역사적 사실에 근거하지 않았다는 점을 지적했다. 그는 독일의 엘베강[117] 이동과 이서(以西) 간에는 영주에 대항할 수 있는 농민의 조직적 힘과

....

114 인구모델은 당시 아날학파가 주도한 실증적 경제사학의 성과로 형성된 것으로 보인다는 평가를 받는다. 이영석은 그 근거로 이들이 사용하는 국면, 주기 등의 개념이 아날학파의 핵심개념이라는 점을 상기시키고 있다. 이영석. "신자본주의 이행논쟁에 관한 일고." p.121. 실제로 아날학파를 대표하는 학자 중 한 사람인 브로델의 3권의 연작은 이러한 국면과 주기라는 시간의 관점에서 변화를 이해하고 있다. Braudel.『물질문명과 자본주의 I: 일상생활의 구조』; Braudel.『물질문명과 자본주의 II: 교환의 세계』; Braudel.『물질문명과 자본주의 III: 세계의 시간』.

115 Postan and Hatcher. "봉건사회에서의 인구와 계급관계." pp.95-96.

116 Croot, P. and Parker, D.(1991[1985]). "농업에서의 계급구조와 자본주의의 발달: 프랑스와 영국의 비교." Aston, T. H. and Philpin, C. H. E. 편.『농업계급구조와 경제발전: 브레너 논쟁』. 이규연 역. pp.113-128. (*The Brenner Debate: Agrarian Class Structure and Economic Development in Pre-industrial Europe*). 서울: 집문당. p.126, 128.

117 폴란드와 체코의 국경에서 시작해 독일 동부를 가로지는 강으로, 일반적으로 동유럽과 서유럽을 가르는 경계로 알려져 있다.

관련해 어떠한 근본적 차이도 역사적으로 검증된 바가 없다고 주장했다.[118] 브레너가 언급한 마을헌장(마을헌장이 있을 경우 농민조직의 힘이 강하고 없을 경우 약하다)의 유무도 결코 농민의 실제적 힘을 반영한 것이 아니었다는 것이다. 마을헌장이 없는 곳은 마을헌장이 필요하지 않았기 때문이고, 마을헌장을 대신할 수 있는 마을특허장이 존재했다는 것이다.[119] 분더는 브레너의 잘못된 논리는 2차 자료에 의존하는 비교사가들의 어쩔 수 없는 운명이라고 평가했다.[120]

비판만 있던 것은 아니다. 마르크스주의 역사학자인 기 브와(Guy Bois)는 브레너처럼 봉건제의 해체와 자본주의로의 이행의 결정적 요인으로 인구 변화를 강조하는 인구모델을 비판했다.[121] 기 브와는 봉건사회의 변화와 관련해 계급구조와 같은 사회적 관계의 중요성을 강조하면서, 프랑스와 영국의 차이를 계급관계로 설명했던 브레너의 주장은 프랑스의 노르망디 지역에서 실증적 자료에 의해 확인되었다고 했다. 하지만 기 브와는 프랑스와 영국의 차이가 계급구조에서 나타난 것이 아니라 봉건제의 발달 수준의 차이에서 나타났다는 가설을 제기했다.[122] 프랑스의 정체(停滯)는 프랑스의 봉건제가 영국보다 더 발달했고 안정적이었기 때문에 나타난 결과라는 것이다. 이는 발전의 역설이다. 기 브와의 주장은 상대적으로 농민의 힘이 강해 소유지를 지킬 수 있었던 프랑스가 농민의 힘이 약했던 영국에 뒤처진 사실을 설명할 수 있다는 점에서 주목할 만하다. 기 브와는 브레너가 계급관계를 생산양식의 발전과 분리해 독립적으로 사고하는 정치적 마르크스주의의 오류를 범했다고 비판한다. 계급관계로 자본주의의 이행 문제를 설명한 브레너의 주장은 결국 생산양식에 기초한 역사적 유물론의 근본개념을 부정해 정통 마르크스주의로부터 이탈했다는 것이다.[123]

....

118 Wunder. "독일의 동부와 서부에서의 농민조직과 계급갈등." p.136.
119 Wunder. "독일의 동부와 서부에서의 농민조직과 계급갈등." p.132.
120 Wunder. "독일의 동부와 서부에서의 농민조직과 계급갈등." p.130.
121 Bois, G.(1991[1985]). "신멜더스모델에 대한 비판." Aston, T. H. and Philpin, C. H. E. 편.『농업계급구조와 경제발전: 브레너 논쟁』. 이규연 역. pp.149-163. (*The Brenner Debate: Agrarian Class Structure and Economic Development in Pre-industrial Europe*). 서울: 집문당. pp.149-150.
122 Bois. "신멜더스모델에 대한 비판." pp.156-158.

논쟁은 기본적으로 자신들의 입장을 확인하는 차원을 넘지 못했고 의미 있는 합의를 이끌어내지도 못했다. 브레너는 1982년 "유럽자본주의의 농업적 뿌리"라는 장문의 논문을 발표하면서 다양한 비판들에 대한 자신의 입장을 개진했지만, 기본적으로 1976년의 자신의 주장을 재확인하는 것 이외에 새로운 논지와 근거를 제시하지는 않았다.[124] 1950년대부터 시작된 30여 년간의 논쟁은 이렇게 다시 수면 아래로 가라앉았다. 이후 간헐적으로 이행과 관련된 논문들이 출간되었지만[125] 지속적인 논쟁으로 이어지지는 못했다. 논쟁이 일단락된 1980년대에 들어 자본주의 세계는 신자유주의의 광포한 물결에 휩싸여갔다. 더욱이 1990년대 초에 발생한 국가사회주의의 몰락은 더 이상 자본주의를 대신하는 대안 사회로의 이행에 대한 기대를 갖는 것이 불가능할 것 같은 상황을 만들었다.

4. 자본주의 이행 논쟁의 함의

『기원과 궤적』에서 두 차례의 논쟁에 대해 실증적 자료에 근거한 비판을 한다는 것은 불가능한 일이다. 다만 논쟁에 대한 몇 가지 의견과 함의를 정리하는 것으로 이행 논쟁을 마무리하고자 한다. 먼저 다양한 평가가 가능하겠지만, 두 차례의 이행 논쟁은 주로 서유럽의 자본주의 이행의 역사적 경험을 중심으로 전개되었다. 19세기 후반과 20세기 초에는 이미 전 세계의 모든 지역이 자본주의 세계체계에 편입되었고 제3세계는 서구와는 다른 자본주의 이행의 길을 걸었음에도 불구하고 이행 논쟁이 서구 사회를 중심으로 전개되었다는 것은 유감스러운

....

123 Bois. "신멜더스모델에 대한 비판." p.160; 이영석. "신자본주의 이행논쟁에 관한 일고." p.125.
124 Brenner, R.(1991[1985]). "유럽자본주의의 농업적 뿌리." Aston, T. H. and Philpin, C. H. E. 편. 『농업계급구조와 경제발전: 브레너 논쟁』. 이규연 역. pp.295-443. (*The Brenner Debate: Agrarian Class Structure and Economic Development in Pre-industrial Europe*). 서울: 집문당.
125 1980년대 이후 봉건제에서 자본주의로의 이행과 관련된 논의에 관심이 있다면 다음 논문을 참고하라. Esptein, S.(2007). "Rodney Hilton, Marxism and the Transition from Feudalism to Capitalism." *past and Present* 195(2): 248-269; Moore, J.(2003). "Nature and the Transition from Feudalism to Capitalism." *Review* XXVI(2): 97-172.

일이다. 19세기 말 마르크스는 『자본』을 집필하면서 이미 자본주의 이행은 국가마다 상이하고 이행의 단계와 시기 또한 국가마다 차이가 있으며 이행이 전형적인 모습으로 진행된 곳은 오직 영국뿐이라고 지적했다.[126] 로자 룩셈부르크(Rosa Luxemburg)의 지적처럼, 제3세계에서 자본주의 이행은 내부적 약탈과 폭력이 아닌 외부(제국주의)로부터의 약탈과 폭력의 강제적 과정이었다.[127] 더욱이 한국과 같은 제3세계 국가에서는 폴라니[128]가 이야기한 이중운동의 한 축인 사회적 보호운동을 추진할 세력이 제국주의자들과 그들의 대리인들에 의해 거의 궤멸에 가까운 타격을 입었다. 반면 자본은 일방적 힘의 우위를 바탕으로 자신이 원하는 방식으로 자본주의로의 이행을 추진할 수 있었다.

두 번째 문제는 이행 논쟁에서 이행과 관련된 국가의 역할에 대한 분석이 거의 없다는 점이다. 봉건제로부터 자본주의로의 이행 과정에서 이루어진 자본의 본원적 축적 과정은 결코 자연스럽거나 순탄한 과정이 아니었다. 생산자가 생산수단으로부터 분리되고 생산수단이 소수의 자본가에게 집중되는 과정은 대개의 경우 서구 사회에서는 국가권력, 비서구 사회에서는 제국주의 국가의 물리적 및 비물리적 강제가 수반된 폭력적 과정이었기 때문이다. 마르크스는 부르주아지에게 국가권력의 사용은 필수적이었고 이것이야말로 본원적 축적의 본질적인 계기가 되었다고 했다.[129] 『자본 I』의 "제24장 본원적 축적"은 자본의 본원적 축적이 국가권력에 의한 폭력적 수탈을 통해 이루어진 수많은 사례를 담고 있다. 데이비드 하비(David Harvey) 역시 본원적 축적과 관련해 국가가 핵심적 역할을 담당했다는 것을 강조했고, 앤더슨의 『절대주의 국가의 계보』는 절대주의 국가라는 봉건적 국가권력이 (역설적이지만) 어떻게 자본주의로의 이행에 복무했는지에 대한 방대한 국가별 사례를 담고 있다.[130]

....

126 Marx. 『자본 I』. p.965.
127 Luxemburg, R.(1951), *The Accumulation of Capital*. London: Routledge and Kegan Paul LTD. p.446.
128 Polanyi. 『거대한 전환』.
129 Marx. 『자본 I』. p.991.
130 Harvey. 『맑스 자본 강의』; Anderson. 『절대주의 국가의 계보』.

세 번째 논란은 이행의 결정적 요인이 무엇인지와 관련된다. 두 차례의 논쟁에서 대립적인 위치에 있었던 진영 모두 봉건제에서 자본주의로의 이행과 관련해 내적 요인과 외적 요인의 상호작용의 중요성을 인정했지만, 논란은 무엇이 결정적 요인인가를 둘러싸고 벌어졌다. 하지만 도대체 '결정적'이라는 것이 무슨 의미일까? 결정적 요인이라는 것이 다른 요인들이 없었어도 봉건제에서 자본주의로의 이행을 설명할 수 있다면 모르겠지만, 두 진영에서 결정적이라고 주장하는 요인들도 비결정적 요인들이 없었다면 이행을 온전히 설명할 수 없다는 데 문제가있다. 국제교역의 활성화, 국내 계급관계의 차이, 인구 변화, 봉건제의 발달 수준등은 모두 봉건제에서 자본주의로의 이행에 대한 나름의 설명력을 갖고 있다. 마르크스는 생산자 스스로가 산업자본가가 되는 것이 진정한 혁명적인 길이라고 했지만, "상품유통은 자본의 출발점"이라고도 했고 "16세기에 세계교역과 세계시장이 성립됨으로써 자본의 근대적 생활사"를 열었다고도 하지 않았던가.[131]

상품의 유통 없이 자본의 축적은 있을 수 없고 자본의 축적 없이 생산자가스스로 산업자본가로 변신하는 것이 불가능하기 때문에 이 둘을 분리해서 사고한다는 것은 애초에 불가능한 일이다. 존 마틴(John Martin)의 연구는 이 두 입장이 어떻게 상호 보완적인 관계를 가져야 하는지를 잘 보여준다. 마틴은 봉건제의해체와 자본주의로의 이행을 내부 모순에서 찾는 것도 상업교역의 확대에서 찾는 견해도 모두 거부했다.[132] 대신 마틴은 경제적 구조에 의해 주어진 가능성 내에서 계급투쟁이 역사적 변화를 결정했다고 주장했다. 결국 우리에게 중요한 것은 무엇이 이행의 결정적 요인이었는지를 심판하는 것이 아니라 이들 요인들이어떤 구조적 상호 관련성을 가지며 각 국가와 지역에서, 상이한 역사적 시간대에서 다양한 자본주의의 길을 열었는가를 규명하는 것이다. 이러한 작업이야말로자본주의 이행과 관련해 서유럽 중심적인 편향에서 벗어나 한국과 같은 비서구사회를 포괄하는 보편성과 특수성을 규명할 수 있는 길이 될 것이다.

....

131   Marx. 『자본 III』. p.438; 『자본 I』. p.225.
132   Fenoaltea, S.(1985). "Review Work: Feudalism to Capitalism: Peasant and Landlord in English Agrian Development by John E. Martin." *Speculum* 60(3): 703-705. p.704.

더불어 돕, 스위지, 브레너가 이행을 봉건적 생산양식에서 소생산양식을 거쳐 자본주의 생산양식으로 이행한다는 "선형적인 연속의 과정"으로 상정했다는 마틴의 비판도 되새겨볼 필요가 있다.[133] 봉건제에서 자본주의로의 이행은 생각하는 것처럼 그렇게 단절적이고 분명히 구분되는 단계적 이행 과정이 아닐 수도 있다. 실제로 개별 국가의 역사는 이행 논쟁에 참여했던 논자들이 주장했던 것처럼 선형적 진보의 연속 과정이라고 보기 어려울 수도 있다. 또한 이행이 단절을 의미하지 않는다면 우리는 현실 세계에서 수많은 전자본주의적 요소를 찾을 수 있고, 때로는 이러한 요소들이 자본주의 대신 우리의 사고와 행동을 규정할 때도 있다는 것을 인정할 필요가 있다. 더욱이 자본주의의 폐해가 수없이 드러나고 있는 현대 사회에서 자본주의로의 이행이 발전된 사회로의 이행이었는지에 대한 의문이 증가하고 있는 것이 현실이다.

마지막으로 이행에 관한 두 차례 논쟁은 봉건제에서 자본주의로의 이행을 다양한 측면에서 검토했다는 점에서 역사적일 뿐만 아니라 현실 세계에 유용한 함의를 주었다. 많은 사람들은 21세기에 접어든 지금 서유럽에서 600년 전에 시작되었던 봉건제(전자본주의)로부터 자본주의로의 이행을 단지 지나간 역사로 생각할지도 모른다. 하지만 우리가 살고 있는 시대를 살펴보면 자본주의 세계체계라는 단위에서의 이행은 마무리되었을지 모르지만, 개별 국가와 사회에서의 이행은 여전히 다양한 방식으로 진행되고 있다. 중국과 인도의 산업화는 600년 전 유럽에서 진행되었던 본원적 축적이 그랬던 것과 유사하게 폭력적이고 강제적인 방식으로 이루어졌다.[134] 중국과 인도 정부가 경제특구를 개발하면서 농민들의 토지를 몰수했던 과정은 흡사 현대판 종획운동이라고 부를 만하다. 지난 2009년 1월 19일 용산4구역에서 발생한 용산참사는 한국 사회에서도 여전히 개발 이익을 위해 원주민을 폭력적으로 쫓아내는 600년 전 자본의 방식이 국가의

....

133 김택헌(2014). "자본주의 이행을 다시 생각함: 마르크스주의자들과 마르크스 이행론."『영국연구』32: 289-318. p.299.

134 Harvey, D.(2011[2010]).『데이비드 하비의 맑스 자본 강의』. 강신준 역. (*A Companion to Marx's Capital*). 서울: 창비. p.533.

폭력적인 힘을 빌려 반복되고 있다는 것을 보여준다. 더욱이 2008년 세계적인 금융위기 이후 자본주의 체제의 지속 가능성에 대한 의문이 제기된다는 점에서 이행에 관한 연구는 완료형이 아니라 현재 진행형으로 이해될 필요가 있다.

제4절 분배체계로서 역사적 복지국가와 개발(발전)국가

『기원과 궤적』에서 '역사적 복지국가'라는 개념을 제안하는 이유는 복지국가를 단순히 자본주의의 산물로도 권력관계의 산물로도 이야기할 수 없기 때문이다. 복지국가를 단순히 자본주의의 결과라고 이야기하는 것은 자본주의가 역사적으로 다양한 모습을 띠고 있었다는 역사성을 부정하는 것이다. 자본주의가 역사적으로 다양한 모습으로 나타났다면, 그에 조응하는 분배체계 또한 다양한 모습으로 나타났을 것이다. 그렇다면 자본주의 전체 역사에 보편적으로 조응하는 분배체계로서 복지국가란 존재하지 않으며, 복지국가란 자본주의의 다양한 분배체계 중 하나의 형태라는 주장이 가능한 것이다. 이러한 인식에 기초해 분배체계로서 역사적 복지국가에 대해 논하고자 한다. 먼저 분배체계에서부터 이야기를 시작하자. 세상에 존재하는 모든 국가, 공동체, 사회는 체제의 존속을 위해 반드시 그 체제에 조응하는 분배체계를 필요로 한다. 조선이 수많은 문제가 있었던 환곡(還穀)이라는 분배제도를 20세기 초 조선이 해체되기 직전까지 유지시켰던[135] 이유는 환곡이 농업 사회인 조선을 지탱해주었던 핵심적인 분배제도였기 때문이다. 조선의 사례처럼 우리가 알고 있는 거의 모든 사회체제는 그 나름의 분배체계를 갖고 있다. 제4절에서는 〈그림 4.1〉에서 보는 것처럼 다양한 분배체계에 대해 검토하고자 한다.

....

135 송찬섭, 『조선후기 환곡제개혁연구』

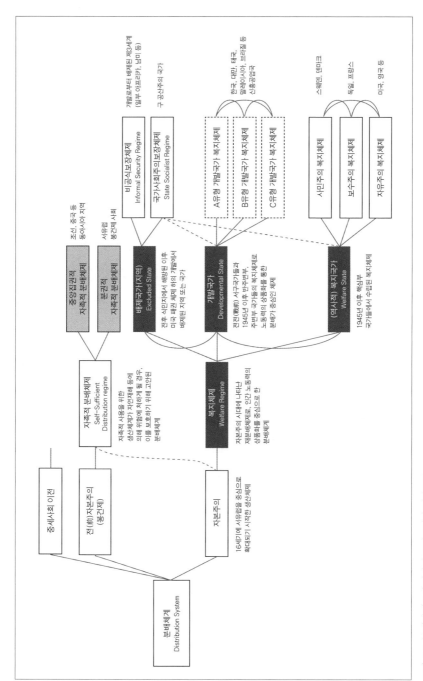

그림 4.1 분배체계로서 역사적 복지국가와 개발국가

1. 전자본주의 분배체계

전자본주의 분배체계는 '자족적 분배체제(self-sufficient distribution regime)'[136]라고 할 수 있다. 자족적 분배체제는 불규칙적이지만 반복되는 자연 재해와 같은 위험으로 인해 자족적 사용을 위한 생산(the production of self-sufficient use)이 위험에 처하게 될 경우에 이를 보호하는 것이 주된 목적인 분배체계이다. 예를 들어, 자족적 분배체제는 홍수, 가뭄 등과 같은 재해로 인해 위기에 처한 농민에게 생존에 필요한 최소한의 식량을 제공하고 농업생산을 지속하기 위한 종자를 제공해 농업생산력을 지속시키는 분배체계이다. 자족적 분배체제에서 분배의 주체는 가족, 친족, 공동체, 국가이다. 다만 자족적 분배체제에서 국가의 역할은 서유럽보다는 한국과 같은 동아시아에서 더 두드러졌던 것으로 보인다. 조선의 환곡제도에서 보는 것처럼 조선이라는 국가는 서유럽 국가와 비교했을 때 분배와 관련해 더 큰 역할을 했다. 물론 환곡 또한 지역단위에서 물자를 모으고 분배하는 구조를 갖고 있었다는 점에서 지금과 같은 분배제도라고 할 수는 없다. 하지만 환곡은 전근대적 국가에 의해 통일적으로 입안되고 운영되었다는 점에서 (상대적으로) 중앙집권적 자족적 분배제도였다고 할 수 있다.

반면 전자본주의 시기의 서유럽에서는 한국의 환곡과 같은 중앙집권화된 분배제도를 찾아보기 어렵다.[137] 영국에서 정부가 주도하는 자족적 분배체제는 고대사회에서 중세로 이행되는 과정에서 완벽하게 단절되었다.[138] 영국에서 정부에

....

136 이 개념은 '사용을 위한 생산체계(a system of production of use)'라는 전자본주의 생산체제를 설명하는 스위지의 개념에서 아이디어를 얻어 전자본주의 체제의 분배체제를 설명하는 용어이다.

137 봉건제하에 있었던 중세 유럽에서 중앙집권적인 분배체제가 존재했는지 여부는 역사적 검증이 필요해 보이지만 『기원과 궤적』의 연구 범위를 넘어서는 주제이다. 다만 우리가 확인할 수 있는 것은 영국의 경우 빈민법(1601년) 같은 중앙정부에 의해 규율되는 전국적인 차원의 분배체계의 형식이 만들어진 것은 16~17세기에 나타난 현상이다. 물론 그 기원을 14세기에서 찾는 경우도 있다. 카를 슈바이니츠(karl Schweinitz)는 빈곤에 대한 영국 정부의 행정적 대응의 기원을 1349년 만들어진 노동자 조례에서 찾기도 한다. Schweinitz, K.(2001[1943]). 『영국 사회복지 발달사: 1349년 노동자 조례에서 1942년 베브리지 보고서까지』. 남찬섭 역. (*England's Road to Social Security: From the Statute of Laborers in 1349 to the Beveridge Report of 1942*, 1961 Republication ed). 서울: 인간과 복지. p.23.

의한 빈민구제 활동이 다시 등장한 때는 영국이 자본주의화의 길에 접어들기 시작한 시기였다. 대신 지역의 봉건영주가 작은 지역을 지배했고, 지리적으로는 대략 20마일(32.2킬로미터) 정도의 소규모 경제단위에서 보호가 이루어졌다.[139] 다만 이러한 차이에도 불구하고 중요한 사실은 전자본주의 시기에 한국(조선)이나 영국에서도 전근대적 국가 또는 봉건영주가 분배의 핵심 주체였다고 할 수 없다는 것이다. 아무리 크게 평가해도 전자본주의 분배체계에서 동아시아의 전근대적 국가와 유럽의 봉건영주가 담당했던 분배는 부차적이고 지엽적이었을 것이다. 기본적으로 가족, 친족, 공동체 등이 분배의 중심이었다.

자본주의 세계경제가 지구상의 거의 모든 곳에 연결되어 있는 지금, 단순히 자족적 사용을 위한 생산력을 보존하기 위한 전자본주의적 분배체계를 찾는 일은 쉽지 않다. 설령 전자본주의적 노동방식을 유지하고 있는 국가 또는 지역이 있다고 해도 이들 지역과 국가는 더 이상 전자본주의 사회가 아닐 가능성이 높다. 왜냐하면 이들의 생산은 더 이상 자족적인 생활만을 위한 것이 아니라 다른 사람의 사용을 위한 것일 수 있기 때문이다. 예를 들어, 16~17세기를 보면 자본주의 세계체계의 핵심부에서는 임금노동이라는 자본주의 노동방식이 지배적이었지만, 아메리카 대륙에서는 아시엔다(hacienda)와 같은 봉건제에 준하는 노동방식과 봉건제에 더 가까운 엔코미엔다(encomienda)가 존재했다.[140] 또한 폴란드, 헝가리, 보헤미아 지역 등에서는 재판농노제라고 불리는 봉건적 생산양식이 다시 등장했다.[141] 그러나 중요한 사실은 이들이 더 이상 자족적 생활을 위해 생산하지 않았다는 점이다. 동유럽의 재판농노제는 영국과 네덜란드와 같은 당시

....

138 Schweinitz. 『영국 사회복지 발달사』. pp.22-23.

139 물론 이러한 유럽의 후진적 특성(전국적 단위의 분배체계를 갖고 있지 않는 특성)을 반영해 전근대적 분배체계를 조선과 같은 전국적 자족적 분배체제와 영국과 같은 지역적 자족적 분배체제로 구분할 수도 있을 것 같다. 하지만 이러한 분석은 『기원과 궤적』에서 다루어야 할 연구 범위를 넘어선다.

140 아시엔다는 17세기 유럽이 아메리카 대륙을 재봉건화할 때 형성된 대토지제도이다. 엔코미엔다는 형식적으로는 봉토와 은대지가 지급되지만 핵심 수취 원리는 "인디오로부터 '부과조수취' 권리를 얻는 방식이다." Braudel. 『물질문명과 자본주의 II: 교환의 세계』. pp.594-595.

141 Wallerstein. 『근대세계체제 II』. pp.198-200; Braudel. 『물질문명과 자본주의 II』. p.364, 417, pp.378-386.

산업화된 지역에 농산물을 수출하기 위해 상품을 생산했고, 아메리카 대륙의 아시엔다와 엔코미엔다 역시 산업생산에 필요한 원자재를 수출하기 위해 생산했다.

물론 (나중에 구체적으로 이야기하겠지만) 자족적 분배체제에서 분배와 관련해 중요한 역할을 담당했던 가족, 친족, 공동체 등이 자본주의 사회에서도 여전히 중요한 역할을 담당하는 경우가 있다. 『기원과 궤적』에서는 그러한 복지체제를 '비공식 보장체제(Informal Security Regime)'로 구분했다. 하지만 분배의 주체로서 가족, 친족, 공동체가 자족적 분배체제에서 담당했던 역할은 비공식 보장체제에서 담당하는 역할과는 (위험에 처한 구성원들에게 안전망을 제공한다는 현상적 특성을 제외하면) 전혀 달랐다. 전자가 자족적 생활을 위한 생산의 위기에 대응한 것이었다면, 후자는 상품생산의 위기에 대응한 것이었다.

분배와 재분배

분배와 재분배를 정의하는 것은 자본주의 분배체계를 이해하는 핵심이다. 사전적 의미에서 분배는 경제적 용어로 쓰일 때 "한 사회가 일정한 기간 동안 산출한 사회적 생산물이 그 생산한 생산요소의 제공자에게 임금·이자·이윤 등의 소득액으로 돌아가는 과정"으로, 재분배는 "다시 분배함"으로 정의된다.[142] 이러한 개념 규정은 분배란 시장에서 이루어진 생산에 대한 정당한 몫을 어떠한 외부적 강제 없이 각자의 기여에 따라 자연스럽게 나누는 것이라는 의미를 담고 있고, 재분배란 시장이 아닌 다른 기제(국가)에 의해 다시 분배하는 것으로 사회적 생산에 대한 기여 여부와는 관계없이 이루어지는 분배라는 의미를 담고 있다. 다시 말해, 분배와 재분배를 구분하는 핵심 준거는 외부의 개입 없이 시장에서 이루어지는 자연스러운 분배인지, 아니면 외부의 개입에 의해 다시 이루어지는 분배인지이다.

....

142 동아출판사 편집부 편(1980).『국어사전』(증보신판). 서울: 동아출판사. p.857, 1632.

하지만 시장에서나 시장 밖에서나 외부적 강제라고 불리는 국가의 개입 없이 이루어지는 분배와 재분배란 존재하지 않는다. 시장에서의 분배 또한 국가의 개입 없이는 이루어질 수 없기 때문이다. 예를 들어, 사회적 생산에 대한 자본과 노동의 분배를 생각해보라. 국가 개입이 최소화된 지금의 관점에서 보면 야경국가 수준이었을 18세기의 시장에서 이루어진 분배를 보면서, 애덤 스미스는 기본적으로 임금은 법률에 따라 결정되는데 이 법률이라는 것이 (전적으로는 아니라고 하더라도 중요하게는) 자본가(masters)와 노동자(workmen) 간의 권력관계에 의존해 결정된다고 보았다.[143] 스미스는 『국부론』에서 자본가와 노동자 간의 임금 협상에서 누가 더 유리한지를 판단하는 것은 어려운 일이 아니라고 했는데, 그 이유는 자본가는 국가가 만든 법률에 의해 단체행동(combine)이 금지되지 않은 반면 노동자의 단체행동은 금지되어 있고, 자본가는 노동자와의 쟁의과정에서 자신에게 유리한 결정이 이루어질 때까지 오랜 시간을 버틸 수 있는 부를 갖고 있지만 노동자는 단 한 주도 버티기 어렵기 때문이라고 이야기했다. 다시 말해, 18세기에도 시장에서 이루어지는 분배는 자연스럽지도, 정당하지도, 국가의 개입 없이 이루어지지도 않았다는 것이다.

마르크스 역시 생산관계와 분배관계는 본질적으로 동일한 것이라고 인식했다.[144] 생산관계와 분배관계가 동전의 양면과 같다면 분배와 재분배를 구분하는 것은 적절하지 않아 보인다. 더욱이 마르크스는 생산관계와 마찬가지로 분배관계도 영구적인 것이 아닌 일시적인 것으로 정의함으로써 생산관계와 분배관계가 사회적으로 구성된 것이라고 인식했다. 정치경제학에서는 생산, 분배, 교환, 소비는 서로 분리된 것이 아니라 "사회적 생산과정의 네 가지 고리로, 이것들은 서로 관계를 갖고 제약하고 있으며 동시에 사회적

········

143 Smith. *An Inquiry into the Nature and Cause of the Wealth of Nations*. pp.74-75.
144 Marx. 『자본 III』. pp.1164-1166.

생산과정을 형성하고 있다."고 정의하고 있다.[145]

　　분배와 재분배의 개념에 대한 최근의 논의로 현대 계급론의 대가 중 한 사람인 에릭 올린 라이트(Erik Olin Wright)가 쓴『분배의 재구성』의 서문을 참고할 만하다.[146] 라이트는 분배를 재분배와 구별하는 것은 경제학자와 정치학자의 전통적인 수사로, 시장에서 얻는 소득은 자연스러운 결과인 데 반해 국가에 의해 이루어지는 세금과 소득이전은 비자발적이고 강제적인 분배라는 의미를 내재하고 있는 것이라고 비판했다. 라이트는 분배와 재분배를 구분하는 것이 적어도 세 가지 차원에서 잘못되었다고 정리한다. 첫째, 시장에서도 독점 규제, 불완전한 정보 등과 관련된 강제가 존재하며, 둘째, 국가는 재산권에 대한 강제적인 행사를 통해 시장의 분배에 관여한다는 것이다. 마지막으로, 국가는 노동 규제, 환경 규제 등의 방식을 통해 시장에서 이루어지는 생산과 교환과 관련된 거의 모든 분야를 규제한다는 것이다. 분배를 더 큰 차원에서 정의하려는 시도도 있다. 낸시 프레이저는 분배를 단순히 복지국가에서 이루어지는 재할당과 등치시킬 수 없다고 주장한다.[147] 분배는 역사적으로 사회주의 원리와 결부되어 있어 단순히 경제적 재할당의 문제로 국한할 수 없고 '구조적인 경제적 변화'로까지 확대될 수 있다는 것이다.

　　분배가 이렇게 정의된다면, 우리는 분배를 사회적 생산에 대한 순수한 기여에 따라 시장에서 이루어지는 자연스럽고 자발적인 과정이라고 볼 수 없다.『기원과 궤적』에서는 이러한 문제의식에 동의해 분배와 재분배를 구분하지 않았다.『기원과 궤적』에서는 복지체제를 단순히 시장에서 이루어진

....

145　편집동인 노동과 사랑 편(1986).『정치경제학 사전』. 서울: 이론과 실천. pp.28-30.

146　Wright, A.(2010[2006]). "서문." Ackerman, B., Alstott, A., and Van Parijs, P. 저.『분배의 재구성: 기본소득과 사회적 지분급여』. 너른복지연구모임 역. pp.5-10. (*Redesigning Distribution*). 서울: 나눔의 집. pp.5-6.

147　Fraser and Honneth.『분배냐, 인정이냐? 정치철학적 논쟁』. p.33.

분배에 대한 2차적인 분배만이 이루어지는 공간으로 정의하지 않는다. 스웨덴 복지국가의 핵심은 재분배라고 불리는 보편적인 복지급여라기보다는 국가의 기획된 개입에 따라 만들어지고 유지되는 고용과 관련되어 있다는 점을 인식할 필요가 있다. 코르피는 복지국가의 위기의 원인을 전후 서구 복지국가가 만들었던 완전고용의 해체로부터 찾았다.[148] 시장에서의 분배와 시장 밖에서의 분배는 형태는 다를지 모르지만 사회적으로 구성된다는 의미에서 다르지 않다. 『기원과 궤적』에서는 이러한 시장에서의 분배와 시장 밖에서의 분배와 관련된 핵심적 논의를 포괄해 총체적으로 분배체계를 분석하려고 시도할 것이다.

2. 자본주의 분배체계

전자본주의 분배체계와 자본주의 분배체계는 모두 소득상실로 인해 발생하는 위험에 대응한다는 점에서 차이가 없는 것처럼 보인다.[149] 그러나 이 둘을 구분하는 아주 중요한 차이가 있다. 이 차이는 인간 노동력의 상품화와 관련된다. 여기서 자족적 분배체제라고 부르는 전자본주의 분배체계는 '자급자족적 생존경제'에 기초한 분배체계였다.[150] 반면 자본주의 분배체계인 복지체제는 인간 노동

....

148 Korpi. "Welfare-state Regress in Western Euope: Politics, Institutions, Globalization."; Rosen, S.(1995). "Public Employment, Taxes and the Welfare State in Sweden." *Working Paper* No. 106. Center for the Study of the Economy and the State.

149 전자본주의 사회에서 생존에 필요한 산물에 '소득'이라는 이름을 붙이는 것은 적절하지 않아 보인다. 그럼에도 불구하고 편의상 전자본주의와 자본주의를 구분하지 않고 소득이라는 용어를 사용했다. 다만 소득이 전자본주의 사회라는 맥락에서 사용될 때 소득은 단순히 화폐소득만을 의미하는 것이 아니라 생존에 필요한 다양한 재화와 서비스를 포함하는 개념이다.

150 전자본주의 사회를 '자급자족적 생존경제'라고 명명하는 것은 여러 가지 오해를 낳는다. 왜냐하면 유럽의 전자본주의 시대라고 할 수 있는 중세시대에도 상업이 상당 정도 활성화되었다는 증거가 매우 다양하게 발견되기 때문이다. 돕도 우리가 일반적으로 상상하는 것과 달리 "중세에 시장과 화폐가 보통 상정되어온 것보다도 많은 역할을 했다는 증거는 상당히 많다."고 서술했다. Dobb. 『자본주의 발전연

력의 상품화에 기초해 분배를 수행하는 체계이다. 복지체제가 자본주의의 고유한 분배체계가 될 수 있는 이유는 자본주의에서 분배는 이전까지 없었던 인간 노동력의 상품화에 기초한 분배체계이기 때문이다. 폴라니는 자기조정적 시장에 의한 인간 노동력, 토지(환경), 화폐(지불수단)의 상품화가 결국 자본주의 사회에서 파국적 재난을 초래한 근본적 원인이라고 진단했다.[151] 그리고 자본주의의 분배체계인 복지체제는 인간 노동력의 상품화로 대표되는 자기조정적 시장의 탐욕에 대한 사회의 보호장치라고 할 수 있다.

"노동·토지·화폐라는 허구 상품들에 대응하는 시장들은 분명히 구별되는 별개로 존재하기는 하지만, 그것들이 사회에 가져오는 여러 위협은 언제나 서로 엄밀하게 구별해낼 수 있는 것은 아니다. (…) 인간과 자연, 생산조직에 관한 한 이것들을 시장 원리에 따라 조직한다는 것은 모두 재난을 낳고 말았으며 그 재난으로부터 사회를 보호하기 위해 각각의 영역에서 특정한 집단 혹은 계급들이 더욱 앞장서서 뛰었던 모습도 모두 발견할 수 있기 때문이다. (…) 하지만 20세기가 시작될 무렵이면 시장에 맞서는 보호주의 운동은 모든 서양 나라들에서 엇비슷한 상황을 창출해놓게 되었다."[152]

자본주의 세계체계의 분배체계로서 복지체제의 성립은 16세기로 거슬러 올라갈 수 있다. 영국에서 1563년과 1601년에 각각 제정된 직인법(Status of Artif-

....

구』. p.44. 그래서 러시아에서조차도 16세기에 이미 봉건제가 쇠퇴하기 시작했다고 주장하는 경우도 있다. 한국(조선)의 상황도 마찬가지이다. 조선 후기의 상업 발전에 관한 많은 연구를 접할 수 있다. 금난전권(禁難廛權)을 폐지한 1791년(정조 15년)의 신해통공(辛亥通共)은 조선 후기의 상업 발전을 보여주는 분명한 사건 중 하나라고 할 수 있다. 이철성(2000). "조선후기 무역사 연구동향과 방향." 강만길 편. 『조선후기사 연구의 현황과 과제』. pp.267-298. 서울: 창작과 비평; 강만길(1971). "경강상인연구: 조선후기 상업자본의 성립." 『아세아연구』 14(2): 23-47; 강만길(1966). "조선후기, 수공업자와 상인과의 관계." 『아세아연구』 9(3): 29-47; 이욱(2006). "조선후기 상품화폐경제의 발달과 공인." 『내일을 여는 역사』 26: 277-283; Braudel. 『물질문명과 자본주의 II』. p.594.

151 Polanyi. 『거대한 전환』. p.243.
152 Polanyi. 『거대한 전환』. p.431.

icers)과 빈민법(Poor Law)은 인간 노동력의 상품화에 대한 영국이라는 국가 단위의 대응이었다.[153] 슈바이니츠도 영국에서 빈민 구제에 대한 정부의 역할을 전국화한 최초의 시도는 헨리 8세가 재위하던 1531년의 법에 기원을 두고 있다고 했다.[154] 하지만 자본주의 세계체계의 분배체계로서 복지체제가 지금 우리가 알고 있는 모습으로 핵심부, 반주변부, 주변부에서 가시화된 것은 1945년 2차 세계대전이 끝나고 미국이 패권국가로 부상한 시기부터라고 할 수 있다. 미국 패권하의 분배체계로서 복지체제는 크게 배제국가, 개발국가, (역사적) 복지국가의 세가지 형태로 나타났다.

통상적으로 우리는 자본주의의 분배체계인 복지체제를 복지국가와 동일시하지만, 복지국가는 복지체제의 하나의 역사적 형태일 뿐이다.[155] 만약 우리가 복지체제를 복지국가와 등치시키는 오류를 고집한다면, 선진국(핵심부)을 제외한 개발도상국과 저개발국의 분배체계를 설명할 수 없게 된다. 우리가 할 수 있는 일이란 단지 '전통적' 또는 '비공식적'이라는 이름을 붙이고 나서 이들 개발도상국과 저개발국에서 어떻게 복지국가를 만들어갈지를 고민하는 모순에 빠지게 되는 것이다. 이미 자본주의 세계체계에 편입되어 자본주의 세계체계를 위한 상품생산을 하고 있는 주변부와 반주변부에 위치한 저개발국과 개발도상국의 분배체계를 전자본주의 분배체계의 방식으로 설명하는 것은 적절하지 않다. 저개발

....

153 Polanyi. 『거대한 전환』. p.240.

154 법의 명칭에 대한 언급은 없다. 다만 "1531년 법은 경제적 곤궁에 처한 사람들을 정부가 책임져야 한다는 생각을 표현한 최초의 법이라는 데 의의가 있다."고 평가하고 있다. Schweinitz. 『영국 사회복지 발달사』. p.53.

155 사실 이러한 생각을 한 것은 내가 처음이 아니다. 이안 고프도 복지체제와 복지국가를 구별해 사용하면서 복지국가는 북서유럽의 복지체제를 지칭하는 용어로 사용했다. Gough. "Welfare Regimes in Development Context." 물론 다른 연구에서도 복지체제와 복지국가체제를 구분한다. Choi. "End of the Ear of Productivist Welfare Capitalism?"; Lee and Ku. "East Asian Welfare Regimes." 리이지운(Lee, Yih-Jiunn)과 쿠옌웬(Ku, Yeun-Wen)은 동아시아가 아직 복지국가체제에 도달하지 못했다고 평가하고 있는데 반해, 한 연구자는 일본은 실패했지만 한국은 2000년을 전후해 비공식레짐에서 복지국가체제로 진입하면서 생산주의에서 벗어났다는 상반된 평가를 하고 있다. Lee and Ku. "East Asian Welfare Regimes."; Choi. "End of the Ear of Productivist Welfare Capitalism?" 이에 대한 자세한 논의는 이 책의 제2장을 참고하라.

국과 개발도상국에서 인간이 직면하는 위험은 본질적으로 폴라니가 이야기한 노동, 토지, 화폐의 허구적 상품화에 기인하기 때문이다. 핵심은 자본주의 분배체계의 세 가지 복지체제(복지국가, 개발국가, 배제국가)를 기능적 등가물로 접근해야한다는 것이다. 자본주의 세계체계에서 지배적인 생산양식이 자본주의 세계체계의 기축적 분업에 따라 핵심부(선진국), 반주변부(개발도상국 또는 신흥산업국), 주변부(저개발국)에서 상이하게 나타난다면, 이에 조응하는 분배체계가 상이한 양식으로 제도화되었을 것이라는 상상은 지극히 상식적이며 논리적이다. 이제 구체적으로 세 가지 복지체제에 대해 살펴보자.

1) 배제국가(Excluded State)

배제국가는 자본주의 세계체계에서 개발국가(Developmental State)나 복지국가(Welfare State)로 분류하기 어려운 국가와 지역을 설명하기 위해 도입한 개념이다. 배제국가의 출현은 미국 패권하의 자본주의 세계체계의 특성과 관련된다. 영국 패권하에서 제국주의 국가들은 전 세계를 지리적으로 분할 지배했다. 가급적 많은 식민지를 갖는 것이 제국주의 국가에 유리했기 때문에 제국주의 국가들 간에 식민지 경쟁이 치열했고, 전 세계 모든 지역이 제국주의 열강에 의해 식접 분할 통치되거나 반(半)식민지와 같은 방식으로 지배되었다. 반면 (의구심이 드는 주장이지만) 미국은 영토지향적인 패권국가가 아니었다는 것이다.[156] 19세기의 영국과 세계경제 간의 관계는 20세기의 미국과 세계경제 간의 관계와는 근본적으로 달랐다.[157] 영국은 세계경제에 완전히 통합되었던 반면 미국은 세계경제에 부분적으로만 통합되어 있었다. 미국은 미국 자본이 필요한 지역을 (형식적

....

156 하지만 미국이 비영토적 제국주의 국가였던 것은 아니다. 비영토적 특성은 2차 세계대전 이후에 나타난 미국의 특성이라고 할 수 있다. 실제로 미국은 자신의 영토를 북미 대륙의 서부로 확대하면서 프랑스와 러시아로부터 돈을 주고 루이지애나, 알래스카 등과 같은 영토를 구입하기도 했지만, 멕시코, 스페인 등과의 전쟁을 통해 텍사스, 캘리포니아, 필리핀과 같은 영토와 식민지를 확대했다. Cummings. 『바다에서 바다로 미국 패권의 역사』. 사실 소위 서부 개척이 식민지의 확장인지 비식민적 영토의 확장인지를 구분하는 것은 쉽지 않다.

157 Arrighi. 『장기20세기』. p 475

이건 실질적이건 정치적 독립성을 보장하면서) 선별적으로 포섭하는 전략을 채택했다. 결과적으로 미국 패권하의 세계는 이전 제국주의 시대와 달리 자본주의 세계체계의 동학으로부터 상대적으로 배제된 지역이 존재하게 된 것이다.

역사적으로 보면 첫 번째 배제국가군(群)은 1945년 이후, 특히 1950년 한국전쟁 이후 미국 주도의 자본주의 세계체계에서 배제된 구소련을 중심으로 한 사회주의 국가들이었다. 2차 세계대전 종전 이후 세계질서에 대한 프랭클린 루스벨트(Franklin Roosevelt)의 기본 구상은 소련을 포함한 동유럽도 전후 경제부흥계획에 포함시키는 것이었다. 하지만 루스벨트에 이어 미국 대통령이 된 해리 트루먼(Harry Truman)은 한국전쟁을 계기로 사회주의 국가를 배제하고 서유럽, 일본 그리고 냉전체제에 의해 선택된 한국, 대만 등과 같은 몇몇 저개발국가만을 대상으로 전후 구상을 실현시켜나갔다. 자본주의 세계체계의 질서에서 배제된 사회주의 국가들은 '국가사회주의 보장체제'라는 자신만의 분배체계를 구축해나갔다. 자본주의 국가들이 제도화한 분배체계가 (이후 구체적으로 설명하겠지만) 인간 노동력의 상품화와 관련된 대응이었다면, 국가사회주의 보장체제에서 제도화된 분배체계는 노동력의 상품화로 인해 발생하는 사회적 위험에 대한 대응으로 제도화된 분배체계가 아니었다. 그럼에도 '국가사회주의 보장체제'는 서구 복지국가에서 노동력의 상품화에 대한 대응으로 제도화한 보편적 연금, 수당 등 소득보장과 보건, 의료, 보육 등 사회서비스를 중심으로 분배정책을 제도화했다.

논란은 구 국가사회주의 국가들에서 제도화한 분배체계(국가사회주의 보장체제)를 자본주의 세계체계의 분배체계 중 하나로 구분할 수 있는지를 둘러싸고 벌어질 수 있을 것 같다. 에스핑-앤더슨은 동유럽의 분배체계를 복지국가로 분류했다.[158] 복지체제를 역사적 자본주의의 특수한 분배체계로 정의한다면, 복지체제는 통상적으로 자본주의 체제가 아닌 사회주의 체제에서는 존재할 수 없다. 그러나 앞서 언급했듯이 역사적 자본주의를 다양한 생산양식이 세계적 상품연쇄에 따라 존재하는 자본주의 세계체계로 이해한다면, 동유럽에서도 복지체제가

....

158 Esping-Andersen. *The Three Worlds of Welfare Capitalism*. p.14.

만들어질 수 있다. 사회주의 국가들 역시 자본주의 세계체계를 구성하는 한 부분이기 때문이다. 월러스틴의 이야기를 들어보자.[159]

"오늘날 세계에는 오직 하나의 세계체계가 존재하기 때문에 세계-경제에는 사회주의 체제도 봉건적인 체제도 존재하지 않는다. 그것은 바로 하나의 세계-경제이며, 이 세계-경제는 바로 자본주의 체제인 것이다. 사회주의는 새로운 종류의 세계체계의 창조에 관여되었지만 분배적 세계-제국도 자본주의 세계-경제도 아니며 단지 사회주의 세계-정부일 뿐이다."

배제국가의 두 번째 유형은 자본주의 세계체계에서 미국의 패권이 위기에 처하게 되면서 가시화된다. 구체적으로 냉전체제가 약화되면서 사회주의에 대항하는 보루로서 저개발국가들의 효용성이 낮아졌다. 더욱이 미국 자본주의의 중심이 생산에서 금융으로 이동하자 전후 제3세계의 산업화 모델이었던 개발국가 모델이 해체되기 시작했다. 한국, 대만, 동남아시아와 자원이 풍부한 일부 남미와 아프리카를 제외한 대부분의 저개발국가들이 배제국가의 대열에 합류했다. 미국 패권하의 자본주의 세계체계에서 두 번째로 등장한 배제국가군은 첫 번째 배제국가군이었던 구 사회주의권 국가들과는 근본적으로 다른 분배체계를 구축했다. 아니, 그렇게 할 수밖에 없었다. 구 사회주의권은 비록 미국의 세계 전략에서는 배제되었지만 사회주의의 산업화에 조응하는 분배체계를 구축했다. 반면 저개발국가들은 20세기 내내 원료생산지로서의 역할만을 강요받았다. 실제로 필립 맥마이클(Philip McMichael)이 인용한 유엔무역개발회의 보고서에 따르면, 〈그림 4.2〉에서 보는 것과 같이 54개 아프리카 국가의 22.6%에 해당하는 12개국의 경제가 오직 하나의 원료 수출에 의존하고 있다.[160]

더욱 심각한 문제는 1980년대 이후 지구화 현상이 자원이 풍부한 (국가 간

....
159 Wallerstein. 『근대세계체제 I』. p.35.
160 McMichael. 『거대한 역설』. p.309.

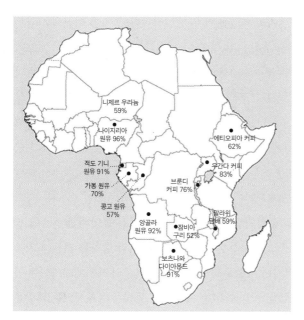

그림 4.2 단일 원료 수출품목이 지배적인 12개 아프리카 국가

은 물론 국가 내에서도) 저개발 지역을 선별적으로 개발하는 식민지 시대의 분업
체계를 복원시키면서 아프리카와 같은 저개발 지역에서 사회경제 발전의 주체가
되어야 할 '국가'를 약화시켰다는 점이다.[161] 아프리카의 저개발 지역에서 국가권
력은 "중앙집권화된 현대 국가와 자기 부족의 영토 내에서 전통적 관습을 시행하
는 부족장 권력"으로 양분되면서 아프리카를 무기력하게 만들고 있다.[162] 이들 지
역의 상황은 식민지 시대보다 더 나빠지고 있다. 이러한 상황에서 두 번째로 등
장한 배제국가의 분배체계는 '비공식 보장체제'의 성격을 띠었다.

　　저개발국가의 배제국가에서 제도로서 '국가'는 매우 취약한 상황에 놓여 있

....

161　McMichael. 『거대한 역설』. pp.305-307.
162　사실 국가의 쇠퇴는 아프리카만의 특수한 현상은 아니다. 신자유주의화 이후 핵심부에 위치한 국가들
　　에서도 국가의 힘은 약화되고 있다. 지그문트 바우만(Zygmunt Bauman)과 카를로 보르도니(Carlo
　　Bordoni)는 이러한 현상을 "과거에 국민국가의 국경선 안에 있던 권력의 상당 부분은 증발해서 '흐름
　　의 공간'의 무인도로 날아가"버렸다고 묘사하고 있다. Bauman, Z. and Bordoni, C.(2014). 『위기의
　　국가: 우리가 목도한 국가 없는 시대를 말하다』. 안규남 역. (State of Crisis). 파주시: 동녘. p.52.

기 때문에 분배와 관련된 국가의 역할은 매우 제한적이다. 국가를 대신해 사람들의 생존을 보장하는 역할은 가족, 상호부조, 공동체가 담당하고 있다.[163] 아프리카의 50개 국가들 중 공공부조(Social Assistance System)를 제도화한 국가는 남아프리카공화국이 유일할 정도로 국가의 역할은 매우 제한적이다.[164] 국가가 분배를 통해 노동력의 재생산을 담보하지 못하고 있는 상황에서 가족, 친족, 공동체 등 전통적 주체들이 전자본주의 시기와 같이 노동력의 재생산을 위한 분배를 담당하고 있는 것이다. 하지만 가족, 친족, 공동체 등이 전자본주의 사회에서 수행했던 역할을 자본주의 세계체계하에서도 동일하게 지속하는 것은 아니다. 과거 전자본주의 사회에서 이들이 자연재해로 인해 위기에 처한 농민에게 생존에 필요한 최소한의 식량을 제공하고 농업생산을 지속하기 위한 종자를 제공해 자족적인 농업생산력을 지속시키는 역할을 담당했다면, 자본주의 세계체계에서는 상품생산에 참여하지 못해 소득을 벌 수 없는 이들의 노동력을 유지시키는 역할을 담당하고 있다. 예를 들어, 케냐에서는 부족시스템(Clan System)이 사회보장제도와 같은 역할을 담당하는데, 부족원이 실업 등으로 노동력을 상품화시키는 것이 어렵게 되면 부족이 이들의 노동력 유지를 지원하는 체계이다.[165] 인간 노동력의 '상품화'의 중단이 아니라 '상품'생산을 위한 인간 노동력을 유지하기 위한 것이다. 자본주의 세계체계에서 유통되는 상품은 상품화된 임금노동만이 아닌 반(半)노예노동, 강제노동 등과 같은 방식으로도 생산될 수 있기 때문이다. 실제로 남반부 인구의 50% 이상이 공식적 임금노동이 아닌 소위 그림자경제(shadow

....

163 Miller, C.(2007). "Social Welfare in Africa: Meeting the Needs of Households Caring for Orphans and Affected by AIDS." Minujin, A. and Delamonica, E. eds. *Social Protection Initiatives for Children, Women and Families*. New School University and UNICEF.

164 Miller. "Social Welfare in Africa." 물론 매우 제한적이고 선별적이지만 34개국이 사회보험제도를 갖고 있다. 다만 이러한 제도는 1950년대와 1960년대에 백인 노동자를 위해 제도화되었고, 현재도 그 대상이 도시에 거주하는 고임금 노동자들과 공공부문 노동자들로 제한되어 있다. Palacios, R., and Sluchynsky, O.(2006). "Social Pensions Part I: Their Role in the Overall Pension System." Social Protection Discussion Paper NO. 0601. Washington: World Bank.

165 Dixon, J.(1987). *Social Welfare in Africa*. London: Crooms Helm; Miller. "Social Welfare in Africa." 재인용.

economy)에 속해 있다. 인도 뭄바이의 사례를 보면, 연간 12억 5천만 달러(한화 1조 4,519억 원) 규모의 상품이 25만 명 정도의 슬럼 거주자들의 비공식 노동에 의해 생산되고 있다.[166]

2) 개발국가(Developmental State)

개발국가에 대한 개략적인 논의는 제2장에서 이미 다룬 바 있기 때문에 여기서는 자본주의 복지체제의 세 가지 분배체계 중 하나인 개발국가에 대한 논의를 주로 한국의 사례를 중심으로 검토했다. 한국 사회를 중심에 놓고 보면 지난 2010년 6월에 치러졌던 전국 지방선거는 한국 복지체제의 정치지형을 크게 바꾸어놓는 중요한 계기가 되었다.[167] 지엽적인 학교급식이 선거의 중요한 쟁점으로 등장하면서 한국 사회가 지향해야 할 복지체제에 대한 대중적 논쟁을 유발했기 때문이다. 복지와 관련된 이전의 논쟁들이 주로 일부 전문가 집단과 정치권에 국한되어 진행되었다는 점을 고려하면 대중의 관심은 가히 폭발적이었다. 소위 친복지진영이라고 불리는 진보진영에서는 그동안 수면에 잠겨 있던 '보편적 복지'를 전면에 내걸었고, 보수는 이건희 회장의 손자녀에게까지 국가가 급식을 제공할 수 없다고 주장하면서 '선별적 복지'를 실시할 것을 주장했다. 선거 결과는 보편적 복지를 주장하는 진영의 승리로 끝났지만, 보편적 복지를 둘러싼 논쟁은 2012년 4월 총선과 12월 대통령선거까지 이어졌다. 진보, 중도, 보수 모두 (방향은 상이했지만) 한국이 복지국가로 나아가야 한다고 주장했다. 일부 학자와 정치인들은 한국이 이미 복지국가에 진입한 것은 물론 복지국가를 공고화하는 단계에 접어들었다고 주장했다. 그리고 그 근거 중 하나로 한국의 GDP 대비 사회지

....

166 McMichael. 『거대한 역설』. pp.295-299. 사례는 얼마든지 있다. 『허핑턴 포스트』에 따르면, 태국산 새우는 한국을 포함해 세계시장에서 인기 있는 '상품'으로 팔리고 있다. 하지만 태국산 새우는 상품화된 '임금노동'이 아닌 캄보디아와 미얀마에서 온 이주노동자들의 '노예노동'에 의해 생산되고 있다. 새우만이 아니다. 다이아몬드, 커피, 금, 코코아 등 많은 상품들이 강제노동, 노예노동 등과 같은 전자본주의적 생산양식에 의해 생산되고 있다는 것 역시 잘 알려진 사실이다. 한정희(2014). "눈물 젖은 생선은 이제 그만!" *The Huffington Post Korea.* 2014년 8월 31일, http://www.huffingtonpost.kr/jeong-hee-han/story_b_5542392.html

167 윤홍식. "보편주의 복지를 둘러싼 논쟁의 한계, 성과, 전망: 무상급식에서 4·11 총선까지."

출비율이 5%를 넘어 10%를 향해가고 있다고 이야기했다.

　정말 한국은 복지국가일까? OECD 자료에 따르면, 브라질(2010년), 러시아(2009년), 중국(2012년)의 GDP 대비 사회지출비율은 각각 14.4%, 15.7%, 9.0%이다.[168] 기본적인 사회보장제도 또한 제도화되어 있다.[169] 그렇다면 중국, 러시아, 브라질도 한국처럼 복지국가의 초입에 들어섰다고 할 수 있을까? 2015년 4월 24일 한림대학교에서 개최된 한국사회복지학회 추계학술대회의 원탁토론에 참가한 한 토론자는 중국의 사회지출비율이 GDP 대비 9%를 넘었지만 중국은 전 국민을 대상으로 복지를 제도화하지 않았기 때문에 복지국가라고 할 수 없다고 주장했다. 그러나 이는 사실이 아니다. 피어슨이 이야기한 복지국가 성립의 세 가지 요건 중 하나인 빈곤에 대한 국가의 책임성을 판단할 수 있는 공공부조는 도시의 경우 1999년부터 '도시주민생활최저보장조례'가 제정되어 실시되고 있다. 또한 2007년 중국 공산당 중앙위원회에서 1호 공문을 발표한 것을 계기로 전국 31개 성, 자치구, 직할시의 농촌 지역인 현, 구, 시에서 농촌주민최저생활보장제도 정책을 실시하고 있다.[170] 물론 공공부조가 도시와 농촌으로 이원화된 것을 문제 삼을 수도 있고, 제도들이 제 기능을 하고 있는지 문제 삼을 수도 있다. 그러나 반(反)빈곤정책으로서 공공부조의 실효성은 중국만이 아니라 한국에서도 문제가 되고 있다. 도시와 농촌의 이원화된 공공부조제도는 도시와 농촌의 상이한 생활조건을 반영한다는 점에서 반드시 문제라고 할 수는 없다. 더욱이 중국은 사회보험과 같은 중요한 사회보장제도를 이미 제도화했다.[171] 브라질과 러시아도 중요한 사회보장제도를 갖추고 있으며, GDP 대비 사회지출 비중도 한국보다 높다. 만약 한국이 복지국가라면 중국, 러시아, 브라질이 복지국가가 아닌 이유를 찾는 것은 쉽지 않을 것이다.

　'한국은 복지국가인가?'라는 질문은 현재 세계에 존재하는 분배체계에는

....

168　OECD. *OECD Factbook* 2014.

169　박병현·김교성·남찬섭·Chow, N.(2007).『동아시아 사회복지연구』. 파주: 공동체.

170　박선영(2014). "한국과 중국의 빈곤선에 관한 비교연구." 총신대학교 기독교복지대학원 석사학위논문.

171　박병현 외.『동아시아 사회복지연구』.

서구적 의미에서 복지국가이거나 복지국가가 아닌 체계만이 존재하고 모든 분배체계는 복지국가라는 '가장 발전된 복지체제'를 향해 나아가는 전 단계일 뿐이라는 인식이 전제된 질문이다. 『기원과 궤적』에서는 이러한 전제에 동의하지 않는다. 제3세계의 복지체제를 복지국가가 되기에는 중요한 무엇이 결핍되어 있다는 관점에서 바라보는 것이 아니라 개발도상국가의 분배체계를 복지국가와 구별되는 그들의 고유한 복지체제로 이해하는 것이 중요하다. 개발국가는 산업화된 서구국가의 분배체계인 복지국가에 대응하는 개발도상국가의 분배체계라고 할 수 있다.

논리는 간명하다. 자본주의 세계체계의 핵심부에 위치한 국가의 분배체계인 복지국가는 노동력의 상품화가 중단될 때 발생하는 빈곤과 불평등과 같은 사회위험에 대한 대응을 제도화한 것이다. 반면 한국과 같은 개발도상국에서 불평등과 빈곤 등과 같은 사회위험에 대응하기 위한 분배체계는 (적어도 산업화 시기 동안은) 서구와 같이 노동력을 탈상품화하는 복지국가가 아니라 노동력을 상품화하는 개발국가였다. 〈그림 4.3〉에서 보는 것과 같이 1960년대 초반부터 1993년까지 한국의 GDP 대비 사회지출비율은 1~3%를 넘지 않았다. 하지만 지니계수로 측정한 불평등 수준은 적어도 1980년대부터 1993년까지 지속적으로 낮아졌다. 개발국가의 경제성장이 일자리를 만들고 이러한 일자리가 장시간 노동과 결합하면서 공적 복지를 대신해 불평등을 낮추었던 것이다. 그러나 1990년대 초중반을 지나면서 개발국가의 이러한 분배 기능은 심각하게 약화되었다. 한국 사회에서 불평등을 낮추었던 경제성장이 1993년 이후에는 더 이상 불평등을 낮추지 못했다. 그렇다고 1997년 이후 증가한 사회지출이 개발국가의 역할을 대신했던 것도 아니다. 사회지출의 증가가 과거 경제성장이 했던 기능을 대신할 수 있을 정도로 충분하지 못했던 것이다. 분배체계의 관점에서 현재 한국 사회를 보면 복지체제로서 개발국가의 기능이 약화되었지만, 개발국가를 대신할 복지체제를 갖추지 못한 불안정한 이행국면이 지속되고 있다고 할 수 있다.

정리하면, 핵심부의 서구 국가들이 복지국가를 통해 탈상품화 수준을 높이는 방식으로 불평등과 빈곤을 완화했다면, 한국과 같은 일부 반주변부 및 주변부

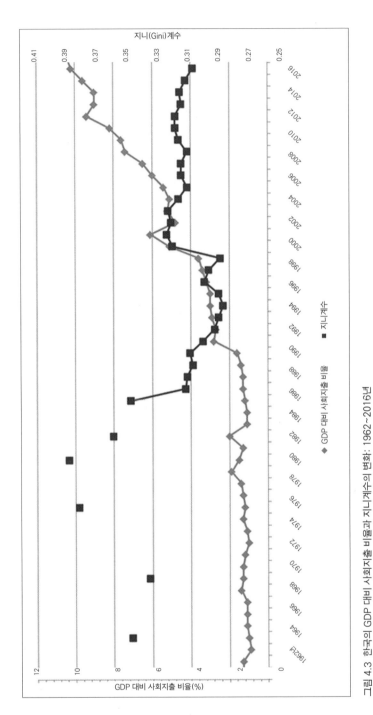

그림 4.3 한국의 GDP 대비 사회지출 비율과 지니계수의 변화: 1962~2016년

출처: Choo, H. J.(1992). "Income Distribution and Distributive Equity in Korea." Krause, L. and Park, F. eds. *Social Issues in Korea*. Seoul: KDI: 문형표(1999). 『경제위기에 따른 분배구조의 변화와 정책적 시사점』. 서울: 한국개발연구원: 전병유(2008). 『미래 한국의 경제사회정책 패러다임연구(II)』. 서울: 한국노동연구원: 통계청(2015). e-나라지표. http://www.index.go.kr/potal/main/PotalMain.do

에 위치한 국가들은 경제성장을 통해 일자리를 만들고, 이렇게 만들어진 일자리가 장시간 노동, 저임금 노동, 낮은 세금과 결합하면서 불평등과 빈곤을 완화했던 개발국가 복지체제가 만들어졌던 것이다. 더불어 (이후 구체적으로 논의하겠지만) 서구 복지국가가 미국 패권하의 자본주의 세계체계의 역사적 산물이라면, 개발국가 또한 동일한 역사적 산물이라고 할 수 있다. 분배체계의 관점에서 보면 개발국가는 복지국가의 기능적 등가물이었다.

3) 역사적 복지국가

자본주의를 역사적 자본주의로 이해한다는 것은 자본주의가 시작과 끝이 존재하는 체제라는 것을 의미하는 동시에 자본주의가 스스로의 생존을 위해 끊임없이 변화해왔다는 것을 의미한다. 자본주의를 이렇게 이해하면 자본주의 전체 역사에 보편적으로 조응하는 분배체계로서 복지국가는 존재하지 않는다. 마르크스가 이야기한 것처럼 분배관계는 본질적으로 생산관계와 동전의 양면과 같은 것이기 때문이다.[172] 자본주의가 지속되기 위해서 일종의 피지배계급에 대한 포섭 및 재생산 기제가 필요한 것이라면, 역사적 자본주의가 고정되어 있지 않는 한 역사적 자본주의가 변화하는 매 시기마다 각각의 시기에 조응하는 상이한 분배체계를 제도화했을 것이다.

이러한 주장은 역사적 자본주의가 시작된 16세기 이래 성립된 네덜란드와 영국의 패권하에서도 고유한 복지체제가 존재했다는 것을 의미한다. 물론 역사적 자본주의의 성격 변화에 조응하는 분배체계가 무엇인지를 규명하는 것은 『기원과 궤적』의 연구 범위를 벗어난 것이다. 우리는 그 복지체제가 '무엇'이라고 명명할 수는 없지만, 우리가 복지국가로 부르는 복지체제는 역사적 자본주의의 특정한 시기에 북서유럽과 북아메리카 대륙에서 나타난, 시공간적으로 특수한 역사적 산물이라고 이야기할 수 있다. 역사적 복지국가는 미국 자본주의의 패권이 실현되는 역사적 자본주의의 특정한 시기의 분배의 한 형태로 이해될 수 있다.[173]

....

172 Marx. 『자본 III』. pp.1164-1165.

물론 역사적 복지국가를 이렇게 정의하고 나면 우리는 역사적 복지국가가 왜 역사적 자본주의가 시작된 지 400년이 지난 이후에 등장했는지를 설명해야 한다.

복지국가는 1, 2차 세계대전과 대공황을 거치면서 북서유럽과 북미에서 형성되었다.[174] 이 시기는 미국이 영국을 대신해 자본주의 세계체계의 패권국으로 등장한 때이다. 일국적 차원에서 보면 미국은 노동계급과 중간계급을 포섭하는 보편적 복지국가를 수립하지는 못했다. 하지만 복지국가는 미국이 자본주의 세계체계의 패권을 장악하면서 구축한 국제질서(브레튼우즈체제와 GATT체제), 국민국가, 탈식민주의, 냉전체제 등에 기초해 만들어진 자본주의 분배체계라고 할 수 있다. 복지국가의 황금시대가 미국 패권의 황금기(팍스 아메리카나)와 정확하게 일치하고 복지국가의 위기 또한 미국 패권 질서의 위기와 함께 시작되었다는 점은 이러한 논리를 방증하는 근거이다.

정리하면, 첫째, 우리가 알고 있는 복지국가는 시기적으로는 19세기 후반부터 시작해 20세기 중반에 만들어진 자본주의 역사의 특정한 시기에 특정한 지역(북서유럽과 북아메리카)에 나타난 '역사적으로 특정한 형태의 분배체계'이다. 둘째, '역사적 복지국가'는 산업자본주의와 국민국가의 권력관계에 기초한 분배체계이다. 만약 복지국가가 이러한 역사성을 띠고 있다면 21세기 한국에서 복지국가를 만들어간다는 것이 어떤 의미인지를 심각하게 검토해볼 필요가 있다. 거칠게 표현하면, 우리가 복지국가를 단순히 국민이 배부르고 편안하게 살도록 정부

....

173 Hopkins and Wallerstein. "세계체제: 위기는 있는가?"; Pelizzon, S. and Casparis, J.(1999[1996]). "세계 인간복지." 『이행의 시대: 세계체계의 궤적, 1945-2025』. 백승욱·김영아 역. pp.140-175. (*The Age of Transition: Trajectory of the World-system, 1945-2025*). 서울: 창작과 비평사; Wallerstein, I.(1999[1996]). "전지구적 구도." 『이행의 시대: 세계체계의 궤적, 1945-2025』. 백승욱·김영아 역. pp.257-278. (*The Age of Transition: Trajectory of the World-system, 1945-2025*). 서울: 창작과 비평사.

174 Derlugian, G.(1999[1996]). "국가의 사회적 응집력." 『이행의 시대: 세계체계의 궤적, 1945-2025』. 백승욱·김영아 역. pp.176-215. (*The Age of Transition: Trajectory of the World-system, 1945-2025*). 서울: 창작과 비평사. pp.177-178. 이 문장부터 "둘째, '역사적 복지국가'는"까지는 다음 논문에 수록된 것을 전제로 한 것이다. 윤홍식(2016). "기본소득, 복지국가의 대안이 될 수 있을까?" 2016년도 사회정책연합학술대회 발표문. 2016년 10월 14~15일. 한국보건복지인력개발원 오송 본원.

가 대규모로 현금급여와 사회서비스정책을 제도화하는 것으로 이해하지 않는다면, 우리는 21세기에 한국 사회가 왜 복지국가를 만들어가야 하는지, 만들어간다면 어떤 복지국가를 어떻게 만들어가야 하는지에 답해야 한다.

제5절 정리와 함의

자본주의를 역사적 자본주의로 이해한다는 것은 앞서 언급한 것과 같이 자본주의가 시작과 끝이 존재하는 체제라는 의미와 함께 자본주의가 역사적 실체로서 자신의 생존을 위해 끊임없이 변신해왔다는 것을 의미한다. 그리고 이러한 역사적 자본주의가 자기 자신을 지속시키기 위해서는 일종의 피지배계급에 대한 포섭 및 재생산 기제가 보편적으로 필요하며, 역사적 자본주의가 고정되어 있지 않는 한 역사적 자본주의가 변화하는 매 시기마다 각각의 시기에 조응하는 포섭 기제(분배체계)를 제도화했다는 것을 의미한다. 그러므로 1930년대를 전후해 성립된 복지국가는 미국 패권이라는 역사적 자본주의의 특정한 시기와 핵심부 자본주의 국가들에서 성립된 역사적으로 특수한 복지체제로 이해될 수 있다.

복지국가를 이렇게 역사적 복지국가로 정의하게 되면, 우리는 분배체계의 역사적 변화를 선형적 발전론의 관점에서 설명하려는 강한 유혹에 직면한다.[175] 자본주의 체제에 조응하는 분배체계는 자본주의의 발전 수준에 따라 개발국가에서 복지국가로 발전한다는 단계적 발전 가설이 그것이다. 이에 따르면, 한국은 개발국가에서 이제 복지국가로 발전하기 위한 다양한 조건들을 검토하고 이를 토대로 복지국가로 나아가기 위한 과제들을 설정해야 한다. 그러나 이러한 접근은 1970년대 이후 부국과 빈국 간의 불평등이 식민지 시대보다 더 커지면서 제1세계가 제3세계에 유포한 허위적 이데올로기로 드러난 근대적 발전론을 그대

....

175 이 부분은 2015년 4월 25일 한림대학교에서 개최되었던 한국사회복지학회 춘계학술대회에서 동아대학교의 남찬섭 교수와 대화한 것을 계기로 발전시켰다.

로 따르게 되는 문제에 직면한다. 이렇게 되면 『기원과 궤적』은 복지국가를 만들어가기 위해 서구에는 있지만 한국에는 없는 무엇을 찾고 만들어야 한다는 오리엔탈리즘의 악순환에서 빠져나올 수가 없다. 반대로 개발국가를 복지국가의 기능적 등가물로 단순히 대체할 경우 인간의 존엄성을 실현하는 데 있어 양자 간의 질적·양적 차이를 인정하지 않게 되고, 이로 인해 우리는 인간 복지로 대표되는 인간의 존엄성을 상대화시키는 난관에 직면하게 된다. 더욱이 우리는 다양한 측면에서 복지국가가 개발국가보다 상대적으로 더 나은 시민의 삶의 기본생활을 보장하고 있다는 객관적 사실을 부정할 수는 없다. 고르디우스의 매듭(Gordian Knot)처럼 반(反)통념적 대안 없이는 풀리지 않는 어려운 과제이다.

근대적 발전론의 문제는 한 단계에서 다음 단계로의 자연스러운 이행을 전제했다는 것이다. 서구는 제3세계가 서구가 했던 것과 같은 것을 갖추고 같은 것을 행한다면 서구처럼 될 수 있다는 근대적 발전론을 유포했다. 『기원과 궤적』에서는 이러한 근대적이고 단계론적인 발전론을 거부한다. 하지만 『기원과 궤적』은 어떤 특정한 관점 또는 영역에서 어떤 특정한 지표나 현상을 바라보는 상태가 다른 상태보다 더 높은 또는 더 나은 수준(단계)에 있다는 것 자체를 부정하지 않는다. 반발전론적 입장의 핵심은 모든 사회가 A단계에서 B단계로 자연스럽게 당위적으로 이행한다는 것을 부정하는 것이다. 한 사회의 특수한 분배체계를 향한 이행은 한 사회의 특수한 정치·경제·사회·문화적 맥락은 물론 시간적 맥락[176]에 의해 사회적으로 구성되는 과정이라고 할 수 있다. 모두가 이행하는 것은 아니지만 누군가는 이행한다는 의미에서 개발국가에서 보다 더 나은 형태의 분배체계로의 이행을 상상해볼 수 있을 것이다.

마지막으로 만약 우리가 알고 있는 북서유럽의 복지체제가 미국 패권하에

....

176 시간적 맥락은 매우 중요한 개념이다. 21세기 초의 한국 사회가 개발국가에서 복지국가로 이행한다는 것이 서구 국가들이 20세기 초·중반에 개발국가에서 복지국가로 이행했던 것과는 완전히 상이한 시간적 맥락에 놓여 있다는 것을 강조하기 위한 개념이다. 20세기 초·중반 서구 국가들의 복지국가로의 이행은 그 누구도 걸어가지 않았던 길을 갔던 것이었던 동시에 가장 산업화된 국가들이 걸어갔던 길이었다. 하지만 21세기 초 한국의 이행은 이미 서구가 경험한 이행을, 그것도 그 이행의 결과인 복지국가가 위기에 처한 현실에서, 가장 산업화된 국가가 아닌 사회에서의 이행을 이야기하는 것이다.

만들어진 복지국가의 한 형태라면, 미국 패권이 쇠퇴하고 있는 지금 우리가 역사적 복지국가를 지향하는 것이 타당한 것일까? 오히려 우리는 한국이라는 구체적 사회에서 역사적 자본주의의 법칙을 상쇄하는 한국적 요인들이 무엇인지를 고민해야 하는 것 아닌가? (이러한 질문은 역사적 자본주의의 법칙이 특정 사회에서 발현될 때는 그 사회에서 역사적 자본주의 법칙을 상쇄하는 요인에 의해 상이한 결과를 유발한다는 것을 의미한다.) 또한 우리는 복지국가가 자본주의 세계체계에서 중심부 국가들의 분배모델인 반면 (반)주변부 국가들의 분배모델 중 하나가 개발국가였다는 사실에 주목할 필요가 있다.[177] 그렇다면 중심부 국가도 아닌 한국에서 역사적 복지국가를 추구한다는 것이 과연 가능한 것일까? 더욱이 월러스틴의 주장처럼 역사적 자본주의가 처음으로 근본적 위기에 처해 있고 자본주의 체제가 아닌 다른 체제로의 이행의 마지막 단계에 와 있다면,[178] 역사적 자본주의의 복지체제 중 특정한 시기와 공간에서 만들어진 역사적 복지국가를 역사적 자본주의가 위기에 처한 시점에 만들어간다는 것이 어떤 의미인지를 우리는 답해야 한다. 『기원과 궤적』의 이후의 장들에서 이러한 질문들에 대해 답하게 될 것이다.

"제1부 이론과 방법"을 마치기 전에 반드시 언급하고 넘어가야 할 것이 있다. 『기원과 궤적』에서 복지체제란 단순히 복지정책 또는 복지제도만을 의미하지는 않는다. 복지체제는 사회보험, 수당, 적극적 노동시장 정책 등과 같은 '제도적 요소'와 이러한 제도적 요소들이 특정한 방식으로 만들어지고 기능할 수 있도록 하는 '토대적 요소'를 포괄하고 있다. 구체적으로 설명하면, 복지체제의 제도적 요소는 노동력을 상품화하고 (필요에 따라) 탈상품화하는 기능을 수행하는 모든 법과 제도들을 포괄한다. 토대적 요소는 권력관계와 자본주의 생산체제의 특성 등과 같이 복지체제의 제도적 요소들이 특정한 방식으로 만들어지고 기능하도록 하는 전제와 관련된 것들이라고 할 수 있다. 예를 들어, 권력관계와 관련된 복지정치는 직접적으로 사람들을 상품화하거나 탈상품화하지는 않지만, 해당 사

....

177 Derlugian. "국가의 사회적 응집력." p.180.
178 Wallerstein. 『우리가 아는 세계의 종언』.

회의 권력관계에 따라 상품화와 탈상품화 방식이 상이해진다는 점을 기억할 필요가 있다. 어쩌면 복지체제의 제도적 요소는 잔치국수의 고명과 같이 복지체제의 토대적 요소 위에 놓인 존재일지도 모른다. 사실이 이와 같다면 한국 복지국가의 역사적 기원과 궤적에 대한 논의는 한국 복지체제의 제도적 특성에 대한 분석은 물론 한국 복지체제의 토대가 되는 한국 사회의 권력관계와 자본주의의 특성에 대한 분석을 포괄할 필요가 있다. 이러한 문제의식에 근거해 제2부부터 전개되는 한국 복지국가에 대한 논의에서는 제도적 요소와 토대적 요소 모두를 포괄적으로 검토해나갈 것이다.

2부

자본주의로의 이행의 시작

제5장

사회민주주의의 부상과 역사적 복지국가의 태동: 1870년대부터 1940년대까지

"부르주아지는 생산의 도구를 끊임없이 혁신하지 않고서는, 그리하여 생산관계와 전체 사회관계를 혁신하지 않고서는 존재할 수 없다."
— 카를 마르크스·프리드리히 엥겔스[1]

"사회민주주의의 딜레마는 복지국가나 부의 재분배 같은 전통적인 사회민주주의 진영의 개혁이 사회의 평화와 소비재 시장을 확대해 자본주의를 강화하는 경향이 있다는 데 있다. 그러나 복지국가와 부의 재분배라는 목표를 위해서는 강력한 자본주의가 필요하다."
— 도널드 서순(Donald Sassoon)[2]

....

1   Marx, K. and Engels, F.(1948[1848]). *The Communist Manifesto*. New York: International Publishers. p.12.
2   Sassoon, D.(2014[2014]). 『사회주의 100년: 20세기 서유럽 좌파 정당의 흥망성쇠』. 강주현·김민수·강순이·정미현·김보은 역. (*One Hundred Years of Socialism: The West European Left in the Twentieth Century*, 2014 ed.). 서울: 황소걸음. p.8.

제1절 문제제기

인간과 자연을 상품화하는 자기조정적 시장(self-regulating market)에 맞서 인간의 존엄과 자연의 숭고함을 지키려고 했던 사회주의자의 역사적 시도들이 사회민주주의라는 자본주의 체제 내의 개혁으로 수렴되는 과정은 결코 순탄하지 않았다. 자본주의를 개혁하는 것이 자본주의를 폭력 혁명으로 뒤엎고 사회주의라는 새 세상을 여는 것에 비하면 누워서 떡 먹듯이 쉬운 일이라고 생각할지도 모른다. 그러나 사회주의 혁명에서 사민주의 개혁으로의 전환이 이루어졌던 19세기 중반부터 20세기 중반까지 자본주의 100년은 그야말로 질풍노도의 시기였다. 폴라니는 『거대한 전환』의 첫 문장을 "19세기 문명은 무너졌다."로 시작했을 정도였다. 사회민주주의는 극우 전체주의(파시즘)와 1917년 러시아 혁명으로 시작된 공산주의의 도전으로부터 살아남아야 했다. 단지 살아남는 것만으로는 충분하지 않았다. 사민주의는 스스로의 생존을 위해 자신이 전복하고자 했던 자본주의의 지속적인 발전을 자신의 힘으로 이루어내야 했던 것은 물론 자본주의 내에서 사회주의가 추구했던 평등과 자유를 증진시켜야 했다. 사민주의는 어쩌면 양립할 수 없는 두 가지 목적을 동시에 달성해야 했다. 장기불황과 대공황 그리고 두 차례의 세계대전은 사민주의가 헤쳐가야 했던 100년의 역사와 비교하면 브로델의 표현과 같이 '먼지'에 불과한 사건일 수도 있다. 복지국가는 사회민주주의가 이렇듯 한 치 앞도 내다볼 수 없는 폭풍우 속에 놓여 있던 근대 자본주의의 품에서 난산 끝에 출생한 자본주의의 역사적 분배체계였다.[3]

1870년대를 전후한 시기부터 1940년대까지의 기간은 2차 세계대전 이후 서구 복지국가의 중요한 사회·정치·경제적 토대가 형성된 시기였다. 복지국가를 만들어가는 주체 형성이라는 측면에서 보면 이 시기(정확하게는 1875년부터 1914년 1차 세계대전 발발 직전까지의 시기)는 2차 세계대전 이후 서구 복지국가의 황금기를 열었던 핵심 정치세력들이 자본주의 체제 내의 정치세력으로 등장한 때이다. 복지국가의 형성과 밀접한 관련이 있는 (복지국가를 기획하고 만들어나갔던 핵심 정치세력인) 사회민주주의 정당들이 이 시기에 근대적인 입법기구들의 형성과 함께 만들어지고 자신들의 권력자원을 확대했다.[4] 실제로 유럽 국가들에서 최초의 사회주의 정당들은 대부분 1871년부터 1905년 사이에 창당되었다. 1871년 포르투갈 사회당(PSP)의 창당을 시작으로, 2차 세계대전 이전까지 유럽 사민주의 정치를 주도했던 독일 사회민주당(SDP)이 1885년 창당되었고,[5] 전후 서구 복지국가의 모범으로 알려진 스칸디나비아 복지국가를 주도했던 사민당(노르웨이의 경우는 노동당)도 이 시기에 창당되었다.[6]

1914년 1차 세계대전 이전에 이미 사민당은 핀란드, 스웨덴, 독일의 총선에서 놀라운 득표율을 기록하고 있었다. 선거 결과는 마르크스의 동업자였던 엥겔

....

3 개별 정책으로서 최초의 사회보험은 비스마르크와 같은 보수세력의 기획으로 만들어졌지만, 개별 복지 프로그램을 제도화했다는 것이 곧 복지국가가 성립되었다는 것을 의미하지는 않는다. 사실 복지정책에 대한 보수의 기획조차도 자본주의를 혁명적으로 전복시키려고 했던 사회주의자들의 현실적 위협이 없었다면 상상 할 수 없었을 것이다.

4 Hobsbawm, E. (1998[1987]). 『제국의 시대』. 김동택 역. (*The Age of Empire 1875~1914*). 서울: 한길사. pp.79-80.

5 Sasson. 『사회주의 100년』. p.72.

6 Eley, G. (2008[2002]). 『The Left 1848~2000: 미완의 기획, 유럽 좌파의 역사』. 유강은 역. (*Forging Democracy: The History of the Left in Europe, 1848-2000*). 서울: 뿌리와 이파리. p.128.

1차 세계대전 발발의 도화선이 되었던 페르디난트(Ferdinand) 대공 암살 다음날인 6월 29일 반세르비아 폭동으로 파괴된 거리의 모습(출처: https://en.wikipedia.org/wiki/World_War_I)

스조차 사민당의 의회활동을 옹호하게 했던 이유 중 하나가 되있다.[7] 엥겔스는 자신의 마지막 글이 된 『1848년에서 1850년까지의 프랑스에서 계급투쟁』의 재판 서문에서 마르크스와 자신이 1848년의 상황[8]을 사회주의 혁명을 위한 성숙기로 보았던 것은 오류라고 평가하면서 "구식의 반란이나 바리케이드 시가전은 현저하게 낡은 것이 되었다."라고 썼다.[9] 대신 엥겔스는 의회선거와 같은 합법적 방

....

7   Tudor, H.(1988). *Marxism and Social Democracy: The Revisionist Debate 1896-1898*. New York: Cambridge University Press. p.4. 물론 엥겔스는 의회활동 자체가 목적이 되어서는 안 된다고 했으며, 사회주의 혁명이라는 목적의 혁명적 수단으로서만 의회활동을 옹호했다.

8   에릭 홉스봄이 혁명의 세 번째 물결이자 최대의 것이라고 이야기했던 혁명으로, 프랑스의 2월혁명을 주로 이야기하는 것이지만, 그 밖에도 이탈리아, 독일, 합스부르크의 대부분 지역, 스위스 등 유럽 전역에서 보수적인 빈 체제에 대항해서 일어났던 혁명을 일컫는 것이기도 하다. Hobsbawm, E.(1998[1962]). 『혁명의 시대』. 정도영·차명수 역. (*The Age of Revolution 1789~1848*). 서울: 한길사. p.237.

9   Engels, F.(1997[1895]). "칼 맑스의 『1848년에서 1850년까지의 프랑스에서 계급투쟁』 단행본 서설."

식을 용인함으로써 이후 베른슈타인에 의해 촉발된 수정주의 논쟁, 결국 사민주의라는 새로운 길을 여는 데 매우 중요한 이론적·실천적 단초를 제공했다. 사민당이 복지국가를 만들어가는 핵심 주체가 될 수 있었던 것은 바로 사민당이 자본주의를 전복하려는 혁명적 사회주의 세력에서 자본주의를 개혁하려는 개혁적 사회주의 세력으로 변화했기 때문이다.

한편 자본주의의 세계체계라는 관점에서 보면 이 시기는 영국 패권이 쇠퇴하고 새로운 패권 국가로서 미국이 부상한 때이다. 가족기업을 근간으로 발전한 영국 자본주의는 1850년대와 1860년대의 호황에 이어 1873년부터 1896년까지 지속된 장기불황(the Long Depression)[10]을 거치면서 위기에 직면한다.[11] 장기불황의 과정에서 미국과 독일은 가족기업에 기반을 둔 영국 자본주의를 대신하는 법인기업을 발전시키며 영국 패권에 도전했다. 미국은 두 차례의 세계대전을 거치면서 독일을 제압하고 영국을 대신해 자본주의 세계체계의 패권국가로 등장했다. 미국은 영국이 지향했던 자본과 상품의 자유무역 대신 국민국가에 의해 자본이 통제되는 국제교역체계를 구축함으로써 2차 세계대전 이후 국민국가에 기초한 복지국가가 확대되는 중요한 조건을 창출한 것이다.

자본주의를 개혁하려는 사민주의 정치세력이 성장하고 자본주의가 자유방임주의에서 국민국가에 의해 통제되는 자본주의로 변화하자 분배체계에서도 중요한 변화가 일어났다. 자본주의 분배체계는 이 시기를 거치면서 빈민법 중심의 복지체제에서 산업자본주의의 생산양식과 생산관계에 조응하는 복지체제로 전환되었다. 산업화로 인해 농촌에서 밀려나온 유민과 잉여 노동력을 자본주의 생

....

박종철출판사 편집부 편. 『칼 맑스 프리드리히 엥겔스 저작 선집 6』. 김태호 역. 서울: 박종철출판사. p.430, 438.

10 1876년에 시작된 불황은 처음에는 대공황(the Great Depression)으로 불렸으나 이후 1929년에 발생한 대공황(the Great Depression)과 구분하기 위해 장기불황(the Long Depression)으로 불리게 되었다.

11 Arrighi, G., Barr, K., and Hisaeda, S.(2008[1999]). "기업의 변천." Arrighi, G., Siver, B., Hui, P., Ray, K., Reifer, T., Barr, K., Hisaeda, S., Slater, E., Ahmad, I., and Shih, M., 『체계론으로 보는 세계사』. 최홍주 역. (Chaos and Governance in the Modern World System). pp.164-244. 서울: 모티브북. pp.201-202.

산관계에 편입시키려고 했던 빈민법 체제로는 수직적·수평적 통합에 기반을 둔 미국과 독일의 자본주의가 만들어낸 대규모 노동계급의 재생산을 보장할 수 없었다. 더욱이 노동계급은 대규모로 성장했고, 노동계급의 이해를 정치적으로 대변하는 사민당 또한 핵심적인 정치세력으로 부상했다. 현재 우리가 알고 있는 복지국가의 모습은 바로 이러한 과정을 통해 만들어진 역사적 결과물인 것이다.

이러한 문제의식에 근거해 제5장에서는 1870년대를 전후한 시기부터 1940년대까지 복지체제의 성격과 변화를 검토했다. 복지체제의 성격은 크게 두 가지 측면에서 설명될 필요가 있다. 하나는 우리가 통상적으로 복지체제를 설명할 때 적용하는 방식으로, 복지체제를 탈상품화, 탈가족화, 상품화 등 복지제도의 기능적인 측면들을 중심으로 설명하는 것이다. 『기원과 궤적』에서는 복지체제의 이러한 측면을 '제도적 측면'이라고 개념화했다. 다른 하나는 복지체제의 '토대적 측면'이라고 명명한 부분이다. 토대적 요소는 복지체제와 관련된 정치·경제적인 측면을 포괄하는 것으로, 통상적으로 복지정치와 경제체제와 관련된다. 일반적으로 복지체제를 복지제도(정책 또는 프로그램)로 제한하는 경우가 있지만, 복지체제는 단순히 제도만을 의미하지 않는다. 정책으로서 복지제도는 정치·경제 구조와 분리될 수 없다. 이러한 접근을 통해 우리는 현재 한국 복지체제의 역사를 통합적으로 이해하게 될 것이다.[12] 제5장의 과제는 새롭게 패권국가로 등장한 미국 자본주의가 이전의 패권국가들과는 어떻게 구별되는지, 미국 패권이 만들어낸 국가 간 체계의 특성은 무엇인지, 왜 사민주의는 혁명의 길 대신 개혁의 길을 선택하게 되었는지, 그리고 1870년대를 전후한 시기부터 1940년대까지의 시기에 나타난 이러한 특성들이 어떻게 역사적 복지국가의 토대가 되었는지에 대해 답하는 것이다. 더불어 서구 자본주의가 이렇게 역동적으로 변화하고 있을 때 자본주의 세계체계에 편입된 동아시아 사회의 특성을 기술하는 것 또한 제5장의 과제이다.

....

12 여기서는 '역사성'의 의미를 이해하는 것이 중요하다. 복지국가의 역사성이란 복지국가가 시대와 공간을 초월해 어떤 시공간에서도 창조될 수 있는 보편적인 분배체계가 아니라는 의미를 담고 있다. 역사란 반드시 시작과 끝이 있는 것이다.

먼저 다음 절에서는 1870년대부터 1940년대까지의 시기 구분에 대해 개략했다. 시기 구분은 매우 어려운 작업이지만 반드시 필요하다. 역사 연구에서 시기 구분은 총체적인 관점에서 시대의 변화를 설명할 수 있는 유력한 도구이기 때문이다.[13] 특히 시기 구분을 통해 우리는 당시 사회의 성격을 규명하는 동시에 사회의 변화를 세계사적 보편성 위에서 바라볼 수 있을 것이다. 경제적 요소로는 자본주의 체제의 변화를, 정치적 요소로는 노동계급과 사민주의 정당의 대두를, 제도적 측면으로는 복지제도의 변화를 차례로 검토했다.

제2절 시기 구분: 1870년대부터 1940년대까지

1870년대부터 1940년대까지의 시기를 구분하는 합의된 원칙은 없다. 다만 『기원과 궤적』에서는 이 시기의 세 가지 측면(경제, 정치, 복지체제)을 검토해 시기를 구분하는 준거가 되는 시점을 찾을 수 있기를 기대한다. 세 가지 측면은 앞서 제1절에서도 언급했듯이 경제적 관점에서 자본주의의 성격[14]을 구분하는 것과 정치적 관점에서 복지국가의 주체 형성과 관련해서 시기를 구분해보는 것이다. 마지막으로는 복지체제의 차원에서 시기를 구분해보는 것이다. 먼저 경제적인 측면에서 이 시대를 분석한 중요한 저작들을 검토해보자. 에릭 홉스봄은 1875년부터 1914년 1차 세계대전이 발발하기 전까지를 '제국의 시대'로, 1914년 1차

....

13   배항섭(1994). "남한 학계의 전근대 시대구분과 사회성격 논의." 강만길·김남식·김영하·김태영·박종기·박현채·안병직·정석종·정창렬·조광·최광식·최장집 편. 『한국사 24: 한국사의 이론과 방법 2』. pp.61-102. 서울: 한길사. pp.61-62.

14   사실 자본주의는 단순히 경제적 측면만을 이야기하는 것이 아니다. 경제, 사회, 정치, 문화 등 우리가 살고 있는 모든 것을 규정하는 의미로 사용되어야 한다. 여기서는 논의의 편의상 자본주의를 경제적 문제와 이에 기초한 국제관계와 관련해서 언급하고 있지만, 전체 논의는 자본주의 체제라는 큰 틀에서 이루어지고 있다는 점을 기억할 필요가 있다. 브로델도 "자본주의를 단순히 경제체제로만 상정한다면 그것은 그 어느 것보다도 큰 실수이다."라고 이야기하면서, 자본주의는 국가와 동격의 관계를 유지하며 우리가 살고 있는 사회를 유지하는 모든 문화적 원조와도 관련되어 있다고 정의한다. Braudel. 『물질문명과 자본주의 III』. p.857.

세계대전의 발발부터 1990년 소련의 붕괴에 이르는 시기를 '극단의 시대'로 구분했다.[15] 이렇게 보면 조선이 개항을 통해 자본주의 세계체계에 편입된 1876년을 전후한 시점에서 1940년대까지의 시기는 1914년을 전후로 구분할 수 있을 것 같다. 홉스봄이 1914년을 기준으로 그 이전을 '제국의 시대'로, 그 이후를 '극단의 시대'로 구분한 것은 1914년에 일어난 1차 세계대전으로 19세기의 자유주의적 자본주의가 붕괴했다고 보기 때문이다.[16] 1914년 이후에 펼쳐진 자본주의 세계는 더는 자유방임적 자본주의가 아니었다. 또한 1917년 러시아 혁명으로 인해 자본주의 세계체계는 이전과는 완전히 상이한 체제와 대립하게 되었고, 서유럽 국가들에서는 사민주의 정당으로 대표되는 노동계급과 좌파의 정치세력화가 본격화되었다.

1차 세계대전이 발발한 1914년이 시대를 구분하는 중요한 준거가 된다는 생각은 홉스봄만이 아닌 근현대사 연구자들의 공통적인 생각이었던 것 같다. 월러스틴도 근대세계체계의 네 번째이자 마지막 저작인 『근대세계체계 IV』에서 1914년을 논의의 종점으로 삼고 있다.[17] 1914년은 1815년경부터 시작된 소위 팍스 브리타니카(the Pax Britannica, 1815~1914년)로 불리는 영국 패권의 자본주의 세계체계가 1차 세계대전의 발발과 1917년 러시아 혁명으로 인해 종말을 고하고 미국이라는 새로운 패권국가의 등장을 알리는 기점이다.[18] 1873년 시작된 장기불황으로 위기에 처한 영국은 생산 부문에 집중되어 있던 자본을 금융 부문으로 이전함으로써 벨 에포크(Belle Époque, 아름다운 시대)라고 불리는 일시적 호황을 맞이하지만, 1914년 1차 세계대전의 발발로 벨 에포크가 끝나게 되면서 자본주의 세계체계의 패권국가로서의 지위를 잃게 된다. 새로운 패권국가인 미

....

15 Hobsbawm. 『제국의 시대』; Hobsbawm, E. (1997[1994]). 『극단의 시대: 20세기 역사』. 이용우 역.
    (Age of Extremes: The Short Twentieth Century, 1914-1991). 서울: 까치.

16 Hobsbawm. 『제국의 시대』.

17 Wallerstein. Modern World-system IV.

18 Wallerstein. Modern World-system IV. pp.125-127. 일반적으로 자본주의 세계체계에서 영국이 패권국가로 부상한 시기의 기점을 영국이 나폴레옹 전쟁(1803~1815)에서 최종적으로 승리한 1815년으로 삼는다.

국의 등장은 자유주의적 제국주의의 종말을 알리는 동시에 데이비드 하비가 명명한 것처럼 새로운 제국주의(the New Imperialism)의 등장을 알리는 출발점이었다.[19] 폴라니도 1914년을 자본주의 시대를 구분하는 중요한 기점으로 언급하고 있다. 그는 『거대한 전환』에서 1914년을 1815년부터 시작된 서양 문명의 100년의 평화가 종식되고 세계경제의 모순이 집약되어 폭발한 시점으로 기록하고 있다.[20] 1914년은 서구 문명을 뒷받침했던 4개의 기본 축인 세력균형체제(balance-of-power system), 국제금본위제(international gold standard), 자기조정적 시장, 자유주의적 국가(liberal state)의 종말을 알리는 상징이었다는 것이다. 이렇듯 1914년은 자본주의 시대를 가르는 분명한 분기점으로 보인다.

정치적 측면에서도 1914년은 중요한 의미를 갖는다. 1848년 프랑스에서 일어난 2월 혁명부터 2000년까지 유럽 좌파의 역사를 기술한 제프 일리(Geoff Eley)와 유럽의 사회주의 100년의 역사를 정리한 도널드 서순은 1914년을 유럽 좌파의 질적 변화를 구분하는 역사적 준거로 삼고 있다. 복지정치에서도 1차 세계대전은 네 가지 측면에서 중요한 분기점이 될 수 있다. 첫째, 1차 세계대전을 기점으로 좌파(사회민주당)는 자본주의(부르주아) 국가에 대적했던 이전의 모습과 달리 자본주의 국가의 체제 내 세력이 된다. 실제로 1914년 이전에 유럽의 사회주의 정당들이 공식적으로 정부에 참여한 경우는 없었다.[21] 더 나아가 1914년 이후 사회주의 정당(사민당)은 더 이상 자본주의를 전복하기 위한 혁명 정당이 아니었다. 오히려 반(反)혁명 집단처럼 행동했다. 특히 독일 사민당은 민주주의

....

19　Harvey, D.(2005[2003]). 『신제국주의』. 최병두 역. (The New Imperialism). 서울: 한울아카데미. 물론 하비가 이야기한 신제국주의의 속성이 1914년 이후 가시적으로 드러난 것은 아니다. 하비의 신제국주의 개념은 1970년대 이후 자본주의 세계체계의 지배적 경향으로 등장한 신자유주의를 겨냥해 만들어진 것이기 때문이다. 하지만 1970년대 이후 공적인 것을 강탈적으로 사유화(시장화, 민영화)하는 방식으로 자본주의의 위기를 극복하려는 신자유주의의 전면화는 자본주의 세계체계의 패권국가로서 이전의 제국주의와 다른 '독특한 형태의 제국주의'인 미국 자본주의에 그 기원을 두고 있으며, 그러한 미국의 독특한 형태의 제국주의는 구제국주의 국가들이 충돌한 1914~1918년을 계기로 가시화되었다고 할 수 있다.

20　Polanyi. 『거대한 전환』. p.93, 135.

21　Sasson. 『사회주의 100년』. p.101.

에 대한 민중의 에너지를 봉쇄한 "가장 악명 높은 사례"로 평가받고 있다.[22] 둘째, 1차 세계대전 기간에 일어난 1917년 러시아 혁명으로 좌파는 공산주의와 사회민주주의로 분화된다. 1917년 러시아 혁명(볼셰비즘)은 폭력 혁명으로 사회주의 정권을 수립해 사민당과는 다른 사회주의의 길을 제시했다.[23] 러시아 혁명은 혁명주의자들에게는 긍정적 모델을 제시한 반면 사민주의자들과 같은 개혁주의자들에게는 부정적 모델을 제시했다.[24]

셋째, 1914년 1차 세계대전을 기점으로 국가의 역할은 자유방임시대의 야경국가에서 벗어나 생산, 소비, 분배 등 전방위로 확대된다. 영국의 역사학자인 테일러(Taylor)는 1차 세계대전 이전에 선량한 영국 사람들은 국가를 단지 우체국과 경찰의 존재를 통해서만 인지할 수 있었다고 기록했다.[25] 1차 세계대전 이후 이러한 세계는 더 이상 존재하지 않았다. 국가 역할의 확대는 서구 복지국가의 기본 토대가 되는 국가-자본-노동이라는 새로운 조합주의 관계를 제도화시키는 계기가 되었다.[26] 마지막으로, 1차 세계대전은 마르크스 이래 좌파의 가장 핵심적 원칙 중 하나인 국제주의가 폐기되고 좌파운동이 국민국가로 축소·고립되는 계기가 된다. 국제주의 해체의 결정적 계기는 1차 세계대전에 대한 제2인터내셔널(Second International)[27]의 무기력한 대응에서 비롯되었다.[28] 유럽의 사회주

....

22 Eley. 『The Left 1848~2000』. p.239, 315, 423.
23 Eley. 『The Left 1848~2000』. p.239.
24 Sasson. 『사회주의 100년』. p.110.
25 Brandal et. al. 『북유럽 사회민주주의 모델』. p.73.
26 Eley. 『The Left 1848~2000』. p.240.
27 제2인터내셔널(1889~1914)은 바스티유(Bastille) 습격 100주년을 기념해 1889년 7월 14일 프랑스 파리에서 개최되었던 [현재 파리의 상징인, 프랑스 혁명의 순교자들이 아닌 알렉상드르 구스타브 에펠 (Alexandre Gustave Eiffel)의 이름을 딴 철탑이 세워진] 만국박람회에 대항해 사회주의자들이 개최했던 대회이다. 독일의 아우구스트 베벨(August Bebel), 빌헬름 리프크네히트(Wilhelm Liebknecht), 스코틀랜드의 제임스 하디(James Hardie), 러시아의 게오르기 플레하노프(Georgii Plekhanov) 등 20개국의 노동자 대표들과 노년의 마르크스, 엥겔스 등이 참여한 국제노동자대회이다. 처음에는 공식 명칭을 내걸지 않았으나 이후 사회주의의 인터내셔널 또는 제2인터내셔널로 불렸다. 사회주의 정당만이 아닌 노동조합, 협동조합 등도 참여했다. 제2인터내셔널이 활동했던 시기를 사회주의 노동운동에 있어서 마르크스주의의 황금기라고 평가하고 있다. Sasson. 『사회주의 100년』. pp.44-45; 김금수 (2013). 『세계노동운동사 1』. 서울: 후마니타스. pp.457-458. 강신준은 사회주의 노동운동이 제2인터

의 정당들은 1889년 파리에서 개최된 제2인터내셔널 창립대회와 제7차 대회였던 슈투트가르트(Stuttgart) 대회에서 모든 수단을 동원해 전쟁을 막고 불가피하게 전쟁이 발생하면 전쟁 국면을 이용해 사회주의 혁명을 도모한다고 결의했다. 그러나 독일 사민당은 1914년 8월 제국의회에서 빌헬름 2세(Wilhelm II, 1859~1941)의 전쟁을 '만장일치'로 지지했다.[29] 사회주의 정당들이 제2인터내셔널의 결의에 반해 전쟁을 지지하자 노동계급의 국제연대는 무너졌다. 이후 주류 좌파는 국제적 차원의 노동해방이 아닌 국민국가 내에서 복지국가를 추구했다.

분배체계와 관련해서도 1914년은 중요한 분기점이다. 1차 세계대전은 이전까지 유럽에서 벌어졌던 전쟁들과 달리 국민국가의 모든 역량을 동원해야 하는 총력전의 양상으로 진행되었다. 노동계급은 오랜 투쟁을 통해서 얻어낸 권리와 자유가 '애국'이라는 미명하에 축소되는 것을 감내해야 했다. 실제로 전쟁이 한창 중이었던 1916년 영국 노동자들의 실질임금은 1914년에 비해 20%나 감소했다.[30] 1914년과 1917년을 비교했을 때 노동자들의 명목임금은 30% 정도 상승했지만 생계비는 명목임금의 상승분보다 훨씬 높은 75%나 상승해 실질임금이 급격히 낮아졌다. 노동계급에 강제된 양보와 희생은 노동계급이 허구적인 계급평화 논리[31]에서 벗어나 반전운동과 노동계급의 경제적·사회적·정치적 권리를 되찾기 위한 투쟁을 광범위하게 전개하는 계기가 되었다. 노동자들의 투쟁은 유럽에서는 반전과 민생에 대한 요구로 분출되었고, 제3세계 식민지, 반식민지 국가들에서는 민족해방운동으로 분출되었다.[32]

....

내셔널을 통해 마르크스주의 이념을 받아들임으로써 목표와 전술적 실천을 갖춘 하나의 완성된 운동체로 등장하게 되었다고 평가한다. 강신준(1992). "제2인터내셔널과 사회주의 노동운동: 사회주의적 목표와 전술적 실천 간의 관계에 대한 하나의 고찰." 『사회과학논집』 9: 57-75. p.58.

28   Sasson. 『사회주의 100년』. p.102; Eley. 『The Left 1848~2000』. p.241-242; Harvey. 『신제국주의』. p.57.

29   Sasson. 『사회주의 100년』. p.102.

30   김금수(2013). 『세계노동운동사 2』. 서울: 후마니타스. p.35.

31   노동계급과 자본가계급이 서로를 적으로 간주하고 싸우는 것 대신 외부의 적에 대해 단합해 '조국'을 지키기 위해 싸워야 한다는 논리를 지칭하는 것이다.

32   1차 세계대전 이후 2차 세계대전까지의 기간 동안 제국주의 국가들과 식민지, 반식민지 국가들에서 발

표 5.1 역사적 복지국가의 전사(前史), 1945-1970년대

시기	경제체제의 특성	권력관계의 특성	복지체제의 특성
시장의 지배 1815년[33]~ 1914년	· 자유방임적 자본주의와 자유무역의 시대와 보호주의의 태동 · 제2차 산업혁명과 운송기관의 혁명(증기선과 기차) · 대량 소비구조의 형성 · 1873~1896 장기불황 · 금본위제 · 동아시아, 세계체계에 편입	· 영국 패권의 시대 (100년의 평화) · 자유주의 제국주의의 시대 (영토제국주의의 시대) · 사회주의 운동의 대중화와 사회주의 정당의 출현 · 보통선거권과 비례대표제 · 야경국가의 시대 · 대규모 노동계급의 형성과 조직화	· 구빈민법 체제에서 신빈민법 체제로 전환 · 강제적 상품화 제도로서 신빈민법 · 전국적 빈민통제 제도의 확립 · 사회보험의 등장 · 보편주의 복지강령의 등장 (1897년 스톡홀름 강령) · 일본, 기업복지의 등장
국가의 등장 1914년~ 1929년	· 제1차 세계대전으로 자유방임적 자본주의 붕괴 · 미국 자본주의 패권의 형성 · 가족기업에서 주식회사로 · 계획의 출현(독일의 전쟁계획경제, 소련의 경제개발 5개년 계획)	· 러시아 혁명으로 좌파의 분화(공산주의 대 사민주의) · 사회주의 국가 탄생 · 사민주의 대중 정당의 성장 · 좌파의 국제주의 원칙 폐기 · 동아시아에서 반제반봉건 민족해방 운동의 등장 · 중국에서 농민이 사회주의 혁명의 중심세력으로 등장	· 사회보험의 확대기 · 국가의 역할에 대한 새로운 담론 출현(적극적 복지의 제공자로서 국가) · 일본 공적 구호법과 사회보험의 제도화 · 일본 기업복지의 확대
복지국가의 태동기 1929년~ 1945년	· 1929년 대공황 · 영국 자본주의 패권의 종말과 미국 자본주의의 패권의 본격화 · 보호주의의 가속화 · 금본위제의 폐지	· 전체주의의 등장과 사민주의 정당의 위기 · 계급연대의 형성 (스칸디나비아의 적녹동맹) · 노동과 자본의 타협 (칸슬레르가데 협약, 암소거래, 쌀트셰바덴 협정, 기본협정).	· 노동에 대한 새로운 포섭체계의 등장(역사적 복지국가의 출현) · 스웨덴 국민의 집 (Folkhemmet) · 취약계층이 배제된 사회보험 · 사회협약을 통한 보편주의 복지국가의 토대 구축

　　1차 세계대전을 경과하면서 노동계급과 좌파정당의 요구는 단순히 임금 인상과 노동시간 축소에 그치지 않았다. 1차 세계대전을 경과하면서 자본주의 세계체계는 노동력의 강제적 상품화를 위해 제도화했던 빈민 통제정책과 구별되

....

생한 노동계급의 무수한 투쟁은 김금수의 『세계노동운동사 2』와 『세계노동운동사 3』에 구체적으로 기록되어 있다. 김금수. 『세계노동운동사 2』; 김금수(2013). 『세계노동운동사 3』. 서울: 후마니타스.

33　1815년은 영국이 나폴레옹 전쟁에서 승리해 최종적으로 자본주의 세계패권의 패권국가로 등장한 시기이다.

는, 상품화된 노동력을 탈상품화시키는 사회보험과 같은 복지제도를 구체화하기 시작했다. 1차 세계대전 이후에 본격적으로 확대된 남성 노동력의 탈상품화를 위한 사회보장제도는 1929년 대공황과 2차 세계대전이라는 또 하나의 총력전을 거치면서 1940년대 이후 지금 우리가 알고 있는 모습으로 등장하게 된 것이다. 이렇듯 1914년은 자본주의 복지체제의 성격이 질적으로 변화하는 중요한 분기점이었다.

제3절 자본주의 세계체계의 변화: 영국의 쇠퇴와 미국의 부상[34]

영국은 산업혁명을 거치면서 인류 역사상 '산업적 제조업'[35]이 경제를 지배하는 최초의 국가이자 유일한 국가가 되었고,[36] 산업적 제조업에 기초해 자본주의 세계체계의 패권을 장악한 최초의 자본주의 국가가 되었다.[37] 산업혁명 이전에는 자본의 구성에서 유동자본의 비중이 항상 고정자본의 비중보다 더 컸다. 생말로(Saint-Malo)[38]의 7척의 항해 결산서를 보면 7척 모두에서 고정자본보다 유동자본의 비율이 높게 나타난다. 하지만 영국 패권의 시기인 18세기에 들어서면서 자본주의는 고정자본의 비율이 유동자본의 비율을 압도하는 시대에 들어섰다. 생산에서 기계의 몫이 커지고 생산에서 발생하는 이윤이 유통에서 발생하는 이윤을 앞서는 시대가 비로소 열린 것이다. 브로델은 이러한 자본주의의 새로운 현상을 자본주의가 전통적으로 이윤을 만들었던 유통이라는 자기영역을 벗어나

....

34   미국 자본주의의 특성은 "제8장 역사적 복지국가의 형성과 위기"에서 구체적으로 다룰 예정이고, 여기서는 영국 자본주의와 대비되는 미국 자본주의의 특성에 대해 개략했다.

35   "그림 27, 생-말로의 배 7척의 결산서에 나타난 고정자본과 유동자본"을 참고하라. Braudel. 『물질문명과 자본주의 II』. p.522.

36   Heilbroner, R. and Millberg, W. (2010[2007]). 『자본주의, 어디서 와서 어디로 가는가』. 홍기빈 역. (*The Making of Economic Society*). 서울: 미지북스. p.169.

37   여기서 '산업적'은 생산에 있어 인력보다 기계가 더 큰 비중을 차지한다는 의미로, 자본의 구성에 있어 고정자본이 유동자본보다 더 커진 생산체제라고 할 수 있다.

38   생-말로는 프랑스 북서부 브르타뉴주의 영국 해협에 위치한 항구 도시이다.

자기영역이 아닌 생산의 영역에서 더 큰 이윤을 얻었다는 의미에서 "자기영역을 벗어난 자본주의"라고 명명했다.[39] 이 절에서는 1870년대부터 1940년대까지의 자본주의를 최초의 산업자본주의 국가인 영국의 쇠퇴와 미국의 부상이라는 관점에서 살펴보았다. 이 시기는 1940년대 이후의 역사적 복지국가의 전사(前史)에 해당된다는 점에서 매우 중요한 때이다. 먼저 영국 패권 시기의 자본주의의 특성을 개략하고, 왜 자본주의 세계체계의 패권이 영국에서 미국으로 이행되었는지를 살펴보았다. 또한 서구 자본주의 패권의 이행기에 나타난 동아시아의 변화를 중국과 일본을 중심으로 개략했다.

1. 자본주의 세계체계 패권의 이행

영국의 패권은 1780년대부터 런던이 암스테르담을 대신해 유럽 세계체계에서 제1의 금융 중심지가 되면서 시작되었다.[40] 영국 패권은 네 단계를 거치면서 성립했는데,[41] 첫 번째 단계는 세 차례에 걸친 영국-네덜란드 전쟁(1652~1654년, 1665~1667년, 1672~1674년)과 프랑스-네덜란드 전쟁(1672~1678년) 등을 거치면서 영국이 대서양에서 해상 지배력을 공고화한 시기이다. 두 번째 단계는 에스파냐 왕위계승을 둘러싸고 벌어진 영국과 프랑스의 싸움에서 영국이 승리함으로써 프랑스의 대륙 지배를 좌절시키고 유럽에서 영국의 우위를 명문화한 위트레흐트 조약(Treaty of Utrecht, 1713~1715년)[42]을 체결한 시기이다. 영국은 이를 통해 유럽 대륙의 세력 균형을 유지시키고 유럽과 비유럽 세계 간의 교역을 장악하게 된다. 세 번째 단계는 7년 전쟁(오스트리아 왕위계승전쟁 이후에 벌

....

39 Braudel. 『물질문명과 자본주의 II』. pp.325-526.
40 Arrighi, G., Hui, P., Ray, K., and Reifer, T. (2008[1999]). Arrighi, G., Siver, B., Hui, P., Ray, K., Reifer, T., Barr, K., Hisaeda, S., Slater, E., Ahmad, I., and Shih, M. "지정학과 대형금융." 『체계론으로 보는 세계사』. 최홍주 역. pp.72-163. (*Chaos and Governance in the Modern World System*). 서울: 모티브북. p.81.
41 Arrighi et. al. "지정학과 대형금융."
42 네덜란드 암스테르담 남동쪽의 위트레흐트주에 위치한 도시이다.

어진 전쟁, 1756~1763년)에서 시작해 영국이 1757년 인도의 플라시 전투(Battle of Plassey)[43]에서 승리하면서 네덜란드의 금융 지배로부터 벗어난 1783년까지의 시기이다. 네 번째 단계는 1780년대부터 시작해 영국이 승리한 나폴레옹 전쟁 (1803~1815년)까지의 시기이다. 영국의 본격적인 경제 발전은 이 시기(1780년대)부터 시작되었고, 영국은 이때부터 유럽에서 가장 산업화된 국가의 지위를 누렸다.[44] 영국이 자본주의 세계체계에서 패권국가로 등장한 것이다.

여기서 주목할 것은 네덜란드에서 영국으로의 패권의 이행 단계 중 세 번째 단계에서 발생한 플라시 전투이다. 영국은 플라시 전투에서의 승리로 인도의 막대한 부를 강탈해 네덜란드에 진 채무를 조기 상환할 수 있었고 산업혁명에 소요될 대규모 자본을 축적할 수 있었다.[45] 에르네스트 만델(Ernest Mandel)의 추계에 따르면, 1750년부터 1800년까지 영국이 인도에서 강탈한 부는 영국 금화 기준으로 대략 1억 파운드에서 1억 5천만 파운드에 달했다.[46] 기준연도가 상이해 비교하는 것 자체가 적절하지는 않지만, 1750년경 영국(the UK)의 GDP가 1억 파운드(1700=100)를 조금 넘었다는 점을[47] 고려하면 실로 엄청난 규모의 부가 인도에서 영국으로 이전되었을 것으로 추정된다. 더 나아가 플라시 전투의 승리로 영국은 (네덜란드 패권 시기와는 상이한) 비서구 국가를 식민지화하는 영토제국주의를 실현할 수 있었다.[48] 영국의 인도 지배와 약탈은 1815년 이후 100년간

....

43 인도 북동부에 위치한 서벵골주의 중동부에 위치한 지역이다. 플라시 전투는 영국과 프랑스가 인도의 지배권을 둘러싸고 각각 인도의 토호세력과 연합해 치른 전투로, 영국은 이 전투에서 프랑스를 제압하고 인도를 지배함으로써 당시 자본주의 세계체계의 패권을 장악하기 위한 중요한 물적 토대를 구축하게 된다. 데이비스(Davis)에 따르면, 플라시 전투 이후 근 50년간 영국이 인도로부터 탈취한 자본의 규모가 최소 1억 파운드에서 10억 파운드에 이르는 것으로 추산된다.

44 Nef, J. (1943). "The Industrial Revolution Reconsidered." *Journal of Economic History* 3(1): 1-31. p.21, 27.

45 Arrighi et. al. "지정학과 대형금융." p.112.

46 Frank. 『리오리엔트』. p.459.

47 Broadberry, S., Campbell, B., Klein, A., Overton, M., and Leeuwen, B. (2011). "British Economic Growth, 1270-1870." Paper Presented at Economic History Seminars 2011-1. 10 January 2011. London School of Economics.

플라시 전투 후 미르 자파르(Mir Jafar)와 로버트 클라이브(Robert Clive)가 만나는 장면. 로버트 클라이브는 플라시 전투에 참여한 영국군 병참장교였고, 미르 자파르는 벵골의 장군이었지만 벵골의 태수가 되기 위해 영국군을 지원했다.[49] (출처: https://en.wikipedia.org/wiki/Battle_of_Plassey)

의 평화를 유지시킨 금본위제를 지탱한 중요한 요인이기도 했다.[50] 이제 영국은 네덜란드로부터 돈을 빌릴 필요가 없게 되었고, 패권 수립의 마지막 단계를 위한 전쟁(나폴레옹 전쟁)을 해외 부채가 없는 상태에서 치를 수 있었다.

영국의 패권이 확립되자 유럽은 나폴레옹 전쟁이 끝난 1815년부터 1차 세계 대전이 발발한 1914년까지 100년간의 평화를 누리게 된다. 100년 동안 유럽 열강(영국, 프랑스, 프러시아, 오스트리아, 이탈리아, 러시아) 간에 벌어진 전쟁은 크림 전쟁(Crimea War, 1853~1856)이 유일했다.[51] 영국은 빈 조약을 체결해 유럽에서 세력 균형을 이루어냈고, 곡물법 폐지(1846년)[52]와 항해조례 폐지(1849년)[53]

....

48   Arrighi et. al. "지정학과 대형금융." p.112.
49   남경태(2015). 『종횡무진 동양사』. 서울: 휴머니스트.
50   백승욱. 『자본주의 역사 강의』. p.319.
51   Polanyi 『거대한 전환』 p.96.

로 대표되는 자유무역을 실행했다.[54] 자유무역 실시 이후 20년간 영국은 유럽 국가들의 수출 물량의 4분의 1, 전 세계 수출 물량의 3분의 1을 수입했다. 미국과 호주 등 영국의 (비)공식자치령은 영국에 대한 의존도가 더 심했다. 호주는 영국으로의 수출이 전체 수출 물량의 80%를 차지했고 해외 차입금의 거의 대부분을 영국에 의존했다.[55] 미국도 전체 수출 물량 중 거의 절반을 영국으로 수출했다. 영국은 이러한 무역관계를 통해 식민지들은 물론이고 유럽 국가들과 미국이 영국의 공산품을 수입할 수 있는 지불 수단을 제공했다.

영국은 영국 중심의 자본주의 세계체계를 구축했고, 시간이 지날수록 더 많은 국가들이 영국의 세계체계에 포괄되었다. 〈그림 5.1〉에서 보는 것과 같이 곡물법과 항해조례 폐지 이후 10여 년이 지난 1860년 당시 영국의 1인당 산업화 수준은 영국과 패권을 겨루었던 프랑스보다 3.2배 높았고, 19세기 후반 들어 영국의 패권에 도전했던 미국과 독일에 비해서는 각각 3.0배, 4.2배로 압도적으로 높았다. 당시 영국의 1인당 산업화 수준은 영국을 제외하고 산업화 수준이 가장 높았던 벨기에와 비교해도 2.3배 높았다. 영국은 19세기 중반에 들어서면서 세계의

....

52 곡물법은 1815년에 제정되었는데, 국내 농업세력의 이해를 보장하기 위해 저렴한 가격의 외국 곡물이 영국으로 수입되는 것을 금지했다. 국내 곡물 가격이 특정 가격(예를 들어, 밀 가격이 쿼터당 80실링) 이하일 때는 외국 곡물 수입을 금지하고 일정 가격 이상일 때는 관세를 부과한 이후 수입을 허용하는 방식으로 농업 자본가들의 이해에 복무했다. 이후 저렴한 식량을 원했던 도시 노동자들의 지속적인 폐지 요구와 1845년, 1846년의 아일랜드 감자 기근을 계기로 1846년 5월 15일에 로버트 필(Robert Peel) 수상에 의해 폐지된다. 필 수상이 실각한 이후 영국은 자유무역정책을 추구하게 된다. 최현미 (2015). "곡물법 穀物法 Corn Law." 서울대학교 역사연구소 편. 『역사용어사전』. 서울: 서울대학교출판문화원. p.110.

53 항해조례(항해법)는 1651년에 제정되어 1849년까지 유지된 영국과 식민지 간의 무역과 관련된 일련의 법들을 의미한다. 항해조례의 실질적 폐지는 미국의 독립 이후 시작되었다. 1822년 항해조례에 규정받는 상품 목록을 폐지하였으며, 1849년에 완전히 폐지된다. 항해법은 기본적으로 영국이 식민지를 영국의 식량과 원료 공급지, 상품시장으로 만들려는 목적으로 추진된 중상주의 입법이다. 이 법에서 영국과 식민지 간의 무역상품이 영국과 원산지의 배로만 수송될 수 있다고 규정함으로써 영국이 네덜란드를 대신해 유럽의 상업적 중심국가로 나아가는 계기가 되었다. 편집부(2015). "항해법 航海法 Navigation Acts." 서울대학교 역사연구소 편. 『역사용어사전』. 서울: 서울대학교출판문화원. pp.1865-1866.

54 Arrighi et. al. "지정학과 대형금융." pp.108-109.

55 Schwartz. 『국가 대 시장』. p.304.

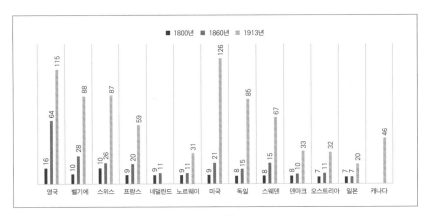

그림 5.1 영국의 산업 지배, 1800년, 1860년, 1913년[56] (1인당 산업화 수준: 1900년의 영국=100)

공장이 되었던 것이다.[57] 그러나 견고했던 영국의 패권은 1차 세계대전 이후 심각한 위기에 처한다. 1차 세계대전은 영국 중심의 100년간의 평화를 뒤흔들어놓았다. 폴라니의 지적처럼, "19세기 문명은 무너졌다."[58] 하지만 미국이 영국을 대신해 새로운 패권국가가 되기 위해 필요한 조건(군사력, 국제교역 질서 등)을 갖추기까지는 시간이 더 필요했다. 아리기 등에 따르면, 영국에서 미국으로의 자본주의 세계체계 패권의 이동은 크게 세 단계를 거친다.[59] 영국 패권에 대한 첫 번째 타격은 1873~1896년의 장기불황이었다. 장기불황은 기본적으로 2차 산업혁명[60]으로 확대된 생산력과 소비 수준의 불일치로 인해 발생한 것으로 알려져 있다.[61]

....

56   슈워츠가 인용한 베어로치(Bairoch)의 자료를 재구성해 작성한 것이다. Schwartz. 『국가 대 시장』.
       p.179. 오스트리아는 오스트리아-헝가리 제국을 의미한다.

57   Nef. "The Industrial Revolution Reconsidered." pp.5-6.

58   Polanyi. 『거대한 전환』. p.93.

59   Arrighi et. al. "지정학과 대형금융." p.115.

60   세 번째 혁신적인(슘페터적인) 선도 부문으로 불리는 전기, 화학, 강철, 개인운송기관(자전거) 등과 같이 생산의 혁신과 관련된 현상을 지칭하는 용어이다. Schwartz. 『국가 대 시장』. p.309.

61   Fels, R.(1949). "The Long-wave Depression, 1873-97." *The Review of Economic and Statistics* 31(1): 69-73; Glasner, D. and Cooley, T.(1997). *Business Cycles and Depressions*. New York: Garland Publication; Bali, S.(2012). "Comparisons between the Long Depression, the Great Depression and the Global Financial Crisis." *International Journal of Management Economics and Business* 8(16): 223-244.

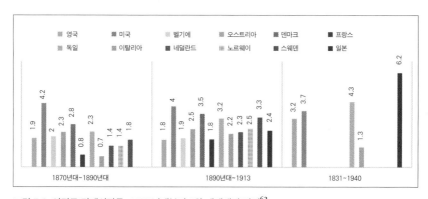

그림 5.2 연평균 경제성장률: 1870년대부터 2차 세계대전 직전[62]
주의: 일본은 1890년부터 1911년, 1931년부터 1940년대까지의 연평균 총 국민생산증가율을 기재한 것임.

남북전쟁을 끝내고 생산력을 확대한 미국의 등장과 보불전쟁에서 승리한 독일(프러시아)이 프랑스로부터 받은 200만 파운드의 배상금 등으로 투자 붐을 일으키면서 생산과 수요의 불일치를 야기했다.[63] 〈그림 5.2〉에서 보는 것과 같이 장기불황 동안 연평균 경제성장률은 영국이 1.9%에 그친 데 반해, 미국과 독일은 각각 4.2%, 2.3%씩 성장했다. 영국 산업생산의 연평균 성장률은 장기불황 이전에 이미 미국과 독일의 48.4%와 69.7%에 불과했고, 장기불황 기간 동안 그 비율은 36.2%, 58.6%로 더 낮아졌다. 장기불황은 영국에는 불행이었지만, 미국과 독일에는 기회였다.[64] 제조업 중심의 영국 자본주의는 1873년의 장기불황으로 인해 위기에 처했다. 하지만 1914년 1차 세계대전 이전까지 영국은 여전히 자본주의 세계체계의 패권국가였다. 특히 금융 부문에서 영국의 패권은 1차 세계대전까지

....

62   서구 국가의 자료: Tylecote, A.(1992). *The long Wave in the World Economy: The Present Crisis in Historical Perspective.* New York, NY: Routledge. p.219. 일본 자료: 서정익(2003). 『日本近代經濟史』. 서울: 혜안. p.111, 282.

63   Rosenberg, H.(1943). "Political and Social Consequences of the Great Depression of 1873-1896 in Central Europe." *The Economic History Review* 13(1/2): 58-73; Bali. "Comparisons between the Long Depression, the Great Depression and the Global Financial Crisis."

64   1850년대~1873년간 연평균 산업생산 성장률은 미국 6.2%, 영국 3%, 독일 4.3%였다. Bali. "Comparisons between the Long Depression, the Great Depression and the Global Financial Crisis." p.230.

지속되었다. 실제로 19세기 후반부터 1914년까지 세계 무역량의 60%가 영국 파운드화의 지배를 받고 있었다.[65]

두 번째 계기는 1차 세계대전이었다. 1차 세계대전은 영국이 1815년 워털루 전투에서 승리하면서 수립된 100년간의 팍스 브리타니카 체제를 해체시켰다. 기계화된 전쟁에는 천문학적인 전쟁 비용이 소요되었고, 전쟁 기간 동안 영국의 금융 주도권은 약화되었다.[66] 1차 세계대전 기간 동안 영국은 전비 조달을 위해 해외자산의 상당 부분을 처분해야 했다.[67] 반면 미국의 해외자산은 1920년부터 1929년 대공황 직전까지 프랑스가 독일의 루르(Ruhr) 공업지대를 기습적으로 점령한 1923년을 제외하고는 급속히 증가했다. 1920년 연간 650만 달러에 불과했던 총 해외자산 투자는 대공황 직전인 1928년에는 1,600만 달러에 육박했다. 미국은 1차 세계대전 기간 동안 영국이 플라시 전투 이후 네덜란드에 그랬던 것처럼 영국과 다른 외국에서 빌린 채무를 상환할 수 있었다. 미국은 채권국이 되었고 영국의 지위는 약화되었다. 1924년부터 대공황 직전까지 미국의 해외 대출은 영국의 두 배에 이르렀다.[68]

1929년 대공황과 이어지는 2차 세계대전은 자본주의 세계체계의 패권이 영국에서 미국으로 이행하는 마지막 단계에 해당한다. 브로델의 표현처럼, 1929년 대공황의 시작은 미국의 붕괴가 아닌 영국 패권의 붕괴를 알리는 신호였다. 브로델은 네덜란드의 패권 시기에 진행된, 1772년 12월 28일 클리퍼드 회사의 파산으로 시작된 위기와 1929년 대공황을 비교하면서 다음과 같이 이야기했다.[69]

"다시 1773년 2월에 이 영사는 제노바에서 150만 피아스트라에 달하는 엄청난 규모의 파산이 일어났다는 소식을 듣고 이 사건을 암스테르담과 연관 지어

....

65   Arrighi et. al. "지정학과 대형금융." p.127.
66   Arrighi et. al. "지정학과 대형금융." p.127.
67   Eichengreen, B. and Portes, R.(1986). "Dept and Default in the 1930s: Causes and Consequences." *European Economic Review* 30: 599-640. pp.602-604.
68   Arrighi et. al. "지정학과 대형금융." p.128.
69   Braudel. 『물질문명과 자본주의 III』. p.379.

생각했다. 이 도시는 "거의 모든 사건들이 동력을 얻어 움직임이 발생하는 중심지"라는 것이다. 그러나 내 생각에는 이 시기에 오면 암스테르담은 더 이상 "중심지"나 진앙지가 아니었다. 중심지는 이미 런던으로 넘어갔다. 그렇다면 하나의 편리한 규칙이라고 할 만한 것, 즉 세계-경제의 중앙에는 하나의 도시가 자리잡고 있어서 이것이 규칙적으로 이 체제의 지진을 불러일으키고 또 그로부터 가장 먼저 회복된다는 규칙이 작용하는 것은 아닐까? 그렇다면 우리는 1929년 월스트리트의 검은 목요일에 대해서도 다른 시각으로 보게 된다. 이 사건은 뉴욕이 주도권을 잡게 되었다는 표시인 것이다."

전(戰)간기에 있었던 대공황으로 인해 영국 중심의 세계질서는 붕괴되었고, 자본주의 세계체계는 몇 개의 국민국가와 부속 식민지로 구분되는 블록화된 보호주의 체제로 전환되었다.[70] 영국조차 자유무역을 포기했다. 영국은 1931년 9월 파운드화의 금 태환을 중지했고, 런던을 중심으로 한 전 세계적인 금융망은 해체되었다.[71] 폴라니는 금본위제의 폐지에 대해 전 세계를 연결하는 황금 실이 끊어졌다고 표현하면서, 국제연맹(the League of Nations)과 로스차일드(the Roth-schilds) 가문, 모건(Morgans) 가문 등과 같은 평화의 핵심 집행도구가 정치에서 사라진 것을 "세계혁명을 위한 신호"였다고 해석했다.[72] 자본주의 세계체계에서 영국의 후퇴는 보호주의를 강화했고, 자본주의 세계체계는 혼돈에 빠졌다. 전간기의 혼돈은 2차 세계대전 이후 미국 패권하에서 새롭게 구성될 자본주의 세계체계의 주요한 특성을 미리 보여주었다. 자유방임은 존재하지 않았고, 국가는 시장 질서에 조금씩 깊숙이 개입해 들어가기 시작했다.

....

70   Hobsbawm, E.(1990). *Nations and Nationalism since 1780: Programme, Myth, Reality.* New York, NY: Campridge University Press. p.132.

71   Arrighi. 『장기20세기』. p.465.

72   Polanyi, K.(1944). *The Great Transformation: The political and Economic Origins of Our Time.* Boston: Beacon Press. p.29. 정확한 의미 전달을 위해 원문을 참고했다.

2. 영국 패권하의 자본주의와 미국 패권하의 자본주의

1) 영국 패권의 해체

산업혁명은 영국이 자본주의 세계체계에서 패권을 장악하게 된 결정적 조건이었지만, 그것이 곧 영국 패권이 산업자본주의에 기초했다는 것을 의미하지는 않는다. 백승욱은 영국 패권을 이해하기 위해서는 무엇보다도 "산업자본주의의 신화"를 폐기해야 한다고 주장한다.[73] 영국 패권은 "전 지구적 차원에서 보면 산업자본주의라기보다 상업제국주의 또는 전 지구적 상업 네트워크에 기반을 둔 영토제국주의"라는 규정이 더 적절하다는 것이다. 논란이 있겠지만 영국 패권하의 자본주의 세계체계에서는 이전과는 상이한 특성이 나타났고, 이는 이후 우리가 보게 될 역사적 복지국가의 형성과 밀접한 관련을 갖게 된다. 즉, 때로는 직접적으로, 때로는 간접적으로 영국적 특성을 부정하는 것을 통해 역사적 복지국가의 출현과 관련을 갖는다. 영국 자본주의는 네덜란드 자본주의와는 상이한 네 가지 특징을 갖고 있다.[74]

먼저 영국은 영토제국주의를 통해 산업생산의 비용을 내부화함으로써 생산비용을 통제할 수 있었다. 네덜란드는 외부에서 생산된 상품을 저렴한 가격으로 구매해 상대적으로 높은 가격으로 유통시킴으로써 이윤을 확보했다. 산업혁명이라고 불리는 일련의 긴 과정을 통해 인간 노동력의 일부가 기계로 대체되기 전까지 유럽 자본주의의 생산력은 동양의 생산력에 미치지 못했기 때문에 네덜란드 패권하에서 산업 영역의 이윤은 상업 영역의 이윤보다 높지 않았던 것이다.[75] 식민지를 직접적으로 지배할 수 없었던(지배하지 않았던?) 네덜란드는 상품의 생산비용을 통제할 수 없었다. 반면 영국은 식민지에 대한 직접 지배를 통해 생산비용의 중요한 요소 중 하나인 원료의 생산과 가격을 직접 통제할 수 있었다. 이렇게 생산비용을 내부화하자 산업생산이 상업보다 더 많은 이윤이 생기는 예외적

....

73   백승욱, 『자본주의 역사강의』, pp.309-310.
74   조금 더 상세한 설명은 아리기의 『장기20세기』의 제3장을 참고하라. Arrighi, 『장기20세기』.
75   Frank, 『리오리엔트』; Mielants, 『자본주의의 기원과 서양의 발흥』; Abu-Rughod, 『유럽 패권이전』.

인 상황이 벌어졌던 것이다. 하지만 영토제국주의와 산업혁명이 생산비용의 내부화와 연동되기 위해서는 두 가지 조건을 충족시켜야 한다.

하나는 운송 시간과 비용의 절감이다. 철도의 건설과 증기선의 등장은 원료와 생산품의 이동 시간과 비용을 혁명적으로 낮추었다. 예를 들어, 증기기관이 실용화되면서 1902년 뉴욕에서 리버풀까지의 곡물 운송비용은 1868년에 비해 무려 80%나 낮아졌고, 세계적으로도 대양을 가로지르는 운송비용은 1900년에 이르면 1880년에 비해 3분의 1로 낮아졌다.[76] 실제로 영국이 수입하는 농산물의 평균 이동거리가 1831~1835년에는 1,820마일이었지만 1909년에는 5,880마일로 3.2배나 늘어났다. 이로 인해 혁명에 가까운 운송수단의 혁신 없이 생산비용을 내부화하는 것은 불가능했다.[77] 〈그림 5.3〉에서 보는 것과 같이 영국 패권의 시기에 세계의 각 지역은 데이비드 하비가 "시공간의 압축(time-space compression)"이라고 규정할 정도로 서로에게 급격히 다가갔다.[78] 하비는 "자본주의 역사는 우리의 삶의 페이스를 가속화시키는 한편 공간적 장벽을 극복함에 따라 세계가 때때로 우리 안쪽으로 무너지는 것과 같다."고 묘사했다. 다른 하나는 바로 이러한 시공간의 압축으로 인해 영국 패권하에서 자본주의 세계체계가 처음으로 전 세계를 하나의 세계체계로 통합시켰다는 것이다. 영국 패권하에서는 "어떤 나라도 다른 나라에 미칠 영향을 고려하지 않은 채 자국의 주권적 권리를 행사할 수 있는 형편"이 아니었다.[79]

둘째는 영국 자본주의의 지배적인 기업 형태가 가족기업이었다는 점이다. 네덜란드가 패권을 행사한 시대의 지배적인 기업 형태는 네덜란드 동인도 회사(Verenigde Oost-Indische Compagnie, VOC)와 같이 국가가 독점권을 부여한 특

....

76 O'Rourke, K. and Williamson, J.(1999). *Globalization and History: The Evolution of a Nine-teenth-century Atlantic Economy*. Cambridge, Mass: MIT Press. p.41; Schwartz. 『국가 대 시장』. p.308. 재인용.

77 Schwartz. 『국가 대 시장』. p.220.

78 Harvey, D.(1989). *The Condition of Postmodernity: An Enquiry into the Origins of Cultural Change*. Cambridge, Mass: Blackwell Publishers. p.240.

79 Arrighi et. al. "지정학과 대형금융." p.137.

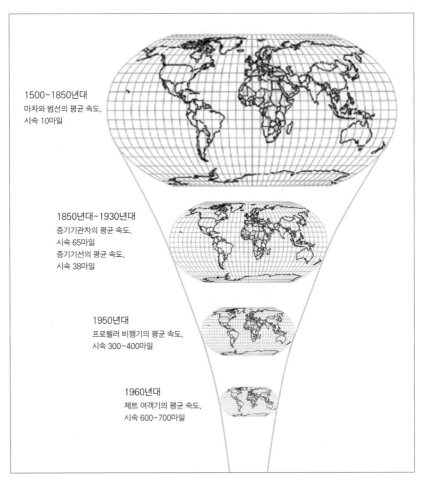

그림 5.3 시간-공간의 압축 변화: 1500년대부터 1960년대까지
출처: Warf, B.(2008). *Time-space Compression: Historical Geographies*. New York: Routledge. p.7의 그림(Figure 1.1)을
재구성한 것임.

허 주식회사였다. 영국도 처음에는 네덜란드와 같은 특허 주식회사를 통해 식민
지를 경영하고 그 이윤을 본국으로 송출하는 구조를 유지했다. 그러나 네덜란드
방식의 이윤 창출 구조는 지속 가능하지 않았다. 영국 동인도 회사는 식민지의
재생산 구조를 파괴함으로써 식민지에서 지속적인 이윤 창출을 불가능하게 만들
었기 때문이다. 동시에 특허 주식회사는 이윤을 식민지가 아닌 본국(영국)에 환

류시킴으로써 영국 내의 산업세력을 팽창시켰고, 역설적이게도 특허 주식회사로 인해 성장했던 국내 산업세력이 특허 주식회사의 중요한 경쟁자로 등장하게 되었다. 결국 영국 정부는 이윤의 효과적이고 지속적인 수취를 위해 특허 주식회사의 특권을 폐지하고 자유방임 시대를 열었으며, 영국의 가족기업은 네덜란드의 특허 주식회사를 대신해 이 시대의 지배적인 기업 형태로 등장하게 된 것이다.[80]

셋째는 상품생산과 교역의 대상이 광범위한 계층으로 확산되었다는 점이다. 네덜란드 패권하에서 교역 상품은 향신료로 대표되는 고가의 상품이었고, 상품을 소비할 수 있는 계층은 제한되어 있었다. 반면 영국 자본주의는 면직물 등과 같은 대중적인 소비제품의 생산과 교역을 통해 성장했다. 식민지로부터 원료를 저렴하게 공급받고 (부분적으로) 기계제 생산을 통해 노동비용을 낮추어 상대적으로 저렴한 상품을 생산해서 대량 소비가 가능한 구조를 만들었던 것이다. 영국 패권 시기에 들어서면서 2차 세계대전 이후 역사적 복지국가의 기본 토대가 되는 대량생산과 대량소비라는 포디즘(Fordism)의 맹아 형태의 자본주의 생산체계가 구축되기 시작한 것이다.

넷째는 영국 패권하에서 대규모 노동계급이 형성되었다는 점이다. 영국 패권의 세 번째 특징인 대량소비는 대량생산을 위해 대규모 산업노동자계급을 양산할 수밖에 없었다. 산업노동자가 급격하게 증가한 것이다. 영국의 노동자 규모는 1888년 대략 1,400만 명에서 1890년대 말에는 1,600만 명으로 늘어났다. 독일도 1850년 60만 명에 불과했던 노동자 수가[81] 1900년에는 570만 명으로 증가했고, 미국도 1840년부터 불과 30년 만에 제조업 노동자의 수가 무려 5배나 증가했다. 영국 패권 시기의 자본주의가 자신을 뒤흔들 대규모 노동계급을 창출한 것이다. 결국 새롭게 등장한 노동계급을 체제 내로 포섭할 수 없었던 영국 패권의

....

80 Arrighi et. al. "기업의 변천." pp.187-191.
81 Silver, B. and Slater, E.(2008[1999]). "세계 패권의 사회적 기원." Arrighi, G., Siver, B., Hui, P., Ray, K., Reifer, T., Barr, K., Hisaeda, S., Slater, E., Ahmad, I., and Shih, M. 『체계론으로 보는 세계사』. 최홍주 역. pp.245-345. (*Chaos and Governance in the Modern World System*). 서울: 모티브북. pp.292-293.

한계가 패권이 영국에서 미국으로 이행하는 중요한 요인 중 하나였다.

2) 미국 패권의 등장

미국 자본주의는 영국 자본주의와 몇 가지 상이한 특성을 갖고 있었다. 그러나 우리는 미국 자본주의의 패권이 영국 자본주의와의 단절만큼 연속성 또한 갖고 있다는 점을 기억할 필요가 있다. 가장 먼저 주목해야 할 미국 자본주의의 특성은 영국과 달리 영토제국주의에 기반을 둔 자유방임적 세계질서를 추구하지 않았다는 점이다. 정확하게 이야기하면, 미국이 영토제국주의(식민지)를 추구하지 않았다기보다는 미국의 영토제국주의가 미국 대륙 밖에서가 아니라 대륙 내부에서 추진되었다고 하는 것이 타당할 것 같다. 가레스 존스(Gareth Jones)는 미국의 경우 "해외에서의 영토주의의 부재는 국내에서의 전례 없는 영토주의에 기반했다."라고 평가하면서 "미국 역사가들은 미국 제국주의의 내부 전체사가 영토 강탈과 점령의 거대한 과정이었다는 점을 쉽게 은폐해버린다."라고 비판했다.[82] 브루스 커밍스(Bruce Cumings)의 최근 저작인 『미국 패권의 역사』도 이러한 시각에 기초해 서술되어 있다.[83] 미국은 그 자체가 대륙이었기 때문에 영국처럼 해외 식민지에 의존할 필요가 없었다.

미국 자본주의의 두 번째 특성은 영국식 '가족기업'을 대신해 '주식회사'를 다시 호명했다는 점이다.[84] 미국 패권의 부상과 함께 세계 무역을 지배한 자본주의적 기업 형태는 수직적으로 통합된 초국적 법인기업(주식회사)이었다.[85] 미국식 법인기업은 영국식 가족기업과 달리 원료 조달부터 생산과 판매에 이르기까지의 전 과정을 수직적으로 통합해 거래비용을 내부화했다. 미국식 법인기업은

....

82 Arrighi. 『장기20세기』. p.123.
83 Cumings. 『미국 패권의 역사』.
84 물론 네덜란드 패권 시기의 법인기업(공인합자회사)과 미국의 초국적 기업 간에는 중요한 차이가 있다. 네덜란드의 법인기업이 (무장한) 준정부적 성격을 갖는 경제기관이었고 극히 제한된 숫자의 기업만이 정부로부터 (준정부적인) 특권을 부여받은 반면, 미국 패권하의 초국적 기업은 기본적으로 민간기업이었다.
85 Arrighi. 『장기20세기』. p.143.

영국식 가족기업의 맹점이었던 원료 구매비용, 시장 확보, 재고 관리 등에 소요되는 비용을 효율적으로 관리할 수 있었다. 특히 슈워츠는 이를 경영의 전문직화, 산업의 카르텔화, 생산의 전력화, 생산과정의 테일러주의화라는 네 가지 연성혁신으로 설명한다. 미국의 GDP는 경영혁신을 통해 연평균 4.9%씩 성장했고, 미국과 유사한 경영혁신을 이룬 독일도 3.9%씩 성장했다. 반면 영국의 성장률은 미국의 절반(53.1%), 독일의 3분의 2(66.7%) 수준인 2.6%에 불과했다.[86]

미국 자본주의의 마지막 특성은 시장에 대한 국가의 개입이 일상적으로 이루어졌다는 점이다. 미국은 영토제국주의적 패권을 추구하지 않았고[87] 자체 시장이 충분히 컸기 때문에 상대적으로 국가 간 무역에 덜 의존했다.[88] 자본주의 세계체계의 관점에서 보면 미국의 이러한 특성은 심각한 문제를 유발할 수 있었다. "영국은 패권국의 역할을 계속 맡고 싶었지만 이를 감당할 수 없었던 반면 미국은 이 역할을 감당할 수 있었지만 이를 바라지 않았기 때문에 1920년대에 전지구적 경제 지도력이 실종되고" 말았던 것이다.[89] 미국은 일국적 수준을 넘어 자본주의 세계체계의 유지를 위해 대안을 마련해야 했고, 이러한 필요가 1929년 대공황 이후 역사상 유례없는 시장에 대한 국가의 개입 형태로 나타나게 된 것이다. '계획'은 위기와 열등함의 표시였다. 이것이 우리가 알고 있는 미국의 뉴딜(New Deal)이고, 소련의 경제개발 5개년 계획(1928~1932년)이며, 파시즘과 나치즘이고, 2차 세계대전 이후에 미국이 서방국가를 대상으로 실행한

....

86   Schwartz. 『국가 대 시장』. pp.309-319; Arrighi. 『장기20세기』. p.355. 네 가지 혁신의 구체적인 내용에 대해서는 슈워츠의 인용 부분을 참고하라.

87   미국이 영토제국주의에 기반하지 않았다는 백승욱의 주장은 앞서 언급한 존스의 평가를 고려한다면 검증이 필요하다. 다만 여기서는 국민국가라는 서구의 근대적 국가관에 근거했을 때 미국이 영국에 비해 상대적으로 제3세계를 식민화하지 않았다고 주장하는 것이라고 이해할 수 있다. 그러나 이 또한 미국이 중남미를 침탈하고 스페인과의 전쟁을 통해 필리핀을 식민화했던 역사적 사실을 고려한다면 그렇게 설득력이 있어 보이지는 않는다. 필리핀은 1902년 미국의 식민지가 된 이후 혹독한 경제적 수탈을 겪었고, 필리핀 민중은 미국의 지배로부터 벗어나기 위해 근 반세기에 가까운 독립투쟁을 지속해야만 했다. 김금수. 『세계노동운동사 2』. pp.250-252; 김금수. 『세계노동운동사 3』. pp.67-69.

88   백승욱. 『자본주의 역사 강의』. pp.329-333.

89   Schwartz. 『국가 대 시장』. p.364.

마셜플랜(Marshall Plan)이었다.[90] 하지만 미국은 영국과 달리 개별 국가(지역)를 직접 관리하기보다는 개별 국가가 자국 자본주의의 재생산을 도모할 수 있는 재원을 지원·제공하는 방식으로 자본주의 세계체계의 패권을 유지하고자 했다.

사실 시장에 대한 국가의 개입은 미국만의 특성이 아니었다. 영국을 포함한 모든 국가들의 산업화는 국가의 개입 없이는 불가능했다. 더욱이 네덜란드에서 영국으로, 영국에서 미국으로 자본주의 세계체계의 패권이 이행하면서 국가의 역할은 점점 더 중요해졌고 확대되었다. 주목할 사실은 자본주의 세계체계의 패권이 영국에서 미국으로 이행하던 시기에 국가는 시장에 대해 보다 더 직접적인 방식, 즉 '계획'이라는 방식으로 개입했다. 최초의 시도는 1차 세계대전 당시 독일의 전쟁계획경제였고, 전간기에는 독일의 전쟁계획경제에 영향을 받은 소련의 경제개발 5개년 계획이었다.[91] 더욱이 개별 국민국가가 자신의 자본주의 체제의 재생산을 도모하게 하는 전략은 필연적으로 노동에 대한 새로운 포섭체계로 일국적 차원에서 복지체제를 제도화하는 역사적 배경이 된다.[92] 바로 이 지점이 『기원과 궤적』에서 복지국가를 역사적 복지국가로 부르고 이러한 역사적 복지국가가 미국 패권하의 특수한 역사적 산물이라고 규정하는 이유 중 하나이다. 여기서 다루지는 않지만, 패권을 놓고 미국과 독일이 경합하던 이 시기는 자본주의 체제의 관점에서 보면 독일식 조정시장경제와 미국식 자유시장경제의 초기 모습이

....

90   Arrighi. 『장기20세기』. pp.465-466; Hobsbawm. *Nations and Nationalism since 1780*. p.132; Silver and Slater. "세계패권의 사회적 기원." p.316; 김금수. 『세계노동운동사 3』. p.189.

91   Hobsbawm. *Nations and Nationalism since 1780*. p.132; 김금수. 『세계노동운동사 3』. p.189.

92   백승욱은 영국 패권하에서 노동에 대한 포섭이 형식적 포섭에서 실질적 포섭으로 전환되었다고 주장한다. 백승욱. 『자본주의 역사 강의』. p.313. 하지만 내가 보기에는 노동계급이 자본주의의 반(反)체제 세력이 아닌 체제 내 세력으로 순치된 것은 2차 세계대전의 종전과 함께 가시화된 역사적 복지국가에서 이루어졌다고 보는 것이 타당하다. 왜냐하면 영국 헤게모니하에서 노동에 대한 포섭은 노동력을 상품화하는 데 맞추어져 있었고 이는 끊임없이 노동계급의 저항(때로는 체제를 부정하는 혁명적 저항)에 직면했기 때문이다. 노동계급이 자본주의 체제에 대한 반체제 세력으로 존재하는 체제를 노동에 대한 실질적 포섭을 실현한 체제로 보기에는 논란이 있다. 노동계급은 전후 복지국가의 확장과 함께 비로소 자본주의의 전복이 아닌 자본주의를 개량하려는 체제 내 세력으로 자리하게 되었다고 할 수 있다.

만들어졌던 때였다.[93] 독일과 미국 자본주의의 이러한 차이는 자본주의 복지체제의 다양성을 설명하는 생산체제론의 역사적 논거가 된다.

3. 패권 이행기의 동아시아[94]

자본주의 세계체계의 패권이 영국에서 미국으로 이행하기 시작한 1870년대부터 1940년대까지는 현대 동아시아 자본주의 체제가 만들어지기 시작한 시기이다. 한국의 입장에서 이 시기를 보면, 중국 중심의 세계–경제(중국 중심적 조공무역 체계)가 1876년 조선이 일본에 의해 강제로 개항됨으로써 해체되기 시작했다. 이렇듯 1870년대에 들어서면 200년간의 평화를 유지했던 중국 중심의 체계가 해체되고 동아시아 지역이 자본주의 세계체계에 더 긴밀히 결합되어

1차 아편전쟁 당시 영국 동인도 회사의 전함(그림의 우측 뒤편에 있는 군함)이 중국의 목재 정크 전투선을 파괴하고 있다(출처: https://en.wikipedia.org/wiki/First_Opium_War).

....

93   Arrighi. 『장기20세기』. pp.483-484.
94   한국에 대해서는 제6,7장에서 자세히 다룰 예정이기 때문에 여기서는 중국과 일본을 중심으로 논의를 전개했다.

갔다.[95]

그러면 왜 수천 년간 세계의 중심을 자부했던 중국 중심의 세계체계가 서구의 침탈에 그토록 무기력하게 해체되었던 것일까? 이 질문은 『기원과 궤적』의 주제에서 벗어나지만, 파커(Parker)가 제기한 역설은 경청할 만하다. 파커는 영국으로 대표되는 서구 세력이 중국(淸) 중심의 세계-경제를 침탈할 수 있었던 것은 중국이 무능했기 때문이라기보다는 중국이 상대적으로 "안정된 정부와 평온한 삶"을 지속했기 때문이라고 주장한다.[96] 파괴를 위한 물리력이 필요하지 않았던 중국이 무수한 전쟁을 통해 살인무기를 발전시켜온 서구 세력에 무기력하게 무너진 것이다. 아편전쟁의 상황은 이러한 차이를 극명하게 보여준다. 영국은 540개의 대포를 장착한 16척의 전함(1척의 전함당 평균 34문의 대포를 장착)과 무장기선 4척을 동원해 중국을 부당하게 침략했는데, 중국 측 자료에는 영국 측이 함포 1발을 발사하자 중국 측 함선 3척이 침몰했다고 기록되어 있다. 중국의 정크 전투선(war junks)은 "300백 톤의 적재량과 100피트의 길이에 100명이 탑승하고 6문의 대포"를 장착한 목선이었다. 중국 전함은 모두 침몰했고, 영국은 거의 손실을 입지 않고 중국으로부터 항복을 받아냈다.

우리는 영국의 대중국 정책을 살펴봄으로써 서양 세력이 왜 중국의 문호개방을 시도했는지를 추정할 수 있을 것 같다. 1839년은 영국 패권의 황금기에 해당하는 시기였다. 당시 자본주의 세계체계의 패권국가였던 영국에 중국의 전략적 가치는 중국이 인도로부터 아편을 수입하고 인도는 그 수입으로 영국의 공산품을 수입함으로써 영국 자본주의의 이윤과 대영제국을 유지하기 위한 세입을 보장하는 데 있었다.[97] 중국에 대한 아편무역을 통해 인도는 영국산 공산품의 소비를 10배 이상 늘릴 수 있었고, 영국은 연간 6백만 파운드의 이익을 본국으로 보낼 수 있었다. 이러한 이유로 영국을 포함한 그 어떤 서양 세력도 중국을 독점하고 직접적으로 지배하려고 하지 않았다. 실제로 1839년 아편전쟁 이후 영국을 비

....

95   유용태·박진우·박태균(2010). 『함께 읽는 동아시아 근현대사 1』. 서울: 창비.
96   Arrighi, et. al. "세계사의 관점에서 본 서양의 패권." p.361.
97   Arrighi, et. al. "세계사의 관점에서 본 서양의 패권." p.367, 373.

롯한 서구 제국주의는 중국을 인도, 아프리카, 동남아시아, 아메리카 대륙과 같이 정치적으로 직접 지배하려고 하지는 않았던 것 같다. 서구 제국주의 세력들이 아메리카, 인도, 아프리카, 동남아시아에서 식민지 쟁탈을 위해 무력 충돌을 반복했던 것에 비교하면 서구 제국주의 세력의 중국 침략은 매우 협력적이었다.[98]

서구 열강들 간의 협력관계는 1894년 청일전쟁 이후 일본이 중국을 침략하면서 위기에 처하게 된다. 중국에 대한 서양 세력들 간의 협력적 균형관계를 흔든 것은 서양 제국주의 세력이 아니라 수천 년 동안 중국 중심의 세계체계의 변방에 위치하고 있던 일본이었다. 일본은 1894년 청일전쟁에서 승리한 이후 1895년 중국과 시모노세키(下關) 조약[99]을 체결해 중국 중심의 동아시아 질서에 도전하는 동시에 새롭게 도래한 서구 제국주의 세력에 대응하려고 했다. 일본 학계는 일본이 시모노세키 조약에 1876년 개항 이후에도 여전히 중국 중심의 조공체제에 있었던 조선의 독립을 명시함으로써 중국 중심의 조공체계가 반(半)세기만에 해체되었다고 평가한다. 하지만 이는 일본의 관점에서 청일전쟁을 평가한 것일 뿐이고, 조선(한국)의 관점에서 보면 청일전쟁은 중국 중심의 조공체계의 해체가 아닌 중국과 일본이 조선을 식민지화하기 위한 중일 간의 전쟁이었다.[100] 더욱이 우리가 간과하지 말아야 할 점은 중국과 일본의 개항 이후 동아시아 지역에서 진행된 자본주의적 산업화를 향한 지난한 과정은 동아시아 국가들이 서구 제국주의 세력의 침탈로부터 벗어나기 위한 것만이 아니었다는 것이다. 1840년대부터 시작된 서양에 의한 동아시아의 개항은 동아시아 국가들에는 서양의 위협 이전에

....

98 Arrighi, et. al. "세계사의 관점에서 본 서양의 패권." p.394.
99 청일전쟁 이후 일본과 중국이 체결한 조약으로, 조약의 주요 내용은 조선의 독립 인정, 랴오둥반도, 대만, 펑후제도 등을 일본에 영구히 할양, 배상금 지급, 충칭, 항저우 등의 개항과 자유무역, 일본의 제조업에 대한 직접투자 허용 등이었다. 당시 일본이 청으로부터 받은 3억 6,400만 엔(2억 냥)은 일본 국민총생산의 3분의 1에 해당하는 어마어마한 금액이었다. 2017년 현재 한국의 GDP가 대략 1,600조 원이라고 했을 때 한국 정부의 1년 예산이 넘는 530조 원 정도를 배상금으로 받은 셈이다. 일본은 청일전쟁의 배상금으로 산업화를 위한 기간시설(철도, 전신, 전화망, 제출산업 지원 등)의 확대를 위한 중요한 기회를 얻게 되었다. Duus, P.(1983[1976]). 『日本近代史』. 김용덕 역. 파주: 지식산업사. p.156. 반면 가뜩이나 어려웠던 청조의 재정상태는 더욱 악화되었다.
100 하원호(2008). "동아시아의 세계체제 편입과 한국사회의 변동." 『중앙사론』 27: 1-46. pp.7-8.

동아시아 역내 국가들로부터의 위협을 증대시켰고, 동아시아에서 산업화의 과정
은 어쩌면 이러한 위협에 대한 대응이었다. 서구의 위협은 첫 번째가 아니라 두
번째였다.

메이지유신(明治維新)으로 대표되는 일본의 산업화와 자본주의화도 서양
세력에 대응하기 위한 것이었다기보다는 중국 중심의 동아시아 질서에 대한 일
본의 도전이었다.[101] 일본은 도쿠가와(德川) 시대에 산업화의 예비적 조건을 갖
추고 있었고 중국과 견줄 만한 상품을 생산하고 있었지만, 쇄국정책을 취한 탓에
일본과 중국 간의 경쟁은 가시화되지 않았다. 중일 간의 경쟁이 표면화된 것은
서양의 힘이 동아시아로 밀려와 동아시아의 문호를 개방하고 자유경쟁이 시작
되었을 때부터였다. 실제로 문호개방 이후 일본에는 서양 상품만이 아닌 아시아
국가의 상품이 대규모로 유입되었다. 서구로부터 유입되는 상품은 대부분 새로
운 상품이었기 때문에 일본 상품과 경쟁 관계에 있지 않았지만, 면화와 비단 등
과 같은 아시아 지역의 상품 유입은 일본의 전통적인 산업을 위협했다. 실제로 중
국과 인도로부터 유입된 저가의 푸솜(raw cotton)은 일본의 푸솜 생산을 완전히
파괴했다.

개항 이후 일본은 국내시장은 물론이고 세계시장에서도 중국과 경쟁해야 했
다. 19세기 후반부터 20세기 초까지 중국과 일본은 세계시장에서 저부가가치와
노동집약적인 상품 수출시장의 가장 위협적인 경쟁국이었다.[102] 실제로 1850년
부터 1930년까지 일본의 전체 수출에서 20~40%를 차지할 정도로 중요한 수출
품목이었던 생사(raw silk)는 중국에서도 가장 중요한 수출상품 중 하나였다(중
국의 대외수출물량의 20~30%). 일본이 적극적으로 산업화를 추진했던 1차적 이
유도 중국으로 대표되는 아시아 지역 국가들 간의 경쟁 때문이었다.[103] 개항 이후

....

101 Kwawkatsu, H.(1994). "Historical Background." Latham, A. and Kawakatsu, H. eds. *Japanese
Industrialization and the Asian Economy*. pp.4-8. New York, NY: Routledge. pp.4-7.
102 Ma, D.(2004). "Why Japan, Not China, Was the First to Develop in East Asia: Lessons from Seri-
culture, 1850-1937." *Economic Development and Cultural Change* 52(2): 369-394. p.369.
103 Kwawkatsu. "Historical Background." p.7.

일본의 산업화는 서양의 군사적 위협에 대한 것이었다기보다는 동아시아에서 중국의 상업적 우위에 대한 대응이었던 것이다.[104] 1870년대 이후 동아시아의 역사 또한 이러한 가설을 지지해주고 있다. 한국은 서양이 아닌 일본에 의해 강제로 개항된 이후 반세기가 지나지 않아 일본의 식민지가 되는 씻을 수 없는 치욕을 겪었다. 중국도 1894년 청일전쟁 이후 대만을 일본에 빼앗기고 1931년 이후 만주를 일본이 통제하는 지역으로 내주었다. 더욱이 중국은 1937년 중일전쟁으로 본토의 일부가 일본에 점령당하는 굴욕을 겪었다. 동아시아의 문호를 개방한 것은 서양 세력이었지만, 2차 세계대전 종전까지 동아시아를 식민화한 세력은 서구 제국주의가 아니라 수천 년 동안 중국 중심의 동아시아 세계체계의 하위 구성원이었던 일본이었다.

그렇다면 서양 세력이 밀려오고 동아시아 내부의 역학관계가 중국 중심에서 일본 중심으로 대역전이 일어났던 1870년대부터 1940년대까지 일본 자본주의는 어떤 모습이었을까? 이 시기 일본 자본주의에 대한 이해는 이후 1876년부터 1945년까지 한국 자본주의를 이해하는 중요한 정치경제적 배경이 된다.[105] 사실 20세기에 들어서면 일본과 중국의 경제 수준은 현격한 차이를 보이지만 이러한 차이가 시작된 것은 비교적 최근의 일이다.[106] 예를 들어 양잠산업을 보면, 1873년만 해도 중국의 생사 수출물량은 일본의 세 배에 이르렀는데, 청일전쟁 후인 1905년부터는 일본의 수출물량이 중국을 추월하기 시작했다. 1930년대에 들어서면 1873년과는 정반대로 일본의 수출물량이 중국의 세 배에 이를 정도로 일본의 우위가 확실해졌다. 일본은 세계 생사시장의 80%를 장악했다.

일본은 어떻게 동아시아의 변방에서 산업화에 성공하고 제국주의 국가가 될 수 있었을까? 일본 학계는 일본 자본주의의 발전이 어느 날 갑자기 이루어진 것도, 1853년 개항이라는 충격에 대한 반응으로 이루어진 것도 아니라고 주장

....

104 Arrighi, et. al. "세계사의 관점에서 본 서양의 패권." p.401.
105 1870년대 이후 중국과 일본의 자본주의화 과정을 검토하는 것이 더 좋겠지만, 이 시기에 대한 중국과 일본의 비교는 매우 광범위한 연구를 수반하기 때문에 『기원과 궤적』의 연구 범위를 벗어난다.
106 Ma. "Why Japan, Not China, was the First to Develop in East Asia." p.369.

한다. 일본 경제는 1850년대 초 이미 성장 국면에 진입해 있었다고 한다.[107] 영국에서 더 많은 자본과 적은 노동력을 이용한 산업혁명이 이루어졌다면, 일본에서는 1853년 개항 이전인 도쿠가와 시대에 집약적 노동과 비료의 사용을 통한 농업 근면혁명이 일어났다는 것이다. 농업에서 일어난 일본의 근면혁명이 일본 경제가 중국 경제보다 더 효율적으로 작동할 수 있도록 했다는 것이다.[108] 하지만 일본의 경제성장은 1910년대까지 그리 인상적인 것은 아니었다. 앞서 제시한 〈그림 5.2〉에서 보는 것과 같이 1890년대부터 1차 세계대전 직전까지 일본의 경제성장률은 2.4%였는데, 이는 오스트리아, 네덜란드, 노르웨이 등과 유사한 수준으로 영국과 패권 경쟁을 했던 미국의 4.0%, 독일의 3.2%에 미치지 못했다.[109]

일본 경제는 1890년대~1910년대에 들어서면서 방적업과 조선업을 중심으로 비약적으로 성장했다. 제조업은 연평균 5% 이상씩 성장했는데, 이는 당시 전 세계 제조업의 성장률인 3.5%보다 1.5%포인트 높은 성장률이었다.[110] 이런 상황에서 1차 세계대전은 일본에는 행운이었다. 일본의 산업생산은 1914년 전쟁 발발 당시 14억 엔에서 1918년 68억 엔으로 급증했고, 국민총소득은 30% 이상 증가했다.[111] 양적으로만 성장한 것은 아니었다. 조선업으로 대표되는 중화학공업도 1차 세계대전으로 서유럽 국가들의 경쟁력이 약화된 틈을 타 크게 도약했다.[112] 연성혁신의 핵심인 교육기관의 확대를 통해 근대적 기술자와 직원이라는 중간층이 형성되면서 일본 산업화에서 중요한 역할을 담당할 숙련 노동력도 형성되었다.[113] 미국 자본주의의 특성인 거래비용의 내부화도 1920년대에 들어서

....

107 서정익.『日本近代經濟史』. pp.37-38.
108 Kwawkatsu. "Historical Background." p.4, 7.
109 Tylecote. *The long Wave in the World Economy*. p.219; 서정익.『日本近代經濟史』. p.111.
110 Gorden, A. (2005[2002]).『현대 일본의 역사: 도쿠가와 시대에서 2001년까지』. 김우영 역. (*A Modern History of Japan: From Tokugawa Times to the Present*). 서울: 이산. p.191.
111 Gorden.『현대 일본의 역사』. p.264; Duus.『日本近代史』. p.189.
112 전체 공업생산에서 화학, 철강, 비철, 기계 등 중화학공업 생산품의 비율은 1910년 21.3%에서 1930년 32.8%로 증가했다. 서정익.『日本近代經濟史』. p.189, 201, 209.
113 서정익.『日本近代經濟史』. pp.223-224; Gorden.『현대일본의 역사』. p. 269-270.

메이지유신 시기 일본의 산업화를 상징적으로 보여주는 증기기관차(출처: http://wp.stu.ca/world history/teaching-ressources/world-history/).

면서 미쓰이, 미쓰비시, 스미토모, 야스다 등으로 대표되는 재벌기업 중심의 콘체른이 형성되면서 가능해졌다.[114] 1918년 기준으로 제조업, 광업, 무역업에 대한 민간투자의 20%가 소위 8대 재벌에 의해 이루어졌다. 일본의 산업화는 이렇게 재벌을 중심으로 이루어졌고, 일본 경제는 재벌과 영세기업으로 양극화되었다.[115]

1929년 대공황은 일본 자본주의의 근본적 변화를 초래했다. 일본은 대공황이 발생했을 때 금본위제로 복귀하지만, 물가가 곤두박질치면서 금본위제로의 복귀는 재앙을 초래했다.[116] 1880년대부터 1920년대까지 연평균 2.5%대의 성장세를 유지했던 세계무역량이 대공황 이후 급격이 감소하기 시작하자, 일본은 조선, 만주, 화북으로 이루어진 블록경제를 형성하게 된다. 실제로 1931년 일본의 수출량은 1929년에 비해 무려 43%나 감소했다. 일본은 긴축정책을 폐기하고 이누카이(犬養) 내각의 적극적 재정정책 시행을 통해 1931년부터 1937년까지 연평균 6.2%라는 놀라운 성장을 이룬다(그림 5.2 참고). 당시 영국을 대신해 새로운

....

114 서정익. 『日本近代經濟史』, pp.223-224; Gorden. 『현대 일본의 역사』, pp.269-270.
115 Duus. 『日本近代史』, p.191; 서정익. 『日本近代經濟史』, p.245.
116 Gorden. 『현대 일본의 역사』, p.336.

패권국의 자리를 놓고 경쟁하던 미국과 독일의 연평균 성장률이 3.7%와 4.3%에 그쳤다는 점을 고려하면 일본의 경제성장은 매우 놀라운 성과였다. 당시 가장 영향력 있는 경제학자였던 아리사와 히로미(有沢広巳)는 이 시기의 일본 자본주의를 "경제 기적의 시대"라고 명명했다.[117] 마치 대공황 이후 스웨덴이 취했던 적극적 재정정책을 '케인스 없는 케인스 정책'이라고 불렀던 것처럼, 일본도 경기부양을 위한 적극적 재정정책을 실시함으로써 '케인스 없는 케인스 정책'을 실행했던 것이다.

근대 산업의 성장과 함께 일본에서도 노동계급이 성장했다. 전체 취업자 중 제조업 종사자의 비율은 1차 세계대전이 발발하기 전인 1910년 13.1%에서 1930년 16.0%로, 1941년 25.5%로 꾸준히 증가했다.[118] 하지만 중일전쟁 이후 일본 자본주의는 일본식 파시즘인 군국주의와 결합되면서 직접통제경제로 전환된다. 1940년 제2차 고노에(近衛) 내각은 36만 명의 노조원이 속해 있던 500여 개의 노조를 강제 해산시키고 노동조합을 대신해 고용주와 노동자의 통합단체인 산업보국연맹을 조직한다.[119] 군사비도 급증했다. 정부 지출 중 직접군사비의 비중은 중일전쟁 발발 직전인 1936년 11.0%에서 1944년 90.5%로 급격히 증가했다.[120] 반면 일본인의 삶은 최악의 상황으로 치달았다. 1934년부터 1945년까지 일본 노동자의 실질임금은 무려 60%나 낮아졌다.[121] 1912년부터 1932년까지 일본의 1인당 실질소득이 두 배 이상 증가했던 것과는 정반대의 현상이 나타났다.[122] 특히 동일 시기(1934~1945년)에 미국과 영국의 실질임금이 20% 이상 상승한 것과 비교하면, 일본인의 삶이 얼마나 나빠졌는지를 상상할 수 있을 것이다.

정리하면, 1870년대부터 동아시아의 역관계의 중심이 중국에서 일본으로 변화하면서 일본은 지역의 패자로 부상해 주변국들을 식민화하거나 반식민화했

....

117 Gorden. 『현대 일본의 역사』. p.353.
118 서정익. 『日本近代經濟史』. p.202, 318.
119 Gorden. 『현대 일본의 역사』. p.387.
120 서정익. 『日本近代經濟史』. p.315.
121 Gorden. 『현대 일본의 역사』. p.394.
122 Duus. 『日本近代史』. p.188.

다. 일본이 이렇게 주변국들을 (반)식민화할 수 있었던 힘은 다른 동아시아 국가들과 달리 일본만이 유일하게 산업혁명을 통해 근대 자본주의 체제로 이행했기 때문이다.

하지만 중국은 왜 그렇게 무기력하게 무너졌고 일본은 새로운 동아시아의 패자로 등장했을까? 왜 일본이 성공했는지에 대해서는 지금까지도 많은 논란이 이어지고 있다. 다만 분명한 사실은 일본이 개항 이전인 도쿠가와 시대에 이미 발전의 조건을 갖추었고 이것이 일본의 산업화를 가능하게 했다는 카와카츠(川勝平太)의 주장에 동의하기란 쉽지 않다는 것이다. 개항 이후 25년간의 발전 수준을 보면 중국과 일본의 차이를 발견하기가 어렵기 때문이다.[123] 사실 청일전쟁 직전까지도 두 국가 간의 발전 수준의 차이는 거의 없었던 것으로 보인다. 물론 다른 견해도 있다. 앤드루 고든(Andrew Gordon)은 1890년대에 이르면 일본이 경제적으로 가장 강력한 아시아 국가가 되었다고 평가한다.[124]

그렇다면 왜 중국은 일본처럼 근면혁명을 통해 성공적 산업화로 나아가지 못했던 것일까? 또한 일본이 풍부한 노동력을 바탕으로 농업 근면혁명을 이루었던 것에 반해 왜 중국은[125] 근면혁명을 통해 성공적 산업화로 나아가지 못했던 것일까? 몇 가지 주목할 만한 차이가 있는 것은 사실이다. 먼저 경제개발을 위한 국가로서 중국과 일본의 역량 차이에 주목할 필요가 있다. 중국에서는 청조가 무력했기 때문에 산업화를 추진한 세력이 지방 세력이었던 것에[126] 반해, 일본은 중앙정부가 그 역할을 담당했기 때문일 수도 있다. 하지만 반론도 가능하다. 예를 들어, 약화되기는 했지만 청조의 전제적 군주제는 여전히 강력했던 반면, 일본의 왕권은 유명무실했다. 이로 인해 중국에서는 전제적 군주제를 대신하는 서양의 사상과 이념을 받아들이는 것이 어려웠다. 반대로 일본은 허약한 왕권 덕에 자본주의와 입헌군주제와 같은 서양의 사상을 받아들이기가 상

....

123 Arrighi, et. al. "세계사의 관점에서 본 서양의 패권." p.404.
124 Gorden. 『현대 일본의 역사』. p.187.
125 Moore. *Social Origins of Dictatorship and Democracy*. p.180.
126 Moore. *Social Origins of Dictatorship and Democracy*. pp.176-177.

대적으로 용이했을 것이다. 1880년대에 후쿠자와 유키치(福澤諭吉)가 탈아입구(脫亞入歐)를 주장할 수 있었던 것도 이러한 일본의 특수성에 기인했다. 영국과 프랑스의 자본주의 이행을 비교한 기 브와가 제기한 가설처럼[127] 중국과 일본의 차이의 원인은 단순히 국가의 역할에 있었던 것이 아니라 전제적 왕권의 발전 수준의 차이에 있었을 수도 있다. 중국의 정체(停滯)는 중국의 전제 왕권이 일본 보다 더 발달했고 안정적이었기 때문에 나타난 결과일 수 있다. 이는 발전의 역설이다.

농업의 역할 또한 중요한 변수가 될 수 있다. 서구의 산업화가 농업의 발전을 전제한 것과 달리 중국에서는 농업이 근대적 공업국가로 변화하는 데 장애가 되었다는 배링턴 무어의 지적도 경청할 만하다.[128] 반면 일본에서 농업은 노동력, 식량, 세수를 제공하고 수출상품을 생산함으로써 일본 산업혁명의 원천이 되었다.[129] 한편 마(Ma)는 중국의 실패와 일본의 성공을 문화적인 차이에서 찾는다.[130] 중국이 전통적 유교이념을 고수하고 새로운 서구의 사상과 이념에 배타적이었던 것에 반해 일본은 새로운 서구의 사상과 이념에 개방적이었기 때문에 산업화에 성공할 수 있었다는 것이다. 무어는 더 나아가 일본에서 전통 윤리의 변화 조짐이 개항 전인 18세기 초에 이미 나타나고 있었다고 주장했다.[131] 하지만 문화를 사회구조와 분리해서 사회의 변화를 설명하는 결정적 요인으로 설정하는 것은 매우 논쟁적일 수 있다.

어쩌면 결정적 차이는 중국과 일본이 서구 제국주의 세력에게 갖는 의미가 달랐기 때문일 수도 있다. 모든 서구 열강의 침탈을 감내해야 했던 중국과 달리 일본은 1858년 개항 이후에도 서구 제국주의 세력의 직접적이고 노골적인 수탈을 경험하지 않았다. 정치적 측면에서 보아도 일본에서 근대화를 위한 정치적 변화는 국내적 문제였지만, 중국에서 봉건체제를 일소하고자 하는 시도는 항상 서

....
127 Bois. "신멜더스모델에 대한 비판." pp.156-158.
128 Moore. *Social Origins of Dictatorship and Democracy.* p.196.
129 Gorden. 『현대 일본의 역사』. p.188.
130 Ma. "Why Japan, Not China, Was the First to Develop in East Asia."
131 Moore. *Social Origins of Dictatorship and Democracy.* p.235.

구 열강이라는 장애물을 넘어야 했다.[132] 영국은 인도에서 세포이(Sepoy) 항쟁 이후 인도의 구 봉건 세력을 복원시키고 지원했던 것처럼, 중국에서도 태평천국의 난을 진압한 이후 중국의 봉건 지배세력인 청조와 지주계급을 지원했다.[133] 이는 중국의 근대화를 방해하는 강력한 장애물이 되었다. 서구 자본주의 국가들의 이러한 행위가 중국이 사회주의로의 길을 걷게 된 중요한 이유 중 하나였을 것이다. 실제로 일본이 개항했던 1858년을 전후한 세계정세는 조선과 중국의 개항 시점에 비해 일본이 자주적인 자본주의화를 추구할 수 있는 유리한 조건을 제공해주었던 것이 분명해 보인다. 일본이 개항한 시기는 100년 평화의 시기 동안 유럽 강대국 간에 벌어진 유일한 전쟁이었던 크림 전쟁으로 유럽 열강들 간의 갈등이 고조되었고, 무력으로 일본을 개항시켰던 미국은 1861년부터 1865년까지 내전을 겪게 된다. 중국을 침탈했던 영국도 1857년 인도에서 세포이 항쟁에 직면했다. 더욱이 1864년에 조직된 제1인터내셔널은 유럽 열강 내부의 계급모순을 격화시켰다. 개항 이후 일본은 동아시아에 대한 서구 열강의 침탈이 일시적으로 완화되는 소강국면을 맞이했다. 시간이 필요했던 일본에게는 더 없는 행운이었다.

　마지막으로 언급해야 할 점은 일본의 자본주의화가 주변국들에 대한 침탈을 통해 가속화되었다는 사실이다. 무어가 일본과 중국을 비교하면서 중국의 근대화 과정의 좌절과 사회주의로의 과정을 논하면서 간과한 사실은 일본과 달리 중국이 제국주의의 반식민지 상태에서 근대화를 추구했다는 점이다. 무어가 지적한 것과 같이, 중국은 일본의 파시즘처럼 해외 팽창을 꾀할 수가 없었다.[134] 반면 일본 자본주의의 발전은 일본에 의해 (반)식민지화된 지역과의 분업체계를 통해 가속화될 수 있었다. 실제로 일본은 조선을 개항시켜 일본의 산업화를 위한 식량 공급지로 만들었고[135] 일본 자본주의의 기축적 노동 분업에 철저히 종속시켰다.

....

132　Moore. *Social Origins of Dictatorship and Democracy*. pp.187-189.
133　Arrighi, et. al. "세계사의 관점에서 본 서양의 패권." p.390.
134　Moore. *Social Origins of Dictatorship and Democracy*. p.197.
135　Arrighi, et. al. "세계사의 관점에서 본 서양의 패권." p.405.

제4절 정치와 권력관계: 혁명에서 개혁으로, 사회민주주의의 부상

월러스틴은 19세기를 자유주의가 보수주의와 사회주의(급진주의)를 물리치고 승리한 시기라고 단언한다. 1848년 2월 혁명 이후 자유주의가 세계체계에서 문화적 패권을 장악했고 지문화(geocultural)의 핵심에 위치하게 되었다는 것이다.[136] 그러나 자유주의의 승리는 지속되지 못했던 것 같다. 셰리 버먼(Sheri Berman)은『정치가 우선한다』에서 20세기의 승자를 시장과 개인의 자유를 최대한 보장하기 위한 자유주의도, 자본주의의 철폐를 주장했던 마르크스주의와 공산주의도 아닌 사회민주주의로 기록했다.[137] 20세기를 이렇게 규정한다면 20세기 중반에 전성기를 구가한 복지국가의 기원은 당연히 사민주의에 그 기원을 두고 있다고 할 수 있다. 서순은 복지국가를 사회주의의 유물이라고 단언했다.[138] 쉐보르스키도 "사회민주당이 전(全) 국민의 정당이 되었을 때, 사회민주당은 모든 사회구성원의 집단적 복지를 규정하는 과정으로서 정치적 비전을 강화시킨다."고 했다.[139] 사민주의의 정치화가 필연적으로 '보편적' 복지국가라는 분배체계로 나아갈 수밖에 없음을 역설하고 있는 것이다.

그렇다면 사민주의는 어떻게 19세기를 지배했던 자유주의를 넘어 20세기의 승자가 될 수 있었을까? 사민주의에 복지국가란 수정주의자들의 주장처럼 '운동' 그 자체였을까? 아니면 사회주의를 향한 '최종 목표'였을까? 도대체 19세기 후반에서 20세기 초반에 이르는 기간 동안에 무슨 일이 일어났던 것일까? 이 절에서는 이 이야기를 기록하려고 한다. 본격적인 논의에 앞서 시기별로 사회주의

....

136 Wallerstein. *Modern World-system IV*. pp.18-19.
137 Berman, S.(2010[2006]).『정치가 우선한다: 사회민주주의와 20세기 유럽의 형성』. 김유진 역. (*The Primacy of Politics*). 서울: 후마니타스. p.13. 사민주의를 자유주의와 사회주의의 결합으로 볼 수도 있을 것 같다. 월러스틴은 사회주의와 자유주의를 분리했지만, 사민주의가 일반적으로 사회주의의 자본주의 체제의 전복이라는 혁명적 논의가 탈색되고 자유주의의 의회주의에 기반을 둔 개량을 지향한다는 점에서 사회주의(급진주의)와 자유주의가 자본주의적 방식으로 결합된 이념에 그 기원을 두고 있다고도 할 수 있을 것 같다.
138 Sasson.『사회주의 100년』. pp.19-20.
139 Przeworski. "Social Democracy as a Historical Phenomenon." p.43.

의 의미를 간단하게 개략할 필요가 있어 보인다. 일반적으로 1860년대 이전까지는 모든 급진적 운동을 사회주의라고 불렀고, 1860년대부터 1917년 러시아 혁명이 일어나기 전까지 사회주의와 사회민주주의는 동일한 개념으로 통용되었다.[140] 사회주의가 공산주의(혁명적 사회주의)와 사회민주주의라는 개념으로 분화한 것은 1917년 러시아 혁명 이후이다. 특히 코민테른(제3인터내셔널)은 개혁적 사회주의자와 자신들을 구분하기 위해 혁명적 사회주의자들의 당명(黨名)을 공산당으로 변경할 것을 요구했다.

1. 사민주의: 사회개혁이다! 혁명이 아니다!

"공산주의는 자본주의가 덜 발전한 사회에서 승리했고, 사회민주주의는 자본주의가 발전한 사회에서 승리했다."[141]는 평가는 사민주의의 본질을 가장 상징적으로 이야기해주고 있다. 전통 마르크스주의에 따르면, 사회주의 혁명은 자본주의가 고도로 발전된 사회에서 발생하는 것이 마땅했다. 그러나 20세기의 모든 성공한 사회주의 혁명들은 자본주의가 성숙되지 않은 사회에서 발생했다. 그나마 자본주의적 산업화에 근접했다고 평가할 수 있는 국가는 (유럽의 기준에서 보면 가장 후진적인) 러시아가 유일했고, 중국은 봉건적 유제가 강하게 남아 있던 전형적인 농업 국가였다. 반면 자본주의가 가장 발전한 곳에서는 사민주의가 성장했다. 더욱이 사민주의의 황금기는 복지국가의 황금기였던 동시에 (본래의 사민주의가 지양하고자 했던) 자본주의의 황금기였다는 것은 역사적 역설이 아닐 수 없다.

어떻게 이런 역설적인 일들이 벌어진 것일까? 제2인터내셔널의 의도는 아니었지만, 제2인터내셔널은 사회주의 세력을 자본주의와 결합시켰다. 제1인터내셔널이 해산된 1876년 이후에 새로운 국제노동연대조직을 결성해야 한다는 요구가 노동운동 진영으로부터 지속적으로 제기되었다. 특히 영국과 프랑스 노동

....

140 Brandal, N., Bratberg, Ø., and Thorsen, D.(2014[2013]). 『북유럽 사회민주주의 모델』. 홍기빈 역.
      (*Nordic Model of Social Democracy*). 서울: 책세상. pp.45-46.
141 Sassoon. 『사회주의 100년』. p.6.

운동의 지속적인 요구가 있었고, 1877년 겐트(Gent), 1881년 쉬르(Chur), 1886년 파리, 1888년 런던에서 노동자대회가 개최되었지만 인터내셔널을 재건하지는 못했다.[142] 이러한 와중에 1889년 프랑스 혁명 100주년을 기념하는 에펠탑 개관식이 열리던 날 사회주의자들은 제1인터내셔널을 대신할 새로운 국제연대조직을 재건하기 위해 파리에 모였다.[143] 그들이 직면한 것은 프랑스 혁명이 일어난 지 100년이 지났지만 노동자 해방도 임금노동의 철폐도 이루어지지 않았고 자본주의의 모순은 점점 더 심화되는 현실이었다. 특히 1873년부터 시작된 장기불황은 노동자들의 삶을 한결 고단하게 했을 것이다. 사실 당시 파리에서는 2개의 서로 다른 노동운동 분파가 서로 다른 국제노동자대회를 주관했다. 하나는 프랑스 노동운동의 최대 분파이며 개량주의 노선을 추구했던 '가능주의자(Possibilities)' 집단이었고, 다른 하나는 소수였던 정통 마르크스주의자들의 분파인 '거드주의자(Guesdists)'였다.[144] 이 두 노동자 국제회의 중에서 제2인터내셔널로 발전한 것은 역설적이게도 정통 마르크스주의자들이 개최한 대회였다.

소수파인 정통 마르크스주의자들의 모임이 제2인터내셔널로 발전할 수 있었던 이유는 당시 노동운동 내에서 마르크스주의에 대한 상당한 이념적 공감대가 형성되었다는 점과 이들이 주최한 대회가 노동조합만이 아니라 유럽 각국에서 창당된 사회주의 정당들을 망라했기 때문이었다.[145] 노동조합과 사회주의 정당을 포함한 포괄적 사회주의 국제연대조직을 표방한 제1인터내셔널의 전통을 계승

....

142 강신준(1992). "제2인터내셔널과 사회주의 노동운동." pp.59-60.
143 Sassoon. 『사회주의 100년』. pp.43-47.
144 강신준. "제2인터내셔널과 사회주의 노동운동." p.61.
145 이 대회에는 20개국에서 391명이 참가했는데, 당시 창당된 대부분의 유럽 사회주의 정당들을 포괄했다. 참가국은 다음과 같다. 괄호 안의 연도는 사회주의 정당이 창립된 연도로, 제2인터내셔널의 첫 번째 회의가 개최된 1889년 이전에 창당된 국가의 연도만 기록했다. 사회주의 정당이 창당되지 않은 국가에서는 노동운동조직의 대표들이 참석했을 것으로 추정된다. 프랑스, 독일(1875). 오스트리아(1889). 체코, 스위스, 벨기에(1885). 네덜란드, *영국(1884). 덴마크(1876). 노르웨이(1887). 스웨덴(1889). *이탈리아(1882). 에스파냐, 헝가리, 폴란드, 불가리아, 세르비아, 루마니아, 러시아. *강신준의 논문에서는 이탈리아 사회주의 정당의 창당 연도를 1882년으로, 영국의 경우는 1884년으로 기록하고 있는 데 반해, 서순은 이탈리아는 1892년, 영국은 1900년으로 기록하고 있다. 김금수. 『세계노동운동사 1』. p.457; 강신준. "제2인터내셔널과 사회주의 노동운동." p.61; Sassoon. 『사회주의 100년』. p.70.

한 것이다. 이러한 조건하에서 이들은 자본주의의 불공정한 현실이 혁명 이후 자본가들이 국가권력을 손에 넣고 세계를 자신들의 이해에 따라 재편하고 있기 때문에 초래되었다는 사실에 주목했다.[146] 이러한 인식은 사회주의 운동이 자본주의 모순을 해소하기 위해서는 국가권력을 장악해야 한다는 것을 의미했고, 국가권력의 장악은 사회주의 운동의 대중화를 통해 가능하다는 것을 의미했다.

사회주의 운동이 대중운동이 되자 각국 사회주의 정당과 노동운동의 과제는 크게 세 가지로 집약되었다. 첫째, 노동계급의 보통선거권이 보장된 독일과 프랑스에서는 노동자를 사회주의 정당에 가입시키고, 둘째, 사회주의 정당을 합법적인 선거를 통해 집권세력으로 선출하며, 셋째, 보통선거권이 보장되지 않은 대부분의 유럽 국가들에서는 앞의 두 가지 과제를 달성하기 위해 보통선거권을 부르주아 권력으로부터 얻어내는 것이었다. 전략은 성공적이었다. 1889년부터 1차 세계대전이 발발한 1914년까지 사반세기 동안 유럽에서는 사회주의 운동의 전성기가 열렸다.[147] 〈표 5.1〉에서 보는 것과 같이 1914년 이전까지 유럽의 대부분의 국가에서 사회주의 정당 또는 이에 준하는 정당들이 창당되었고, 대부분의 국가에서 여성을 배제했다는 명백한 한계가 있지만 성인 남성의 보통선거권을 제도화했다. 제2인터내셔널은 마르크스주의적 사회주의가 노동운동이라는 대중운동과 결합된 역사적 순간이었고, 마르크스주의가 자본주의 체제 내에서 자본주의의 개혁을 추구하는 사민주의 운동으로 전환되는 징검다리가 되었다. 그러나 혁명적 마르크스주의를 대중운동과 결합시킨 제2인터내셔널의 전략은 마르크스주의의 혁명적 성격과 국제연대에 반(反)하는 행위를 정당화하는 계기를 제공함으로써 제2인터내셔널을 붕괴시킨 핵심적 이유이기도 했다.

1) 노동계급과 사민주의

1910년을 전후해 전체 취업자 중 노동계급이 차지하는 비중은 벨기에가

....

146 Sassoon. 『사회주의 100년』. pp.46-47.
147 김금수. 『세계노동운동사 1』. pp.457-458.

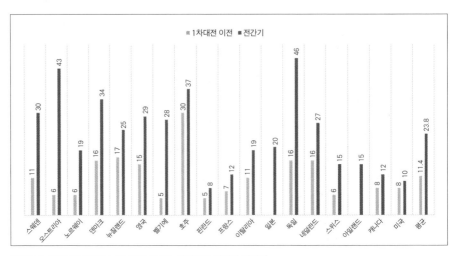

그림 5.4 서구 18개국의 노조 조직률: 1차 세계대전 이전과 전간기
출처: Korpi, W.(1983). *The Democratic Class Struggle*. London: Routledge; Kegan, P. p.31, 35를 참고해 재구성한 것임.

45.1%, 영국 44.6%, 독일이 39.1%에 이르렀다. 절대다수는 아니지만 노동계급의 성장으로 이들의 이해를 대변하는 정당이 출현한 것은 매우 자연스러운 과정처럼 보인다. 더욱이 〈그림 5.4〉에서 보는 것처럼 노동계급은 단지 양적으로 확대된 것만이 아니었다. 노동계급은 자신을 조직화했다. 1차 세계대전 이전과 전간기를 비교하면 노동조합의 조직률이 비약적으로 높아졌다. 오스트리아는 가장 경이로운 성장을 보였는데, 1차 세계대전 이전에 6%에 불과했던 조직률이 1차 세계대전 이후 43%로 급격히 상승했다. 독일의 노조 조직률도 동 기간 동안 16%에서 46%로 높아졌다. 오늘날 대표적인 사민주의 복지국가로 불리는 스웨덴, 덴마크, 노르웨이는 오스트리아와 독일만큼 인상적이지는 않았지만 해당 기간 동안 노조 조직률이 두 배에서 세 배까지 높아졌다. 18세기 말부터 전간기 동안 노동계급의 수적 증가와 조직화 그리고 사회주의 정당의 창당과 지지율의 상승은 마치 자연스러운 하나의 과정처럼 보인다.

하지만 노동계급이 본래부터 사회주의 정당과 친화성을 갖고 있었던 것은 아니었다. 노동계급이라는 정체성은 창조된 것이지 당위적인 것은 아니었다.[148] 실제로 19세기 영국에서 개혁운동의 주된 세력이라고 불리던 근로계급들(in-

표 5.2 사회주의 정당의 창당, 보통선거, 노동인구의 비율

국명	창당 연도	남성 보통선거 실시 연도	남성 취업자 중 노동인구의 비율, %(연도)
포르투갈	1871	1878	–
독일	1875	1871	39.1(1907)
덴마크	1876-1878	1901	24.0(1911)
체코	1878	1896	–
스페인	1879	1931	–
헝가리	1880	–	–
프랑스	1880(1905)	1848	29.5(1906)
네덜란드	1881(1894)	1917	32.8(1909)
폴란드	1882	1918	–
영국	1883(1900*-1906)	1918	44.6(1911)
러시아	1883, 1898*	1918	–
벨기에	1885	1893	45.1(1910)
노르웨이	1887	1898	26.0(1910)
아르메니아	1887	1919	–
스위스	1888	1848	–
스웨덴	1889	1907	24.7(1910)
오스트리아	1889	1907	23.5(1910)
불가리아	1891	–	–
세르비아	1892	–	–
이탈리아	1892	1919	26.8(1911)
루마니아	1893	–	–
크로아티아	1894	–	–
슬로베니아	1896	–	–
우크라이나	1899	–	–
일본	1901	1925	–
핀란드	1903(1899)	1906	11.1(1910)
라트라비아	1904	1919	–
슬로바키아	1905	1896	–
조선(한국)	1925	1948	–
중국	1921	–	–

출처: 일리, 서순, 위키피디아, 김금수가 정리한 내용을 인용한 것으로, 사회주의 정당 창당 연도 중 괄호 안의 연도는 일리와 서순이 기록한 창당 연도가 상이한 경우이다. 괄호 안이 서순이 표기한 연도이다. 영국(사회민주주의연맹, *노동당 창당 연도), 프랑스(프랑스사회주의노동당연합), 러시아(노동해방단, *사회민주주의노동당 창당 연도), 아르메니아(한자크당), 중국(공산당). 조선(1925년 조선공산당). Eley. *The Left 1848~2000*. p.128; Sassoon. 『사회주의 100년』. p.70; 김금수. 『세계노동운동사 1』. p.457; Wikipedia(1915). Universal Suffrage. https://en.wikipedia. org/wiki/Universal_suffrage, 접근일 2015년 7월 9일.

dustrious)은 다름 아닌 양말 제조공, 수직공, 면방적공, 장인, 소마스터, 직종인, 술집주인, 서적판매인, 전문직업인 등 광범위한 계층을 포함하고 있었다.[149] 웨이드(Wade)는 사회를 기생계급과 생산계급으로 나누고, 생산계급을 전문직업인, 고용주, 농부, 숙련직인, 노동자와 같이 "자신의 노동으로 지역공동체의 부를 증대시키는 자들"이라고 정의했다.[150] 1891년 4월 19일 이탈리아 로마의 북서쪽에 위치한 토스카나(Toscana)의 작은 마을인 카스텔리오리노(Casteliori-no)에서는 마르크스의 분류에 따르면 프티부르주아에 해당하는 대장장이, 벽돌공, 제화공 등 자영업자가 스스로를 노동계급이라고 선언하고 노동절 선언문에 서명했으며 지역민들을 노동자만을 위한 축제에 초대했다는 기록도 있다.[151]

통상적으로 권력자원론에 경도된 우리는 노동계급의 조직화와 이에 기반을 둔 사회주의 정당의 성립과 확장이 자연스럽고 당연한 과정이었다고 전제하지만, 역사는 노동조직과 사회주의 이념 간의 필연적 인과관계를 보여주지 않는다.[152] 유럽 대륙에서 사회주의와 노동운동의 결합은 노동계급이라는 단일한 정체성을 창조하려는 사회주의자들의 지속적이고 목적의식적인 운동의 결과인 동시에 우연적 과정이었다.[153] 노동계급이 (이론적인 차원에서 보면 매우 이해하기 어려운) 마르크스주의를 자신의 이념으로 받아들이게 된 것은 사회주의 운동이 19세기 말과 20세기 초의 노동운동을 장악한 통속적 마르크스주의로 알려진 오스트리아-마르크스주의(Austro-Marxism)와 결합했기 때문에 가능했

....

148 Thompson, E. P.(1966[1963]). *The Making of the English Working Class*. New York, NY: Vintage Book.

149 Thompson. *The Making of the English Working Class*. p.610.

150 Thompson. *The Making of the English Working Class*. p.771.

151 Sassoon. 『사회주의 100년』. p.66.

152 Sassoon. 『사회주의 100년』. pp.61-62.

153 노동계급의 형성이 사회주의자들의 목적의식적인 노력만이 아닌 우연적이었다고 표현한 이유는 역사가 구조와 그 구조에 기반한 인간의 노력에 의해서만 만들어질 수 있다는 관점을 경계하기 위해서이다. 한국 복지국가의 역사적 기원과 궤적을 집필하기 위해 여러 역사서를 읽으면서 얻게 된 어쩌면 비과학적이고 비논리적 인식이지만, 우리가 찬탄해 마지않는 어떤 역사는 많은 경우 인간의 목적의식적인 노력과 우연이 성공적으로 결합될 때 비로소 가능했다고 느껴질 때도 있다.

던 것이다.[154] 통속적 마르크스주의는 자본주의는 불공평하고, 역사는 단계적으로 발전하며, 노동자는 동질적 집단이라는 세 가지 명제에 기초했다. 사회민주주의가 자본주의 내에서의 개량(reform)을 추구하는 과정은 노동계급이 수용한 세 가지 마르크스주의의 명제를 수정해가는 과정이었다. 마지막으로 언급해야 할 중요한 변화는 미국 패권하에서 복지국가의 핵심적 주체로 등장하게 되는 사무직 노동계급이 이 시기에 노동계급으로 새롭게 구성되기 시작했다는 점이다.[155]

2) 수정주의 논쟁과 사민주의의 성립

사회주의가 사민주의로 분화되는 과정은 자본주의가 불공평하고 자본가들이 부와 권력을 독점함으로써 중간계급들조차 노동계급(무산계급)화되고 노동계급의 삶은 자본주의가 발전할수록 점점 더 궁핍화된다는 마르크스주의의 '궁핍화 명제'를 부정하는 것이었다. 이러한 부정은 카를 카우츠키(Karl Kautsy)와 베른슈타인이 독일 사민당의 에르푸르트(Erfurt) 대회(1891년 10월 14~20일)를 위해 작성한 당 강령에는 가시화되지 않았지만 처음으로 그 잠재적 모순을 드러낸다.[156] 왜냐하면 에르푸르트 강령에서 카우츠키가 작성한 사민당이 취해야 할 "원칙"과 베른슈타인이 작성한 "요구"는 모순적이었기 때문이다. 에르푸르트 강령의 "요구"는 자본주의의 존속과 발전을 전제하지 않는다면 실현 불가능했고, 만약 그것이 실현된다면 자본주의가 붕괴될 가능성은 그만큼 더 낮아지게 되는 모순을 내재하고 있었다.[157]

"원칙"과 "요구" 간의 모순에도 불구하고 에르푸르트 강령이 독일 사민당의

....

154 Sassoon. 『사회주의 100년』. pp.62-63.
155 Arrighi. 『장기20세기』. pp.415-417.
156 Kautsky, K. (2003[1892]). 『에르푸르트 강령』. 서석연 역. (*Das Erfurter Programm*). 서울: 범우사. pp.27-28.
157 Sassoon. "iii. 복지국가: 법적 지원, 무상 의료서비스, 무상 장례, 고등교육을 포함한 각급 학교의 무상 교육, 모든 비용은 대학 졸업자의 소득세와 재산세, 유산상속세로 충당함, 모든 간접세 폐지." 『사회주의 100년』. p.96.

강령이 될 수 있었던 것은 강령에 대한 관심이 "원칙"에 있었지 "요구"에 있지 않았기 때문이다. "요구"에서는 사민당을 국가권력을 장악하기 위해 필요한 대중적 지지를 견인해내는 기술적인 장치 정도로 생각했다. 모순되지만 사민당에 대한 대중적 지지를 높이고 사회주의 원칙을 전복하지 않는 한 "요구"는 용인될 수 있었던 것이다. 사실 이러한 모순은 에르푸르트 강령에만 나타난 특별한 현상은 아니었다. 마르크스가 단호하게 "당을 도덕적으로 타락시키는 철저하게 불쾌한 강령(a thoroughly objectionable programme that demoralises the party)"이라고 비판하면서 승인을 거부했던 1875년 독일 사민당의 고타(Gotha) 강령을 받아들인 것도, 1877년 독일 제국의회 선거에서 독일 사민당이 9%의 득표율을 기록하며 제4당으로 제국의회에 진입했기 때문이었다. 더욱이 에르푸르트 당 대회가 개최되기 직전에 있었던 1890년 선거에서 독일 사민당은 150만 표 이상을 득표해 득표율로 제국의회의 제1당으로 부상하게 된다.[158]

수정주의 논쟁이 본격화된 것은 베른슈타인이 1896년부터 1898년까지 『노이에 차이퉁(Neue Zeitung)』에 전재한 글들이 『사회주의의 전제와 사민당의 과제』로 발간되면서부터이다. 사회주의의 실현을 둘러싼 수정주의 논쟁이 본격화된 것이다. 베른슈타인의 핵심 주장은 마르크스주의의 교리와 달리 노동계급으로 대표되는 인민의 삶은 시간이 지날수록 궁핍화되지 않고 개선되고 있으며, 중간계급의 노동계급화 또한 확산되지 않았고, 중간계급은 여전히 중간계급으로 남아 있던 현실에 근거한 것이다. 단지 남아 있는 정도가 아니라 중소기업의 수는 오히려 증가하고 있었다. 베른슈타인은 인민이 궁핍화되기보다는 부유해지고 있다고 주장했다. 베른슈타인이 인용한 자료에 따르면, 영국에서 150파운드에서 1,000파운드의 소득을 갖고 있는 가구 수는 1851년에는 30만 가구에 불과했지만 1881년에는 99만 가구로 증가하고 1890년대 후반이 되면 150만 가구로 증가했다. 해당 기간 동안 인구 증가율이 30%였다는 점과 인플레이션을 고려해도 놀라운 변화였다.

....

158 Tudor. *Marxism and Social Democracy*, pp.1-2, p.6.

프랑스와 독일에서도 유사한 현상이 목격되고 있었다.[159] 독일에서 1882년 5인 이하 소기업의 수는 2,457,950개에서 3,056,318개로 598,368개(24.3%)가 증가했다.[160] 제조업만이 아닌 상업과 농업에서도 유사한 현상이 나타났다.[161] 궁핍화와 중간계급의 몰락을 주장했던 카우츠키가 인용한 자료를 보더라도, 1895~1907년 1~5인으로 운영되는 8개 산업 분야의 사업체 수는 조명재료공업, 석재토지사업, 방직업을 제외한 5개 분야에서 큰 폭의 성장세를 보였다. 당시의 대표적인 중간계급이라고 할 수 있는 상업 분야 소(小)사업체 수는 1895년 603,209개에서 1907년에는 790,778개로 31% 증가했고, 숙박업은 220,665개에서 311,263개로 증가했다.[162] 이런 현실을 반영하듯 카우츠키 또한 자본 집중과 소경영의 증가가 동시에 나타나고 있다고 했다. 베른슈타인은 경험적 자료에 근거해 노동계급의 궁핍화 명제를 넘어 자본주의의 붕괴를 통한 사회주의 실현이라는 사민당의 최종 목표를 부정하고 자본주의의 질서 내에서의 노동계급의 삶의 개선이라는 개량주의적 목표로 나아간다. 베른슈타인은 "진보가 사회적 상태의 악화에 의존한다고 생각하게 하는 그 교의가 잘못된 것이다."라고 단언하면서 당시 사회주의자들에게 성경과도 같았던 마르크스와 엥겔스의 주장을 비판했다.[163] 또한 베른슈타인은 마르크스가 본래 강조한 것은 운동, 즉 일련의 과정이지 최종 목표는 부차적인 것이었다고 해석했다. 실제로 마르크스와 엥겔스는『독일이데올로기』에서 다음과 같이 이야기했다.

"공산주의는 우리를 위해 만들어야 할 하나의 상태(a state of affairs)가 아니라 현실이 적응해야 할 이상(ideal)이다. 우리는 공산주의를 현재 상태를 파괴하는 참된(real) 운동이라고 부른다. 이러한 운동의 조건은 현재 존재하는 전제

....

159 Bernstein.『사민주의의 전제와 사민당의 과제』. pp.135-136.
160 Bernstein.『사민주의의 전제와 사민당의 과제』. p.150.
161 Bernstein.『사민주의의 전제와 사민당의 과제』. pp.152-158.
162 Kautsky.『에르푸르트 강령』. p.17.
163 Bernstein.『사민주의의 전제와 사민당의 과제』. p.324, 327, 337, pp.331-332.

의 결과이다."

베른슈타인은 엥겔스 또한 자신의 주장에 대해 "한 번도 반론을 제기한 적이 없었다."는 사실을 들어 자신의 주장이 결코 마르크스주의에서 벗어나지 않았다는 것을 강조했다. 엥겔스의 발언을 직접 들어보자.[164]

"그러나 역사는 우리(마르크스와 엥겔스 자신-인용자) 또한 틀렸음을 보여주었으며, 당시(1848년 혁명을 일컬음-인용자) 우리의 견해가 환상이었음을 드러내주었다. 역사는 훨씬 더 나아갔다. 역사는 당시의 우리의 오류를 불식시켰을 뿐만 아니라 프롤레타리아트가 투쟁해야 하는 조건들을 완전히 변혁하기도 했다. 1848년의 투쟁의 방식은 오늘날 모든 점에서 진부한 것이 되어버렸는데 (…) 보통선거권의 이러한 성공적인 활용과 함께 프롤레타리아트의 전혀 새로운 투쟁 방법이 효과를 발휘하였으며 또 이는 신속히 더욱 발전하였다."[165]

이러한 논의에 근거해 베른슈타인은 다음과 같이 주장한다.

"솔직히 말해서 나는 '사회주의의 최종 목적'이라고 불리는 것을 유달리 좋아하지 않으며, 그것에 관심도 없다. 사회주의의 최종 목적이 무엇이건 나에게는 무의미하다. 나에게 가장 중요한 것은 운동이다. 여기에서 운동이란 사회적 진보인 일반적 사회운동과 이런 진보를 가져오는 정치경제적 시위와 조직화 모두를 뜻한다."[166]

하지만 튜더(Tudor)는 베른슈타인이 마르크스주의를 수정한 것이 아니라

....

164 Engels. "칼 맑스의 『1848년에서 1850년까지의 프랑스에서 계급투쟁』 단행본 서설." p.430, 438.
165 하지만 엥겔스는 의회주의와 사회개혁을 사회주의 혁명을 위한 수단으로 간주했다. Tudor. *Marxism and Social Democracy*. p.4. 베른슈타인은 엥겔스의 의도를 오독했다고 할 수도 있다.
166 Sassoon. 『사회주의 100년』. p.84.

마르크스와 전혀 다른 관점을 제기했다고 평가했다.[167] 베른슈타인의 주장은 엄청난 논란을 야기했다. 베른슈타인이 엥겔스에 의해 마르크스와 엥겔스의 유언 집행자로 지명되었다는 사실을 고려한다면 베른슈타인의 주장이 야기한 파장은 대단했다. 논쟁은 독일 사민당은 물론이고 전 유럽으로 확대되었다. 더욱이 개혁 자체를 목표로 설정한 베른슈타인의 주장은 혁명을 부정하는 것이었고, 자본주의 사회의 계급적 성격을 부정한,[168] 당시 마르크스주의자로서는 상상할 수 없는 도발이었다. 베른슈타인의 수정주의에 대한 강력한 비판은 독일 내외에서 제기되었다. 내부적으로는 1899년과 1903년 독일 사민당 대회에서, 그리고 1904년 8월 암스테르담에서 개최된 제2인터내셔널 대회에서 거의 모든 국가의 사회주의 정당들이 베른슈타인의 수정주의를 비판했다.[169] 하지만 반대만 있었던 것은 아니었다. 노동조합의 지도자들은 베른슈타인의 수정주의를 지지했고, 슈미트(Schmidt)도 『전진』이라는 잡지에 베른슈타인을 지지하는 글을 실었다.[170] 슈미트는 사회주의가 점진적인 개혁에 의해 성취될 수 있다고 믿었다. 카우츠키는 베른슈타인의 의회주의에 대해 "진정한 의회제도는 부르주아 독재를 위해 좋지만 프롤레타리아 독재를 위해서는 좋은 도구가 될 수 없다."고 비판했다. 그러나 카우츠키는 자신의 저서인 『에르푸르트 강령』에서 20세 이상의 모든 국민에게 투표권을 보장하는 보통선거권은 물론 비례대표제 등 부르주아 의회제도의 개혁을 제안하는 모순적인 태도를 보였다.[171] 의회제도가 부르주아 독재를 위한 기관이라고 볼 때 의회개혁을 주장한 카우츠키는 부르주아 독재를 강화하기 위한 수단을 제안한 것이었다.

본격적인 비판은 독일 사민당의 젊은 이론가인 로자 룩셈부르크로부터 제기되었다. 룩셈부르크는 『사회개혁이냐 혁명이냐』에서 베른슈타인의 주장을

....

167 Tudor. *Marxism and Social Democracy*. p.37.
168 Tudor. *Marxism and Social Democracy*. p.10.
169 Sassoon. 『사회주의 100년』. pp.85-86.
170 Tudor. *Marxism and Social Democracy*. p.21.
171 Kautsky. 『에르푸르트 강령』. p.301.

조목조목 비판했다.[172] 먼저 룩셈부르크는 영국 기계노동자들의 패배, 독일 작센주의 헌법 개정과 보통선거권에 대한 제국의회의 탄압을 예로 들면서 의회에서 다수를 획득해 사회주의를 실현한다는 주장이 가당치 않음을 역설했다. 또한 자신의 주장이 마르크스와 엥겔스의 생각과 다르지 않으며 사회주의 전통에서 벗어나지도 않았다는 베른슈타인의 주장에 대해서도 과학적 사회주의의 이론과 모순된다고 지적했다. 베른슈타인은 사회주의로의 이행 자체를 부정했기 때문이다. 룩셈부르크는 자본주의가 붕괴되지 않는다는 베른슈타인의 주장은 사회주의 운동의 최종 목표를 부정하는 것으로 자본주의의 몰락과 사회주의의 실현의 역사적 필연성이라는 마르크스주의의 교의를 부정하고 있는 것이라고 비판했다. 룩셈부르크는 사회주의자란 현실의 전술을 최종 목표와 연관시키는지 여부와 관련된다고 했는데, 이러한 관점에서 보면 베른슈타인은 더 이상 사회주의자가 아닌 것이다. 그외에도 룩셈부르크는 신용의 문제, 사회개혁을 통한 사회주의의 도입 등 베른슈타인이 『사회주의의 전제와 사회민주주의의 과제』에서 제기한 경제적 관점, 정치적 구상, 사회주의 전망에 대해 가장 탁월한 비판을 전개했다. 하지만 오늘날의 관점에서 보면 룩셈부르크의 비판은 베른슈타인의 주장에 대한 과학적 비판이라기보다는 사회주의 혁명가로서 사회주의 혁명의 당위와 대의를 지키기 위한 열정적인 격문과 같은 인상을 준다. 룩셈부르크는 베른슈타인의 주장에 대해 경험적 자료에 근거한 비판을 제기하지 않았다. 결국 룩셈부르크는 베른슈타인에게 혁명과 개량 중 무엇을 선택할 것인지를 물었던 셈이다.

....

172 Luxemburg, R.(2002[1899]). 『사회개혁이냐 혁명이냐』. 김경미·송병헌 역. (*Sozialreform oder Revolution?*). 서울: 책세상.

베른슈타인과 룩셈부르크, 누가 승자가 되었을까?

수정주의 논쟁은 1914년 사민당이 본격적으로 국가 운영에 참여하기 전에 벌어진 논쟁이었다. 논쟁의 핵심은 사회주의 운동의 최종 목표와 현실적 요구 중에 사민주의가 어디에 중점을 두고 운동을 전개해야 하는지를 결정해야 하는 것이었다. 수정주의 논쟁이 진행될 당시에는 전혀 예상하지 못했지만, 베른슈타인의 수정주의는 수정주의 논쟁이 시작된 지 60년이 지난 1959년 11월 15일 고데스베르크(Godesberg)에서 개최된 독일 사민당 대회에서 공식적인 추인을 받는다. 독일 사민당은 고데스베르크에서 베른슈타인의 노선을 계승하고 마르크스주의와 공식적으로 결별을 선언했다.[173] 고데스베르크 강령에서는 라살주의와 베른슈타인의 수정주의가 독일 사민당의 기본 노선이 되었음을 공인했다. 고데스베르크 강령의 주요 내용은 여섯 가지로 정리할 수 있는데, 첫째, 사회혁명을 추구하는 정당임을 선언, 둘째, 마르크스주의와의 결별, 셋째, 정부 참여, 넷째, 의회주의, 다섯째, 국민정당의 선언, 그리고 마지막으로 공산주의와의 사상적 대립이다. 독일 사민당은 이제 사회주의 노동자당이 아닌 실용주의적인 국민정당으로 전환된 것이다.[174] 특히 고데스베르크 강령은 사회주의가 최종 목표가 아니라고 선언함으로써 베른슈타인의 수정주의의 핵심 주장인 "중요한 것은 최종 목표가 아니라 운동 그 자체"라는 주장까지도 수용했다. 고데스베르크 강령은 사회주의를 최종 목표가 아닌 항구적 과제로 규정했다.[175] 고데스베르크 강령 이후 독일 사민당의 지지율은 상승했고, 독일 사민당은 1966~1969년 기민당과의 대연정, 1969~1974년 자민당과의 연정을 통해 정부에 참여하게 된다.

....

173 백경남(1980), "독일 사회민주당의 마르크스주의로부터의 결별", 『법정논총』 5: 199-233, pp.228-229; 유지훈(2001), "독일 사회민주당의 역사적 발전과정에 관한 연구", 『사회과학연구』 18(2): 195-229, p.211; 김종갑(2003), "독일정당제도의 균열 이론적 고찰", 『21세기정치학회보』 13(2): 67-86, p.71.

174 백경남, "독일 사회민주당의 마르크스주의로부터의 결별", pp.228-229; 유지훈, "독일 사회민주당의 역사적 발전과정에 관한 연구", p.211.

175 김종갑, "독일정당제도의 균열 이론적 고찰", p.71.

3) 계급연대와 대중정당화

대중정당화

복지국가와 등치되는 사민주의의 현재 모습이 모두 베른슈타인의 수정주의로부터 시작되었다고 할 수는 없다. 하지만 베른슈타인의 수정주의는 사민주의가 노동계급만이 아닌 대중정당이 되고 이를 통해 의회주의 방식으로 국가권력에 다가가고자 했던 (19세기 말 이후 사민주의의 기본 전략이 되는) 선거주의와 대중의 현실생활을 개선하기 위한 복지국가 이론의 기원이 되었다. 베른슈타인은 사회민주주의의 아버지였다.[176] 쉐보르스키의 주장처럼, 사민주의 정당에 국민정당이라는 개념을 도입한 것은 그 누구도 아닌 베른슈타인이었기 때문이다.[177] 실제로 유럽에서 사회주의 정당의 집권은 노동계급 이외의 계급(층)으로부터 정치적 지지를 받았기 때문에 가능했다. 이렇게 보면 현재 우리가 사민주의라고 부르는 이 이념은 영국의 차티스트(Chartist) 운동과 페이비언(Fabian) 사회주의,[178] 독일에서 노동계급의 실제적 삶의 개선을 중시했던 페르디난트 라살(Ferdinand Lassalle)의 민주적 노동조합 운동의 전통이 '마르크스와 엥겔스'의 유언집행자였던 베른슈타인에 의해 종합되고 창조된 것이라고 할 수 있다. 베른슈타인은 1888년부터 1901년까지 영국에 머무는 동안 페이비언 사회주의의 영향을 받았을 것이다. 또한 노동계급의 삶의 개선을 위한 베른슈타인의 "요구"는 라살의 민주적 노동조합 운동의 오랜 전통 위에 있었다. 사실 우리가 지금 사민주의라고 알고 있는 이데올로기는 베른슈타인의 수정주의를 둘러싼 논쟁이 한창이었던 19세기 후반만 해도 '수정주의적 사회주의'로 인식되었고, 당시에는 수정주의 이념이 이후 지배적인 정치이념으로 성장할 것이라고는 아무도 상상하지 못했다.[179]

....

176 Service. R. (2012[2007]). 『코뮤니스트』. 김남섭 역. 서울: 교양인. p.73.

177 Przeworski. "Social Democracy As a Historical Phenomenon." pp.40-41.

178 페어비언 사회주의에 대한 자세한 내용은 고세훈이 번역한 『페이비언 사회주의』를 참고하라. Shaw, G. B. (2006[1908]). 『페이비언 사회주의』. 고세훈 역. (*Fabian Essays in Socialism*). 서울: 아카넷.

179 Brandal et. al. 『북유럽 사회민주주의 모델』. p.73.

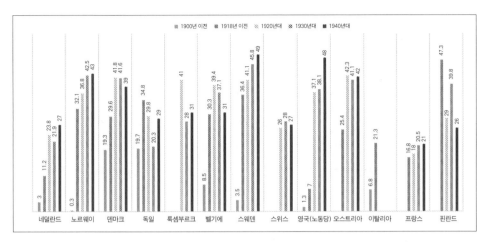

그림 5.5 1880~1940년대 서유럽 주요 국가들의 사회주의 정당(사회당, 노동당)의 시대별 최고 득표율
출처: Sassoon. 『사회주의 100년』. p.70, 130의 〈표〉와 주성수(1992). 『사회민주주의와 경제민주주의』. 서울: 인간사랑. p.303의
〈표 6-1〉을 참고해 재구성한 것임.

〈그림 5.5〉에서 보는 것처럼 실제로 1880년부터 1940년까지 사민주의 정당은 그야말로 비약적인 성장을 했다. 사민당의 이러한 비약적인 성장에는 영국을 예외로 한다면 대략 1899년과 1920년 사이에 도입된 비례대표제도가 중요한 역할을 한 것으로 보인다.[180] 유럽 사민주의를 주도했던 독일 사민당의 득표율은 1900년 이전에는 19.7%였지만 1차 세계대전이 끝난 1918년에는 34.8%로 높아졌다. 독일 사민당은 전전의 불평등한 다수제가 폐지된 이후 바이마르 공화국에서 도입한 정당명부 비례대표제를 통해 비약적으로 성장할 수 있었던 것이다.[181] 스웨덴의 사민당, 노르웨이와 영국의 노동당의 성장은 어지러울 정도였다. 1900년 이전에 스웨덴 사민당의 득표율은 3.5%에 불과했지만 1918년에는 36.4%로 높아졌고 1940년대에 이르면 49.0%에 이른다. 스웨덴에서도 1908년에 도입된 비례대표제가 스웨덴 사민당의 성장에 중요한 역할을 했다.[182] 노르웨이 노동당은 동기간 지지율이 0.3%에서 43.0%로 그야말로 100배 이상 높아졌고, 영국 노

....

180   박찬욱(2000). "선거제도의 개괄." 박찬욱 편. 『비례대표 선거제도』. pp.1-44. 서울: 박영사, p.12.
181   한우창(2000). "독일." 박찬욱 편. 『비례대표 선거제도』. pp.43-67. 서울: 박영사. pp.46-48.
182   최연혁(2000). "스웨덴." 박찬욱 편. 『비례대표 선거제도』. pp.133-155. 서울: 박영사. p.140.

동당도 1.3%에서 48.0%라는 경이적인 성장을 보인다.

일리는 1차 세계대전 이후인 1917~1923년 사이에 두 가지 사회주의 행동모델이 존재했다고 평가했다. 하나는 독일과 오스트리아와 같이 사민당이 집권세력이 되어 개혁적 임무를 수행하는 모델이었고, 다른 하나는 스웨덴과 베네룩스 3국처럼 개혁적 사민주의자와 노동조합의 지도자가 연립정부에 참여해 정치적 권력을 행사하는 모델이었다.[183] 1차 세계대전 이전의 유럽에서 가장 영향력 있는 사회주의 행동모델은 독일 사민당의 모델이었고, 득표율도 사민주의 정당 중 독일 사민당이 가장 높았다. 1차 세계대전 이전에 스웨덴 사민당에 대한 지지율이 3.5%에 불과했다는 점을 고려하면 당시 독일 사민당의 대중적 기반은 굳건해 보였다. 독일 사민당은 이러한 굳건한 대중적 지지에 기초해 유럽 사민당의 지도적 위치에 있을 수 있었다. 그러나 1차 세계대전 이후 독일 사민당은 유럽 사회민주주의 진영에서 지도적 위치를 상실했다. 전쟁이 발발하자 독일 사민당은 노동계급의 국제연대를 배신하고 가장 먼저 애국주의로 돌아서 전쟁채권 발행에 동의하는 등 전쟁을 지지했다.

더욱이 독일 사민당이 파시즘의 출현과 경제공황에 효과적으로 대응하지 못하자 더 이상 유럽 사민주의를 주도할 수 없게 되었다. 1933년 3월 5일 조직적으로 동원된 선거에서 아돌프 히틀러[Adolf Hitler, 국가사회주의 독일 노동자당(Nationalsozialistische Deutsche Arbeiterpartei)]는 무려 43.9%를 득표했다.[184] 히틀러는 행정부가 법률을 제정할 수 있는 수권법(Ermaechigungsgesetz)을 제정해 6월 22일 사민당을 해산시켰고, 7월 5일 중앙당(우파)이 자진 해산하자 나치 일당체제를 구축했다. 1차 세계대전 이후 사회민주주의자들이 세운 바이마르 공화국을 대신해 국가사회주의체제(나치체제)가 수립되었다. 특히 1차 세계대전 당시 독일이 유럽 국가들을 무차별적으로 공격하고 노동자들이 희생당하자 노동계급 사이에서는 독일에 대한 적대감이 심해졌다.[185] 독일 대신 유럽 사민주의의

....

183 Eley. 『The Left 1848~2000』. p.330.
184 이호근(2014). "독일: 분리와 통합의 역사적 발전과정의 재구성." 분리통합연구회 편. 『분단-통일에서 분리-통합으로』. pp.133-178. 서울: 사회평론아카데미, p.163.

지도적 임무를 떠맡게 된 것은 스칸디나비아 사민주의자들이었다. 사민주의의 미래는 스웨덴 사민당의 몫이었다.

우리가 알고 있는 북유럽의 계급연대는 이러한 상황에서 출현했다. 스칸디나비아에서는 사회민주주의 정당이 집권을 위해 계급정당에서 대중정당으로 확장했다. 물론 서유럽의 사회민주주의 정당들이 계급정당에서 대중정당으로 전환할 수 있었던 것은 1917년 러시아 혁명을 계기로 사회주의가 의회주의를 통한 개혁의 길과 혁명을 통한 사회주의의 길로 분명히 분화했기 때문이다. 실제로 사회민주주의라는 용어는 19세기 말부터 20세기 초의 사회주의자들이 민주주의를 받아들이지 않으려고 했던 사회주의자들과 자신들을 구분하기 위해 사용한 용어였다.[186] 베른슈타인은 물론 카우츠키도 자신을 사민주의자로 칭했다. 사민주의자들은 프롤레타리아 독재를 반대하고 민주주의를 지지했다. 러시아에서 프롤레타리아 독재가 실현되고 있었던 당시 상황을 고려한다면 사회주의자들이 자신들을 사민주의자로 구분하려고 했던 의도는 분명했던 것으로 보인다. 서유럽에서 러시아 혁명이 반복될 가능성은 거의 없었고, 집권은 민주적 방식으로도 가능하다고 생각했기 때문이다. 사민당은 집권을 통해 라살이 추구했던 것처럼 노동계급의 생활조건이 개선될 수 있다고 믿었다. 블라디미르 레닌(Vladimir Lenin)이 코민테른(제3인터내셔널)을 결성하고 부르주아 계급이 아닌 [제2인터내셔널을 재건하기 위해 베른(Bern)에서 모인] 칼 브란팅(Karl Branting), 베른슈타인, 카우츠키, 앙드레 레옹 블룸(AndréLéon Blum) 등과 같은 사민주의자들을 적으로 돌린 것도,[187] 레닌과 같은 사회주의자와 자신들을 구분하기 위해 개혁적 사회주의자들이 스스로를 사민주의자로 규정한 것 때문이었다.

더욱이 1920년대부터 유럽을 배회하기 시작한 파시즘은 사회주의에 대한 적대감을 노골화함으로써 사회주의 정당의 실질적 위협으로 등장했다.[188] 사민주

....

185 Brandal et. al.『북유럽 사회민주주의 모델』. p.75.
186 Berman.『정치가 우선한다』. p.20.
187 Brandal et. al.『북유럽 사회민주주의 모델』. pp.74-75.
188 Smith, D.(2007[1973]).『20세기 유럽의 좌익과 우익』. 은은기 역주. (*Left and Right in Twentieth*

의의 반파시즘은 필연적으로 민주주의와 의회주의를 지키는 것에서 시작될 수밖에 없었다. 이제 재정의된 사회주의 세력으로서 사민주의는 프롤레타리아 독재가 아닌 민주주의에 기반을 둔 의회주의를 추구하는 정치세력으로 전환된 것이다.

더불어 전간기 동안 간헐적 집권을 통해 급진적 사회주의화를 추진했던 북유럽 사민주의 정당들의 좌절 또한 생산수단의 사회화로 대표되는 사회주의의 길이 가능하지 않다는 것을 확인해주었다. 실제로 노르웨이에서는 1927년 선거를 통해 역사상 처음으로 크리스토페르 호른스루드(Christopher Hornsrud)를 수반으로 하는 노동당이 집권해 사회주의로의 급진적 이행을 주도했지만, 금융자본과 우파정당은 물론 중도정당까지 노동당 정부를 폐쇄하기 위해 단결함으로써 18일 만에 권력을 다시 우파에게 넘겨주어야 했다.[189] 영국에서도 유사한 일이 벌어졌다. 사민당이 계급정당에서 계급연대에 기반을 둔 대중정당으로 전환한 것은 이러한 역사적 경험을 딛고 이루어진 것이었다.

계급연대

일반적으로 적녹동맹(노동계급과 농민계급의 연대)으로 대표되는 계급연대의 역사적 경험은 1930년대에 스칸디나비아 국가들에서 이루어진 고유한 경험으로 알려져 있다.[190] 토니 주트는 스칸디나비아에서 적녹동맹이 가능했던 이유를 "스칸디나비아의 농민이 유별나게 독립적이었던 데다가 그 지역이 사제나 지주에게 굴종했던 농촌의 전통에서 벗어나 열렬한 프로테스탄트 사회였기 때문"이라고 주장한다.[191] 하지만 사민주의 역사를 보면 적녹동맹은 스칸디나비아 국가들이 발명한 특별한 것도 그들만의 고유한 특성도 아니다. 왜냐하면 19세기 후반부터 현재까지 소위 프롤레타리아는 유권자 중 항상 소수였기 때문이다. 사민

....

Century Europ: Seminar Studies in History). 대구: 계명대학교 출판부. pp.31-32.

189 Brandal et. al. 『북유럽 사회민주주의 모델』. p.87; 김금수. 『세계노동운동사 2』. p.522.

190 Sejersted, F. (2015[3005]). 『사회민주주의의 시대: 북유럽 사회민주주의의 형성과 전개 1905~2000』. 유창훈 역. (*Sosialdemokratiets Tidsalde-Norge og Sverige I det 20. århundre*). 서울: 글항아리. p.14.

191 Judt. 『포스트 워 1945~2005』. p.599.

당이 자신의 지지기반을 노동계급 이외의 집단으로 확장하지 못했다면 혁명이 아닌 선거주의(의회주의)를 통해 베른슈타인이 주장한 "운동"을 실천할 수 없었을 것이다. 실제로 자본주의의 시작부터 지금까지 전체 유권자 중 노동자의 비율이 절반을 넘었던 경우는 1912년의 벨기에가 유일했다(50.1%).[192]

사민주의가 지향했던 의회선거를 통한 국가권력의 집권은 다른 계급의 합보다 작은 단일계급의 이해를 대변하는 정당으로서는 불가능한 일이다. 쉐보르스키가 지적했던 것처럼, 사민당에게 남은 선택은 집권을 포기하고 계속 노동계급의 정당으로 남아 있든지 아니면 노동계급의 이해를 양보하고 다른 계급과의 연대를 통해 집권하는 길이었다. 유럽의 사회주의 정당들은 사회주의를 포기하고 노동계급 이외에 다른 계급의 지지를 선택했다. 카우츠키는 농민을 노동계급의 당연한 동맹세력으로 간주했고, 벨기에 사민당의 강령은 중간계급과 지식인들과 연대하는 것이었으며, 영국에서도 노동계급은 다른 계급 집단의 지지를 얻기 위해 부심했다. 스칸디나비아의 특별함이 있다면 그것은 적녹동맹이 다른 유럽 국가들보다 조금 더 오래 지속되었다는 정도일 것이다. 다시 말해 사민당이 유럽에서 지배적인 정치세력으로 등장한 것은 사민당이 계급정당에서 대중(국민)정당으로 변화했기 때문이고, 사민당의 장기집권은 사민당이 대중정당으로서 유권자들의 기대에 얼마나 부응했는지에 따라 결정되었다. 사민주의가 자본주의 내에서 의회주의의 길을 걸어가던 그 시점부터 사민당은 더 이상 특정 계급의 정당이 아닌 대중정당을 지향했고, 대중정당을 지향하는 한 계급연대는 사민당의 선택이 아닌 생존을 위한 필수적 전제였다.

2. 동아시아에서 사회주의

동아시아에서 자본주의의 발전이 서구 제국주의의 침탈 이후 시작되었는지 아니면 내부의 자생적 발전에 기인한 것인지는 논쟁적인 주제이다. 필립 리처

....
192 Przeworski. "Social Democracy As a Historical Phenomenon." pp.39-40.

드슨(Philip Richardson)은 18세기에 들어서서 중국 경제의 상품화가 이미 상당한 수준에 이르렀고 1인당 상품 유통 총량과 농촌 공업 역시 유럽을 앞섰다는 것이 "의심할 여지없이 명백하다."고 단언했다.[193] 또한 1700년부터 1820년까지 중국의 연평균 경제성장률은 0.85%로 유럽의 0.21%를 압도했다.[194] 이러한 사실은 중국에서 자본주의 맹아론이 발전한 중요한 근거가 되었다. 마오쩌둥(毛澤東) 또한 "중국 봉건사회의 상품경제 발전은 이미 자본주의 맹아를 잉태하고 있어서 외국 자본주의의 영향이 없었더라도 중국은 서서히 자본주의 사회로 발전할 수 있었을 것이다."라고 언급했다.[195] 이처럼 동아시아에서 자본주의의 발달을 단지 서구의 침탈에 의한 반응으로 설명할 수는 없다. 조선과 일본의 경우도 예외가 아니다. 실제로 앞서 언급한 것처럼 일본 학계는 일본의 산업화가 개항 이전부터 계속된 발전의 연속선상에 있었다고 주장한다. 다만 이러한 논의는 『기원과 궤적』의 연구 범위를 벗어나기 때문에 더 이상 다루지 않는다.

여기서는 주로 1870년대부터 1940년대까지 동아시아에서 일어난 노동계급과 사회주의의 성장에 대해 간략하게 검토했다. 다만 동아시아에서 노동계급과 사회주의 세력의 성장은 서구 사회를 설명했던 방식으로는 설명하기 어렵다. 서구에서와 달리 동아시아, 특히 (반)식민지 상태에 놓여 있던 중국과 조선에서 노동운동과 사회주의운동은 곧 반제국주의와 민족해방투쟁을 의미했기 때문이다.[196] 이는 노동운동, 사회주의운동, 민족해방운동이 불가분의 관계에 있었다는 것을 의미하며, 동아시아에서 노동운동과 사회주의운동의 발전은 반제국주의와 민족해방운동의 맥락에서 이해될 필요가 있다는 것을 의미한다.[197] 이것이 어쩌면 (반)식민지 상태에 놓여 있던 중국과 한국 같은 동아시아 국가들에서 노동운

....

193 Richardson, P.(2007[1999]). 『쟁점으로 읽는 중근 근대 경제사 1800~1950』. 강진아·구범진 역. (*Economic Change in China, c. 1800-1950*). 서울: 푸른역사. p.48.
194 李伯重(2006[2002]). 『중국 경제사 연구의 새로운 모색』. 이화승 역. (理論, 方法, 发展趋势, 中国经济史研究新探). 서울: 책세상. pp.55-56.
195 李伯重. 『중국 경제사 연구의 새로운 모색』. pp.25-26.
196 박철하(2009). "사회주의세력의 통일전선운동과 정우회선언." 역사비평 편집위원회 편. 『논쟁으로 읽는 한국사 2: 근현대』. pp.94-104. 서울: 역사비평; 조동걸, 『한국근현대사 개론』. p.174.
197 Silver and Slater. "세계패권의 사회적 기원."

동과 사회주의운동이 서유럽에서 나타난 것과 같이 노동계급의 생활개선이라는 현실적 요구를 전면화하지 못한 이유일 수도 있다. 또한 이러한 역사적 경험이 2차 세계대전 이후 이들 국가에서 구성된 복지체제의 특성을 설명하는 중요한 변수 중 하나가 될 수 있음을 기억할 필요가 있다.

1) 중국, 사회주의 혁명의 길

중국에서 공장제 공업이 운영된 것은 1860년대 초에 관(官)이 세운 군수공장들에서였다.[198] 사기업들이 성장하기는 했지만 본격적으로 대규모 노동계급이 형성되기 시작한 시점은 20세기 초로, 1904년에는 공장노동자와 운수노동자가 25만 명에 이르렀다. 하지만 중국은 여전히 농업사회였고 사회주의 세력의 확대를 위해서는 노동계급과 농민 간의 연대가 중요했다. 또한 중국 노동운동은 단순히 자본주의에 대한 대항이 아닌 제국주의 침탈에 대항하는 반제운동의 성격이 강했다. 19세기 말 20세기 초 외국기업에 고용된 노동자들을 중심으로 전개된 타상운동[기계, 설비, 공장 등을 파괴한 러다이트(Luddite) 운동과 유사한 운동]은 바로 이러한 중국 노동운동의 특성을 잘 보여준다. 하지만 20세기 초까지 중국의 노동운동은 여전히 자산계급의 지도 아래 있었고, 노동계급의 독자적인 세력화는 이루어지지 않았다.[199] 중국에서 근대 공업은 1차 세계대전을 거치면서 급속히 성장했고, 노동계급의 조직화도 해안 지방을 중심으로 확대되어 갔다. 특히 1919년 조선의 3·1독립운동에 고무 받은 5·4운동은 중국 노동계급이 마르크스주의를 수용하고 독립적인 정치세력으로 성장하는 계기가 된다.[200] 실제로 5·4운동 이후 상하이(上海), 베이징(北京), 광저우(廣州), 창사(長沙), 우한(武漢) 등 중국의 주요 도시에서 사회주의를 지향하는 그룹들이 만들어졌고, 상하이에서는 기계, 인쇄, 방직 등의 분야에서 노동조합들이 만들어지기 시작했다. 마오쩌둥은 5·4운동 기간에 노동계급이 중국 부르주아 혁명의 유력한 세력으로 등장했고 5·4운

....
198 김금수. 『세계노동운동사 1』. pp.483-486.
199 김금수. 『세계노동운동사 1』. pp.638-640.
200 김금수. 『세계노동운동사 2』. pp.233-242.

동 이후에는 중국에서 부르주아 혁명의 주체가 부르주아에서 프롤레타리아로 전환되었다고 평가했다.

"5·4운동이 문화혁신운동이 된 것은 중국의 반제·반봉건적 자산계급민주주의혁명의 표현 형태에 지나지 않는다. 그 시기의 새로운 사회역량이 성장·발전함에 따라 중국의 반제·반봉건적 자산계급민주주의혁명에는 유력한 진영, 즉 중국의 노동계급·학생대중 및 신흥민족자산계급으로 구성된 진영이 나타나게 되었다."[201]

"5·4운동 이후에 중국의 민족자산계급이 계속 혁명에 참가하기는 하였지만, 중국자산계급 민주주의혁명의 정치지도자는 중국자산계급이 아니라 중국무산계급이었다."[202]

1919년 5월 4일 중국 천안문 앞에서 일어난, 러시아 혁명과 조선의 3·1운동에 영향을 받은 반제국주의와 반봉건주의 혁명운동(출처: http://totallyhistory.com/may-fourth-movement/).

....

201　毛泽东(2002[1939]). 『모택동선집 2』. 김승일 역. (毛泽东選集). 서울: 범우사. p.261.
202　毛泽东. 『모택동선집 2』. pp.382-383.

이렇듯 5·4운동 이후 노동계급이 중국 혁명의 전면에 등장하게 된 것이다. 마침내 1921년 7월 23일 상하이에서 중국 공산당이 창당되기에 이른다. 5·4운동 이후 성장한 노동운동은 1920년대에 들어서면서 반제·반봉건항쟁을 본격화했다. 상하이에서 1922년 7월에 개최된 제2차 전국노동조합대회에서는 중국 노동운동 역사상 처음으로 반제·반봉건 민주혁명은 물론 사회주의와 공산주의의 실현을 노동운동의 강령으로 채택하게 된다.[203] 더욱이 그간 분열되어 서구 열강의 침략에 제대로 대응할 수 없었던 민족혁명당(국민당)과 중국 공산당은 민족문제를 해결하기 위해 연대하라는 코민테른의 권고를 1923년에 받아들임으로써 반제투쟁의 통일전선이 수립되는 역사적 성과를 이루어낸다. 하지만 1924년 이후 전투적 노동운동이 발생하기 전까지 중국에서 민족주의운동은 노동자와 농민으로 대표되는 민중의 생활개선을 위한 요구를 거의 담고 있지 않았다.[204] 전투적 노동운동 발생 이후 민족주의운동에서 기층 민중이 갖는 의미가 확인되자 쑨원(孫文)은 국민당을 대중정당으로 재편했다. 국민당의 제1회 전국대회는 국민당의 대중정당화를 확인해주었다. 중국 공산당도 참여한, 1924년 1월에 광저우에서 개최된 국민당의 제1회 전국대회에서는 삼민주의(三民主義)는 물론 반제국주의와 일반 민주주의의 원칙을 강조하고 중국 사회가 직면한 과제를 해결하기 위해서 농민과 노동자가 연대해야 한다는 원칙을 확인했다.[205] 전국대회 이후 중국 노동운동의 성격은 반제국주의 투쟁의 성격을 더욱 강화했다. 상하이에서는 일본인 소유의 방적공장 노동자 4만 명이 대규모 파업을 감행하기도 했다.

중국 노동계급의 대중적 반제투쟁은 5·30운동으로 가시화된다.[206] 상하이, 홍콩, 광저우에서는 반제국주의적 성격의 총파업이 발생했고, 영국, 미국, 프랑스

....

203 김금수. 『세계노동운동사 3』. pp.15-17.
204 Silver and Slater. "세계패권의 사회적 기원." pp.320-321. 실버와 슬레이터(Slater)는 중국에서 전투적 노동운동이 1924년 이후에 발생한 것으로 적고 있지만, 김금수가 인용한 중국 자료에 따르면 전투적 노동운동이 본격화된 시점은 1925년에 일어난 일본인 방적공장 파업부터인 것으로 추정된다. 김금수. 『세계노동운동사 3』. p.21.
205 김금수. 『세계노동운동사 3』. pp.18-22.
206 김금수. 『세계노동운동사 3』. pp.23-27.

등 서구 열강과 일본 제국주의는 군함과 군대를 동원해 중국 노동자들의 총파업을 저지하려고 시도했다. 홍콩과 광저우에서 중국 노동자들의 파업이 발생하자 제국주의 열강은 무려 80~90척에 달하는 군함을 동원했다. 이는 20세기 초 동아시아에서 노동운동이 필연적으로 반제국주의 민족해방운동과 관련될 수밖에 없다는 사실을 단적으로 드러내는 사건이었다. 마오쩌둥은 이러한 중국 사회의 현실에 기초해 중국 사회구성체의 성격을 반식민지·반봉건사회로 규정하고 중국 사회의 당면과제가 프롤레타리아 사회주의 혁명이 아닌 부르주아 민주주의 혁명이라고 했다.[207] 민주주의 혁명 이후 사회주의 혁명이라는 2단계 혁명론을 제기한 것이다. 서유럽에서 발생한 부르주아 민주주의 혁명과 달리 중국에서 발생한 부르주아 민주주의 혁명은 도시가 아닌 농촌을 중심으로, 농촌이 도시를 포위하는 방식으로 전개되었다. 이는 중국 부르주아 민주주의 혁명과 사회주의 혁명의 주체세력이 농민이었음을 확인해주는 것이다. 하지만 중국의 사회주의 세력이 처음부터 농민을 혁명의 주체로 생각했던 것은 아니다. 무어에 따르면, 1926년까지만 해도 중국 공산당은 농민을 혁명의 주체세력으로 진지하게 고려하지 않았다.[208] 1927년 제2차 국공합작이 결렬된 이후 프롤레타리아에 의존한 봉기가 비참한 패배로 끝나자 중국 공산당은 비로소 농민을 주력으로 하는 혁명 전략을 수립하게 되었다.

중일전쟁(1937년 7월 7일)의 발발로 인해 중국에서 모든 운동의 중심은 항일투쟁에 맞추어졌다. 노동계급은 적극적 항일전쟁을 전개했다.[209] 하지만 중국 공산당과 국민당의 주도권 싸움은 노동운동을 분열시켰다. 더욱이 국민당 점령 지구에서 국민당이 노동계급의 항일투쟁을 억누르는 모순적인 상황이 벌어졌다. 국민당이 지주계급과 자본가계급의 이해를 대변하는 보수적인 정당이었다는 점을 고려하면, 그들이 진정으로 두려워했던 적은 일본 제국주의라기보다는 자본주의를 부정하는 공산당과 노동운동이었을 가능성이 더 높다. 국민당은 노동계

....

207 毛澤東, 『모택동선집 2』. p.371.
208 Moore. *Social Origins of Dictatorship and Democracy*. p.223.
209 김금수. 『세계노동운동사 3』. pp.594-595.

급이 항일투쟁을 전개하는 과정에서 체제를 전복하는 혁명이라는 '정령'이 병에서 흘러나오는 것을 원하지 않았던 것 같다.[210] 하지만 정작 1927년부터 시작해 1949년에 마무리되는 사회주의 혁명의 토대는 노동계급이 아니라 토지 없는 농민층이었다.[211] "러시아에서보다 중국에서 농민은 구질서를 최종적으로 해체하는 데 더 다이너마이트와 같은 역할을 수행했다." 중국의 구 지배계층이 농민반란을 효과적으로 무마시키거나 억압하지 못해 중국은 독일의 길이 아닌 러시아의 길을 가게 되었던 것이다.

2) 일본, 군국주의의 길

일본은 중국과 달리 독일의 길을 걸었다. 일본의 메이지정권은 처음 10년 동안 자본주의화에 반대해 200여 차례 이상 발생한 대규모 농민반란을 효과적으로 진압하며 근대화의 길을 걸었다.[212] 일본에서 노동운동과 사회주의운동의 발전은 반제국주의와 민족해방운동을 추구한 다른 동아시아 국가들과 달리 계급투쟁 과정에서 성장했다. 독일과 오스트리아 등 서유럽의 권위주의 정권들이 그랬던 것처럼 일본의 권위주의 정권도 노동운동과 사회주의운동의 성장을 억압했다. 산업화의 진척과 함께 노동계급의 성장은 필연적이었다. 특히 1차 세계대전으로 인한 경제적 활황은 노동운동의 핵심세력이 될 중공업 분야 남성 노동자의 수요를 급격히 증대시켰다.[213] 1909년과 비교했을 때 공장노동자의 수는 10년 만에 두 배로 증가했다. 파업 건수도 1914년 50건에서 1918년 417건으로 8배 이상이나 증가했고, 종전의 여파로 발생한 해고와 임금 삭감으로 인해 1919년 노동분쟁 건수는 무려 2,388건에 이르렀다. 노동조합도 지속적으로 늘어나 1917년 40개에서 불과 3년 만에 300개가 넘는 노동조합이 설립되었다. 산업화와 함께 노동운동이 지속적으로 성장했다.

....

210 Silver and Slater. "세계패권의 사회적 기원." p.263.
211 Moore. *Social Origins of Dictatorship and Democracy*. p.220, 227.
212 Moore. *Social Origins of Dictatorship and Democracy*. p.228, 257.
213 Duus. 『日本近代史』. pp.194-196.

노동계급의 성장이 지배 세력에게 위협이 되자 지배세력은 1925년 4월 "치안유지법"을 국회에서 만장일치로 통과시켰다. 치안유지법은 보통선거 실시 이후 급진적 변화가 일어날 수 있다는 것을 우려한 지배세력의 두려움 때문에, 그리고 소련과의 국교 정상화 이후 나타날 문제에 대비하기 위해 제정되었다.[214] "치안유지법" 제정의 핵심 목적은 국체와 사유재산제의 폐지를 주장하는 세력을 제거하는 것이었다. 일본의 "치안유지법"은 1878년에 제정된 독일의 사회주의자법(공안을 해치는 사회민주주의 동원에 관한 법률)보다 훨씬 강력한 탄압수단이었다. 독일의 사회주의자법이 선거운동을 제외한 모든 사회민주주의와 관련된 집회와 언론활동을 금지한 법이었던 것에 반해,[215] 일본의 치안유지법은 공산주의와 사민주의에 대한 탄압을 넘어 자유주의, 노동운동, 민주주의운동 등 기존의 권위주의 체제에 조금이라도 위협이 되는 모든 세력을 탄압하는 도구로 활용되었다.[216] 치안유지법은 히틀러가 1933년 선거에서 승리한 후 제정한 수권법처럼[217] 모든 정당을 불법화시킬 수 있는 강력한 무기를 갖고 있었다. 치안유지법은 고등학교와 대학의 마르크스주의 연구회를 탄압하기 위한 도구로도 활용되었고, 1928년 5월에 공산주의를 탄압할 때도 활용되었다.[218]

당시 일본에서 활동하던 사회주의 그룹은 합법적인 3개의 그룹과 공산당이었다.[219] 사회민주주의 그룹은 의회를 통한 온건한 개혁을 지향했고, 수정 마르크스주의자들은 프롤레타리아 혁명을 합법적인 방법으로 성취하고자 했다. 혁명적인 마르크스주의자들은 의회를 전술적인 활동으로만 받아들였다. 마지막으로 공산당은 수는 적었지만 코민테른과 연계를 갖고 비합법적 활동을 하고 있었다. 하

....

214 Duus. 『日本近代史』. p.186.
215 박근갑. 『복지국가 만들기: 독일 사회민주주의 기원』. p.17.
216 김금수. 『세계노동운동사 2』. pp.548-551. 김금수의 이러한 주장은 피터 두스(Peter Duus)의 견해와는 상이한데, 두우스는 당시 일본에서는 공산당과 과격 마르크스주의자들의 집단행동에 대해서는 강력하게 탄압했지만 온건 좌파의 정치활동에 대해서는 관대했다고 기록하고 있다. Duus. 『日本近代史』. p.186.
217 이호근. "독일: 분리와 통합의 역사적 발전과정의 재구성." p.163.
218 Duus. 『日本近代史』. p.186.
219 Duus. 『日本近代史』. p.185.

지만 공산당은 일본 정부의 강력한 탄압으로 당 내부에 패배주의가 확산되자 일본 자본주의가 공산당이 활동할 정도로 성숙하지 않았다고 판단해 스스로 해체를 결정했다.[220] 이러한 상황에서 일본노동총동맹의 우파 지도자들은 1924년 2월에 개최된 총동맹 정기대회에서 노동운동의 방향을 현실주의로 선회한다.

1925년 25세 이상 남성에 대한 보통선거권이 보장되자 일본에서도 의회 중심의 사회주의 운동을 모색하기 시작했다.[221] 그러나 좌파정당을 창당하는 일은 쉽지 않았다. 사회주의 정당을 재건하기 위해 여러 번 시도했지만 당국의 탄압으로 해산되거나 해산하지 않더라도 제 기능을 하지 못했다. 실제로 1925년 창당된 사회주의 계열의 농민노동당은 결성 세 시간 만에 공산주의자가 참석했다는 이유로 해산당했다.[222] 1926년에는 노동농민당이 재결성되었지만 좌파의 참여 여부를 둘러싸고 분열해 총동맹이 탈퇴하고, 사회주의 우파 세력은 사회민주주의 계열의 사회민중당을 결성했다. 또한 중도 입장을 견지했던 세력이 좌우의 통합이라는 명분으로 일본 노동당을 결성하는 등 보통선거권 도입 이후 일본의 사회주의 계열은 심각한 분열을 경험했다. 1926년 일본 공산당이 다시 창당되고 코민테른이 "일본 문제에 관한 테제"를 만장일치로 채택하면서 좌파 세력 내의 연대 가능성이 열렸다.

1927년의 코민테른 테제(27년 테제)는 일본 공산당의 중요한 지침이 되었다. 일본 공산당 지도부가 공산당을 재창당한 이후 1926년 12월에 코민테른의 승인을 얻기 위해 모스크바에 머물면서 코민테른 지도부와 논의한 결과(사실상 교육받음)가 "27년 테제"였다.[223] 27년 테제에서는 일본 혁명을 부르주아 민주주의 혁명과 사회주의 혁명을 순차적으로 거치는 2단계 혁명으로 규정했다. 코민테른은 일본 공산당의 전위적 성격을 강조하는 후쿠모토 다카오(福本和夫)

....

220 이러한 결정은 코민테른으로부터 강력한 비판을 받는다. 정혜선(1995). "1920-30年代 日本 共産主義運動 研究: 日本共産黨과 코민테른의 關係를 중심으로." 숙명여자대학교 대학원 사학과 박사학위논문, p.56.
221 Duus. 『日本近代史』. p.185.
222 김금수. 『세계노동운동사 2』. p.550.
223 정혜선. "1920-30年代 日本 共産主義運動 研究." pp.56-66.

를 비판하면서[224] 당은 대중정당이 되어야 하며 공장노동자들의 현장조직을 중심으로 강력한 대중조직을 건설해 공산당을 강화할 것을 요구했다. 코민테른은 일본 사회주의 운동의 제1의 과제가 사회주의운동을 수행할 강력한 대중조직의 건설에 있다는 것을 확인해주었다. 실제로 당시 일본에는 대략 450만 명의 노동자가 있었지만 조직된 노동자의 수는 30만 명에 불과했다.[225]

하지만 1931년 일본의 만주 침략 이후부터 1945년 8월 일본이 패망할 때까지 일본에서 노동운동과 사회주의운동은 고난의 시기를 겪었다. 황도파로 알려진 군부 내 과격집단은 테러와 암살을 일삼았고, 마침내 1936년 2월 26일 황도파 군인 1,500명이 쿠데타를 일으켜 도쿄 중심부를 장악하는 사태가 벌어졌다.[226] 쿠데타는 일왕의 승인을 얻지 못해 실패했지만, 과격한 군부에 겁을 먹은 관료와 정치인들은 군부만이 과격한 군인들을 통제할 수 있다고 판단해 군부의 영향력이 강화되는 것을 용인했다. 일본의 군국주의화가 심화된 것이다. 무어는 2·26 사건을 일본의 전체주의화(a totalitarian façade)를 초래한 일련의 사건들의 서곡이었다고 평가했다.[227] 사상에 대한 통제도 심해졌으며, 보수적인 사상도 금지되었다. 이러한 극악한 탄압 아래에서도 일본 공산당은 반전 투쟁조직을 조직했지만, 군국주의 정권은 1932~1933년 3천 명에 달하는 공산당원과 노동조합전국협의회 활동가를 투옥했다.[228] 공산당의 활동은 위축되었고 1945년까지 전국적 규모의 활동을 거의 할 수 없었다.

물론 군국주의화가 불가항력적인 것은 아니었을 수도 있다. 일본 사회주의

....

224 후쿠모토는 일본 공산당을 마르크스주의자들의 조직으로 간주했다. 또한 일상적 실천활동의 중요성을 간과하고 이론적 활동만이 진정한 마르크스 의식의 형성을 통해 당을 혁명당으로 변화시킬 수 있다고 주장했다. 김금수.『세계노동운동사 2』. pp.550-551. 코민테른의 "27년 테제"는 일본 공산당의 후쿠모토의 이런 생각을 비판하고 일본 공산당이 대중정당이 되어야 한다고 강조한 것이다. "27년 테제" 이후에도 코민테른은 "31년 테제", "32년 테제", "35년 테제(인민전선방침)" 등을 통해 지속적으로 공산당의 활동에 중요한 영향력을 행사했다. 정혜선. "1920-30年代 日本 共産主義運動 硏究."

225 정혜선. "1920-30年代 日本 共産主義運動 硏究." p.61.

226 Gordon.『현대 일본의 역사』. pp.361-363; 김금수.『세계노동운동사 3』. p.458.

227 Moore. *Social Origins of Dictatorship and Democracy*. p.301.

228 김금수.『세계노동운동사 3』. pp.58-59.

황도파의 쿠데타는 실패했지만 일본의 군국주의를 가속화했다. 박정희의 5·16 쿠데타는 이 황도파의 쿠데타에 영향을 받은 것으로 알려져 있다(출처: http://blog.daum.net/gmania65/744).

운동은 어쩌면 일본의 군국주의화에 제동을 걸 수 있었을지도 모른다. 예를 들어, 1937년 선거에서 입헌민정당과 정우회[229]가 과반수 의석을 얻지 못하자 사회주의 계열의 사회민중당[230]이 캐스팅 보트를 갖게 되었다.[231] 하지만 사회민중당은 군부를 지지함으로써 이 기회를 스스로 날려버렸다. 사회민중당은 마치 독일의 라살이 노동자들의 생활개선을 위해 비스마르크와 손잡고 국가사회주의를 추구하려고 했던 것처럼,[232] 군부를 지지함으로써 건강보험, 연금, 노동자보호법과 같은 사회개혁 정책들을 얻어내려고 했다.[233] 심지어 사회민중당은 일본 제국주의가 만주와 몽골에 대한 침략으로 얻은 이익을 국민에게 나누어주라고 요구해 제국주의 침략 전쟁을 용인하는 태도를 보였다.

....

229 하라 다카시(原敬)가 주축이 된 정당으로, 입헌정치를 추구했다. 정우회의 등장 이후 일본에서는 정당 세력이 확대되었다. Duus. 『日本近代史』. pp.172-173.

230 사회민중당은 1932년 1월에 열린 당 대회에서 반파쇼, 반공산주의, 반자유주의라는 3반 강령을 채택했다. 김금수. 『세계노동운동사 3』. p.459.

231 Gordon. 『현대 일본의 역사』. p.361.

232 Tudor. *Marxism and Social Democracy*. p.5; 박근갑, 『복지국가 만들기: 독일 사회민주주의의 기원』. p.144.

233 Gordon. 『현대 일본의 역사』. p.361.

군국주의화가 본격화되면서 일본 정부는 1938년부터 노동조합 대신 자본가와 노동자를 산업보국연맹으로 조직화해 노사협력체계를 강화했다. 1940년 7월에는 사회민중당과 일본노동총동맹을 해산시키고 노동조합 대신 대정익찬회, 대일본산업보국회 등을 설립했다. 이러한 일련의 과정을 거쳐 군국주의 정권이 수립되었고 1941년 태평양전쟁이 발발했다. 이후 모든 부르주아 민주주의는 폐지되었고 모든 정당과 노조도 불법화되었다.[234] 일본 노동자들은 이러한 극악한 탄압에도 불구하고 작업 기피, 조퇴, 불량품 생산 등 자연발생적 저항을 1945년 8월 전쟁이 끝날 때까지 지속했다. 태평양 전쟁이 시작된 1941년부터 1944년까지 발생한 노동쟁의 건수는 1,303건이었고 참가자는 53,000명에 이르렀다.

　　마지막으로 이 시기의 일본 노동운동과 관련해 우리가 주목해야 할 사실은 당시 일본에서 노동문제는 단순히 국내문제가 아니었다는 점이다. 1939년 7월 28일 일본 내무성과 후생성은 "조선인 노무자 내지 이주에 관한 건"을 발표하고, 당해 9월부터 조선총독부는 "조선인 노동자 모집 및 도항취체요강"을 시행했다.[235] 특히 태평양 전쟁이 막바지에 접어든 1944년 9월부터 조선총독부는 "국민징용령"에 의해 조선인에 대한 강제징용을 실시했다. 1939년부터 1945년까지 일본 정부에 의해 724,787명, 민간기업에 의해 1,519,142명이 강제동원된 것으로 추정된다. 조선인만이 아니었다. 중국인도 강제로 끌려와 공장과 광산에서 상상할 수 없는 혹독한 조건하에서 노동을 강요당했다.[236] 2017년 7월에 개봉된 영

....

234　김금수.『세계노동운동사 3』. pp.569-570.

235　김경일(2004).『한국노동운동사 2: 일제하의 노동운동 1920~1945』. 서울: 지식마당. pp.415-417. 김윤환이 인용한 자료에는 동 기간 동안 661,684명이 강제동원된 것으로 적시되어 있다. 김윤환(1981).『한국노동운동사 I: 일제하 편』. 서울: 청사. p.312.

236　Gordon.『현대 일본의 역사』. p.388. 2015년 7월 5일 일본은 근대산업시설(메이지 일본의 산업혁명 유산: 규슈-야마구치와 관련 지역)을 유네스코 세계문화유산으로 등재했다. 등재 과정에서 당시 해당 시설들에서 자행되었던 조선인 강제노동에 대한 사실을 명문화하는 문제로 한일 간에 갈등이 있었고, 본문이 아닌 일본 정부 대표단 발언록과 각주에 강제노동 사실을 명기하기로 합의했다고 알려져 있다. 하지만 일본의 근대유산이 만장일치로 합의 결정된 이후 일본 정부는 "forced to work"이 강제노동을 의미하는 것이 아니라는 취지의 성명서를 발표했다. 강제노동은 없었다는 것이다. 반성하지 않는 민족에게 미래가 있을까?

화 〈군함도〉는 일본 제국주의가 어떻게 조선인 강제징용자의 인권을 유린했는지를 잘 묘사하고 있다. 1940년대에 들어서면 일본의 노동문제는 일국적 성격을 넘어 국제적 성격을 갖는 민족문제로 확대되었다.

제5절 분배체계: 복지체제의 다양성의 맹아

이제 『기원과 궤적』에서는 1870년대부터 1940년대까지 자본주의의 복지체제의 성격과 변화에 대해 검토할 것이다. 이 시기가 중요한 이유는 현재 우리가 복지국가라고 부르는 복지체제의 주요 유형과 성격의 기원이 형성되는 시기였기 때문이다. 에스핑-앤더슨이 분류한 세 가지 서구 복지체제의 기원도, 제4의 유형의 성립 여부로 논란이 되고 있는 동아시아 복지체제의 성격도 그 역사적 근원을 거슬러 올라가면 19세기 말부터 20세기 초 사이에 벌어진 자본주의 체제의 변화와 밀접한 관련성을 갖고 있다. 먼저 큰 틀에서 복지체제의 역사에서 1870년대부터 1940년대라는 시기가 갖는 의미를 개략하고 복지체제의 다양한 기원에 대해 살펴보았다.

1. 1870년대~1940년대의 역사적 의미

자본주의 체제하에서 복지제도와 정치·경제 요인들이 서로 공진하며 변화되어왔다는 것은 이제 상식에 가까운 이야기이다. 만약 복지체제가 자본주의 체제의 정치·경제 요인들과 서로 공진하며 변화했다면 자본주의 세계체계의 패권의 이행과 함께 복지체제 또한 변화했을 것이다. 큰 틀에서 보면 이 시기는 영국 패권하의 영토제국주의와 가족기업이 지배하는 자본주의 체제에 조응하는 복지체제가 미국 패권하의 비영토주의 국민국가와 법인기업이 지배하는 자본주의 체제에 조응하는 복지체제로 재편된 때였다. 이 시기를 거치면서 복지제도의 역할은 인간 노동력의 강제적 상품화에서 적극적 상품화로, 적극적 상품화에서 탈상품화로 전환되어갔다. 통상적으로 복지제도는 재화와 서비스를 제공해 노동 대중의 생활을 개선하는 역할을 수행하는 것으로 알려져 있다. 하지만 역사적으로 보면 자본주의가 본격적인 모습을 드러내기 시작했던 17세기부터 19세기의 중반까지 복지제도는 봉건적 질서에 익숙한 사람들을 자본주의 질서에 편입시키기 위한 수단으로 활용되었다.[237] 물론 복지제도가 반드시 한 가지 목적을 위해 제도화된 경우는 없다. 복지제도는 인간 노동력을 상품화시키는 동시에 필요에 따라 제한적인 범위에서 구제활동을 했다. 그러나 우리가 중요하게 읽어내야 할 사실은 전자본주의 사회의 분배제도에는 존재하는 않았던 자본주의 분배제도로서 복지제도의 새로운 역할이 무엇인지에 관한 것이다.

2. 빈민법, 영미 복지체제의 역사적 기원

영국의 빈민법은 16세기부터 시작해 19세기 중엽까지 자본주의 체제의 목적에 가장 잘 부합하는 대표적인 복지제도였다.[238] 다만 구(舊) 빈민법은 하나의 단일한 법으로 존재하지 않았다. 구빈민법은 1601년 이전에 이미 수차례의 반복된 입법 과정을 통해 제도화되었고, 1834년에 제정된 신빈민법도 여러 차례의 수정 과정을 거친 일련의 법체계이다. 시드니 웹(Sidney Webb)은 영국의 빈민법을 "지난 600년간의 신분과 행정적 수단이 중층적으로 녹아 있는 부자와 빈자, '유

....

237 Polanyi.『거대한 전환』. p.243. 하지만 폴라니의 이러한 주장은 조금 과장된 측면이 없지 않다. 왜냐하면 자본주의는 인간의 모든 활동을 상품화시키기보다는 자신의 필요에 따라 인간 노동력을 부분적으로 상품화시킴으로써 가장 많은 이윤을 얻을 수 있었다. 실제로 자본주의가 시작된 16세기 이후 지금까지 근 500년이 넘는 기간 동안 인간 노동력의 상품화는 지극히 제한된 지역에서 이루어졌고, 지금도 세계의 많은 지역에서는 여전히 비임금노동이 지배적이다. 또한 여성의 노동은 세계 어디에서도 여전히 상품화되지 않은(못한) 상태로 '사랑'이라는 미명하에 헌신을 강요받고 있다. 폴라니의 사고는 (아직 이런 관점을 보여준 연구 논문을 보지는 못했지만) 지극히 남성 중심적이고 서구 중심적인 사고에 기반을 두고 있는 듯하다. 자본주의는 결코 인간의 모든 활동을 상품화시키지 않는다.

238 복지제도의 주요 목적이 인간 노동력의 강제적 상품화였던 시기는 본 장의 주된 분석이 시작되는 시기인 1870년대 이전이다. 그러나 1870년대 이후의 복지제도의 변화를 이해하기 위해서는 이전의 상황에 대한 개략적인 이해가 필요해 16세기부터 19세기 중반에 이르는 자본주의 초기의 복지제도에 대해 개략적으로 살펴보았다.

산자와 무산자' 간의 변화하고 끊임없이 개발된 법률관계"로 정의하고 있다.[239] 사실 빈민법을 이러한 일련의 법체계로 보는 것은 학계의 공통된 시각이다. 슈바이니츠는 1601년 법은 새로운 것이 전혀 없고 1597년부터 1598년 사이에 이루어진 일련의 입법들을 반복한 것에 불과하기 때문에 빈민 구제와 관련된 1601년 법의 위상이 과대평가되었다고 했다.[240] 실제로 1601년 구빈민법이란 영국의 튜더 왕조 시기인 1530년부터 1601년까지 70년간 여러 차례 이루어진(6차례 주요 입법 과정이 있었던) 일련의 법률 체계이다.[241] 이영찬은 더 나아가 1388년에 제정된 빈민법부터 1601년 엘리자베스 빈민법까지를 하나의 빈민 구호 체계로 언급하고 있다.[242] 이러한 시각은 폴라니에게서도 확인된다. 폴라니는 빈민법을 단일 입법체계로 이해하기보다는 빈민 통제를 위한 일련의 노동 관련 입법으로 이해하고 있다.[243]

영국에서 15세기에서 16세기 사이의 튜더 왕조 시기에 일어난 제1차 종획운동은 당시 자본주의 세계체계의 기축적 분업에서 영국이 담당하고 있던 노동분업을 수행하는 과정에서 발생했다. 당시 영국은 자본주의 세계체계의 패권 지역이었던 저지대(네덜란드 지역)로 양모를 수출하고 국내에서 성장하고 있던 모직물 생산의 원료를 공급하기 위해 곡물을 재배하던 농지를 양을 방목하는 목초지로 전환시켰다. 튜더 왕조는 토지의 영리적 이용을 막기 위해 종획운동을 여러 차례 금지시켰지만 막을 수 없었다.[244] 종획운동으로 인해 토지를 잃은 농민들과 빈민들이 대량으로 양산되었다.[245] 자주 인용되는 토머스 모어(Thomas More)의

....

239 Webb, S.(1922). "the English Poor Law Will It Endure?" Barnett House Papers No. 11. London: Oxford University Press. p.3.
240 Schweinitz. 『영국 사회복지 발달사』. p.62.
241 허구생(2002). 『빈곤의 역사, 복지의 역사』. 서울: 한울아카데미. p.198.
242 이영찬(2000). 『영국의 복지정책: 구빈법 개혁부터 제3의 길까지』. 서울: 나남출판. p.63. 이영찬이 1598년부터 1610년이라고 언급한 대목은 1601년의 오기로 보인다.
243 다만 폴라니가 『거대한 전환』에서 주로 언급했던 빈민법은 구빈민법이 아닌 신빈민법이다. Polanyi. 『거대한 전환』. p.291.
244 Polanyi, 『거대한 전환』. p.240.
245 허구생, 『빈곤의 역사, 복지의 역사』. pp.227-229; 이연규(2015). "인클로저." 『역사용어사전』. 서울대

아래 문구는 바로 제1차 종획운동 당시의 영국 상황을 가장 잘 묘사한 것으로 알려져 있다.[246]

> "'그게 뭔가요?' 하고 추기경이 물었습니다. 당신들 나라의 양입니다. 양들은 언제나 온순하고 아주 적게 먹는 동물이었습니다. 그런데 이제는 양들이 너무나도 욕심 많고 난폭해져서 사람들까지 잡아먹는다고 들었습니다. 양들은 논과 집, 마을까지 황폐화시켜버립니다. 아주 부드럽고 비싼 양모를 얻을 수 있는 곳이라면 어디에서든지 대귀족과 하급귀족, 심지어는 성무를 맡아야 하는 성직자들까지 옛날에 조상들이 받던 지대에 만족하지 않게 되었습니다."

부랑민이 모두 종획운동으로 인해 발생했다고 할 수는 없지만, 종획운동이 부랑민의 증가에 상당한 기여를 했다는 것은 의심할 여지가 없어 보인다. 당시 자료에 따르면 부랑빈민의 규모가 적게는 1만 명에서 많게는 20만 명에 이르는 것으로 추산된다. 구빈민법은 이러한 문제를 해결하기 위해 제도화된 복지제도이다. 당시 구빈민법의 역할은 토지를 잃고 방랑하는 광범위한 무(無)토지 농민들을 상업적 영농이나 발전하고 있던 모직물산업에 종사하도록 만드는 것이었다. 구빈민법이 부랑인과 걸인에 대해 가혹한 처벌을 하고 강제노역을 시키는 조항을 포함하고 있는 것도 바로 이러한 법 제정의 의도를 반영한 것이다. 하지만 당시 영국의 모직물산업은 종획운동으로 양산된 유휴 인력에게 안정적인 일자리를 제공할 정도로 충분히 성장하지는 못했던 것 같다. 아직 산업화가 본격화되지 않은 단계에서 고용은 불안정했다. 이러한 구조적 문제로 인해 구빈민법이라고 불리는 엘리자베스 통합 빈민법 체계는 이전의 빈민법 체계와 달리 징벌적 요소와 함께 부분적으로 구빈적 요소를 포함하고 있었다. 과도한 평가라고 생각되지만, 튜더 빈민법의 의의를 "비자발적 실업의 가능성을 인정하고" "빈민에 대한

....

학교 역사연구소 편. p.110, 서울: 서울대학교출판문화원, p.1434.

246 More, T.(2007[1516]). 『유토피아』. 주경철 역. (*Utopia*). 서울: 을유문화사. p.27.

규제와 처벌에서 적극적 구제로 방향을 전환했다."라고 평가하는 경우도 있다.[247] 폴라니도 튜더 왕조가 구빈민법과 같은 일련의 전국적 노동 입법을 통해 "노동을 상업적 거래라는 위험지역에서 빠져나오게 했다."라고 평가했다.[248]

　　빈민법이 빈민의 강제적 상품화를 위한 수단으로 활용된 것은 1830년대 신빈민법의 제정부터라고 볼 수 있을 것 같다. 여기서 한 가지 분명히 언급해야 할 문제는 '빈민'이 누구인지에 관한 것이다. 폴라니는 현대인이 'poor'와 'pauper'를 유사한 의미로 사용하기 때문에 빈민법의 의미를 온전히 이해하는 데 어려움이 있다고 지적한다. 빈민법이 제정될 당시의 지배계급인 "영국의 향신계급(gentlemen)은 스스로 여가생활을 즐길 만큼 충분한 소득을 확보하지 못한 모든 사람들을 사실상 모두 빈민"이라고 간주했기 때문에 "빈민(poor)이란 토지를 가지고 있는 계급을 제외한 모든 이들로 구성되어 있는 일반 민중(common people)과 사실상 동의어"라고 보았다. 따라서 빈민법은 무산계급 전체에 대한 통제를 목적으로 하는 법체계라고 할 수 있다. 이러한 이유로 시드니 웹은 앞에서 언급한 것처럼 1928년 당시까지도 빈민법을 부자와 빈자의 관계를 규정한 법체계만이 아닌 유산계급과 무산계급의 관계를 규정한 법체계로 정의했던 것이다.[249] 특히 웹은 작은따옴표를 사용해 유산계급과 무산계급이라는 용어를 강조하는 방식으로 빈민법이 단순히 구호 대상자에 국한된 법이 아니라는 것을 강조했다. 빈민이라는 용어를 이렇게 이해하면 빈민법이 갖는 의미가 보다 분명하게 드러나게 된다.

　　1349년의 노동자조례로부터 시작된 일련의 민중 통제 수단은 거의 400년이 지난 1830년대에 신빈민법으로 대체된다. 구빈민법이 만들어지고 운용되던 당시에 영국은 자본주의 세계체계에서 반주변부 국가였지만, 신빈민법 체계가 만들어졌던 1830년대는 영국이 나폴레옹 전쟁에서 승리함으로써 자본주의 세계체

....

247　허구생. 『빈곤의 역사, 복지의 역사』. p.179, 197.

248　Polanyi. 『거대한 전환』. p.240.

249　원문은 "legal relationship between the rich and the poor, between 'the Haves and the Havenots'"라고 되어 있다. Webb. "the English Poor Law Will It Endure?" p.3.

계의 패권국가로 절정을 누리고 있던 시기였다. 소위 팍스 브리타니카의 시대였다.[250] 이 시기에 산업자본주의가 시작되었고, 그에 따라 원활한 노동 공급이 영국 자본주의의 성장에 필수적인 조건이 되었다. 실업자와 구호가 필요한 빈민을 구분하지 않고 빈민에 대한 보호라는 가부장주의에 기초한 구빈민법은 영국이 맞이하고 있는 새로운 산업자본주의에 적합한 복지제도가 더 이상 아니었다. 구빈민법은 자신이 일한 만큼 임금소득을 얻어야 하는 산업노동자의 출현을 가로막고 있는 것으로 인식되었다.[251] 당시의 관점에서 보면 진보적 개혁가였던 찰스 타운센드(Charles Townshend)는 원외구호를 포함해 구빈민법이 10년 이내에 철폐되어야 한다고 주장했다. 한편 당대의 대표적인 경제학자였던 데이비드 리카도는 점진적인 방식을 선호했다. 리카도는 노동자들의 임금이 시장에서 자유롭게 결정되는 것이 모든 공동체의 최대 다수에게 좋은 일인데, (구) 빈민법은 이러한 원리에 반하는 것이라고 생각했다. 구빈민법은 빈민의 상처를 더 악화시키는 것은 물론 토머스 맬서스(Thomas Malthus)가 이야기한 것과 같이 빈민들이 계속 증가해 구빈세의 규모가 점점 더 커져 부자까지도 가난하게 만든다는 비판이 제기되었다.[252]

"빈민의 친구라면 누구나 빈민법의 폐지를 열렬히 희망할 것임에 틀림없다. 그러나 불행하게도 그 법은 오랫동안 유지되어왔고 빈민들의 습관은 그 실행에 길들어왔기 때문에, 우리의 정치체제에서 그것들을 안전하게 제거하기 위해서는 아주 조심스럽고 능숙한 처리가 필요하다. 이 법의 폐지에 가장 우호적인 모든 사람들은, 만약 그 법의 잘못된 제정으로 혜택을 입는 사람들에 대한 가장 압도적인 고난을 막는 것이 바람직하다면, 그 폐지는 가장 점진적인 단계를 밟아 이루어져야 한다는 데 동의한다."

....

250 Wallerstein. *Modern World-system IV.* pp.125-127.
251 Polanyi. 『거대한 전환』. p.387.
252 Ricardo, D.(2010[1817]). 『정치경제학과 과세의 원리에 대하여』. 권기철 역. (*On the Principles of Political Economy and Taxation*). 서울: 책세상. pp.110-111.

신빈민법은 당시 영국 자본주의의 상황과 조응하지 않는 구빈민법에 대한 점증하는 비판에 힘입어 제도화되었다. 신빈민법에서는 정직한 빈민, 일하는 빈민이라는 개념을 폐기하고 빈민계층을 실업자로 새롭게 범주화했으며 실업자를 구제할 필요가 없는 대상으로 간주했다.[253] 빈민은, 아니 새로운 빈민계층으로 정의된 실업자들은 죽지 않으려면 노역소(workhouse)에 입소해야 했다. 그들은 노역소에서 인간으로서는 감당하기 어려운 끔찍한 삶에 직면해야 했다. 이제 누구도 자신의 노동력을 상품화시키지 않으면 살아갈 수 없게 되었다. 신빈민법은 실업자들이 '노역소'에 입소하기를 원하지 않는다면 어떤 조건에서라도 자신의 노동력을 시장에 내다 팔도록 했다. 자본주의 체제라는 거시적 차원에서 보았을 때 복지제도는 이렇게 인간 노동력을 '강제적으로 상품화'하는 주요한 제도적 장치가 되었던 것이다.

신빈민법에 반대하는 포스터: 신빈민법에 의해 노역소에서 일하는 가난한 사람들의 모습(출처: https://global.britannica.com/event/Poor-Law).

....

253 Polanyi. 『거대한 전환』. pp.543-544.

상황이 이렇다면 당시 진보적인 사람들은 왜 비인간적인 신빈민법의 탄생에 저항하지 않았을까? 폴라니는 신빈민법 제정 당시의 상황을 "1832년의 의회개혁을 통해 평화로운 혁명이 달성되었다."라고 묘사했다.[254] 캐슬린 존스(Kathleen Jones)는 "이 시기 사회정책의 역사에서 가장 큰 의문 중의 하나는 그 당시 개명되고 진보적인 인사들을 대표하던 정당(자유당)이 왜 비인간화의 대명사가 된 빈민법 체계를 도입했는지였다."라고 하면서 법 제정이 의회 내외부에서 평화롭게 이루어진 것에 의문을 제기했다.[255] 물론 다양한 해석이 가능하다. 한 가지 해석으로, 당시에는 민중을 대변하는 복지정치가 존재하지 않았다는 것이 가장 중요한 이유 중 하나로 거론될 수 있을 것이다. 영국에서 노동계급의 이해를 대변하는 사회주의 계열의 정치세력이 형성된 시기는 이르게 잡아도 사회민주주의연맹이 창설된 1883년이고, 노동당이 창당된 시기는 이보다 20여 년이 늦은 1900년이다.[256] 노동계급의 정치세력화 정도를 보여주는 노조 조직률은 20세기 초에 이르러서야 15% 정도가 되었고,[257] 1900년경의 노동당에 대한 지지율은 1.3%에 그쳤으며,[258] 남성 보통선거권이 도입된 것도 1918년이 되어서였다. 19세기 말과 20세기 초의 상황이 이러할진대, 당시 새롭게 등장한 빈민 부류인 (자신의 노동력을 상품화해야만 먹고 살 수 있는) '실업자'에 대한 이해가 입법 과정에 반영될 수 있는 제도는 없었다. 정확히 표현하면, 복지정치가 없었기보다는 일반 민중의 복지정치를 담아낼 자본주의 체제 내의 합법적 틀이 존재하지 않았다. 하지만 일반 민중은 삶의 처지를 개선하기 위해 자신들이 할 수 있는 파업, 폭동 등의 방식으로 자신들의 의사를 지속적으로 표현했다.

영국이 산업자본주의의 시대로 접어들면서 노동계급이 광범위하게 형성되었지만, 노동계급은 아직 자신의 권력자원을 형성하지 못했다. 1834년의 신빈민

....

254   Polanyi. 『거대한 전환』. p.543.
255   Jones, K. (2003[2000]). 『영국 사회정책 현대사』. 엄영진·이영찬 역. (*The Making of Social Policy in Britain: From the Poor Law to New Labour*). 서울: 인간과 복지. p.22.
256   Eley. 『The Left 1848~2000』. p.128.
257   Korpi. *The Democratic Class Struggle*. p.31.
258   Sassoon. 『사회주의 100년』. p 70, 130.

법은 이러한 자본주의 체제의 변화와 당시 권력관계의 부조화가 반영된 결과이다. 민주주의가 제도화되기 전까지 개혁적 휴머니스트들의 정치는 주로 군주와 지배 엘리트들을 향했지 일반 민중을 향하지 않았다. 오히려 이들은 일반 민중의 여론에 직접 호소하는 것을 원하지 않았다. 토머스 모어조차 자신의 책이 영문으로 번역되어 민중에게 읽히는 것을 원하지 않았다.[259] 그는 일반 민중이 지식인들의 논의를 이해할 수 없다고 생각했다. 또한 개혁적 인사들은 민중 혁명의 정령이 유리병에서 빠져나와 공공질서를 붕괴시킬 수 있다는 두려움을 갖고 있었다.[260] 복지정치가 본격적으로 힘을 발휘하기 위해서는 시간이 더 필요했다. 다만 분명한 점은 1349년 노동자조례로부터 시작된 일련의 빈민 통제에 관한 법률체계가 현대 미국과 영국의 복지체제의 성격을 규정하는 기원 중 하나가 되었다는 것이다.[261]

3. 독일, 사회보험과 국가 개입, 보수주의 복지체제의 기원

19세기 중후반에 들어서면 산업화는 영국을 넘어 독일, 프랑스 등 서유럽 전역으로 확산되었다. 특히 후발국 독일에서 산업화가 급격히 이루어지고 있었다. 산업화는 산업노동자를 대규모로 만들었고 이러한 현상은 정치적으로 노동계급의 이해를 대변하는 정치세력의 성장을 가져왔다. 특히 1889년 제2인터내셔널 대회 이후 사회주의 노동운동은 마르크스주의를 받아들임으로써 질적인 도약을 했다.[262] 1871년 포르투갈에서 최초의 사회주의 정당이 창당된 이래 1889년 제2인터내셔널이 출범할 때까지 독일, 덴마크, 체코, 스페인, 헝가리, 프랑스, 네덜란드, 영국, 러시아, 벨기에, 노르웨이, 아르메니아, 스위스, 스웨덴, 오스트리아 등

....

259 허구생. 『빈곤의 역사, 복지의 역사』. p.205.
260 Jones. 『영국 사회정책 현대사』. pp.22-23.
261 슈바이니츠의 주장처럼 빈민법 체계를 영미 사회보장체계의 단일한 기원으로 평가할 수는 없겠지만, 이 체계가 영미 사회보장체계의 잔여주의적이고 근로연계복지적인 특성을 규정하는 기원이 된 것임은 분명해 보인다. Schweinitz. 『영국 사회복지 발달사』. p.21.
262 강신준. "제2인터내셔널과 사회주의 노동운동." p.58.

유럽의 대부분의 국가에서 사회주의 정당이 창당되었다.[263] 남성에 대한 보통선거권도 1871년 독일에서 실시된 이래, 포르투갈, 프랑스, 스위스 등으로 확산되었다. 특히 독일에서 사회주의 세력과 정당은 엥겔스가 1848년 2월 혁명 이래 고수했던, 바리케이드 같은 물리력을 동원하는 전술을 재고해야 할 정도로 놀랍게 성장했는데, 의회주의를 통해 사회주의로의 이행이 가능하다는 주장이 나올 정도였다. 국제관계에서는 1879년이 되면 1846년부터 본격화되었던 자유무역이 막을 내리고 독일을 위시한 유럽 열강의 보호주의가 강화되었다.[264]

사회보험은 이러한 배경에서 탄생했다. 물론 국가가 주도하고 국가가 보증하는(state-initiated and state-guaranteed) 독일의 사회보험은 단일한 요인에 의해 만들어진 것이 아니다. 비스마르크의 사회보험은 사회, 정치, 경제의 역사로부터 유래된 다양한 요인들이 상호작용하면서 제도화된 것이다.[265] 사회보험이 제도화되면서 자본주의 복지체제의 복지정책의 목적은 근본적으로 변했다. 복지제도는 일반 민중의 노동력을 상품화시키는 역할을 지속했지만, 빈민법처럼 노동력의 강제적 상품화를 위해 동원되지는 않았다. 사회보험은 사람들이 자신의 노동력을 시장에서 팔아야 급여의 대상이 될 수 있다는 점에서 여전히 노동력의 상품화를 전제했다. 하지만 해당 노동자가 질병, 산재 등의 이유로 더 이상 자신의 노동력을 시장에 팔지 못해도 사회보험은 일정 수준의 급여를 제공했다. 이는 빈민법의 급여와는 완전히 다른 '권리'로서의 탈상품화가 제도화되었다는 것을 의미한다. 간단히 말해 사회보험은 노동력의 상품화를 전제한다는 점에서 여전히 인간 노동력을 상품화하기 위한 자본주의 복지체제의 기본 목적에 충실하지만, 일정 조건하에서 탈상품화를 용인했다는 점에서 이전의 복지제도와는 상이했다. 더욱이 사회보험 급여의 전제는 빈민법과 달리 적어도 명목적으로는 노동력의

....

263 Eley. 『The Left 1848~2000』. p.128; Sassoon. 『사회주의 100년』. p.70; Wikipedia, Universal Suffrage.
264 Polanyi. 『거대한 전환』. p.121.
265 Stolleis, M.(2013). "Origins of the German Welfare State: Social Policy in Germany to 1945." *German Social Policy* 2: 23-176, pp.54-55.

강제적 상품화를 목적으로 하지 않았다.

노동력의 상품화를 전제한 탈상품화 복지제도인 사회보험은 독일에서 표면적으로는 보수의 기획으로부터 출발했다. 하지만 일반적 이해와 달리 사회보험이 탄생된 배경에는 매우 복잡한 당시 독일 상황이 반영되어 있다. 독일의 중공업, 경공업, 농업, 노동운동, 교회, 학자, 관료들 모두는 당시 독일이 직면한 문제를 해결하기 위해 국가의 개입이 필요하다는 인식을 공유하고 있었다.[266] 비스마르크가 사회보험을 제도화하려고 했던 시기에는 빈민법 시대와 달리 더 이상 소수의 지배 엘리트가 의도한 대로 복지제도를 입법화할 수 없었다. 비스마르크의 기획으로 출발한 사회보험을 둘러싼 논쟁은 복지제도를 복지정치의 한복판에 자리 잡게 했고 사민당이 노동계급의 정당에서 실질적인 대중정당으로 전환되는 역사적 과정과 함께했다.

비스마르크가 국가가 주도하는 강제적 사회보험법의 제도화를 시도한 것은 크게 세 가지 목적을 달성하기 위해서였다. 하나는 잘 알려진 바와 같이 국가가 노동계급에 생활보장을 제공함으로써 노동계급을 국가의 충성스러운 산업전사로 양성하고 사회주의 세력의 영향력을 차단하기 위한 것이었다.[267] 비스마르크는 자신이 직접 작성한 황제교서에서 "공안을 해치는 사회민주주의 동원에 관한 법률", 일명 "사회주의자법"과 같은 억압적 조치에 상응하는 개혁 조치가 필요하다고 역설했는데, 사회보험은 이러한 목적에서 제안된 것이다.[268] 사회보험법은 비스마르크 정권이 사회주의 세력을 탄압하는 정치적 행위를 보완하는 입법이라는 비판이 계속되었고, 비스마르크는 스스로를 강단사회주의자라고 지칭하기도 했다.[269] 비스마르크는 1884년 9월 1일 제국의회 연설에서 다음과 같이 말했다.[270]

....

266 Stolleis, M. (2013). "Origins of the German Welfare State." pp.54-55.
267 비스마르크는 사(私)보험을 철저히 배제하고 국가가 직접 사회보험을 운영하기를 원했다. Stolleis. "Origins of the German Welfare State." p.51; Ritter. 『복지국가의 기원』. p.70.
268 Ritter. 『복지국가의 기원』. p.37; 박근갑. 『복지국가 만들기』. p.181, 189, pp.191-192.
269 Ritter. 『복지국가의 기원』. p.34.
270 Ritter. 『복지국가의 기원』. pp.53-54.

"노동자가 건강을 유지하고 있을 때 노동권을 인정하십시오. 그리고 노동자가 아직 건강할 때 노동의 기회를 부여하십시오. 노동자가 병들면 간호하고, 나이가 들면 부양하십시오. 국가사회주의라고 불평하지 않고 희생이 따르더라도 이를 우리들이 행하면, 우리들이 '노령부양'을 언급하고 국가가 노동자를 위하여 기독교적 보호 자세를 나타내 보이면, 바이든 강령의 주창자들(사민주의자들)이 부는 유혹의 피리는 부질없는 것이 되고, 정부와 입법부가 노동자 복지를 위해 심각하게 애쓰고 있다는 것을 노동자들이 파악하면, 사회민주주의로의 전향은 급격히 줄어들 것입니다."

다른 하나는 일반적으로 잘 알려져 있지 않은 내용인데, 국가가 주도하는 사회보험은 당시 상대적으로 후진적인 독일 산업(특히 중공업)의 국제경쟁력을 강화하기 위한 방안으로 구상된 것이었다. 특히 독일 자본은 노동 강도를 높여 노동력을 효율화하고 비용을 절감해 1873년에 시작된 장기불황에서 벗어나려고 했다. 하지만 노동 강도를 높이는 방식은 생산성을 높였지만 산업재해 발생 비율이 높아지는 등 사회적 노동력의 유지와 재생산을 위협했다. 이러한 상황에서 사회보험은 개별 자본의 이해가 아닌 총 자본의 이해를 반영해 안정적 노동 공급을 지속하기 위해 도입된 것이었다. 실제로 산재보험의 제도화는 독일의 대표적인 중공업인 철강산업이 경기 변화에 대응하게 하고 기업 합리화 전략의 일환인 노무관리의 변화에도 부응할 수 있도록 고안된 것이었다.

마지막으로, 비스마르크는 영국 중심의 자유무역과 진보당(the Progressive Party)에 반대하기 위한 계획의 일환으로 사회보험을 계획했다.[271] 1873년 장기불황이 닥치기 전까지만 해도 비스마르크는 자유무역의 신봉자였다.[272] 하지만 장기불황이 덮치자 비스마르크는 자유무역으로는 독일이 직면한 문제를 해결할 수 없다는 것을 알게 되었다. 당시 독일은 급속한 산업화 과정에 있었지만 여

....

271 Stolleis. "Origins of the German Welfare State." p.55. 영국의 자유무역은 영국 정부가 고용 확대를 위해 의도적으로 취한 정책이라는 평가가 있다. Arrighi. 『장기20세기』. p.446.
272 Arrighi. 『장기20세기』. p.451.

전히 영국의 경쟁 상대가 되지는 못했다. 자유무역은 이제 막 성장하고 있는 독일 산업에는 파산선고와 다름없었다. 실제로 1871년 독일의 1인당 GDP는 영국의 59.6%에 불과했고, 1차 세계대전 직전인 1913년에도 78.3%에 불과했다.[273] 독일의 1인당 GDP가 영국보다 높아진 것은 1970년대의 일이다. 농업 부문의 생산성도 1901년 기준으로 영국의 67.2%, 광업 생산성은 86.4%, 공업 생산성은 64.5%(1911년) 수준에 불과했다. 비스마르크는 독일의 신속한 산업화를 위해 권위주의 국가를 원했다. 그는 자신의 생각이 통제된 국가사회주의와 완벽하게 일치한다고 생각했던 것 같다. 비스마르크는 자조와 스스로를 보호한다는 생각에 반대했고 노동자들이 사회보험에 기여금을 내는 것을 원하지 않았다.

하지만 비스마르크의 초기 의도는 이제 막 정치세력화를 시작한 사민당은 물론이고 노동운동의 광범위한 저항에 직면했다. 국가 주도의 사회보험에 반대한 것은 사민당과 노동운동만이 아니었다. 보수적인 가톨릭 이념으로 무장한 중앙당은 물론이고 보수적인 민족주의 정당인 민족자유당도 국가 주도의 사회보험에 반대했다.[274] 사민당이 국가 주도의 사회보험에 반대한 이유는 크게 두 가지로 정리할 수 있다. 하나는 당시 사민당이 사회보험을 핵심적인 입법 과제로 보지 않았다는 것이다. 사민당은 노동계급이 직면한 가장 중요한 입법 과제는 '10시간 표준 노동일' 같은 노동자 보호 입법이라고 생각했다.[275] 노동이 하루 12시간 2교대로 휴일도 없이 계속되는 현실에서 사회보험은 사민당과 노동운동의 긴급한 과제가 될 수 없었다.[276] 더 나아가 공장 입법은 사회보험과 달리 사회혁명과 직접 연결되는 과제였다. 사민당은 10시간 표준 노동일과 같은 경제투쟁을 통해 노동자들을 정치투쟁의 장으로 나아가게 할 수 있다고 생각했다. 실제로 빌헬름 리프크네히트(Wilhelm Liebknecht)는 노동시간이 줄어든다는 것은 노동자들이 사

....

273 Ritschl, A. (2004). "How and When Did Germany Catch up to Great Britain and the US? Results from the Official Statistics, 1901-1960." http://personal.lse.ac.uk/ritschl/pdf_files/KETCHUP.pdf, 접근일 2015년 7월 11일.
274 박근갑. 『복지국가 만들기』. p.196.
275 Ritter. 『복지국가의 기원』. p.83.
276 박근갑. 『복지국가 만들기』. pp.220-221.

회주의 혁명을 위한 활동에 더 많은 시간을 투여할 수 있다는 것을 의미한다고 했다.[277]

다른 하나는 사민당이 사회보험을 노동계급을 사회주의 이념과 사민당으로부터 분리시키기 위해 기획된 것으로 보았다는 것이다.[278] 사민당은 비스마르크가 사회주의자법과 사회보험을 동시에 추진했다는 점에서 그 의도가 명백히 드러났다고 생각했다. 실버 등도 사회보험제도는 19세기 말과 20세기 초에 있었던 사회주의 선동을 무력화시키려는 의도에서 기획된 것이라고 평가했다.[279] 실제로 사회보험의 주 대상은 사민당의 핵심 정치적 기반이 되는 산업노동자였다.[280] 또한 일부 사민당 지도자들은 비스마르크의 국가사회주의 사회보험이 도입되면 자본주의에 대한 노동계급의 불만이 완화되고 결국 사회주의 혁명의 길에서 이탈할 것을 우려했다. 결국 사민당을 비롯해 노동운동과 정당들, 관료들조차 반대했던 국가사회주의 사회보험은 좌절되고 노동과 자본이 함께 기여하고 운영하는 사회보험이 제도화되었다.[281] 흥미로운 사실은 사회보험에 반대했던 사민당이 비스마르크가 실각하고 사회주의자법이 폐지된 이후에 사회보험의 반대자에서 지지자로 변화한 것은 물론 사회보험의 제도화를 사민당의 치적이라고 선전했다는 점이다.[282] 아우구스트 베벨(August Bebel)은 1878년의 제국의회 연설, 1908년의 뉘른베르크(Nürnberg) 대회, 1911년의 예나(Jena) 대회에서 사회보험이 사민주의의 기획으로부터 시작되었다고 주장했다.

사회보험의 또 하나의 중요한 특성은 사회보험이 독일의 오래된 전통과 국가의 적극적 역할을 지지하는 독일 역사학파의 전통을 계승했다는 점이다. 독일

....

277 박근갑. 『복지국가 만들기』. p.227.
278 Ritter. 『복지국가의 기원』. pp.83-84.
279 Silver et. al. "세계 패권의 사회적 기원." p.297.
280 Ritter. 『복지국가의 기원』. p.40.
281 자본이 처음부터 노동과 함께 사회보험을 운영하는 데 찬성했던 것은 아니었다. 고용주들의 반대에도 불구하고 사회보험의 자치운영 원칙이 유지되었고, 비스마르크는 노동자들이 사회보장기구를 통해 국가에 더욱 결속될 것이라고 믿었다. Ritter. 『복지국가의 기원』. p.64.
282 박근갑. 『복지국가 만들기』. p.278.

에서는 "가신이 공권에 대한 의무를 다하는 한 적정 수준의 생존 배려를 요구할 수 있다."는 오래된 전통이 계승되어왔다.[283] 비스마르크는 이러한 독일의 전통을 사회보험에 적용한 것이다. 비스마르크의 사회보험에는 노동자가 국가를 위해 자신의 의무를 다한다면 국가는 노동자들에게 적정한 수준의 생활을 보장해줘야 한다는 독일의 전통이 담겨 있다. 또한 비스마르크의 사회보험은 독일의 산업화를 위해 자유주의에 반대했던 당시 독일 역사학파의 이념을 실천한 정책이기도 했다. 독일 역사학파는 후발국인 독일이 선발산업국을 따라잡는 데 국가가 적극적 역할을 해야 한다고 주장했다. 19세기까지만 해도 독일은 근대화된 공장제 기계공업을 발전시키지 못했다.[284] 그래서 독일이 영국과 경쟁하기 위해서는 국가가 취약한 국내 산업을 보호하고 육성할 필요가 있었다. 영국식 자유방임 사상에 대항해 역사학파의 전통을 계승한 사회정책학회가 창립되기도 했다.[285] 맨체스터

비스마르크가 의도하지는 않았겠지만, 사회보험은 자본주의 분배체계에 큰 영향을 미쳤다(출처: http://history.ucsb.edu/faculty/marcuse/classes/133c/133cPrevYears/133c04/133c04l04WhatIsGermany.htm).

....

283 Ritter. 『복지국가의 기원』. p.19.
284 정진상·한종수(2008). "리스트 국민경제학의 현대적 의의." 『한독 사회과학논총』 18(1): 286-304. p.288-293.
285 Ritter. 『복지국가의 기원』. p.30.

자유방임주의가 지배적이었던 당시 상황에서 국민 생활에 대한 국가의 적극적 역할을 이론화한 독일 역사학파는 1914년의 독일 전시계획경제를 시작으로 이후 소련의 경제개발 5개년 계획, 미국의 뉴딜, 스칸디나비아의 복지체제, 2차 세계대전 이후의 일본과 한국의 개발국가에 이르기까지 자본주의 복지체제에 지대한 영향을 미치게 된다.

물론 독일 역사학파의 이론이 항상 긍정적 역할을 했던 것만은 아니다. 독일 역사학파는 히틀러의 국가사회주의 체제의 이론적 토대가 되기도 했다.[286] 히틀러는 국가사회주의당(나치당)의 선거 포스터에서 보는 것처럼 당시 독일 사회의 가장 큰 문제인 실업 종식을 공약으로 내걸었다. 실제로 히틀러는 집권한 후 그 어느 정치집단보다도 강력한 케인스주의를 실천해 독일 사회에 만연했던 실업을 일소했다. 또한 1940년 독일노동자전선은 "독일민족복지체계"를 제안했는데, 이 계획은 일반건강제도의 도입과 전 국민을 포괄하는 국민보험제도를 포함하고 있었다. 사실상 윌리엄 베버리지(William Beveridge)의 계획과 매우 유사했다. 하지만 중요한 차이가 있었다. "독일민족복지체계"의 목적은 국민을 통제하는 것이었던 것에 반해 "베버리지계획"에는 적어도 명시적으로 국민을 통제하려는 목적은 없었다.[287] 이러한 역사적 경험은 복지국가가 민주주의와 함께해야 한다는 중요한 원칙을 확인해준다. 복지국가는 결코 시민들을 배부른 돼지로 사육하는 것이 아니기 때문이다. 정리하면, 당시 독일의 복지제도는 노동연대는 물론 노동과 자본 간의 연대, 사회정책의 주체로서의 노동자,[288] 국가의 적극적 역할, 그리고 민주주의에 기반을 둔 복지국가여야 한다는 유산을 남겼다. 특히 애덤 스미스의 자유주의 경제학에 대항해 국가가 적극적인 역할을 해야 한다는 독일 역사학파의 전통은 독일 복지체제가 남긴 중요한 유산이라고 할 수 있다.[289]

....

286　이호근. "독일: 분리와 통합의 역사적 발전과 재구성." p.164.
287　Ritter. 『복지국가의 기원』. pp.112-113.
288　Ritter. 『복지국가의 기원』. p.98.
289　'사회주의 혁명이라는 정령'을 병 속에 가두려고 했던 비스마르크의 계획은 성공한 것일까? 사회주의 권은 붕괴했다. "이제 어느 곳에서도, 아무도 비자본주의의 길을 추구하지 않는다."라고 한 도널드 서순의 말이 기억에 남는다. Sassoon. 『사회주의 100년』. p.49.

독일 국가사회주의당과 스웨덴 노동자사회민주주의당의 1930년대 선거용 포스터(출처: (1)과 (2) https
://educationordoamoris.wordpress.com/tag/arbeit-und-brot/ (3) http://klyvnadenstid.se/
2015/05/arbete-at-alla/ (4) http://www.carinebovey.com/valaffischer/.).

4. 1940년대 이전 스칸디나비아 복지체제의 유산

스칸디나비아 복지체제를 이해하기 위해서는 사민주의에 대한 이해가 필수
적이다. 조금 엉뚱한 이야기이지만 원작보다 잘 만들어진 영화를 보는 것은 매우
드문 일이다. 원작이 영화화되면 대부분 원작이 주는 영감과 상상력을 잃기 때문
일 것이다. 사회정책에서도 다른 사회로부터 수입한 정책을 본래 그 정책을 만들
었던 사회보다 더 잘 운영하는 것은 쉽지 않은 일이다. 사회정책은 항상 그 사회
의 정치·경제·사회·문화의 역사적 특수성이 집약된 결과이기 때문이다. 그래
서 사회정책이 다른 사회로 유입되면 그 정책의 사회적 타당성을 잃는 경우가 대
부분이다. 애덤 스미스의 자유주의 이론은 영국 자본주의의 특수성에 기반을 둔
이론이기에 독일과 같은 후발산업국에는 적절하지 않았다. 독일 역사학파가 영
국의 맨체스터 자유주의 이론을 대신해 독일 사회의 지배적인 이념으로 자리 잡
게 된 것도 이러한 이유 때문이다.

스칸디나비아 사회주의 정당의 핵심 이념인 사회민주주의는 독일로부터 수
입된 이념이다.[290] 스웨덴 사민당은 1897년 7월 4일의 스톡홀름 당 대회에서 독

....

290　Brandal et. al. 『북유럽 사회민주주의 모델』. p.25.

자적인 당 강령을 만들기 전까지 독일 사민당의 당 강령을 그대로 사용했다. 스웨덴 사민당은 1897년 당 대회에서 악셀 다니엘손(Axel Danielsson)이 에르푸르트 강령으로부터 영향을 받아 작성한 최초의 독자적인 당 강령을 갖게 된다.[291] 스웨덴 사민당의 최초의 강령이 독일 사민당의 에르푸르트 강령의 영향 아래 만들어졌다는 것은 중요한 의미를 갖는다. 왜냐하면 에르푸르트 강령은 이전의 독일 사민당의 강령들과 달리 사회주의 혁명의 원칙만이 아닌 현실 세계에서 노동계급과 일반 민중의 생활개선을 위한 구체적인 사회정책 요구를 담은 강령이기 때문이다.[292] 에르푸르트 강령 이후 독일 사민당에서는 수정주의 논쟁이 본격화되었고, 스웨덴 사민당은 베른슈타인의 수정주의를 당의 공식문서에 명시적으로 반영하지는 않았지만 가장 철저한 수정주의 정당으로 변화했다. 좌파당의 요한 뢴로세(Johan Lönnroth)는 "스웨덴은 가장 강한 개혁적이자 가장 약한 혁명적 마르크주의 노동운동이 있는 산업화된 국가일 것이다."라고 했다.[293] 특히 1917년에 일어난 러시아의 볼셰비키 혁명으로 공산주의자들이 사민당에서 이탈하자 스웨덴 사민당의 수정주의 성격은 더욱 강해졌다.[294] 독일 사민당이 1차 세계대전 이후 사민주의 이념의 지도력을 상실해갈 무렵에 스웨덴 사민당은 독자적인 이념과 정치적 관점을 발전시킬 수 있었다.

19세기 후반부터 20세기 초반까지 스웨덴 사민주의는 오늘날 보편주의 복지국가의 토대가 되는 몇 가지 중요한 역사적 경험들을 만들어냈다. 하지만 보편주의가 단시간에 만들어진 것은 아니었다. 오랜 시간이 걸렸고, 보편주의가 실현된 것은 2차 세계대전이 끝나고 1950년대에 들어서면서부터였다. 노르웨이에서 건강보험은 1909년에 도입되었지만 건강보험의 대상이 전 국민으로 확대된 것은 1956년이 되어서였다.[295] 스칸디나비아 국가들이 처음부터 보편주의 복지를

....

291 Kokk, E.(1897). *The Party Program of 1897*. Translated by Daniel Brandell. https://www.marxists.org/history/international/social-democracy/sweden/program-1897.htm

292 카우츠키의 『에르푸르트 강령』을 참고하라.

293 Kokk. *The Party Program of 1897*.

294 Brandal et. al. 『북유럽 사회민주주의 모델』, pp.45-46.

295 Sejersted. 『사회민주주의의 시대』, p.131.

지향했던 것은 아니다. 또한 보편주의 복지가 중간계급의 이해에 기초해 있는 것은 사실이지만, 중간계급의 이해를 반영하는 것이 반드시 보편주의는 아니라는 점을 기억할 필요가 있다. 보편주의 복지정책과 보편주의의 정치적 기반으로서의 중간계급을 상정하는 것은 일종의 신화이다. 전간기 동안 스웨덴 정책은 분명 중간계급에 집중되었다. 하지만 중간계급에 집중된 복지정책은 취약계층을 제도로부터 배제했다는 것을 의미했다. 스웨덴은 임의보험 방식으로 보험제도를 운영했다. 1910년부터는 국가가 지원하는 보조금이 증가했지만, 1930년 기준으로 사회보험에 가입한 인구는 전체 국민의 21%에 불과했다.[296] 민주주의와 보편주의 간의 관계도 분명하지 않다. 총체적으로 보면 보통선거권으로 대표되는 민주주의는 노동계급을 포함해 일반 민중의 정치세력화를 가능하게 했다는 점에서 보편주의 복지제도를 실현하기 위한 전제로 알려져 있다. 그러나 스웨덴은 "의회주의와 여성 보통선거권이 시행되기 이전에 이미 세계 최초로 연금제도"를 도입했다.[297] 복지제도 도입 초기부터 복지정치가 작동했고 이러한 복지정치가 스칸디나비아에서의 복지제도의 도입과 확대에 중요한 영향을 미쳤다고 생각하는 것도 역사적 사실에 반한다. 초기 복지정책 중 노동운동이 영향을 미친 제도는 1906년에 만들어진 노르웨이의 실업보험제도가 유일하다.[298]

다시 보편주의로 돌아가자. 먼저 전간기 동안 스웨덴 사민당은 노동계급의 정당에서 국민정당으로 탈바꿈한다. 물론 스웨덴 사민당은 마르크스주의에 근거하고 있었기 때문에 스스로를 계급정당이라고 규정해야 했지만, 동시에 민주주의를 추구했기 때문에 대중정당이 되어야 했다.[299] 독일 사민당이 1959년 고데스베르크 당 대회에 이르러서야 국민정당이라고 선언한 것과 비교하면[300] 스웨덴 사민당의 국민정당화는 매우 이른 시기에 이루어졌다. 사민주의가 복지국가와

....

296 Sejersted. 『사회민주주의의 시대』. p.132.
297 Sejersted. 『사회민주주의의 시대』. p.133.
298 Sejersted. 『사회민주주의의 시대』. p.139.
299 Kokk. *The Party Program of 1897*.
300 백경남. "독일 사회민주당의 마르크스주의로부터의 결별." pp.228-229; 유지훈. "독일 사회민주당의 역사적 발전과정에 관한 연구." p.211; 김종갑. "독일정당제도의 균열 이론적 고찰." p.71.

등치되는 개념으로 이해되는 것도[301] 사민당의 국민정당화를 고려하지 않고는 상상할 수 없는 일이다. 1897년 스톡홀름 강령의 주요 내용을 보면, 보통선거권의 도입, 공립학교의 발전, 소득, 부, 상속에 대한 비례적(누진적) 세금, 모든 간접세의 폐지, 분배와 교통에 관한 광역정부와 기초정부의 재정역량 강화, 8시간 노동, 질병, 사고, 노령으로 인해 돌봄이 필요한 모든 사람들에게 돌봄 제공 등이 적시되어 있다.[302] 주목해야 할 것은 이러한 요구들이 특정 계급에 국한된 것이 아니었다는 점이다.

　1920년대에 들어서면 유럽에서는 파시즘의 위협이 가시화되기 시작했다. 일리에 따르면, 파시즘이 1차 세계대전 이후에 이루어진 복지와 민주주의의 확대가 자본주의와 정치 질서를 위협한다고 믿었기 때문에 이를 파괴하기 위해 등장한 측면이 있다.[303] 파시즘은 사민주의와 사민주의가 추구했던 복지국가를 해체하려는 가시적 위협이 되어갔다. 1922년 베니토 무솔리니(Benito Mussolini)는 총파업을 통해 사회주의 세력을 분쇄하고 로마행군으로 권력을 장악했다.[304] 독일에서는 히틀러가 무솔리니의 로마행군에 고무받아 1923년 뮌헨 폭동을 일으키는 등 파시스트의 준동이 유럽 전역으로 확산되었다. 더욱이 파시스트의 주적은 다름 아닌 사회주의자들이었고, 사민당도 예외가 아니었다. 사민당은 대중을 파시스트 세력에게 넘겨줄 수 없었고,[305] 이러한 위기가 사민당의 국민정당화를 가속화시켰다. 스웨덴의 '국민의 집'이라는 개념은 바로 이러한 조건 속에서 탄생한 것이다. 스웨덴 사민당이 사용한 '국민의 집'이라는 용어는 원래 파시스트와 민족사회주의의 용어였다.[306] 실제로 '국민의 집'이라는 개념은 1900년 루돌프 셸렌(Rudolf Kjellen)이라는 신생 보수당 대표가 사용한 것이

....

301　Berman. 『정치가 우선한다』. p.20.
302　Kokk. *The Party Program of 1897.* 하지만 1917년 이후 사민당 내 좌파가 레닌주의 정당으로 분화되기 전까지 스웨덴 사민당의 주요 과제는 8시간 노동 등 노동 관련 정책이었다.
303　Eley. 『The Left 1848~2000』. pp.487-488.
304　Smith. 『20세기 유럽의 좌익과 우익』. pp.78-79, p.82.
305　Brandal et. al. 『북유럽 사회민주주의 모델』. p.93.
306　Berman. 『정치가 우선한다』. p.243.

었다.[307] 페르 알빈 한손(Per Albin Hansson)은 이러한 보수의 언어를 사용함으로써 그때까지 사민주의자들이 갖고 있던 금단의 선을 넘었다. 보수의 담론을 사민당이 가져옴으로써 대중을 파시즘과 보수의 영향으로부터 지켜냈던 것이다.

둘째, 사회주의의 과제를 일국적 과제로 접근한 것 또한 이 시기 스웨덴 사민당의 주요한 특성이라고 할 수 있다.[308] 특히 1917년 러시아 혁명 이후 사민당 내 좌파가 레닌주의 정당으로 분화되자 스웨덴 사민당의 국민정당화는 가속화되었고, 이 과정에서 스웨덴 사민당은 스웨덴이라는 민족정당의 성격을 공고히 한다. 1889년에 창설된 제2인터내셔널의 기본 원칙이 국제연대였다는 점을 감안하면, 사회주의 정당이 공개적으로 국민정당, 민족정당임을 선언하는 것은 전통적 마르크스주의의 국제주의와는 분명한 차이를 드러내는 것이다. 스웨덴 사민당은 "자신의 정체성을 스웨덴 민족을 지키는 보호자로" 규정했다. 에른스트 비그포르스(Ernst Wigforss)는 국가가 적극적으로 일자리를 창출하는 등 사회문제에 적극적으로 개입한 것이 스웨덴의 민족적 연대를 만들어낸 기초였다고 평가했다. 스웨덴 사민당의 과제는 자본주의 사회를 전복하는 사회주의 혁명이 아닌 민족국가 내에서 시민의 삶을 개선하는 것에 집중되었다.

셋째, 계급연대의 전형을 만들었다는 점이다. 물론 앞서 언급했듯이 노동계급이 다른 계급과(특히 농민) 연대를 추구했던 것이 스칸디나비아 사민당만의 고유한 특성은 아니다. 하지만 계급연대가 스웨덴으로 대표되는 스칸디나비아에서 꽃을 피웠고 지속적인 집권을 가능하게 했다는 점에서 다른 유럽 국가의 계급연대와는 확연한 차이를 보였다. 노동계급과 다른 계급(농민, 사무직 노동자)과의 순차적이고 지속적인 연대를 통해 사민당이 장기 집권한 경우는 스칸디나비아 국가들이 유일했다. 더 나아가 스칸디나비아의 사민당은 단순히 농민, 사무직 노동자, 제조업 노동자 간의 연대만 도모했던 것이 아니었다. 일반적으로 연대라는 이름으로 불리지 않지만 사민당은 자본주의의 지속 가능한 성장을 위해 노동과

....

307 Sejersted. 『사회민주주의의 시대』. pp.193-194.
308 Berman. 『정치가 우선한다』. pp.261-262.

자본 간의 협력 또한 이루어냈다.

　잘 알려져 있지는 않지만, 스칸디나비아 국가들 중 가장 먼저 농민과의 타협을 이루어낸 것은 덴마크 사민당이었다. 영국은 대공황이 본격화되자 1931년 덴마크 농산물에 대해 15%의 관세를 부과했고, 영국에 농산물을 수출하던 덴마크는 심각한 타격을 받았다.[309] 1932년에는 실업률이 50%로 치솟았다. 이러한 위기에 직면해 당시 집권당이었던 덴마크 사민당은 적극적 개입을 시도했고, 그 결과 1933년 1월 29일과 30일에 토르발 스타우닝(Thorvald Stauning) 수상의 관저에서 칸슬레르가데 협약(Kanslergadeforliget)으로 알려진 사민당, 사회자유당, 좌파당 간의 협약이 이루어졌다. 사민당은 농산물 수출을 늘리기 위해 덴마크화의 가치를 10% 절하하고 농업 지원정책들을 실시하는 동시에 실업보험법, 상해보험법, 국민보험법, 복지법 등 중요한 복지정책의 제도화에 대한 합의를 이끌어냈다. 덴마크는 칸슬레르가데 협약을 통해 보편주의 복지국가의 토대를 구축했다고 할 수 있다. 스웨덴에서는 우리에게 잘 알려져 있는 일명 '암소거래'가 이루어졌다. 1933년 5월에 있었던 '암소거래'는 사민당이 유제품에 대한 가격 유지와 외국 곡물로부터 국내 곡물을 보호하는 조치를 취하는 대신 농민당은 사민당의 통치에 협조하겠다는 것이었다.[310] 1935년에는 노르웨이에서도 이와 유사한 사회적 타협이 이루어졌다.[311]

　스웨덴에서 1938년 살트셰바덴 협약(Saltsjöbadsavtalet)이 이루어지기 3년 전인 1935년 노르웨이에서 기본협정(Hovedavtalen)이라는 이름으로 노르웨이 노동조합(LO)과 노르웨이 기업연합(NHO) 간에 협정이 맺어진다.[312] 덴마크에서도 유사한 협정이 맺어지고, 1938년에는 잘 알려진 대로 스웨덴에서 살트셰바덴 협약이 맺어지게 된다. 자본과의 역사적 타협들이 맺어질 수 있었던 이유 중 하나는 자본에 대한 스칸디나비아 사민당의 독특한 인식이었다. 스웨덴 사민당

....

309　Brandal et. al. 『북유럽 사회민주주의 모델』, pp.88-89.
310　Berman. 『정치가 우선한다』, p.258.
311　Brandal et. al. 『북유럽 사회민주주의 모델』, p.90.
312　Brandal et. al. 『북유럽 사회민주주의 모델』, p.97.

살트세바덴 협약: 1938년 스웨덴 노총(LO) 대표와 경총 대표가 스웨덴 복지국가의 운명을 결정하는 협약에 서명하고 있다(출처: 스웨덴 노동운동 아카이브 도서관; 이종태(2011). "스웨덴은 어떻게 복지국가가 되었나?" 『시사IN』 197. http://www.sisain.co.kr/news/articleView.html?idxno= 10543).

은 사회주의로의 이행은 발전된 자본주의하에서 가능하기 때문에 당면한 사민당의 임무는 자본주의를 발전시키는 것이었고, 자본주의의 신속한 발전을 위해서는 자본집중이 필수적이라고 여겼다.[313] 하지만 장기적인 관점에서 보면 그 타협에 대한 재평가가 필요할지도 모른다. 1970년대에 복지국가가 위기에 처하자 그 전까지 복지국가를 지탱했던 힘 중 하나였던 자본집중은 복지국가에 대한 강력한 위협이 되었다.

　　마지막으로, 스칸디나비아에서 사민당의 집권은 성장과 분배의 선순환구조를 만들어냈다는 점에서 1945년 이후 서구 복지국가의 황금기를 예비했다고 할 수 있다. 보통선거권과 같은 민주주의 과제를 쟁취한 이후 사민당의 다음 과제는 당면한 경제적 문제를 어떻게 해결할 것인가였다. 사회주의 정당의 전통적 방식은 생산수단의 국유화였지만, 사민당은 생산수단의 국유화 대신 경제성장의 성과를 분배하는 방식을 선택했다. 실제로 스웨덴은 유럽에서 생산수단의 사회화 수준이 가장 낮은 국가 중 하나였다.[314] 이렇게 되자 사민당의 성공은 자본주의의 성공, 그

....

313　Sejersted. 『사회민주주의의 시대』. pp.49-51.
314　Sejersted. 『사회민주주의의 시대』. p.53.

것도 민간자본에 의존하는 매우 모순적인 상황이 연출되었다. 1919년부터 1953년까지 스웨덴 사민당 의원이었고 대공황 이후 1932년부터 1949년까지 재무부 장관을 역임했던 비그포르스는 자본주의 위기의 근본 원인은 과소소비에 있고 이를 완화하기 위해서는 국가가 적극적으로 일자리 창출을 지원하는 것이 필요하다고 판단했다. 그는 일자리 창출을 통해 실업이 완화되면 구매력이 상승하고 이를 통해 경제가 위기에서 빠져나올 수 있을 것이라고 생각했다. 스웨덴 사민당 정부는 고용 창출은 물론 대가족 주택 지원, 물가 연동 연금제 도입, 출산수당, 유급휴가, 신혼부부에 대한 대출제도를 도입하는 등 경제 위기에 적극적으로 대응했다.[315] 결과는 성공적이었다. 스웨덴의 실업자 규모는 1933년 7월 13만 9천 명에서 1937년 8월에는 9,600명 수준으로 낮아졌다. 지금 우리가 '케인스 없는 케인스 정책'이라고 부르는 정책이 사민당의 주도하에 스웨덴에서 실행되었다.

하지만 스웨덴의 이러한 성공이 사민당 정부의 적극적 개입 때문은 아니었다. 부분적으로는 수출 회복이 경제 회복에 중요한 영향을 주었다.[316] 당시 스웨덴의 수출품은 대부분 임산물과 철광석 등 산업화를 위한 필수적 원자재였기 때문에 1929년 대공황 이후 강화된 보호주의에 거의 영향을 받지 않았다. 하지만 스웨덴이 대공황의 위기로부터 빠져나올 수 있었던 동력은 수출이 아니라 국가의 적극적 개입을 통한 내수 확대였다.[317] 또 하나 짚고 넘어가야 할 점은 이러한 국가 개입 방식이 1930년대 스웨덴만의 고유한 특성은 아니었다는 것이다. 앞서 검토했듯이 이러한 정책은 일본에서도 1930년대에 실시된 바 있으며, 독일에서는 국가사회주의당(나치당)의 주도하에 이루어졌다. 앞서 제시한 포스터 중 좌측 2개는 독일 국가사회주의당(나치당)의 선거용 포스터이고, 오른쪽 2개는 스웨덴 노동자사회민주주의당(사민당)의 선거용 포스터이다. 두 정당 모두 "모두에게

....

315　Sassoon. 『사회주의 100년』. p.134.

316　Sassoon. 『사회주의 100년』. p.135.

317　하지만 이에 대한 분명한 반론이 존재한다. 프랜시스 세예르스테드(Francis Sejersted)가 인용한 자료에 따르면, 노르웨이와 스웨덴이 대공황에서 벗어나 경제가 회복될 수 있었던 핵심 요인은 확장적 재정정책이 아닌 "경제주기와 위기로부터 벗어나기 위한 경제체제의 자발적 능력"이었다. Sejersted. 『사회민주주의의 시대』 p.203.

일자리를"이라는 구호를 담고 있다. 첫 번째와 두 번째 독일 포스터는 "일과 빵 (Arbeit und brot)", 세 번째 스웨덴 포스터는 "모두를 위한 일과 안전(arbete och trygghet åt alla)", 네 번째 스웨덴 포스터는 "모두에게 일(arbete åt alla)", "늘어난 구매력(Ökad Köpkraft)"이라는 내용을 담고 있다. 특히 네 번째 포스터는 정확하게 케인스의 유효수요 정책의 내용을 담고 있다. 하지만 중요한 차이가 있다. 스웨덴 사민당은 실업의 문제를 민주주의 방식에 기초해 해결하려고 했던 반면, 독일의 나치당은 민주주의를 훼손하고 권위주의적인 방식으로 문제를 해결하려고 했다.

정리하면, 이 시기(전간기) 스웨덴 사민주의의 역사적 경험은 이후 서구 복지국가의 기본 원칙이 되는 몇 가지 중요한 역사적 유산을 남겼다. 첫째, 20세기 중반에 만개할 복지국가는 국민국가에 기반한다는 것, 둘째, 사민당은 계급정당이 아닌 계급연대에 기반을 둔 국민정당이 되어야 한다는 것이다. 셋째, 복지국가는 자본주의의 안정적 성장에 근거하고, 자본주의의 안정적 성장은 공정한 분배에 기초한다는 것이다. 넷째, 분배의 가장 중요한 기초는 안정된 고용이라는 것, 마지막으로, 경제성장과 민주주의의 관계는 이분법적 선택의 문제가 아닌 양립가능한 과제라는 것이다. 스웨덴 사민당으로 대표되는 스칸디나비아의 사민당들이 이러한 원칙을 실천하는 과정은 결코 쉽지 않았다. 하지만 스칸디나비아의 사민당들은 마르크스주의에 교조적으로 얽매이지 않았고 정세의 변화에 따라 자신의 위치와 원칙을 유연하게 조정해 당면한 과제에 효과적으로 대응했다.

5. 기업복지, 일본 복지체제의 특성

일본의 복지제도는 1874년 구휼규칙(救恤規則)의 제정과 함께 시작된다.[318]

....

318 일부 자료에서는 휼구규칙(恤救規則)이라는 용어를 사용하는 한편, 다른 자료에서는 구휼규칙이라는 용어를 사용한다. 일본 자료에서도 두 용어가 혼용되어 현재로서는 어떤 것이 정확한 명칭인지 확인하기 어렵다. 다만 1874년에 태정관포달 제162호(공식문서)에서 휼구규칙이라는 용어를 사용하고 있어, 휼구규칙이 원 용어이고 이후 구휼규칙이 혼용된 것으로 보인다. 송정부(1985). "일본 사회복지의

구휼규칙은 친족 및 공동체의 상호부조를 원칙으로 하고 친족 및 공동체가 제 역할을 수행하지 못할 경우 국가가 개입하는 것을 명문화했다. 구휼규칙의 주 대상은 극빈층 중 폐질자, 노약자, 중병자, 고아 등에 한정되었으며, 특히 성인의 경우 취업할 수 없는 자로 그 대상을 한정했다.[319] 보충성의 원칙에 근거한 국가의 지원도 명목상이었지 실제로는 이루어지지 않았던 것으로 보인다. 유베쓰 마을(湧別町)의 기록을 보면, 다이쇼(大正) 시대(1912~1926년)까지는 구휼규칙이 복지제도로서 유의미한 역할을 하지 못했다.[320] 더욱이 구휼규칙의 구빈활동은 주로 행려병자에 맞추어져 있었고 실제 빈민층에 대해서는 거의 지원하지 않았다. 1870년대부터 1910년대까지는 일본이 메이지유신, 청일전쟁, 러일전쟁을 차례로 겪던 혼란기로, 빈곤을 빈민의 나태한 생활로 인한 인과응보로 여겼던 시기였다. 특히 이 시기에 일본 자본주의가 원시적 축적을 하고 있었고 서구 제국주의 침탈로부터 벗어나는 과정에 있었다는 점을 고려하면, 일본이 자본주의 체제에 조응하는 복지정책을 제도화하기는 어려웠을 것이다. 메이지 시대 후반기에 들어서면서 제국의회에 여러 차례 구휼규칙에 대한 대체입법이 제출되었지만 모두 폐기되고 법제화되지 못했다.[321] 구휼규칙은 1929년 공적 구빈입법인 구호법으로 대체될 때까지 유지되었다.[322] 구호법은 영국의 빈민법처럼 처음으로 공적 구호를 명문화했다. 하지만 구호 대상이 된 사람의 '보호청구권'이 인정되지 않는 것은 물론 선거권과 피선거권도 제한되었다. 이 시기에 일본은 만주 침략, 중일전쟁, 태평양전쟁 등 전시체제를 구축했고 복지제도 또한 전시체제에 조응하는 방식으로 재편했다.[323]

....

역사." 한국복지연구회 편. 『사회복지의 역사』. pp.119-134. 서울: 이론과 실천. p.123; 北場勉(2012). "国民国家の形成と救済: 恤救規則の制定に焦点をあてて." 『日本社會事業大學研究紀要』 58: 5-29; 桑原洋子(1991). "近世日本의 社會福祉制度." 『日本研究』 9: 31-47.

319 桑原洋子. "近世日本의 社會福祉制度." p.38.
320 湧別町百年史 偏執委員會(2012). "湧別町百年史: 第11編 福祉と保健." http://www.phoenix-c.or.jp/~ryousi/sub192.htm, 접근일 2015년 7월 14일.
321 桑原洋子. "近世日本의 社會福祉制度." p.38.
322 송정부. "일본 사회복지의 역사." p.123.
323 桑原洋子. "近世日本의 社會福祉制度." p.39.

이처럼 일본은 개항과 함께 자본주의 사회로 이행했지만, 복지제도는 자본주의 체제의 미성숙으로 산업화가 본격적으로 시작되기 전까지 전통적인 구빈 정책의 수준을 벗어나지 못했다. 하지만 이 시기에는 전후 일본 복지체제의 특성을 결정하는 중요한 제도 중 하나가 형성되었다. 영국이 노동력의 상품화를 제도화하기 위해 잔여주의적 공공부조를 발전시키고, 독일이 후발산업국의 취약성을 보완하기 위해 사회보험을 제도화했으며, 스웨덴이 성공적인 계급연대의 결과로 보편주의 복지제도의 싹을 틔우고 있었다면, 일본에서는 기업복지가 형성되기 시작했다.

일본에서 기업복지가 형성·확대된 것은 당시 일본 자본주의의 고유한 특성과 관련된다. 피터 두스(Peter Duus)에 따르면, 이 시기에 일본에서는 조선소, 병기공장, 제철소 등 중화학공업이 발전하기 시작했고, 이들 공장들에서 일할 안정적 기술 인력이 필요했다.[324] 그러나 당시 기술자들의 노동 관행은 십장 또는 오야붕(親分)이라는 기술자가 젊은 기술자들을 거느리고 임금 조건에 따라 여러 공장을 돌아다니는 것이었다. 오야붕이 젊은 기술자들에게 기술을 전수하는 것은 물론 음식, 의복, 숙소 등을 제공했기 때문에 이들의 젊은 기술자들에 대한 영향력은 지대했다. 하지만 오야붕을 중심으로 한 기술인력 공급 방식은 당시 일본 산업의 요구를 충족시킬 수 없었다. 이러한 상황에 대응해 일본 정부는 대기업이 스스로 전문 인력을 양성하도록 했다. 1899년 미쓰비시가 처음으로 나가사키(長崎) 조선소에 자체 훈련소를 설치·운영했다. 더불어 기업들은 이렇게 훈련받은 숙련 노동자들을 안정적으로 고용하기 위해 회사의 중견간부들에게 제공했던 종신고용, 연공서열, 복지제도 등을 이들에게도 제공했다. 당시 일본 산업의 필요가 기업복지를 확대했다고 할 수 있다.

하지만 다른 측면에서 보면 기업복지의 확대는 유럽과 달리 국가복지가 확대되지 못했던 일본의 상황을 반영한 것일 수도 있다. 물론 복지 확대가 전혀 없었던 것은 아니다. 초연내각(1922~1942년)은 1922년에 건강보험법과 공장법

....

324 Duus. 『日本近代史』. pp.166-167.

을 제정하기도 했다.[325] 중간 규모 이상의 기업에 노사가 공동으로 기금을 출연하는 건강보험조합을 만들게 하든지 아니면 정부가 관리하는 건강보험에 가입하게 했다. 우리에게 익숙한 '방면위원회'도 이 시기에 만들어졌다.[326] 1918년부터 오사카(大阪)를 시작으로 일부 지방정부에서 극빈층에 상담과 '정신적' 지원을 하는 제도를 만들었다. 이후 정부는 방면위원회를 일본 사회복지사업의 중심적 기관으로 추인했다. 그럼에도 불구하고 정부는 정부 재원을 복지에 지출하는 것을 원하지 않았고, 구빈 등과 같은 복지활동에 필요한 재원은 민간 스스로 충당하기를 원했다. 실제로 추밀원은 건강보험법과 공장법 시행에 필요한 재원의 국가 분담을 거부했다. 이렇듯 국가 차원에서 적절한 복지가 제공되지 않는 상황에서 기업으로서는 생산력 유지와 지속적인 이윤 담보의 근간이 되는 노동력의 안정적 수급을 위해 기업 자체의 복지가 필요했던 것으로 판단된다. 이러한 구조적 조건과 일본의 전통적인 가부장제적 온정주의 문화가 결합되면서 기업복지가 확대된 것이다. 대부분의 노동자들이 혼자 농촌에서 도시로 이주해 생활하고 있었다는 점을 고려해 경영자들이 노동자의 부모와 같은 역할을 수행하려고 했던 것이다.

기업복지의 확대로 인해 대기업 노동자들은 중간계급과 같은 생활을 누렸지만 당시 대기업 노동자는 일본 전체 노동자 중 소수에 불과했고 이때부터 이미 노동계급 내부의 분화가 나타났다. 노동계급이 단일한 정체성을 갖고 있지 못한 상황에서 노동운동의 성장은 기대하기 어려웠을 것이고, 노동자들의 생활개선 요구투쟁 또한 힘이 약할 수밖에 없었다. 기업이 제공하는 종신고용, 연공서열에 따른 승급, 저렴한 회사주택, 야유회 같은 여가 지원 등은 당시 일본의 대기업이 제공했던 대표적인 기업복지였다.[327] 특히 자본주의 세계경제의 거듭된 불황으

....

325 Gordon. 『현대일본의 역사』. p.317.
326 일본의 방면위원회는 독일의 엘버펠드(Elberfeld)시의 구빈위원제도를 모델로 만들어진 제도로 알려져 있다. 안병현(2003). "일본의 방면위원회제도와 우리나라 복지제도 발전의 상관관계에 관한 연구." 경희대학교 행정대학원 사회복지학과 석사학위논문. p.17.
327 Duus. 『日本近代史』. p.197.

로 대부분의 사람들이 경제적 어려움을 겪었던 것을 생각하면 종신고용은 적어도 대기업 노동자들에게는 삶의 든든한 안전판 역할을 했다. 더욱이 기업은 노동자 대표와 경영진으로 구성된 협의기구를 설치하는 등 형식적이라고 평가할 수도 있지만, 노동자들의 이해를 기업 운영에 반영하려고 했다.

그렇다고 일본 노동계급이 그저 현실을 받아들인 것만은 아니다. 1920년대 이후에 8시간 노동일제는 일본 노동운동의 지속적인 요구사항이었고, 일본의 군국주의가 본격화된 1941~1944년 시기에도 노동계급은 군국주의와 기업의 과도한 착취에 저항해 노동쟁의를 지속했다.[328] 한편 군국주의는 국가의 재원 투여 없이 국가가 민간기업을 통제해 노동자의 생활문제를 해결하려고 했다. 군국주의 정권은 기업들을 압박해 노동자들에게 최저임금을 보장하게 했다.[329] 국가의 책임을 민간에 강제한 것이다. 군국주의 정권이 모든 것을 통제한 시기였다. 심지어 복지 업무를 관장하는 내무성 사회국의 명칭도 '사회'라는 용어가 '불온한' 사회주의를 연상시킨다는 이유로 생활국, 전민국 등으로 명칭을 변경했을 정도였다.[330] 이렇게 일본 복지체제는 군국주의가 정점으로 치닫고 있는 상황에서 형성되었다.

제6절 정리와 함의

1870년대를 전후해서 1940년대까지는 2차 세계대전 이후 복지국가가 황금기를 만들어지고 복지국가의 다양한 특성이 형성되고 발전한 시기였다. 영국의 공공부조, 독일의 사회보험, 스웨덴의 보편주의, 일본의 기업복지는 이러한 특성을 대표하는 복지제도라고 할 수 있다. 지금까지의 논의는 우리에게 몇 가지 중요한 함의를 준다. 하나는 자본주의 세계체계의 성격이 변화하면서 영국 패권하

....

328 김금수. 『세계노동운동사 2』. p.552; 김금수. 『세계노동운동사 3』. p.569.
329 Gordon. 『현대일본의 역사』. p.388.
330 桑原洋子. "近世日本의 社會福祉制度." p.39.

에 발전한 빈민법 체계는 더 이상 미국 중심의 자본주의 체제의 분배체계로 적합하지 않게 되었다는 점이다. 다른 하나는 복지체제가 개별 국가의 자본주의와 권력관계의 특성에 따라 상이한 모습으로 나타났다는 점이다.

여기서 우리는 두 가지 중요한 질문을 하게 된다. 하나는 왜 '역사적 복지국가'는 영국 패권 시기에 만들어지지 않고(못하고) 미국 패권 시기에 현재와 같은 모습을 갖추게 되었는가이고, 다른 하나는 복지국가의 성립 조건으로 양적·선형적 발전론 외에 다른 길을 찾을 수 있는가이다. 구체적인 검증이 필요하겠지만, 우리는 지금까지의 논의를 통해 몇 가지 가설을 제기해볼 수 있다. 첫째는 영국과 미국이 자본주의 세계체계와 맺고 있었던 상이한 관계로부터 그 실마리를 찾을 수 있을 것 같다. 영국은 앞서 언급한 것과 같이 곡물법과 항해조례를 폐지한 이후 자유무역정책을 통해 세계경제에 완전히 통합되면서 성장했던 데 반해, 미국은 아메리카 대륙이라는 자국 영토 내의 통합적 체계로 성장했다.[331] 영국은 식량과 원자재를 외부로부터 수입하고 제조업 산물을 수출했지만, 미국은 그 자체로 세계 최대의 산업국이자 농업국이기도 했다. 미국은 산업생산을 위한 외부자원의 필요성이 영국에 비해 훨씬 덜했다. 영국과 자본주의 세계체계의 관계는 자유주의적이고 세계적이었던 것에 반해, 미국은 보호주의적이고 일국적이었냐고 할 수 있다. 2차 세계대전 이후 형성된 '역사적' 복지국가가 국민국가라는 경제체제와 시민권에 기초한 복지국가였다는 점을 상기한다면, 왜 복지국가가 영국의 패권 시기가 아닌 미국의 패권 시기에 형성되었는지를 생각해볼 수 있다. 미국은 그 자체로는 인상적인 복지체제를 형성하지 않았다(못했다). 하지만 미국은 자본주의 세계체계의 패권국가로서 영토제국주의를 지양하고 보호주의와 세계체계 내에서 (적어도 핵심부 지역에 위치한 국가들의 경우) 국민국가의 자율성을 일정 수준에서 보장해줌으로써 일국적 수준의 자본주의 체제와 권력관계에 따라 다양한 복지체제의 형성을 가능하게 했던 것이다.

다른 하나는 일본의 산업화 과정은 독일과 유사하게 철저히 국가에 의한 위

....

331 Arrighi et. al. "지정학과 대형금융." pp.141-143.

로부터의 권위주의적인 것이었음에도 불구하고[332] 일본에서는 왜 독일의 비스마르크 체제에서 나타난 사회보험제도와 유사한 복지제도가 출현하지 않았는지에 대한 의문이다. 무어는 일본이 농민반란을 제압해 독일과 같은 반동적인 근대화의 길을 걸었고 이로 인해 독일 나치즘과 유사한 군국주의의 길을 걷게 되었다고 평가했다.[333] 이처럼 두 국가는 유사한 길을 걸었지만, 복지체제는 상이한 길을 걸었다. 그리고 두 국가가 상이한 복지체제의 경로를 걷게 된 이유 중 하나는 두 국가의 상이한 노동계급과 좌파의 권력자원에 있었다. 독일의 노동계급과 사민주의 정당은 권위주의 체제와 파시즘에 의해 억압되었지만 좌파의 권력자원이 완전히 사라진 것은 아니었다.

독일 노동계급과 사민당은 여전히 상대적으로 강력한 권력자원을 갖고 있었다. 본문에서 이미 검토했지만, 1차 세계대전 이전에도 노조의 조직률은 16% 수준이었고 사민당의 지지율도 1900년 이전에 이미 19.7%에 달했다. 1932년 11월 선거에서 국가사회주의당은 33.1%를 얻어 제1당이 되었지만, 사민당의 득표율도 20.4%였고 공산당도 16.9%를 얻었다.[334] 만약 좌파가 연대했다면 나치의 집권을 막았을지도 모른다. 결과적으로 파시즘(국가사회주의당)에 권력을 내주고 말았지만, 좌파의 권력자원은 완전히 해체되지 않았다. 반면 일본은 1차 세계대전을 계기로 본격적으로 산업화에 들어섰기 때문에 광범위한 노동자들의 조직화를 기대할 수 없었고, 사회주의 계열의 정당들 또한 사분오열되거나 사회민중당처럼 군국주의를 지지했으며, 좌파 사회주의 정당은 극심한 탄압으로 인해 정상적인 활동 자체가 불가능했다. 다시 말해 일본은 자본주의의 발전에 조응하는 민주적인 정체를 발전시키지 못해 노동계급과 좌파정당의 대중적 정치세력화가 불가능했다. 이로 인해 독일에서는 사회보험과 같은 복지제도가 발전할 수 있었지

....

332 Moore. *Social Origins of Dictatorship and Democracy*. p.189.

333 Moore. *Social Origins of Dictatorship and Democracy*. p.202.

334 1932년 11월에 실시된 독일 연방정부 선거 결과는 위키피디아를 참고했다. Wikipeida(2015). German Federal Election, November 1932. https://en.wikipedia.org/wiki/German_federal_election_November_1932, 접근일 2015년 7월 15일.

만, 일본에서는 동아시아의 가부장적인 온정주의 전통과 결합되면서 권위주의적 국가의 통제하에 민간이 국가의 역할을 대신하는 기업복지가 발전했다.

마지막으로, 1914년에 일어난 1차 세계대전과 1917년에 일어난 러시아의 볼셰비키 사회주의 혁명이 2차 세계대전 이후에 역사적 복지국가에 주는 함의를 정리할 필요가 있다. 물론 2차 세계대전은 1차 세계대전에 비해 그 규모와 피해 정도가 월등했다. 대략적인 계산을 해봐도 1차 세계대전으로 인한 인명 손실은 4천만 명 수준이었지만, 2차 세계대전의 경우에는 그 두 배에 가까운 7천만 명을 넘었다. 하지만 자본주의의 역사, 구체적으로 자본주의 복지체제의 역사에서 보면 1차 세계대전의 영향이 2차 세계대전의 영향보다 더 컸다. 1914년 전쟁을 경험하면서 사민당은 최종 목표(사회주의 혁명)가 아닌 현실적 요구(복지국가)를 실현하는 방향으로 자신의 역할을 조정했다. 국가에 대한 사민당의 인식이 변화한 것이다. 1차 세계대전 전까지 사민주의자에게 국가는 노동계급과 인민을 억압하는 부르주아의 지배기구였다.[335] 그렇기 때문에 1차 세계대전 이전에는 어떤 사민주의자도 당의 결정으로 국가권력에 참여한 경우는 없었다.[336] 그러나 1914년 이후에 사민당의 집권 가능성이 높아지자 국가권력이 노동계급과 인민대중의 삶의 질을 개선시킬 수 있는 유력한 기구가 될 수 있다는 믿음이 확산되었다.

1차 세계대전을 계기로 국가는 더 이상 부르주아의 지배도구도 야경국가도 아니었다. 경제에 대한 정치의 우선성이 실현된 것이고, 폴라니가 이야기한 경제에 종속된 사회가 다시 본연의 위치를 찾아가게 된 것이다. 1929년에 발생한 대공황과 2차 세계대전 이후에 일상화된 시장에 대한 국가의 개입은 1차 세계대전의 경험이 없었다면 실현 불가능했을지도 모른다. 한편 1917년의 러시아 혁명은 개혁적 사회주의(사민주의)가 혁명적 사회주의(공산주의)와 분명한 결별을 선언하는 계기가 되었고, 민주주의가 공산주의의 프롤레타리아 독재에 대항해 사민주의의 핵심 원칙으로 자리 잡게 되는 계기가 되었다. 사민당이 1920년대 중반

....

335 Mark, K.(1997[1871]). "프랑스에서의 내전: 국제 노동자 협회 총평의회의 담화문." 『칼 맑스 프리드리히 엥겔스 저작선집 4』. 이수흔 역. pp.43-90. 서울: 박종철출판사. p.62.

336 Sassoon. 『사회주의 100년』 p.101.

이후 유럽에서 세를 얻어가던 국가사회주의에 반대하고 저항할 수 있었던 근거는 바로 사민주의가 1917년의 러시아 혁명을 계기로 프롤레타리아 독재를 거부하고 민주주의 원칙을 받아들였기 때문이다. 이러한 경험은 복지국가에서 민주주의의 중요성을 확인시켜주는 역사적 전거(典據)라고 할 수 있다. 하지만 고르디우스의 매듭처럼 풀 수 없는 모순은, 사민주의 개혁의 상징인 복지국가의 발전을 위해서는 자본주의의 지속적인 발전이 필요하지만 자본주의의 발전이 반드시 복지국가와 사민주의의 발전을 요구하지는 않는다는 것이다.

제6장

전자본주의 분배체계의 해체: 18세기부터 1910년 강제병탄까지[1]

"조선경제사는 조선 민족의 사회적 존재를 규정하는 각 시대에 있어서 경제조직의 내면적 관련, 내재적 모순의 발전 및 거기서 일어나는 생산관계의 계기적 교대의 법칙성과 불가 피성을 과학적으로 논증하는 것이다."
— 백남운[2]

"개항 당시의 조선에는 자본의 축적도 없고 기업적 정신에 충만한 계급도 없고 대규모 생 산을 담당할 기계도, 기술도 없었다. 아니, 그러한 것들의 존재를 희망하는 사정도, 필연화 할 조건도 구비하고 있지 않았다. 거기에 존재하는 것은 단순한 미맥의 생산자인 농민과 여가노동에 가까운 수공업자와 잉여생산물 및 쓸데없는 물건의 교통자인 상인과 그들의 위에 서서 모든 권리를 향유하고 모든 잉여를 흡수하는 관리양반이 있었던 것이다. 자본 주의 생성의 조건과는 대체로 정반대인 요소만으로 평가하는 것 외에는 없을 것이다."
— 시카타 히로시(四方博)[3]

....

1   이 장의 분배체제를 중심으로 한 일부 내용은 다음 논문에 수록되었다. 윤홍식. (2016). "전자본주의 분배체계의 해체: 환곡을 중심으로 1910년 강제병탄까지." 『한국사회복지학』. 68(2): 79-105.

2   白南雲(1933). 『朝鮮社會經濟史』. 東京: 改造社; 이영호(2011). "내재적 발전론 역사인식의 궤적과 전 망." 『한국사연구』152: 239-272. p.242에서 재인용.

3   四方博(1933). "朝鮮に於ける近代資本主義の 成立."; 이영호. "내재적 발전론 역사인식의 궤적과 전망." p.243에서 재인용.

제1절 문제제기

현대 영국과 미국의 사회보장제도의 기원을 1349년의 노동자조례에서 찾는
연구가 있다는 점을 고려하면[4] 『기원과 궤적』에서 1392년에 개국해 1910년까지
518년간 이어진 조선의 분배체계에 대해 궁금증을 갖는 것은 지극히 당연하다.
적어도 한 국가가 500년 이상 존속했다는 것은 그 국가의 정치·경제·분배체제
들이 유기적으로 결합해 있었다는 것을 의미한다. 최익한이 『조선 사회정책사』
에서 언급한 것처럼[5] 조선의 분배체계는 지배계급과 피지배계급의 계급모순을
완화시켜 조선이라는 전자본주의 체제를 500년 이상 지속시킨 핵심제도이다. 그
렇다면 조선을 반(半)천 년간이나 유지시킨 분배체계는 무엇이었을까? 사회복지
학계에서 출간된 문헌을 보면 조선시대의 복지정책으로 향약(鄕約), 계(契), 두레,
진휼(賑恤), 진대(賑貸), 납속보관(納粟補官), 구료(救療), 사궁(四窮)에 대한 보호,
견면(蠲免) 등을 공통적으로 언급하고 있다.[6]

....

4   Schweinitz. 『영국 사회복지 발달사』. p.21.
5   최익한(2013[1947]). 송찬섭 편. 『조선 사회정책사』. 서울: 서해문집. p.14.
6   사궁은 환과고독(鰥寡孤獨: 홀아비, 과부, 고아, 자식 없는 자), 견면은 조세와 부역을 경감해주는 제도

하지만 이러한 제도들로는 조선 분배체계의 전체적인 상을 그릴 수 없다. 조선의 분배체계를 이해하기 위해서는 우리가 현대 복지체제를 자본주의 체제에서 자본주의 생산이 직면하는 위험에 대응하는 체계로 이해하는 것처럼, 조선의 분배체계 또한 당시 생산이 직면하는 위험에 대응하는 체계로 이해할 필요가 있다. 자본주의의 분배체계로서 복지체제가 자본주의의 지속성을 담보하듯이, 조선이라는 전자본주의 체제의 분배체계 또한 (복지체제와 같이) 전자본주의 체제의 지속성을 담보하는 등가적 기능을 수행했다고 볼 수 있다. 예를 들어, 복지체제는 상품화할 수 없는 인간 노동력을 상품화한 자본주의 체제의 모순을 사회보험, 수당, 돌봄 서비스 등과 같이 인간 노동력을 탈상품화 및 탈가족화시키는 제도를 통해 완화함으로써 '자본주의 생산양식'[7]의 지속성을 담보했다. 반면 전자본주의 분배체계는 전자본주의 체제의 기반인 '자족적 농업생산'을 위협하는 자연재해 등과 같은 위험에 대응함으로써 '전자본주의 체제'의 지속성을 담보했다.

....

를 말한다. 최익한. 『조선 사회정책사』; 하상락 편. 『韓國社會福祉史論』; 한국복지연구회 편(1985). 『사회복지의 역사』. 서울: 이론과 실천; 감정기 외. 『사회복지의 역사』; 안상훈 외. 『한국 근대의 사회복지』; 조성린(2014). 『우리나라 복지 발달사』. 고양: 조은출판사.

7　생산양식은 생산력과 생산관계를 포괄하는 개념으로, 한 사회의 정치, 경제, 사회체제의 지속성을 담보하는 핵심성격이라고 할 수 있다. 상식적으로 생각해보면 생산은 생산을 위한 도구의 존재로부터 출발하고, 생산을 위한 도구의 수준은 생산의 양과 질을 결정하며, 생산도구의 소유는 생산물의 분배에 영향을 미친다. 이러한 생산도구의 수준과 소유관계를 기반으로 한 생산체계를 생산관계라고 할 수 있다. 즉, 생산양식은 생산의 수준을 반영하는 생산력과 생산관계가 조응된 형태라고 할 수 있고, 우리가 알고 있는 분배는 바로 이러한 생산양식의 성격에 따라 이루어지게 되는 것이다. 산업자본주의 사회에서는 누가 자본을 소유했는지가 생산물의 분배를 결정하는 중요한 기준이 된다. 마찬가지로 전자본주의 체제에서 토지는 생산을 위한 가장 중요한 도구이고, 토지의 소유 여부는 토지로부터 생산된 농업생산물의 분배에 결정적 영향을 주게 된다. 정리하면, 생산양식은 생산력의 발전 정도와 한 사회의 생산에 참여하는 제 계급 간의 관계라는 생산관계를 포괄하는 개념으로 이해할 수 있고, 분배체계는 바로 역사적 시기의 사회적 생산양식을 유지시키는 분배양식이라고 정의할 수 있다. 그러므로 생산양식이 변화한다는 것은 한 사회의 생산물을 분배하는 방식 또한 변화한다는 것을 의미한다. 이에 대해 마르크스는 "사회적 생산양식은 생산관계에 대해서 사회적 타당성을 갖는 객관적 사유 형태인 것이다. 그러므로 상품생산의 기초 위에서 노동생산물을 둘러싸고 있는 모든 마법과 요술은 우리가 다른 생산양식으로 옮아가는 즉시 곧바로 사라져버린다."라고 했다. Marx. 『자본 I』. p.139. 생산양식, 생산관계, 생산력에 대한 자세한 논의는 다음 문헌을 참고하라. Bottomore, T. ed.(1983). *A Dictionary of Marxist Thought*. 2nd ed. Malden, Massachusetts: Blackwell; Marx, K.(2000[1857]). 『정치경제학 비판요강 I』. 김호균 역. 서울: 그린비.

이런 인식에 근거한다면 우리가 설명해야 하는 것은 단지 조선의 개별 분배제도들이 아니라 조선이라는 전자본주의 체제의 생산양식의 지속성을 담보하는 총체로서 조선의 분배체계가 무엇인지이다.

이러한 인식을 기초로 6장에서는 분배체계를 전자본주의 체제의 유지라는 관점에서 접근했다.[8] 특히 환곡(還穀)을 조선 사회의 존립을 보장하는 가장 중요한 분배제도로 재해석했다.[9] 환곡을 조선후기의 분배제도로 재해석하는 것은 기존의 사회복지학계의 관행에 반하는 것이다. 실제로 한국 사회복지학계는 조선의 분배체계를 단지 향약, 두레, 계 등 민간의 자발적 상호부조로 파악하거나 빈민에 대한 진휼정책을 기술하는 것에 그쳤다. 전자본주의 체제의 핵심 분배제도인 환곡을 삼정(三政) 중 하나로 전정(田政), 군정(軍政)과 함께 농민을 수탈한 조세제도로만 이해했다.[10] 조선시대의 분배제도를 다룬 대부분의 문헌은 환곡을 다루지 않는다. 곡식을 대부해 굶주린 사람들을 구제하고[賑恤], 농업생산을 유지시키기 위해 종자곡식을 빌려주는[賑貸] 환곡은 비록 그 기능이 급격히 축소되고 수탈제도로 변형되어갔지만 대한제국의 마지막까지 지속되었다. 사실이 이와 같다면 조선의 분배체계는 계, 두레, 향약 등과 같은 민간의 제도나 단순히 굶주린 백성[飢民]을 구제하는 구휼정책만으로 이해될 수 없다.

구체적으로 조선 후기에 상품화폐 경제가 어떻게 발달했는지, 그리고 개항으로 조선이 자본주의 세계체계에 편입해 들어가면서 대표적 분배체계인 환곡이 어떻게 변형·해체되었는지를 검토했다. 이를 통해 본 장에서는 환곡을 수탈제도로만 접근했던 기존 연구를 비판하고, 환곡을 조선이라는 전자본주의 체제

....

8   역사학계는 분배체계라는 개념을 사용하지는 않았다. 정향지(1993). "朝鮮後期 賑恤政策 研究: 18世紀를 중심으로." 이화여자대학교 대학원 사학과 박사학위논문; 고동환(1991). "19세기 부세운영의 변화와 성격." 한국역사연구회 편. 『1894년 농민전쟁연구 1: 농민전쟁의 사회경제적 배경』. pp.71-125. 서울: 역사비평사; 원재영(2014). "朝鮮後期 荒政 연구." 연세대학교 사학과 박사학위논문; 송찬섭. 『朝鮮後期 還穀制改革研究』; 문용식. 『朝鮮後期 賑政과 還穀運營』.

9   황정(荒政)은 다양한 이유로 빈민이 된 백성을 구제하기 위한 정책인 진휼로 대표되지만, 진휼보다는 더 넓은 의미로 농업생산의 유지를 위한 제반 정책을 포함하는 개념으로 정의할 수 있다. 원재영. 『朝鮮後期 荒政 연구』.

10   정향지. 『朝鮮後期 賑恤政策 研究』. p.16; 안상훈 외. 『한국 근대의 사회복지』. p.46.

의 자족적 분배체제를 구성하는 핵심제도로 재평가했다. 다음 절에서는 18세기부터 1910년까지의 시기 구분을 개략했다. 이어서 이 시기 동안의 조선의 경제적 특성에 대해 검토하고, 정치적으로는 분배와 관련된 기층 민중의 항쟁을 살펴보았다. 분배체계는 환곡을 중심으로 기술했다. 마지막으로 정리와 함의에서는 주요 논의를 개략하고 '자족적 분배체제'의 해체가 갖는 역사적 의미를 기술했다.

제2절 시기 구분: 18세기부터 1910년까지

한길사가 발간한 『한국사 11: 근대민족의 형성 1』에서는 개항을 전후한 시기부터 1910년의 강제병탄에 이르는 시기를 "근대 국민국가 인식과 내셔널리즘의 성립 과정"으로 규정한다. 구체적으로 『한국사 11』에서는 이 시기를 셋으로 구분했다.[11] 제1기는 1876년 개항부터 1894년 갑오농민전쟁까지로 양절체제(兩截體制)의 시기이고, 제2기는 1894년부터 1905년 을사조약까지로 만국공법체제(萬國公法體制)의 시기이다. 제3기는 1905년부터 1910년 강제병탄까지로 내셔널리즘의 성립 시기이다. 이러한 구분은 단재 신채호의 시기 구분을 원용(援用)한 것이다. 한편 정치학자인 이삼성은 말기 조선이라는 개념을 사용하면서 이 시기를 여덟으로 구분했다.[12] 제1기는 서양 세력이 본격적으로 동아시아로 밀려와 중국과 일본이 개항한 시기로 1840~1863년이 이에 해당한다. 제2기는 개항 직전인 대원군 집권기로 1863~1873년이다. 제3기는 고종의 친정이 시작되는 1873년부터 1882년까지의 시기이다. 제4기는 1882년부터 1884년 갑신정변까지의 시기이다. 제5기는 이삼성이 조선이 자주적인 근대화를 이

....

11 정창렬(1994). "근대국민국가 인식과 내셔널리즘의 성립과정." 강만길·김남식·김영하·김태영·박종기·박현채·안병직·정석종·정창렬·조광·최광식·최장집 편. 『한국사 11: 근대민족의 형성 1』. pp.61-77. 서울: 한길사. pp.61-62.
12 이삼성. 『동아시아의 전쟁과 평화 2』. pp.15-18.

룰 수 있었던 마지막 기회였다고 평가하는 1885~1894년의 시기이다. 제6기는 1894~1895년으로 갑오농민전쟁과 갑오개혁이 진행되던 시기이다. 제7기는 고종이 아관파천(俄館播遷)을 단행한 1896년부터 1905년까지의 시기이다. 이삼성은 이 기간을 조선이 다시 한 번 자주적 근대국가를 위한 패자부활전에 도전할 수 있었던 시기였다고 평가한다. 이삼성은 아관파천으로 일본 세력이 물러나 조선에서 열강들의 세력 균형이 이루어진 것을 '패자부활전'을 위한 유리한 조건이 형성된 것이라고 이해한 것 같다. 제8기는 1905년부터 1910년까지로 "말기 조선의 그 모든 잃어버린 시간들이 누적되어 그려낸 우울한 에필로그"라고 표현한 시기이다.

이삼성의 시기 구분은 정치적 사건을 중심으로 했다는 점에서 주체와 권력관계의 변화를 이해하는 데는 유용하다. 하지만 분배체계의 변화는 정치적 사건처럼 급격하게 변화하지 않는다. 이 때문에 정치적 사건을 중심으로 한 시기 구분을 분배체계에 적용하는 것은 적절해 보이지 않는다. 조선 사회가 전자본주의 체제에서 자본주의 체제로 이행해가는 시기에 걸맞은 시기 구분이 필요해 보인다. 밀란츠는 '이행기'를 처음에는 2개의 생산양식이 공존하다가 마침내 하나의 생산양식이 다른 생산양식을 지배하는 과정으로 나아가는 시기라고 정의했다.[13] 이렇게 보면 18세기부터 1910년까지를 시간적으로 구분하기 위해서는 분배체계가 질적으로 변화하는 시점을 잡아낼 필요가 있다.

환곡이라는 분배체계를 중심에 놓고 18세기부터 1910년까지 시기구분을 해보면 첫 번째 시기는 18세기부터 1876년 개항까지로 조선의 자족적 분배체제인 환곡체제가 위기에 처했던 시기이다. 조세수취방식이 비례제에서 총액제로 변화하고, 분배정책으로서 환곡의 기능이 약화되고, 환곡의 조세적 성격이 강화되면서 분배제도였던 환곡이 농민을 수탈하는 제도로 변화한 시기이다. 조선정부에 의해 여러 차례 환곡에 대한 개혁이 이루어졌지만 환곡제도를 변화하는 경제사회 조건에 맞게 개혁하지 못했다. 경제적으로는 지주전호제가 해체되고, 농민층

....

13 Mielants. 『자본주의의 기원과 서양의 발흥』. p.34.

404 제2부 자본주의로의 이행의 시작

표 6.1 분배체계의 관점에서 본 조선 후기 시기 구분: 18세기~1910년

시기	경제체제의 특성	권력관계의 특성	분배체계의 특성
환곡체제의 위기 18세기~1876년	·지주전호제의 해체 ·농민층의 분화와 상품화폐 　경제의 발달 ·자족적 생산에서 시장을 　위한 생산으로의 전환기 ·농업의 정체와 위기	·탕평정치에서 세도정치로 　전환 ·농민의 영세화와 　양극분해로 인한 부농 형성 　대 소농사회 ·반봉건세력으로서 농민의 　성장	·조세 수취 방식의 변화: 　비례제에서 총액제로 ·환곡제도의 위기 ·환곡의 조세 성격 강화 ·환곡 개혁의 실패
환곡체제의 해체기 1876~1895년	·농업의 내재적 발전의 위기 ·지대 수취의 변화 　(타조제에서 도조제로) ·미곡 대일 수출을 위한 　지주제의 강화 시작	·권력관계의 성격 　전환(국내적 관계에서 　국제적 관계로) ·권력관계: 민중 대 　봉건세력+외세(청·일) ·신흥 상인계급(객주) 등장	·환곡 중심의 자족적 　분배체제와 경제체제의 　변화 간의 모순 심화 ·환곡이 사창제로 전환 ·환곡의 노동력 재생산 기능 　약화
환곡체제의 소멸기 1895~1910년	·대외교역(원료 수출과 　상품 수입의 주변부적 　경제체제로의 전환) ·곡면교환체계의 형성 ·부농 경영의 몰락 지주 　경영으로 전환 ·상공업 분야 소상품생산자 　몰락	·변혁세력으로 농민의 등장 　(갑오농민전쟁) ·권력관계: 민중 대 　봉건세력+외세(일본) ·반자본주의 농민운동 ·신분제 사회의 해체	·환곡이 빈민 구제를 위한 　사환으로 변화 ·진휼기관으로 혜민원의 　운영과 폐지

의 분화와 상품화폐 경제의 발달이 이루어졌다. 느리고 지엽적인 변화였지만 생산은 자족적 성격에서 시장을 위한 생산으로 변화하기 시작했다. 권력관계는 조선의 정치가 탕평정치에서 세도정치로 전환되고, 농민의 양극분해가 이루어지기 시작했다. 농민은 평안도 농민항쟁(홍경래의 난)과 임술농민항쟁(진주민란)을 거치면서 반봉건 정치세력으로 성장하기 시작했다. 두 번째 시기는 1876년 개항부터 1894(5)년 갑오농민전쟁이 일어났던 시기까지로 환곡체제가 해체된 시기이다. 이 시기 자족적 분배체제의 핵심제도로서 환곡이 상품화폐경제의 발달로 인해 분배제도로서 제 기능을 수행하지 못했던 시기이다. 조선정부는 제3차 갑오개혁 기간 중 사환조례를 반포해 사환(社還)을 제도화하고 환곡을 폐지했다. 수백 년 동안 조선 사회의 장기안정화에 기여했던 체제유지 수단이자 대표적 분배

정책인 환곡이 역사의 뒤안길로 사라진 것이다.[14]

1895년 이후 조선 사회에는 사실상 공식적인 공적 분배체계가 존재하지 않았다. 조선은 공적 분배제도 없이 체제를 유지해야 했다. 경제적으로는 개항이후 미곡의 대일수출이 급증하면서 농업생산의 상업화가 가속화되었고, 조선경제가 일본경제에 편입되기 시작한 시기이다. 권력관계의 특성을 보면 조선의 권력관계가 일국적 관계에서 일본, 중국, 러시아 등 열강이 조선에서 이권을 차지하기 위해 경쟁하는 탈-일국적 관계로 전환된다. 아래로부터의 변혁의 물결을 대표했던 갑오농민전쟁이 외세와 봉건 정부의 가혹한 탄압으로 진압되고, 청일전쟁에서 승리한 일본이 조선의 식민지화를 본격화한 시점이다.

마지막으로 1895년부터 1910년까지는 환곡체제가 완전히 소멸된 시기이다. 1901년 혜민원이 설립되어 갑오개혁 이전에 환곡이 담당하던 진휼기능을 대신하게 되었다. 하지만 혜민원도 1903년 폐지되면서 중앙정부가 관리하는 공식적인 분배제도는 사라지게 된다. 다만 환곡과 같은 곡물비축 제도가 공식적으로 제도화된 것은 아니었지만, 1910년 일제에 의한 강제병탄 전까지 부분적으로 존속했던 것으로 보인다. 경제적으로 청일전쟁과 러일전쟁을 거치면서 조선경제는 일본에 식량과 원료를 제공하고, 공산품을 수입하는 주변부적 성격이 강화된다. 곡면교환체계가 형성된 것이다. 농업생산에서는 부농경영이 몰락하고 지주경영이 강화되었고, 상공업분야에서는 토착 소상품생산자가 몰락한 시기이다. 권력관계는 변혁세력으로 농민이 역사의 전면에 등장했지만, 외세에 의해 제압당하면서, 민중적 발전의 길이 좌절된 시기이다. 동시에 갑오개혁을 통해 조선이 탈신분사회로 발걸음을 내딛게 된 시기이다.

....

14 조선왕조의 장기지속에 대해서는 다음 논문을 참고하라. 김재호(2011). "조선왕조 장기지속의 경제적 기원." 『經濟學研究』 59(4): 53-117.

제3절 경제: 상품화폐 경제의 발달과 세계체계로의 편입

18세기에 접어들면서 조선 경제체제의 근간인 소농사회가 흔들리고 수공업과 농업 부문에서 상품화폐 경제가 확산되기 시작했다. 이러한 변화는 환곡으로 대표되는 자족적 분배체제와 경제체제 간의 모순을 심화시켰다. 실제로 19세기를 거치면서 소농의 생존과 노동력 재생산을 보장하던 환곡의 기능은 급격히 약화되어갔다. 반면 환곡의 부세(賦稅) 기능이 강화됨으로서 환곡은 수탈적 성격을 띠기 시작했다. 이러한 자족적 분배체제의 모순은 개항 이후 조선이 자본주의 세계체계에 주변부 국가로 편입되면서 더욱 심화된다.[15] 자본주의 세계체계로의 강제적 편입은 조선에서 상품화폐 경제의 발전이 더 이상 일국적 이해에 기초한 과정이 아니라 자본주의 세계체계의 이해에 따른 과정이 되어야 한다는 것을 의미했다. 홉스봄의 설명은 주변부 국가로 자본주의 세계체계에 편입된 조선이 직면한 현실을 정확하게 표현하고 있다.[16]

"진화하는 자본주의 세계경제는 유동적이었을 뿐 아니라 단단한 블록들의 집합체였다. 이와 같은 블록들을 구성하는 '국민경제'의 기원이 무엇이든 간에 그리고 그것에 기초한 경제이론의 이론적 한계가 무엇이든 간에 민족국가가 존재했기 때문에 국민경제들은 존재해왔던 것이다. (…) 자연스럽게 이러한 것들은 기본적으로 경쟁에 대항하여 산업화되어가는 자국의 경제를 방어할 수 있는 능력을 가지고 있는 '발전된' 세계의 일부에만 적용될 수 있으며, 자국의 경제가 정치적으로 그리고 경제적으로 '발전된' 핵심부에 종속되어 있었던 지구상의 나머지 부분에 속한 국가들에는 적용될 수 없었다. 왜냐하면 식민지 권력이 종속국

....

15 일반적으로 서세동점(西勢東漸)이라는 관점에 입각해 1876년 개항 이후 조선을 침탈한 외세로 서구 제국주의를 상정하지만, 실질적으로 조선의 경제를 침탈하고 국권을 유린한 세력은 서구 제국주의 세력이라기보다는 19세기 후반까지 산업혁명도 거치지 못했던 중국과 일본이었다. 조선의 식민화가 다른 동아시아 식민지 국가들과 상이한 점 중 하나는 조선의 식민화가 서구 제국주의가 아닌 같은 동아시아 국가인 일본에 의해 이루어졌다는 점일 것이다.
16 Hobsbawm. 『제국의 시대』. pp.131-132.

들의 경제에 발생할 일들을 결정하였으며, 제국의 경제는 그들을 바나나 공화국이나 커피 공화국으로 전환시킬 수 있는 위치에 있었기 때문이다. 이와 반대 방향에서 보자면, 주변부 경제들은 중심부 국가들에 의해 구성된 세계시장을 위해 기본재 생산품의 특화된 생산자들로 스스로를 전환하는 것이 더 많은 보상을 받았던 까닭에 다른 대안적 발전을 선택하는 일에 일반적으로 관심이 없었다. 따라서 주변세계에서 '국민경제'는 그것이 존재한다고 말할 수 있는 한, 중심부와는 상이한 기능을 가지고 있었던 것이다."

결국 개항 이전의 상품화폐 경제의 발전과 전통적 분배체계의 붕괴는 1811년 평안도 농민항쟁(홍경래의 난)과 1862년 임술농민항쟁(진주민란)에서 보듯이 봉건질서의 해체를 가속화시켰다. 개항 이후에는 봉건질서와 자본주의 세계체계에 저항하는 아래로부터의 일련의 정치적 변혁운동으로 이어지게 된다.[17] 제3절에서는 개항을 전후한 시기부터 강제병탄 이전까지 조선 경제의 변화를 검토했다.

1. 개항 이전의 경제체제의 특성

개항 이전의 조선 경제의 특성을 밝히는 것은 현대 한국 사회의 기원을 규명하는 중요한 작업이다. 이 시기의 중요한 경제적 쟁점들이 많이 있지만, 핵심은 1876년 개항 당시 조선 사회가 어떤 경제적 상태에 있었는지를 규명하는 것이다. 시카타 히로시와 이영훈은 조선 사회가 발전을 멈추고 정체해 있어 일본에 의한 강제적 개항과 같은 외부의 자극이 없이는 발전할 수 없었다고 했다.[18] 반면 김용

....

17   실제로 17세기 이후 극심한 기근이 반복되어 농민들의 생존을 위협했음에도 불구하고 19세기와 달리 민란이 발생하지 않았던 이유는 환곡의 진휼 기능이 작동했기 때문이다. 17세기부터 농민층의 분화가 시작되었지만 환곡이 농민들의 생존과 노동력의 재생산을 보장해주었기 때문에 민란이 발생할 가능성이 낮았던 것이다. 예를 들어, 당시 기근으로 인한 도적떼의 확산에 대해 봉건정부의 가장 중요한 대응은 환곡을 통한 진휼정책이었다. 김재호. "조선왕조 장기지속의 경제적 기원." p.90.

18   四方博(1933). "朝鮮に於ける近代資本主義の 成立."; 이영호(2011). "내재적 발전론 역사인식의 궤적과 전망." p.243에서 재인용; 이영훈(2002). "조선후기 이래 소농사회의 전개와 의의." 『역사와 현실』

섭과 강만길 등은 조선 사회가 내적으로 발전 동인을 갖고 있었다고 했다.[19] 이러한 논쟁은 개항을 전후한 시기부터 1910년 강제병탄에 이르는 시기까지 조선의 분배체계의 특성을 이해하는 핵심적 토대가 된다. 한 시대의 분배체계란 필연적으로 그 시대의 경제체제의 특성을 벗어날 수 없기 때문이다. 제5절에서 자세히 논의하겠지만, 조선은 독립적 자영농이라고 할 수 있는 소농[20]의 재생산 능력을 보존하기 위한 분배체계를 갖추고 있었다. 18세기 당시 1천만 석에 달하는 환곡이 비축되어 있었다는 것은 조선 사회가 엄청난 규모의 국가적 분배체계를 구축했다는 것을 상징적으로 보여준다.[21] 만약 개항 이전의 조선 사회가 여전히 소농 중심의 사회였다면, 조선 후기 분배체계의 과제는 소농의 재생산을 보장하는 환곡과 같은 자족적 분배체제를 효율적으로 유지하는 것이었다. 하지만 당시 경제구조가 상품화폐 경제의 확대로 인해 소농을 중심으로 한 전통적 경제체제가 붕괴되어가고 있었다면,[22] 환곡으로 대표되는 조선의 분배체계가 효율적으로 작동하기는 어려웠을 것이다.

그렇다면 18세기부터 개항 전까지 조선 경제는 어떤 모습이었을까? 크게 두 가지 의견이 대립된다. 연구사적으로 보면, 1945년 해방 이후부터 1960년대까지 조선 후기 사회에 대한 인식은 정체론(停滯論)에 기초한 식민사학의 관점을 벗어나지 못했다.[23] 조선 사회 정체론의 핵심은 조선 사회가 수백 년 동안 발전을 멈추고 정체해 있었기 때문에 개항과 같은 외부의 자극 없이는 발전이 불가능했다는 것이다. 시카타 히로시는 개항 전의 조선 사회는 자력으로 자본주의를 발전시킬 수

....

45: 3-38. p.24.

19　김용섭(1995). 『朝鮮後期農業史研究[I]: 農村經濟・社會變動』(증보판). 서울: 지식문화사; 강만길 편 (2000). 『조선후기사 연구의 현황과 쟁점』. 서울: 창작과비평사.

20　소농은 자족적인 소규모 가족 단위의 영농체를 지칭하는 용어이고, 소농사회란 이런 소농이 지배적인 구성원인 사회를 일컫는다. 이광렬(2015). "소농사회론 小農社會論." 서울대학교 역사연구소 편. 『역사 용어사전』. pp.1006-1007. 서울: 서울대학교출판문화원. 소농사회의 존재 여부는 조선 후기부터 일제 강점기까지 조선 사회의 특성을 어떻게 이해할 것인가를 결정하는 핵심적 쟁점이다.

21　이영훈. "조선후기 이래 소농사회의 전개와 의의." p.24.

22　최윤오(2002). "조선후기 사회경제사 연구와 근대: 지주제와 소농경제를 중심으로." 『역사와 현실』 45: 39-71. p.53.

23　이영호. "내재적 발전론 역사인식의 궤적과 전망." pp.247-248.

있는 자본, 기업가 정신, 계급, 기계, 기술이 없었던 반면 자본주의의 발전을 방해하는 수취구조만이 존재했다고 주장했다.[24] 일본에 의한 개항과 식민화가 진행되지 않았다면 조선 사회 스스로 자본주의로 이행하기는 어려웠을 것이라는 것이다.

조선 사회를 정체된 사회로 바라보았던 식민사학에 대한 비판은 1960년대 이후 조선 사회 내부의 변화와 발전을 보여주는 실증적 연구가 축적되면서 형성되기 시작했다. 한우근, 김용섭, 강만길 등의 사학자들이 1967년 12월 한국사연구회를 결성하고 1969년 "중고등학교 국사교육 개선을 위한 기본 방향"이라는 시안을 발표하면서 조선사 연구의 관점이 정체론에서 내재적 발전론이라고 불리는 방향으로 급격히 전환되었다.[25] 실제로 시안에는 조선경제사의 연구 방향을 결정짓는 몇 가지 중요한 원칙이 포함되어 있었다. 그중 분배체계와 관련해서는 두 번째, 세 번째, 다섯 번째 원칙을 주목할 필요가 있다. 두 번째 원칙은 조선 사회가 정체된 것이 아니라 세계사의 보편적 발전 법칙에 따라 발전했다는 것이고, 세 번째 원칙은 그 발전의 동력을 외부세계(일제의 침탈)가 아니라 조선 사회 내부에서 찾겠다는 것이다. 다섯 번째 원칙은 발전의 내적 동력을 위가 아닌 아래로부터 찾겠다는 것이다.

이러한 원칙에 입각해 한국사를 설명하는 이론적 틀로서 모습을 드러낸 것이 '내재적 발전론'이고,[26] '자본주의 맹아론'은 내재적 발전론이 조선 후기 경제 분야를 설명하는 이론적 틀이다. 자본주의 맹아론에서는 조선 후기를 생산력

....

24 四方博(1933). "朝鮮に於ける近代資本主義の成立."; 이영호. "내재적 발전론 역사인식의 궤적과 전망." p.243에서 재인용.

25 ① 국사의 전 기간을 통하여 민족의 주체성을 살린다. ② 민족사의 각 시대의 성격을 세계사적 시야에서 제시한다. ③ 민족사의 전 과정을 내재적 발전 방향으로 파악한다. ④ 제도사적 나열을 피하고 인간 중심으로 생동하는 역사를 서술한다. ⑤ 각 시대에 있어서의 민중의 활동과 참여를 부각시킨다. 김정인(2010). "내재적 발전론과 민족주의." 『역사와 현실』 77: 179-214. p.191; 이영호. "내재적 발전론 역사인식의 궤적과 전망." p.248.

26 '내재적 발전론'이라는 용어는 1980년대 일본에서 유입되어 사용되었다. 김정인. "내재적 발전론과 민족주의." p.249; 이영호. "내재적 발전론 역사인식의 궤적과 전망." p.249. 일본 학계가 1960년대 이후 김용섭, 송찬식 등의 조선 후기 사회의 발전을 다룬 연구들을 접하면서 이들 연구의 경향을 '내재적 발전론'으로 명명했던 것이 한국 학계에 유입되면서 사용하게 된 것이다. 사실 김용섭, 송찬식 등은 1960년대에 연구논문을 발표하면서 '내재적 발전론'이라는 용어를 가시적으로 사용하지 않았다.

의 발전으로 지주전호제(地主佃戶制)에 기초한 토지소유관계가 해체되고 농민 층의 분화와 상품화폐 경제가 확대되었던 시기로 이해하고 있다. 이앙법의 확 산 등 농업생산력의 발달은 지주전호제를 해체시키고 농민층의 분화로 이어졌 다.[27] 상업농의 성장이 가능해졌고 '경영형 부농'이 출현하게 되었다는 것이다.[28] 〈그림 6.1〉에서 보는 것과 같이, 김용섭은 대구, 의성, 전주, 진주 지방의 양안(量

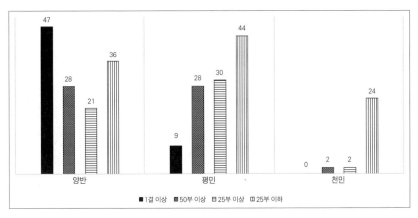

그림 6.1 숙종 46년(1720년) 대구부 조암면의 신분별 경작지 소유 면적 현황(단위: 명)[29]
출처: 최윤오(2003). "광작과 지주제." 국사편찬위원회 편. 『한국사 33: 조선 후기의 경제』. pp.68-119. 서울: 탐구당. p.113.
....

27 이앙법의 확산이 농민 분화와 관련된 이유는 이앙법이 가뭄에 취약해 농사를 망치는 경우가 많았고 이 로 인해 빈농과 소농이 토지를 잃게 되는 경우가 많았기 때문이다. 조선 초기에 봉건정부는 물이 안정 적으로 공급되지 않는 높고 건조한 곳에서 이앙법을 실시하는 것을 금지했다. 그러나 이앙법의 노동력 절감과 수확량 증대 효과로 인해 17세기 중엽에 이르면 봉건정부도 이앙법을 적극적으로 금지시킬 수 없었고, 18세기 말 19세기 초가 되면 삼남지방의 거의 모든 곳에서 이앙법이 보편화된다. 실제로 『농가 월령(農家月令)』에 따르면, 이앙법을 실시하면 네 차례 실시해야 했던 논의 제초작업을 두 차례만 해도 충분했다. 이영학(2003). "농업생산력의 발달과 상품작물의 지배." 국사편찬위원회 편. 『한국사 33: 조 선 후기의 경제』. pp.32-68. 서울: 탐구당. pp.34-36.

28 경영형 부농은 상업적 농산물을 생산하기 위해 지주의 땅을 빌리고 여기에 임금노동자를 고용해 상 업적 농산물을 생산한 집단이다. 김용섭은 조선 후기 부농을 두 가지 유형으로 구분하는데, 토지를 집 적해 부농이 된 경우는 '지주형 부농', 농지를 빌려 경작하는 경우-[시작지(時作地라고 함)]와 시작지 와 자경지를 겸해 부농이 된 경우는 '경영형 부농'이다. 김용섭. 『朝鮮後期農業史硏究[I]: 農村經濟·社 會變動』(증보판). pp.338-339; 최윤오. "조선후기 사회경제사 연구와 근대." pp.44-45; 이헌창(2008). "조선 후기 資本主義萌芽論과 그 代案." 『韓國史學史學報』 17: 77-128. p.104.

29 조선시대의 농지 소유 규모를 산출할 때는 실제 면적이 아니라 토지의 비옥도와 관계있는 생산량을 단 위로 파악했다. 이는 봉건정부의 운영 기반이 되는 농업생산물의 과세 지표를 마련하기 위한 것으로 보인다. 농지에 대해 과세할 때는 결(結)-부(負)-속(束)이라는 단위를 사용했는데, 1결은 100부에 해 당하고 1부는 10속과 같았다. 박섭·이영훈(2007). "제3장 농업." 낙성대경제연구소 Working Paper, WP2007-4. 1결은 현재 기준으로 보면 평균적으로 대략 1.6정보(4,910평)에 해당하는 농지 면적이다.

案)[30]과 상주 지방의 양안과 호적을 비교 분석해 지역에 따라 부농의 5분의 1 또는 3분의 1이 자작과 시작(농지를 빌려서 경작하는 농사)을 겸영(兼營)하는 '경영형 부농'이라는 사실을 입증했다. 이는 영국의 자본주의의 발전 과정에서 차지농의 등장과 이들에 의한 자본축적을 통한 자본주의 이행이라는 제1의 길의 맹아를 조선 후기 농업에서 규명하려는 시도로 보인다.

자본주의 맹아론

자본주의 맹아론(이후 맹아론)은 1950년대에 북한 학계의 최병무가 "이조 시기의 시전"이라는 논문에서 처음 제기했다. 맹아론은 1960년대에 본격적으로 논의되면서 1970년대 초에 이르면 그간의 연구 성과가 집약된다.[31] 그 대표적 연구 성과는 사회과학연구원 경제연구소의 『조선에서 자본주의적 관계의 발생』과 력사연구소의 『조선에서 자본주의적 관계의 발전』이다. 초기 논의에서는 자본주의 맹아 또는 요소라는 개념이 사용되었지만, 이후 논쟁이 본격화되면서는 '자본주의적 관계'라는 용어로 통일된다.[32] 북한의 자본주의 맹아론 연구는 1949년 중화인민공화국 수립 이후 중국 역사학계가 제기한 맹아론 논쟁으로부터 영향을 받은 것으로 보인다.[33] 한국에서 맹아론이 본격적으로 제기된 시기는 북한보다 늦은 1960년대 후반이다.

....

30 양안은 조선시대에 세금을 징수하기 위한 목적으로 작성된 토지대장으로, 토지 소유자가 적시되어 있으나 토지 소유권을 확정하기 위한 목적에서 작성된 것은 아니다. 이러한 이유로 토지 소유권자인 양반 지주들의 경우 양안에 자신의 이름보다는 노비의 이름을 기재하기도 했다. 이러한 양안의 성격으로 인해 대한제국이 실시한 광무양안의 성격을 둘러싸고 조선 사회가 근대적 토지 소유권을 확립해가는 전기(轉機)가 되었다는 주장과 전통적인 부세를 위한 토지조사사업에 불과하기 때문에 근대적 토지 소유권은 일제에 의해 확립되었다는 주장 간에 논쟁이 계속되고 있다.
31 이욱(2000). "조선후기 상업사에서의 자본주의 맹아론." 강만길 편. 『조선후기사 연구의 현황과 쟁점』. pp.235-266. 서울: 창작과비평사.
32 안병태(1982). 『한국근대경제와 일본 제국주의』. 서울: 백산서당.
33 이욱. "조선후기 상업사에서의 자본주의 맹아론." p.247.

김용섭은 선구적이고 실증적인 일련의 논문을 제출했다.[34] 1970년대의 대표적인 저술로는 1973년에 출간된 강만길의 『조선후기 상업자본의 발달』이 있다.[35] 맹아론은 한국 사회가 전자본주의 사회에서 자본주의 사회로 이행한 힘을 한국 사회 내부에서 찾기 위한 노력의 일환으로 제기된 이론이다. 맹아론의 중요한 목적은 조선 사회에는 토지의 사적 소유, 상품과 화폐의 유통, 시장의 성장, 자본주의적 임노동관계 등이 없었기 때문에 자생적으로 자본주의 사회로 이행할 능력이 결여되었다는 식민사관을 비판하고 조선 사회 내부에서 자본주의적 요소를 찾아내는 것이다. 이처럼 자본주의 맹아론은 일제 식민사학의 조선 사회 정체론과 타율론을 비판했다. 맹아론은 한국 사회의 변화를 한국 사회 내부동학을 통해 설명하려고 했다는 점에서 그 의의가 크다. 그러나 맹아론은 조선에서 자본주의적 관계를 실증에 입각해 총체적으로 규명하지는 못했다. 이로 인해 단편적인 사실을 (연구자의 의도에 따라 보여주고 싶은 자료만을 취사선택했다는 의미에서) 부조적으로 접근했다는 비판을 받았다. 맹아론에 대한 본격적인 비판은 1980년대부터 시작되었다.[36] 비판의 핵심은 서구와 상이한 조선의 봉건제에 대해 명확히 규명하고 봉건제가 해체되는 양상에 대한 실증적 논거를 제시해야 한다는 것이었다. 맹아론에 대한 체계적인 비판을 정리한 저술로 재일 사학자인 안병태의[37] 『한국근대경제와 일본 제국주의』를 주목할 필요가 있다. 더불어 맹아론은 한 사회의 변화를 일국적 관점에서 규명하려고 했다는 점에서 그 이론적 한계가 명확해 보인다. 다만 이욱은 맹아론에 대한 비판이 대안을 제시하는 수준으로 발전하지 못했다고 평가했다.[38]

....

34 이욱. "조선후기 상업사에서의 자본주의 맹아론." p.241.
35 박기수(2007). "한국과 중국의 자본주의맹아론." 『사림』 28: 203-248, p.213.
36 박기수. "한국과 중국의 자본주의맹아론." p.223.
37 박기수. "한국과 중국의 자본주의맹아론." p.206.
38 이욱. "조선후기 상업사에서의 자본주의 맹아론." p.241; 임병훈. "18·19세기 광업·수공업생산의 발전과 '자본주의맹아론'." p.439.

조선 후기 농업에서 '경영형 부농'의 존재는 조선 후기에 임금노동관계가 출현하고 자본의 원시적 축적이 시작되었다는 것을 의미한다는 점에서 조선에서의 자본주의 맹아의 발생을 입증하는 중요한 논거가 된다.[39] 송찬식은 '경영형 부농'의 존재 여부에 대해서는 신중한 태도를 취했지만 당시 광작이 확산되고 있었다는 것을 실증함으로써 부분적으로 김용섭의 가설을 지지하는 연구 결과를 발표했다.[40] 경영형 부농의 존재는 신분제에 근거한 지주전호관계가 붕괴하고 부농이 무(無)토지 농민들, 즉 농업임금노동자를 고용했다는 것을 의미한다.[41] 농업 분야에서 임금노동자의 출현은 농업생산이 자족적 수요를 목적으로 한 것이 아니라 시장을 위한 상품생산을 목적으로 했다는 것을 의미한다. 이 때문에 임금노동자의 출현은 농민층의 분해는 물론 상품화폐 경제의 확대의 근거가 된다. 실제로 19세기 전반기에 존재했던 1,052개의 장시(場市) 중 쌀과 보리를 거래하는 장시가 각각 260개, 156개 존재했던 것으로 알려져 있다.[42]

물론 농민층의 분해가 곧 상품생산을 하는 경영형 부농의 성장으로 연결될 수 있는지는 논란이 될 수 있다. 그러나 분명한 것은 토지와 경작지가 소수에게 집적되면서 토지를 잃거나 토지가 줄어든 농민들이 지속적으로 확대되었던 것으로 보인다. 1846년(헌종 12년)의 진주 내장리의 대장(세금납부 장부)을 분석한 결과를 보면, 전체 농가 중 잉여생산물의 축적이 가능한 농가는 15.5%에 불과했다. 생계유지조차 어려운 빈농층의 비율은 평민·천민의 경우 72.5%, 양반층의 경우도 절반이 넘는 55.0%였다.[43] 또한 19세기 초의 충청도 임천군의 경작 형태를 분석해보면, 전체 경작 형태 중 자작농은 15.2%(43명), 자시작농은 4.2%(12명), 시작농은 49.8%(141명)이고, 토지가 없는 무농층은 30.8%(87명)이었다.[44] 이러한

....

39   정승진(2009). "金容燮의 原蓄論과 社會經濟史學의 전개: 朝鮮後期農業史硏究 I·II." 『韓國史硏究』 147: 335-356, p.336.
40   송찬식(1970). "朝鮮後期의 農業史硏究에 대하여." 『역사학보』 46: 95-112.
41   정승진. "金容燮의 原蓄論과 社會經濟史學의 전개." pp.344-346.
42   고동환(2003). "상품의 유통." 국사편찬위원회 편. 『한국사 33: 조선 후기의 경제』. pp.356-393, 서울: 탐구당. p.365.
43   김용섭. 『朝鮮後期農業史硏究[I]』(증보판). p.255.
44   김용섭. 『朝鮮後期農業史硏究[I]』(증보판). p.273.

사료는 조선 사회의 근간인 신분질서가 해체되고 농민층의 분해가 이루어지고 있었던 당시의 현실을 반영한 것으로 보인다. 조선 후기에 대부분의 농민이 영세 농민화되는 양극분해 과정이 진행되고 있었던 것이다. 정약용은 『여유당전서(與猶堂全書)』에 다음과 같은 기록을 남겼다.

"오늘날 호남민을 살펴볼 때 대략 100호가 있으면 다른 사람에게 토지를 주고 지대를 수취하는 자는 불과 5호이며 스스로 토지를 경작하는 자가 25호, 다른 사람의 토지를 경작하며 지대를 바치는 자가 70여 호에 달한다."[45]

상공업 분야에서는 상인들이 봉건질서를 약화시키고 자본주의 생산양식의 전제조건들을 만들어내고 있었다.[46] 봉건정부는 기본적으로 공업과 상업 부문에서 재부생산을 억제했다[억말론(抑末論)]. 조선조정의 기본 정책[재권재상론(財權在上論) 또는 이권재상론(利權在上論)]은 부를 중앙에 집중시키는 것이었다.[47] 이로 인해 조선 초기의 봉건정부는 장시의 형성을 억제했다. 그러나 조선 후기에 농민층의 분해가 심화되자 봉건정부는 장시가 농민층의 불안정성을 완화할 수 있다는 논리[무본보말론(務本補末論)]를 수용하면서 장시를 용인하게 된다. 특히 1791년 신해통공(辛亥通共)은 시전상인에게 부여되었던 금난전권(禁亂廛權)을[48] 부분적으로 폐지해 사상도고(私商都賈)를 활성화시키는 계기가 된다.[49] 이러한 변화는 〈그림 6.2〉에서 보는 것과 같이 18세기 말과 19세기 초 전국적으로 1천 개가 넘는 장시가 열리는 등 상품화폐 경제의 확대로 이어졌

········

45 정약용. 『與猶堂全書』 권9; 송찬섭(2003). "삼남지방의 민중항쟁." 국사편찬위원회 편. 『한국사 36: 조선 후기 민중사회』. pp.277-335. 서울: 탐구당. p.278에서 재인용.

46 강만길. "京江商人硏究." 『亞細亞硏究』. p.23, 34, 47.

47 정주신(2007). "조선후기 개성상인의 성장과 그 쇠퇴요인 일고찰." 『아태연구』 14(2): 21-47. pp.22-27.

48 관으로부터 허가받지 않은 상거래를 단속할 수 있는 특권.

49 육의전(六矣廛)의 금난전권은 존속되었고 그 의의 또한 논쟁적이다. 신해통공은 사상의 자유로운 발전보다는 오히려 19세기에 나타난 봉건권력에 밀착된 독점적인 상업체계(도고상업)가 만들어지는 계기가 되었다는 비판을 받는다. 이욱. "조선후기 상업사에서의 자본주의 맹아론." p.249.

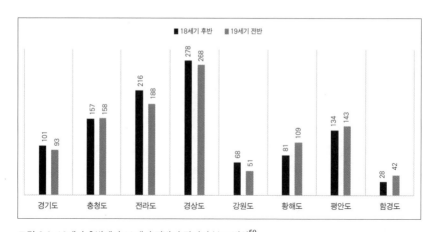

그림 6.2 18세기 후반에서 19세기 전반의 장시의 분포 변화[50]
출처: 『동국문헌비고(東國文獻備考)』와 『임원십육지(林園十六志)』를 인용한 『한국사 33: 조선 후기의 경제』의 내용을 수정한 것임.

다. 특히 주목할 만한 현상은 마르크스가 자본주의 이행의 두 번째 길이라고 언급한 상업자본이 생산 부문에 투입되어 생산 부문을 장악하는 사례가 나타났다는 점이다. 경강상인은 당시 20만 명이 거주하는 서울의 소비물품을 조달하는 역할을 담당하면서 미곡, 어염류, 목재 등의 교역을 독점했고 선박 제조에도 투자했다. 개성상인은 인삼 교역의 독점을 통해 부를 축적했고 자본을 인삼 재배와 홍삼 제조에 투자했다.[51] 수공업 부문에서는 대동법의 시행과 상품화폐 경제의 발달로 부역노동에 근거한 관인수공업이 해체되고 민간수공업이 발달하기 시작했다.[52] 광업 부문에서는 대체로 18세기 말과 19세기 초 자본주의적 관계가 발생한 것으로 본다.[53]

....

50 방기중(2003). "금속화폐의 보급과 조세금납화." 국사편찬위원회 편. 『한국사 33: 조선 후기의 경제』. pp.394-438. 서울: 탐구당. p.410. 방기중이 인용한 자료는 동일문헌을 인용했음에도 불구하고 고동환이 인용한 자료와 다소 차이가 있다. 예를 들어, 고동환이 인용한 『동국문헌비고』에 나온 18세기 후반에서 19세기 전반의 경기도 장시 수는 102개인데, 방기중은 101개와 93개로 표기하고 있다. 고동환, "상품의 유통." p.361.
51 강만길(1972). "開城商人硏究." 『韓國史硏究』 8: 613-636. p.623, 629.
52 임병훈(1990). "18·19세기 광업·수공업생산의 발전과 '자본주의맹아론'." 『동양학학술회의강연』 20: 77-92.
53 박기수. "한국과 중국의 자본주의맹아론." pp.210-211.

하지만 조선 후기에 자본주의 맹아가 출현했다는 주장에 대한 반론도 상당하다. 먼저 북한 학계에서는 대체로 지주들이 소작료로 걷어들인 미곡이 상품화된 경우를 제외하면 부농, 중농 등과 같은 농민에 의해 미곡이 상품화되었을 가능성은 거의 없었던 것으로 보고 있다.[54] 부농과 중농이라고 할지라도 고율의 지대(일반적으로 타조법에 의한 1:1의 분배)와 각종 세금으로 인해 자가 소비량을 제외하고 나면 시장에 내다팔 수 있는 여유 곡물이 많지 않았기 때문이다. 북한 학계는 지주가 아닌 부농과 중농에 의한 "상업적 농업의 발전이 특히 미약하였다."라고 평가했다. 다만 북한 학계에서도 18세기 중엽에 토지의 자유로운 매매가 이루어지면서 서민지주층이 형성되었고 이들에 의해 농민의 소상품생산자화가 확대된 것으로 보았다.[55] 하지만 '서민지주'는 김용섭이 말한 '경영형 부농'과 동일한 집단이 아니었다. 해외 학계에서도 김용섭의 연구에 대해 대체로 조선 후기 농업 부문의 발전을 과도하게 평가했다고 비판했다.[56] 미야지마 히로시(宮嶋博史)는 조선 후기 토지 소유 형태는 중층적이었기 때문에 조선 후기 사회가 기본적으로 소농사회였다는 입장을 견지했다.[57]

농업 분야의 자본주의 맹아론에 대한 체계적인 비판은 재일사학자인 안병태가 제기했다.[58] 안병태는 『한국근대경제와 일본 제국주의』에서 조선 후기에 상품화폐 경제가 발전했다는 주장에는 동의했지만 자본주의 맹아로서 경영형 부농의 존재에 대해서는 동의하지 않았다. 첫째, 조선의 토지 소유는 국가, 지주, 경작자가 각각의 권리를 보유한 중층적 소유관계로 이루어져 있었기 때문에 토지의 사

....

54 전석담 외. 『조선에서 자본주의적 관계의 발생』. pp.34-35. 더욱이 조선 후기에 나타난 자본주의 맹아에 관한 북한 학계의 대표적 연구자들인 김광진, 정영술, 손전후의 저술에서는 농업 부문에서의 자본주의적 관계의 발전에 관해서는 아예 다루고 있지 않다. 김광진 외. 『조선에서 자본주의적 관계의 발전』. 하지만 북한 학계에서도 남한의 경영형 부농과 유사한 서민형 지주가 형성되었다는 연구 결과가 있다.
55 박기수. "한국과 중국의 자본주의맹아론." p.208.
56 정승진. "金容燮의 原蓄論과 社會經濟史學의 전개." p.347.
57 이영훈·최윤오·이세영·김건태·김재호·왕현종·김선경(2002). "토론: 조선후기 사회를 어떻게 볼 것인가?" 『역사와 현실』 45: 73-126. pp.94-97.
58 안병태. 『한국근대경제와 일본 제국주의』. p.19, 41, 86, 111, pp.93-56, pp.109-110.

적 소유를 전제한 경영형 부농의 존립 근거가 없었다는 것이다. 토지에 대한 실질적 권리는 수세조권, 관리수세권, 경작권으로 구분되어 있었고, 각각은 개별적으로 매매의 대상이 되었다. 둘째, 지주와 경작자가 생산물을 나누는 방식도 차지농이 경영형 부농으로 성장하는 것을 어렵게 했다는 것이다. 생산물을 지주와 경작자가 1:1로 나누는 타조(분익소작제) 방식에 세금까지 부담한 차지농이 경영형 부농으로 성장하기란 쉽지 않았기 때문이다.[59] 이러한 이유로 설령 경영형 부농이 존재했다고 해도 아주 비옥한 농지에서 예외적으로만 존재할 수 있었다고 했다. 셋째, 안병태는 김희일의 주장을 인용하면서 "18~19세기 전반에 걸쳐 조선에서 전자본주의 체제의 해체와 자본주의 요소의 발생과 같은 커다란 변동이 있었지만 변동은 조선 사회의 사회발전의 총체적 방향을 규정할 정도의 요인으로까지 성숙할 수 없었다는 사실도 중대하게 고려되어야 한다."고 했다. 안병태는 자본주의 맹아론은 사료를 자신들의 연구 목적에 따라 편의적으로 선택해 자신들이 보여주고 싶은 부문만을 부각시키는 부조적 방식이라고 비판했다.

식민지 근대화론자의 대표적 이론가인 이영훈의 주장은 대부분 안병태의 주장을 반복하고 있다. 이영훈은 17세기 후반부터 소농이 해체되기 시작했다는 주장을 비판하면서 당시는 오히려 소농사회가 성립되었던 시기였다고 주장한다.[60] 조선 후기에 상품화폐 경제의 발달로 인해 자본주의 맹아가 출현한 것이 아니라 반대로 조선 사회가 위기에 빠졌다는 것이다. 조선은 18세기 중엽인 영·정조 시대를 정점으로 19세기 초반에 완만한 정체를 나타냈고 19세기 중엽에 이르면 안정성을 상실해가기 시작했다는 것이다. 그리고 19세기 후반과 말에 들어서면서 조선 사회는 심각한 위기에 직면했던 것으로 진단했다.[61] 이러한

....

59　다만 안병태는 논에서는 분익소작제도로 인해 경작자(소작농)의 상품생산이 발생하기가 어렵지만 정액제로 지대를 납부하는 밭에서는 경우에 따라 상품을 위한 생산이 가능하다고 보았다. 안병태, 『한국 근대경제와 일본 제국주의』, p.121.

60　이영훈. "조선후기 이래 소농사회의 전개와 의의." pp.24-25. 소농 개념은 일본 학계에서 서구와 다른 발전 경로를 갖고 있는 동아시아(한국, 중국, 일본)의 특성을 설명하기 위한 개념으로 제기된 것을 이영훈 등 식민지 근대화론자들이 적극적으로 수용한 것이다.

61　이영훈(2007). "19세기 조선왕조 경제체제의 위기." 『朝鮮時代史學報』 43: 267-296. pp.270-274,

조건에서 농민층의 양극분해가 확대되어 중농마저도 하향 평준화되는 양상으로 나타났다. 실제로 두락당 지대량은 1700년대에 15두에서 1800년대에 10두로 감소했고 1900년대에 들어서면 5두로 감소했다. 논의 실질가치도 18세기 중엽에 두락당 6~7석에서 19세기 후반에는 4~5석으로 하락하는 등 전반적으로 쌀농사의 생산성 하락 추세가 나타났다. 고용 농민의 품삯도 이전의 3분의 1 수준으로 격감한다. 이러한 상황을 고려한다면 조선 후기 농업 부문에서 자본주의 맹아인 '경영형 부농'이 형성되고 확산되었다는 주장에 동의하기는 어렵다는 것이다.

이들은 상업 부문에서 자본주의 맹아가 출현했다는 것도 과도한 해석이라고 비판한다. 조선 후기에 성장한 상인자본의 많은 부분은 생산 부문에 투자되지 않고 토지를 구매하는 데 사용되었다.[62] 자본주의 관계의 확대는 기본적으로 자본이 이익을 실현할 곳(투자처)의 확대를 전제로 하는데, 상인자본의 상당 부분이 토지에 투여되었다는 것은 상업자본이 이윤을 실현할 대상이 극히 제한적이었다는 것을 의미한다. 동시에 토지를 기반으로 한 전통적인 신분질서와 경제체제가 여전히 강고하게 남아 있었다는 것을 방증하는 것이기도 하다. 신해통공을 계기로 봉건정부로부터 특권을 부여받은 관상체계가 해체되고 자유로운 사상체계가 퍼졌다는 것도 지나친 해석일 수 있다.[63] 왜냐하면 관상이건 사상이건, 개항 전은 물론 개항 이후에도 조선의 대규모 상업자본은 관과 밀착되어 수세를 담보로 특권을 부여받는 특권 상인이었기 때문이다.

안병태는 조선 후기 상품화폐 경제의 발전은 농민, 즉 사적 상품화폐 경제가 발달한 것이 아니라 봉건정부의 수요와 대동법(大同法) 실시와 같은 부세제도의 변화에 따른 '국가적 상품화폐 경제'가 발달한 것이었다고 평가한다.[64] 1820년(순조 20년)의 자료를 보면, 조세와 공물 수취 과정에서 발생한 상품유통이 전

....

pp.281-283.

62   정주신. "조선후기 개성상인의 성장과 그 쇠퇴요인 일고찰." p.37.

63   이욱(2006). "조선후기 상품화폐 경제의 발달과 공인." 『내일을 여는 역사』 26: 277-283.

64   안병태. 『한국근대경제와 일본 제국주의』. p.118.

체 상품유통에서 차지하는 비율이 무려 52.8~66.9%에 달했다. 이영훈도 당시 상품화폐 경제의 발전은 민간에 의한 상품화폐 경제의 발전이 아니라 국가물류 체계에 의한 국가적 상품화폐 경제가 확대된 것이었다고 설명한다.[65] 또한 토지를 잃은 농민의 생활을 보완해주었던 장시의 수도 감소했다. 전국적 시장 성립을 판가름할 수 있는 장시 간 연관성도 현격히 약화되었다. 미곡 가격의 절정기였던 1779~1816년 사이에는 장시 간 미곡 가격의 상관지수가 0.941이었는데, 1855~1882년에 이르면 0.230으로 장시 간의 연관성이 사라지고 개별 장시가 고립화되는 현상이 나타났다. 19세기 조선 사회에서는 생활수준과 영양상태가 하락하고 가계당 평균 인구수도 감소하며 사망률이 증가하는 등 사회 전체가 심각한 위기에 처했다는 것이다. 이런 조건에서 조선 사회는 외부적 도움 없이는 위기에서 벗어날 수 없었다는 것이다. 그 외부적 도움이 바로 일제에 의한 개항이었고 식민지 시대에 이루어진 근대화라는 주장이다.

김홍도가 그린 것으로 추정되는 〈평양감사연 도중 연광정연회도〉의 오른쪽 화면을 보면 조선 후기 평양의 저자거리 모습을 볼 수 있다(국립중앙박물관 소장).[66]

....

65   이영훈. "19세기 조선왕조 경제체제의 위기." pp.288-289.
66   http://www.koreanart21.com/column/history/view?id=4280&page=7

맹아론에 대한 비판은 문헌 고증을 통해 실증됨으로써 맹아론의 논거를 취약하게 했다. 특히 내재적 발전론이나 맹아론을 주장하는 논거들이 대부분 17~18세기 사례를 연구하고 19세기 상황을 추적하지 않았다는 비판에는 귀 기울일 필요가 있다.[67] 하지만 이러한 비판들이 모두 합당한 것은 아니다. 많은 부분이 아직도 규명해야 할 과제로 남아 있다. 예를 들어, 농업 분야에서 '경영형 부농'의 출현에 대한 이영훈의 비판은 주로 궁방전(왕실과 종친 등에서 관리하는 토지)의 소유 형태에 근거했다. 하지만 궁방전과 민전을 포함한 조선 후기 토지 소유의 실태를 종합적으로 제시한 연구는 없다. 그렇기 때문에 궁방전에 나타난 토지 소유관계의 특성을 조선 후기 사회 전체로 일반화시키는 것은 적절하지 않다. 실제로 조선 후기에 민전이 전체 토지에서 차지한 비중은 90% 이상이었던 것으로 알려져 있다.[68] 안병태도 중층적 소유관계를 이루고 있는 궁방전이 "전국의 전답 총 결수에서 차지하는 비율은 기껏해야 5% 내외"라고 평가했다.[69] 다만 이영훈이 조선 후기 궁방전의 토지 소유관계(중층적 소유권의 존재)를 밝힌 것은 조선 봉건제의 형태를 제시했다는 점에서 중요한 학문적 성과라고 할 수 있다.[70] 이영훈이 제시한 지대량 감소에 대해서도 이견이 있다. 김건태는 19세기 후반의 두락 당 지대량의 하락과 이의 원인이 되는 토지 생산성의 하락에 대한 근거가 미약하다고 비판했다. 김재호는 19세기의 위기는 기본적으로 환곡이라는 분배제도의 위기에서 기인한 것이라고 평가했다.[71]

이처럼 개항 전까지 조선 후기의 경제상태를 둘러싼 다양한 쟁점이 있지만, 분명한 것은 신분제를 기반으로 한 조선의 경제체제와 이에 조응하는 분배체계가 이완되면서 조선 사회의 불안정성이 높아졌다는 것이다. 이런 가운데 조선은 일본에 의해 반(半) 강제적으로 개항되었다. 더욱이 개항은 가뜩이나 불안정해진

....

67 이영훈. "19세기 조선왕조 경제체제의 위기." p.274, 283, 286.
68 백일. "이영훈 등 뉴라이트의 한국 근대사 식민사관 비판." p.172.
69 다만 안병태는 궁방전이 5%에 불과하지만 이후 지속적으로 재생산되었다고 평가하고 있다. 안병태. 『한국근대경제와 일본 제국주의』. p.110.
70 백일. "이영훈 등 뉴라이트의 한국 근대사 식민사관 비판." p.183.
71 이영훈 외. "토론: 조선후기 사회를 어떻게 볼 것인가?".

조선의 경제·정치·분배체계의 불안정성을 한층 심화시켰다. 조선이 자주적으로 전자본주의 사회에서 자본주의 사회로 이행할 수 있는 주관적·객관적 조건이 더 악화된 것이다. 이제 개항 이후 조선 경제의 특성에 대해 개략해보자.

2. 개항 이후 경제체제의 특성

조선의 개항은 당시 산업혁명을 완결하지 못한 전산업사회였던 일본에 의해 추동되었다.[72] 사실 개항 당시 조선 경제와 일본 경제의 양적 차이가 존재했는지는 모르겠지만 질적 차이는 없었던 것으로 보인다.[73] 이것이 일본에 의한 조선의 개항이 우리를 당황스럽게 만드는 이유이다. 더 당황스러운 사실은 조선의 개항이 조선이 아닌 일본 자본주의의 원시적 축적과[74] 산업혁명을 가속화시키는 계기가 되었다는 점이다. 이제 우리는 개항 이후 조선의 경제가 어떠한 모습으로 변화해갔는지를 살펴볼 것이다. 핵심은 개항 전에 조선에서 진행되어오던 내적 변화가 개항 이후 어떤 모습으로 변화해갔는지를 관찰하는 것이다.

1) 농업 부문: 지주제의 강화

홉스봄은 근대 자본주의 경제에서 농업이 갖는 중요성을 세 가지로 정리했다.[75] 농업은 산업 부문에 필요한 식량과 원자재, 노동력, 산업화를 위한 초기 자

....

72 사실 개항 자체가 일본의 무력에 의해 조선의 의지와 관계없이 일방적으로 이루어졌다는 주장은 논란의 여지가 있다. 개항이 불가피하고 개항을 통해 부국강병을 추구해야 한다는, 당시 조선 조야의 지식인들의 생각은 1850년대부터 이미 형성되고 있었다. 1876년 병자수호조약의 조선 측 대표 중 한 사람이었던 신헌은 당시 개항의 필요성을 인식하고 있었던 연암 박지원의 손자이자 청이 서양세력에 의해 수도(북경)가 점령되고 북경조약이 체결된 이후 열하부사로 청국을 다녀온 박규수와 밀접한 관계를 갖고 있었다. 또한 신헌은 협상에서 개항이 불가피하다는 것을 인지하고 있었다. 강제성은 개항이 조선의 준비 정도와 관계없이 조선이 원하지 않는 시점에 이루어졌다는 데 있다고 볼 수 있다.

73 안병태. 『한국근대경제와 일본 제국주의』. pp.19-21.

74 고동환(2003). "동학농민전쟁의 사회경제적 배경." 국사편찬위원회 편. 『한국사 39: 제국주의의 침투와 동학농민전쟁』. pp.269-282. 서울: 탐구당. p.269.

75 Hobsbawm, E. (1998[1975]). 『자본의 시대』. 정도영 역. (*The Age of Capital 1848-1875*). 서울: 한길사. p.358.

본을 제공한다는 점에서 농업 사회에서 산업자본주의로의 이행에 핵심적 역할을 담당한다. 그렇다면 개항 이후 조선의 농업은 어떻게 변화했을까? 특히 농민층 분해와 농업 분야에서 상품화폐 경제의 확대는 개항 이후 어떻게 변화했을까? 개항 이전과 같이 개항 이후에도 경영형 부농이 확대되었는지 여부는 축적된 연구가 거의 없어 판단하기 어렵다. 그러나 분명한 것은 개항 이후 경영형 부농이 확대될 수 있는 제반 조건이 악화되었을 것이라고 추정하는 것이 크게 잘못된 것은 아닌 것 같다. 18세기 후반에 들어서면서 신분제에 의한 부세체계인 조용조(租庸調)체계가 붕괴하고 전정, 군정, 환정(곡)이라는 삼정이 정립된다.[76] 이러한 삼정체계는 세금의 총액을 군현 단위로 정해 지방관과 향촌의 지배세력

조일수호통상조약 당시의 모습을 그린 일본 측 그림. 1876년 2월 일본은 군함 2척과 운송선 3척에 400여 명의 군인을 강화도 갑곶에 상륙시키고 조선과 조약을 맺었다. 통상조약을 맺은 이 그림의 조선 관료들은 불과 30여 년 후에 조선이 일본의 식민지가 될 것이라고 상상이나 하고 있었을까? (출처: Wikimeida Commons)[77]

....

76 정진상(2003). "동학농민군의 폐정개혁 요구." 국사편찬위원회 편. 『한국사 39: 제국주의의 침투와 동학농민전쟁』. pp.353-375. 서울: 탐구당. p.358; 서영희(1991). "개항기 봉건적 국가재정의 위기와 민중수탈의 강화." 한국역사연구회 편. 『1894년 농민전쟁연구 1: 농민전쟁의 사회경제적 배경』. pp.126-169, 서울: 역사비평사. p.126; 송찬섭. "삼남지방의 민중항쟁." p.281.

77 https://commons.wikimedia.org/wiki/File:GanghwaTreaty.jpg

이 세금을 걷게 하는 방식(일명 총액제)으로 농민에 대한 지방관리의 무제한적 수탈을 가능하게 했다.[78] 1894년 갑오농민전쟁을 주도한 전봉준의 공초(供招) 기록을 보면, 전봉준은 "각 읍의 수재(守宰)는 상납을 칭하고 혹 결복(結卜)을 칭하고 혹 결복을 가렴(加斂)하여 호역(戶役)을 횡탈한다. 조금 부유한 백성이 있으면 공연히 죄로 엮어 재산을 늑탈하고 토지를 횡탈하는 일이 비일비재하다." 라고 진술했다.[79]

더욱이 1890년대에 들어서면서 본격적으로 확대된 미곡의 대 일본 수출로 발생하는 미곡 상품화의 이익은 농민이 아닌 외국 상인과 봉건지배계급 등에 돌아갔다.[80] 일반 농민의 미곡 상품화는 당시 금납화된 조세를 납부하기 위해 생존의 위협을 감내하면서 어쩔 수 없이 따라야 하는 강제된 상품화였던 것으로 보인다. 실제로 1885년 부산 지역에 대기근이 들어 매일 굶어 죽는 사람이 십수 명에 달했는데도 미곡 수출은 계속되었다. 영국의 식민지였던 아일랜드에서 1845년 대기근이 발생했을때 아일랜드인이 생산한 식량(밀, 귀리, 돼지 등) 조차 굶어 죽고 있는 아일랜드인에게 분배되지 않고, 지주들에 의해 영국으로 수출된 것과 같은 일이 조선에서도 벌어진 것이다.[81] 또한 상품화폐 경제의 발달로 인해 경영형 부농이 될 가능성이 있는 자소작 상층농과 중층농의 1895년도 가계살림을 보면 개항 이후 이들 가구가 경영형 부농으로 성장하기가 매우 어려웠다는 것을 알 수 있다. 〈표 6.2〉를 보면 상층농인 이치삼(李致三) 가(家)의 경우 자가소비, 소작료, 세금을 내고 나면 상품화시킬 수 있는 미곡은 연간 1석에 불과했다. 중층농인 김

....

78 고동환. "동학농민전쟁의 사회경제적 배경." p.275.
79 정진상. "동학농민군의 폐정개혁 요구." p.365. 용어 설명: 수재(守宰)—지방관리, 결복(結卜)—전세(田稅), 가렴(加斂)—정해진 세금 이외의 세금을 더 걷어 들이는 행위, 호역(戶役)—호(가구)마다 부역을 담당하는 것.
80 하원호(1991). "곡물의 대일수출과 농민층의 저항." 한국역사연구회 편. 『1894년 농민전쟁연구 1: 농민전쟁의 사회경제적 배경』. pp.243-303. 서울: 역사비평사, p.269. 개항 직후인 1877년 2천 원에 불과하던 일본으로의 미곡 수출은 1890년에 들어서면 2,038,000원으로 무려 천 배 이상 증가한다. 이헌창(2003). "무역구조의 변동과 시장권의 재편성." 국사편찬위원회 편. 『한국사 44: 갑오개혁 이후의 사회·경제적 변동』. pp.153-178. 서울: 탐구당. pp.153-154.
81 Sen, A.(2013[1999]). 『자유로서의 발전』. 김원기 역. (Development As Freedom). 서울: 갈라파고스. pp.256-259.

표 6.2 1895년 충청도 지방 자소작 상층농과 중농의 수입, 지출, 잔액[82]

구분	자소작 상층농	자소작 중층농
사례	이치삼 가	김치로 가
가족 수	6=5+1(고용인)	6=5+1(고용인)
생업	농업(주), 음식점 경영(부)	농업(주), 숙박업, 전선순졸(巡卒)
특이사항	소가 있음	촌장
경작 면적	논: 3정보(정액제인 도지법에 의한 소작), 밭(자가): 4단 5묘보(畝步)[83]	촌유답 3단보, 양반의 묘위답과 밭 1단 8정보(정액제인 도지법에 의한 소작)
수확량	논: 82석 8두	논: 8석 2두
	밭: 맥, 소맥, 대두, 소두(자가 소비용)	밭: 자가 소비
	음식점: 20엔	전선순졸 급료 9엔
	총 84엔	숙박업 50엔
지출	종자 8두	종자 1두
	소작료 40석	촌유답 소작료 4석
	자가 소비 10석	묘위답 소작료 1석
	세금, 농사비용, 임금, 의복비 등	자가 소비 1석 5두
	총 82엔	조세 지출 59엔
연간 잔액	1석(2엔)	0.1석(0.2엔)
비율	30~40호 중 1호	20호 중 1호

단위: 1석≒현미 0.5석, 1석≒2엔.

치로(金致老) 가는 0.1석에 불과했다.[84]

　　개항은 조선 사회를 자본주의 세계체계의 주변부 국가로 편입시키면서 조선의 상품화폐 경제를 일국적 차원에서 국제적 차원으로 확대시켰다. 그러나 국제적 상품유통의 수혜자는 일반 농민이 아니라 지주였다. 1876년 개항 이후의 상품화폐 경제의 확대는 경영형 부농의 성장이 아니라 지주제의 강화로 나타난 것이다. 부를 축적한 지주는 더 많은 토지를 집적했다. 15세기부터 17세기까지 서유럽

....

82　하원호가 인용한 내용을 필자가 다시 정리하고 계산했다. 하원호. "곡물의 대일수출과 농민층의 저항." p.270.

83　현재 단위로 1묘는 대략 100m².

84　다만 이는 충청도 지방의 두 농가의 1895년 사례로, 조선 사회 전체로 일반화하기에는 분명한 한계가 있다.

에서 자본주의의 발달로 인한 농산물의 교역 확산이 동유럽에서 봉건지주들에 의한 농노제를 강화한 것과[85] 비교할 수 있는 현상이 나타났다. 물론 신분제의 붕괴과정에서 나타난 개항 이후 미곡의 상품화는 동유럽에서 나타난 재판농노제와 같이 농민의 인신을 구속하지는 않았지만 소작농에 대한 지주의 수탈을 강화시켰다. 예를 들어 고창현 소재 명례궁장토의 소작료의 변화를 보면, 1888년 1,129두에서 1889년에는 4,063두, 1896년에는 2,893두, 1901년에는 2,003두로 10년 간 최소두 배에서 많게는 네 배 가까이 증가했다.[86] 부안현의 소작료는 1894년 이전에 대략 350두에서 1899년에는 1,128두까지 높아졌다. 이러한 자료에 근거하면, 개항부터 1894년 갑오농민전쟁 직전까지 일반 농민층은 물론 상층 농민도 경영 확대를 도모하기 어려운 조건이었다.

더불어 개항 이후 농업 분야에서 주목해야 할 현상은 청일전쟁 이후 일본인의 토지집적이 확대되었다는 점이다. 1905년을 전후한 시기를 보면, 호조카와(細川)는 전주 평야 3군에 걸쳐 1,000정보, 카와자키(川崎)는 630정보, 오오쿠라(大倉)는 2,380정보, 이와자키(岩崎)는 600정보를 소유하는 등 일본인의 토지집적이 이루어졌다.[87] 강제병탄 직전인 1909년 6월 말의 자료를 보면, 일본인이 조선에서 소유한 농지의 규모는 대략 52,436정보에 달했다. 당시 조선의 지가는 일본의 10분에 1에서 30분의 1에 불과했고 소작료도 높아 투자수익률이 연 23~31%에 달했기 때문에 조선의 농지는 일본인들에게 매력적인 투자처였다. 광무(光武) 정권은 이러한 일본인들의 토지 소유를 막기 위해 지계를 발부하는 등의 정책을 추진했지만 일본이 국권을 침탈하고 있는 상황에서 일본인들의 토지집적을 막을 수 없었다.[88] 개항 이후의 이러한 변화는 지주–소작이라는 경제관계의 모순이 일국적 계급문제가 아닌 국제적 민족문제로 확대되었다는 것을 의미했다. 조선 사회의 모순을 해

....

85 Wallerstein. 『근대세계체제 I』. p.139, 464; Dobb. 『자본주의 발전연구』. p.40.
86 왕종현(1991). "19세기 말 호남지역 지주제의 확대와 토지문제." 한국역사연구회 편. 『1894년 농민전쟁연구 1: 농민전쟁의 사회경제적 배경』. pp.31-70. 서울: 역사비평사, pp.50-51, p.59.
87 조기준(1977). 『韓國資本主義成立史論』(全訂版). 서울: 대왕사. pp.147-151.
88 이세영(1994). "개항기 지주제의 변동." 강만길·김남식·김영하·김태영·박종기·박현채·안병직·정석종·정창렬·조광·최광식·최장집 편. 『한국사 12: 근대민족의 형성 2』. pp.61-93. 서울: 한길사. p.69.

결하기 위해서는 계급투쟁과 민족해방투쟁이 동시에 진행되어야 했다. 특히 일본의 농업정책은 조선의 국권을 강탈하는 과정에서 지주들을 일본에 우호적인 세력으로 만들기 위해 지주들의 이해를 대변하는 방향으로 전개되었다.

이러한 상황에서 농민이 자가 소비를 제외한 잉여 농업생산물의 상품화를 통해 경영형 부농, 나아가 산업자본가로 성장하기는 매우 어려웠을 것이다. 하지만 농민층이 부를 축적하는 것이 전혀 불가능했던 것은 아니었다. 상층 농민이 증가했던 지역도 발견된다. 홍덕 지방의 경우 상층농이 증가하고 하층농이 감소하는 경향이 나타났다.[89] 물론 이 지역의 자료는 농민전쟁 이후의 상황을 반영하고 있고, 이전의 상황을 파악할 수 있는 자료는 없다. 하지만 (상대적으로 그 가능성이 낮았다고 해도) 개항 이후의 상품화폐 경제의 발달이 개항 이전과 비교해 반드시 농민층의 상층 이동에 불리하게 작용했던 것만은 아니었다는 점은 확실하다. 실제로 미야지마 히로시의 연구에 따르면, 쌀은 상품화하기 위해 많은 자본이 투여되기 때문에 지주제의 발전에 기여한 반면, 콩은 빈농층이라도 상품화할 수 있었기 때문에 농민적 부의 축적에 기여할 수 있었다.[90] 조선 내 콩의 생산액은 쌀의 10%에 불과했지만, 콩의 수출액은 쌀의 수출액에 버금가는 규모였다. 1895년 콩의 수출 규모는 101,793파운드로, 쌀의 수출 규모인 111,371파운드에 근접했다. 더욱이 농민이 지주제 강화를 순순히 받아들였던 것도 아니었다.

지대의 변화에도 주목할 필요가 있다. 지대가 타조제(비례제)에서 개항 이후에 도조제(정액제)로 변화한 것도 농민적 상품화의 가능성을 높였다.[91] 정액지대인 도조제는 경작에 관한 지주의 영향력을 감소시키고 소작인의 경영권이 강화된 것을 반영하는 산물이었기 때문이다. 개항 이후 지속적으로 발생한 항조운동(抗租運動)과 농민항쟁은 지주 중심의 상품화에 저항해 농민적 상품화를 위한 지속적인 시도였다.[92] 차남희는 1862년 임술농민항쟁으로부터 시작해 20세기 초까

....

89 왕종현. "19세기 말 호남지역 지주제의 확대와 토지문제." p.60.
90 宮嶋博史(1983). "朝鮮 甲午改革 이후의 商業的 農業." 사계절 편집부 편. 『韓國近代經濟史研究』. pp.213-255. 서울: 사계절. pp.216-220.
91 최원규. "개항기 지주제와 농업경영." pp.260-262.
92 최원규. "개항기 지주제와 농업경영." pp.256-257.

지 조선에서 발생한 농민항쟁의 원인을 '농민적 상품화의 좌절로 인한 농민들의 저항'으로 해석했다.[93] 하지만 러일전쟁에서 승리한 일본이 조선을 식민지화하는 정책을 본격화하면서 조선에서 농업 부문의 상품화는 "지주적 상품화가 절대적 지위를 확보하고 농민 수탈이 강화되며 대토지 소유와 영세 소경영이 확대되고 경영 분해가 둔화되어 부농 경영은 몰락하거나 지주 경영으로의 전환"이 이루어 졌다.[94] 일제의 식민지화 과정은 조선에서 아래로부터의 자본집적의 가능성을 차단했다.

개항 이후 농업 부문의 변화에 대해 봉건정부는 개항 이전의 대응방식을 지

대한제국 시기 순천 남문장의 모습. 일본어 간판이 당시 일본 자본의 조선시장에 대한 침탈을 짐작하게 한다.[95]

....

93 차남희(1991). "후기 조선 사회에 있어서의 자본주의의 농촌침투와 농민운동." 『한국정치학보』 25(1): 75-101.

94 최원규(2003). "개항기 지주제와 농업경영." 국사편찬위원회 편. 『한국사 39: 제국주의의 침투와 동학 농민전쟁』. pp.243-266. 서울: 탐구당. p.266.

95 출처: 김덕진(2014). "한국사 특강: 호남의 역사를 찾아서." http://14.63.170.203/v1/AUTH_078 229b7-f0f5-49f9-9a0b-08fef890f216/KOCW/document/2014/gnue/kimdeokjin/10.pdf

병자호란 이후 조선은 청에 정기적으로 사신을 보내는 사행으로 외교와 공식 무역관계를 유지했다. 조선 사신단이 청의 수도인 연경의 조양문으로 들어가는 모습의 〈연행도〉 (출처: 숭실대 기독교박물관).[96]

속했다. 봉건정부는 전통적 지배세력인 지주들의 이해를 보장하는 방식을 통해 농민들의 안정적 재생산을 도모하려고 했다. 갑신정변, 갑오개혁, 광무개혁은 모두 지주제를 기반으로 한 개혁정책이었다.[97] 특히 광무개혁은 지주의 이해를 제도적으로 보장한 대표적 개혁으로 평가된다. 농민층의 재생산을 보장하는 핵심 정책은 환곡의 정비를 통해[소위 이정(理貞)이라고 부르는 환곡제도에 대한 일련의

....

96 http://news.donga.com/Main/3/all/20171010/86671920/1
97 이세영. "개항기 지주제의 변동." pp.62-63; 최원규. "개항기 지주제와 농업경영." pp.250-251. 광무 정권이 추진한 광무양전(光武量田)은 옛것을 근본으로 새로운 것을 참작한다는 구본신참(舊本新參)의 대표적인 사례라고 할 수 있다.

개혁정책] 환곡의 부세화로 인해 발생했던 문제를 완화해 농민들의 저항을 잠재우는 방식이었다. 예를 들어, 봉건정부가 1895년(고종 32년)의 제2차 갑오개혁에서 공식적으로 환곡을 폐지하는 사환조례를 반포한 것은 (개항으로 인해 상품화폐 경제가 확대되었음에도 불구하고) 자족적인 소농경제를 회복시키려는 봉건정부의 의도를 보여주는 것이었다.[98]

2) 상공업 부문: 곡면교환체제

개항의 가장 중요한 영향 중 하나는 조선의 상품화폐 경제를 일국적 차원에서 국제적 차원으로 확대시켰다는 점이다. 물론 개항 이전에도 중국(청), 일본과의 공식·비공식 교역은 있었다. 하지만 1876년 개항으로 조선의 전통적인 사대교린정책에 기초한 교역질서는 국제무역관계로 바뀌었다. 〈그림 6.3〉에서 보는 것과 같이, 1876년 개항 이후부터 1910년 강제병탄까지 조선의 대외무역 규모는 급증했다. 개항 당시 중국과 일본은 아직 산업화를 거치지 않은 농업 국가였기 때문에 이들의 상품이 조선 경제를 직접적으로 위협하지는 않았다. 개항 초기에 중국과 일본 모두 영국산 면직물을 조선에 판매해 유통 이윤을 얻는 수준에 머물렀기 때문이다. 이러한 이유로 중·일의 조선 경제 침탈은 정치군사적 힘의 우위를 이용해서 이루어졌다. 일본과 중국에 일방적으로 유리하게 체결된 1876년 '조일수호조규(朝日修好條規)'와 1882년 '조청상민수륙무역장정(朝淸商民水陸貿易章程)'은 그 대표적인 사례라고 할 수 있다.[99] 1876년부터 1882년까지 일본으로부터 수입된 면제품의 88.3%는 영국산 직물이었고, 1885년에 들어서면서 일본산과 영국산이 1:1 비중이 되었으며, 1892년에 이르러서야 수입 면제품의 대다

....

98   최익한. 『조선 사회정책사』. p.122.
99   일본과의 조약이 '조규(條規)'로 표기된 반면 청과의 조약은 '장정(章程)'으로 표기된 이유는 당시 청이 조선은 중국의 속방이기 때문에 국가 간 조약문에 사용되는 '조약', '조규'를 쓸 수 없다고 주장했기 때문이다. 청의 재정고문이었던 진수당(陳樹棠)은 이후 남대문에 "조선은 중국의 속국이다"라는 방을 써 붙였다고 한다. 신용하(2003). "개화파의 형성과 활동." 국사편찬위원회 편. 『한국사 38: 개화와 수구의 갈등』. pp.15-51. 서울: 탐구당. p.31.

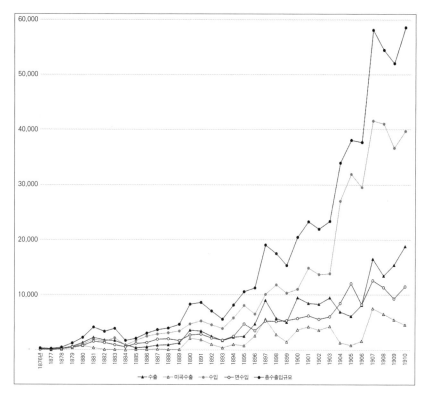

그림 6.3 중요 수출입 품목(쌀, 콩, 면제품)의 변화, 1876~1910년(단위: 천 원)

출처: 1876년부터 1882년까지의 자료는 도면회. "개항 후의 국제무역." pp.148-149; 1883년부터 1886년까지의 수출과 관련된 자료와 1876년부터 1894년까지의 콩 수출액 통계는 하원호. 『한국근대 경제사 연구』. p.125; 1883년부터 1886년까지의 면제품 수입물량과 관련된 자료는 梶村秀樹. "李朝末期 綿業의 流通 및 生産構造." p.108; 1887년부터 1910년까지의 자료는 이헌창. "무역구조의 변동과 시장권의 재편성." pp.153-154; 1883년과 1884년 면제품 수입액과 1901년부터 1910년까지의 콩 수출액 통계는 이세영. "개항기 지주제의 변동." p.71; 1895년부터 1900년까지의 콩 수출액 통계는 최원규. "개항기 지주제와 농업경영." p.247이다.

수(87%)가 일본산으로 전환된다.[100]

....

100 차남희. "후기 조선 사회에 있어서의 자본주의의 농촌침투와 농민운동." p.87; 도면회(2003). "개항 후의 국제무역." 국사편찬위원회 편. 『한국사 39: 제국주의의 침투와 동학농민전쟁』. pp.137-182. 서울: 탐구당. p.152. 이는 개항 당시 일본이 산업혁명 과정을 완수하지 못하고 단순히 중개무역을 통해 이윤을 확보하는 수준이었다는 것을 확인해주는 것이다. 안병태의 주장처럼 조선과 일본 자본주의에 질적 차이가 있었다고 말하기는 어렵다.

개항 직후인 1876년부터 1882년까지 조선의 대외무역은 일본이 독점했다.[101] 1876년 281,000원에 불과했던 총 수출입 규모는 1882년이 되면 3,331,000원으로 불과 6년 만에 11배 가까이 증가했다. 특히 주목해야 할 점은 개항 이후 조선의 국제교역 양상이 자본주의 세계체계의 전형적인 주변부 국가의 교역 양태를 띠었다는 것이다. 주변부가 핵심부 또는 반주변부 지역에 식량과 원료를 제공하고 이들 지역으로부터 자본제 상품을 수입해 소비하는 구조가 형성되었던 것이다. 조선의 쌀은 일본 산업화의 중심지였던 오사카와 고베(神戶) 지방의 저임금 노동자들의 저렴한 식량으로 공급되었다. 실제로 1900년경 일본으로 수출되는 쌀의 3분의 2 이상이 한신공업지대에 공급되었다.[102] 1879년과 1880년 전체 수출에서 미곡이 차지하는 비중은 무려 58.7%와 58.1%에 이르렀다. 조선으로부터 값싼 식량이 유입됨으로써 일본의 자본가들은 낮은 임금으로 노동자들을 동원할 수 있었는데, 이는 일본 자본주의의 원시적 축적을 위해 반드시 필요한 것이었다.[103]

수입품은 면직물이 대부분을 차지했다. 1876년 개항 당시 면직물이 전체 수입품에서 차지하는 비중은 6.4%에 불과했지만 1882년이 되면 무려 82.1%로 수입품의 대부분이 면직물이었다.[104] 〈그림 6.4, 6.5〉에서 보는 것과 같이, 개항 이후 조선의 대외무역은 쌀과 콩을 수출하고 당시 산업자본주의의 최첨단 제품이

....

101 도면회. "개항 후의 국제무역." p.149.
102 이윤상(1994). "열강의 이권침탈과 경제의 예속화 과정." 강만길·김남식·김영하·김태영·박종기·박현채·안병직·정석종·정창렬·조광·최광식·최장집 편.『한국사 11: 근대민족의 형성 1』. pp.265-302. 서울: 한길사, p.273
103 이러한 주장에 이견을 제시할 수는 없으나 검토해야 할 또 하나의 객관적 사실은 1876년 개항 이후부터 청일전쟁이 발발하기 전인 1893년까지 일본의 대외무역에서 대 조선 수출과 수입이 차지하는 비중이 극히 작았다는 점이다. 일본의 수출 중 조선으로의 수출이 차지하는 비중은 1876년 개항 당시 0.07%에 불과했고, 1893년에도 1.45%에 불과했다. 동 기간 중 조선으로의 수출 비중이 가장 높았던 1883년에도 5.71%였다. 조선으로부터의 수입 비중도 1876년 0.05%에서 1891년 6.41%로 최고치를 경신하고 1893년에는 2.03%였다. 안병태.『한국근대경제와 일본 제국주의』. p.212. 조선에 대한 수출입 비중이 최대 5% 내외에 불과했다는 점을 고려하면, 적어도 1894년 청일전쟁 이전까지 일본 자본주의의 발전 과정에서 조선 침탈의 역할은 경제적 측면보다는 정치적 측면이 훨씬 더 컸던 것으로 보인다.
104 이세영. "개항기 지주제의 변동." p.71.

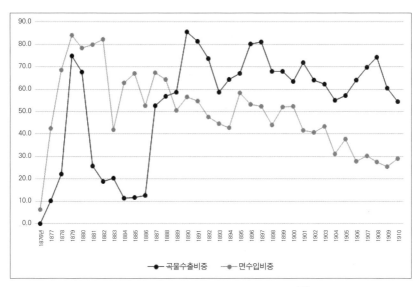

그림 6.4 전체 수출입에서 곡물(쌀과 콩)과 면직물의 비중: 1876~1910년[105]

라고 할 수 있는 면직물을 수입하는 소위 곡면교환체계(穀綿交換體系)였다.[106] 곡
면교환체계의 성립은 조선 사회에서 자본주의로의 이행의 성격을 이해하는 결정
적인 특성이다. 홉스봄의 지적처럼, 자본주의 세계체계의 주변부 국가인 조선 사
회에서 자본주의로의 이행이 핵심부 국가들의 이해에 따라 재편되었다는 사실을
단적으로 드러내는 현상이기 때문이다. 조선에서 면직물 산업의 괴멸은 조선 자
본주의의 발전이 자본주의 세계체계의 핵심부 국가에 종속되는 주변부적 특성,

....

105 1876년부터 1882년까지의 자료는 도면회. "개항 후의 국제무역." pp.148-149; 1883년부터 1886년까
지의 수출과 관련된 자료는 하원호. 『한국근대 경제사연구』. p.125; 1883년부터 1886년 면제품 수입물
량과 관련된 자료는 梶村秀樹. "李朝末期 綿業의 流通 및 生産構造." p.108; 1887년부터 1910년까지의
자료는 이헌창. "무역구조의 변동과 시장권의 재편성." pp.153-154; 1883년과 1884년 면제품 수입액
자료는 이세영. "개항기 지주제의 변동." p.71이다.
106 무라카미 카츠히코(村上勝彦)는 개항 이후 이러한 조선의 무역체계를 미면교환체계라고 규정했지만,
실제로는 쌀과 콩 모두 중요한 수출 품목이었기 때문에 곡면교환체계라는 최태회의 개념이 더 타당해
보인다. 차남희·윤현수(2004). "자본주의의 농촌침투와 농민운동: 1984년 갑오농민전쟁을 중심으로."
『사회과학 연구논총』 12: 21-46. p.29. 실제로 쌀과 면제품을 중심으로 수출입 비중을 표시한 〈그림
6.5〉와 곡물(쌀과 콩)과 면제품의 수출입 비중을 나타낸 〈그림 6.4〉를 비교해보면 쌀과 콩 수출을 함께
고려하는 것이 당시 조선의 무역체계를 보다 더 잘 그려내고 있다는 것을 확인할 수 있다.

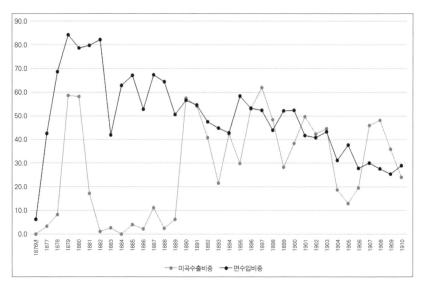

그림 6.5 전체 수출입에서 미곡과 면직물의 비중: 1876~1910년

즉 원료 공급지와 자본제 상품의 소비지로 고착되어간다는 것을 의미했다. 실제로 당시 조선 농민들은 외국의 면제품에 비해 경쟁력이 떨어지고 수익이 낮아진 면직물 생산을 자발적으로 포기했다. 대신 콩을 생산하는 방식으로 상품화폐 경제의 확대에 조응해나갔다.[107] 조선에 강제된 자본주의로의 이행은 자본주의 세계체계의 주변부 국가로서 반주변부에서 중심부로 이행하고 있던 일본의 이해에 복무하는 것이었다.[108] 더욱이 조선은 이를 되돌릴 수 있는 물리력을 갖추고 있지 못했다. 유일한 반전(反轉)의 길은 아래로부터의 혁명 이외에는 없었을 것이다.

개항 이후 조선에서 일본의 지위는 1882년을 기점으로 청과 경쟁하는 양상으로 전환된다.[109] 청은 1882년 6월 5일에 발생한 임오군란(壬午軍亂)을 계기로

....

107 차남희·윤현수. "자본주의의 농촌침투와 농민운동".

108 상품 교역량에는 계상되지 않았지만 금 또한 조선의 중요한 수출품이 되었다. 특히 일본은 은본위제를 금본위제로 전환하기 위해 조선의 금을 수탈해 갔다. 일본이 조선으로부터 수탈해간 금은 이후 조선정부가 갑오개혁에서 금본위제로 전환하는 데 커다란 장애가 되었다. 도면희. "개항 후의 국제무역." p.151.

109 도면희. "개항 후의 국제무역." p.142.

같은 해 8월 22일 '조청상민수륙무역장정'을 체결하고 조선을 청의 정치·경제적 식민지로 만들려고 했다. 청의 이러한 시도는 사대교린에 근거한 중국과 조선의 전통적 관계를 근대적인 식민지체제로 재편하려는 것이었다. 조청상민수륙무역 장정의 체결로 조선은 수도인 한성을 외국 상인에게 개방하고 조선 정부가 발행한 여행권을 소지한 외국인이 내륙에서 통상할 수 있도록 허용했다. 조선 시장을 외국 자본에 전면적으로 개방하는 사태를 초래한 것이다.[110] 이 장정으로 인해 청국 상인이 조선으로 물밀듯 몰려왔다. 특히 청국 상인의 한성 진출은 일본 상인을 압도했다. 1890년 한성에 체류한 청국 거류민은 1,480명으로 일본 거류민 770명의 두 배가 넘었다. 청국 상인의 급격한 진출은 육의전의 독점권을 붕괴시키고 내륙 상권을 장악해 들어감으로써 시전상인, 공인 등 조선의 전통적 상인 계층이 몰락하는 직접적인 계기가 되었다.

조선 정부는 불평등조약을 개정하고 조선 상공업을 보호하는 등 근대적인 통상·산업정책을 추진하는 대신 과거에 상인들에게 부여했던 도고(독점)라는 특권을 부활시켰다. 하지만 조선 정부가 독점권을 부여하는 정책은 외국과 맺은 '자유무역' 조약에 위반된다는 외국 공관의 항의로 실행되지 못했다. 조선은 결국 상공업에 대해 아무런 보호조치를 취하지 못했다. 외국 자본에 조선 시장을 그대로 내주게 된 것이다. 무기력한 조선 정부의 대응과는 대조적으로 시전상인들은 1885년부터 청국 상인의 한성 철수를 요구했고 1886년부터 세 차례에 걸친 철시운동(1887년 2월, 1889년 12월, 1890년 1월)이라는 집단적인 저항운동을 전개했다.[111] 또한 객주와 여각을 중심으로 조합을 결성해 외국 자본의 침탈에 적극적으로 대응했다.[112] 원산에서는 1883년 상인들의 상의소가 설치되었고, 부산과 인천에서는 1885년 객주회가 결성되었다. 근대적 회사와 유사한 상회사도 설

....

110 도면회. "개항 후의 국제무역." pp.164-176.
111 도면회. "개항 후의 국제무역." pp.179-182; 홍순권(1994). "상권수호와 식산흥업운동." 강만길·김남식·김영하·김태영·박종기·박현채·안병직·정석종·정창렬·조광·최광식·최장집 편. 『한국사 12: 근대민족의 형성 2』. pp.95-127. 서울: 한길사, p.100.
112 홍순권. "상권수호와 식산흥업운동." pp.97-99.

립되었다. 1883년 평양의 전통 상인들이 대동상회를 설립했고, 1898년에는 조선 상인들의 상권 수호를 위해 황국중앙총상회가 설립되기도 했다. 그러나 제국주의 침탈을 보호할 정부가 없었던 조선 상인자본은 민족자본으로 성장하지 못하고 몰락의 길을 걸었다.

이렇듯 상업과 관련해 극심한 변화가 있었지만, 〈그림 6.4〉에서 보는 것과 같이 개항 이후 조선의 대외무역의 특성인 일본 중심의 '곡면교환체계'는 변화하지 않았다. 곡면교환체계는 1910년 강제병탄까지 지속되었다.[113] 1880년대 중반까지 일본 하층 노동자의 식량으로 제공되었던 조선 쌀은 1880년대 후반에 이르면 다른 계층으로 확대되는 양상을 보였다.[114] 실제로 1890년 조선의 대 일본 미곡 수출액은 2,038,000원으로 개항 직후인 1877년의 2천 원의 1천 배가 넘게 증가했다.[115] 콩의 수출액도 1877년 4천 원에서 1890년에는 1백만 원이 넘었다.[116] 자본제 면제품의 수입 비중도 최저 41.8%(1883년)에서 최고 67.1%(1885년)에 이르렀다.[117] 다만 조선이 일본의 상품시장과 식량·원료 공급지로 전환된 시점은 일본이 산업혁명 과정을 일단락 짓고 자신의 자본제 상품인 면직물을 조선에 본격적으로 수출하기 시작한 1890년대 중·후반 이후라고 판단된다.[118]

개항은 국내의 상업유통 방식에도 지대한 영향을 미쳤다. 먼저 기존의 행정체계를 중심으로 구축되었던 상품유통망이 개항장을 중심으로 새로운 상업권으로 형성되었다.[119] 개항장을 중심으로 객주라는 새로운 상인 계층이 등장했다. 기선이라는 근대적 운송수단의 등장도 국내 상품유통의 확대를 가져왔다. 예를 들어 국내에서만 거래되었던 명태와 마포의 사례를 보면, 원산의 명태 출

....

113 도면회. "개항 후의 국제무역." p.156.
114 도면회. "개항 후의 국제무역." p.158.
115 이헌창. "무역구조의 변동과 시장권의 재편성." pp.153-154.
116 하원호. 『한국근대 경제사연구』. p.125.
117 이헌창. "무역구조의 변동과 시장권의 재편성." pp.153-154.
118 梶村秀樹. "李朝末期綿業의 流通 및 生産構造." p.196.
119 하원호(2003). "국내적 상품유통의 변동." 국사편찬위원회 편. 『한국사 39: 제국주의의 침투와 동학농민전쟁』. pp.182-187. 서울: 탐구당.

하량은 1880년대 중반에 5만 엔에 불과했지만 1890년대에는 30만 엔으로 증가했다. 마포는 1885년 6만 엔 정도에서 1890년대 초에는 무려 1백만 엔으로 증가했다. 이러한 현상은 개항으로 인해 조선 내부의 상품 구매력이 확대된 것과 함께 근대적 운송수단이 도입된 결과로 보인다. 하지만 근대적 운송수단인 기선의 대부분이 외국인(일본인) 소유였다는 점을 고려하면 국내에서 유통되는 상품도 결국 일본 자본에 의해 장악되어갔다고 할 수 있다. 또한 지방정부 차원에서 이루어진 상업자본에 대한 수탈도 국외 자본에 비해 국내 자본의 축적에 불리한 조건이었다. 1894년부터 1897년까지 조선을 답사했던 영국의 지리학자인 이사벨라 비숍(Isabella Bishop)은 물건이 지나가는 모든 육로와 수로의 관문에서 세금이 징수되고 있어 물품 운송이 심각하게 지연되었다고 묘사했다.[120] 국내 자본은 개항 이후 봉건정부의 지원을 받기는커녕 재정난에 허덕이는 봉건정부의 수탈을 감내할 수밖에 없었다. 이런 상황에서 국내 자본이 외국 상인과의 연계를 갖는 것은 생존을 위한 필수적 조치였다.

개항 당시 조선 수공업(산업)의 발달 수준은 매우 낮았다. 면포 생산은 선대제에 의한 농민의 부업 수준이었다.[121] 면직물이 산업자본주의의 발달에서 갖는 역사적 지위를 고려한다면[122] 조선의 면직물 산업은 매우 뒤쳐져 있었다. 그렇다고 개항 이후 국내 산업을 육성하고 발전시킬 강력한 정부가 존재했던 것도 아니었다. 이러한 상황에서 이루어진 개항은 조선의 수공업을 몰락시켰고, 그나마 자본주의적 관계가 발전했던 광업 분야는 자본주 열강의 이권 쟁탈의 장이 되었다. 조선 정부가 본격적으로 식산흥업정책을 추진한 것은 대한제국이 성립된 이후였다. 물론 식산흥업에 대한 생각은 대한제국 시기 이전부터 조선 지식인 사회에 넓게 퍼져 있었다. 당시 『한성주보』와 『한성순보』에서는 국가가 주도해 상공업을 발전시켜야 한다는 의견을 여러 차례 개진했다. 보호관세의 필요성, 무역수

....

120 Bishop, I.(1994[1898]).『한국과 그 이웃나라들』. 이인화 역. (*Korea and Her Neighbours*). 경기도: 살림출판사. p.33.
121 홍순권. "상권수호와 식산흥업운동." p.95.
122 Wallerstein. 『근대세계체제 III』. p.139.

지의 개선, 상공업 교육기관의 설립 등 당시 산업화에 필요한 다양한 의견들이 언론을 통해 대중에게 전파되고 있었다.

"서양 사람들이 통상을 제일로 여겨 상매를 농공의 윗자리에 올려놓은 것은 농공이 있다 하더라도 상매가 없으면 필요 이상으로 물건이 쌓여 소용없게 될 것이니 몇 배의 소득이 있고 몇 배의 제작이 있다 하더라도 도저히 부유해질 수 없다고 생각했기 때문"이라고 소개하였다.[123]

"만약 수입 물품에 중한 세금을 부가하여 타국 물품이 들어오지 못하게 하면 국매 물산이 날로 진작하고 국가의 재정도 따라서 풍성해질 것"이니, "각국과 통상하는 데 정성을 다하여 피차의 정이 통하고 원근할 것 없이 막힘이 없고 상하의 뜻이 귀천할 것 없이 다 통"하도록 할 것을 주장하였다.[124]

이러한 여론의 흐름 속에서 대한제국은 수입 공산품을 국내 생산품으로 대체하고자 하는, 지금으로 이야기하면 '수입대체산업 육성'이라는 식산흥업정책을 추진했다.[125] 대한제국의 일차적 관심은 수입품의 대부분을 차지하는 직물 분야에 있었다. 서양식 직조기계를 도입하고 직조기술을 습득하기 위해 1894년 농상회사가 설립되었다. 양잠을 활성화시키기 위해 1900년 인공양잠전습소와 대한제국인공양잠합자회사가 설립되기도 했다. 근대적 방직업 분야에는 1901년 한성직조회사가 설립되었다. 일본 자본에 대응하기 위해 1896년 조선은행이 관료자본을 중심으로 설립되었다.[126] 철도를 국내 자본으로 건설하기 위해 부하철

----

123 1884년 5월 25일 『한성순보』에 실린 글을 재인용한 것이다. 류승렬. "한말 대외교역의 확대에 따른 현안 인식과 타개방법의 모색." 연세대학교 국학연구원 편. 『개항전후 한국 사회의 변동』. pp.147-192. 서울: 태학사. pp.170-171.
124 1886년 9월 20일 『한성주보』에 실린 글을 재인용한 것이다. 류승렬. "한말 대외교역의 확대에 따른 현안 인식과 타개방법의 모색." pp.172-173.
125 홍순권. "상권수호와 식산흥업운동." pp.113-118.
126 한말의 은행자본 대부분이 관료자본에 기반하고 있었다. 자세한 내용은 다음 문헌을 참고하라. 이승렬.

도회사, 대한철도회사, 영호철도회사 등도 설립되었다. 공상 분야의 전문가 양성을 위해 1904년 농상공학교를 설립하기도 했다.

하지만 개항 이후 국내의 중요한 상공업 영역은 이미 일본으로 대표되는 제국주의 열강에 침탈당한 상태였다. 제국주의 열강의 침탈을 막을 강력한 정부가 없는 상황에서 조선의 자주적인 자본주의의 발전을 기대하기는 어려웠다. 스웨덴과 같은 후발산업국의 초기 산업화 과정에서 광물, 목재 등 원자재 수출을 통한 원시적 자본축적도 조선에서는 가능한 일이 아니었다.[127] 대부분의 원자재 채취산업은 제국주의 세력들의 이권 침탈과 제국주의 세력 간의 힘의 균형을 유지한다는 명분으로 조선 정부에 의해 제국주의 세력들에게 이미 불하된 상태였다. 자본주의 산업화의 핵심이라고 할 수 있는 면직물업도 1905년이 되면 일제에 의한 강제적 육지면재배사업으로 결정적 타격을 받고 괴멸되었다.[128] 일본의 육지면사업은 조선에서 토포 생산과 면작 간의 관계를 단절시키고 조선을 완전한 원료 생산지로 전환시키기 위한 정책이었다. 이러한 상황에서 조선이 자주적으로 산업화를 이루기 위해서는 조선 정부가 고율의 관세를 부과해 국내시장을 보호하고 적극적인 산업육성정책을 실시해야 했다.

그러나 조선의 관세 자주권은 불평등조약으로 인해 개항 직후부터 심각하게 침탈당한 상태였다. 청일전쟁 이후에는 화폐정책도 일본의 통제하에 있었다.[129] 더욱이 당시 정부 정책을 비판하고 대안을 제시할 수 있었던 독립협회를 중심으로 한 재야세력도 외국 상품의 수입이 소비자에게 이롭다는 점에서 이를 환영하고 있었다. 러일전쟁이 발발한 1904년부터 일본은 본격적으로 조선을 일본 경제에 편

....

"한말 은행가 집단의 형성과 광무정권: 대한전일은행의 주도세력을 중심으로." 연세대학교 국한연구원 편. 『개항전후 한국 사회의 변동』. pp.193-243. 서울: 태학사.

127 Schön, L. and Krantz, O.(2011). "The Swedish Economy 1571-1850-Growth or Stagnation? Constructing Historical National Accounts." paper for the conference "Quantifying Long Run Economic Development." The University of Warwick in Venice, Palazzo Pesaro Papafava, 22-24 March 2011.

128 이윤상. "열강의 이권침탈과 경제의 예속화 과정." p.278, 300.

129 이윤상. "열강의 이권침탈과 경제의 예속화 과정."

조선을 차지하기 위해 경쟁하는 청과 일본의 모습을 묘사한 당시의 만평. 청과 일본이 조선이라는
물고기를 낚기 위해 경쟁하고 있고, 제정 러시아가 이를 지켜보고 있다(출처: 나무위키).[130]

입시키기 위한 작업을 진행했다.[131] 1905년 이후 조선은 일본의 식량 및 원료 공급
지, 일본 내 과잉인구의 배출구와 같은 식민지로 재편되어갔다. 특히 일본이 추진
한 화폐 정리 사업은 조선 자본의 몰락을 가속화시켰고, 일본 제일은행이 조선의
중앙은행 역할을 대신했다.

정리하면, 개항이 조선 경제에 미친 부정적인 영향은 개항 그 자체보다는 조
선에서 이루어진 개항의 특수한 성격에 기인한다. 외부세력에 의한 강제적 개항
은 조선을 자본주의 세계체계의 전형적인 주변부로 편입시켰다. 개항은 농업 부
문에서는 지주제를 강화시키고, 상공업 분야에서는 소상품생산자들을 괴멸시켰
다. 개항은 상업자본의 축적을 저해해 조선의 자주적인 산업자본주의로의 이행
을 저지했다. 이는 단지 조선 경제의 파국만이 아닌 조선 사회를 변화시킬 근대

....

130 https://namu.wiki/w/%EC%B2%AD%EC%9D%BC%EC%A0%84%EC%9F%81
131 이윤상. "열강의 이권침탈과 경제의 예속화 과정." pp.288-294.

적 주체 역량을 약화·축소시켜 조선의 사회경제 발전에 치명적인 영향을 미쳤다. 이제 개항을 전후한 시기부터 강제병탄까지 주체 역량의 변화를 중심으로 당시의 권력관계를 검토해보자.

제4절 주체 형성과 권력관계: 반봉건·반제투쟁과 새로운 권력관계의 출현

주체의 관점에서 역사적 복지국가의 기원을 설명하려고 시도할 때 우리는 필연적으로 전자본주의에서 자본주의로의 이행 과정에서 나타나는 새로운 권력관계의 등장에 주목하지 않을 수 없다. 자본주의의 발전을 권력자원의 관점에서 접근하든 자본주의의 다양성이라는 관점(생산체제론)에서 접근하든, 자본주의 체제에 조응하는 분배체계의 형성은 당시의 계급들 간에 형성된 새로운 권력관계와 밀접히 관련되기 때문이다. 이는 단순히 서구적 의미에서 노동과 자본 간의 관계만을 의미하지 않는다. 기본적인 권력관계가 지주와 농민 간의 관계일지라도, 당시의 농업생산이 자족적 생활을 위한 것인지 아니면 상품생산을 위한 것인지에 따라 권력관계의 내용은 상이할 수 있다. 예를 들어, 1894년 갑오농민전쟁이 단순히 봉건적 수탈의 문제를 넘어 개항 이후의 상품화폐 경제의 확대를 반영한 것이라면, 농민적 요구는 전자본주의적 수탈을 완화하거나 자족적 분배체제로의 복귀라는 수준에서 해소될 수 없었다. 전자본주의적 생산양식에서 자본주의적 생산양식으로의 이전은 새로운 특성을 가진 계급들을 형성시키는 것은 물론 기존의 계급들의 성격 또한 (전자본주의적 생산관계에 기초한 이해에서 자본주의적 생산관계를 기반으로 한 이해로) 새롭게 변화시키기 때문이다. 이러한 새로운 생산관계를 기반으로 한 이해의 출현은 분배체계에서도 새로운 분배제도를 요구하게 된다. 서구에서 나타난 '역사적 복지국가'는 바로 자본주의로의 이행 과정에서 자본주의 생산관계에 기초해 새롭게 등장한 권력관계(임금노동자 계급과 자본가 계급)가 만들어낸 분배체계이다.

하지만 자본주의로의 이행과 이에 수반하는 권력관계의 형성 및 변화와 관련해 분명히 짚고 넘어가야 할 점이 있다. 개항을 전후한 시기부터 20세기 초까지 조선 사회에서 나타난 권력관계에는 전자본주의 사회에서 자본주의 사회로 이행하는 사회에서 나타나는 일반적 특성이 확대되어가고 있었지만 조선 사회의 특수성 또한 나타났다. 이 기간 동안 조선에서 새로운 권력관계의 출현은 조선이라는 일국적 차원의 특성과 함께 자본주의 세계체계의 주변부로서 조선의 특성이 반영된 것이다. 이러한 특성은 이 시기에 발생한 아래로부터의 봉기와 위로부터의 개혁에 나타난 권력관계의 성격이 1876년 개항을 전후해 상이한 모습으로 나타났다는 것을 통해 확인할 수 있다. 1876년 개항 이전에 조선에서 권력관계는 철저히 일국적 차원의 문제였지만, 1876년 개항 이후 조선에서 권력관계는 청과 일본으로 대표되는 자본주의 세계체계를 고려하지 않고는 이야기될 수 없다.

이러한 문제의식에 기초해 제4절에서는 19세기부터 20세기 초까지 자본주의 이행기에 새롭게 나타난 권력관계의 성격을 검토했다. 특히 이 시기 권력관계의 성격을 검토하는 데 있어 주목해야 할 점은 크게 두 가지이다. 하나는 농민이 19세기 전반에 걸쳐 변화의 주체세력으로 등장하는 과정에 주목하는 것이다. 다른 하나는 지주계급으로 대표되는 봉건지배층의 대응을 검토하는 것이다. 검토 시기는 19세기부터 강제병탄 전까지이다.

1. 아래로부터의 변화: 반봉건투쟁에서 반봉건·반제투쟁으로

1) 1811년 평안도 농민항쟁: 동원된 농민

19세기는 민란의 시대로 알려져 있다. 조선 사회는 1811년 평안도 농민항쟁으로부터 시작해 1894년 갑오농민전쟁(이하 갑오농민전쟁)에 이르기까지 아래로부터의 심각한 도전에 직면한다. 그 최초의 대규모 도전은 1811년 평안도 지방에서 발생한 농민항쟁이었다. 일부 연구자들은 1811년 농민항쟁의 원인이 중앙정부의 서북지방에 대한 정치적·지역적 차별에 기인한 것이라고 기술하고 있다.

이중환은 『택리지(擇里志)』에서 당시 서북지방에 대한 차별의 실상을 다음과 같이 적고 있다.[132]

"(태조가) 나라를 창건하고는 '서북지방 사람은 높은 벼슬에 임용하지 말라'는 명을 내렸다. 그런 까닭으로 평안, 함경 두 도에는 300년 이래 높은 벼슬을 한 사람이 없다. (…) 서울 사대부는 서북지방 사람과 혼인하거나 벗하지 않았다. 서북 사람도 또한 감히 서울 사대부와 더불어 동등으로 여기지 못했다. 그리하여 서북 양도에는 드디어 사대부가 없게 되었다."

하지만 서북지역에 대한 정치적·지역적 차별이 19세기에 갑자기 심화된 것은 아니었다. 서북지역에 대한 차별이 조선 개국 이래 근 400년 이상 계속되었다는 점을 고려하면 지역차별 문제만으로는 평안도 농민항쟁이 왜 1811년에 발생했는지를 설명할 수 없다. 평안도 농민항쟁의 원인과 성격에 대한 역사학계의 합의된 견해는 없다. 하지만 평안도 농민항쟁의 원인은 평안도 지역의 상품화폐 경제의 발달, 당시 부세체계의 문제, 세도정치[133]라는 특성을 통해 설명할 수 있을 것 같다. 먼저 상품화폐 경제의 발달 양상을 보면, 농민항쟁이 일어난 19세기 초 평안도 지역은 안주, 영변, 선천을 중심으로 견직물산업이 발달했고 납청은 유기수공업의 중심지였다.[134] 특히 납청의 유기수공업은 공장제 수공업 단계로 발전해 조선 후기에 자본주의적 관계가 발생했다는 근거로 인용되기도 한다.[135] 상업적 농업도 광범위하게 발전했다. 18세기 말 19세기 초 삼등, 성천, 강동, 평양 등

....

132 고석규. "서북지방의 민중항쟁." p.213.

133 세도정치의 '세도'의 한자는 본래 '世道'로 도를 세상에 널리 행한다는 의미이지만, 19세기에 들어서 특정 문벌이 권력을 독점하고 휘두른 현상을 설명하기 위해 '勢道'라는 한자로 표기한다.

134 고동환(1994). "1811~12년 평안도 농민전쟁." 강만길·김남식·김영하·김태영·박종기·박현채·안병직·정석종·정창렬·조광·최광식·최장집 편. 『한국사 10: 중세사회의 해체 2』. pp.61-148. 서울: 한길사. pp.70-73

135 김광진 외. 『조선에서 자본주의적 관계의 발전』. p.106; 전석담 외. 『조선에서 자본주의적 관계의 발생』. p.201.

은 조선에서 가장 중요한 담배 생산지로 성장했다.[136] 상권도 평안도에서 생산되는 모든 물건들이 장시에서 거래될 정도로 군현 단위를 넘어 지역 차원에서 견실하게 발전하고 있었다. 〈그림 6.2〉를 보면 평안도 지역의 장시 수는 다른 지역과 달리 증가한 것을 확인할 수 있다. 18세기 초 134개였던 장시 수는 19세기 초가되면 143개로 증가해 전라도 지역의 장시 수가 216개에서 188개로 감소한 것과 대조적인 모습이다.[137]

봉건적 수탈의 정도는 다른 지역과 마찬가지로 농민들의 생활을 어렵게 한 가장 중요한 원인 중 하나였다. 평안도 지역은 상대적으로 낮은 전세를 부담했지만 전세 이외의 부담은 상당히 높은 편이었다. 전체 농지에서 평안도가 차지하는 비중은 10.5%였지만, 평안도가 부담하는 전세 비중은 4.1%에 불과했다.[138] 논[水田] 1결당 부담하는 세액도 평안도 지역은 다른 지방의 67~83% 수준에 불과했다. 하지만 호당 부담하는 군역은 1.22명으로 당시 전국 평균인 0.37~0.47명보다 2~3배 이상 높았다. 환곡의 경우 곡식을 나누어주지 않고 이자만 받는 와환(臥還)과 환곡을 곡식 대신 화폐로 운영해 시가를 수탈하는 전환(錢環) 등과 같은 폐해가 극심했다.[139] 또한 개국 이래 평안도의 세곡은 중앙정부로 상납하지 않았다. 그러나 중앙정부는 1735년(영조 11년)부터 관서수미삼분지법(關西收米三分之法)[140]이라는 원칙을 적용해 평안도의 세곡도 중앙정부의 재정 보충용으로 사용하면서 지역민의 부담이 가중되었다.[141]

당시 정치 운영 형태인 세도정치도 평안도 지역에 대한 봉건정부의 수탈을 가중시킨 원인 중 하나로 지목될 수 있다. 조선 후기의 정치 운영 형태는 영·정조 이전의 붕당정치에서 영·정조 시기의 탕평정치로 변화했다. 그리고 순조 즉

....

136 고동환. "1811~12년 평안도 농민전쟁." pp.70-73.
137 방기중. "금속화폐의 보급과 조세금납화." p.410.
138 권태연(2009). "'홍경래 난' 연구의 쟁점." 『한국인물사연구』 11: 401-425, pp.408-409.
139 고동환. "1811~12년 평안도 농민전쟁." pp.76-77.
140 평안도에서 걷히는 세곡 중 3분의 1은 지방 경비로, 3분의 1은 평안도에서 환곡과 군향 용도로 사용하고, 나머지 3분의 1은 호조에 상납하는 원칙을 말한다. 고동환. "1811~12년 평안도 농민전쟁." p.75.
141 권태연. "'홍경래 난' 연구의 쟁점." p.408.

위 원년인 1801년부터는 세도정치가 지배적인 정치 운영 형태로 자리 잡게 된다.[142] 주목할 점은 세도정치라는 정치 운영 형태의 물적 기반이 이전의 정치 운영 형태와는 상이했다는 것이다. 탕평정치의 물적 기반은 상업 부문에서는 "국왕의 주도 아래 시전상인, 공인, 소시민들이 상업적 이윤을 균등하게 분점"하는 형태에 기초했고 농업 부문에서는 중소지주에 근거했다. 반면 18세기 말 이래 발전한 상품화폐 경제는 세도정치세력이 중소지주들과 권력을 분점하지 않아도 될 정도의 물적 기반을 제공했다. 세도정치세력은 도고상인들에게 특권을 부여함으로써 상업적 이윤을 전유할 수 있었다. 대청무역과 상품화폐 경제의 발전이 두드러진 평안도 지역이 세도정치세력의 중요한 수탈의 대상이 된 것이다. 수탈은 무명잡세(無名雜稅)와 같은 폭력적 방식으로 나타났다.[143]

1811년 평안도 농민항쟁은 이러한 정치경제적 맥락에서 발생했다. 평안도 농민항쟁의 주도세력은 부민, 몰락양반 계층과 함께 신흥 상공업 계층이었다.[144] 물론 농민도 평안도 농민항쟁의 주요 참여자였다. 하지만 초기 농민군은 당시 평안도 지역에 산재해 있던 광산노동자들로 구성된 '용병'의 성격이 강했다. 실제로 농민이 농민항쟁의 주력이 되었던 시점은 마지막 항쟁지였던 정주성 항전 때였다.[145] 항쟁 주도세력의 목표는 상업 이윤과 부민에 대한 봉건 정부의 수탈구조를 끊는 것과 지역차별을 해소하는 것이었다. 항쟁 주도층은 봉건정부의 직접적 수탈기관인 지방권력을 장악하면 문제를 해결할 수 있다고 판단했던 것 같다. 농민항쟁의 과정에서 농민군이 지방 수령을 내쫓고 지방의 토호나 관속이 유진장(留陣長)이 되어 지방의 행정조직을 통제한 것도 이러한 맥락에서 이해될 수 있다.[146] 평안도 농민항쟁에서 부세체계의 문란에 대한 개혁 요구 등과 같은 농민적 요구가 나타나지 않은 것도 이러한 농민항쟁의 주도세력의 구성과 밀접히 관련

....

142   고동환. "조선후기 상업과 국가권력." pp.85-86; 고동환. "1811~12년 평안도 농민전쟁." p.64.
143   고동환. "조선후기 상업과 국가권력." p.81.
144   권태연. "'홍경래 난' 연구의 쟁점." p.410.
145   고동환. "1811~12년 평안도 농민전쟁." pp.84-93.
146   고동환. "1811~12년 평안도 농민전쟁." p.88.

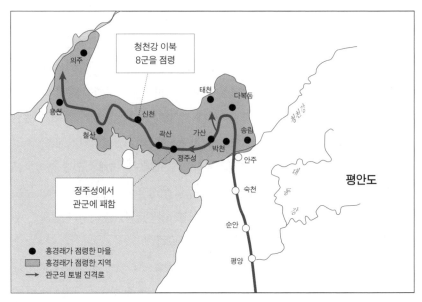

그림 6.6 평안도 농민항쟁의 확산 경로
출처: zum 학습백과, http://study.zum.com/book/13135

되어 있는 것으로 추정된다. 실제로 지방권력을 장악했던 평안도 농민항쟁의 주
도세력은 1894년 갑오농민전쟁 과정에서 집강소(執綱所)를 운영했던 농민세력
과 달리 폐정개혁을 추진하지 않았다. 농민적 요구를 담아내지 못한 평안도 농민
항쟁은 농민들의 적극적이고 광범위한 참여를 유발하지 못했다. 더욱이 항쟁은
지역차별이 심하고 상품화폐 경제가 발달한 평안도 지역의 특수성으로 인해 전
국적으로 확대되지도 못했다.

　　항쟁은 실패했다. 하지만 평안도 농민항쟁은 19세기 전반에 걸쳐 지속된 대
규모 반봉건 농민항쟁의 시발점이었다. 비록 평안도 농민항쟁에서 농민적 토지
개혁, 부세 폐단의 시정 등 농민적 요구가 가시화되지는 않았지만, 폐정개혁에 대
한 요구가 없었다고 단언할 수는 없다. 평안도 농민전쟁 이후 봉건정부의 사후
처리 과정을 통해 이러한 사실을 확인할 수 있다. 19세기에 세도정치를 시작했
던, 당시 조야(朝野)의 최고 실세였던 순원왕후(순조의 왕비)의 아버지 김조순은
농민항쟁 이후 평안도 지역을 직접 방문해 환곡과 민고의 폐단을 고치겠다고 약

속했다.[147] 비록 농민이 단일한 정치세력으로 항쟁을 주도하지는 못했지만, 하층 농민의 참여는 이후 농민의 반봉건항쟁에 중요한 영향을 미쳤다.

2) 1862년 임술농민항쟁: 기본 동력이 된 농민

1811년 농민항쟁이 주로 평안도 지역을 중심으로 발생했다면, 1862년(철종 13년)에 발생한 임술농민항쟁(일명 진주민란)은 경상도 지역을 중심으로 발생해 전라도와 충청도 등 삼남 지방으로 확대된 대규모 농민항쟁이었다. 임술농민항쟁도 기본적으로 상품화폐 경제의 발달과 농민층 분해가 심화되고 있는데도 봉건정부의 수취구조와 분배체계가 구래의 수탈구조를 벗어나지 못했던 모순적인 현실로 인해 발생했다.[148] 농민층의 분화로 신분제를 기반으로 한 수취구조의 유지가 불가능해졌기 때문이다. 이러한 상황에서 봉건정부는 수취 규모의 적정량을 유지하기 위해 수취 방식을 비례제에서 총액제로 전환했다. 총액제는 군현 단위로 세액을 할당해 상품화폐 경제의 발달과 농민층 분해로 나타난 세수 감소를 보존하고 세금을 안정적으로 수취하기 위한 방안이었다. 그러나 총액제는 지방관의 농민에 대한 전일적 수탈을 가능하게 했고, 농민의 재생산을 담보했던 환곡의 부세화를 촉진했다. 이러한 모순이 1862년 경상도를 중심으로 한 농민의 반봉건항쟁으로 폭발하게 된 것이다.

임술농민항쟁도 평안도 농민항쟁이 노정한 한계를 극복하지는 못했다. 평안도 농민항쟁과 같이 하층 농민이 농민항쟁의 주도세력으로 성장하지는 못했다. 임술농민항쟁의 주도층은 주로 몰락한 양반 계층이었다.[149] 이러한 임술농민항쟁의 주도세력의 성격은 농민항쟁이 봉건질서를 전면적으로 부정하기보다는 봉건질서 내에서의 개혁에 머무를 수밖에 없었던 이유를 설명해준다. 실제로 농민항쟁의 요구가 봉건적 생산관계의 근간이 되는 토지 소유에 대한 전면적 개혁으

....

147 고동환. "1811~12년 평안도 농민전쟁." p.95.
148 송찬섭. "삼남지방의 민중항쟁." pp.282-285.
149 오영교(1994). "1862년 전국농민항쟁." 강만길·김남식·김영하·김태영·박종기·박현채·안병직·정석종·정창렬·조광·최광식·최장집 편. 『한국사 10: 중세사회의 해체 2』. pp.105-148. 서울: 한길사. p.123.

로까지 나아가지는 못했다. 유교적 봉건질서에 침잠해 있던 몰락양반 계층에게 유교적 신분질서를 기반으로 한 봉건적 생산관계를 부정하고 농민적 토지 소유에 입각한 요구를 기대할 수는 없었을 것이다. 임술농민항쟁이 주로 군현 단위의 항쟁에 그쳤다는 점도 한계라고 할 수 있다. 임술농민항쟁이 군현 단위로 부과되는 총액제 방식의 부세체계의 모순으로 인해 발생했다는 점을 고려하면 그 한계는 어쩌면 당연할 수도 있다.[150] 다만 발생 지역의 분포라는 측면에서 보면, 평안도 농민항쟁이 주로 평안도 지역에서 발생한 것에 비해 임술농민항쟁은 경상도를 중심으로 전라도, 충청도, 함경도 함흥, 황해도 황주, 경기도 광주 등에서 발생해 도라는 지역적 한계를 벗어났다. 그러나 1862년 임술농민항쟁은 기본적으로 경상도 지역이 주도한 경상도 중심의 항쟁이었다.[151]

이러한 한계에도 불구하고 임술농민항쟁은 조선 사회의 권력관계에서 농민이 단일한 계급으로 '구성'될 수 있다는 가능성을 보여주었다는 점에서 중요한 의미를 갖는다. 평안도 농민항쟁에서 하층 농민은 농민항쟁의 주된 참여자였지만 신흥 상공인 계층, 부민, 몰락양반 등 항쟁 주도세력의 동원의 대상이었다. 하지만 1862년 임술농민항쟁에 이르면 농민들은 향회에서의 합법투쟁부터 전면 봉기에 이르기까지 봉기의 전 과정에 조직적으로 참여했다.[152] 농민이 농민항쟁의 주체로 전면에 나섬으로써 농민항쟁을 둘러싼 권력관계가 봉건세력 대 농민이라는 구도로 형성된 것이다. 농민들의 주도적인 참여는 농민들의 상품생산과 생존을 위협하는 부세제도의 개선을 농민항쟁의 핵심 목표로 설정하게 했다. 이는 농민운동의 중요한 계급적 성과라고 할 수 있다. 부세제도에 대한 개혁 요구는 상품화폐 경제의 발달로 농민에게 열린 소상품생산을 통한 이윤 확대의 기회를 가로막는 장애를 제거하기 위한 것이었다.[153]

조선 조정은 임술농민항쟁의 수습책으로 분배 기능이 축소되고 부세화된 환

....

150 송찬섭. "삼남지방의 민중항쟁." p.284.
151 차남희 · 윤현수. "자본주의의 농촌침투와 농민운동." p.34.
152 고석규(1988). "1862년 농민항쟁 연구의 논쟁점." 『역사와 현실』 1: 261-271. p.264.
153 차남희. "후기 조선 사회에 있어서의 자본주의의 농촌침투와 농민운동." p.87.

곡을 폐지하고 세금을 토지에 집중시키는 '파환귀결(罷還歸結)'을 대안으로 내놓게 된다.[154] 임술농민항쟁이 조선 전자본주의 체제의 핵심제도인 부세제도와 분배체계의 변화를 이끌어낸 것이다. 그러나 파환귀결은 실현되지 못했다. 임술농민항쟁으로 폭발된 농민의 힘에 놀란 조선 조정은 자신들이 감당할 수도 없었던 전자본주의 체제의 핵심제도의 개혁까지 제시하면서 농민들의 불만을 잠재울 수밖에 없었던 것이다. 더욱이 분배체계의 관점에서 보면 임술농민항쟁은 전자본주의 사회에서도 경제체제의 변화에 조응하지 못하는 분배체계의 모순이 조직된 주체의 요구라는 정치행위를 통해 변화할 수 있는 가능성을 보여주었다고 할 수 있다.

〈군도, 민란의 시대〉는 철종 13년 경상도 진주 지역을 중심으로 발생한 임술농민항쟁을 배경으로 만들어진 영화이다. 윤종빈 감독 연출, 하정우 주연(출처: Daum 영화)[155]

....

154   송찬섭. 『朝鮮後期 還穀制改革硏究』. pp.173-186.

155   http://movie.daum.net/moviedb/main?movieId=75146

3) 1882년 임오군란: 도시 하층민의 봉기

1862년 임술농민항쟁 직후에 들어선 대원군 정권의 몰락과 1873년 고종의 친정, 1876년 개항은 조선 사회에서 아래로부터의 봉기의 성격을 근본적으로 바꾸었다. 개항 이후 아래로부터의 봉기는 전자본주의 체제 내의 모순과 함께 자본주의 세계체계의 주변부로서의 모순이 중첩된 양상을 반영하고 있다. 개항 이후 체제모순의 중층화로 인한 첫 번째 대규모 봉기는 1882년 임오군란이었다. 이는 개항 후 불과 6년 만에 발생한 아래로부터의 봉기였다. 임오군란은 기본적으로 1876년 개항 이후 상품화폐 경제의 급격한 확대와 구래의 전자본주의적 수탈구조가 야기한 모순이 당시 정치·행정·군사의 중심이었던 서울[156]의 도시 하층민들에게 집중되면서 발생한 반봉건항쟁이라고 정의할 수 있다.

임오군란은 개항 이전에 발생한 농민항쟁과 크게 네 가지 점에서 차이가 있다. 첫째, 임오군란은 전자본주의 체제의 내적 모순과 개항으로 인해 나타난 자본주의 세계체계의 중층적 모순이 야기한 항쟁이었다. 개항 이후 쌀의 국제적 상품화는 쌀 가격을 6년 만에 세 배 이상 상승시켰는데, 쌀값 상승의 최대 피해자는 임오군란의 주도세력인 도시 하층민이었다.[157] 실제로 개항 이후 미곡의 수출은 〈그림 6.5〉에서 보는 것처럼 급격히 증가했다. 규모로 보면 대일 수출물량은 1877년 474석에서 임오군란 직전인 1881년 92,756석으로, 수출액으로는 2천 원에서 381,000원으로 급증했다.[158]

둘째, 임오군란은 주도세력과 기본 동력이라는 측면에서 개항 전에 발생한 농민항쟁들과 달랐다. 개항 전에 발생한 농민봉기의 주도세력은 주로 몰락한 양반 계층이나 재야지식인 집단이었고, 평안도 농민항쟁처럼 예외적으로 신흥 상공인 계층이 참여했다. 하지만 기본 동력은 대부분 하층 농민이었다. 반면 임오군란의 주도세력과 기본 동력은 모두 소상인, 영세수공업자, 잡역노동자, 각

....

156　조성윤(1994). "임오군란." 강만길·김남식·김영하·김태영·박종기·박현채·안병직·정석종·정창렬·조광·최광식·최장집 편. 『한국사 12: 근대민족의 형성 2』. pp.131-154. 서울: 한길사. p.133.
157　조성윤. "임오군란." pp.133-135.
158　이세영. "개항기 지주제의 변동." pp.62-63; 도면회. "개항 후의 국제무역." pp.148-149.

종 관급공사에 고용된 임금노동자 등이었다.[159] 물론 하층 도시민이 봉건적 억압과 상품화폐 경제의 발달로 인해 나타난 모순에 저항한 사건이 임오군란이 처음은 아니다. 1833년(순조 33년)에 경강상인의 미곡 독점으로 서울의 쌀값이 폭등하자 서울의 하층민들이 도고상인에 반대해 봉기를 일으켰고,[160] 1851년에는 봉건정부의 수탈에 맞서 뚝섬 주민들의 집단적 저항이 일어났다.[161] 임오군란은 19세기 들어 상품화폐 경제의 확대와 봉건적 수탈체계에 저항한 도시 하층민의 축적된 투쟁 역량이 개항을 계기로 확대되면서 대규모 민중봉기로 나타난 것이다.

셋째, 주도세력과 기본 동력을 구성했던 세력이 상이한 계층과 계급 간의 연대에 기초했다. 주도세력과 기본 동력 모두 하급 군병들이었지만, 이들 대부분은 군무 이외에 별도의 부업을 통해 생계를 유지하고 있었다. 이들의 계층·계급이 군병과 도시 하층민이라는 것을 제외하면 이들 사이에는 계급적인 공통점은 없었다. 이들은 한강 연안에서 하역노동에 종사하는 임시노동자, 왕십리, 이태원 등지에서 상업적으로 야채를 재배하는 농민, 영세소상인, 영세수공업자들이었다.[162] 이는 서유럽에서 노동계급이 사회적으로 구성되어가는 과정을 연상하게 한다. 제5장에서 언급한 내용이지만, 19세기 영국에서 근로계급들은 임금노동자, 소상품생산자, 소상인 등 광범위한 계층을 포함하고 있었다.[163] 또한 1891년 이탈리아 토스카나의 카스텔리오리노에서는 소상품생산자들이 스스로를 노동계급이라고 선언하기도 했다.[164] 도식적이지만, 이렇게 보면 임오군란에 참여한 계층들은 노동계급이 자신의 계급 정체성을 만들어간 초기 모습을 연상시킨다.

마지막으로, 임오군란은 개항 이후 조선 사회가 전자본주의 사회에서 자본

....

159 조성윤. "임오군란." pp.133-134.
160 강만길. "京江商人研究." p.39.
161 조성윤. "임오군란." p.137.
162 조성윤. "임오군란." p.139.
163 Thompson. *The Making of the English Working Class*. p.610.
164 Sassoon. 『사회주의 100년』. p.66.

주의 사회로 이행이 가속화된 시점에 일어난 민중봉기였다. 하지만 임오군란은 전자본주의 체제를 부정하는 데까지는 나아가지는 못했다. 대원군의 복귀로 집약되는 임오군란의 요구는 단지 개항 이전의 구질서를 회복시키는 수준에 그쳤다. 임오군란 이후 제시된 개혁안은 잡세와 도고 금지 등 대원군의 1차 집권기의 정책으로 회귀하는 것이었다.[165] 더욱이 임오군란은 조선 내부의 권력관계에 외세(청)가 개입하는 계기를 제공해 이후 조선의 권력관계가 봉건지배층과 외세의 연합세력 대 민중세력으로 구조화되는 계기가 되었다. 결국 아래로부터의 봉기를 통한 근대국가 수립이 조선 내부의 봉건지배세력과 압도적 물리력을 갖고 있는 외세를 물리치지 않고는 불가능해졌다는 것을 의미한다. 이러한 우려는 1894년 갑오농민전쟁을 통해 보다 분명해진다.

4) 1894년 갑오농민전쟁: 주체로서 농민의 정치세력화

1894년 갑오농민전쟁은 19세기 민중봉기의 결정체이다. 1811년 평안도 농민항쟁으로부터 시작된 민중봉기의 성과는 1894년 갑오농민전쟁으로 집약된다. 먼저 갑오농민전쟁은 이전의 민중봉기와 달리 사회변혁 사상과 결합되어 나타났다. 갑오농민전쟁을 추동했던 동학은 인간 중심의 새로운 이념을 제시함으로써 성리학을 기반으로 한 봉건적 지배질서를 대신하고자 했다.[166] 물론 동학은 전자본주의 체제와 제국주의로 대표되는 자본주의 모순에 대한 실천적 대안을 제시하지는 못했다. 그러나 동학이라는 이념이 없었다면 농민층이 군현과 도의 경계를 넘어 단일한 농민계급으로 반봉건항쟁에 나서기가 쉽지 않았을 것이다. 마치 유럽에서 사회주의 노동운동이 마르크스주의를 받아들임으로써 하나의 완성된 운동체로 사회주의 노동운동에 참여할 수 있었던 것처럼,[167] 동학은 당시 기층 민중을 대표하는 농민들이 주도세력과 기본 동력으로 반봉건봉기에 나

....

165 조성윤. "임오군란." p.149.
166 우윤(1994). "갑오농민전쟁." 강만길·김남식·김영하·김태영·박종기·박현채·안병직·정석종·정창렬·조광·최광식·최장집 편. 『한국사 12: 근대민족의 형성 2』. pp.131-154. 서울: 한길사. p.160.
167 강신준. "제2인터내셔널과 사회주의 노동운동." p.58.

갑오농민전쟁을 그린 역사화. 만장에 검은색으로 '보국안민'이라는 문구가 쓰여 있다(출처: 천도교 제공, 『조선일보』).[168]

설 수 있게 하는 이념적 기반을 제공했다. 노동계급이라는 단일한 정체성이 주어진 것이 아닌 투쟁의 역사적 과정과 마르크스주의라는 이념의 결합을 통해 사회적으로 구성된 것이었듯이, 동학은 19세기에 나타난 기층 민중의 반봉건항쟁을 농민전쟁이라는 계급전쟁으로 결집시키는 역할을 했다. 갑오농민전쟁에 이르러 기층 농민은 동학이라는 자신의 이념을 갖고 세상을 바라보는 계급으로 등장하기 시작한 것이다.

농민이 봉기의 주도세력으로 성장한 것도 갑오농민전쟁의 중요한 성과이다. 1811년과 1862년 농민항쟁이 비농민층에 의해 주도되고 농민이 동원되었던 것에 반해, 갑오농민전쟁은 고부 봉기로부터 마지막 전투인 금구·태인 전투까지 농민들이 주도했다. 특히 갑오농민전쟁의 진행 과정에서 주목해야 할 점은 일본군의 경복궁 침탈 이후 시작된 제2차 농민전쟁에서 갑오농민군이 항일

....

168 http://news.chosun.com/site/data/html_dir/2016/10/05/2016100502078.html

투쟁을 매개로 조선 지배층에게 항일연합전선을 제안했다는 것이다.[169] 이는 갑오농민군이 당시 정세에서 반제투쟁(항일투쟁)을 반봉건투쟁(계급투쟁)보다 더 긴급한 투쟁으로 인식하고 있었다는 것을 의미한다. 전산업사회에서 산업사회로 이행하는 세 가지 길 중 세 번째 길의 전형으로 알려진 중국 민족해방운동에서[170] 지주계급과 농민계급 간 연대(항일연합전선)가 외부(코민테른)의 권위와 힘을 빌려 1924년에나 이루어졌다는 점을 고려하면, 갑오농민군이 1894년 지주계급으로 대표되는 조선 지배층(충청감사 박제순)에게 항일연합전선을 제안한 것은[171] 제3세계 민족해방운동의 역사에서 매우 선진적이고 파격적인 것이었다.

갑오농민전쟁이 군현과 도의 경계를 넘어 중앙의 봉건권력에 대항해 봉기함으로써 농민 대 봉건지배세력이라는 권력관계를 만들어낸 것도 한국의 민중봉기 역사상 전례를 찾기 어려운 일이다. 뿐만 아니라 제1차 농민전쟁이 전주화약으로 일단락되면서 항쟁 지역에 설치되었던 집강소는 과거의 민중항쟁에서는 찾아보기 어려운 성과이다. 읍정을 장악한 농민군은 평안도 농민항쟁과 같이 단순히 향권을 교체하는 수준을 넘어 집강소를 설치하고 봉건정부의 폐정을 시정하려고 했다. 집강소는 농민이 단지 통치의 대상이 아닌 통치의 주체가 될 수 있는 가능성을 보여준 일대 사건이었다. 이는 1871년 3월부터 5월까지 유지되었던 파리코뮌과 1980년 5월 광주에서 계엄군을 몰아내고 시민군이 벌였던 자치활동을 연상하게 한다. 실제로 전주화약 이후 설치된 집강소는 기존의 봉건적 행정기구가 아닌 '농민군의 지방통치조직'으로 평가되고 있다.[172] 일시적이고 지방 수준에 머물렀다고 해도 갑오농민군은 집강소라는 농민정권의 수립을 통해 '농민적 권력 집

....

169 우윤. "갑오농민전쟁." p.184.

170 Moore. *Social Origins of Dictatorship and Democracy*. p.xxii.

171 배항섭(2003). 『한국사 39: 제국주의의 침투와 동학농민전쟁』. 국사편찬위원회 편. pp.421-447. 서울: 탐구당. p.468.

172 우윤. "갑오농민전쟁." p.179. 실제로 경상도 예천의 사례를 보면 백성들이 송사가 있는 경우 관아를 찾지 않고 동학 접소를 찾았다는 기록이 있다. 신영우(2003). "동학농민군의 재기." 국사편찬위원회 편. 『한국사 39: 제국주의의 침투와 동학농민전쟁』. pp.421-447. 서울: 탐구당. pp.436-437.

행과 분배'를 실현했다고 할 수 있다.[173]

　마지막으로, 갑오농민전쟁의 중요성은 조선이 자본주의 세계체계의 주변부 국가로 편입되면서 나타난 모순으로 발생한 최초의 반자본주의 농민전쟁이라는 점이다. 개항은 18세기 이래 점진적으로 확대·발전하던 상품화폐 경제에 심각한 위기를 초래했다. 앞서 제3절에서 언급한 것처럼, 쌀과 콩을 수출하고 면직물을 수입하는 곡면교환체계의 성립은 면업으로 대표되는 국내의 자생적 산업 발전의 가능성을 괴멸시켰다. 또한 곡면교환체계는 지주제를 확대·강화함으로써 농민의 양극분해를 심화시켰다. 특히 대 일본 수출작물로서 쌀과 콩의 상업적 가치가 증가하면서 조선의 농업은 급격하게 쌀과 콩으로 단작화(單作化)되었다. 소상품 생산자로서 농민의 생계가 위협받았던 것이다. 결국 상품작물생산을 둘러싼 모순이 1894년 전라도를 중심으로 한 제1차 갑오농민전쟁이 일어나는 결정적 계기가 되었던 것이다.

　차남희와 윤현수의 연구는 이러한 주장을 실증했다.[175] 〈그림 6.7〉에서 보

관군에게 체포되었음에도 전봉준 장군의 눈빛에는 여전히 기개가 넘친다(출처: 『일요주간』).[174]

....

173　우윤. "갑오농민전쟁." p.190.
174　http://www.ilyoweekly.co.kr/news/articleView.html?idxno=9742
175　차남희·윤현수. "자본주의의 농촌침투와 농민운동." p.35, 46.

는 것과 같이 1894년 갑오농민전쟁에의 참여 지역이 소규모 면작 지역과 일치하고 있다. 제1차 농민전쟁의 발발지역 중 면작 지역이 아닌 곳은 전라도 영광 (F21) 한 곳이었고, 제2차 농민전쟁에 참여했던 지역으로 면작 지역이 아닌 곳은 경상도 용궁(E45)이 유일했다. 전자본주의 체제의 수탈이 삼남 지방에서 광범위하게 이루어졌다는 점을 고려하면, 갑오농민전쟁이 소규모 면작 지역과 미작 지역을 중심으로 발생했다는 것은 갑오농민전쟁이 전자본주의 체제의 수탈과 함께 개항으로 인해 국제적 상품화폐 경제가 농촌에 침투하면서 발생한 농민전쟁이라는 것을 이야기해주고 있다. 우윤도 갑오농민전쟁의 주체세력의 지향이 "농민으로서 자립할 수 있는 안정적 토대 확보와 나아가 소상품생산자로 성장하는 것이었고, 동시에 이에 장애가 되는 사회적 제약을 제거하는 것"이었다고 평가했다.[176]

갑오농민전쟁은 단순히 봉건지배세력과 농민이라는 단순한 권력관계에 의해 발생한 것이 아니었다. 갑오농민전쟁은 개항으로 인한 국제적 상품화폐 경제의 확대로 이득을 보는 지주, 상업농, 곡물상인, 면직물 수입업자와 생계를 위협받은 농민층 간의 대립이었다. 자본주의의 모순이 갑오농민전쟁을 둘러싼 권력관계의 핵심이었다. 마치 프랑스 혁명이 앙시앵레짐이라는 전자본주의 체제에 대한 시민들의 저항이 아니라 (당시 시민들은 의식하지 못했을지 모르지만) 실제로는 자본주의 모순에 대한 반자본주의 운동이었다는 월러스틴의 지적이 상기되는 대목이다.[177] 월러스틴에 따르면, 서구에서 자본주의 세계경제가 시작될 때 자본주의는 봉건주의의 외피를 둘러썼는데, 이러한 현상은 비정상적인 것이 아니라 지극히 정상적인 것이었다. 또한 프랑스 혁명 당시에는 귀족과 부르주아를 거의 구분하지 않았다는 점도 기억할 필요가 있다.[178] 이러한 서구의 역사적 경험을 적용해보면, 갑오농민전쟁의 성격 또한 단순히 반봉건항쟁이었다기보다는 당시 조선 사회에서 확대되고 있던 자본주의적 관계에 대한 농민의 '반

....
176 우윤. "갑오농민전쟁." p.190.
177 Wallerstein.『근대세계체제 III』. pp.170-171.
178 Wallerstein.『근대세계체제 III』. p.158.

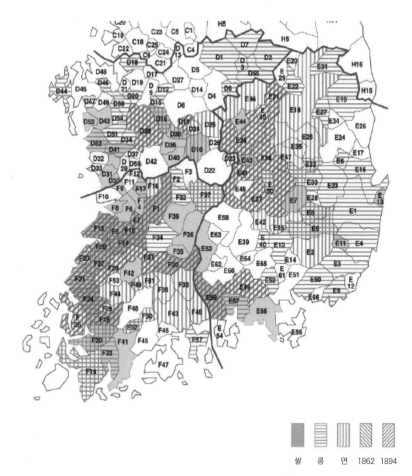

쌀	콩	면	1862	1894

그림 6.7 쌀, 콩, 면 경작지와 1894년 갑오농민전쟁 발생 지역의 차이[179]

자본주의' 항쟁이었다고 할 수 있다. 제2차 갑오농민전쟁에서 본격화된 척왜양 (斥倭洋)이라는 반제투쟁도 반자본주의 항쟁이라는 구조에서 이해하면 그 성격이 보다 분명히 드러난다.

하지만 갑오농민전쟁은 제2차 농민전쟁에서 보듯이 근왕적 성격을 완전히

....

179   차남희·윤현수. "자본주의의 농촌침투와 농민운동." p.46.

탈각하지 못했고 전자본주의 체제를 대체할 근대적 사회상을 제시하지도 못했다.[180] 결국 갑오농민전쟁은 임오군란 이래 조선 내부의 권력관계에 개입한 외세에 의해 패배한 전쟁으로 기록된다. 단순히 패배나 좌절이라고 부르기에는 농민의 피해가 너무나 컸다. 조지 카치아피카스(George Katsiaficas)가 인용한 자료에 따르면, 일본군에 의해 학살된 농민의 수가 무려 30~40만 명에 이르렀다.[181] 갑오농민전쟁의 패배 이후 일제는 조선의 식민지화를 가속화했지만, 갑오농민전쟁은 조선 사회에서 지배의 대상이었던 농민이 역사의 주체로 전면에 등장하는 계기가 되었다. 특히 갑오농민전쟁은 전자본주의 체제의 권력관계를 농민 대 봉건세력과 제국주의세력으로 양분하는 계기가 되었다는 점에서 매우 중요한 의미를 갖는다. 가정은 없지만 '만약' 갑오농민군이 승리했다면 집강소를 통해 보여준 갑오농민의 역량은 조선을 어떤 사회로 만들었을까? 단언할 수 없지만, 적어도 조선 사회의 분배체계가 소상품생산자로서 농민의 이해에 복무하는 분배체계로 전환되었을 것이라고 상상을 해볼 수는 있을 것이다.

19세기 말의 기층 민중이 꿈꾸었던 사회:
민권사회, 평등사회, 균산사회[182]

갑오농민전쟁의 실패는 당시 민중이 직면한 삶의 문제를 민중적 방식으로 해결하지 못했다는 것을 의미한다. 지주의 수탈, 농민의 유랑, 특권 상

....

180 정창렬(2003). "동학농민전쟁의 역사적 의의." 국사편찬위원회 편. 『한국사 39: 제국주의의 침투와 동학농민전쟁』. pp.487-510. 서울: 탐구당. p.509.

181 Katsiaficas, G.(2015[2012]). 『한국의 민중봉기』. 윤형수 역. (Asia's Unknown Uprisings Volume 1: South Korean Social Movements in the 20th Century). 파주: 오월의 봄. p.91.

182 이 내용은 다음의 글을 바탕으로 필자의 의견을 첨부해서 작성했다. 박명수(2013). "동학과 민중운동." 한국근현대사학회 편. 『한국근현대사강의』. pp.83-98. 파주: 한울아카데미. pp.91-94.

인과 외세의 침탈, 봉건국가의 수탈, 중소상인과 수공업자의 몰락 등 기층 민중의 삶은 그야말로 바닥으로 치닫고 있었다. 이들이 선택할 수 있는 마지막 길은 봉건지배층과 외세가 판치는 세상의 '도적'이 되는 것이었는지도 모른다. 1862년 임술농민항쟁을 배경으로 한 윤종빈 감독의 영화 〈군도, 민란의 시대〉에서 한 화적무리의 지도자가 외친 "뭉치면 백성이고 흩어지면 도적"이라는 대사는 당시의 상황을 집약적으로 보여준다. 당시 화적집단은 단순한 도적이 아니었다. 그중에서도 1899년부터 1905년까지 충청도, 전라도, 경상도 지역에서 활동한 '활빈당'이라는 집단은 당시 기층 민중이 그리는 사회를 이해하는 중요한 단서를 제공한다. 활빈당은 개항과 외세의 침탈로 농민층 분해가 가속화되면서 토지를 잃은 농민들의 무장집단이다. 이들은 탐관오리를 응징하고 민중을 수탈해 재산을 모은 부호, 대상인, 외국인 등의 재물을 빼앗아 가난한 백성들에게 나누어주는 활동을 했던 의적으로 알려져 있다. 더욱이 활빈당은 균산사회(均産社會)라는 평등사회를 지향하는 13개의 행동강령을 갖고 있었다. 13개 강령은 "악법을 폐지하고, 바른 법을 제정하며, 빈부를 타파하고, 외세의 침탈을 막으며, 소상품생산자와 유통업자를 보호하고, 조세제도를 개혁하기 위한 국가체제의 혁신"을 내용으로 담았다. 농민적 토지 소유에 입각한 개혁을 담고 빈자에 대한 구빈법 제정을 요구하는 등 "정치적으로는 민권사회, 사회적으로는 평등사회, 경제적으로 균산사회"를 지향했다. 이는 당시 가장 기층에 있던 조선 사회의 민중이 어떤 사회를 그리고 있었는지를 보여준다.

2. 위로부터의 변화: 구본신참(舊本新參)

조선의 지배계급도 개항의 영향에서 벗어날 수 없었다. 중화체제에 안주해 전자본주의 체제를 유지했던 조선의 지배계급에게 개항은 전자본주의 체제의 수탈에 저항했던 기층 민중보다 더 강력한 외부의 적을 직면해야 한다는 것을 의미했기 때문이다. 개항을 전후한 시기부터 1910년까지 조선의 봉건지배세력은 다양한 방식으로 국체를 보존하려는 시도했다. 때로는 급진적 개혁을 시도하기도 했지만 마치 오뚝이 인형을 넘어뜨렸을 때처럼 과거의 것은 되살아났다. 개항부터 1910년까지 조선 지배층이 추진한 개혁의 기본적 성격은 구래의 체제를 유지하면서 새로운 것을 선별적으로 받아들인다는 구본신참[183]에서 벗어나지 못했다.

1) 갑신정변(甲申政變): 지주가 꿈꾼 부르주아 개혁

개항 이후 조선 지배층이 시도한 최초의 변혁은 1884년에 발생한 갑신정변이었다. 갑신정변은 개항 이후 서구는 물론 청과 일본에도 뒤떨어진 조선의 실상을 실감한 급진 개화파가 외세의 위협을 극복하고 조선을 근대국가로 만들어 가기 위해 시도한 위로부터의 개혁이었다.[184] 학계 일부에서는 갑신정변을 "국민주권주의를 지향한 최초의 정치개혁운동, '위로부터의 부르주아 개혁'의 시발점"으로 평가한다.[185] 물론 왕권을 제한하고 내각의 권한을 강화한 것은 사실이다. 하지만 갑신정변이 국민주권주의를 지향한 부르주아 개혁이라는 평가에 동의하기는 어렵다.

일본 자본주의가 1차 산업화를 완료하고 비약적인 성장을 시작한 시점이 대략 1890년대에 들어서였고,[186] 이를 바탕으로 일본이 해외로 침략할 수 있는 역량

....

183 정확한 의미는 옛 법을 근간으로 하고 새로운 제도를 참작한다는 것으로, 광무개혁의 기본 원칙이다.
184 신용하(2003). "갑신정변의 전개." 『한국사 38: 개화와 수구의 갈등』. pp.375-426. 서울: 탐구당. p.375.
185 최덕수(1994). "갑신정변과 갑오개혁." 강만길·김남식·김영하·김태영·박종기·박현채·안병직·정석종·정창렬·조광·최장식·최장집 편. 『한국사 11: 근대민족의 형성 1』. pp.117-146. 서울: 한길사. p.131.
186 Gorden. 『현대일본의 역사』. p.191.

을 갖춘 시점은 1894년 청일전쟁 이후였다. 이러한 상황을 고려했을 때 '만약'(물론 역사에서 가정은 없다) 갑신정변이 성공했다면 신용하의 주장처럼 갑신정변 이후 10년 동안 조선은 외세의 침탈로부터 벗어나 자주적인 근대화의 길을 걸어갔을지도 모른다.[187] 하지만 그 길이 반드시 인민주권이 보장된 근대국가의 길이었다고 단언할 수는 없다. 19세기 당시 위로부터 개혁에 성공했던 독일과 일본은 성공적으로 전산업사회에서 산업사회로 이행했지만 '국민주권주의'에 기초한 근대국가를 건설하지는 못했다. 이 두 국가의 성공적인 산업화는 나치즘과 군국주의로 귀결되었다. 이들은 침략, 학살, 인권 유린으로 점철된, 인류 역사에

1883년 미국 방문 길에 나선 민영익과 개화파 일행: 갑신정변의 주역이었던 개화파(앞줄 오른쪽 두 번째 서광범, 맨 왼쪽 홍영식, 뒷줄 왼쪽 네 번째 유길준 등)와 민영익(앞줄 오른쪽 세 번째) 일행이 일본에서 함께 찍은 사진이다. 이들은 1년 후에 서로 다른 길을 걷게 된다. 세상일과 사람의 관계란 한 치 앞도 알 수 없다(출처: Daum 블로그).[188]

....

187   신용하(2003). "갑신정변의 영향과 의의." 『한국사 38: 개화와 수구의 갈등』. pp.427-435. 서울: 탐구당. p.434.

188   http://blog.daum.net/cjddka49/15711683

씻을 수 없는 상처를 남겼다. 이러한 이유로 배링턴 무어는 독일과 일본의 길을 "반동적 자본주의 유형(the capitalist and reactionary form)"이라고 불렀던 것이다.[189]

김옥균의 『갑신일록(甲申日錄)』에 기록된 갑신정변의 14개 혁신정강을 근거로 갑신정변이 근대국가를 건설하려고 했다는 평가에도 논란이 있다.[190] 갑신정변의 14개 혁신정강 중 열세 번째 항목을 보면 "대신과 참찬(새로 임명된 6인의 이름은 지금 기록할 필요 없음)은 합문 내 의정소에서 매일 회의를 열어 변경하고 정한 후에 정령을 반포 시행할 것[大臣與參贊 新差六人 今不必書其名 課日會議于閤門內議政所 以爲變定 而布行政令事]"[191]이라고 기록되어 있는데, 이는 분명 왕권을 제한하고 내각의 권한을 확대한 것으로 해석할 수 있다. 그러나 왕권을 제한하고 내각의 권한을 확대했다는 것 자체가 바로 근대적 입헌정체를 실현한 것이라는 해석은 과도하다. 새뮤얼(Samuel)에 따르면, 근대적 입헌체제와 전근대적 권력 제한의 가장 중요한 차이는 권력의 기능적 분립 여부이다. 그런데 갑신정변의 혁신정강에는 이러한 내용이 포함되어 있지 않았다.[192] 더욱이 갑신정변의 주도세력들은 군주권을 부정하지도 않았다. 주도세력은 의정부와 6조를 중심으로 전통적인 권력구조를 복원하려고 시도했다. 하지만 이 같은 한계에도 불구하고 갑신정변이 전근대국가에서 근대국가로 이행하는 과도기적 단계에서 일어났고 근대국가를 지향하는 위로부터의 개혁이었다는 것에 대해서는 재론의 여지가 없을 것 같다.

....

189 Moore. *Social Origins of Dictatorship and Democracy*. p.xxi.
190 신용하. "갑신정변의 영향과 의의." p.433.
191 전종익(2011). "甲申政變과 立憲主義: 근대입헌주의 정치체제론 비판." 『법학논문집』 35(2): 5-20. p.13. 연구자마다 조금씩 다른 의미로 혁신정강을 해석하고 있다. 여기서는 전종익이 『갑신일록』의 원문을 기재했기 때문에 이를 인용했다. 아래 내용은 열세 번째 혁신정강에 대한 다른 연구자들의 해석이다. "대신과 참찬—새로 차임한 6인은 지금 반드시 그 이름을 다시 쓸 필요는 없다—은 매일 합문 안의 의정소에서 회의하여 품정하고 정령을 반포 시행할 것". 박은숙(2005). 『갑신정변연구』. 서울: 역사비평사. p.254. "대신과 참찬은 날짜를 정하여 합문 내의 의정부에서 회의하고 정령을 공포할 것". 최덕수(1994). "갑신정변과 갑오개혁." p.130. "大臣과 參贊(새로 임명된 6인의 이름은 생략함)은 閤門 안의 議政府에서 매일 회의를 하여 정사를 결정한 후에 왕에게 품한 다음 政令을 공포해서 정사를 집행할 것". 신용하. "갑신정변의 전개." p.407.
192 전종익. "甲申政變과 立憲主義." pp.9-10, p.15.

갑신정변의 개혁조치 중 사회정책과 관련된 부분도 전자본주의 체제의 기능을 보정하는 수준에 그쳤다. 즉, 부세수취제도 개선, 수탈제도가 된 환곡의 폐지, 국가가 특정 상인들에게 특권을 부여하는 혜상공국(惠商公局) 폐기 등 봉건적 질서를 교정하는 수준에 그쳤다.[193] 갑신정변은 전자본주의 체제의 토대가 되는 봉건적 생산관계를 혁파할 수 있는 토지 소유 문제에 대한 대안을 제시하지 않아 이전의 봉건정부와 같이 지주계급의 이해를 대변하는 개혁정책에 머물렀다. 갑신정변의 이러한 한계는 주도세력의 계급적·신분적 한계와 밀접한 관련을 갖고 있다. 물론 갑신정변에는 관료지주들 이외에 중인, 상한(常漢, 평민과 노비) 등 다양한 계층이 참여했다. 박은숙의 연구에 따르면, 갑신정변의 참여자로 확인된 77명 중 양반이 13%, 중인이 6%, 상한이 51%, 불명 30%로 파악된다.[194]

하지만 정변을 주도한 김옥균, 홍영식, 박영효, 서광범, 서재필은 모두 조선의 명문 사족의 후손이었다. 김옥균은 양양부사 김병기의 양자로 1872년에 문과에 장원급제했고, 홍영식은 영의정 홍순목의 아들이었다. 박영효는 철종의 부마였고, 서광범은 명문 집안의 자손이었다. 그나마 서재필의 부친은 벼슬에 오르지 못했으나 서광하의 양자로 입적해 전라도 관찰사, 탁지부 대신을 지낸 김성근의 집에서 수학했고 최연소로 별시과에 급제했다. 이상의 면면들을 보면 갑신정변의 주역들은 조선의 최상위 계층이었다. 불가능한 것은 아니겠지만, 이들로부터 기층 민중의 이해를 대변하는 개혁을 기대할 수는 없었을 것이다. 더욱이 갑신정변의 주도세력은 정변의 물리적 기반을 일본 군대에 의존함으로써 외국의 군사적 개입을 야기했다. 갑신정변은 1882년 임오군란 이후 외국 군대가 조선 내정에 간여하는 전례를 강화했다. 실제로 갑신정변 이후 조선이 시행하려고 했던 거의 모든 개혁은 외세와 직·간접적인 관련하에 이루어졌다. 또한 정변에 의한 정권

....

193 제3항 전국의 지조법을 개혁하고 관리의 부정을 막아 백성의 곤란을 구하고 겸하여 국가재정을 유족하게 할 것[改革通國地租之法 杜吏奸而敘民困 兼裕國用事], 제6항 각도의 환상은 영구히 모곡만을 받을 것[各道還上永永臥還事], 제9항 혜상공국을 혁파할 것[惠商公局革罷事] 등.
194 박은숙, 『갑신정변연구』, p.189.

장악 시도는 개화정책에 대해 집권세력은 물론이고 민중의 반감을 확대해 개혁정책의 실행에 심각한 장애를 초래했다.[195]

이렇듯 갑신정변은 조선이 봉건국가에서 벗어나 근대국가로 도약하기 위한 구조적 개혁과 방향을 제시하지 못했다. 하지만 갑신정변은 사회변혁의 주체 형성이라는 관점에서 적어도 두 가지 중요한 함의를 갖는다. 먼저 갑신정변은 19세기 이래 근 100년 동안 진행된 신분제 해체의 중요한 전기를 마련함으로써 기층 민중이 사회변혁의 주체로 등장할 수 있게 했다. 조선 사회에서 신분제 해체는 1801년(순조 원년) 공노비 해방으로부터 시작해 1894년 갑오개혁에서 반상의 구별 없이 인재를 등용하겠다는 군국기무처(軍國機務處)의 의결로 마무리된다.[196] 갑오개혁의 이러한 개혁조치는 바로 갑신정변의 개혁정책을 계승한 것이다.[197] 혁신정강의 두 번째 항목을 보면 "문벌을 폐지함으로써 인민 평등의 권을 제정하며, 인으로 관을 택하게 하지 관으로 인을 택하게 하지 않을 것"이라고 되어 있다.[198] 여기서 주목해야 할 내용은 갑신정변이 '인민 평등'을 주장했다는 점이다. 양반제도를 폐지하겠다고 하지는 않았지만 인민 평등을 적시함으로써 실질적인 신분제 해방을 지향했다고 평가할 수 있다. 신분제에 구속되지 않는 평등한 인민의 출현이야말로 복지국가를 만들어가는 주체 형성은 물론 사회변혁의 기본 전제 중 하나이다. 다른 하나는 조선의 자주독립을 선언했다는 점이다. 혁신정강의 첫 번째 항목을 보면 "대원군을 불일(不日) 배환(陪還)하도록 하는 동시에 청국에 대한 조공허례를 의논하여 폐지할 것"이라고 적혀 있다.[199] 이는 조선이 자주독립국임을 말하는, 당시로서는 매우 혁명적인 주장이다. 조선을 소중화로 여기고 있던 당시 지배층의 관점에서 보면 사문난적(斯文

....

195 최덕수. "갑신정변과 갑오개혁." p.132.
196 박은숙. 『갑신정변연구』. p.182-183; 유영익(2003). "제1차 개혁." 국사편찬위원회 편. 『한국사 40: 청일전쟁과 갑오개혁』. pp.145-206. 서울: 탐구당. p.200.
197 해당 연구들에 대해서는 다음 문헌을 참고하라. 신남주(2014). "갑오개혁에 대한 연구사적 고찰." 『한국여성교양학회지』 23: 61-100, pp.69-73.
198 閉止門閥 以制人民平等之權 以人擇官 勿以官 擇人事. 전종익. "甲申政變과 立憲主義." p.12.
199 大院君不日陪還事 朝貢 虛禮義行廢止. 전종익. "甲申政變과 立憲主義." p.12.

亂賊)에 가까운 주장을 한 것이다.

2) 대한제국과 개혁: 갑오개혁(甲午改革)과 광무개혁(光武改革)

갑오개혁은 1894년 7월 군국기무처[200]가 만들어지고 활동하기 시작한 시점부터 1896년 2월 아관파천까지 진행된 일련의 개혁을 지칭한다.[201] 갑신정변이 김옥균, 박영효, 홍영식 등 급진개화파(이후 갑신정변파)가 단독으로 시도한 개혁이었다면, 갑오개혁은 갑신정변을 전후해 분화되기 시작한 개화파들의 합종연횡과 일본의 직·간접적인 영향하에 진행되었다. 〈그림 6.8〉에서 보는 것처럼, 갑오개혁은 제1기 내각에 대원군파의 이준용이 참여한 것을 제외하면 제2기 내각부터 제6기 내각에 이르기까지 온건개화파로 분류되는 갑오파가 중심이 되어 추진되었다. 갑오개혁은 크게 보면 세 시기로 구분된다. 제1차 개혁은 1기 내각과 같

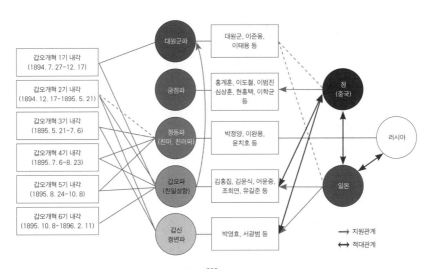

그림 6.8 갑오개혁 기간 중 조선 정부의 세력관계[202]

....

200 유영익에 따르면, 군국기무처의 주요 인물들이 반청, 반세도 사상이 강하고 서얼 출신들인 점이 갑오개혁을 통해 혁신적인 개혁을 추진하게 된 배경 중 하나로 평가된다. 유영익. "제1차 개혁." p.177.

201 최덕수. "갑신정변과 갑오개혁." p.138.

202 최덕수. "갑신정변과 갑오개혁." p.138; 유영익. "제1차 개혁." pp.164-165; 유영익. "제2차 개혁." p.216을 참고로 작성했다.

은 기간에 이루어졌고, 제2차 개혁은 제2, 제3기 내각이, 제3차 개혁은 4~6기 내각이 추진했다. 이 기간 동안 집권세력은 크게 다섯 파벌로 나뉘었고, 각 파벌은 자신의 정치적 입지를 강화하기 위해 외세와 결탁했다. 당시 정국은 갑오농민전쟁, 청일전쟁, 명성황후 시해 등 그야말로 혼돈의 극치였다. 갑오개혁이 추진된 20여 개월 동안 내각이 무려 여섯 번이나 바뀌었다는 사실은 이러한 현실을 반영한다.

갑오개혁이 일본의 요구에 의해 강제되었다는 점을 고려하면, 갑오개혁을 일본의 요구가 반영된 타율적인 개혁이라고 생각할 수도 있다. 하지만 갑오개혁이 전적으로 일본에 의해 강요되었다고 할 수는 없다. 노비 해방, 문벌 타파, 재정개혁, 환곡개혁 등은 앞서 언급한 것과 같이 19세기 이래 위·아래에서 제기된 개혁 요구의 연장선상에서 이루어진 것이기 때문이다. 실제로 1894년 7월부터 1896년 2월까지 여섯 번이나 내각이 교체되었음에도 불구하고 갑오개혁은 큰 틀에서 일관된 개혁정책을 추진했다. 이는 당시 집권세력이 조선 사회가 직면한 위기와 대안에 대해 공통의 인식을 공유하고 있었다는 것을 확인해준다. 그러나 화폐개혁의 예에서 보듯이 일본은 조선을 침탈하기 위해 일련의 개혁조치를 강요했고, 갑오개혁은 이러한 일본의 요구를 수용할 수밖에 없었던 것으로 보인다. 더욱이 갑오개혁 기간 동안 조선의 집권세력은 갑오농민전쟁, 청일전쟁, 명성황후 시해 등과 같은 일련의 사태들에 직면하면서 친청, 친일, 친러로 대립하면서 부침을 거듭했다. 이러한 조건에서 집권세력이 단일한 대오를 형성해 자주적인 개혁을 추진하는 것은 쉽지 않았을 것이다. 더욱이 집권세력은 갑오개혁 당시 조선이 자주적으로 개혁할 수 있는 유일한 원동력이 될 수 있었던 기층 민중과도 적대적 관계에 있었다. 박영효, 김윤식, 박정양으로 대표되는 개화파 제2기 내각은 아래로부터의 개혁을 지향했던 제2차 갑오농민전쟁을 일본군과 연합해 진압했다. 갑오개혁이 토지개혁 문제를 다루지 않았다는 것도 갑오개혁의 계급적 속성을 드러내는 것이라고 할 수 있다.

갑오개혁의 가장 대표적인 성과로 평가되는 신분제 철폐도 불철저했다. 갑오개혁이 신분에 구애받지 않고 인재를 등용하겠다는 내용을 담고 있는 것은 사실이지만,[203] 신분제의 철폐라고 보는 것은[204] 후대의 시각에서 본 과도한 해석일 수도 있다. "벽파문벌반상등급"은 신분에 구애 없이 능력에 입각해 인재를 등용하겠다는 것이지 유교적 신분질서를 혁파하겠다는 것은 아니었다.[205] 앞서 언급했듯이, 조선의 집권세력은 개항 이래 '구본신참'에 입각한 개혁정책을 추진했다. 여기서 구본은 유교국가로서의 기본적 가치를 잃지 않겠다는 의지의 표명인 것이다. 조선이 부국강병과 자주독립을 위해 능력 있는 인재를 신분을 가리지 않고 등용할 수는 있지만, 이는 어디까지나 동도(東道)를 잃지 않는 한에서 서기(西器)를 이용하는 것이지 동도 자체를 폐기하는 것은 아니었다. 더욱이 갑오개혁의 조치가 신분제를 혁파하고 만인 평등에 입각한 개혁이었다면 갑오개혁의 궁극적 지향점은 국민주권을 기반으로 한 근대국가의 건설이었어야 했다. 하지만 갑오개혁 이후 성립된 대한제국은 황제의 전제권이 강화되는 방향으로 나아갔다. 구법이 폐지되었지만 개혁이 성과 없이 끝나는 등 혼란이 지속되었다.[206]

　　일본의 침탈이 아관파천으로 잠시 주춤하던 사이에 조선 지배층에 의한 세 번째 개혁인 광무개혁이 시도되었다. 광무개혁은 기본적으로 갑오개혁을 계승했지만 구법을 기본으로 새로운 것을 참고한다는 구본신참의 원칙하에 진행되었다. 가장 두드러진 개혁은 재정 확충을 위해 양전(量田)을 시행했다는 점이다. 숙종 시기인 1720년 이래 지주들의 반대로 시행하지 못했던 양전을 1899년에 시행한 것은 (비록 전국적으로 시행하지는 못했지만) 광무개혁의 중요한 성과라고 할 수 있다.[207] 조선 경제가 여전히 농업에 의존하고 있는 상황에서 양전은 19세기 민중봉기의 중요한 원인 중 하나였던 토지에 부과되는 세금 문제를 해결하는 동

....

203　반상 등급과 문벌을 혁파하고 귀천을 가리지 않고 인재를 널리 등용할 것[劈破門閥班常等級].
204　송호근(2013). 『시민의 탄생: 조선의 근대와 공론장의 지각변동』. 서울: 민음사. pp.261-262.
205　유영익. "제1차 개혁." p.201.
206　나애자(1994). "대한제국의 권력구조와 광무개혁." 강만길 · 김남식 · 김영하 · 김태영 · 박종기 · 박현채 · 안병직 · 정석종 · 정창렬 · 조광 · 최광식 · 최장집 편. 『한국사 11: 근대민족의 형성 1』. pp.147-191. 서울: 한길사. p.171.
207　이세영. "개항기 지주제의 변동." p.62.

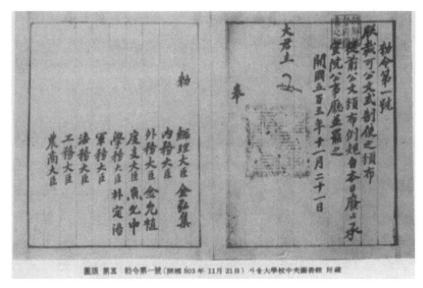

1894년(고종 31년)에 대한제국에서 반포된 칙령 제1호의 문서로, 대한제국의 수립과 함께 공문서의
새로운 양식에 관한 것이다. 흥미로운 점은 열네 번째 항에서 법률 훈령을 모두 국문(한글)으로 작성하게
하고 한문 부기와 국한문 혼용을 명시했다는 것이다[法律 勅令은 모두 國文으로써 本을 삼고 漢文을 附譯
혹은 國漢文을 混用한다].[208]

시에 광무 정권이 식산흥업정책을 추진할 재원을 확보하는 중요한 개혁정책이
었다. 하지만 양전은 과거와 같이 토지를 결부법(토지 면적이 아닌 수확량)에 기
초해 조사했고 전통적인 지주-전호제를 전제한 가운데 이루어졌다는 점에서 지
주들의 이해를 대변했다. 광무양전은 당시 상품화폐 경제의 확대로 변화하는 조
선의 사회경제적 조건을 반영하지 못했다. 결국 광무 정권의 기대와 달리 양전은
재정 확충에 기여하지 못했다.[209] 다만 토지 소유권을 정부가 공인해주는 지계발
급사업은 최초의 근대적 토지 소유권을 보장하려는 시도였다는 점에서 높이 평
가할 만하다. 광무 정권은 이외에도 금본위제도를 기반으로 한 화폐개혁을 시도
하고 식산흥업을 위해 관영공장을 설립하는 등 다양한 시도를 했지만 성공하지

....

208 국사편찬위원회, 한국사 데이터베이스, 고종시대사 3집. 출처: http://db.history.go.kr, 접근일 2017년
     4월 15일.
209 나애자. "대한제국의 권력구조와 광무개혁." pp.172-173.

는 못했다. 광무개혁의 두드러진 성격은 오히려 갑오개혁의 성과를 뒤로 돌려 황제권을 강화하고 정부가 특권 상인에게 독점권을 부여하는 도고권을 부활시켰으며[210] 황실 재정을 강화하는 등 반개혁적 정책을 시행했다는 것이다. 결국 광무개혁은 1905년 조선이 일본의 보호국이 되면서 중단되었고, 이후의 개혁은 일본의 식민지화를 예비하기 위한 조치들로 채워진다. 조선에서 위로부터의 개혁은 실패했다. 그러나 만약 조선에서 위로부터의 개혁이 성공했다면 19세기 말~20세기 초의 조선은 어떤 국가가 되었을까?

제5절 분배체계: 해체되는 전자본주의의 분배체계

한국 복지국가에 대한 연구가 개항 전후 시기까지 거슬러 올라간 경우는 찾아보기 어렵다. 해방 전의 시기를 다룬 연구도 대부분 일제강점기에 초점이 맞추어져 있고, 조선 후기와 대한제국 시기(개항 전후부터 1910년까지)의 분배체계에 대한 연구는 극소수일 뿐이다. 조선 후기와 개항 시기의 분배체계를 고찰한 고전적 연구로는 1947년에 출간된 최익한의 『조선 사회정책사: 우리나라 구제 제도에 대한 역사적 고찰』이 있다. 『조선 사회정책사』에서 우리가 주목할 만한 것은 사회정책을 "그 사회의 지도층이 자기지도를 유지하고 계급적 대립을 완화하기 위하여 민중의 이익을 증진시키고 재해를 방지하는 모든 시설"이라고 정의했다는 점이다.[211] 즉, 사회정책을 계급모순을 약화시킴으로서 지배질서를 유지하기 위한 정책으로 정의했다. 이는 사회정책이 정치경제와 불가분의 관계에 있다는 관점을 표현한 것이다.

이후 개항 시기를 전후한 분배체계에 대한 연구는 간헐적으로 이루어졌다. 대표적으로 박상일, 하상락, 길현종 등의 연구가 있다.[212] 이들 연구의 대부분은

....

210　나애자. "대한제국의 권력구조와 광무개혁." p.176.
211　최익한. 『조선 사회정책사』. p.14.
212　박상일(1971). "한말 및 일정시대의 사회사업에 관한 연구." 중앙대학교 석사학위논문; 하상락 편, 『韓

해당 시기의 사회복지 전반을 다루는 대신 특정 대상과 제도를 분석했다. 박상일의 연구는 조선 후기(구한말)와 일제 시기를 분석했다. 하상락이 편집한 『한국사회복지사론』에 실린 글들 중 조선 후기 제도를 분석한 연구는 정조 시대의 자휼전칙(字恤典則)의 아동복지를 분석한 최원규의 논문이 유일하다.[213] 길현종의 논문에서는 대한제국 시기(대략 3년) 동안 존치되었던 구휼기관인 혜민원을 다루고 있다. 다만 이런 연구들은 조선 후기의 분배체계를 총체적으로 이해하는 것과는 거리가 있다. 안상훈 외의 연구도 당시의 정치, 경제, 사회적 배경하에서 사회복지의 의미를 이해하려고 시도했지만 정치, 경제, 사회의 변화와 사회복지의 연관성을 제시하지는 못했다. 단순히 시대 배경과 복지제도를 기술하는 데 그쳤다.[214] 최익한이 제기한 지배적인 정치·경제체제에 조응하는 분배체계라는 관점이 계승된 연구는 찾아보기 어렵다. 이러한 인식에 기초해 『기원과 궤적』에서는 18세기부터 1910년까지의 분배체계를 조선 후기 정치경제의 변화와의 관련성하에서 검토했다. 서론에서 이야기했듯이 환곡을 전자본주의 체제의 자족적 분배체제의 중심에 놓고 그 특성을 검토했다.

1. 전자본주의 체제의 정치경제와 분배체계

전자본주의 체제의 존속은 농업생산의 지속을 통해 보장된다. 조선은 신분제 원리에 따라 토지에서 나오는 농업생산물로 징수하는 세금으로 유지되었다. 즉, 세금을 부과하고 걷는 부세제도는 토지와 신분에 기반을 두었다. 조선이라는 전자본주의 체제의 유지는 농업생산의 지속성을 어떻게 담보할 것인가에 달려

....

國社會福祉史論』; 길현종, 『대한제국기 공공복지의 내용과 성격에 관한 연구』; 안상훈 외, 『한국 근대의 사회복지』.

213 최원규(1989). "조선후기의 아동복지." 하상락 편. 『韓國社會福祉史論』. pp.245-278. 서울: 박영사.

214 다만 앞서 언급했듯이 안상훈 외의 연구에서 환곡과 환곡의 폐지 이후에 실시된 사환에 대해 언급하고 있다는 점은 주목할 만하다. 하지만 환곡은 환정의 일환으로 농민을 착취하는 부세제도로 언급되고 있을 뿐 환곡이 전자본주의 체제의 '자족적 분배체제'에서 갖는 지위와 역할을 규명했다고 보기는 어렵다. 안상훈 외. 『한국 근대의 사회복지』. p.46.

있었고, 이를 위해서 조선 정부는 농업생산을 위협하는 위험에 대한 대응을 제도화했다.[215] 전자본주의 사회에서 농업생산의 안정성을 위협하는 가장 큰 위험은 자연재해였다. 당시 자연재해는 변수(變數)가 아니라 농업생산을 일상적으로 위협하는 상수(常數)였다. 조선총독부가 정리한『조선의 재해(朝鮮の災害)』에 따르면, 조선에서 발생한 재해의 횟수는 가뭄과 황충 303회, 홍수 170회, 폭풍 186회, 지진 345회, 상해 89회, 박해(우박) 38회 등이다.[216] 이는 문헌에 기록된 것만 정리한 것이고 그 시기도 삼국시대부터 조선시대까지를 망라했지만 자연재해가 일상적으로 발생했다는 것을 확인해준다. 조선시대에 국한해보면, 1407년부터 1859년까지 453년 동안 홍수만 172건이 발생했고 농업생산에 가장 위협적인 재해 중 하나인 가뭄[旱災]도 홍수 다음으로 자주 빈발했다. 재해에 대한 대응은 예외적인 것이 아니라 조선 정부의 일상적 업무였다.

특히 16세기 이후 자연재해가 빈발했다. 정확한 시기와 관련해서는 이견이 있지만, 학자들은 대략 16세기부터 19세기 말까지 한반도의 기후가 '소빙기'였다는 가설을 내놓고 있다. 김연옥은『증보문헌비고(增補文獻備考)』의 자료를 이용해 냉량지수(冷涼指數)를 만들고 이를 기준으로 조선 건국 이후 한반도에 세 번의 소빙기가 있었다는 것을 밝혔다.[217] 제1기는 1551~1650년, 제2기는 1701~1750

....

215 조선은 진정(賑政, 구휼정책)의 사상적 배경으로 왕도정치사상과 정책의 전례(前例)로『주례』의 황정 12조를 따랐던 것으로 보인다. 원재영.『朝鮮後期 荒政 연구』. pp.26-50. 김상균은 "민생의 책임이 국왕에게 있다"는 의미로 이를 책기(責己)라고 부르는데, 책기가 조선시대의 복지제도를 설명하는 가장 적절한 개념이라고 평가하는 것은 지나치게 과도한 해석이다. 김상균(1989). "사회복지사 연구와 사회복지학의 이론." 하상락 편.『韓國社會福祉史論』. pp.19-37. 서울: 박영사. p.33. 더욱이 책기론은 한 사회의 분배체계가 정치·경제·사회의 구조적 특성과 조응해야 한다는 분배체계의 기본 원리를 간과하는 시각이다. 물론 최익한의『조선 사회정책사』에 따르면 고종이 혜민원을 설치하기 전에 궁민들을 생각하며 밤잠을 설쳤다는 기록과 여러 국왕들이 흉년을 염려했다는 기록이 있지만, 책기가 김상균의 주장처럼 조선의 분배체계를 그 이전의 분배체계와 구별하는 가장 중요한 특성이라고 이야기하기는 어렵다. 최익한.『조선 사회정책사』. p.94. 이후에 살펴보겠지만, 조선 사회의 분배체계는 신분제적인 자족적인 농업사회에 기반을 둔 자족적 분배체제였고, 왕도정치사상, 즉 책기는 이를 정당화하는 지배이념이었기 때문이다.

216 최익한.『조선 사회정책사』. pp.42-43.

217 냉량지수가 15를 넘을 경우 소빙기로 규정했다. 김연옥(1984). "한국의 소빙기 기후: 역사 기후학적 접근의 일시론."『지리학과 지리교육』14: 1-16. p.7.

년, 제3기는 1801~1900년으로 한반도의 소빙기가 19세기 말까지 지속되었던 것으로 보고 있다. 김문기의 연구에 따르면, 한국, 일본, 중국 연해에서 대표적인 한류성 어종인 청어가 풍어를 이룬 것도 동아시아의 소빙기와 밀접한 관련이 있다.[218] 나종일도 17세기에 계속된 흉작의 원인을 단정할 수는 없지만 소빙기 현상과 연결 지어 설명할 수 있다는 가설을 제시했다.[219] 페르낭 브로델은 15세기부터 19세기까지 대부분의 사회가 농업생산물에 의존했던 시대에는 기후가 농업생산물의 양과 질을 결정하는 결정적 요인이라는 점을 지적했다.[220] 만약 이러한 가설을 받아들인다면, 조선 후기는 소빙기로 인해 자연재해가 빈발해 농업생산을 심각하게 위협해 전자본주의 체제의 존속이 위태로웠던 시기였다. 특히 1670~1671년(현종 11년과 12년)에 발생한 경신대기근(庚申大飢饉)은 조선의 존립을 위협할 정도로 심각했던 것으로 보인다.[221]

환곡이 진휼을 위한 중요한 제도로 자리 잡게 된 것도 경신대기근 이후이다. 반복되는 재해에 대응하는 것이 조선 정부의 가장 중요한 역할 중 하나였고 18세기 초에 이르면 환곡의 진휼 기능에 대한 제도적 정비가 이루어진다. 『혜정연표(惠政年表)』와[222] 『증보문헌비고』를[223] 참고해서 정리한 자료에 따르면, 재해가 발생해 중앙정부 차원의 진휼이 공식화된 연수는 숙종 재임 46년(1674~1720)의 76.1%에 해당하는 35년에 이른다.[224] 숙종 시기만 한정해놓고 보면 거의 매해 재해가 발생해 기근이 들었던 것이다.[225] 영조 재위 53년 동안 중앙정부가 공식적인

....

218 국제신문(2015). "청어, 소빙기(17~18세기) 백성 배 채운 바다 선물." 2015년 2월 17일, https://www.kookje.co.kr/news2011/asp/news_print.asp?code=0500&key=20150218.22015173305, 접근일 2017년 9월 20일.

219 나종일(1982). "17세기 위기론과 한국사." 『역사학보』 94/95: 421-473. pp.463-464.

220 Braudel. 『물질문명과 자본주의 I』. pp.50-51.

221 조낙영(2009). "기후와 기근, 역사를 해석하는 새로운 시선." 『역사와 담론』 53: 607-610. p.610.

222 1794년(정조 18년)에 간행된, 세금과 관련된 내용을 기록한 문헌으로, 특히 진휼정책과 관련된 자세한 내용을 담고 있다. 한국민족문화대백과사전. http://encykorea.aks.ac.kr/, 접근일 2015년 7월 30일.

223 고종 황제의 칙명에 의해 편찬된, 유교와 관련된 일종의 백과사전이다. 한국민족문화대백과사전. http://encykorea.aks.ac.kr/, 접근일 2015년 7월 30일.

224 원재영. 『朝鮮後期 荒政 연구』. p.11.

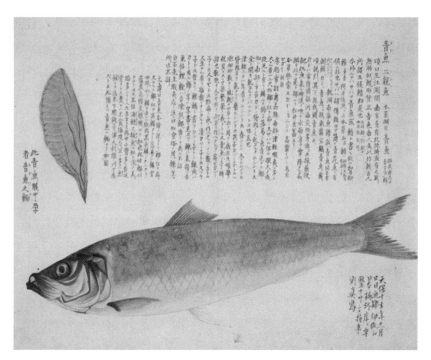

청어는 대표적인 한류성 어종으로 당시 한반도의 기후를 나타내는 생물학적 지표라고 할 수 있다. 김문기 교수가 제공한, 19세기 초 일본의 박물학자인 모리 바이엔(毛利梅園)의 『매원어보(梅園魚譜)』에 실린 청어 그림(출처: 『국제신문』).[226]

구휼을 위해 설진(設賑)한 횟수만 무려 41회에 이른다.[227] 19세기에 들어서도 상황은 유사했다. 『조선왕조실록(朝鮮王朝實錄)』과 『비변사등록(備邊司謄錄)』의 기록에 따르면, 1806년(순조 6년)에서 1861년(철종 12년)까지 55년간 중앙정부가 진휼을 실시한 해가 무려 24년에 이른다.[228] 중앙정부의 진휼 시행이 재해 규모가

....

225 정향지(1997). "숙종대 賑恤政策의 성격." 『역사와 현실』 25: 48-86. pp.51-52; 문용식. 『朝鮮後期 賑政 과 還穀運營』. p.51.
226 https://www.kookje.co.kr/news2011/asp/news_print.asp?code=0500&key=20150218.2201517 3305
227 문용식. 『朝鮮後期 賑政과 還穀運營』. p.86.
228 문용식(1990). "19세기 前半 還穀 賑恤機能의 變化過程." 『釜山史學』 19: 79-118. pp.108-110.

평년의 두 배 이상 되었을 때 시행되었다는 점을[229] 고려하면, 자연재해로 인해 농업생산이 위협받는 일이 일상적으로 발생했고 이에 대한 봉건정부의 대응 또한 일상적이었다고 할 수 있다. 자연재해가 농업생산을 일상적으로 위협했다는 근거는 토지세를 면제해주는 급재결(給災結)의 비율을 통해서도 확인된다.[230] 아래의 〈표 6-3〉은 18세기 중엽부터 19세기 초까지 조선 정부가 세금을 부과한 농지 중 자연재해로 인해 세금을 경감(또는 면제)해주었던 급재결의 비율을 보여준다. 당시 봉건정부가 '파악한' 토지 중 재해로 인한 면세 토지는 1744년부터 1883년까지 140년 동안 10년을 단위로 산출했을 때 대략 7.5%이고 실제 과세한 토지 중 급재결의 비율은 8.1%에 이른다. 봉건정부의 재원이 대부분 토지로부터 나온다는 점을 고려했을 때 자연재해로 인한 조세 감면인 견감(蠲減)이 엄청난 규모로 집행되었음을 보여주고 있다.[231]

이렇게 보면 환곡으로 대표되는 조선 후기의 자족적 분배체제는 자연재해에 대응해 농업생산과 생산력의 핵심인 농민의 생존을 보존하는 분배체계라고 할 수 있다. 현대 복지국가의 가장 중요한 역할이 자본주의 체제에서 주기적으로 발생하는 경기변동에 대응해 산업생산력을 유지시켜 자본주의 체제의 생산력을 보존하는 것이었다면, 전자본주의 체제에서 자족적 분배체제의 가장 중요한 역할 또한 일상적으로 반복되는 자연재해에 대응해 농업생산력을 유지시켜 전자본주의 체제의 생산력을 보존하는 것이었다고 할 수 있다. 전자본주의 체제의 자족적 분배체제는 자연재해로 인해 발생한 식량 부족과 농사를 짓는 데 필요한 종자 부족에 대응해 농업생산이 원활하게 이루어질 수 있도록 하는 것이었다. 환곡은 단순히 굶주린 백성(기민, 飢民)을 구제해주는 구빈정책[진휼, 賑恤]만이 아닌 곡물 대여와 급여, 견감이라는 세금 감면을 통해 농업생산성과 농업생산의 주체인 농

....

229 원재영. 『朝鮮後期 荒政 연구』. pp.4-5.

230 견감(蠲減)의 일종으로, 진정의 한 유형이다.

231 견감이 진정의 중요한 정책 중 하나였음은 분명하다. 하지만 견감은 농지를 보유한 지주의 세금을 감면해주는 것으로, 성호 이익의 주장처럼 일반 농민의 80~90%가 무토지 농민이었다는 점을 고려하면 견감은 주로 지주의 이해에 조응한 정책이었다고 할 수 있다. 하상락(1989). "한국 사회복지사의 흐름." 하상락 편. 『韓國社會福祉史論』. pp.38-109. 서울: 박영사. p.69.

표 6.3 자연재해로 인한 세금 감면 토지의 규모: 18세기 중반~19세기 후반[단위: 결][232]

연도 구분	현재 경작되는 토지 규모 [시기결(時起結)]	세금을 감면받은 토지 규모 [급재결(給災結)]	실제 세금을 내는 토지 규모 [출세실결(出稅實結)]	시기결 대비 급재결의 비율(%)	출세실결 대비 급재결의 비율(%)
1744~1753	744,085	45,218	699,867	6.1	6.5
1754~1763	718,785	73,609	645,176	10.2	11.4
1764~1773	705,002	56,997	648,005	8.1	8.8
1774~1783	700,709	57,007	643,702	8.1	8.9
1784~1793	696,192	43,198	652,994	6.2	6.6
1794~1803	690,177	49,316	640,861	7.1	7.7
1804~1813	689,185	64,509	624,476	9.4	10.3
1814~1823	683,873	74,199	609,674	10.8	12.2
1824~1833	676,860	58,657	618,203	8.7	9.5
1834~1843	670,084	55,429	614,655	8.3	9.0
1844~1853	671,704	42,490	629,214	6.3	6.8
1854~1863	667,917	47,131	620,786	7.1	7.6
1864~1873	673,405	18,893	654,512	2.8	2.9
1874~1883	679,540	34,947	644,593	5.1	5.4
10년 평균	690,537	51,543	639,051	7.5	8.1

출처: 『도지전부고(度支田賦考)』.

민의 재생산을 담보했다.[233]

환곡은 크게 두 가지 방향으로 운영되었다. 하나는 재해에 대비해 곡물을 비축하는 비황책(備荒策)이고, 다른 하나는 진휼정책이다. 진휼정책에는 세금 감면

....

232 오일주(1992). "조선후기 재정구조의 변동과 환곡의 부세화." 『실학사상연구』 3: 59-118. p.64.
233 사실 우리에게 '삼정의 문란'으로 익숙한 삼정이란 조선의 대표적인 세금부과제도(부세제도)를 일컫기 때문에, 삼정의 하나로 언급되는 환곡은 전자본주의 체제의 농업생산력을 보존하는 기능을 하는 환곡을 의미하는 것이 아니라 부세제도로서의 환정(還政)을 의미하는 것이다.

(견감), 곡물의 유상 지급 및 무상 지급, 시식(施食),[234] 구료[235] 등이 있다.[236] 권분(勸分), 납속보관 등도 진휼정책으로 분류하기는 하지만, 엄밀한 의미에서 권분과 납속보관은 진휼을 위한 공공곡물[官穀]이 부족할 경우 민간으로부터 곡물을 염출하기 위해 만들어진 제도로 시식, 곡물의 유·무상 분배 등과는 성격이 다르다. 권분은 흉년 시 지방 수령이 지역의 부호들로 하여금 진휼에 필요한 곡물을 부담하도록 하고 이후 포상하는 제도이다.[237] 납속보관은 진휼에 사용될 곡식을 기부한 자들에게 관직을 받는 사람의 이름이 기재되어 있지 않은 공명첩(空名帖)을 하사하는 제도이다. 권분과 납속보관은 부호에게 명목상의 관직을 수여하고 곡물을 받아 진휼정책에 사용할 수 있어 국가재정을 소비하지 않고 진휼을 시행할 수 있다는 점에서 봉건정부가 선호한 재원 마련 방안이었다.[238] 하지만 권분과 납속보관이 강제적으로 이루어진 경우가 많았다는 점에서 부민을 수탈하는 수단이었다는 비판을 받는다.[239] 즉, 권분과 납속보관은 상업적 영농으로 부를 축적한 부농들의 자본축적을 제약했을 가능성이 높다. 마르크스가 봉건제에서 자본주의로 이행하는 '참된 혁명적 길'이라고 이야기한 첫 번째 길이 생산자인 부농이 농업자본을 축적하는 것으로부터 시작된다는 점을 고려한다면,[240] 부민을 수탈해 진휼용 곡물을 마련하는 것은 조선 후기 상품화폐 경제의 발전에 부정적 영향을 주었을 것이다. 실제로 철종은 가중되는 조세 수탈로 지역의 부농들이 몰락하고

....

234 시식은 긴급한 구휼정책으로, 빈민들에게 직접 음식을 제공하는 서비스이다. 숙종은 빈민들에게 줄 죽을 직접 시식하고 음식의 질을 검사했다고 한다. 최익한. 『조선 사회정책사』. pp.19-20.
235 구료는 의료서비스를 제공하는 것으로, 숙종 때 혜민서를 설치해 의료서비스를 제공했다. 혜민서는 고종 19년에 폐지되었다가 대한제국기인 광무 3년에 광제원으로 다시 설치되었다. 또한 숙종은 월령의(月令醫)라는 구료기관을 설치하고 민간 의원에게 매달 급여를 제공하면서 구료에 종사하게 했다. 최익한. 『조선 사회정책사』. pp.29-30.
236 정향지. 『朝鮮後期 賑恤政策 硏究』. p.29.
237 문용식. 『朝鮮後期 賑政과 還穀運營』. p.300.
238 공명첩을 발행해주고 모은 곡물을 첨가미(帖價米)라고 했다. 송찬섭. 『朝鮮後期 還穀制改革硏究』. p.54.
239 원재영. 『朝鮮後期 荒政 연구』. p.152.
240 Marx. 『자본 III』. p.438.

있다는 것을 인식하고 있었다.[241]

구체적으로 보면, 진휼은 앞서 언급했듯이 재해로 인해 흉작이 발생했을 경우 민에게 곡물을 유·무상으로 분배해 농업생산성을 유지시키는 정책이다. 조선 시대에 대부분의 농민은 외부로부터 지원, 즉 환곡의 지원 없이는 생존과 생산력을 유지하는 것이 불가능했다. 조선의 르네상스 시기라고 일컬어지는 1786년(정조 10년)의 기록을 보면, 흉년으로 발생한 기민의 수가 무려 3,274,034명이나 되었다. 당시 총 인구가 7,356,783명이었다는 점을 고려하면, 전체 인구의 44.5%가 흉년으로 굶주렸다는 것을 알 수 있다. 봉건정부는 진휼용으로 214,962석을 지급한 것으로 기록되어 있다.[242] 이는 당시 환곡이 특정한 소수의 취약계층을 위한 제도가 아니라 소수의 부호와 사대부를 제외한 대부분의 사람들을 위한 필수적인 분배제도였다는 것을 확인해준다. 환곡은 조선 사회의 생산력을 유지하기 위한 필수적 제도였던 것이다.

다만 곡물이 넉넉하지 않았기 때문에 봉건정부는 엄격한 기준에 따라 곡물을 분배했다. 18세기 초에 출간된 『신보수교집록(新補受敎輯錄)』[243]을 보면, 진휼정책의 책임 주체, 대상 선정 기준과 방법 등 구체적인 사항들이 기록되어 있다.[244] 일반적으로 무상으로 진곡(賑穀)을 받는 민을 진민(賑民), 유상으로 환곡(換穀)을 받는 민을 환민(還民)이라고 했다. 특히 무상으로 지급되는 경우 그 자격 기준이 더욱 엄격했다. 유·무상 곡물을 받을 대상을 선발하고 이를 집행하는 일은 전적으로 지방관의 책임하에 이루어졌다. 진정(賑政)에 관한 일반적 원칙이 있었지만 지방관의 재량이 상대적으로 컸던 것으로 보인다. 특히 18세기 이후 수령권의 강화와 함께 이러한 현상이 두드러졌다. 중앙정부는 기근에 대비해 지방 관아에서 수령들이 자체적으로 자비곡(自備穀)을 마련하도록 했다.[245]

....

241 고동환. "19세기 부세운영의 변화와 성격." p.121.

242 최익한. 『조선 사회정책사』. p.139.

243 1739년(영조 15년)에 편찬된 책으로, 당시 시행 중인 법령을 기록했다. 한국민족문화대백과사전. http://encykorea.aks.ac.kr/, 접근일 2015년 7월 30일.

244 정향지. 『朝鮮後期 賑恤政策 研究』. p.29.

245 문용식. 『朝鮮後期 賑政과 還穀運營』. p.142; 정향지. 『朝鮮後期 賑恤政策 研究』. p.200.

하지만 환곡에 관한 중요한 정책 결정 권한은 어디까지나 중앙정부에 있었다. 예를 들어, 중앙정부는 특정 지역에서 진휼을 위한 곡물이 부족할 경우 이를 다른 지방에서 이전시키는 진휼정책을 시행했다.[246] 이렇게 환곡을 재해가 발생한 지역으로 이동시키는 정책은 진휼에 필요한 곡물을 마련하는 가장 중요한 방법이었다. 또한 지방관이 진휼을 시행하기 위해서는 중앙정부에 설진 허가를 받아야 했다. 봉건정부는 지방 관리의 보고에 근거해 재해 지역을 세 단계로 구분했다. 가장 피해가 심한 지역을 우심읍(尤甚邑), 그 다음 지역을 지차읍(之次邑), 피해가 크지 않은 지역을 소실읍(消實邑)으로 분류해 우심읍에 한해 공식적인 설진[公賑]을 허용했다. 설진의 주체 또한 국왕이라는 점을 분명히 했다. 지차읍과 소실읍의 경우에는 지방 수령이 마련한 비용으로 중앙정부의 재가를 받아 공곡을 이용하지 않는다는 의미에서 사진(私賑)을 설치했다. 재해 상황이 급박할 경우 지방 수령의 재량에 따라 긴급하게 구제곡을 지급하는 구급(救急)을 실시하기도 했다.

정향지가 정리한 바에 따르면, 먼저 환곡의 분급 대상은 해당 지역에 거주하고 호적에 등재된 실재(實在) 호구이면서 생산수단인 농지[田土]를 갖고 있는 자였다.[247] 대부분의 환곡은 무상이 아니라 추수 이후에 다시 돌려받는 대부의 성격을 갖고 있었기 때문에 상환 능력이 있는 민에게 지급하고자 했다. 자산이 일정 정도 있어야 환곡의 대상이 될 수 있었던 것이다. 하지만 조선 후기에 상품화폐 경제의 발달로 인해 농민층의 분화가 심화되면서 농지를 갖고 있는 민의 수가 줄어들자 농지를 소유하지 않은 소작인, 공상인, 고용된 사람 등에게까지 환곡 급여를 확대했다. 또한 자격을 갖추지 못한 경우에는 보증인이 있으면 환곡을 나누어주었다. 흉년 시에는 대부분의 사람들이 진민이 되기를 원했으나 진민의 조건은 까다로웠다. 대부분은 환민이 되어 분급을 받았다. 흉년 시 진민

....

246 문용식, 『朝鮮後期 賑政과 還穀運營』; 송찬섭, 『朝鮮後期 還穀制改革研究』; 정향지, 『朝鮮後期 賑恤政策 研究』; 원재형, 『朝鮮後期 荒政 연구』. 이러한 환곡의 지역 간 이전은 18세기에 진휼에 필요한 곡물을 마련하는 가장 중요한 방안이었다. 정향지, 『朝鮮後期 賑恤政策 研究』. p.93. pp.162-168.
247 정향지, 『朝鮮後期 賑恤政策 研究』. pp.94-100. pp.174-177.

과 환민의 비율은 대략 1:10 정도였던 것으로 보인다. 더욱이 18세기 후반 이후에는 환곡이 부세화되면서 민에게 강제 배분되었다. 하지만 법률적으로 명확하게 부세로 제도화되지 않았기 때문에 신분과 지위를 이용해 부를 축적한 부민들과 지역의 유력민은 환민에서 빠져나가고[248] 빈민만이 환곡의 대상이 되어감에 따라 환곡의 부실은 더욱 커져갔다.

환곡을 무상으로 지급받는 진민을 선별하는 방법을 초기(抄飢)라고 했다. 초기는 민을 3등급으로 분류하고 이 중 "굶주림에 시달려 부황이 들고 아침에 저녁 일을 알 수 없을 정도여서 진급이 없으면 연명할 길이 없는 자를 '하(下)'라고 분류했는데 이들이 바로 진민이 되었다."[249] 진민이 되기 위한 조건은 매우 엄격했다. 첫째, 구제곡이 없으면 살아갈 수 없으며 농지가 없는 경우, 질병이 있어 스스로 생계를 유지할 수 없는 경우, 환과고독(鰥寡孤獨)이나 부황(浮黃)이 들어 죽어가는 경우 등이 여기에 해당되었다. 하지만 일을 할 수 있는 성인은 제외되었다. 친인척의 도움을 받을 수 있는 경우와 노비여서 상전이 있는 경우도 진민이 될 수 없었다. 현대적 기준으로 이야기하면, 노동 능력이 있는 경우, 부양가족이 있는 경우, 고용주가 있는 경우에는 진민이 될 수 없었다. 둘째, 화전민이나 영세소빈농은 흉년인 경우에 역(役)을 부담했던 전력이 있는 경우에 한해 진민이 될 수 있었다. 국역의 의무를 수행한 경우에 한해 곡식을 무상으로 나누어주었다. 셋째, 전염병이 돈 경우에도 기민이 있으면 구제했다. 넷째, 양반이나 과부는 직접 찾아가 진민이 될 수 있도록 했다. 당시 양반가의 경우 아무리 굶주려도 들에서 나물을 캐거나 관가에서 구휼 곡식을 받는 것을 꺼렸기 때문에 직접 찾아가 굶주린 양반들을 구제했다. 당시에도 진민에 대한 낙인감이 존재했기 때문이다.[250] 다섯째, 해당 군현에 적을 가지고 있는 경우, 가을에 마을을 떠났다가 돌아온 경우도 구제의 대상에 포함시켰다. 마지막으로, 진민이 되기 위해서는 환민과 같이 해당

....
248 송찬섭,『朝鮮後期 還穀制改革研究』, p.23.
249 정향지,『朝鮮後期 賑恤政策 研究』, pp.182-186.
250 양반들의 경우 체면을 생각해 본인이 직접 받지 못할 경우 사전에 문장을 제출하면 다른 사람이 곡식을 대신 받을 수 있게 했다. 정향지,『朝鮮後期 賑恤政策 研究』, p.197.

지역의 호적에 등재되어 있어야 했다. 타 지역민의 경우 본래 거주지를 밝히는 근각조사(根脚調査)를 먼저 하고 양곡을 지급해 원 거주지로 돌려보내 원적지의 관에서 구휼하도록 했다. 다만 거리가 멀어 가지 못하는 경우에 움막을 지어 구제해 길에서 사망하지 않도록 했다.[251]

『진휼등록(賑恤謄錄)』과 『임실현진휼등록(任實縣賑恤謄錄)』의 기준도 정향지가 정리한 내용과 거의 유사하다.[252] 조선 후기의 진휼 원칙은 영국의 빈민법과 비교하면 (실제 상황을 비교할 수는 없지만 문헌상 기록으로는) 빈민에 대해 상대적으로 인격적인 처우를 했던 것으로 보인다. 적어도 구걸을 한다는 이유로 신체에 낙인을 찍고 채찍을 가하는 벌칙은 없었으며, 구제곡을 받는다는 이유로 집단시설에 수용해 강제노동을 강요하지도 않았다. 정리하면, 진민의 경우 농사 지을 토지가 없고 일할 능력이 없으며 의지할 친인척과 상전이 없는, 군현의 호적에 등록된 자에 한해 곡물을 무상으로 분배했다. 현대의 공공부조와 매우 유사한 원칙이 적용되었다고 할 수 있다. 특히 노동 능력자와 무능력자를 구분하는 것은 단지 영국의 빈민법의 전통에서 유래한 것이 아니고 조선시대에도 진민 여부를 결정하는 중요한 기준 중 하나였다.

운영방식과 관련해 주목해야 할 점은 환곡의 분급 규모의 등급을 정할 때는 각 호당 사람의 수와 가산의 정도를 참작했고 그 결정이 향회(鄕會)를 통해 이루어졌다는 것이다.[253] 『만기요람(萬機要覽)』에 따르면, 진급의 시행 시기와 횟수는 정월에 시작해 3월 하순까지 월 3회 곡물과 함께 소금, 간장, 미역 등을 지급하는 것을 원칙으로 했다. 남자 성인 1인당 하루 쌀 5합(合),[254] 여자 성인은 쌀 4합, 노약자는 쌀 3합, 어린아이는 쌀 2합이 지급되었다. 1인당 지급받는 총 곡물의 양은

....

251 양진석. "17세기 후반 환곡분급방식의 형성." p.132; 원재영. 『朝鮮後期 荒政 연구』. p.163.

252 원재영. 『朝鮮後期 荒政 연구』. pp.186-188.

253 정향지. 『朝鮮後期 賑恤政策 硏究』. pp.99-100, pp.177-178, pp.188-189, p.204.

254 합은 홉의 옛 표기이다. 지역에 따라 차이가 있기는 하지만 현대 단위로 환산하면, 서울과 경기 지역 기준으로 쌀 1홉은 대략 80그램이고 경상도와 전라도 기준으로 대략 160그램이다. 정해진 기준은 없지만, 쌀 1인분의 분량은 대략 160그램 내외이다.

대략 1석 정도였다. 분급량은 평소 소비량의 25%에 불과했다.[255] 진휼은 최소한의 생존만을 보장했던 것이다. 하지만 이마저도 모든 가구원에게 지급되었던 것은 아니다. 가구원 수와 관계없이 일부에게만 진곡을 지급했다. 예를 들어, 가구원이 10명인 경우에는 3~4명만이 진급의 대상이 되었다. 그래서 가급적 곡식을 많이 받을 수 있는 성인 남성이 진급의 대상이 되기를 원했다. 하지만 앞서 언급했듯이 성인 남성의 경우 진급의 대상이 되기 위해서는 까다로운 조건, 예를 들면 노동 무능력 등을 입증해야 했던 것으로 보인다. 또한 진곡을 받은 기민이 곡식을 팔아 술과 음식을 사먹는 사례들이 발생해 관에서는 곡식을 나누어주는 곳 가까이에서는 술과 고기를 팔 수 없게 했고 관리들을 시켜 분급을 받는 즉시 읍

영조와 정조의 어진. 조선의 중흥기로 알려진 영ㆍ정조 시기에 대규모의 환곡을 비축하고 운영했다 (영조어진은 국립고궁박물관이 소장하고 있고, 정조어진은 1989년에 이길범 화백이 제작한 국가표준 영정으로 전주 경기전 내 어진박물관이 소장하고 있다).[256]

....

255 원재영.『朝鮮後期 荒政 연구』. p.211.
256 서울대학교 규장각한국학연구원, 조선시대 황실문화 도해사진. http://kyujanggak.snu.ac.kr, 접근일 2017년 4월 15일.

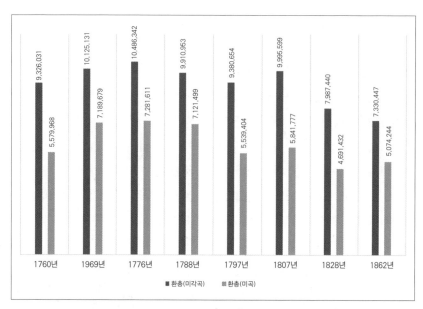

그림 6.9 18세기 중반부터 19세기 중반까지 환총의 규모와 변화: 1760~1862년

내에서 나가도록 했다. 걸인들에게 음식을 제공할 때에는 게을러질 수 있다는 우려로 죽 끓이는 일을 돕게 하는 등 일을 시켰다. 복지가 노동 동기를 약화시킨다는 우려가 당시에도 존재했다는 것을 보여준다.

다음으로 비황책(빈곤에 대비하는 정책)이라는 관점에서 환곡을 살펴보자. 진휼정책의 재원은 기본적으로 환곡을 통해 충당되었다. 일부에서는 환곡을 단지 부세정책의 일환으로 민을 수탈하는 도구로 이해하고 있지만, 환곡은 갑오개혁까지 재난에 대비하는 비황책으로서의 역할을 수행했다. 먼저 〈그림 6.9〉에서 보는 것과 같이, 쌀로 환산한 환곡의 총 규모[還總]는 1760년(영조 36년)의 558만 석에서 1776년(영조 52년)의 728만 석으로 최고치에 달했다(미각곡 기준으로는 1천만 석이 넘는다). 실로 엄청난 규모의 곡물이 축적되어 있었다. 당시 조선의 환곡과 유사한 기능을 했던 청의 상평곡(常平穀)의 규모가 미각곡 기준으로 4,800만 석이었다. 청의 인구가 조선의 스물다섯 배였다는 점을 고려하면, 인구수 대비 조선의 환곡 규모는 당시 세계 최강국인 청의 다섯 배에 이르는 엄청난 규모였다.[257] 세계사적 차원에서 보아도 이 정도의 국가적 분배체계를 구축한 역사적 전례는 없었다. 이는 환곡의 운영이 당시 봉건정부의 국가 운영의 가장 중요한 부분 중 하나였음을 반증해주는 것이다.

나카무라 사토루(中村哲)는 쌀로 추산한 조선의 국내총생산이 18세기 초 4,030만 석, 18세기 중엽(1760년대) 4,237만 석, 19세기 중엽 4,282만 석 규모로 추정했다. 중앙정부의 재정 규모를 1867년(고종 4년)에 간행된 『육전조례(六典條例)』에 근거해 쌀로 환산해보면 대략 1,000,696석 정도이다.[258] 〈표 6.4〉을 보면 비록 추계연도에 차이가 있지만 18세기 중·후기와 19세기 중엽의 국내총생산과 중앙정부의 재정을 비교해보면, 18세기 중엽의 환총은 GDP의 17.0%에 이르고 진휼곡을 관리하던 상진청의 환곡 규모도 GDP 대비 4.8%에 이른다. 이를 현재 한국의 GDP와 단순 비교하면 2014년의 GDP 1,485조 원의[259] 17.0%인 252.5조 원이 비축되어 있었다고 할 수 있다. 진휼만을 위한 상진곡[260]의 경우도 71.3조 원이 준비되어 있었다. 한국의 GDP 대비 사회지출 규모가 외환위기 직후를 제외하고 안정적으로 GDP 대비 5%를 넘기 시작한 해가 2001년이었다는 점을 고려하면, 엄청난 규모의 곡물이 축적되었다고 할 수 있다.[261]

그러면 왜 영조시대에 이렇게 많은 환곡이 축적되었을까? 엄청난 규모의 환

....

257 이영훈. "조선후기 이래 소농사회의 전개와 의의." p.24.

258 中村哲(2007). "동북아시아 경제의 근세와 근대, 1600~1900." 나카무라 사토루·박섭 편. 『근대 동아시아 경제의 역사적 구조』. pp.19-57. 서울: 일조각. p.33; 김재호(2010). "조선후기 중앙재정의 운영: 六典條例의 분석을 중심으로." 이헌창 편. 『조선후기재정과 시장: 경제체제론의 접근』. pp.41-74. 서울: 서울대학교출판문화원. p.49. 쌀의 양을 나타내는 단위인 석은 일본 석과 조선 석에 차이가 있는데, 이헌창은 조선 석 1석이 일본 석 0.6석과 대략 같다고 주장한 반면 나카무라 사토루는 조선 석 1석이 일본 석 0.5석과 같다고 계산했다. 이헌창(2010). "조선왕조의 경제통합체제와 그 변화에 관한 연구." 이헌창 편. 『조선후기 재정과 시장: 경제체제론의 접근』. pp.439-472. 서울: 서울대학교출판문화원. p.442. 본 글에서는 나카무라 사토루가 추계한 규모를 이헌창이 제시한 비율로 환산해서 조선 석으로 표시했다.

259 한국은행 경제통계시스템, 100대 통계: GDP(명목, 계절조정). http://ecos.bok.or.kr/flex/Key-100Stat_k.jsp. 접근일 2015년 7월 31일.

260 선혜청에 속한 상평청과 진휼청을 상진청으로 칭하고 두 청에서 관리하는 곡물을 상진곡이라고 부르자 1770년(영조 46년)에 공식적으로 두 청의 곡물을 상진곡으로 통합 관리했다. 문용식. 『朝鮮後期 賑政과 還穀運營』. p.108.

261 OECD. Social Expenditure Data.

표 6.4 18, 19세기 환곡의 국내총생산, 중앙재정, 총 국가재정 대비 비율[262]

		18세기 중·후기	19세기 중엽
국내총생산(米淅)		42,370,000[a]	42,820,000
중앙재정(米淅)		na	1,500,000[d]
총 국가재정(米淅)		na	4,000,000[e]
환곡(還穀)	총량(米淅)	7,189,679[b](10,125,131)	5,074,244[f]
	진휼용 환곡[c]	5,929,712(8,351,707)	na
	(상진청)	2,057,533(2,897,934)	(약)200,000[g]
	GDP 대비 총 환곡 비율	17.0%	11.9%
	GDP 대비 진휼용 환곡 비율	14.0%	na
	GDP 대비 상진곡 비율	4.8%	0.5%
	중앙재정 대비 환총	na	338.2%
	중앙재정 대비 사환곡	na	13.3%
	총 국가재정 대비 환총	na	126.9%
	총 국가재정 대비 사환곡	na	5.0%

참고: a:1760년대, b: 1769년(영조 45년), c: 상진청, 호조, 비변사 환곡, d, e: 1860년대, f: 1862년(철종 13년), g: 사환곡 (임술농민항쟁 이후의 환곡개혁 이후 진휼만을 위한 환곡).

출처: 국내총생산 규모와 재정 규모는 이헌창, 나카무라 사토루, 김재호의 연구 참고. 18세기 중·후기 환곡의 규모는 정향지와 박이택의 논문 참고. 19세기 중엽의 환총과 사환곡은 송찬섭의 연구 참고. 박이택이 정리한 자료에 따르면, 1769년(영조 45년)의 미각곡의 단순 합계를 쌀로 환산한 합계의 비율은 1:0.71이다. 이를 근거로 정향지가 정리한 자료 중 진휼용 환곡, 상진청 환곡을 쌀로 환산했다. 18세기 중·후기 자료 중 괄호 안의 수치는 쌀로 환산하기 전의 미각곡의 합이다.

곡이 쌓인 것은 영조 집권기의 특수성이 반영된 것으로 보인다. 첫째, 18세기가 되면 17세기부터 지속되었던 노비를 이용한 대규모 토지경영이 쇠퇴하고 자립적 소농이 성장한다.[263] 봉건정부는 이들의 재생산을 보장함으로써 체제를 유지하려고 했기 때문에 자연재해로 인해 이들의 재생산 능력이 위협받지 않도록 하기 위해서는 대규모 환곡의 축적이 불가피했다. 둘째, 영조 집권 초기에 연이은

....

262 中村哲. "동북아시아 경제의 근세와 근대, 1600~1900." p.33; 김재호. "조선후기 중앙재정의 운영." p.49; 이헌창. "조선왕조의 경제통합체제와 그 변화에 관한 연구." pp.445-446; 박이택(2010). "17, 18세기 환곡에 대한 제도론적 접근: 재량적 규제체계의 역할을 중심으로." 이헌창 편. 『조선후기재정과 시장: 경제체제론의 접근』. pp.175-207. 서울: 서울대학교출판문화원. pp.183-184; 정향지. 『朝鮮後期 賑恤政策 研究』. p.85; 송찬섭. 『朝鮮後期 還穀制改革研究』. p.347.

263 박이택. "17, 18세기 환곡에 대한 제도론적 접근." p.179.

흉년으로 인해 대기근이 발생했지만 기민들을 구휼할 비축곡이 충분하지 않아 많은 기민이 사망했다. 실제로 영조가 집권한 첫해에 서울의 진휼청에 비축된 곡물은 3만여 석에 불과했다.[264] 이러한 집권 초의 경험이 영조 시기에 환곡이 증가했던 중요한 이유였다고 추정된다.[265] 또한 재위 초기의 극심한 흉년 때문에 진휼만을 목적으로 한 환곡을 비축한 제민창(濟民倉)이 설치되기도 했다.[266] 셋째, 이앙법의 광범위한 실시로 인해 농업생산이 가뭄에 더욱 취약해져 흉년이 이앙법 실시 이전보다 더 빈번해졌다.[267] 이앙법은 직파법보다 노동력을 절감시키고 생산량을 증가시키는 탁월한 농법이었지만 물이 없으면 농사를 지을 수 없었기 때문에 가뭄에 취약했다. 하지만 농민들은 노동력 절감과 생산량 증대라는 유혹을 뿌리치기 어려웠던 것으로 보인다. 영조 시대의 환곡은 이러한 사회경제적 조건에서 확대된 것이다.

영조 시기에 정점을 찍었던 환곡의 규모는 18세기 후기를 거치면서 감소한다. 환곡은 1862년(철종 13년)에 이르면 5백만 석 규모로 감소한다.[268] 또한 재정 보충용 곡물로서 환곡의 기능이 강화되면서 진휼 기능은 약화되었다.[269] 이 시기에 진휼을 목적으로 조성된 상진곡의 규모는 대략 20만 석에 불과했다. 이에 따라 상진곡의 GDP 대비 비율도 18세기 중·후반의 4.8%에서 19세기 중엽에 이르면 0.5%로 급감한다. 다만 19세기 중반에 들어 진휼을 위한 곡물 비축량이 급격히 감소했음에도 상진곡의 규모는 여전히 중앙재정 대비 13.3%에 이르렀다. 하지만 환곡에 대한 기록이 실재 곡물의 양을 의미하는 것은 아니었다. 19세기에 들어 환곡이 서류에만 존재하고 실제로는 존재하지 않는 허류화가 심화되었기 때문이다. 1862년 기준으로 환곡의 총량은 5,178,614석이지만 실제 창고에 있는

....

264 원재영. 『朝鮮後期 荒政 연구』. p.93.
265 정향지. 『朝鮮後期 賑恤政策 研究』. p.56, 62, 122, 152.
266 문용식. 『朝鮮後期 賑政과 還穀運營』. p.127.
267 문용식(2006). "『輿地圖書』를 통해 본 18세기 조선의 환곡 운영 실태." 『한국사학보』 25: 495-529. p.500.
268 박이택. "17, 18세기 환곡에 대한 제도론적 접근." p.183.
269 고동환. "1811~12년 평안도 농민전쟁." p.114.

양은 기재된 양의 45.6%에 불과한 2,361,916석이었다.[270]

　　더욱이 모든 환곡이 진휼정책의 재원으로 사용된 것은 아니었다. 『속대전(續大典)』에 기록된 환곡의 운영 원칙은 총량 중 반은 남겨두고 반은 나누어주는 것[折半留庫]이었다.[271] 그러나 반드시 지켜졌던 것은 아니다. 재정 보충을 위해 조성된 환곡을 모두 나누어주는 진분(盡分)을 시행하는 경우도 많았다. 실제로 환곡을 연구한 학자들이 공통적으로 지적하는 것과 같이, 정조 시대 이후 환곡은 진휼정책을 위한 비황곡의 성격이 약화되고 중앙재정과 지방재정을 충당하기 위한 재원으로 사용되었다.[272] 예를 들어, 철종 연간의 『비변사등록』에 따르면, 19세기 중엽부터 충청도에는 창고에 남아 있는 환곡이 거의 없어 봄에 환곡을 민에게 나누어주지 않고 가을에 이자[耗租]만 수취했을 정도였다. 이렇듯 조선 후기로 갈수록 환곡의 진휼 기능은 약화되고 조세 성격은 강화되었다.[273] 실제로 조선 후기의 세입 규모를 보면 환곡의 이자[還耗]가 전체 세입의 36%를 차지해 토지에 부과되는 결세(46%) 다음으로 높았다. 〈그림 6.10〉을 보면, 환곡 중 진휼용 환곡을 관리하는 상진청, 호조, 비변사의 비중이 지속적으로 감소한 반면 선혜청, 균역청, 장용영, 가명, 총영, 병영 등 재정 보충용으로 조성된 환곡의 비중은 점점 증가했다. 1769년(영조 45년)에 830만 석에 달했던 진휼용 환곡은 19세기 초 570만 석 규모로 감소한다. 반면 재정 보충용으로 조성된 환곡의 규모는 동 기간 동안 180만 석에서 390만 석으로 두 배 이상 증가했다. 개항 직전인 1862년에 이르면 전체 환곡 규모는 5백만 석으로 감소했고 진휼용으로 쓰인 환곡의 규모는 더 감소했을 것이라고 추정된다.

　　그렇다고 진휼곡으로서 환곡의 기능이 사라진 것은 아니다. 문용식은 『조선후기 진정과 환곡운영』에서 삼정의 일환으로 환곡의 수탈 기능만을 강조했던 기

....

270　송찬섭. 『朝鮮後期 還穀制改革硏究』. p.181.
271　최익한. 『조선 사회정책사』. p.160.
272　문용식. 『朝鮮後期 賑政과 還穀運營』. p.148; 송찬섭. 『朝鮮後期 還穀制改革硏究』; 문용식. 『朝鮮後期 賑政과 還穀運營』; 정향지. 『朝鮮後期 賑恤政策 硏究』; 고동환. "19세기 부세운영의 변화와 성격."; 원재영. 『朝鮮後期 荒政 연구』.
273　송찬섭. 『朝鮮後期 還穀制改革硏究』. p.15, 36.

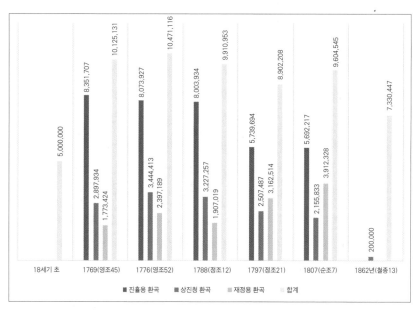

그림 6.10 진휼용 환곡의 변화 추이: 18세기 초부터 19세기 초까지[274]

존 연구를 비판하면서 환곡의 부세화가 가속화된 18세기 후반 이후에도 환곡의 진휼 기능은 여전히 존재했다고 평가한다.[275] 실제로 1809년 충청감사 김시근의 장계에 따르면, 환곡의 세금화[賦稅化]가 심각했던 19세기에도 흉년이 들면 대부분이 농민이 환곡을 받아 생활했다고 한다.[276] 1756년(영조 32년)부터 개항 직전인 1863년(철종 14년)까지 108년간 재해로 인해 발생한 기근에 대응해 봉건 정부는 54회에 걸쳐 무상으로 곡물을 분배했다.[277] 19세기 중엽인 1839년(헌종 3년)에 재해로 인해 굶주린 백성이 1,114,971명 발생했고 이들에게 진휼곡으로 139,618석이 분배되었다.[278] 일반적으로 진휼곡은 무상으로 분배되었기 때문에

....

274 정향지. 『朝鮮後期 賑恤政策 研究』. p.85; 송찬섭. 『朝鮮後期 還穀制改革研究』. p.347.

275 문용식. 『朝鮮後期 賑政과 還穀運營』. p.96.

276 원재영. 『朝鮮後期 荒政 연구』. p.216; 정향지. 『朝鮮後期 賑恤政策 研究』. p.114.

277 문용식. 『朝鮮後期 賑政과 還穀運營』. p.96.

278 문용식. "19세기 前半 還穀 賑恤機能의 變化過程." p.108.

유상으로 분배된 곡식까지 더하면 그 규모는 더 컸을 것이다. 환곡의 부세화가 진행된 것은 사실이지만 진휼을 위한 환곡은 조선이 일제에 의해 강제병탄되기 전까지 존재했다. 기록에 따르면, 임오군란 직전에도 진휼을 실시했다.[279] 송찬섭이 수집한 자료에 따르면 19세기 말(1890년대 자료)까지 진휼을 위한 사환곡의 규모는 전국적으로 대략 20만 석 정도였을 것으로 추정되지만,[280] 환곡(당시에는 사환곡으로 명칭이 변경됨)이 1900~1910년까지 어느 정도 규모로 존재했는지에 대한 자료는 찾기 어렵다. 1894년에 혁파된 진휼기관이 1901년 혜민원으로 다시 설치되었다는 점을 고려하면, 혜민원이 폐지된 1904년 1월까지 진휼을 위한 곡물이 공식적으로 운영되었을 것으로 추정된다. 혜민원이 폐지되었던 당시의 기록을 보면, 사환과 관련된 모든 장부를 재정을 담당하던 탁지부로 이관한 것으로 나타나[281] 적어도 1904년 혜민원이 폐지되기 직전까지 사환곡이 운영되고 있었다는 것을 알 수 있다. 1910년 강제병탄 시 전라도 관찰사가 사환곡을 모두 돈으로 바꾸었다는 기록도 있어[282] 환곡이 1910년까지는 사환곡 형태로 유지되었다고 추론할 수 있다.

2. 상품화폐 경제의 발달과 자족적 분배체제로서 환곡체제의 위기

환곡에 대해 우리가 알고 있는 일반적인 상식은 앞서 언급했듯이 민을 수탈하는 삼정 중 하나라는 것이다. 실제로 환곡은 대부분 유상으로 나누어주었고 무상진급(無償賑給)은 전체 분급의 10%에 불과했다. 『속대전』의 호전(戶典)에 따르면, 환곡의 유상 분배는 "봄에 빌려주고 절반은 창고에 두었으며 가을에 거두었는데 모조(이자)를 10분의 1을 취했다[春貸于民 折半留庫 秋成而斂 取耗

....

279 조성윤. "임오군란." p.139.
280 송찬섭(1999). "韓末 社還制의 成立과 運營." 『한국사론』 41·42: 789-842. pp.805-823.
281 송찬섭. 『朝鮮後期 還穀制改革研究』. p.358; 길현종. 『대한제국기 공공복지의 내용과 성격에 관한 연구』. p.55.
282 송찬섭. 『朝鮮後期 還穀制改革研究』. p.358.

什一]"라고[283] 기록되어 있다. 관이 농민을 대상으로 이자놀이를 하는 것과 같은 인상을 받기 십상이다. 하지만 당시의 이자율을 고려해보면 원곡의 10%를 이자로 받는 환곡은 그야말로 최상의 대여조건이었다. 사창(社倉)에서 곡식을 빌릴 경우 20%의 이자를 내야했고, 부호에게 곡식을 빌릴 경우에 이자율은 50%였다.[284] 더욱이 부호들은 가을에 봄의 곡식 가(價)를 기준으로 갚는다는 조건으로 가난한 농민들에게 봄에 돈을 빌려주었는데 이율이 무려 300%에 달했다고 한다.[285] 봄에 10두를 빌리면 가을에 30두를 갚아야 했다. 조선 정부는 18세기에 들어서 연 20%의 이자를 받는 경우를 고리대로 규정하고 이를 규제하기 위한 방안으로 10%의 이자를 받는 환곡을 확대했던 것이다.[286] 문제는 환곡이 모조를 받았다는 것 자체가 아니라 환곡의 기본적인 운영 원칙이 지켜지지 못했다는 점에 있다.

사실 모조를 받을 수 있다는 것은 모조를 낼 수 있을 만큼 농업생산력이 발달했다는 것을 의미한다.[287] 18세기 중엽 이후 환곡의 재정 보충용 기능이 강화되자 환곡은 곡물의 작황과 필요 여부와 관계없이 모든 민호(民戶)에게 분급되는 부세적인 성격이 강화되었다. 전자본주의 체제의 안정성을 보장했던 '자족적 분배체제'로서 환곡의 기능이 약화되고 대민 수탈적 성격이 강화됨으로써 환곡이 도리어 전자본주의 체제의 위기를 확대하는 가장 중요한 원인 중 하나가 되는 아이러니한 상황이 전개되었던 것이다. 19세기 봉건정부의 수탈은 이미 신분적 질서에 의한 수탈이 아니라 상품화폐 경제의 발전을 이용한 수탈이었고, 상업적 농업을 통해 부를 축적한 부농의 성장을 가로막는 수탈이었다.[288]

실제로 1811년 평안도 농민항쟁 이후[289] 발생한 대부분의 민란과 1894년 갑

....

283 최익한. 『조선 사회정책사』. p.161.
284 최익한. 『조선 사회정책사』. p.165; 박이택. "17, 18세기 환곡에 대한 제도론적 접근." p.180.
285 정향지. 『朝鮮後期 賑恤政策 研究』. p.13.
286 박이택. "17, 18세기 환곡에 대한 제도론적 접근." p.180.
287 송찬섭. 『朝鮮後期 還穀制改革研究』. p.28.
288 고동환. "19세기 부세운영의 변화와 성격." p.124.
289 고동환. "1811~12년 평안도 농민전쟁." pp.76-78, p.110.

오농민전쟁 또한 환곡의 부세화와 매우 밀접한 관련을 갖고 있다. 다만 김용섭의 지적처럼 삼정의 문란으로 대표되는 부세 문제가 19세기만의 특별한 현상이 아니었기 때문에 환곡을 농민항쟁의 직접적 원인으로 단언하는 것은 신중할 필요가 있다.[290] 핵심은 신분제의 동요와 상품화폐 경제의 확대와 같은 전자본주의 체제의 전통적 질서가 와해되는 과정에서 환곡의 부세화가 농민봉기를 촉진했다고 보는 것이 타당하다는 것이다. 다시 말해 근본적 문제는 전자본주의 질서의 해체이지 환곡 자체가 아니며 환곡은 봉건질서의 해체에 기름을 부은 것이라고 이해할 수 있다. 더욱이 도결(都結)을 통해 세금의 수취를 관이 주도함으로써 이전까지 개별 지주들과 갈등 관계에 있었던 농민들이 해당 지역의 관과 대립하게 되었고,[291] 이것이 앞서 검토한 19세기 중·후반 농민들이 관에 대항해 항쟁을 일으키게 된 원인 중 하나라고 추정된다.

여기서는 전자본주의 체제의 버팀목이었던 환곡이 어떻게 전자본주의 체제를 위협하게 되었는지를 개략했다. 환곡의 부세화는 농민층의 분화 및 상품화폐 경제의 발달과 밀접한 관련을 갖는다. 이러한 변화 과정에서 환곡이 전자본주의 체제의 유지를 위한 분배체계로서 작동하지 못했다는 것은 어쩌면 너무나 당연한 일인지도 모른다. 왜냐하면 농민층의 분화와 상품화폐 경제의 발달은 전자본주의적 신분질서에 의한 자족적 농업사회가 해체되어간다는 것을 의미하기 때문이다. 그러므로 전자본주의적 농업생산체제에 조응하는 구조로 만들어진 자족적 분배체제를 대표했던 환곡이 변화하는 사회경제에 조응할 수 없었던 것은 너무나 당연하다.

이제 변화하는 사회경제에 조응하지 못한 분배체계가 어떻게 역사의 뒤안길로 사라져갔는지를 살펴보자. 진휼청은 1511년(중종 6년)에 비상설기구로 처음 설치되었고 1671년(현종 12년)에 상설기관이 되었다. 진휼청은 주로 흉년에 무상급여를 시행하는 기관으로 출발했다.[292] 이로 인해 원곡 감소는 불가피했다. 이

....

290 고동환. "19세기 부세운영의 변화와 성격." p.72.
291 고동환. "19세기 부세운영의 변화와 성격." p.109.
292 문용식.『朝鮮後期 賑政과 還穀運營』. p.68. 당시의 진휼청과 상평창은 동일한 기관으로 추정되며, 재

러한 문제를 타개하기 위해 원곡에 이자를 돌려받는 방안이 강구되었다. 그러다가 16세기 중엽 이후 환곡을 대여해 돌려받는 이자 곡물[耗穀]의 10분의 1을 중앙정부로 이전시키는 일분모회록(一分耗會錄)이 시행되었다. 17세기인 1650년(효종 1년)에는 이자 곡물의 10분의 3을 회록시키는 삼분모회록(三分耗會錄)이 시행되었다. 상평청이 고정 재원을 확보하는 재정기관이 되었고 재정 보충이 환곡의 주요한 기능 중 하나로 자리 잡게 된 것이다.[293] 하지만 16세기부터 계속된 자연재해가 17세기 후반까지도 지속되었고 소농의 증가로 인해 기존의 방식으로는 효과적인 진휼이 곤란해졌다.[294] 또한 조선 정부의 지출은 증가하는데 수입은 증가하지 않았다. 이러한 상황을 타개하기 위해 조선 정부가 모색한 방법이 바로 환곡의 확대였다. 환곡을 확대해 평시에는 재정을 보충하고 재해가 발생했을 경우에는 민을 구휼할 수 있는 곡식을 비축해두는 것이었다. 이는 환곡이 재정 보충용과 진휼이라는 서로 분리할 수 없는 두 가지 성격을 갖고 있었다는 것을 의미한다. 다만 현종(1659~1674년) 때까지만 해도 환곡을 재정 보충용으로 활용할 의도는 강하지 않았던 것으로 보인다.[295] 그러나 18세기 중엽 이후 환곡의 부세화가 강화되기 시작했고 19세기에 들어서면 환곡이 본격적인 세금으로 자리 잡게 된다.

이러한 현상은 역설적이지만 조선의 중흥기로 알려진 18세기 영·정조 시대에 들어서면서 조선 정부의 재정이 악화된 것과 관련된다. 대동법의 시행으로 공물 대신 토지에 세금을 부과하게 되면서 조세가 토지에 집중되었지만, 실제로 세금을 부과할 수 있는 토지의 수는 지속적으로 감소하고 있었다.[296] 토지에 대한

....

해 발생시에는 진휼청, 평상시에는 상평청으로 불렀던 것으로 보인다. 원재영,『朝鮮後期 荒政 연구』, p.66, 73; 정향지,『朝鮮後期 賑恤政策 研究』, pp.80-81. 실제로 1648년(인조 26년)에 진휼청은 진휼이 끝난 이후에 상평청으로 개칭되었다. 문용식,『朝鮮後期 賑政과 還穀運營』, p.24.

293 문용식,『朝鮮後期 賑政과 還穀運營』, p.26; 오일주, "조선후기 재정구조의 변동과 환곡의 부세화." p.61; 원재영,『朝鮮後期 荒政 연구』, p.89; 정향지,『朝鮮後期 賑恤政策 研究』, pp.80-81.
294 양진석(1999). "17세기 후반 환곡분급방식의 형성."『규장각』22: 119-134. p.119.
295 양진석. "17세기 후반 환곡분급방식의 형성." p.121.
296 정향지,『朝鮮後期 賑恤政策 研究』, pp.19-25.

세금이 증가하자 지주들의 탈세 또한 증가했고 이는 호조의 세수 감소로 이어졌다. 18세기 중반(1744~1753년)에 699,867결이었던 세금을 부과하는 토지의 결수[出稅實結]가 18세기 말과 19세기 초(1794~1803년)에 이르면 640,861결로 불과 50년 만에 8.4%나 감소했다. 조선 정부가 세금을 걷을 수 있는 토지를 조사하는 양전을 시행할 때 지역의 토호, 감관, 서리 등이 협잡해 실제 경작하는 토지를 황폐화되어 경작되지 않는 면세 토지[有來陳田]로 만들어 양전에서 누락시키거나 등급을 낮게 책정하는 등의 농간을 부렸기 때문이다.[297] 이로 인해 세금을 내는 실제 토지(출세실결)가 감소했다. 18세기 말에 이르면 양전에서 누락된 토지(유래진전)가 전체 토지 결수의 무려 27.5~28.2%에 달하게 되었다.

전통적 방식으로 재정을 확충하기 위해서는 양전이 불가피했음에도 불구하고 지주들과 이서(吏胥)들의 반대로 인해 봉건정부는 1720년(숙종 46년) 이후 1899년 광무양전이 시행되기까지 근 180년간 단 한 차례의 양전사업도 시행할 수 없었다.[298] 더욱이 상품화폐 경제의 확대로 인해 정부의 지출은 증가하는데 세금을 부과할 수 있는 토지는 감소해 봉건정부는 심각한 재정난에 직면했다. 조선 정부는 지방정부의 재정을 위해 책정되었던 대동세의 지방유치분을 중앙정부로 이송시키는 등의 방식으로 재정 문제를 해결하려고 했다. 균역법의 시행으로 은여결(隱餘結)[299]과 해세(海稅)가 균역청으로 이관된 것도 지방재정을 악화시킨 원인이 되었다.[300] 이에 지방정부는 환곡을 나누어주어 이자를 수취하는 방식으로 부족해진 재원을 해결했다. 중앙정부도 각 관청마다 재정 보충용 환곡을 설치해 운영했다. 이렇게 재정 보충용으로 운용되는 환곡은 모든 곡식을 분배하는 진분(盡分)으로 이루어져서 진휼을 목적으로 하는 환곡의 절반유고(折半留庫)의 원칙이 지켜지지 않았다. 특히 균역법 시행 이후 지방 관아에서는 이자 수입인 모곡

········

297 안병태. 『한국근대경제와 일본 제국주의』. p.60; 정향지. 『朝鮮後期 賑恤政策 硏究』. p.35.

298 이세영. "개항기 지주제의 변동." p.62.

299 은여결은 은결과 여결을 의미하는 것으로, 은결은 양전 시 세도가가 세금을 회피할 목적으로 누락시킨 토지를, 여결은 실제보다 과소하게 대장에 기록되어 있는 토지를 의미한다.

300 오일주. "조선후기 재정구조의 변동과 환곡의 부세화." p.78.

(耗穀)을 늘리기 위해 비상시를 대비해 창고에 보관해두어야 할 유고곡(留庫穀)을 나누어주는 경우가 빈발했다.[301]

이러한 일련의 과정들이 환곡의 부세화를 가중시켰다. 더욱이 이자 수입을 위해 환곡의 분급이 증가하면서 흉년 시 진휼이 필요하게 되면 창고의 유고곡을 중앙정부의 허가하에 또는 지방수령이 임의로 나누어주는[加分] 일이 벌어졌다. 흉년 시 진휼의 명목으로 시행한 가분은 원곡을 되돌려 받지 못하는 포흠(逋欠)이 발생해 진휼을 위해 쓰여야 할 환곡의 원곡이 감소하는 사태로 이어졌다. 결국 진휼의 기능이 약화되고 세금의 기능이 강화된 기형적 형태의 환곡 운영이 농민들의 저항을 유발하게 된 것이다. 당대 제일의 석학이었던 정약용도 환곡을 폐지해야 한다고 주장했다.[302] 이 밖에도 중앙정부는 비총제와 같이 지방별로 면세 토지의 양을 정해주는 방식으로 일정 수준의 세수를 확보하려고 했다. 하지만 이러한 총액제 방식의 부세제도(군정에서는 군총제, 전정에서는 비총제, 환곡에서는 환총제)는 중앙정부가 정액의 세금을 수취할 수 있는 장점이 있었지만 수세의 권한을 수령과 향촌의 지배층에 일임함으로써 민에 대한 무제한적 수탈을 가능하게 했다.[303] 결국 상품화폐 경제의 확대가 농민층의 분해를 야기하고 분해된 농민층에게 재정적자를 완화하기 위한 조세가 집중되어 농민층의 분화가 한층 강화되는 상황이 벌어졌다. 이러한 과정을 통해 18세기 말 환곡이 전정(토지에 부과하는 세금), 군정(군역에 부과하는 세금)과 함께 부세제도가 된 것이다.

문제는 민의 부담을 균등하게 하려는 대동법, 영정법, 균역법 등과 같은 조세 정책의 변화로 세수가 감소해 봉건정부의 재정 위기가 심화되었지만 농업 중심 사회에서 이를 대체할 새로운 세원이 없었다는 것이다. 더욱이 상품화폐 경제의 발달로 재정 수요가 증가하고 있는 상황에서 부세는 여전히 토지에 집중되어 있었던 반면 봉건정부가 토지를 소유한 지주들을 효과적으로 통제하지 못했기 때문에 재정 위기는 지속될 수밖에 없었다. 물론 봉건정부가 상품화폐 경제의 확대

....

301 정향지. 『朝鮮後期 賑恤政策 硏究』. pp.126-129.
302 최익한. 『조선 사회정책사』. p.172.
303 고동환. "19세기 부세운영의 변화와 성격." p.73.

에 전혀 무관심했던 것은 아니다. (수탈의 수단이 되기는 했지만) 진휼을 위한 곡식을 마련하기 위해 곡물 가격의 지역 간 차이를 이용해 거래를 한다든지[移貿], 곡물 값이 차이가 나는 봄·가을의 시기를 이용해 곡물을 사고파는 행위를 통해 곡식을 마련했다[換貿立本取利].[304] 또한 봉건정부는 소금을 만들어 팔아 재원을 마련하기도 했고, 상품화폐 경제의 발달로 새롭게 부를 축적한 부호나 부농들에게 권분이라는 형식으로 관직을 팔아 재원을 마련하기도 했다. 하지만 문제는 이러한 미봉책으로는 환곡의 본래 기능을 유지시키면서 부족한 재정을 보충하기에 충분하지 않았다는 것이다. 18세기 중반 이후 환곡이 소농의 농업생산성을 보존시키는 본래의 기능이 아닌 중앙과 지방의 재정 보충용 조세로 부세화되면서 이제 환곡 운영의 최선의 방법은 환곡의 부담을 균등하게 지우는 것으로 변했다. 하지만 환곡에 대한 부담은 점점 더 빈농들에게 편중되어갔다.[305] 부분적이지만 분배체계의 성격도 변화하기 시작했다. 농민층의 분해로 토지가 없는 농민이 증가하면서 고용에 의존해 살아가는 인구가 증가하자 이들의 지위를 법적으로 보장해주는 고공법이 17세기 중반[1680년(숙종 6년)]에 제정되고 변화된 현실을 반영해 1783년(정조 7년)에 새롭게 개정된다.[306] 하지만 체제에 영향을 줄 정도는 아니었다.

상품화폐 경제가 발전하고 있었다고는 하지만 농업은 여전히 전자본주의 체제의 가장 중요한 생산기반이었기 때문에 19세기 중반까지도 지배층은 환곡을 원칙에 따라 운영하려고 했다. 1853년(철종 4년)에 이루어진 '각도적폐교구별단(各道糴弊矯捄別單)'은 1862년 임술농민항쟁이 일어나기 전에 이루어진, 환곡의 마지막 개혁조치였다.[307] 핵심 내용은 회수하지 못한 환곡을 몇 년간 시한을 두어 환수하는 조치로 환수 기간 동안 이자를 동결해주는 것이었다[限年排捧]. 이를 통해 봉건정부는 환곡의 원곡을 충원하려고 했다. 그러나 환곡의 환수는 쉽지 않았

....

304 문용식, 『朝鮮後期 賑政과 還穀運營』, p.61; 정향지, 『朝鮮後期 賑恤政策 硏究』, pp.143-154.
305 정향지, 『朝鮮後期 賑恤政策 硏究』, p.16; 송찬섭, 『朝鮮後期 還穀制改革硏究』, p.25.
306 이정수·김희호(2011), 『조선후기 토지소유계층과 지가변동』, 서울: 혜안.
307 송찬섭, 『朝鮮後期 還穀制改革硏究』, pp.46-60, p.77.

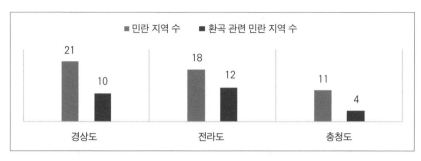

그림 6.11 임술농민항쟁의 발생 지역과 환곡 관련 민란 지역[308]

고 회수되지 않은 환곡의 양은 더욱 늘어났다. 흉년이 들어도 환곡이 제 역할을 하지 못하자 농민들이 동요했다. 결국 1862년 임술농민항쟁이 발생한 후에 비로소 환곡에 대한 근본적인 개혁조치가 '검토'되었다. 〈그림 6.11〉은 1862년 임술농민항쟁이 발생했던 하삼도(경상도, 전라도, 충청도)에서 항쟁이 발생한 지역의 수와 항쟁의 원인으로 환곡이 직접적으로 언급된 지역의 수를 나타낸 것이다. 이는 1862년 임술농민항쟁의 가장 중요한 원인 중 하나가 바로 환곡과 관련되어 있음을 보여주고 있다.

봉건정부는 1862년 임술농민항쟁 이후 파환귀결을 대안으로 제시했다.[309] 환곡을 통한 세금 징수를 철폐하고 세금을 토지에 부과하겠다는 것이었다. 환곡에서 걷던 세금을 토지와 어물, 소금, 선박 등에 부과하는 대안도 제시되었다. 환곡의 남은 곡식은 항류곡(恒留穀)으로 유치하기로 했고, 이에 따라 '삼정이정절목(三政釐整節目)'이 만들어졌다. 봉건정부가 삼정이정절목을 발표한 것은 농민봉기의 원인이 환곡을 포함한 삼정의 문란에 있다는 것을 공식적으로 인정한 것이었다.[310] 그러나 파환귀결로 환곡의 종자 대여와 진휼 기능이 사라진 것은 아니었다. 농업이 근간인 사회에서 농업생산성 유지를 위한 종자 대여와 진휼 기능을 유지시키는 일은 '선택'이 아니라 '필수'적이었기 때문이다. 환곡을 대신해 1862

....

308 송찬섭. 『朝鮮後期 還穀制改革研究』. pp.89-91.
309 송찬섭. 『朝鮮後期 還穀制改革研究』. pp.173-186.
310 오영교. "1862년 전국농민항쟁." p.144.

년 150만 석의 항류곡이 읍 단위가 아닌 교통이 편리한 곳에 설치되었다. 하지만 항류곡은 진휼적 성격보다는 예비곡의 성격이 강한 곡식이었기 때문에 구휼의 역할을 제대로 수행하지 못했다. 환곡의 곡물 대여 기능이 사라지자 소농들은 큰 타격을 입게 되었다.

파환귀결로는 환곡의 적폐를 근본적으로 해결할 수 없었다. 임술농민항쟁까지만 해도 농민들의 요구는 환곡의 본래 기능은 유지시키되 환곡이 부세화되어 농민을 수탈하는 문제를 개선하라는 것이었다. 환곡을 폐지하라는 것은 아니었다. 여하튼 파환귀결은 실행되지 못했고 삼정이정절목은 폐지되었으며 함경도 함흥 등지에서 농민항쟁이 다시 일어났다.[311] 봉건정부가 환곡을 대신할 토지 이외의 세원을 찾지 못하는 한 파환귀결은 대안이 될 수 없었다. 봉건정부 내에서도 환곡을 폐지해야 한다는 주장과 유지해야 한다는 상반된 주장이 상존하게 되었다.[312] 놀라운 사실은 임술농민항쟁 이후 환곡의 폐지가 적극적으로 검토되었음에도 불구하고 환곡을 통한 재정 수입은 19세기 중·후반까지 오히려 증가했다는 것이다. 환곡으로부터 얻은 호조의 재정 수입을 보면, 19세기 중엽에 대략 8만 냥 정도였지만 임술농민항쟁 이후인 1868~1875년에는 무려 274,972냥으로 급증했다.[313]

파환귀결 대신 취해진 조치는 환곡의 미수곡을 탕감해주고 환곡을 균등하게 하는 탕포균환(蕩逋均還)의 조치였다.[314] 하지만 문제는 여전히 환곡을 대신할 재원을 찾지 못했다는 것이다. 봉건정부는 문제를 해결하지 못했고 대원군은 재정적 필요에 따라 이자 수입을 얻을 목적으로 별비곡이라는 환곡을 다시 설치했다.[315] 1866년(고종 3년)에 내탕금(內帑金) 30만 냥으로 10만 석의 병인별비곡(丙

....

311 오영교. "1862년 전국농민항쟁." p.146; 송찬섭. 『朝鮮後期 還穀制改革研究』. p.189.
312 송찬섭. 『朝鮮後期 還穀制改革研究』. p.208.
313 다만 19세기 말로 가면 다른 관청으로부터의 환곡의 이전, 모곡 이전, 임시 수입 등 가입(加入)의 격감으로 인해 환곡으로부터의 재정 수입은 감소한다. 오일주. "조선후기 재정구조의 변동과 환곡의 부세화." p.71.
314 송찬섭(2012). "1862년 삼정이정논의와 환곡정책의 전개." 『역사연구』 23: 123-148. p.123; 송찬섭. 『朝鮮後期 還穀制改革研究』. pp.209-228.
315 오일주. "조선후기 재정구조의 변동과 환곡의 부세화." pp.114-115.

환곡의 개혁 방안을 담은 '삼정이정절목'. 삼정이정절목은 경제사회의 변화에 조응하지 않는, 현실과 동떨어진 '탁상행정식' 분배체계의 개혁이 실패한 사례로 주목할 만하다(사진: 민족문화대백과사전).[316]

寅別備穀)을 조성하고, 1867년(고종 4년)에는 신주전(新鑄錢) 150만 냥으로 50만 석의 호조별비곡(戶曹別備穀)을 조성했다. 이중 병인별비곡은 모두 분급해서 재정 보충용으로 사용하고, 호조별비곡은 재해에 대비해 반분하여 운영하다가 병인별비곡과 통합해 사창제로 운영되었다. 사창도 이자를 수취해 재정을 보완하는 용도로 쓰인 것은 환곡과 다를 바 없었다. 하지만 이 또한 지속되지 못했다.

고종은 1874년 대원군 시기의 대표적인 민폐로 거론되었던 청전(淸錢)을 혁파하는 개혁조치를 단행했다. 하지만 당시 청전은 봉건정부가 가장 많이 보유하고 있었기 때문에 청전 혁파가 오히려 봉건정부의 재정 문제를 심화시켰다. 봉건정부는 재정 문제를 타개하기 위해 별비곡을 재정 보충 용도로 사용함으로써 별비곡 형태로 유지되던 환곡체제의 기반이 흔들렸다. 더욱이 고종은 사창곡을 진휼을 위한 재원으로 사용했다. 하지만 재원이 충원되지 않은 상황에서 진휼과 재정 보충의 역할을 했던 별미곡은 모두 소진되어갔다.[317] 앞서 언급했듯이 갑오농민전쟁

....

316 http://encykorea.aks.ac.kr/Contents/Index?contents_id=E0026799
317 송찬섭. 『朝鮮後期 還穀制改革研究』. pp.173-186.

과 청일전쟁의 와중에 김홍집 내각은 1895년(고종 32년)에 민란과 농민전쟁의 원인 중 하나였던 환곡을 다시 혁파하고 사환조례를 반포했다. 관이 운영하던 환곡을 각 면에 분배해 이를 기금으로 사용하도록 해서 민간이 사환을 운영하면서 환곡의 폐해를 줄이고 환곡의 분배 기능을 지속시키겠다는 것이었다.[318] 사환의 기본 성격은 빈민을 구제하는 진대를 목적으로 했다는 점에서 사창제와는 달랐다.[319] 또한 사환의 운영이 각 지역의 민들에 의해 운용되었다는 점 또한 특징적이다. 곡식 대부에 대한 이자율도 30분의 1에 불과해 재정 보충용이 아닌 진대의 기능을 명확히 했다. 고종은 재정 보충용의 기능은 토지세로 전환하고 진대의 기능은 사환제로 전환함으로써 전근대적인 조세체계를 근대적 조세체계로 전환하려고 했다.

사환곡은 1901년 대기근 이후 혜민원으로 이관되었고 혜민원에서 사환곡의 관리를 포함해 진대에 대한 업무를 담당하게 되었다. 그러나 1904년 혜민원이 폐지되고 1907년 5월에는 '지방금융조합'과 '지방금융조합 설립에 관한 건'이 공포되면서 미곡이 해당 면과 리의 재산이 되어 사환 또한 사라지게 된다.[320] 1907년 8월 광주지방금융조합이 설립된 것을 시작으로 1910년 6월까지 무려 130개의 금융조합이 설립되었다. 봄에 곡식을 대여해주고 가을에 이자를 붙여 되돌려 받는 방식으로 전자본주의 체제의 농업생산력을 유지시켰던 환곡이 개항과 상품화폐 경제의 확대에 따라 그 역할을 근대적 금융조직에 넘겨주게 된 것이다. 하지만 지방 관청에서 사환곡을 재정 보충용으로 운영하는 폐해가 완전히 사라지지는 않았다. 중앙정부 또한 재정 부족을 이유로 사환곡을 재정 보충용으로 사용했다.

반복되는 재해로 인해 토지가 없는 농민들이 증가하면서 진휼정책에 대한 요구는 높아졌지만 대안은 마련되지 않았다. 환곡으로 인한 농민항쟁이 1896년 제주, 1902년 함흥과 울진, 1903년 간성 등에서 다시 일어났고, 조선이 패망하기 직전까지 환곡 문제는 사실상 해결되지 않았다.[321] 다만 개항 이후 농민항쟁의 원인

....

318 최익한.『조선 사회정책사』. p.122.
319 송찬섭.『朝鮮後期 還穀制改革研究』. pp.318-324.
320 최익한.『조선 사회정책사』. p.126.
321 김도형(1994). "농민항쟁과 의병전쟁." 강만길·김남식·김영하·김태영·박종기·박현채·안병직·정

이 단순히 환곡 문제에 있지는 않았다. 1876년 개항 이후 농민들은 단순히 과거의 전자본주의적 농업생산체제로 복귀하는 것을 원했던 것이 아니었다. 농민들은 상품화폐 경제의 확대 과정에서 소상품생산자의 지위를 보장받기를 원했다.[322] 이것이 1905년부터 1910년까지 농민군이 주축이 된 의병항쟁이 소상품생산자로서 농민의 지위가 심각하게 위협받은 전라도 지역을 중심으로 전개된 이유였다. 1910년 강제병탄으로 조선의 자족적 분배체제에서 핵심적 역할을 수행했던 (조선 후기의 사회 변화에 따라 다양한 모습으로 변화되었던) 환곡은 역사 속으로 사라지게 된다. 1910년 일제가 조선을 강제병탄하자 전라도 관찰사가 도 내의 모든 사환곡을 "돈으로 바꾸어 없애버렸다[換錢拔去]."는 기록이 있는 것으로 보아, 1910년의 강제병탄과 함께 사환곡은 일제에 귀속된 것으로 보인다.[323]

환곡제도의 붕괴의 원인을 '재량적 규제'가 제대로 작동하지 않은 운영상의 문제라고 보기도 하지만,[324] 이는 적절한 평가가 아니다. 근본적 문제는 신분질서에 기초한 소농 중심의 자족적 농업생산체제가 상품화폐 경제의 발달과 농민층의 분화로 해체되고 있는데도 불구하고 봉건정부는 환곡이라는 소농에 기초한 자족적 농업생산체제를 유지시키려고 했기 때문이다. 다시 말해, 정치경제적 토대가 변화하고 있는데도 분배체계는 옛 방식을 유지하려했던 구조적 모순이 근본적 문제라고 할 수 있다. 봉건정부가 세금을 토지에 집중시키는 정책을 시행한 것은 조선이라는 봉건 사회의 토대가 되는 신분제를 봉건정부 스스로 해체하려는 것이었다.[325] 조선 정부는 일제에 강제병탄되기 직전까지 환곡체제를 유지하기 위한 다양한 개혁을 시도했지만 변화하는 사회경제적 조건에 조응하는 구조적 대안을 마련하지 못했다. 제4절에서 보았듯이, 위·아래로부터의 모든 항쟁과 개혁이 환곡의 폐해를 지적하고 개혁하려고 했지만 백 가지 개혁 모두 아무런 소

....

석종·정창렬·조광·최광식·최장집 편. 『한국사 12: 근대민족의 형성 2』. pp.193-231. 서울: 한길사. p.195.

322 차남희. "후기 조선 사회에 있어서의 자본주의 농촌침투와 농민운동." p.98.

323 송찬섭. 『朝鮮後期 還穀制改革研究』. p.358.

324 박이택. "17, 18세기 환곡에 대한 제도론적 접근." p.205.

325 고동환. "19세기 부세운영의 변화와 성격." p.83.

용이 없었다. 결국 전자본주의 체제는 19세기에 들어 1811년 평안도 농민항쟁, 1862년 임술농민항쟁 등과 같은 대규모 민중 봉기, 개항으로 인한 외세(중국과 일본)의 침탈, 1882년 임오군란, 1894년 갑오농민전쟁으로 이어지면서 심각한 위기에 직면하게 된 것이다. 그리고 환곡으로 대표되는 조선의 자족적 분배체제는 일제의 강제병탄에 의해 강제적으로 종식되었다. 이후 한국 사회가 자신의 정치경제체제에 조응하는 새로운 분배체계를 만들어나가기까지 참으로 오랫동안 인내하며, 인내하며, 인내하며 기다려야 했다.

제6절 정리와 함의

개항을 전후한 시기부터 1910년 강제병탄까지 한국 사회의 경제, 정치, 분배체계가 어떤 모습을 하고 있었고 어떻게 변화했으며 어떻게 서로 연관될 수 있는지를 가늠해보았다. 경제적 변화를 검토하면서는 18세기 중엽으로 거슬러 올라갔고, 주체와 권력관계로는 1811년 평안도 농민항쟁을 시작으로 위·아래로부터의 중요한 봉기와 개혁들을 둘러싼 쟁점들을 살펴보았다. 이와 같은 정치·경제적 성격과 변화에 대한 이해를 근간으로 분배체계로서 환곡을 중심으로 한, 18세기 초부터 대한제국까지의 변화를 살펴보았다. 개항 이전부터 확대되었던 상품화폐 경제는 개항과 함께 더욱 확대·발전했지만 이를 감당할 조직화된 주체는 미성숙했고, 분배체계 또한 자족적 농업사회에 조응하는 자족적 분배체제라는 골간이 유지되었다. 경제체제는 변화하는데 이에 조응하는 새로운 정치체제와 분배체계는 형성되지 않았다. 대안이 없으니 옛것을 계속 반복하는 상황이 벌어졌다. 이렇듯 개항을 전후한 시기부터 1910년 강제병탄까지 조선은 경제, 정치, 분배체계가 마치 약속이라도 한 듯이 서로 맞물리지 않고 헛도는 톱니바퀴 같았다. 어디서부터 적폐를 개혁해야 할지 모를 정도였다.

너무나 당연한 결론이지만, 분배체계는 한 사회의 경제체제의 특성에 의존한다는 명제가 전자본주의 사회에서도 유효하며 경제적 변화에 조응하지 못하는 분배체계는 그 시대를 사는 사람들에게 '축복이 아니라 재앙'이라는 사실을 환곡의 부세화 과정을 통해 확인했다. 결국 분배체계가 경제적 변화에 조응하지 못하고 표류한 이유는 정치가 경제적 변화에 조응하는 새로운 분배체계를 만들지 못했기 때문이다. 변화된 상황이 요구하는 필요를 '제도'로 담아내지 못하는 정치는 그 자신이 유산으로 물려받은 제도를 붕괴시키는 가장 중요한 원인이라고 할 수 있다. 더 나아가 위로부터의 개혁의 실패는 아래로부터의 정치적 주체 역량이 성숙되고 조직되지 않는 한 조선 사회가 성공적으로 자본주의 사회로 이행하고 이에 걸맞은 분배체계를 구축하는 것이 요원했다는 것을 분명히 보여주는 것 같다.

이렇듯 『기원과 궤적』에서는 18세기부터 1910년까지의 분배체계를 검토하면서 전자본주의 사회의 분배체계를 정치와 경제의 연관성하에서 이해하려고 했다. 하지만 개항을 전후한 시기부터 1910년까지 정치·경제·분배체계의 상호 관련성은 물론 정치·경제·분배체계 각각에 대해서도 제대로 검토하지 못했고 일부 중요한 역사적 실체는 다루지도 못했다. 예를 들어, 주체와 권력관계를 검토하면서는 독립협회와 1905년 이후의 의병항쟁 등 중요한 역사적 사실들을 검토하지 못했다. 이러한 한계에도 불구하고 제6장에서는 파편적이기는 하지만 몇 가지 중요한 함의와 질문을 도출해냈다.

먼저 조선 후기부터 1910년 강제병탄까지 조선 사회 내부의 발전 역량에 대한 보다 더 깊이 있는 연구가 필요하다는 사실을 확인했다. 해당 시기의 경제적 성격에 대한 계량적 실증과 함께 비계량적 실증을 통해 검증해야 할 여러 가지 문제가 남아 있다. 무엇보다도 중요한 것은 내재적 발전론 또는 자본주의 맹아론의 한계에도 불구하고 이러한 접근이 갖는 정치·경제·사회사적 의미를 식민지 근대화론이 결코 대신할 수 없다는 것이다. 내재적 발전론과 자본주의 맹아론의 이론적·실증적 취약점은 비판되어 마땅하지만, 이를 대신해 조선 후기의 변화를 한국 중심적 관점에서 조망할 대안적 이론 체계가 성립되지 않는 한 내재적 발전론과 자본주의 맹아론의 '시론적' 의미는 여전히 유용하다는 것을 확인했다.

정치적 측면은 답답함과 아쉬움이 많이 남는 영역이었다. 주체 역량과 권력관계를 검토하면서 떠나지 않았던 단어는 '만약'이었다. 거듭 이야기하지만, 역사에는 가정이 존재하지 않는다. 그러나 만약 갑신정변, 갑오개혁, 광무개혁으로 이어지는 조선 지배층의 일련의 개혁정책이 성공했다면 조선은 어떤 사회가 되었을까? 이삼성은 19세기 동아시아사를 조망한 『동아시아의 전쟁과 평화 2』의 서문에서 1885년부터 1894년까지 10년을 "조선이 근대적인 사회를 자주적으로 건설하기 위해 노력할 수 있는 사실상 마지막 기회"였다고 평가했다.[326] 그리고 그 자주적으로 건설되는 조선의 근대 사회가 자주적으로 이루어지지 못한 원인은 개혁 의지를 실종한 지배층의 책임이라고 비판했다.

과연 그럴까? 배링턴 무어의 테제를 인용하면서 이미 이야기했지만, 19세기 당시 위로부터의 개혁에 성공한 조선 사회는 아마도 이삼성이 원하던 그런 자주적으로 건설된 근대적 조선 사회는 아니었을 것이다. 위로부터의 개혁에 성공한 독일과 일본의 모습은 개항 이후 위로부터의 개혁이 성공했을 때 우리가 상상할 수 있는 조선 사회의 모습을 그려볼 수 있게 한다. 제5장에서 검토했지만, 위로부터의 개혁에 성공한 독일과 일본의 지배세력은 민중을 탄압하고 인권을 억압했다. 산업화는 이루었지만, 산업화가 민주주의와 함께 가지 못했다. 물론 분배체계라는 관점에서 보면 조선은 독일과 같이 보수지배층이 주도하는 제도를 만들고 확대해나갔을지도 모른다. 그러나 일본의 역사를 보면 조선이 위로부터의 산업화에 성공했다고 해도 독일과 같은 보수가 주도하는 복지체제를 만들었을 것이라고 기대하기는 어렵다. 현대 한국 사회를 보아도 성공적인 산업화가 성공적인 분배체계를 보장하지 않는다는 것은 너무나 자명하다. 어쩌면 조선 사회는 급격한 산업화의 성공의 대가로 민중의 자유, 평등, 연대를 침탈했을지도 모른다.

단언하기는 어렵지만, 그 시기는 경제적·정치적 측면에서 조선 사회가 아래로부터의 주체적 역량이 사회를 변화시킬 만큼 성숙하지 못했고 그 마저도 압도적 물리력을 갖춘 외세와 아래로부터의 변화를 두려워하는 지배집단에 의해 괴멸당했다. 개화와 수구를 떠나 당시의 지배층은 민중의 힘을 외세보다 더 두려워했다. 그렇다면 1894년 갑오농민전쟁이 승리했다면 조선은 어떤 사회가 되었을

....

326 이삼성. 『동아시아의 전쟁과 평화 2』. p.16.

까? 중국과 같은 사회주의 혁명을 거쳐 사회주의 사회를 건설할 수도 있었겠지만 결국에는 다시 자본주의로 돌아오는 긴 여정을 걸었을까? 조선 후기와 구한말의 시대적 상황에 대한 '만약'이라는 가정은 현대 한국사에서 1960년대부터 1980년대까지의 경제성장을 어떻게 이해해야 하는지에 대한 중요한 역사적 질문을 던지고 있다.

분배체계와 관련해서는 일제강점기 이전의 조선 사회의 분배체계에 대한 새로운 서술이 필요하다는 것을 확인했다. 조선 사회의 분배체계는 환곡을 중심으로 한 자족적 분배체제(환곡체제)라고 규정할 수 있다. 개항을 전후한 시기부터 1910년 강제병탄에 이르는 시기는 환곡을 중심으로 한 자족적 분배체제가 해체·붕괴되어갔지만 상품화폐 경제의 발달을 반영하는 새로운 분배체계는 아직 제도화되지 못한 시기로 볼 수 있다. 18세기 중엽 이후 환곡의 재정 보충용 기능이 강화되면서 환곡의 부세화가 심화되었고 환곡에 대한 민의 저항이 증가했다. 민의 부담을 줄이기 위한 몇 차례의 개혁조치들이 논의되었지만, 자족적 농업생산을 기반으로 하는 한 환곡의 부세화 기능을 막고 본래의 분배 기능을 유지할 수 있는 전자본주의 체제 운영의 묘책은 존재하지 않았다. 결국 환곡은 1811년 평안도 농민항쟁으로부터 시작된 농민항쟁(전쟁)의 중요한 원인이 되었다. 문제는 상품화폐 경제의 발달과 함께 농민층의 분화가 심화되고 신분제가 해체되어가는 상황에서 토지에 의존한 전통적인 재정 운영이 환곡의 부세화를 촉진시켰다는 점이다. 토지 이외의 세원이 없는 상황에서 모든 개혁조치는 그야말로 백약이 무효했다. 근본적 문제는 변화하는 상품화폐 경제의 확대라는 사회경제의 변화에 조응하지 못한 조선 사회였다고 할 수 있다.

마지막으로 분배체계와 관련해 반드시 언급해야 할 것은, 대부분의 사회복지 역사를 다룬 문헌들에서 근대 이전의 조선의 분배제도로 '계'와 '향약' 등 민간에서 이루어진 자조적 제도를 언급하지만[327] 이는 조선 사회의 분배체계, 특히

....

327　홍경준.『한국의 사회복지체제 연구』. p.60; 감정기 외.『사회복지의 역사』(개정판), p.369; 안상훈 외.『한국 근대의 사회복지』. pp.22-23.

조선 후기 분배체계의 특성을 적확하게 반영한 것이라고 보기 어렵다는 점이다. 앞서 언급했듯이 조선의 분배체계의 핵심은 국가적 분배체계인 환곡을 중심으로 한 자족적 분배체제이고 '계'와 '향약'은 상호 부조의 성격보다 유생들의 향촌사회 지배를 정당화하는 이념적, 실재적 도구의 성격이 강했다. 특히 향약은 향촌사회에 기반을 둔 재지사족(在地士族)이 향촌을 지배하는 도구였다는 것은 이미 공지의 사실이다. 더욱이 '계'와 '향약'도 소농사회와 향촌사회의 자치를 전제로 운영되는 제도인데,[328] 18세기에 들어서면 이미 이러한 전제의 해체가 진행되고 있었다. 18세기 이후 향촌사회의 지배구조는 재지양반의 지배에서 중앙정부가 파견한 수령의 직접적인 지배가 강화되는 방식으로 변화했다. 이 때문에 조선 후기가 되면 '계'와 '향약'은 재지양반이 향촌사회를 지배하는 도구로도, 향촌사회의 지배적·자족적 분배의 수단으로도 보기 어렵다. 결론적으로 제6장에서는 전자본주의 분배체계에 대한 역사를 농업사회를 재생산했던 국가적 분배체계를 중심으로 다시 서술해야 한다고 주장한 것이다. 그리고 그 중심에 환곡이 있다.

....

328 정승진. "金容燮의 原蓄論과 社會經濟史學의 전개." p.353.

제7장

식민지, 강요된 자본주의 세계체계의 주변부화, 1910~1945년[1]: 반공주의와 민간 중심의 잔여적 복지체제의 시작

해방 당시에는 그 지독한 가난을 일제의 수탈 때문이라고 생각했다. (…) 그러나 반세기가 지나고 한국이 성공적으로 산업화와 민주화를 달성해나가면서 역사관도 많이 바뀌게 되었다. (…) 처음에는 수탈을 인정하면서도 개발의 측면을 살펴보는 것으로 시작되었지만, 이윽고 수탈을 부정하고 개발의 측면만 강조하는 이론까지 등장하게 되었다. 전자는 '수탈과 개발론'이라고 부르는 것이고, 후자는 '식민지 근대화론'이라고 부르는 것이다.[2]

....

1 제7장의 일부 내용(제2절과 제5절의 일부)은 다음 글에 수록되었던 것이다. 윤홍식(2016). "일제강점기 한국 분배체계의 특성, 1910-1945: 자본주의 분배체계로의 이행의 시작." 『사회복지정책』 43(2): 35-60.

2 허수열(2012). "공업화 유산." 정근식·이병천 편. 『식민지 유산, 국가 형성, 한국 민주주의 2』. pp.62-98. 서울: 책세상. p.63.

제1절 문제제기

1960년대 이후 한국의 고도성장이 일제강점기의 유산으로부터 비롯되었다는 일부 국내외 학자들의 주장은 우리를 당황하게 만든다. 만약 우리가 이러한 주장을 받아들인다면, 한국 복지체제 또한 일제강점기에 그 기원을 두고 있다고 말할 수 있을 것이다. 정말 그럴까? 차명수는 1911년부터 1940년까지 조선의 명목성장률은 3.7%였고 인구증가율은 1.2%였기 때문에 일제강점기 동안 연평균 2.4%의 실질성장률을 기록했다고 주장한다.[3] 1911년 조선의 경제 규모를 100이라고 했을 때 1940년 조선의 경제 규모는 249.3이 되었다는 것이다. 한 세대 만에 조선의 경제 규모가 2.5배나 증가한 것이다. 조선 후기와 비교하면 일제강점기의 경제성장률은 인상적인 변화라고 할 수 있다.[4] 조선인의 경제적 삶

....

3   차명수. "경제성장·소득분배·구조변화." 김낙년 편. 『한국의 경제성장, 1910-1945』. pp.299-341. 서울: 서울대학교출판부. p.337.
4   차명수는 이영훈이 주장하는 18, 19세기 조선 사회 쇠퇴론(단순히 정체해 있던 것이 아니라 점점 더 나빠졌다는 주장이다)을 받아들여 일제강점기의 성과가 조선 후기와 크게 대조된다고 서술하고 있다. 차명수. "경제성장·소득분배·구조변화." p.337. 이는 식민지 근대화론자들의 핵심 주장이며 가장 많은 비판을 받는다. 제6장을 참고하라.

은 일제강점기를 거치면서 개선되었다고 할 수도 있다. 하지만 이러한 추정에는 결정적 문제가 있다. 1940년부터 일제가 패망한 1945년까지의 상황이 반영되지 않았기 때문이다.

1945년 패전 당시 일본의 실질 국내총생산은 1920년대 초반 수준으로 감소했다.[5] 식민지 조선도 일본과 크게 다르지 않았을 것이라고 추정하면, 1911년부터 1945년까지 조선 지역의 총생산 규모는 1911년에 비해 대략 1.6배 정도 증가하는 데 그쳤을 것이다. 연평균 실질성장률도 1%를 조금 넘는 수준에 불과했을 것이다. 더 결정적인 문제는 1.0% 성장을 했건 2.4% 성장을 했건 성장의 결과가 조선 민중에게 분배되지 않았다면 그 성장이 갖는 의미는 퇴색될 수밖에 없다는 것이다. 『기원과 궤적』에서 조선 사회가 일제강점기를 거치면서 자본주의 세계체계에 더 깊숙이 결합되고 조선 사회 자체도 자본주의 사회로 변화했다는 것에 이의를 제기할 생각은 없다. 다만 『기원과 궤적』에서는 민주주의가 봉쇄된 자본주의 체제에서 분배가 얼마나 반(反)민중적으로 이루어졌는지를 일제강점기를 통해 확인하고자 한다. 대부분의 조선인들이 주권을 빼앗기고 차별받으면서도 '배부른 돼지'조차 되지 못했다면 일제강점기의 의미는 대단히 부정적이고 제한적일 수밖에 없을 것이다.

이러한 문제의식에 기초해 제7장에서는 일제강점기 동안에 변화된 한국 자본주의, 권력관계, 복지체제에 대해 살펴보았다. 이를 통해 우리는 일제강점기가 현재의 한국 복지체제와 어떻게 연결되어 있는지를 생각해보았다. 먼저 일제강점기의 시기 구분에 대해 살펴보았다. 다음으로 경제체제, 권력관계, 복지체제를 시기 구분에 따라 검토했다. 마지막으로 정리 및 함의에서는 현대 한국 복지체제에서 일제강점기의 유산이 갖는 의미를 정리했다. 35년의 시간을 몇 쪽으로 정리하는 것은 쉽지 않다. 더욱이 한국 역사에서 가장 가슴 아픈 시간을 마치 제3자가 된 것처럼 객관적으로 서술하는 것은 더더욱 어려운 일이다. 그러나 가급적 객관

....

5   Ito, T.(1996). "Japan and the Asian Economies A 'Miracle' in Transition." *Brookings Papers on Economic Activity* 2: 205-272.

적인 관점에서 일제강점기의 경제체제와 권력관계를 서술하고 이에 근거해 만들어진 복지체제의 특성에 대해 설명하려고 했다.

제2절 시기 구분: 1910년부터 1945년까지

일제강점기는 통상적으로 세 시기로 구분된다. 대체로 1910년 강제병탄에서 1919년 3·1독립운동까지를 첫 번째 시기로, 3·1독립운동 이후부터 일제의 만주침략(1931년 9월 18일)까지를 두 번째 시기로, 만주침략 이후부터 일제가 패망한 1945년 8월 15일까지를 세 번째 시기로 분류한다.[6] 첫 번째 시기를 무단통치 시기, 두 번째 시기를 문화통치 시기, 세 번째 시기를 대륙침략 병참기지화 시기로 부른다. 다만 연구자에 따라 세 번째 시기를 다시 두 시기로 구분하기도 하는데, 1931년 만주침략부터 1937년 중일전쟁까지와 중일전쟁 이후인 1938년부터 일제가 패망한 1945년까지이다.[7] 일제강점기를 이렇게 구분한 것은 일제의 식민지 지배방식의 변화를 기준으로 한 것이다. 하지만 일제강점기를 일제의 식민지 지배방식에 따라 구분하는 것은 한국 역사를 '한국 중심적(Korea-centered) 관점'[8]에서 분석하려는 『기원과 궤적』의 관점과는 거리가 있다. 특히 『기원과 궤적』의 목적이 한국 복지체제의 역사를 서술하는 것에 있다는 점을 고려하면 일제강점기의 시기 구분은 복지체제의 변화를 중심으로 할 필요가 있다.

물론 현상적으로 식민지 지배방식의 변화에 따른 시기 구분과 복지체제를 중심에 놓은 시기 구분이 동일할 수도 있다. 그러나 현상적으로 동일한 시기 구분이 적용된다고 해도 그 근거와 기술 내용은 상이하다. 왜냐하면 한 시기를 어

....

6   강만길(1994). 『고쳐 쓴 한국현대사』. 서울: 창작과비평사. p.17.
7   조동걸. 『한국 근현대사 개론』. p.156.
8   한국 중심적 관점에 관해서는 본서의 "제3장 복지체제 분석을 위한 이론과 관점"과 코헨의 다음 문헌을 참고하라. Cohen. 『학문의 제국주의: 오리엔탈리즘과 중국사』.

표 7.1 분배체계의 관점에서 본 일제강점기의 시기 구분: 1910~1945년

시기	경제체제	권력관계	복지체제
자족적 분배체계의 소멸 시기 1910~1919년 (제1기)	·자작농의 몰락과 소작농의 증가 ·식민지 지주제의 형성기	·일제 지배체계 성립 ·소작농의 증가 ·식민지 지주의 증가 ·우파 주도 민족해방운동	·지주 중심의 분배체계 형성기
소작농 중심의 분배체계 요구 시기 1920~1933년 (제2기)	·식민지 지주제의 확립기 ·대 일본 이출 증가로 인한 미곡의 상품화 확산	·지주와 소작농의 양극화와 불평등 확대 ·노동운동의 탄생(지역별·직업별 노동조합의 형성) ·민족해방운동: 민족주의에서 사회주의로 헤게모니 이전 ·사회주의운동의 등장	·지주 중심의 분배체계 동요기
탈상품화 요구의 등장 시기 1934~1945년 (제3기)	·조선 산업구조의 변화 (농업에서 공업으로) ·중화학공업 중심의 공업화 ·일제 독점자본의 확장기	·부르주아 민족해방운동의 예속화 ·노동계급의 증가(산별노조의 형성) ·좌파 중심의 혁명적 노동조합과 농업조합이 노동운동과 농민운동 주도	·자본 중심의 분배체계로의 이행과 '탈상품화' 요구의 등장

떻게 서술하고 설명할 것인가는 어떤 측면에서 그 시기를 바라볼 것인가에 따라 상이하기 때문이다. 예를 들어, 토지조사사업(1910~1918년)과 산미증식계획(1920~1933년)은 경제적 측면에서 보면 식민지 조선을 일본 제국주의의 식량과 원료 공급지로 재편한 것이고 정치적 측면에서 보면 일제의 식민 지배에 우호적인 계층(지주계급)을 강화한 정책이었다. 하지만 복지체제의 관점에서 보면 토지조사사업과 산미증식계획은 토지의 경작권을 박탈당한 소작농을 대량으로 양산해 전통적 농업사회와는 상이한 새로운 분배 욕구를 형성시킨 정책이라고 평가할 수 있다. 다시 말해 복지체제의 관점에서 시기를 구분한다는 것은 복지정책과 함께 복지 욕구의 변화를 야기하는 경제적·정치적 변화를 중심으로 일제강점기를 구분한다는 것을 의미한다.

이렇게 분배체계의 관점에서 일제강점기는 (현상적으로는 일제의 식민지 지배 형태의 변화로 보았을 때와 동일하게) 크게 세 시기로 구분된다. 첫 번째 시기는 1910년 강제병탄에서부터 시작해 1919년까지이다. 이 시기에는 토지에 대한 배

타적 소유권을 보장한 일제의 토지조사사업으로 조선의 농업구조가 '식민지 지주제'로 전환되어갔다. 일제의 토지조사사업은 토지에 대한 지주의 배타적 소유권만을 인정하는 방향으로 진행되었다. 그래서 조선 후기부터 시작된 농민층의 분해를 가속화시킴으로써 토지 없는 농민을 대규모로 양산했다. 토지에 대한 어떠한 권리도 인정받지 못하는 소작농이 대규모로 양산되었다는 것은 환곡[9]과 같은 '자작농' 중심의 전통적 분배체계를 대신하는 '무토지 소작농' 중심의 새로운 분배체계가 필요하다는 것을 의미한다. 분배체계의 목적이 '자작농'의 생산력을 보전하는 것에서 대규모 무토지 농민의 재생산 능력을 유지시킴으로써 식민지 지주제의 생산력을 보전하는 것으로 변화되어간 것이다. 이후에 검토할 조선농지령은 이러한 목적에 부합하는 일제의 대응이었다.

두 번째 시기는 1918년 토지조사사업이 완료되고 '식민지 지주제'가 본격적으로 식민지 조선의 지배적인 생산관계로 자리 잡기 시작한 1920년부터 일제가 산미증식계획을 폐기한 1933(1934)년까지이다. 이 시기에 토지조사사업으로 지주의 배타적 소유권이 제도화되면서 정치적으로 식민지 조선 내 권력관계에서 소작농에 대한 지주의 결정적 힘의 우위가 만들어졌다. 경제적으로는 토지에 대한 배타적인 소유권을 보장받은 식민지 지주가 산미증식계획을 통해 대일본 미곡 이출(移出)[10]을 본격화한 시기이다. 농업생산의 상품화가 '식민지 지주제'에 기초한 미곡의 대 일본 이출의 증가라는 형태로 가속됨으로써 부가 지주에게 집중된 시기이기도 하다. 이로 인해 식민지 조선에서는 지주와 소작농으로 대표되는 계급 간 양극화와 불평등이 심화되어갔다. 실제로 1932년 일제 경찰이 조사한 자료에 따르면, 전라북도에 거주하는 28만 호 중 매우 가난한 사람을 의미하는 세궁민(細窮民)의 비율이 무려 40%에 달했다.[11] 이 시기에 분배

....

9   분배체계로서 환곡의 기능은 제6장에서 검토했다.
10 이출은 동일 국가 내의 한 지역에서 다른 지역으로 물자가 이동하는 현상을 지칭하는 용어이다. 일제 강점기 당시 조선은 독립국가가 아니었기 때문에 조선에서 일본으로의 미곡의 이동은 국가 간의 물류 이동을 의미하는 수출이 아닌 지역 간 물자의 이동을 의미하는 이출 또는 반출로 표현했다.
11 이경란(2013). "식민지 시기 경제와 민중생활." 한국근현대사학회 편. 『한국근현대사강의』. pp.188-207. 파주: 한울아카데미. p.198.

에 대한 요구는 조선인의 대다수를 구성하는 소작농의 생활안정을 보장하라는 것이었다.

마지막으로 세 번째 시기는 1933년부터 1945년 8월 15일 일제가 패망할 때까지이다. 이 시기의 경제적 특성은 산업생산에서 농업생산의 비중이 감소하고 광공업의 비중이 급증하기 시작했다는 것이다. 특히 일제가 중국에 대한 침략전쟁을 일으킨 1937년 이후 식민지 조선에서는 본격적인 병참기지화정책이 시행되면서 화학, 제철, 기계 등 중화학공업을 중심으로 한 산업화가 진행되었다. 이러한 변화는 노동계급의 수를 증가시키고 식민지 조선의 권력관계를 복잡한 모습으로 만들어나갔다. 1920년대까지의 권력관계가 '일제와 지주의 연합 대 소작농'의 대립을 중심으로 전개되었다면, 1930년대 중반에 들어서면서 권력관계는 '일제, 지주, 자본가의 지배 연합과 소작농, 노동계급'이 대립하는 양상으로 변화되어갔다. 이러한 산업구조와 권력관계의 변화는 당연히 사회적 분배의 변화를 야기했을 것이다. 주목할 만한 현상은 이 시기의 식민지 조선에서 노동계급의 탈상품화에 대한 요구가 중요한 복지 요구로 등장하기 시작했다는 점이다.

제3절 일제강점기의 조선 경제

일제강점기의 조선 경제의 성격을 어떻게 바라볼 것인가는 매우 논쟁적인 주제가 되었다. 특히 한국 경제의 고도성장의 기원을 일제강점기로부터 찾으려는 일련의 학술적 시도가 1980년대 이후에 나타나기 시작했다. 비판자들로부터 '식민지 근대화론'으로 불리는 이러한 시도는 일제강점기를 '일제에 의한' 개발의 역사로 설명하는 것은 물론 1960년대 이후의 고도성장의 기원 또한 일제에 의한 개발에서 찾았다. 사실 이러한 주장은 1980년대 초 미국 학자들로부터 시작되어 1980년대 중반에 일본에서 반향을 일으켰고, 1980년대 후반과 1990년대 초 당시 서울대 경제학과 교수였던 안병직을 중심으로 한 일군의 학자들이 동조하

면서 논쟁을 촉발시켰다.[12]

쟁점은 일제에 의한 개발이 1960년대 이후에 일어난 한국 경제의 고도성장의 기원인지 여부와 일제강점기에 이루어진 조선(지역) 경제의 변화를 개발로 볼 것인지 아니면 수탈로 볼 것인지 여부이다. 특히 식민지 근대화론자들은 일제강점기와 1960년대 이후 한국 사회의 연속성을 주장하면서 현대 한국 자본주의의 기원을 일제강점기에서 찾는다. 물론 이러한 주장을 비판 없이 받아들이기는 어렵다. 하지만 역사는 우리가 역사를 어떻게 해석하는지와 무관하게 연속성을 갖고 있기 때문에 일제강점기가 현재 한국 경제의 모습과 관련되어 있다는 주장은 너무나 상식적이다. 같은 맥락에서 식민지 근대화론자들이 주장하는 일제강점기의 변화가 조선 후기의 내적 변화와 무관하다는 주장 또한 받아들이기 어렵다. 1960~1970년대의 경제개발을 일제강점과 관련해서 설명했던 한국경제개발원의 보고서도 "일본 식민통치는 실체적으로는 한국의 전통적 기반 위에 구축되었다."라는 점을 적시하고 있다.[13] 요한 갈퉁(Johan Galtung)의 언명처럼, 역사는 누구나 기억할 수 있지만 그 기억하는 방식은 같지 않다는 것을 식민지 근대화론을 둘러싼 논쟁은 잘 보여주고 있다.[14]

수탈과 개발을 둘러싼 쟁점을 볼 때도 자본주의 사회가 '착취'와 '개발'이라

....

12 이만열은 한국 경제의 일제강점기 기원론을 일본 학자들이 먼저 주장하고 이후에 미국과 한국으로 확산되었다고 서술하고 있다. 반면 한상진은 구미 학자들이 먼저 주장하고 일본과 한국 학자들이 그 뒤를 이었다고 기술하고 있다. 이만열(1997). "일제 식민지 근대화론 문제 검토." 『한국독립운동사연구』 11: 301-328. p.304; 한상진(1999). "식민지 근대화론의 제 문제와 전망." 『경일대학교 논문집』 16(1): 1481-1492. p.1486. 하지만 한국개발연구원(KDI)이 1981년에 발간한 『한국 경제사회의 근대화』라는 보고서를 보면, 일제강점기 동안에 이루어진 "토지관리, 정부조직 및 공업화 개시와 같은 유산"이 이후 "한국에 지속적인 영향을 주었다."는 평가가 있다. 이 저서는 국책연구기관인 KDI에서 발간한, 한국의 경제발전과 관련된 일제강점기의 영향을 공식적으로 적시한 최초의 문헌 중 하나라고 할 수 있다. Mason, E. · 김만제 · Perkins, D. · 김광석 · Cole, D.(1981). 『한국 경제사회의 근대화』. 서울: 한국개발연구원, p.30. 당시 국내에서 출간된 이들의 연구 결과에 대해서는 다음 두 권을 참고하라. 中村哲(1991). 『세계자본주의와 이행의 이론: 동아시아를 중심으로』. 서울: 비봉출판사; 中村哲 · 안병직 편(1993). 『근대조선공업화의 연구』. 서울: 일조각.

13 Mason 외. 『한국 경제사회의 근대화』. p.100.

14 Galtung, J.(2000). 『평화적 수단에 의한 평화』. 이재봉 · 강종일 · 임성호 · 김승채 · 정대화 역. (*Peace by Peaceful Means: Peace and Conflict, Development and Civilization*). 서울: 들녘.

는 양면성을 갖고 있다는 점을 고려한다면 일제강점기에 수탈과 개발이 공존했다는 것은 지극히 상식적이다. 핵심은 그 수탈과 개발의 주체와 내용이다. 즉, 누가 조선 민중을 수탈하고 개발했는지, 수탈과 개발의 이유는 무엇인지, 그러한 수탈과 개발이 식민지 조선에 살았던 대다수 평범한 사람들의 삶을 어떻게 변화시켰는지가 보다 더 중요한 문제이다. 더욱이 전근대 사회에서 '온전한' 근대 사회로 이행하기 위해서는 국민국가(national state)의 형성, 산업화, 민주주의를 완수해야 한다는 점을 고려하면 '누가' 개발과 수탈의 주체였는지는 매우 중요한 문제이다. 그렇기 때문에 일제강점기의 변화는 '민족(nation)'을 사상(捨象)하고는 설명할 수도 설명될 수도 없다. 민족을 사상하고 일제강점기의 변화를 설명하려는 시도 자체가 이미 '근대'라는 개념으로부터 이탈한 것이다.

이러한 관점에서 제3절의 목적은 한국 사회가 자본주의 세계체계에 편입된 1876년 개항 이후 조선(지역) 경제의 변화가 일제강점기에 어떠한 모습으로 형성되어갔는지를 살펴보는 것이다. 특히 일제강점기의 경제체제를 분배에 대한 새로운 요구가 형성되었다는 관점에서 읽어낼 필요가 있다. 전자본주의적인 생산관계가 해체되고 계약에 의한 새로운 자본주의적 관계가 형성된다는 것은 전자본주의 사회에 존재했던 분배체계의 해체를 의미하는 동시에 새로운 분배체계에 대한 요구를 증대시키기 때문이다. 실제로 1930년대 이후에 확산된 식민지 공업화는 조선 사회에 본격적으로 노동자라는 새로운 계급을 형성했고, 이는 임금인상, 산업재해에 대한 보상 등과 같은 전자본주의 사회에서는 볼 수 없었던 새로운 분배에 대한 요구를 조선 사회에 확산시켰다.[15] 이제 우리는 일제강점기의 조선 경제의 변화를 세 시기로 나누어 살펴본다.

....

15 예를 들어, 1930년 1월에 발생한 부산 조선방직 파업, 신흥 탄광노동자 파업 등에서는 임금 인상, 8시간 노동제, 부상자와 사망자에 대한 위로금 지급 등을 요구했다. 김경일(2004). 『한국노동운동사 2: 일제하의 노동운동 1920~1945』. 서울: 지식마당. pp.320-324.

1. 자(소)작농의 몰락과 식민지 지주제의 형성: 1910~1919년

일제강점기의 조선 경제에 대한 이해는 조선이 일제의 '식민지'였다는 명백한 사실에서 출발해야 한다. 이는 일제강점기 동안 이루어진 어떤 개발도 일본 제국주의의 이해에 복무하는 식민지 조선이라는 전제하에 설명되어야 한다는 것을 의미한다. 설령 그 개발로 조선 경제가 외형적으로 성장했고 1960년대 이후의 한국 경제의 고도성장이 이 시기의 개발과 관련이 있다고 해도 당시 조선이 일본 제국주의의 이해에 복무하는 식민지였다는 사실에는 변화가 없다. 김낙년의 주장[16]과 달리 일제가 식민지 조선에서 추진했던 개발이라는 경제 행위는 식민지 지배라는 정치 행위와 분리해서 논의될 수 없기 때문이다.

1910년부터 1919년까지 식민지 조선 경제의 특성은 당시 식민지 조선과 일본 간에 구축된 분업체계를 검토함으로써 이해될 수 있다. 1920년대까지 조선

동네 아이들이 토지를 측량하는 기사를 신기한 표정으로 지켜보고 있다. 아이가 아이를 업고 측량기사를 보는 모습이 인상 깊다(출처: 『중앙일보』).[17]

....

16 "이 책의 입장(『일제하 한국경제』를 말함)은 제국주의의 식민지 지배=민족문제를 기본적으로 정치적 차원의 문제로 보기 때문에 경제적 차원과는 일단 분리하지 않으면 안 된다는 것이다." 김낙년(2003). 『일제하 한국경제』. 서울: 해남. p.16.

17 중앙일보, 2010년 3월 22일, "[사진] 100년 전 일제강점기 토지 측량." 접근일 2015년 12월 31일. 원사진 출처: http://news.joins.com/article/4071543

에 대한 일제의 산업정책은 농업개발을 중심으로 이루어졌고 공업개발은 일제의 관심 영역이 아니었다.[18] 일제가 조선을 병탄한 이후 추진한 정책도 조선의 농업을 일본 자본주의의 요구에 따라 재편하기 위한 토지조사사업이었다. 일제가 토지의 사적 소유화를 통해 조선의 농업구조의 재편을 시도한 것은 1905년에 통감정치를 시작하면서부터였다.[19] 일제는 조선을 일본의 식량 공급지로 만들기 위해 미곡을 대량으로 상품화할 필요가 있었고, 이를 위해서는 수리시설 등 효율적 생산을 위한 제반 조건이 갖추어져야 했다. 그런데 미곡의 상품화에는 다른 작물에 비해 상대적으로 대규모 자본이 투자되어야 했기 때문에, 일제는 조선의 토지소유관계를 대규모 투자가 가능한 지주제로 재편할 필요가 있었다.[20] 사실 지주의 배타적 토지 소유권을 제도화한 것은 일제가 토지조사사업을 시작하기 전인 1908년 대한제국의 탁지부령을 통해서였다.[21] 탁지부령은 광무양전(1898~1904년) 당시만 해도 인정되던 토지에 대한 실제 경작자[詩作]의 경작권(영구소작권, 소작료 정액제, 소작지 전대권)을 부정하고 지주의 소유권만을 배타적으로 보장하는 조치였다. 1910년부터 시작해 1918년에 종료된 토지조사사업은 일제가 1905년 통감정치 시기부터 추진한 토지 소유권의 재편을 완결한 조치라고 할 수 있다. 토지조사사업을 통해 조선의 농업구조는 일본으로 쌀을 이출하기에 용이한 '식민지 지주제'로 급격히 재편되어갔다.[22] 토지 소유권의 재편은 일제의 목적에 따라 조선 농업을 재편하기 위한 전제조건이었다.[23]

....

18 김낙년. 『일제하 한국경제』. p.167.
19 宮嶋博史(1983[1973]). "토지조사사업의 역사적 전제조건의 형성." 사계절 편집부 편. 『韓國近代經濟史研究』. pp.256-298. 서울: 사계절.
20 宮嶋博史. "朝鮮 甲午改革 이후의 商業的 農業." pp.216-220.
21 宮嶋博史. "토지조사사업의 역사적 전제조건의 형성." p.288.
22 宮嶋博史(1983[1978]). "조선 '토지조사사업' 연구서설." 사계절 편집부 편. 『韓國近代經濟史研究』. pp.299-327. 서울: 사계절. p.309; 조석곤(1994). "토지조사사업과 식민지지주제." 강만길·김남식·김영하·김태영·박종기·박현채·안병직·정석종·정창렬·조광·최광식·최장집 편. 『한국사 13: 식민지시기의 사회경제 1』. pp.205-236. 서울: 한길사. p.236; 김건태(2013). "광무양전의 토지파악 방식과 그 의미." 『대동문화연구』84: 227-346. pp.331-335; 이영훈(1990). "광무양전에 있어서 〈시주〉파악의 실상." 김홍식·宮嶋博史·이영훈·조석곤·이헌창 저. 『대한제국기의 토지제도』. 서울: 민음사.
23 또한 일제는 조선을 원료 공급지로 재편하기 위해 자작농의 상품작물이었던 담배, 인삼 등을 전매제로

논쟁은 이러한 토지조사사업의 과정과 결과의 해석을 둘러싸고 벌어졌다. 식민지 근대화론자의 입장에서 보면 토지조사사업은 식민지 조선이 근대적 자본주의 사회로 이행하기 위해서 반드시 필요한 배타적 소유권을 확립하는 조치였다. 토지에 대한 배타적 소유권이 확립됨으로써 조선에서 1920년대에 미곡의 상품화를 통한 자본축적이 가능했고 1930년대에 식민지 공업화를 추동했던 수요 증대의 기반이 만들어졌다는 것이다.[24] 더불어 토지에 대한 배타적 소유권이 확보됨으로써 토지는 비로소 상품이 되고 자본으로 활용될 수 있게 된 것이다. 칼 폴라니는 상품이 아닌 토지를 상품화한 것을 근대 자본주의의 중요한 특징으로 이해했다.[25] 나카무라 사토루도 일제의 토지조사사업이 식민지 조선에서 근대적 토지 소유권을 확립함으로써 상품경제를 확산하고 농민층 분해를 촉진해 지주제를 강화하는 동시에 대규모 저임금 노동력을 창출해 조선의 자본주의화에 기여했다고 평가했다.[26] 사실 식민지에서 배타적 토지 소유권을 제도화하는 방식으로 식민지 지주제를 구축한 것은 일제만의 고유한 지배방식은 아니다. 배타적 토지 소유권의 확립은 식민지를 직접 지배했던 제국주의 국가들의 공통적인 지배방식이었다. 예를 들어, 프랑스는 일본보다 앞서 베트남에서 식민지 지주제를 구축하기 위해 토지에 대한 배타적 소유권을 강제하고 토지를 상품화시켰다.[27] 일본은 주변 국가들을 침탈하기 전에 서구 제국주의의 식민지 침탈과 지배방식을 검토했고 영국식 간접 지배방식 대신 프랑스식 직접 지배방

....

제한하고 면화의 경우 재래 면포의 원료가 되는 품종이 아닌 일본 면업의 원료가 되는 육지면 재배를 강제했다. 이윤상. "열강의 이권침탈과 경제의 예속화 과정." p.278, 300. 일제는 1912년 '육지면 장려 제1기 계획'을 수립해 1918년까지 경지 면적을 10만 정보로 확대했고, 1919년부터는 제2기 10년 계획을 통해 경작 면적을 25만 정보로 확대할 계획을 세웠다. 권태억(1989).『한국근대면업사연구』. 서울: 일조각. pp.103-114; 정재정(2003). "식민지 수탈구조의 구축." 국사편찬위원회 편.『한국사 47: 일제의 무단통치와 3·1운동』. pp.52-100. 서울: 탐구당. p.69에서 재인용. 일제가 조선 농민에게 육지면 재배를 강제한 것은 조선을 일본 면제품의 수입시장으로 재편하기 위해서였다. 조선이 일제의 면직물 상품시장이 되기 위해서는 조선 내 면직물(토포) 생산을 막아야 했기 때문이다.

24 김낙년.『일제하 한국경제』.
25 Polanyi.『거대한 전환』. p.243.
26 이만열. "일제 식민지 근대화론 문제 검토." p.310.
27 윤충로(2005).『베트남과 한국의 반공독재국가형성』. 서울: 선인. p.87.

식을 따랐다. 일본과 프랑스의 차이점은 일본이 프랑스보다 식민지 농업구조의 재편을 더 철저히 추진했다는 것이다.

토지조사사업을 통해 토지로부터 유리된 대규모 유휴 노동력을 창출하는 것은 자본주의 성립의 중요한 전제를 충족시켜주는 것이다. 역사적으로 북서유럽에서 산업자본주의의 성립은 생산수단으로부터 이탈된 대규모 유휴 노동력이 창출되었기 때문에 가능했다. 농촌에서 발생한 대규모 유휴 노동력의 존재는 곧 공장에서 일할 수 있는 풍부한 노동력의 창출을 의미했다. 이러한 관점에서 본다면 토지조사사업으로 인한 자(소)작농의 몰락과 소작농의 급증은 토지로부터 유리된 대규모 유휴 노동력 창출을 가능하게 했다는 점에서 식민지 조선의 자본주의화를 위한 과정이었다고 평가할 수도 있다. 실제로 〈그림 7.1〉에서 보는 것과 같이 1913년부터 토지조사사업이 완료되는 1918년까지 자작농과 자소작농은 감소한 반면 (토지에 대한 경작권을 상실한) 소작농의 수는 급격히 증가했다. 동 기간 동안 자작농은 63,139호, 자소작농은 28,358호가 감소한 반면 소작농의 수는 무려 170,004호나 증가했다.[28] 토지조사사업으로 농민층이 급격히 분해되었고, 1930년대 초반까지 농업 분야에서 과잉 노동력이 지속적으로 배출되었다.[29] 그러나 문제는 식민지 조선이 토지조사사업을 통해 농업 부문에서 형성된 대규모 유휴 노동력을 수용할 수 있는 산업기반을 갖고 있지 않았다는 점이다. 김낙년이 지적한 것과 같이, 일제는 적어도 1931년 만주를 침략하기 전까지는 조선을 공업화할 어떤 계획도 갖고 있지 않았다.[30] 일제에게 식민지 조선의 역할은 일본의 노동계급에 공급할 저렴한 식량을 생산하는 것이었다.[31] 농촌에서 발생한 과잉 노동력에 대한 산업 수요가 없는 상황에서 대부분의 소작농들이 삶을 영위하는 길은 지주의 절대적 힘의 우위가 제도화된 식민지 지주제에 순응하거나 아니면 화전을 일구거나 도시의 최하위 빈곤층인 토막민이 되는 길밖에 없었다. 이마저도

....

28 배기효(1999). 『일제시대의 복지행정』. 대구: 홍익출판사. p.115.
29 堀和生(2003[1995]). 『한국 근대의 공업화: 일본 자본주의와의 관계』. 서울: 전통과 현대. pp.107-109.
30 김낙년. 『일제하 한국경제』. p.167.
31 宮嶋博史. "조선 '토지조사사업' 연구서설." p.309.

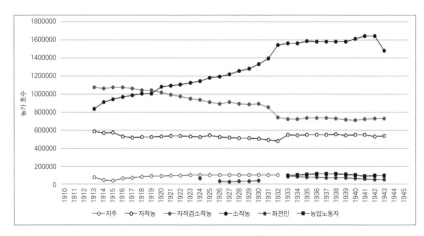

그림 7.1 일제강점기의 농업 형태별 계층 분화, 1910~1945년[32]

출처: 아래의 자료에서 자료를 종합해 정리했다. (1) 1913~1930년, 1933~1941년 자료: 배기효(1999). 『일제시대의 복지행정』. p.115 〈표 III-13〉, p.146 〈표 III-35〉, p.198 〈표 III-74〉 참고. (2) 1932년 자료: 김낙년. 『일제하 한국경제』. p.128 〈표 4-1〉 참고. (3) 1942~1943년 자료: 김영모(1982). "일제하 사회계층의 형성과 변동에 관한 연구." 조기준 · 이윤근 · 유봉철 · 김영모 저. 『일제하의 민족생활사』. pp.487-659. 서울: 현음사. p.601 〈표 4-16〉 참고. (4) 1931년 자료: 宮嶋博史. "토지조사사업의 역사적 전제조건의 형성." pp.275-276 〈표 8〉 참고.

불가능하다면 조선을 떠나 만주, 일본 등 해외로 이주하는 것 이외에 다른 대안은 없었다.

정리하면, 일제의 토지조사사업은 조선의 농업구조를 토지에 대한 배타적 소유권을 확보한 지주와 경작권을 상실한 소작농 관계, 즉 식민지 지주제로 변화시켰다. 또한 토지조사사업은 일본의 식민 농정의 핵심세력이 중소지주에서 대지주로 전환되는 계기도 되었다.[33] 왜냐하면 앞서 언급했듯이 미곡 증산과 상품화를 위해서는 상대적으로 많은 자본이 투하되어야 했기 때문에 미곡의 상품화는 중소지주보다는 대지주를 중심으로 이루어져야 했다. 프랑스의 식민지였던

....

32 배기효. 『일제시대의 복지행정』. p.115 〈표 III-13〉, p.146 〈표 III-35〉, p.198 〈표 III-74〉 참고; 김낙년. 『일제하 한국경제』. p.128 〈표 4-1〉 참고; 김영모(1982). "일제하 사회계층의 형성과 변동에 관한 연구." 조기준 · 이윤근 · 유봉철 · 김영모 저. 『일제하의 민족생활사』. pp.487-659. 서울: 현음사. p.601 〈표 4-16〉 참고; 宮嶋博史. "토지조사사업의 역사적 전제조건의 형성." pp.275-276 〈표 8〉 참고.

33 윤충로. 『베트남과 한국의 반공독재국가형성』. p.98.

베트남에서도 미곡의 상품화는 대규모 투자를 감당할 수 있는 대지주를 중심으로 이루어졌다.[34] 중소지주나 자작농은 미곡 상품화에 투여할 자본이 없었기 때문이다. 농업이 지배적인 지위를 차지하고 있었던 조선 사회에서 농업구조의 변화는 곧 조선 사회 전체의 변화를 의미했다. 실제로 조선 내 총생산 대비 농업생산액의 비중은 1911년 57.8%였고 토지조사사업이 완료된 1918년에도 58.6%에 달했을 정도로 절대적이었다.[35] 제4절과 제5절에서 검토하겠지만, 조선의 농업구조가 식민지 지주제로 전환됨으로써 조선 내 권력관계와 조선 사회의 생산력을 유지하기 위한 분배체계에 대한 요구 또한 변화했다.

토지조사사업: 근대적 소유권과 수탈적 성격

토지에 대한 근대적 소유권이 토지조사사업으로부터 시작되었는지 아니면 대한제국의 광무양전에서 기원하는지를 둘러싼 논란이 있다. 일반적으로 식민지 근대화론자들은 한국 역사에서 근대적 토지 소유권이 일제의 토지조사사업으로부터 시작되었다고 보는 반면, 이를 비판하는 논자들은 토지조사사업에서 확립된 근대적 토지 소유권이 대한제국의 광무양전을 계승한 것이라고 평가하고 있다. 식민지 근대화론의 대표적 주자인 이영훈은 광무양안에 등록된 시주(時主)와 시작(時作)이 토지의 실소유주와 경작자의 이름으로 등재되지 않고 조상의 이름, 호명, 자 등으로 등재된 경우가 상당수 있다는 점을 들어 광무양안을 가짜 토지장부[虛簿]라고 주장했다.[36] 또한 시주의 '시(時)'를 '임시'라는 의미로 해석해 국가 소유의 토지를 임시로

....

34 프랑스는 베트남에서 미곡의 산출량을 늘리기 위해 화학비료를 구매할 자금을 대여해주는 정책을 실시했다. 그러나 화학비료 구매를 위해 책정한 50만 불의 대부금 중 실제로 대부된 금액은 책정 금액의 2.4%에 불과한 12,000불에 그쳤다. 농민들에게는 대부를 통해 화학비료를 구매할 경제적 여력이 없었기 때문이다. 윤충로. 『베트남과 한국의 반공독재국가형성』. p.102.

35 김낙년 편(2006). 『한국의 경제성장: 1910-1945』. 서울: 서울대학교 출판부. pp.367-369.

36 이영훈. "광무양전에 있어서 〈시주〉파악의 실상."

갖고 있는 주인이라고 했다. 즉, 광무양전은 토지에 대한 배타적 소유권을 보장한 것이 아니라 국가가 토지의 주인이고 지주는 토지의 임시 소유자라는 봉건사회의 중층적 토지 소유권에 충실한 조사라고 보았다.

반면 광무양전이 토지 소유자와 경작자의 현실을 비교적 잘 반영하고 있다는 점과 양안을 근거로 토지 소유권을 증명하는 지계를 발급했다는 점을 들어 광무양전이 근대적 토지 소유권을 보장한 것이라는 주장 또한 존재한다. 광무양전은 토지 소유자의 권리만이 아닌 경작자의 권리 또한 기록했다는 점에서 지주의 배타적 소유권만을 인정한 토지조사사업과는 차이가 있었다.[37] 시주와 시작의 '시'를 '임시'라는 의미로 해석한 이영훈과 달리, 이들은 '현재'라는 의미로 해석해 시주와 시작을 양전 당시의 토지 소유주와 경작자로 해석했다.[38] 시주와 시작의 실명이 기록되지 않은 것도 시주와 시작의 실명을 몰랐기 때문이 아니라 실명을 기록하지 않아도 양전조사 당시해당 실소유주와 실경작자를 파악하는 데 큰 문제가 없었기 때문이었다는 것이다.[39] 미야지마 히로시는 광무양전이 근대적 토지 소유권을 보장한 토지조사라고 명시하지는 않았지만 "조선에서 있어서 전근대적 토지 소유제에서 근대적 토지 소유제로의 변혁이라는 역사적 흐름 속에서 (토지조사)사업을 파악해야 한다."는 점을 강조함으로써 토지조사사업과 대한제국의 광무양전의 연속성을 강조했다.[40] 더불어 미야지마는 "토지조사사업이 일본 제국주의에 의한 조선 식민지화의 기초적 사업이었다는 관점"을 분명히 했다.

한편 최근의 연구에서는 광무양전과 토지조사사업은 작성 목적이 다

....

37 宮嶋博史. "토지조사사업의 역사적 전제조건의 형성." p.288.
38 한국역사연구회 토지대장연구반(2010). 『대한제국의 토지제도와 근대』. 서울: 혜안; 김용섭(2004). 『한국근대농업사연구 2』. 서울: 지식산업사; 김건태. "광무양전의 토지파악 방식과 그 의미." pp.331-335.
39 김건태. "광무양전의 토지파악 방식과 그 의미." p.341.
40 宮嶋博史. "조선 '토지조사사업' 연구서설." p.300.

른 문서라는 점을 강조한다. 경기도 죽산군 남일면 금산리(현재 안성시 일죽면 금산리) 일대의 광무양안을 분석한 김건태의 연구에 따르면, 광무양안에 기록된 시주는 당시 토지의 주인을 의미하고 시작은 양전 당시의 경작자를 의미한다. 다만 광무양안에 기록된 모든 토지에 시주와 시작이 기록된 것은 아니며, 시주와 시작에 기록된 이름도 현재의 토지 소유주와 실경작자의 이름인 경우도 있지만 조상의 이름 등인 경우도 있다고 했다. 또한 광무양전의 주목적이 조세 징수를 위한 것이었기 때문에 경작자가 아닌 납세자의 이름이 오른 경우도 있다는 것이다. 시주와 시작의 이름이 겹치는 경우가 있는 것으로 보아 시작의 대부분은 실제 경작자일 가능성이 높다고 추정했다. 결론적으로 광무양안은 공평한 세금을 부과하기 위해 작성된 문서라고 평가했다. 그러면서도 김건태는 전근대 사회에서 조선과 같이 정밀한 토지문서를 작성한 경우는 매우 이례적이고 조선은 토지 소유권을 기록한 문서를 작성할 충분한 역량이 있었다고 평가했다.[41] 다만 조선은 토지 소유권을 보장하는 토지문서를 작성할 필요성을 느끼지 못했던 것이다.

토지조사사업과 관련된 또 하나의 전통적 견해는 토지조사사업의 약탈성을 강조하는 것이다. 박현채는 "토지조사사업은 조선인에게는 조상으로부터 물려받은 토지의 수탈 과정이었다."고 평가했다.[42] 반면 1970년대 후반부터는 토지조사사업을 조선 사회의 내재적 발전의 연장선상에서 접근하려는 연구들이 나타났다. 조석곤은 토지조사사업의 "신고주의에 의해 농민들이 모르는 사이에 많은 토지가 불법적으로 약탈되었다."는 이재무와 신용하의 주장은 사실이 아니라고 반박했다.[43] 실제로 조석곤이 인용한 자료에 따르면, 토지조사사업의 대상이 되었던 19,107,520필지 중 분쟁이 있었던 토지는 99,445필지로 총 조사대상 토지의 0.52%에 불과했다. 그러나 이

....

41 김건태. "광무양전의 토지파악 방식과 그 의미." p.342.
42 박현채(1978). 『민족경제평론』. 서울: 한길사. p.85.
43 조석곤. "토지조사사업과 식민지지주제." p.220, 224.

러한 해석은 토지에 대한 전통적 권리라는 측면에서 보면 적절한 해석이 아니다. 근대적 자본주의의 관점에서 보면 토지조사사업은 지주의 토지에 대한 배타적 소유권을 보장한 것이지만 경작자의 관점에서 보면 자신들이 전통적으로 '소유'했던 토지에 대한 제반 권리를 합법적으로 지주에게 이전시킨 약탈적 제도였기 때문이다. 더욱이 토지조사사업으로 배타적 소유권을 보장받은 지주는 소작인과의 권력관계에서 절대적 힘의 우위를 확보함으로써 자신에게 유리한 지대(소작료)를 제도화시킬 수 있는 합법적 수단을 갖게 되었다. 실제로 토지조사사업이 완료된 이후 소작지의 임차기간이 단축되고 소작료가 인상되는 등 경작자에게 매우 불리한 소작관계가 확산되었다. 또한 일제는 낮은 토지세를 부과함으로써 토지조사사업을 통해 배타적 소유권을 보장받은 지주가 더 많은 양의 미곡을 상품화할 수 있도록 했다. 조선의 지주는 높은 소작료와 낮은 세금에 힘입어 대일 미곡 이출을 확대해 갔다. 그리고 이렇게 만들어진 이윤은 지주가 다시 자(소)작농의 토지를 겸병할 수 있는 물적 기반을 마련해주었다. 이렇게 보면 토지조사사업의 약탈적 성격은 (일제가 조선을 식민지 경제로 재편하려 했다는 점에서) 민족적인 동시에(지주의 토지집적을 강화시켰다는 점에서) 계급적인 성격을 띠고 있었다고 할 수 있다.

2. 미곡의 상품화와 식민지 지주제의 확립: 1920~1933년

제2기는 일제가 제1차 산미증식계획을 시행한 1920년부터 제2차 산미증식계획이 공식적으로 종료된 1933년까지이다.[44] 일제는 토지조사사업을 통해 지

....

44 제1차 산미증식계획은 1920~1925년에 실시되었고, 제2차 계획은 1925~1934년에 실시될 계획이었으나 쇼와(昭和) 공황의 발생으로 1933년에 중단되었다.

주의 배타적 토지 소유권을 보장해 쌀의 대일 이출을 확대하려고 했지만 계획대로 진행하지는 못했다. 아래의 〈표 7.2〉에서 보는 것과 같이, 토지조사사업 기간 중이었던 1915~1917년 연평균 이출량은 1910~1912년에 비해 네 배 가까이 늘어났지만 1차 세계대전 기간 동안 급속히 발전한 일본 자본주의의 수요를 충족시키지는 못했다.[45] 일본 자본주의의 급속한 발전은 농업과 공업 간의 불균형을 심화시켰고, 물가조정령, 쌀 수출 금지, 대규모 미곡의 수이입 등 일본 정부의 저(低)미가 정책에도 불구하고 고(高)미가라는 가격구조는 변하지 않았다.[46] 결국 1918년 8월에는 일본에서 '쌀 소동'이 발생했다.[47]

표 7.2 미곡 생산과 외국으로의 수출량과 일본으로의 이출량(단위: 석), 1910~1932년

분류 / 연평균	단보 수확량(석) / 이출량(석)	생산고(석) / 수출량(석)	수이출량(석) / 이출량/수이출량(%)	수이출량/생산고(%) / 수출량/수이출량(%)
1910~1912년	0.788(89)	10,946,342(81)	627,378(31)	5.7
	389,908(25)	237,470(53)	62.1	37.9
1915~1917년	0.890(100)	13,488,996(100)	2,005,399(100)	14.9
	1,573,503(100)	431,895(100)	78.5	21.5
1920~1922년	0.952(107)	14,740,332(109)	2,952,285(147)	20.0
	2,837,421(180)	114,864(27)	96.1	3.9
1925~1927년	0.992(111)	15,790,898(117)	5,671,076(283)	35.9
	5,658,902(360)	12,174(3)	99.8	0.2
1930~1932년	1.032(116)	17,133,167(127)	7,246,857(361)	42.3
	7,233,690(460)	13,168(3)	99.8	0.2

출처: 河合和男. "산미증식계획과 식민지 농업의 전개." p.388. * 괄호 안의 숫자는 1915~1917년을 100으로 했을 때의 증가지수를 나타낸다.

....

45　河合和男(1983[1979]). "산미증식계획과 식민지 농업의 전개." 사계절 편집부 편. 『韓國近代經濟史研究』. pp.375-421. 서울: 사계절. p.375.

46　河合和男. "산미증식계획과 식민지 농업의 전개." p.376.

47　1차 세계대전 중 물가 폭등과 함께 1914년부터 계속된 흉작으로 인해 1917년 봄부터 쌀 가격이 상승하기 시작했다. 1917년 봄에 한 석당 20엔이던 쌀 가격이 일제가 러시아 혁명의 반군을 지원하기 위해 시베리아 출병을 발표한 1918년 8월부터는 한 석당 39엔으로 불과 1년 만에 두 배로 올랐다. 이러한 배경하에 쌀 소동은 1918년 7월 23일에 도야마현(富山県) 우오즈(魚津)에서 어부의 아내들이 미곡의 현외 반출을 금지할 것을 요구한 것을 시작으로 1918년 7월에서 9월까지 전국 37개 시, 134개 정, 139개 촌에서 시위와 폭동이 발생했다. 三和良一(2004[2002]). 『일본경제사: 근대와 현대』. 권혁기 역. 서울: 보고사. pp.156-157.

쌀 소동은 데라우치(寺內) 내각을 실각시키고 하라 타카시(原敬)의 정우회(政友會) 내각을 출범시켜 다이쇼 데모크라시 시대를 열 만큼 일본 열도에 큰 충격을 주었다. 일본의 쌀 이입 규모는 쌀 소동이 발생하기 직전인 1917년 251만 석에서 1918년 654만 석, 1919년 950만 석으로 급증했다.[48] 동 기간 동안 조선과 대만으로부터 이입된 미곡을 제외한 수입 규모는 52만 석에서 543만 석으로 무려 열 배 가까이 폭증했다. 이로 인해 1918년과 1919년 두 해 동안 일본이 미곡 수입을 위해 지급한 외화가 무려 2억 5천만 원 이상이 되면서 쌀 수입이 국제수지를 악화시키는 주요인으로 등장하게 된다.[49] 저렴한 노동력을 유지하기 위해서는 저미가가 필수적이었기 때문에, 일제는 1919년부터 개간조성법, 경지정리법 등 증미장려정책을 실시했고 1920년부터는 조선에서 산미증식계획을 실시하게 된다. 카와이 카즈오(河合和男)는 "산미증식계획이야말로 일본 자본주의의 존립에 불가결한 저임금을 유지하기 위한 미가·식량 대책으로서, 또한 국제수지 대책으로서 식민지 조선을 식량공급기지로 확정하는 산업정책이었다."라고 평가했다. 일제는 1920년대에 들어서면서 식민지 조선을 일본 자본주의를 위한 식량공급기지로 전환하기 위한 정책을 본격화한 것이다.

하지만 제1차 산미증식계획은 성공적이지 못했다. 농사개량, 수리조합 설립, 토지개량사업이 시행된 면적은 사업 착수 예정면적의 59%, 준공 예정면적의 62%에 불과했다. 더욱이 경종법(耕種法)의 개량과 비료의 증가가 수반되지 않아 개량사업이 완료된 농지에서도 기대만큼 생산량 증가가 이루어지지 못했다. 이러한 결과는 농촌에 광범위한 유휴 노동력이 남아있었기 때문에 토지개량으로 얻어지는 수익이 높지 않아 나타난 현상이기도 했다.[50] 제2차 산미증식계획에서는 지주에게 저리의 자금을 융자해주고 토지개량사업을 수행할 대행기관을 설치해 이러한 문제를 해소하려고 했다. 총독부가 토지개량사업을 위해 알선한 자금의 비중은 제1차에는 전체 자금의 32%에 불과했지만 제2차에는 73%로 높아졌

....

48   宮嶋博史. "토지조사사업의 역사적 전제조건의 형성." p.280.
49   河合和男. "산미증식계획과 식민지 농업의 전개." p.376.
50   河合和男. "산미증식계획과 식민지 농업의 전개." p.379.

다.[51] 은행 대출에서도 농업자금의 비율은 1918년 11.0%에서 제2차 산미증식계획기간 중이었던 1930년에는 42.9%로 높아졌다.[52] 더욱 주목해야 할 현상은 조선인에 대한 은행 대출이 급증했다는 점이다. 산미증식계획을 시행하기 전에 전체 은행 대출에서 조선인과 일본인이 차지한 비중은 1918년 각각 27.3%, 70.8% 였다. 반면 제2차 산미증식계획 기간 중이었던 1930년에는 조선인과 일본인의 비중이 각각 50.5%, 48.0%로 조선인에 대한 대출이 일본인보다 더 많았다. 조선인 지주들이 식민지 지배기관의 지원 아래 산미증식계획에 적극적으로 참여했던 것이다. 조선인 지주들은 상품경제에 수동적으로 대응하는 정태적 지주들이 아니었다.

〈표 7.2〉에서 보았던 것과 같이, 단보당 미곡 수확량은 산미증식계획이 시행되기 전인 1915~1917년 연평균 0.89석에서 제1차 산미증식계획 기간 중이었

1910년대 군산항의 모습(출처: 디지털군산문화대전).[53]

....

51   장시원(1994). "산미증식계획과 농업구조의 변화." 강만길·김남식·김영하·김태영·박종기·박현채·
      안병직·정석종·정창렬·조광·최광식·최장집 편. 『한국사 13: 식민지시기의 사회경제 1』. pp.237-
      288. 서울: 한길사. p.242.
52   河合和男. "산미증식계획과 식민지 농업의 전개." p.395.
53   http://webzine.idaesoon.or.kr/board/Print.asp?idx=6799

던 1920~1922년 연평균 0.95석으로 증가했고, 제2차 산미증식계획이 종료되어 가던 1930~1932년에는 1.03석으로 높아졌다. 산출량도 1915~1917년 연평균 1,348만 석에서 1930~1932년는 1,713만 석으로 증가했다. 문제는 산미증식계획으로 인해 증가한 산출량보다 더 많은 미곡이 일본으로 이출되었다는 점이다. 1915~1917년 연평균 157만 석에 불과하던 이출 규모는 1930~1932년에는 723만 석으로 무려 4.6배나 증가했다. 미곡 산출량 증가가 27%에 그쳤다는 점을 고려하면 엄청난 양의 미곡이 일본으로 이출된 것이다. 일본은 조선으로부터 대규모로 쌀을 이입함으로써 외국산 쌀의 수입을 감소시킬 수 있었고 국제수지도 개선할 수 있었다.[54] 생산량보다 더 큰 이출량의 증가는 일제가 토지조사사업으로 만들어놓은 식민지 지주제를 전제하지 않고는 불가능한 일이었다. 자가 소비를 제외하고 남는 쌀을 대규모로 상품화할 수 있는 계급은 대지주를 제외하고는 없었기 때문이다. 대지주는 미곡의 이출로 부를 축적할 수 있었지만, 농업 이외에 별다른 탈출구가 없었던 대다수 농민들의 삶은 더 나빠졌다. 실제로 조선총독부 농림국 자료에 따르면, 산미증식계획 전후로 조선의 1인당 미곡 소비량은 급락했다. 1915~1918년 연평균 0.7석에서 1931~1943년에는 연평균 0.4석으로 급감했다.[55] 미곡 소비량의 감소는 보리[大麥], 쌀보리[裸麥], 밤[栗], 콩[豆] 등 잡곡으로도 보충되지 않았다. 쌀을 제외한 잡곡의 1인당 소비량도 동 기간 동안 1.27석에서 1.22석으로 감소했다. 전체적인 곡물 소비량은 1인당 1.98석에서 1.65석으로 감소했다. 더욱이 1930년 조선총독부에서 파악한 자료를 보면, 전체 농가 중 절반에 가까운 48.3%가 3월부터 5월까지 식량이 부족한 춘궁 상태에 빠졌고 소작농의 경우는 그 비율이 68.1%에 달했다.

산미증식계획이 식민지 농업구조에 미친 영향은 1910년 이래 일제가 추진했던 식민지 지주제를 확대·강화하는 결과로 나타났다. 1940년대의 상황을 예외로 한다면, 산미증식계획 기간에 100정보 이상을 보유한 조선인 대지주는

....

54 河合和男, "산미증식계획과 식민지 농업의 전개." p.392.
55 河合和男, "산미증식계획과 식민지 농업의 전개." p.403.

1910~1913년 314호에서 1925~1927년 968호로, 1930년이 되면 800호로 증가했다. 일본인 지주도 동 기간에 각각 79호, 201호, 301호로 증가했다. 반면 〈그림 7.1〉에서 보았던 것과 같이, 소작농가의 수는 산미증식계획이 시작된 1920년 1,082,842호에서 1933년 1,563,056호로 48만여 호가 증가했다. 자(소)작농가의 수는 동 기간에 1,017,780호에서 724,741호로 29만여 호가 감소했다. 산미증식계획으로 인해 조선 농업에서 식민지 지주제가 확산되었다. 이제 식민지 조선에서 지주는 출신 민족(ethnic origin)과 관계없이 미곡의 대일 이출이라는 상품화에 기초해 일본 자본주의와 공통의 이해를 갖게 되었다. 반면 조선의 소작농들은 식민지 지주제에 기초한 미곡 상품화의 최대 희생자가 되었다. 토지조사사업과 산미증식계획의 결과로 1920년대의 조선 민족은 일제의 식민지 지배에 대해 상이한 이해를 갖는 집단으로 분열되었다. 조선 농업이 일본으로의 이출을 위한 미곡을 중심으로 단작화되어감에 따라 조선은 일본 자본주의의 분업체계에 더 깊숙이 편입되었다.

한편 김낙년은 산미증식계획의 결과로 나타난 식민지 지주제의 강화가 1930년대 공업화를 예비한 과정이었다고 평가했다. "⋯⋯당시 한국의 공업화는 종래의 이미지와는 달리 한국 내 형성된 시장과 결합되는 방식으로 전개되었다는 것이다. 이렇게 보면 미곡이출에 의한 수입 증대는 조선 내 공산품시장을 확대하고, 공업화를 위한 기반을 형성했다고 할 수 있다. 산미증식계획이 결과적으로 한국 공업화를 위한 내재적인 조건의 하나를 마련한 셈이다."[56] 카터 에커트(Carter Eckert)도 조기준의 연구를 인용해 "조선시대 말과 식민지 시기 동안 한국인 자본가계급의 형성이란 상당한 정도로 토지자산을 자본주의적 기업으로 전환하는 것이었다는 점을 분명히 보여준다."고 했다.[57] 실제로 300여 명의 한국인 기업가를 조사한 결과 47%가 대지주 또는 중간 규모의 지주의 아들이었던 것으로 밝혀졌다. 적어도 식민지 조선에서 지주의 성장은 지주자본이 산업자본으로 전환하

....

56   김낙년, 『일제하 한국경제』, pp.136-137.

57   Eckert, C. (2008[1991]). 『제국의 후예』, 주종익 역. 서울: 푸른역사. pp.43-44.

기 위한 전조였던 것으로 보인다.

하지만 앞서 언급했듯이 일제는 1931년 만주침략 이전까지는 조선을 공업화할 어떤 계획도 갖고 있지 않았다.[58] 1920년대까지 일제는 조선을 농업 식민지로 개발하기 위해 조선인의 자본을 토지에 묶어두려고 했고[59] 이를 위한 제도적 지원을 아끼지 않았다. 예를 들어, 조선총독부는 1914년 조선지세령(朝鮮地稅令)을 제정하고 1918년에 이를 개정해 지주에게 유리한 세금체계를 만들었다. 토지조사사업 과정에서 부과된 지세는 수확량의 5% 수준으로 당시 일본의 25%는 물론이고 대만의 7%보다도 낮았다. 더욱이 지주가 부담해야 하는 실질 지세 수준은 적어도 1920년대까지 계속 낮아졌다.[60] 1910년 지세 수준을 100이라고 했을 때 물가상승률을 반영한 실질 지세 수준은 1918년에는 61.6이었고 1920년에 이르면 53.9로 낮아졌다. 이렇게 볼 때 적어도 일제가 1931년 만주를 침략하기 전까지 토지는 조선에서 가장 안정적으로 이윤을 확보할 수 있는 투자처였다. 1930년대가 되어서야 공업에 대한 투자가 농업에 대한 투자보다 높은 수익을 보장해주기 시작했다. 1937년 논의 수익률은 8%에 불과했지만 방직업의 이윤율은 19%에 달했다. 산미증식계획으로 잉여를 축적한 지주자본이 1930년대의 조선 공업화의 중요한 동력이 되었을 것이라는 추정이 가능해진다. 하지만 분명한 것은 1930년대의 공업화가 조선의 이해가 아닌 일본 제국주의의 이해에 따라 조선 산업을 일본 자본주의의 분업체계에 종속시키는 과정이었다는 점이다. 에커트가 명확하게 지적한 것과 같이, "조선의 공업화란 처음부터 일본이 아시아 대륙으로 경제적으로 팽창한다는 제국주의적 전망과 불가분하게 결부"되어 있었기 때문이다.[61] 이러한 점을 고려한다면, 1930년대의 조선 경제의 변화를 어떻게 해석할지를 둘러싼 논란은 이미 예정되어 있었다고 할 수 있다. 이제 우리는 일제의 학

....

58   김낙년. 『일제하 한국경제』. p.167.
59   Eckert. 『제국의 후예』. pp.121-123.
60   김동노(1998). "식민지시대의 근대적 수탈과 수탈을 통한 근대화." 『창작과 비평』 26(1): 112-132. p.115, pp.123-124.
61   Eckert. 『제국의 후예』. p.86.

자들이 '조선산업혁명'이라고 불렀던 1930년대의 조선의 공업화에 대해 검토해 보자.

3. 식민지 공업화

조선경제조사기관연합회 조선 지부가 편찬한 『조선경제연보(朝鮮經濟年報)』와 스즈키 다케오(鈴木武雄)의 『조선의 경제(朝鮮の経済)』는 일제강점기 당시의 사람들이 1930년대의 조선의 공업화를 어떻게 보았는지를 확인시켜준다. 대표성은 없지만 당시 조선 경제 전문가들은 1930년대 식민지 조선의 공업화를 영국의 산업혁명과 비견되는 '조선산업혁명'이라고 평가했다.[62] 특히 1929년 부전강 제1발전소의 건설과 1927년에 세워진 흥남 조선질소비료공장은 조선산업혁명의 제1보라는 평가를 받았다.[63]

1927년 노구치 시타가우(野口遵) 재벌이 1천만 엔을 투자해 설립한, 동양에서 제일 컸던 황산암모늄 비료공장(흥남 조선질소비료공장)의 전경(출처: 우리역사넷).[64]

....

62 배성준(1995). "1930년대 일제의 '조선공업화'론 비판." 『역사비평』 30: 133-145. p.134.
63 배성준. "1930년대 일제의 '조선공업화'론 비판." p.134; 小林英夫(1983[1967]). "1930년대 조선 '공업화'정책의 전개과정." 사계절 편집부 편. 『韓國近代經濟史研究』. pp.478-515. 서울: 사계절. p.484.
64 http://contents.history.go.kr/mfront/ti/view.do?treeId=06027&levelId=ti_027_0200

나카무라는 1935년 이후 조선에서 '식민지 자본주의'가 성립했다고 평가했고,[65] 일제강점기 유산에 대해 비판적이었던 박현채도 일제강점기의 조선 사회를 자본주의 사회로 이해했다.[66] 1930년대에 식민지 조선의 공업은 경이적인 성장을 했다. 1912년 5.8%에 그쳤던 조선의 공업화율은 1938년이 되면 33.9%로 급증했다. 불과 한 세대도 지나지 않아 484.5%나 높아졌다.[67] 동 기간에 식민지 대만의 공업화율이 51.3%에서 58.9%로 14.8% 증가하는 데 그쳤다는 점을 고려하면 놀라운 성장이었다. 급속한 공업화의 결과로 농업사회였던 식민지 조선은 1930년대 후반이 되면 공업생산액이 농업생산액을 앞지르게 된다. 〈그림 7.2〉에서 보는 것과 같이, 1939년 제조업 산출액은 1,813,000원으로 농업 산출액 1,591,000원보다 컸다.[68] 제조업 산출액에 광업 산출액을 추가하면 이러한 현상은 1938년에 이미 시작되었다고 볼 수 있다. 일제강점 30년 동안 처음 있는 일이었다. 이를 증명하듯이 1931년부터 1940년까지 10년간 광공업 분야의 연평균 실질성장률은 13.7%로 농림어업 분야의 성장률 1.1%와 국내총생산 성장률 4.7%보다 높았다.[69] 조선 공업의 이러한 성장률은 당시 일본 광공업 분야의 성장률을 상회하는 수치였다.[70] 공장노동자 수도 1928년 87,000명에서 1940년에는 295,000명으로 증가했다.

제조업의 구성도 변화했다. 1930년대 이전까지 조선 제조업의 중심은 경공업이었으나 1930년대에 들어서면서 경공업의 비중이 낮아지고 화학을 중심으로 한 중공업의 비중이 높아지기 시작했다.[71] 화학, 석탄, 고무 제품의 비중은 40%

....

65   주종환(1994). "중진자본주의론의 '근대'개념과 신식민사관." 『역사비평』 27: 117-132. p.129.
66   홍종옥(2014). "주변부의 근대: 남북한의 식민지 반봉건론을 다시 생각한다." 『사이問SAI』 17: 181-219. p.202.
67   강진아(2007). "제국주의시대와 동아시아의 경제적 근대화: 식민지근대화론의 재고와 전개." 『역사학보』 194: 393-425. p.400.
68   김낙년 편. 『한국의 경제성장: 1910-1945』. p.365.
69   김낙년 편. 『한국의 경제성장: 1910-1945』. p.354.
70   堀和生. 『한국 근대의 공업화: 일본 자본주의와의 관계』. p.114, 116.
71   박기주(2006). 김낙년 편. "광업·제조업." 『한국의 경제성장, 1910-1945』. pp.71-106. 서울: 서울대학교 출판부. pp.105-106.

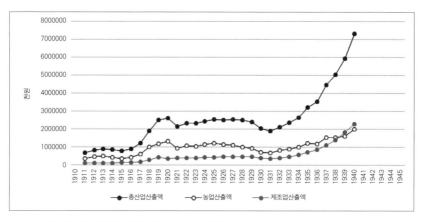

그림 7.2 경제활동별 산출액: 전체 산업, 농업, 제조업(단위: 천 원)
출처: 김낙년 편. 『한국의 경제성장: 1910-1945』. p.365.

대로 높아졌고, 1910년대에 1%에 불과했던 제1차 금속 관련 생산 비중도 1930
년대가 되면 6%까지 높아졌다. 금속류 및 기계류의 생산 비중도 증가했다. 민간
소비도 높아졌다. 1930~1939년 식민지 조선의 1인당 연평균 실질소비 증가율
은 1.96%로 대만의 2.24%보다는 낮았지만 일본의 0.92%보다는 두 배 이상 높았
다.[72] 그렇다면 당시 사람들로부터 '조선산업혁명'이라는 다소 과장된 수사로 묘
사되었던 1930년대의 공업화는 어떤 의미를 갖고 있을까? 앞서 언급했듯이 일부
논자들이 1960년대 이후 한국의 급격한 경제성장의 기원을 1930년대에 이루어
진 공업화에서 찾는다는 점에서 1930년대의 공업화의 의미를 설명하는 일은 과
거를 다루는 것이 아닌 현재를 다루는 것이다. 제국주의의 식민지 지배가 일방적
수탈만이 아닌 개발을 동반했으며 식민주의자들이 (수탈을 위한) '간악한 의도를'
가졌던 것이 아니었다는 주장이 제기되었다.[73] 오히려 식민지 정부의 정책이 독립
이후 제3세계의 경제 발전의 토대가 되었다는 주장이다. 사이먼 쿠즈네츠(Simon

....

72 주익종(2006). "민간소비지출의 추계." 김낙년 편. 『한국의 경제성장, 1910-1945』. pp.193-213. 서울:
    서울대학교 출판부. p.205.
73 Myrdal, G.(2005[1957]). 『경제이론과 저개발지역』. 최광렬 역. (*Economic Theory and Under-dev-
    loped Regions*). 서울: 서음출판사. p.84.

Kuznets), 월트 로스토, 군나르 뮈르달 등 전후의 저명한 개발경제학자들이 이러한 주장을 했다.[74] 브루스 커밍스, 애툴 콜리(Atuhl Kohli), 카터 에커트도 이와 유사한 맥락에서 식민지 시대의 경제개발을 이해했다.[75] 영국 제국주의의 식민 지배가 인도의 산업 발전과 양립할 수 있었다는 소위 '젠틀맨 자본주의(Gentleman Capitalism)'도 바로 이러한 맥락에서 제기된 것이다.[76] 스웨덴 복지국가의 설계자로 알려진 군나르 뮈르달의 주장을 들어보자.

"식민 열강 간의 암투 덕분으로 정치적 독립을 유지할 수 있었던 태국은 버마보다 더 발전하지 못했다. 식민지 정부는 도로, 항만, 철도 등을 건설했고, 혹은 정치적 안정이나 경제적 수익성에 대한 조건을 마련했는데, 그러한 것들은 식민지 정부가 마련하지 않았더라면 아마 민간 기업이 철도 등을 건설하지 않았을 것이다. 보통 그러한 바와 같이 이들 기업이 주로 식민지 정부 자체의 이익이나 이주민과 재벌의 이익을 동기로 한 것이었다 할지라도, 그것은 일반적인 경제개발을 위한 여러 가지 조건을 조성하는 방향에로의 일대 전진을 의미하는 것이었다. 식민지 정부는 법과 질서 및 정규의 행정사무 등을 확립하였으며, 기본적인 공중위생과 경우에 따라 한정된 범위의 일반교육이나 고등교육을 위한 조치를 취하였다. (…) 현재는 독립국으로 독자적인 길을 걷고 있는 이들 구식민지 국가들은 경제개발정책을 포함한 여러 정책의 기반으로 이와 같은 유산을 가지고 있다."[77]

....

74 정태헌(1996). "해방후 한국에서 일제 식민지상의 변화와 과제." 한국역사연구회 공동심포지엄 자료집. 1996년 6월 7일 대우재단빌딩 강연실.

75 Cumings, B.(1986[1981]). 『한국전쟁의 기원』. 김자동 역. (*The Origins of the Korean War*). 서울: 일월서각; Kohli, A.(1994). "Why Do High Growth Political Economics Come from?: The Japanese Lineage of Korea's 'Developmental State'." *World Development* 22(9): 1269-1293; Eckert. 『제국의 후예』. p.374.

76 Cain, P. and Hopkins, A.(1993). *British Imperialism: Innovation and Expansion 1698-1914*. London: Longman. pp.234-235. 그러나 젠틀맨 자본주의는 영국이 인도의 토착적 면직물 사업을 물리력을 통원해 강제로 파괴시킨 이후의 일이다.

77 Myrdal. 『경제이론과 저개발지역』. pp.84-85.

일제강점기의 공업화를 1960년대 이후 한국의 고도성장의 기원으로 보는 입장은 기본적으로 나카무라의 입론을 따른다.[78] 나카무라의 핵심 주장은 일제가 시행한 1910년대의 토지조사사업을 통해 근대적 소유권을 확립하고 1920년대의 산미증식계획을 통해 조선에서 원시적 자본축적이 이루어졌다는 것이다. 박현채도 토지조사사업과 산미증식계획을 통해 식민지 조선에서 무자비하지만 원시적 자본축적이 일어났다고 했다(본래 원시적 자본축적 과정은 자비를 허락하지 않는다).[79] 사업과 계획을 통해 이루어진 원시적 자본축적은 조선 내부에서 공산품에 대한 수요를 증대시켰고 (비록 일본 자본주의에 종속적이었지만) 1930년대의 조선 공업화를 견인했다는 것이다.[80] 다시 말해 1930년대의 조선 공업화는 단순히 일본에서 이식된 것이 아니라 조선 내 농업생산력의 발전과 도시화로 인한 수요 증대가 있었기 때문에 가능했다는 것이다.[81] 김낙년은 대만과 조선의 공업화를 비교하면서 대만과 비교해 조선의 공업화는 내수 지향적이었다고 주장하면서 나카무라의 입론을 뒷받침했다.[82] 일본의 도움 없이 조선인의 힘만으로 성공한 대표적인 사례로 평양 메리야스공장이 인용되었다.[83] 또한 안병직은 이러한 공업화 과정을 통해 1960년대 이후 경제성장의 기반이 되는 조선인 숙련노동이 성장했다고 주장했다.[84] 식민지 근대화론자는 결국 한국 자본주의 발전은 서구의 전형적인 방식과는 상이한 식민지 자본주의화의 길이었고 현재 한국 자본주의 또한

....

78　이만열. "일제 식민지 근대화론 문제 검토." p.311.

79　박현채. 『민족경제평론』. p.85. 박현채는 무자비하다고 표현했지만, 서구 역사에서도 원시적 자본축적 과정은 사실 무자비한 과정이었다. 제4장에서 한 번 인용한 바 있지만, 서덜랜드 여(女)공작은 오래전부터 씨족의 땅이었던 79만 4천 에이커(971,994,210평)의 땅을 자기 소유의 목초지로 만드는 과정에서 1만 5천 명의 주민을 조직적으로 쫓아버렸다. Marx. 『자본 I』. pp.982-983.

80　김낙년. "식민지 조선의 공업화." 하지만 김낙년이 정리한 자료에서도 조선 내 (농업과 곡물업을 제외한) 전체 산업자본 중 지주자본의 기여율은 제1차 산미증식계획이 마무리된 1925년 26.8%에서 제2차가 종료된 1933년 31.0%로 불과 4.2%포인트 증가하는 데 그쳤다. 김낙년. 『일제하 한국경제』.

81　조석곤(1998). "식민지근대화론과 내재적 발전론 재검토." 『동향과 전망』 38: 62-95. p.73.

82　김낙년(2007). "식민지 시대 공업화 비교: 대만과 조선." 堀和生·中村哲 편. 『일본 자본주의와 한국·대만』. 박섭·정지용 역. pp.143-173. (日本資本主義と韓国·台湾). 서울: 전통과 현대. p.151.

83　조석곤(1998). "식민지근대화론과 내재적 발전론 재검토." p.85.

84　안병직(1989). "식민지조선의 공요구조에 관한 연구." 안병직·이대근·中村哲·梶村秀樹 편. 『근대조선의 경제구조』. pp.388-431. 서울: 비봉출판사. p.427.

일제강점기에 기원을 두고 있다고 주장했다. 더욱이 1930년대의 공업화는 일반적으로 알려진 것과 달리 총독부라는 국가에 의해서가 아니라 민간이 주도적인 역할을 했다고 강조함으로써[85] 시장의 중요성을 강조하는 신자유주의 논리와도 연결시켰다. 하지만 역설적이게도 1960년대에 시작된 한국의 산업화는 시장이 아닌 국가에 의해 주도되었다.

실증적 자료를 구축한 식민지 근대화론자들의 일제강점기, 특히 1930년대 이후의 식민지 조선의 공업화에 대한 이러한 해석은 많은 논쟁을 야기했다. 이들의 주장에 대한 몇 가지 비판 지점을 간략하게 정리하면 다음과 같다. 일제가 조선을 강점한 기간은 1910년부터 1945년까지 35년이다. 하지만 1876년 조선의 개항이 일제에 의해 반(半) 강제적으로 이루어졌다는 점을 고려하면 일제가 조선 자본주의의 이행을 강제한 시점은 1876년으로 거슬러 올라가야 한다. 이렇게 보면 일제에 의한 조선의 산업화는 매우 느리게 진행되었다고 할 수도 있다. 조선이 자본주의 세계체계에 편입된 지 60년이 넘은 1930년대 이후가 되어서야 비로소 조선에서 공업화가 시작된 것이다. '조선산업혁명'이라고 하지만 호리 가즈오(堀和生)의 지적처럼 식민지 조선의 산업구조의 특성은 "강고한 지주제와 공업화로 이어지는 상품경제화의 과정이 병존"한 것이었다.[86] 1930년대에 들어서 농업 종사자의 비중이 감소하기는 했으나 여전히 전체 취업자 중 농업 종사자의 비중은 70~80%에 달했고 공업 종사자 비율은 5%에 불과했다.[87] 더욱이 식민지 근대화론자들은 왜 일제가 조선의 공업화를 추진했는지를 묻지 않고 있다.

기타바 미치코(北波道子)의 지적처럼, "일본 통치 시대의 '개발'은 그 지역의 발전이나 주민의 복지를 목적으로 하지 않았다."[88] 전체적으로 보면 식민지 조선의 공업화는 일본 경제를 보완하는 일부에 지나지 않았다. 산미증식계획 및 공업

....

85   주익종(2003). "일제하 한국의 식민정부, 민간기업, 그리고 공업화."『경제사학』35: 63-87.
86   堀和生.『한국 근대의 공업화: 일본 자본주의와의 관계』. p.140.
87   김낙년. "식민지 조선의 공업화." p.311.
88   北波道子(2007[2003]). "식민지 전원개발과 전력수요: 조선과 대만의 비교연구." 堀和生·中村哲 편.
     『일본 자본주의와 한국·대만』. 박섭·정지용 역. pp.207-239. 서울: 전통과 현대. pp.207-208.

화와 관련해 조선총독부와 일본 정부 간에 갈등이 있었던 것은 사실이지만 이는 어디까지나 일본 제국을 위한 조선의 쓰임새를 둘러싼 시각 차이였지 조선총독부가 일본이 아닌 식민지 조선의 이해를 대변했다고 보기는 어렵다. 고바야시 히데오(小林英夫)가 정리한 바에 따르면, 일제가 1930년대에 조선의 공업화를 추진한 동인은 크게 네 가지였다. 첫째, 일제는 1929년을 전후한 공황에 대한 돌파구로 조선에 대한 투자가 필요했다. 둘째, 만주침략과 중국 본토 침략 이후 대륙병참기지를 구축하기 위해 조선의 공업화가 요구되었다. 셋째, 일본 자본의 입장에서 조선은 만주침략 이후 일본에서 시행되었던 중요산업통제법, 공장법 등을 벗어날 수 있는 도피처였다.[89] 넷째, 일제가 자신의 필요에 의해 조선의 자원을 활용할 필요가 있었다.[90] 조선인 자본의 성장과 관련해서도 다른 해석이 충분히 가능하다. 먼저 평양 메리야스공장으로 대표되는 조선인 자본의 능동성도 노동자들의 파업에 대한 대응에서 보듯이 일제의 물리력에 의존하지 않고는 존립 자체가 불가능했다. 대표적 민족자본으로 알려진 경성방직을 포함한 대부분의 조선인 자본도 일제 식민지 지배에 협력할 때만 생존할 수 있었다.[91]

방법론적으로는 일제강점기의 발전과 유산을 주장하는 연구들이 대개 1940년까지만 연구하고 있는 것도 문제이다. 이영훈이 내재적 발전론자들을 비판하면서 19세기에 대한 연구 결과가 부실하다고 비판한 것처럼(제6장 참고), 식민지 근대화론자들 또한 1940년대 이후 기간에 대한 분석이 공백으로 남아 있다. 김낙년이 편집한 『한국의 경제성장』의 추계자료도 대부분 1910년부터 1940년까지의 자료이다. 1940년대에 조선 공업은 일본 공업이 그랬던 것처럼 몰락의 길을 가고 있었다. 실제로 1940년대에 일제가 시행한 중소기업대책요강은 조선인 자본에 궤멸적 타격을 입혔다.[92] 이로 인해 또한 1940년대는 조선인 자본이 감소하고

....

89   小林英夫. "1930년대 조선 '공업화' 정책의 전개과정." pp.479-500; 김낙년. "식민지 조선의 공업화." p.205; 小林英夫. 『한국근대경제사연구』. p.484.
90   小林英夫. 『한국근대경제사연구』. pp.479-500.
91   Eckert. 『제국의 후예』; 김경일. 『한국노동운동사 2: 일제하의 노동운동 1920~1945』; 김윤환(1982). 『韓國勞動運動史 I: 日帝下 編』. 서울: 청사.
92   小林英夫. 『한국근대경제사연구』. pp.499-500.

조선인에 대한 노동 착취가 가중된 시기였다.[93] 그러므로 1930년대에 식민지 조선에서 공업 발전이 이루어졌다고 해도 1940년대에 벌어진 파국을 고려한다면 1930년대의 성취는 반감될 수밖에 없다. 실제로『조선경제연보』와『조선경제통계요람』에 따르면, 전년 대비 공장당 생산액 증가율은 1941년 31.3%에서 1942년에는 7%로 감소했다.[94]

식민 통치가 독립 이후 식민 국가의 경제 발전에 긍정적 유산을 남겼다는 주장 또한 논란의 여지가 있다. 소위 젠틀맨 자본주의는 당시 영국 자본주의가 산업자본주의에서 금융자본주의로 이행해 인도의 산업 발전과 영국 자본주의의 이해가 충돌하는 지점이 상대적으로 적었기 때문에 성립할 수 있었다. 하지만 일본 자본주의는 태평양전쟁 전까지 한 번도 서구 자본주의의 헤게모니를 벗어난 적이 없었으며,[95] 1945년 패망 직전까지 금융자본주의로 이행하지 못했다. 산업자본에 기초한 일본 자본주의의 특성상 식민지에서의 산업화는 반드시 일본 산업자본주의를 보완할 때만 성립 가능한 것이었다. 이러한 사실은 카터 에커트의『제국의 후예』에 잘 기술되어 있다. 더 논쟁적인 점은 1960년대 한국 경제의 고도성장의 기원을 1930년대의 식민지 공업화에서 찾는다는 것은 해방 이후 한국 근대화의 주체가 일제에 협력한 식민지 조선 자본이라는 것을 의미하게 된다는 것이다.[96] 만약 우리가 이러한 주장을 받아들인다면 한국이라는 국민국가의 정체성에 대한 근본적인 의문을 제기할 수밖에 없다. 물론 중요한 것은 일제강점기의 한국 자본주의의 변화에 대한 객관적 고찰이다. 동시에 그 변화를 "일제의 강점 때문에"가 아닌 "일제의 강점에도 불구하고"라는 시각에서 검토할 필요가 있다.

....

93   당시 조선인의 자본 비율은 '전체적으로 1.5%'에 불과했다. 또한 흥남 비료공장에서 노동했던 조선인의 증언에 따르면, 노동시간은 매일 12~16시간에 달했고 교대자가 없는 경우 24시간 계속해서 노동을 강제당했다. 小林英夫.『한국근대경제사연구』. p.502, 509.

94   정태헌(2003). "병참기지화정책." 국사편찬위원회 편.『한국사 50: 전시체제와 민족운동』. pp.13-41. 서울: 탐구당. p.21.

95   Cumings, B.(1987). "The Origins and Development of the Northest Asian Political Economy: Industrial Sectors, Product Cycles, and Political Consequences." Deyo, F. ed. *The Political Economy of the New Asian Industrialism*. pp.44-83. New York: Cornell University Press. pp.51-52.

96   이준식(2006). "식민지 근대화론의 비판적 검토."『한국역사연구회회보』26: 11-14.

김낙년이 조선의 산업화를 가능하게 했다고 평가한 대 일본 미곡 이출을 통한 자본축적에 대해 1930년대에 조선에서 소작관으로 근무했던 히사마 겐이치(久間建一)가 한 지적처럼 "조선미의 눈부신 내지 수출은 바로 이러한 강력한 자본 지배의 결과이며, 조선 농민의 입장에서 보면 '기아수출' 그것이었다."라는 사실을 기억할 필요가 있다.[97] 설령 그것이 조선의 산업화를 예비했다고 해도 그 산업화의 결과가 그 산업화를 위해 희생한 사람들에게 되돌아가지 않았다면 그 산업화의 필연성은 어떠한 이유에서도 정당화될 수 없다.

제4절 권력관계와 주체: 민족 대 계급

일제강점기의 권력관계를 다루는 이 절의 핵심 과제는 식민지 자본주의의 진전에 따라 분배를 중심으로 새롭게 형성된 권력관계의 성격을 규명하는 것이다. 특히 일제강점기에 형성된 민족해방과 계급투쟁을 둘러싼 권력관계는 1945년 해방공간의 정치 지형을 이해하고 현재 한국 사회의 권력관계를 이해하는 출발이 된다. 현재 한국이 어떤 복지체제인가는 결국 누가 해방 이후 한국 사회의 권력관계에서 지배적인 지위에 올랐고 이러한 지배적인 지위의 기원이 어디인가를 찾는 것이다. 이러한 문제의식에 기초해, 본 절에서는 일제강점기의 권력관계와 주체 형성을 크게 우파 주도의 민족해방운동기, 민족해방운동의 주도권이 우파에서 좌파로 이행한 시기, 우파 민족주의가 개량화되고 사회주의 세력이 민족해방운동의 주도권을 장악했던 시기로 나누어 보았다.

....

97   우대형(2008). "일제하 久間建一의 농업인식과 식민지 농정의 모순." 홍성찬·우대형·신명직·이상의 저. 『일제하 경제정책과 일상생활』. pp.19-53. 서울: 혜안. p.41.

1. 일제 식민지 지배체제의 성립과 민족해방운동: 1910~1919년

일제강점기의 권력관계를 이해하기 위해서는 먼저 일제의 조선 지배방식과 조선총독부의 성격에 대한 이해가 필요하다. 조선총독부는 식민지 조선 내 권력관계의 규칙을 만드는 절대적 권력을 갖고 있었기 때문이다. 그렇다면 일제의 조선 지배방식은 어떤 특성을 갖고 있었을까? 일제의 조선 지배방식을 식민지 유형과 지배방식을 기준으로 검토해보자. 먼저 식민지를 유형화해보자. 칼 해크(Karl Hack)와 토바이스 레팅(Tobias Rettig)은 식민 유형을 다섯 가지로 분류한다.[98] 첫 번째 유형은 '순수이주형(Pure settlement colony)'으로 미국, 캐나다, 호주 등과 같이 유럽의 이주민들이 정착해 자치권을 확보한 식민지이고, 두 번째 유형은 '혼합형(Mixed colonies)'으로 이주자들의 수가 적고 원주민의 노동력에 대한 수요가 높은 식민지이다. 알제리가 대표적 사례이다. 세 번째 유형은 '플랜테이션 식민지(Plantation colonies)'로 적은 수의 이주자들이 노예와 부자유 노동자들을 동원하는 형태이다. 자메이카가 여기에 해당한다. 네 번째 유형은 '점령형(Colonies of occupation)'이다. 소수의 군대와 관료가 지배한 조선, 필리핀, 코친차이나(Cochinchina) 등이 여기에 속한다. 다섯 번째 유형은 '거점형(Trading settlements or factories)'으로 상하이와 같이 특정한 목적(교역, 공업생산 등)을 위해 제한된 영역을 점령하고 치외법권(治外法權)을 획득한 식민지이다. 해크와 레팅이 분류한 다섯 가지 식민지 유형에 보호국형(반식민지형)을 추가할 수 있을 것 같다. 중국, 터키 등은 주권을 완전히 상실하지는 않았지만 완전한 독립국가로 보기 어렵기 때문이다.

다음으로 제국주의의 식민지 지배방식을 크게 두 가지로 구분해보면 직접 지배방식과 간접 지배방식을 들 수 있다.[99] 통상적으로 직접 지배방식은 제국주

....

98 Hack, K. and Rettig, T. (2006). "Imperial Systems of Power, Colonial Forces, and the Making of Modern Southeast Asia." Hack, K. and Rettig, T. eds. *Colonial Armies in Southeast Asia*. pp.1-38. London: Routledge. p.4.

99 Hack and Rettig. "Imperial Systems of Power, Colonial Forces, and the Making of Modern

의 국가가 군대, 세금, 법, 제도 등에 대해 (종종 지방단위까지도) 직접 지배력을 행사하는 경우이다. 반면 간접 지배방식은 물리력(forces), 세금 등은 지역의 토착지배자(leader)가 통제하고 계약 또는 외주 형식을 통해 지배하는 방식이다. 역사적으로 보면 간접 지배방식은 '자치방식'으로 알려져 있는데, 주로 영국이 식민지를 지배한 방식이다.[100] 반면 직접 지배방식은 '동화방식'으로 프랑스가 주로 사용한 방식이다.[101] 일반적으로 동화 방식의 직접 지배가 자치 방식의 간접 지배보다 더 억압적이고 군사적인 성격을 띠고 있는 것으로 알려져 있다.[102] 이러한 분류에 따르면, 〈표 7.3〉에서 보는 것과 같이 일제의 조선 지배는 '직접 지배하는 점령형'에 해당한다. 일제가 물리력을 동원해 강압적 지배를 자행하고 일제강점기 후반에 '내선일체' 등 동화주의 방식의 지배를 시행한 것은 '직접 지배 점령형' 식민지의 전형적 사례라고 할 수 있다. 실제로 일본의 조선 지배의 궁극적 목

표 7.3 제국주의 시기 식민화 방식의 유형

	간접 지배방식(영국형)	직접 지배방식(프랑스형)
순수이주형	미국, 캐나다, 뉴질랜드, 호주(영국)	
혼합형	인도, 말레이시아, 싱가포르(영국), 동티모르(포르투갈) 등	알제리(프랑스)
플랜테이션형	자메이카(영국)	
점령형	인도, 버마 등(영국)	필리핀(스페인-미국), 인도차이나(프랑스), 한국, 대만(일본)
거점형		상하이 등 제국주의 국가의 조차지역
보호국형(반식민지)	중국, 터키 등	

....

Southeast Asia." p.8. 식민지 유형 중 보호국형, 즉 반식민지는 주권을 완전히 상실하지 않았기 때문에 직접 또는 간접 방식의 식민지 지배 유형으로 분류하기 어렵다.

100 물론 영국의 지배방식이 처음부터 자치형이었다고 보기는 어렵다. 김낙년의 주장처럼, 식민지에서 민족해방운동이 확산되고 무력에 의한 지배가 한계에 다다르자 영국이 지배방식을 간접 지배방식으로 전환했을 수도 있기 때문이다. 김낙년(1994). "일본제국주의 식민지지배의 특질." 강만길·김남식·김영하·김태영·박종기·박현채·안병직·정석종·정창렬·조광·최광식·최장집 편. 『한국사 13: 식민지 시기의 사회경제 1』. pp.59-107. 서울: 한길사. p.63.

101 Fieldhouse, D.(1981). *Colonialism, 1870-1945: An Introduction*. New York: Palgrave Macmillan; 김낙년. "일본제국주의 식민지지배의 특질." pp.61-68에서 재인용.

102 김낙년. "일본제국주의 식민지지배의 특질." p.67.

적은 조선을 "마치 시코쿠(四國), 규슈(九州)와 같은 모양을 띠는 지역으로 도달케 하는" 것이었다고 한다.[103]

이제 직접 지배 점령형 식민지 조선의 최고 권력기관인 조선총독부에 대해 살펴보자. 김낙년이 정리한 바에 따르면, 조선 점령 이후 일부 형식적인 변화가 있었지만 조선 총독은 일본 내각이 아닌 일본 국왕에게 직접 책임을 지는 직예(直隸)로, 형식적으로 총리대신을 경유하지만 국왕에게 직접 보고[上奏]할 수 있는 내각총리와 대등한 권한을 가졌다.[104] 법제도적으로 일본 내각은 식민지 조선의 통치에 대한 권한이 없었다. 조선 총독은 전제군주와 같이 조선에 대한 입법권, 사법권, 군권, 행정권 등 거의 모든 권한을 갖고 있었다. 1942년 전시라는 특별한 상황에서 조선총독부를 형식적으로 일본 내각의 감독하에 두었을 뿐이다. 조선총독부의 이러한 특수성은 일제의 조선 침탈이 경제적 이유가 아닌 정치군사적인 목적에서 이루어졌다는 것을 방증한다.[105] 일본은 대륙으로부터 일본 본토의 안위를 위협하는 긴급한 위험에 대해 신속하게 정치적·군사적 대응을 하기 위해 조선총독부에 이러한 권한을 부여했다. 이를 근거로 김낙년은 식민지 조선에 대한 최고 결정권은 일본 정부가 아닌 조선총독부에 있었다고 주장한다.[106]

김낙년의 주장은 두 가지 중요한 의미를 함축하고 있다. 하나는 조선총독부는 기본적으로 본국의 이해에 복무하지만 조선총독부가 갖는 특수한 지위로 인해 경우에 따라서 본국의 이해에 반해 식민지 조선의 이해를 대변할 수도 있다는 것이다. 즉, 조선총독부의 자율성을 강조하기 위한 것으로 보인다. 김낙년의 해석은 조선총독부가 조선의 발전을 위해 토지조사사업, 산미증식계획, 1930년대 이후의 공업화 등을 추진한 측면도 있다는 해석의 여지를 준다. 실제로 김낙

----

103 大藏省, 『日本人の海外活動に関する歴史的調査: 朝鮮編』, 通巻 24. pp.2-3; 김운태(2003). "무단통치체제의 확립." 『한국사 47: 일제의 무단통치와 3·1운동』. pp.21-51. 서울: 탐구당. p.25에서 재인용.
104 萩原彦三(1962), 『朝鮮総督府施政法制上の基礎』; 김운태. "무단통치체제의 확립." p.33에서 재인용. 반면 대만 총독은 국왕에게 상주할 수 있는 권한이 없었으며 내각의 감독하에 있었다. 김낙년. "일본제국주의 식민지지배의 특질." p.70.
105 김낙년. "일본제국주의 식민지지배의 특질." p.67.
106 김낙년. "일본제국주의 식민지지배의 특질." p.74.

년은 쇼와(昭和) 공황기(1927~1931년)에 조선 미곡의 일본 이출을 중단할 것을 요구하는 일본 중앙정부와 이에 반대하는 조선총독부 간의 이해 충돌과 1930년대에 중요산업통제법을 조선에 적용할지 여부를 둘러싼 갈등, 1942년 내외지 행정 일원화를 둘러싼 갈등 등을 들어 조선총독부가 일본 중앙정부에 대해 상대적 자율성을 갖고 있었다고 주장한다.[107] 이러한 인식에 근거해 김낙년은 『일제하 한국경제』에서 "식민지기 한국 경제는 독립국가의 국민경제는 아니지만 하나의 경제 단위로 다룬다. 즉, 여기서 말하는 한국 경제는 민족 개념이 아니라 지역 개념으로 파악한다."고 했다.[108] 국민국가가 아닌데 국민국가의 경제를 다루는 것처럼 하나의 경제 단위로 분석한다는 것은 모순이다. 더욱이 국민경제라는 것이 'national economy(국민경제 또는 민족경제)'[109]의 의미를 담고 있다는 점에서 식민지 조선 경제를 일본과 분리된 독립적인 자율성을 갖는 단위로 볼 수는 없다.

다른 하나는 전제적 권한을 가진 것으로 그려지는 조선총독부의 존재는 일제강점 이전의 허약하고 무능한 조선 봉건정부의 '정체(停滯)'와 비교되는 식민지 조선의 '놀라운' 성장과 연결된다는 것이다. 조선인의 일상까지도 통제하고 동원할 수 있었던 효율적이고 강력한 조선총독부의 지배하에서 이루어진 일제강점기의 경제성장은 1960년대 이후 박정희 권위주의 체제하에서 이루어진 한국 경제의 '놀라운' 고도성장의 모습과 겹쳐진다. 이러한 서술은 1930년대 이후의 공업화가 그러했듯이 1960년대의 개발을 위한 (바람직하지 않을지는 모르지만) 권위주의 정권의 불가피성을 이야기하고 싶은 '복선'으로 읽힐 수도 있다. 전제적 권한과 물리력을 가진 조선총독부의 지배는 친일세력에게 일방적으로 우호적

....

107 김낙년. 『일제하 한국경제』. p.41.

108 김낙년. 『일제하 한국경제』. p.17.

109 사실 박동천의 언급처럼 국내 학계에서는 아직까지도 서구에서 만들어진 'nation, nationalism, nation-state'를 '민족, 민족주의, 민족국가'라고 번역해야 할지 '국민, 국민주의, 국민국가'로 번역해야 할지 정리되지 않은 상태이다. 박동천(2013). "한국 민족주의와 민족 정체성." 『한국정치외교사논총』 34(2): 195-224. p.195. 국민주의라는 용어는 거의 사용되지 않고, 'nation, nationalism, nation-state'는 편의에 따라 국민, 민족, 민족주의, 국민국가, 민족국가로 달리 번역되어 사용되고 있는 것 같다.

인 권력관계를 만들었다. 특히 1910년대에 일제가 추진한 토지조사사업은 농민의 경작권을 합법적으로 박탈하고 지주의 배타적 토지 소유권을 보장했다는 점에서 식민지 조선에서 일제에 우호적인 식민지 지주계급과 이에 적대적인 광범위한 농민계층을 탄생시켰다. 하지만 강점 초기에 일제가 식민지 지주계급에 우호적인 지원을 한 것은 어디까지나 일본의 식량 공급지로 조선을 재편하기 위한 경제적 목적에 한정된 조치였다. 일제는 조선을 강제로 병탄한 이후 조선의 구지배층 대부분을 식민지 중앙권력에서 배제한 것은 물론이고 지방 단위에서도 전통적 향촌 지배층을 지방권력으로부터 배제했다.[110] 실제로 조선총독부가 발간한 총독부 직원 명단을 보면, 1천여 명에 이르는 총독부 관료 중 조선인은 4.4%(44명)에 불과했고 이마저도 하위직이었다.[111] 더욱이 일제는 회사령을 공포해 일제 강점기 이전부터 성장하고 있던 조선의 산업 발전을 제약함으로써[112] 조선 부르

해방 직후 경복궁 주변 전경. 조선왕조의 정궁인 경복궁을 허물고 들어선 일본의 조선총독부. 거의 사라진 경복궁의 전각이 나라 잃은 백성처럼 애처로워 보인다. 일본인이 한국을 방문하면 반드시 총독부 건물 앞에서 사진을 찍었다고 한다(출처: 서울특별시).[113]

....

110 김운태. "무단통치체제의 확립." p.25.
111 朝鮮総督府 編(1911). 『朝鮮総督府及 所属官署 職員録』; 김운태. "무단통치체제의 확립." p.37에서 재인용.
112 정재정. "식민지 수탈구조의 구축." pp.87-88.
113 http://opengov.seoul.go.kr/seoullove/10248421

주아 계급의 형성을 억제했다.

조선의 구지배층을 배제하는 이러한 일제의 지배정책은 조선인이 계급과 계층의 차이를 넘어 피압박민족으로 1919년 3월 1일 민족해방운동에 참여할 수 있는 정치경제적 조건을 만들었다. 1910년대에도 지주와 소작농의 대립과 자본계급에 대한 노동계급의 계급투쟁이 없었던 것은 아니지만, 1910년대의 식민지 조선의 핵심모순은 계급모순보다는 민족모순으로 나타났다. 더욱이 1917년 러시아에서 사회주의 혁명에 성공한 레닌이 1918년 피압박 민족에 대한 민족자결원칙을 선언하고 이에 대응해 1919년 1월 우드로 윌슨(Woodrow Wilson)의 민족자결원칙이 선언되면서[114] 식민지 조선의 권력관계는 일제 대 조선 민족의 구도로 전개되었다. 3·1독립운동에 다양한 계급과 계층이 참여할 수 있었던 것은 바로 이러한 1910년대의 국제정세와 식민지 조선의 상황과 관련이 있다. 다만 국내에서 무장투쟁을 통한 독립을 지향했던 민족주의운동은 1918년 대한광복회에 대한 일제의 검거가 진행되면서 모두 와해되었다.

민중운동은 개별적인 생존권 투쟁을 전개하고 있었지만 아직 조직된 주체로 등장하지 못했다. 특히 공장노동자로 대표되는 근대적 노동계급은 여전히 소수에 머물렀다. 1911년 (5인 이상 사업장의) 공장노동자는 14,575명에서 1919년에는 48,705명으로 증가했지만, 1917년 산업별 인구구성 비율을 보면 광업 부문 노동자를 포함해도 광공업 부문 종사자는 전체의 취업자 2.0%에 불과했다.[115] 하지만 노동계급의 투쟁 역량은 강화되고 있었다. 조선총독부 경무국이 집계한 자료에 따르면, 노동자들의 파업은 1912년 6건, 1913년 4건, 1914년 1건, 1915년 9건, 1916년 8건, 1917년 8건, 1918년 50건, 1919년 84건으로 1910년대 말로 가면서 증가했다.[116] 파업에 참가한 조선 노동자의 수도 1917년 천여 명에 불과했지만 1918년이 되면 4,400여 명으로, 1919년에는 8,300여 명으로 증가했다. 권력

....

114 이지원(1994). "3·1운동." 강만길·김남식·김영하·김태영·박종기·박현채·안병직·정석종·정창렬·조광·최광식·최장집 편. 『한국사 15: 민족해방운동의 전개 1』. pp.83-116. 서울: 한길사. p.114.

115 강만길(2004). 『한국노동운동사 1: 조선 후기~1919』. 서울: 지식마당. pp.212-213.

116 朝鮮總督府 警務局(1931). 『朝鮮の治安狀況』. p.205; 이지원. "3·1운동." p.96에서 재인용.

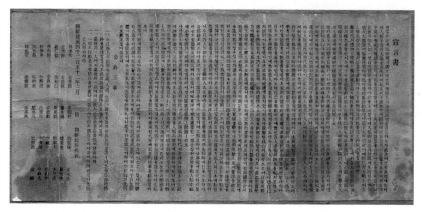

1919년 3·1독립운동의 "기미독립선언문"(보성사판)(출처: 독립기념관).[117]

관계를 둘러싼 1910년대의 이러한 변화 양상은 조선의 전 계층과 계급이 참여했던 1919년 3·1독립운동에서 정점을 찍었다. 이처럼 조선 노동자들의 투쟁역량은 1918년을 기점으로 성장했고[118] 1920년대에 들어서면 조선에서는 민족모순과 계급모순이 경합하는 권력관계가 만들어졌다.

2. 이행기: 민족 문제에서 계급 문제로, 1920년대~1930년대 초

3·1독립운동은 식민지 조선의 권력관계에 결정적 변화를 초래했다. 3·1독립운동 이후 식민지 조선에서 민족해방운동의 주도권은 우파 민족주의에서 좌파 민족주의, 민중(노동자와 농민), 사회주의 세력으로 이동한다.[119] 이러한 이동으로

....

117 http://search.i815.or.kr/subContent.do
118 강만길. 『한국노동운동사 1: 조선 후기~1919』. p.226.
119 3·1민족해방투쟁은 우파 민족주의자들이 주도했지만 민족해방투쟁에서 우파 민족주의자들의 지도력을 급격히 약화시키는 계기가 되었다. 민족주의 우파의 기원은 구한말 자강(自强)운동에 있다. 구한말의 자강운동은 실력양성론을 핵심으로 선 실력양성 후 독립론을 제기했으나 조선의 식민지화가 기정사실이 되면서 선 독립론을 주장하는 세력이 민족주의 좌파 계열로 분리된다. 강만길(1994). "일제 식민지시기 민족해방운동의 전개와 성격." 강만길·김남식·김영하·김태영·박종기·박현채·안병직·정석종·정창렬·조광·최광식·최장집 편. 『한국사 15: 민족해방운동의 전개 1』. pp.61-79. 서울: 한길사; 박찬승(1994). "국내 민족주의 좌우파 운동." 강만길·김남식·김영하·김태영·박종기·박현채·안병직·정석

계급모순(지주 대 소작농, 자본계급 대 노동계급)은 민족모순(일제 대 조선인)과 함께 식민지 조선의 권력관계의 핵심으로 등장하게 된다. 〈그림 7.3〉에서 보는 것과 같이, 일제강점기 식민지 조선의 권력관계는 중층적이고 복잡한 양상으로 나타났다. 더욱이 민족주의 세력이 해외에 임시정부를 수립하고 사회주의 세력이 코민테른과 밀접한 관계를 갖게 되면서 권력관계는 국제적 양상을 띠게 된다. 여기서는 3·1독립운동 이후인 1920년대부터 1930년대 초까지 식민지 조선에서 나타난 권력관계의 양상을 개략해보자.

1920년대의 권력관계가 1910년대와 다른 양상으로 전개된 것은 일제가 1910년대에 시행한 토지조사사업과 1920년대에 시행한 산미증식계획과 밀접한 관련을 갖는다. 토지조사사업은 앞서 언급했듯이 배타적 소유권에 기초한 식민

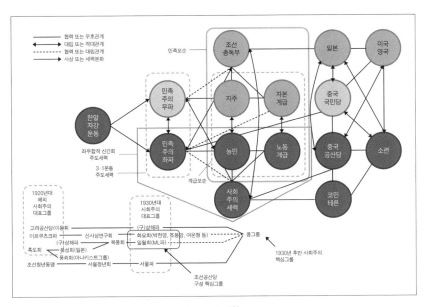

그림 7.3 일제강점기 식민지 조선 내외의 권력관계 지형[120]

....

종·정창렬·조광·최광식·최장집 편. 『한국사 15: 민족해방운동의 전개 1』. pp.117-155. 서울: 한길사.
120 사회주의운동의 계보는 다음 문헌을 참고했다. Scalapino, R. and Lee, C. S. (2015[1973]). 『한국 공산주의 운동사』. 한홍구 역. (*Communism in Korea: The Society*). 서울: 돌베개.

지 지주계급을 공고화한 반면 토지에 대한 경작권을 상실한 소작농을 대규모로 양산했다. 이러한 변화는 조선 후기에 총액제라는 부세수취구조에 의해 형성된 '봉건국가(지방관) 대 (중소지주를 포함한) 농민'의 대립관계를 '지주 대 농민(소작농)'의 관계로 전환시킨 것이다. 특히 주목해야 할 양상은 배타적 소유권을 보장받고 미곡의 일본 이출을 통해 상업농으로 성장한 조선인 지주들과 일제 간에 지배연합이 형성되었고 대다수 소작농이 일제-지주(조선인)일본인)연합에 대항하는 세력으로 등장했다는 점이다.[121] 1910년대에는 민족주의 좌우 세력은 물론 전 계층과 계급을 포괄한 민족주의운동이 3·1독립운동으로 분출되었지만, 1920년대에 들어서면 일제의 조선 지배를 둘러싸고 조선 민족 내부에 균열이 발생하기 시작했다. 대다수 농민들에게 민족해방은 보다 더 나은 삶을 의미했지만,[122] 식민지 지주들에게 민족해방이란 지주들이 일제로부터 보장·보호받았던 특권이 사라진다는 것을 의미했다. 대다수 지주가 대일 미곡 이출을 통해 농업 이윤을 보장받았다는 점을 고려하면 식민지 지주계급이 민족해방운동으로부터 이반하는 것은 어쩌면 자연스러운 과정이었다.

지주와 농민의 분열은 1905년 이래 일제가 조선의 농업을 식민지 농업으로 재편하는 과정에서 누적된 모순이 표면화된 것이라고 볼 수 있다. 1910년에 시작해 1918년에 완료된 토지조사사업과 1920년에 시작된 산미증식계획으로 소수 지주를 제외한 모든 농민계층이 몰락해가는 양상이 전개되었기 때문이다. 〈그림 7.1〉에서 보았던 것처럼, 1913년 83만여 호에 불과했던 소작농가 수는 토지조사사업이 완료된 1918년 100만여 호로 증가했고 제2차 산미증식계획이 중단된 1933년에 이르면 156만 호로 증가했다. 반면 자(소)작농가 수는 동 기간 동안 107만여 호에서 102만여 호로, 다시 72만여 호로 감소했다. 일제에 의해 강제로

....

121 일제와 조선인 지주가 식민 지배 질서 유지에 공통의 이해를 갖게 됨으로써 '수탈론자들'이 식민지 조선에서 일제의 수탈을 실증하기가 곤란해졌다. 김동노. "식민지시대의 근대적 수탈과 수탈을 통한 근대화." 왜냐하면 적어도 농업 부문에서의 수탈은 표면적으로는 조선인 지주 대 조선인 소작인의 관계에서 발생하고 있었기 때문이다.
122 이지원. "3·1운동." p.114.

경작권을 상실한 농민들의 소작농화가 확산되면서 1920년대의 농업 현장에서는 격렬한 소작쟁의가 빈번하게 발생했다.[123] 1931년 한 해 동안에만 소작쟁의와 일제의 농업정책에 반대하는 투쟁에 참여한 농민이 42,800명이었고, 이 과정에서 일제에 검거된 농민만도 1,838명에 달했다. 농민들의 투쟁은 소작권에 대한 요구에 그치지 않았다. 일제의 농업정책에 대한 반대투쟁도 전개되었다.[124] 수리조합의 설치에 반대하는 농민투쟁이 대표적인 사례라고 할 수 있다.

권력관계의 측면에서 중요한 사실은 지주와 일제의 식민지 지배연합에 대한 농민들의 투쟁이 우발적인 것이 아니었다는 점이다. 당시 『조선일보』의 보도에 따르면, 소작쟁의가 지속된 지역에는 반드시 소작인조합, 소작인대표자회, 작인동맹 등이 조직되어 있었다고 한다. 농민들이 일제가 강제한 식민지 지주제에 저항하는 조직된 주체가 되어가고 있었던 것이다.

한편 1920년대에 들어서면 일본 자본주의의 과제는 1차 세계대전 기간에 급격히 성장한 자본의 투자처를 찾는 것이었다. 그 대안 중 하나가 바로 유휴자본을 식민지로 재배치하는 것이었다. 더욱이 조선에서 발생한 3·1독립운동에 조선인 전체가 참여했다는 사실에 일제는 당황했다. 이러한 상황에서 일제는 1910년 조선의 공업 발전을 막고 조선을 일본의 식량기지로 고착화시키기 위해 제정했던 회사령을 폐지하게 된다. 일제는 일본 자본주의의 이해에 반하지 않는 선에서 식민지 조선의 공업화를 수용함으로써 일본의 유휴자본의 출구를 마련하려고 했다. 동시에 일제는 공업 부문으로 진출하려는 조선 부르주아의 이해를 일정 수준에서 충족시켜줌으로써 조선인 지주와 함께 조선인 부르주아를 일제에 우호적인 세력으로 전환시켰다.

이러한 변화된 상황에 대한 이해는 1920년대는 한국의 노동계급과 자본계급의 성격을 이해하는 중요한 출발점이 된다. 아직 그 규모가 농민과는 비교가

....

123 지수걸(1994). "일제하 농민운동." 강만길·김남식·김영하·김태영·박종기·박현채·안병직·정석종·
     정창렬·조광·최광식·최장집 편. 『한국사 15: 민족해방운동의 전개 1』. pp.267-306. 서울: 한길사.
     pp.272-274.
124 지수걸. "일제하 농민운동." pp.274-275.

되지 않을 정도로 적었지만 노동계급의 성장도 주목할 만하다. 김경일은 1945년 해방공간에서 엄청난 계급적 에너지를 발산했던 노동운동의 기원과 1980년대 중반 이후의 노동운동의 진보적 성격이 1920년대의 노동운동에 기원을 두고 있다고 평가했다.[125] 1920년대에 노동자의 수가 증가하기 시작하면서 노동단체들이 조직되기 시작했다.[126] 특히 1917년 러시아 혁명의 영향으로 노동계급의 중요성에 대한 인식이 확산되고 있었다. 1920년 33개에 불과했던 노동단체는 1930년이 되면 561개로 증가했다. 노동단체의 질적인 변화도 목격된다. 1920년대 초만 하더라도 노동 문제의 대부분이 소작농민과 관련된 것들이었고, 임금노동자와 소작농이 동일한 노동단체에 가입해 있었다. 이념적으로도 당시 노동운동은 1910년대에 민족주의운동의 주류를 형성했던 '실력양성운동'의 영향력 하에 있었다. 이러한 현실을 반영하듯이 1920년에 결성된 '조선노동공제회'와 1922년 9월에 평양에서 결성된 조선노동동맹회, 서울, 대구 등에서 결성된 노동조직들에는 모두 해당 지역 유지들과 민족주의자들이 대거 참여했다. 하지만 노동자의 수와 의식이 성장하면서 노동단체는 점차 노동자 중심으로 전환되어갔다. 조직 구성의 변화는 노동단체(조직)의 강령에도 나타났다. 민족주의 우파의 실력양성론에 영향을 받은 근검, 절약, 위생 등이 강령에서 사라지고 '8시간 노동제의 확립, 최저임금제의 설정, 동일노동 동일임금' 등 노동계급의 이해를 반영하는 내용의 강령으로 변화해갔다.[127]

노동조직의 형태도 처음의 직업별 노동조합에서 1926~1927년 산업별 노동조합으로 전환되어 1928년 6월 10일 서울의 인쇄출판업 노동자들이 최초의 산별노조를 출범시켰다.[128] 노동자들의 조직은 1921년부터 1935년까지 584건의 파업에 직·간접적으로 관여했고, 이중 명확히 노동단체가 지도한 파업이 대략

....

125 김경일(1994). "일제하 노동운동의 전개와 발전." 강만길·김남식·김영하·김태영·박종기·박현채·안병직·정석종·정창렬·조광·최광식·최장집 편. 『한국사 15: 민족해방운동의 전개 1』. pp.231-266. 서울: 한길사. pp.231-232.
126 김경일. "일제하 노동운동의 전개와 발전." pp.232-233.
127 김경일. "일제하 노동운동의 전개와 발전." p.242.
128 김경일(1992). 『일제하 노동운동사』. 서울: 창작과비평사. p.243.

20% 내외였던 것으로 알려져 있다.[129] 노동자들의 파업에 대한 자본가들의 대응은 기본적으로 일제의 경찰력에 의존해 파업을 무력화시키는 것이었다. 일제 당국은 노동자들의 파업을 공산주의자들의 선동으로 몰아가려고 했다. 1923년 7월 21일부터 시작된 (대부분이 조선인 자본으로 설립된) 평양 양말공장 파업은 당시 자본과 일제가 어떻게 노동자들의 파업에 대응했는지를 잘 보여주고 있다. 평양 양말공장 파업 당시 자본가는 일제 경찰을 공장 주변에 상주시켰고, 일제 경찰은 "평양 양말직공들은 모두 공산주의자들이며 동맹파업을 한 후 적화선전만 하고 있다."고 선전했다.

평양 양말공장 파업에 관한 1923년 9월 1일자 『동아일보』 기사.[130]

....

129 김경일. "일제하 노동운동의 전개와 발전." p.250.
130 동아일보. 1923년 9월 1일, "양말직공의 시위." 동아일보 1923년 9월 1일자 3면. 출처: http://newslibrary.naver.com

노동단체의 이러한 질적 성장은 1920년대에 사회주의 사상의 확산과 관련된 것으로 추정된다. 1920년대에 사회주의 사상이 확산되면서 노동계급은 농민과 구분되는 독자성을 강조했고, 노동조직은 노동계급의 독자적인 조직으로 분화되기 시작했다. 사회주의가 민족주의를 대신해 노동운동의 주류 이념으로 등장한 것도 1920년대이다. 사회주의 사상이 식민지 조선에서 노동운동을 주도하는 이념이 되면서 노동운동의 방향 또한 일제와 자본주의 체제에 반대하는 반제 민족해방으로 전환되었다.[131] 특히 1925년 일제가 국내의 노동운동과 사회주의 세력을 탄압하기 위해 제정한 치안유지법을 조선에 적용하면서 반공을 명분으로 한 노동운동에 대한 탄압이 전면화되었다. 권력관계가 부르주아와 일제 연합에 대항하는 노동계급으로 구조화되었다.

노동계급의 성장은 산업부르주아의 성장을 전제한다는 점에서 1920년대는 한국 부르주아의 기원이 되는 시기라고도 할 수 있다. 커밍스는 1920년대에 형성된 한국 기업가들이 해방 이후 한국 사회에서 중요한 역할을 담당했다고 평가했다.[132] 일본 제국주의의 보호하에 식민지 조선에서 일인과 조선인 자본가의 이해가 일치되는 방향으로 자본주의가 확대되어갔다. 조선인 자본은 일인 자본에 비해 차별받는다는 불평을 끊임없이 제기했고 조선 내에서의 특혜를 요구했지만[133] 기본적으로 식민지 조선에서 자본가의 출신 민족은 더 이상 중요한 문제가 되지 않았다. 실제로 1920년과 1929년 상업자본 및 기업회사자본의 국적별 분포를 보면, 조선인이 설립한 회사의 자본 규모는 192만 원에서 199만 원으로 큰 차이가 없었지만 조선인과 일본인이 공동으로 설립한 자본의 규모는 958만 원에서 9,679만 원으로 불과 10여 년 만에 열 배 가까이 증가했다.[134] 1920년대부터 권력관계가 부르주아지와 일제 연합에 대항하는 노동계급으로 구조화되었던 것이다.

....

131 김윤환.『韓國勞動運動史 I: 日帝下 編』. p.211.
132 Cumings.『한국전쟁의 기원』. p.49.
133 Eckert.『제국의 후예』.
134 조기준.『韓國資本主義成立史論』(전정판). p.411.

마지막으로 1920년대 이후 노동운동과 농민운동을 이념적으로 지도했던 사회주의운동에 대해 살펴보자. 사회주의 이념이 조선에 유입된 시점은 한국 좌파 운동에 매우 중요한 의미를 갖고 있다. 먼저, 1920년대라는 시점이 갖는 중요성이다. 1920년대는 1917년 사회주의 혁명으로 러시아에서 전제정권이 무너지고 세계 최초의 사회주의 정권이 성립된 이후이다. 당시 식민지 조선 지식인들에게 사회주의는 상상의 세계가 아닌 현실적 대안으로 받아들여졌다.『공산당선언』 러시아어 제2판 서문에는 식민지 종속국에서는 비자본주의 사회에서 사회주의의 실현이 가능하다고 적혀 있었다.[135] 더욱이 레닌이 혁명 직후인 1918년 피압박 민족의 해방을 약속함으로써 사회주의 러시아는 조선과 같은 피압박 민족의 희망이 되었다.[136] 외교로 조선의 독립을 보장받으려고 했던 민족주의자의 시도가 아무런 성과 없이 좌절되면서 사회주의는 조선의 민족해방을 위한 현실적 대안이 되었을 것이다.[137]

다음으로, 주목해야할 점은 유럽에서 사회주의는 1917년 러시아 혁명을 기점으로 개혁적 사회주의(사회민주주의)와 혁명적 사회주의(공산주의)로 분화되었지만, 조선에 유입된 사회주의는 혁명적 사회주의 노선이었다는 점이다.[138] 조선에서 사회주의를 실현하는 노선은 자본주의 체제 내에서 점진적이고 개혁적인 방법을 통하는 것이 아닌 반자본주의적이고 혁명적인 노선이었다. 특히 제3세계 공산주의운동에 지대한 영향을 미쳤던 코민테른 창설의 핵심 목적 중 하나가 서유럽 사회민주주의의 기만성을 폭로하는 것이었다는 점을 고려하면,[139] 코민테른의 강력한 영향력하에 있었던 조선의 사회주의운동에는 개혁적 사회주의인 사회

....

135 정연식·김종호(1991). "코민테른의 식민지해방운동전략전술."『사회과학연구』7: 1-22. p.17.

136 윤홍식(2015). "반공개발국가를 넘어 평화복지국가로: 역사와 전망."『시민과 세계』27: 57-106.

137 박찬승. "국내 민족주의 좌우파 운동."

138 Sasson.『사회주의 100년』; Brandal et al.『북유럽 사회민주주의 모델』. pp.4-6.

139 이덕일(1994). "일제하 조선공산당과 소련과의 관계: 코민테른을 중심으로."『숭실사학』8: 141-200. p.150. 실제로 코민테른 제2차 대회의 주된 목적은 서구 국가들에서 힘을 얻고 있는 개량주의, 즉 사민주의의 반(反)혁명성을 폭로하는 것이었다. 권희영(1988). "코민테른의 민족식민지논쟁과 한국의 민족해방운동."『역사비평』3: 186-198. p.189.

민주주의가 자리할 정치적 공간이 없었을 것이다. 이는 식민지 조선에서 사회주의운동의 목적이 개혁을 통한 민중의 복지 증진이 아닌 반제국주의 투쟁을 통해 일제와 자본주의의 모순을 혁명적으로 일거에 척결하는 것이었다는 것을 의미한다. 특히 사민주의는 현실 자본주의 체제 내의 타협을 전제하는데, 조선과 같은 식민지 상황에서 체제 내 타협이란 일제와의 타협을 의미했고 이는 개량주의적 우파를 제외한 어떤 민족해방그룹도 받아들일 수 없는 전제였다.

마지막으로, 1920년대 당시 국제공산주의운동이 식민지 조선의 민족해방운동에 미친 영향이다. 식민지 경제의 변화와 맞물리면서 사회주의의 유입은 식민지 조선의 핵심모순을 둘러싼 사회주의 계열 내부의 논쟁을 야기했다. 연해주에서 이동휘를 중심으로 결성된 한인사회당(이후 고려공산당)에 뿌리를 두고 있는 상해파는 민족해방을 우선시하는 사회주의 노선을 취했다. 반면 소련 이르쿠츠크(Irkutsk) 지역 공산당의 산하조직이었던 이르쿠츠크 고려공산당은 민족해방보다 사회주의 혁명을 우선시하는 입장을 취했다.[140] 이후 이르쿠츠크파는 여운형, 박헌영 등을 중심으로 하는 소위 화요파로 계승되고 1925년 조선공산당 창당에 중심적 역할을 한다. 여기서 중요한 점은 이들 조선 사회주의자들의 노선 투쟁이 코민테른이 주도하는 국제공산주의운동의 영향력 아래에 있었다는 점이다. 더불어 민족해방운동에 있어 부르주아의 성격을 어떻게 규정할 것인가를 둘러싸고 중요한 노선 갈등도 있었다. 반식민지였던 중국 민족해방운동에서 제기되었던 민족자본 개념이 완전한 식민지였던 조선에 무비판적으로 적용됨으로써 실천적 혼란이 야기되기도 했다. 사회주의자들이 신간회 결정에 적극적으로 참여한 것도 중국에서의 국공합작과 같은 반제통일전선을 조선에서 결성하라는 코민테른의 지도에 따른 것이었다.[141]

....

140 이덕일. "일제하 조선공산당과 소련과의 관계: 코민테른을 중심으로."; Scalapino and Lee. 『한국 공산주의 운동사』.

141 임대식(1994). "사회주의운동과 조선공산당." 강만길 · 김남식 · 김영하 · 김태영 · 박종기 · 박현채 · 안병직 · 정석종 · 정창렬 · 조광 · 최광식 · 최장집 편. 『한국사 15: 민족해방운동의 전개 1』, pp.157-191. 서울: 한길사, p.181.

신간회 울산지회 설립 1주년 기념사진. 다양한 옷차림처럼 다양한 이념을 가진 남녀가 모두 함께 대한독립을 꿈꾸었다.

　1927년 장개석의 쿠데타로 중국에서 국공합작이 명백히 실패했음에도 불구하고, 코민테른은 반식민지였던 중국의 특수성에서 도출된 민족자본이라는 개념에 입각해 조선에서 민족부르주아와 반제민족해방을 위한 연합전선을 결성할 것을 지시했다.[142] 미야지마 히로시는 자본이 일제와 협력하지 않으면 생존이 불가능한 식민지에서는 민족자본 개념이 성립할 수 없으며 식민지에서 부르주아는 민족해방운동의 주체가 될 수 없다고 했다. 결국 코민테른은 1928년 소련 내 권력투쟁에서 승리한 이오시프 스탈린(Iosif Stalin)이 주도한 제6차 대회에서 '12월 테제'로 알려진 좌경화된 테제(식민지와 반식민지 제국에 있어서 혁명운동에 관한 테제)를 채택한다. 12월 테제는 민족부르주아와의 연대 대신 노동자, 농민, 빈민 등 기층 민중 중심으로 사회주의운동의 방향을 전환했다.[143] 코민테른의 결정

....

142　梶村秀樹(1983). "민족자본과 예속자본." 사계절 편집부 편. 『韓國近代經濟史硏究』. pp.516-527. 서울: 사계절. p.520.

143　Scalapino and Lee. 『한국공산주의 운동사』. pp.322-323; 이덕일. "일제하 조선공산당과 소련과의 관계: 코민테른을 중심으로." p.193; 노경채(1994). "신간회운동." 강만길·김남식·김영하·김태영·박종기·박현채·안병직·정석종·정창렬·조광·최광식·최장집 편. 『한국사 16: 민족해방운동의 전개 2』. pp.61-146. 서울: 한길사. p.109.

은 국내에서 신간회의 해소로 나타났다. 1931년 2월 12일 신간회 단천지회의 임시대회에서 주동환은 "소부르주아지와는 절대로 협동할 수 없고 개인적으로 이용할 수 있는 대상일 뿐이므로 신간회는 해소되어야 한다."고 주장했다.[144]

더욱이 코민테른의 12월 테제는 분파 투쟁을 이유로 조선공산당을 재조직화할 것을 지시해 실질적으로 조선공산당을 해산시켰다. 하지만 코민테른의 운동 방향은 유럽과 동아시아에서 파시즘과 군국주의가 출현하면서 다시 반제통일전선을 결성하는 것으로 복귀한다. 이처럼 1920년대 이후 조선의 사회주의운동은 국제공산주의운동과 밀접한 관계를 가지고 있었다. 문제는 이러한 국제공산주의운동과의 연계가 조선 사회주의자들에게 조선 민중의 실천적 요구 보다 코민테른의 지시에 더 적극적으로 반응하게 했다는 점이다. 복지체제의 관점에서 보면 이러한 코민테른의 영향은 조선 사회주의운동에서 서구 복지국가의 아버지라고 불리는 개혁적 사회주의(사민주의)의 정치적 입지를 매우 취약하게 만들었던 것이다.

3. 노동계급의 형성과 좌파 사회주의 민족해방투쟁

1927년 2월부터 1931년 5월까지 대략 4년여 동안 존속했던 '민족협동전선론'의 산물이었던 신간회의 해체는 1930년대 이후 조선 내의 권력관계가 어떤 양상으로 변화했는지를 이야기해주고 있다. 박찬승은 신간회의 해소 원인에 대해 다음과 같이 정리하고 있다.[145] 사회주의 계열은 12월 테제의 지침에 따라 기층 민중운동을 강화하고 조직된 기층 민중(적색노동조합과 적색농업조합)을 기반으로 조선공산당을 재건하려고 했다. 반면 민족주의 좌파는 소위 '당면이익 획득'을 주장하며 일제 지배체제 내에서의 개량의 길로 나아가게 된다. 이로써 민족주의 세력은 민족해방운동의 주도권을 상실하게 된다.

하지만 1929년 대공황의 촉발로 조성된 국제정세는 유럽과 일본에서 파시즘

....

144 노경채. "신간회운동." p.108.
145 박찬승. "국내 민족주의 좌우파 운동." pp.142-156.

의 대두로 나타났다.[146] 파시즘은 대내적으로는 부르주아 민주주의를 파괴하고 대외적으로는 식민지 쟁탈을 위한 침략전쟁을 감행했다. 이러한 국제정세의 변화는 식민지 조선 내의 권력관계에도 중요한 영향을 미쳤다. 코민테른도 1928년 제6차 대회의 좌경화노선을 폐기하고 1935년 제7차 대회에서 파시즘에 반대하는 모든 세력의 연합전선을 구축하기 위한 '인민전선'을 반파시즘 운동의 핵심 노선으로 채택했다. 제6차 대회에서 결정된 사민주의와 민족주의 세력에 대한 적대노선을 폐기한 것이다. 이에 따라 노동자와 농민을 중심으로 반제민족해방투쟁에 집중했던 사회주의 계열은 다시 광범위한 반제통일전선을 구축할 것을 선언한다. 그러나 조선공산당이 해체된 상황에서 반제통일전선운동을 통일적으로 수행하는 것은 쉽지 않았다.

이 당시 사회주의운동의 조직노선은 크게 두 가지로 나타났는데, 하나는 기존의 사회주의운동조직인 적색노조와 농민조합을 반일 대중운동조직과 병행시키는 전략이고, 다른 하나는 적색노조와 농민조합을 해소하고 항일 대중조직을 강화하는 노선이었다. 특히 적색노조와 농민조합을 해체하고 대중조직을 강화하려는 전술은 태평양전쟁의 발발로 조선에 전시동원체제가 구축되면서 조선 민중의 항일 감정이 급격히 높아진 당시의 객관적 정세에 기초한 것이었다. 하지만 사회주의운동은 조선 민중의 정서와 괴리된 좌경적 편향을 극복하지 못함으로써 노동자, 농민, 민족 부르주아 등 일제의 지배에 반대하는 광범위한 대중을 반제민족해방운동에 집결시키지는 못했다. 그러나 임경석이 평가한 것처럼, 일제의 식민 지배에 대한 사회주의자들의 비타협적인 투쟁이 일제와 협력한 민족주의 우파와 개량주의로 전환한 민족주의 좌파와 비교됨으로써 사회주의 계열은 이후 조선독립운동에서 정치적·도덕적 권위와 함께 조선 민중으로부터 광범위한 지지를 획득하게 된다.[147] 실제로 1925년 반사회주의법인 치안유지법이 조선에 적용된 이후 1926년

....

146 임경석(1994). "조선공산당 재건운동." 강만길·김남식·김영하·김태영·박종기·박현채·안병직·정석종·정창렬·조광·최광식·최장집 편. 『한국사 15: 민족해방운동의 전개 1』. pp.157-228. 서울: 한길사. pp.214-218.

147 임경석. "조선공산당 재건운동." p.227.

부터 1943년까지 24,441명이 치안유지법 위반 혐의로 기소되었다.[148] 이는 엄혹한 일제의 탄압에도 사회주의 계열의 투쟁이 계속되었다는 것을 방증한다.

물론 우리는 로버트 스칼라피노(Robert Scalapino)와 이정식이 정리한 것과 같이 일제가 물리력과 비강제적인 방식(지주와 자본가계급에 경제적 이익을 보장하는 방식)을 통해 1945년 패망 직전까지 조선에 대해 강력한 지배력을 행사했다는 것을 잊어서는 안 된다.[149] 실제로 일제가 패망한 1945년 9월 당시 남한에 주둔하고 있던 일본군의 규모는 대략 27만여 명에 달했다.[150] 여기에 일제 경찰의 수를 더한다면 일제는 패망 직전까지 대규모 억압기구를 보유하고 있었다고 할 수 있다. 강력한 억압기구와 분열된 민족 앞에서 어떤 정치세력도 일제의 지배질서를 무너뜨릴 수 있는 효과적인 투쟁을 전개하기는 어려웠을 것이다. 더욱이 민족 부르주아가 존재하지 않는 상황에서 코민테른의 제7차 대회의 결정사항인 "부르주아와 연합해 반파쇼인민전선을 결성하라."는 새로운 요구는 식민지 조선에서 아무런 실천적 의미를 갖지 못했다.[151]

이제 당시 반제민족해방운동의 권력자원의 근간이 되었던 노동계급과 농민의 주체적 조건에 대해 살펴보자. 먼저 노동계급의 변화를 살펴보면, 1930년대 이후 식민지 공업화의 진전으로 노동계급의 규모가 급격히 증가했다. 1933~1943년 공장노동자의 수는 10만여 명에서 39만여 명으로 3.9배 증가했고, 광산노동자의 수는 7만여 명에서 28만여 명으로 네 배 증가, 토건노동자의 수는 4만여 명에서 53만여 명으로 열세 배나 증가했다.[152] 노동자들의 구성 변화도 주목할 필요가 있다. 특히 상대적으로 규모가 큰 공장에 고용된 노동자의 수가 큰

....

148 임대식. "사회주의운동과 조선공산당." p.173.

149 Scalapino and Lee. 『한국공산주의 운동사』. p.337, 377.

150 조순경·이숙진(1995). 『냉전체제와 생산의 정치: 미군정기의 노동정책과 노동운동』. 서울: 이화여자대학교 출판부. p.35.

151 Scalapino and Lee. 『한국공산주의 운동사』. p.337, 377.

152 박순원(1994). "식민지공업화기 노동자계급의 성장." 강만길·김남식·김영하·김태영·박종기·박현채·안병직·정석종·정창렬·조광·최광식·최장집 편. 『한국사 14: 식민지시기의 사회경제 2』. pp.61-90. 서울: 한길사. p.70, 72, 79, 82.

폭으로 증가했다. 1931년만 해도 100인 이상과 1천 인 이상의 대규모 공장에 고용된 노동자의 수는 각각 26,654명과 9,964명에 불과했지만, 1939년이 되면 각각 75,746명과 33,753명으로 증가했다. 조선인 숙련노동자의 비율도 지속적으로 증가하고 있었다. 비록 일제가 패망하기 전까지 숙련공=일인 노동자, 비숙련공=조선인이라는 식민지 고용구조는 해체되지 않았지만, 중일전쟁, 태평양전쟁으로 이어지는 일련의 침략전쟁으로 식민지의 고용구조가 해체되기 시작했다. 다만 전체 취업자 중 광공업 부문 노동자가 차지하는 비중은 1930년 5.9%에서 1940년 6.7%로 10년간 0.8%포인트 증가하는 데 그쳤다.[153]

1930년대 이후 노동계급의 양적 성장은 일제의 점증하는 탄압으로 합법적인 조직 역량의 성숙으로 이어지지는 못했다. 1936년 2월 26일에 발생한 일본 육군 황도파 장교들의 쿠데타를 계기로 군부가 일본 정계를 장악하면서 일본은 본격적인 군국주의 시대로 접어들게 된다.[154] 탄압이 거세지면서 노동자들의 투쟁방식은 파업보다는 태업을 이용하는 경우가 빈번했다.[155] 노동자 1인당 생산액은 1937년부터 1943년까지 지속적으로 하락했다. 1936년의 지수를 100으로 했을 때 1943년의 지수는 74에 불과했다. 실례로 조선 광부 1인당 채탄량은 1942년 101톤에서 1943년 95톤으로 불과 1년 만에 6.0%나 감소했다. 물론 생산성의 감소가 모두 노동자들의 태업으로 인한 것이라고 할 수는 없다. 하지만 일제가 생산력 증대를 위한 전시동원체제를 강제했음에도 불구하고 노동생산성이 감소한 것은 노동자들의 저항에도 그 원인이 있다.

이러한 조건하에서 노동운동은 적색노조운동과 같은 비합법운동으로 전환되었고 노동운동에 대한 일제의 탄압은 점점 더 가혹해졌다.[156] 1931년 흥남에서

....

153 김낙년. 『일제하 한국경제』. p.193.
154 황도파란 1920년대 후반부터 1936년까지 일본 군부 내의 가장 호전적인 군인들의 결집체로, 이들은 일본 정치에서 정당, 재벌, 중신, 궁정 인사들의 영향력을 제거하려고 했다. Gordon. 『현대일본의 역사』. pp.361-363.
155 김윤환. 『한국노동운동사 I: 일제하 편』. pp.326-328.
156 김경일. 『한국노동운동사 2: 일제하의 노동운동 1920~1945』. p.263; 김윤환. 『한국노동운동사 I: 일제하 편』. p.342.

적색노조 사건이 발생한 이후 1933년 초까지 불과 1년여 만에 일제 경찰이 검거한 노동자의 수만 해도 1천여 명에 이를 정도였다.[157] 고바야시는 1930년대 중반 이후의 조선 노동운동의 특징을 "반제적·혁명적 노동조합운동"이 "좌익 모험주의적 경향에 빠져든 것이라고 평가했다." 이러한 주·객관적인 상황으로 인해 사회주의 계열의 노동운동은 1930년대 중반 이후부터 1945년 일제의 패망까지 전체 노동계급의 이해와 괴리된 전위적 활동에 국한되었다. 더욱이 일제가 패망할 때까지도 전체 취업자 중 노동자의 비중은 매우 낮았다. 당시 조선은 농업 부문 종사자가 74.4%에 이르는 전형적인 농업 국가였다.[158]

토지조사사업과 산미증식계획을 통해 형성된 식민지 지주제는 1930년대 초의 농업공황으로 인해 심각한 위기에 직면했다.[159] 1930년대에 들어서면 농민들의 소작쟁의는 점차 폭동의 성격을 띠기 시작했다. 『조선일보』의 보도처럼, 이 당시 소작쟁의의 상당수가 농민단체의 주도하에 이루어졌다. 대표적인 농민운동 단체로는 1927년 9월에 결성되어 1935년 6월까지 활동한 조선농민총동맹을 들 수 있다. 그러나 합법적 농민운동은 대중적 기반이 취약했고 경제투쟁과 정치투쟁을 연계시키지도 못했다. 또한 합법적인 농민조합운동은 식민지라는 정치경제적 조건을 잊고 농민들의 생활 이익에 매몰되는 한계를 드러냈다. 1932년경에 이르면 대부분의 합법 농민조합도 일제의 탄압으로 해체되었다. 일제는 '당면이익획득운동'을 전개했던 체제 순응적·개량적 농민운동단체들도 해체시키거나 체제내화하려고 했다. 합법적 농민운동의 이러한 한계가 1930년대 이후의 혁명적 (적색) 농민조합운동의 탄생으로 나타나게 된 것이다.[160]

1930년대 중반 이후 조선 농민운동의 주도권은 사회주의 계열이 주도하는 혁명적 농민조합운동으로 넘어갔다.[161] 〈그림 7.4〉에서 보는 것과 같이, 혁명적 농민

....
157   박순원. "식민지공업화기 노동자계급의 성장." p.88.
158   김낙년. 『일제하 한국경제』. p.193.
159   지수걸. "일제하 농민운동." pp.268-287.
160   조성운(2003). "1930년대 이후의 대중운동: 농민운동." 국사편찬위원회 편. 『한국사 50: 전시체제와 민족운동』. pp.125-151. 서울: 탐구당. p.134; 지수걸. "일제하 농민운동." p.285.
161   한편 조성운은 1920년대 당시의 농민운동을 사회주의 계열이 주도한 농업조합운동, 천도교의 조선농민사

조합은 전국에 걸쳐서 조직되었다. 혁명적 농민조합은 전국 220개 군 중 80개 군 지역에서 조직되었다. 대체로 한반도 동쪽 지방이 서쪽 지방보다 혁명적 농민조합의 활동이 활발했던 것으로 보인다.[162] 특히 함경남도와 함경북도의 경우 그 수가 각각 2,095개, 1,975개였다. 전체 6,199개의 혁명적 농민조합 중 65.7%에 해당하는 4,070개가 함경남북도에서 조직화되었다. 이는 1930년대 이후의 코민테른 등 국제사회주의 조직의 사상과 인적 자원의 흐름이 주로 동북 지역(만주와 러시아의 국경)에서 국내로 유입되었던 것과 밀접한 관련이 있는 것으로 보인다.

그림 7.4 1930년대 혁명적 농민조합의 도별 분포 현황[163]

....

　　　　운동, 기독교계가 주도한 농촌사업으로 구분한다. 조성운. "1930년대 이후의 대중운동: 농민운동." p.125.
162　조성운. "1930년대 이후의 대중운동: 농민운동." p.134.
163　지수걸의 〈표 4〉를 조선 전도에 재구성한 것이다. 지수걸. "일제하 농민운동." p.293.

실제로 이 시기 사회주의운동은 만주와 조선의 경계지대와 함경도 지역에서 농민층에 깊숙이 뿌리내리고 있었다.[164] 1935년 말부터 1936년 초까지 6개월 동안 함경도 지역에서만 혁명적 농민조합 활동으로 일제 경찰에 검거된 농민이 1,043명에 달했을 정도였다.[165] 혁명적 농민조합의 지도자들도 수시로 제거되었다. 그럼에도 혁명적 농민조합운동이 지속되었다는 사실에 일제는 당황했던 것으로 보인다. 혁명적 농민조합은 자신의 운동을 지속할 정도로 성숙된 조직적 역량을 갖고 있었고 국내 항일운동의 중요 세력으로 성장했다. 1926년부터 1943년 6월까지 치안유지법 위반 혐의로 기소된 인원 24,441명 중 약 40%가 농민에 이를 정도로[166] 농민운동은 당시 반제운동의 중심에 있었다. 또한 주목할 현상은 조선에서 노동자들과 농민들 간의 연대가 이루어지고 있었다는 점이다.[167] 노동조합의 국제조직인 프로핀테른(Profintern)도 이러한 조선의 상황을 긍정적으로 평가했다.

일제강점기의 혁명적 농민조합운동은 농민운동에 노농동맹의 혁명주의를 관철했고 농민들의 일상운동을 반제민족해방운동으로 연결시켜 농민을 민족해방운동의 주체로 세웠다.[168] 하지만 혁명적 농민조합운동은 혁명적 노동조합운동이 그랬던 것처럼 좌경화의 오류를 범했다. 부농과 사민주의 계열의 조선농민사 등을 민족해방운동의 연대의 대상이 아니라 투쟁의 대상으로 간주한 것은 민족해방투쟁이라는 관점에서 보면 논란의 여지가 있는 노선이었다. 더불어 1930년대 중반 이후 농민운동을 통일적으로 지도할 전국조직이 해체된 상황에서 농민운동이 고립 분산적으로 전개될 수밖에 없었던 것도 한계였다. 하지만 일제의 폭압에도 불구하고 지속되었던 혁명적 농민조합운동은 해방 정국에서 농민이 조직된 정치적 주체로 등장할 수 있게 만들었다.

....

164 Scalapino and Lee. 『한국공산주의 운동사』. p.376.
165 Scalapino and Lee. 『한국공산주의 운동사』. p.337.
166 지수걸. "일제하 농민운동." p.270.
167 Scalapino and Lee. 『한국공산주의 운동사』. p.323.
168 지수걸. "일제하 농민운동." p.304.

제5절 분배체계: 자족적 분배체계에서 자본주의적 분배체계로

일제강점기의 조선에 살고 있던 사람들이 직면한 사회적 위험은 무엇이었을까? 일제강점기에도 분배체계는 작동하고 있었을까? 작동하고 있었다면 일제가 조선에 만들고자 했던 분배체계는 어떤 체제였을까? 우리가 복지체제를 단순히 정책이나 프로그램으로 국한하지 않는다면 일제강점기의 복지체제를 정치·경제와 연결된 조금 더 큰 틀에서 볼 수 있다. 『기원과 궤적』에서는 분배를 단지 현금과 서비스급여를 제공하는 소위 2차 분배로 한정하지 않고 시민의 삶에 영향을 주는 시장적·비시장적 분배를 모두 포괄한다. 더불어 이러한 시장적·비시장적 분배는 정치경제와 밀접한 관련하에 구성되며 시장적 분배라고 하더라도 직접적 정치적 행위의 결과라는 관점에서 서술했다. 예를 들어, 동일노동을 수행하는 조선인 노동자와 일본인 노동자의 임금이 다르다면 이는 자유주의 경제학자들이 이야기하는 수요와 공급에 따른 자연스러운 분배가 아닌 정치적으로 결정된 분배이다. 이처럼 자본주의 사회에서 정치적 개입이 없는 순수한 수요와 공급이란 존재하지 않는다. 이러한 문제의식에 기초해 본 절에서는 일제강점기 노동자들의 임금, 농민들의 소작료, 조세 등과 관련된 복지체제와 현금과 서비스급여라는 제도로서의 복지정책을 함께 검토했다. 분석의 틀은 당시 정치경제적 조건에서 조선민중이 제기한 분배 요구와 이에 대한 일제 식민당국의 대응이라는 구도이다.

1. 지주 중심의 분배체계의 구축: 1910~1919년

1) 농업생산물의 분배

지주의 성장과 농민의 양극분해는 일제강점기에 새롭게 나타난 현상은 아니다. 이미 조선 후기부터 지주의 토지 겸병이 증가하고 있었고 많은 농민들이 작인(作人)화되어 가고 있었다.[169] 현상적으로 조선 후기 농촌의 모습은 1910

....

169 토지에 대한 경작권이 있는 농민과 경작권을 박탈당한 농민을 구분하기 위해 전자를 작인(作人)으로,

년대 농촌의 모습과 별다른 차이가 없었다. 그러나 복지체제의 관점에서 보면 이 두 시기에 농민은 근본적으로 상이한 지위를 갖고 있었다. 1910년대의 농민은 토지에 대한 경작권을 보유한 주체에서 토지에 대해 아무런 권리를 갖고 있지 않은 소작농으로 전락했기 때문이다. 농민의 지위의 변화는 1910년대의 조선 복지체제를 이해하는 핵심이다. 토지에 대한 권리를 상실한 농민과 배타적 소유권을 갖고 있는 지주 간의 농업생산물의 분배를 둘러싼 힘의 관계는 처음부터 지주에게 유리할 수밖에 없었다. 지주는 농업생산물의 분배와 관련해 소작인에 대해 결정적·구조적 힘의 우위를 점하고 있었다. 더욱이 당시 농촌에는 농업생산에 필요한 노동력보다 더 많은 노동력이 존재했고,[170] 식민권력 또한 지주를 정치적으로 지원하고 있었다. 이러한 구조적 조건에서 지주는 부와 자본을 축적할 수 있었지만, 소작인은 하루하루 생존을 위한 힘겨운 싸움을 해야 했다. 조선 후기 분배체계의 쟁점이 자족적 농업생산의 재생산과 농민의 소상품생산을 위한 분배체계를 둘러싼 것이었다면, 1910년대 일제강점기 분배체계의 쟁점은 지주의 압도적 힘의 우위에서 농민의 기본적 생존권을 보장하는 문제였다.

먼저 일제의 조세정책을 살펴보면 일제는 1914년 조선지세령(朝鮮地稅令)을 시행해 조선 후기 부세제도인 총액제를 폐지했고, 토지조사사업이 완료된 1918년에는 조선지세령을 개정해 토지의 수확량에 따라 세금을 부과하는 조선의 전통적 부세방식인 결부제를 폐지하고 세금을 지세로 일원화했다.[171] 세금이 지세로 일원화되었지만, 이러한 일제의 조세정책이 지주의 세부담을 늘린 것은 아니었다. 반대로 일제강점기의 세금의 특징은 토지에 부과되는 세금이 지나치게 낮았다는 점이다. 단보당 세금부과액은 일본의 10~30% 수준이었고 지세는 지가의 1.3%였다.[172] 농업이 지배적인 산업이었던 조선에서 농업 소득에 세금을 부과

....

후자를 소작농(小作農)으로 지칭했다. 하지만 작인의 사전적 의미는 소작인의 준말이다.

170 김윤환.『한국노동운동사 I: 일제하 편』. p.37.

171 김동노. "식민지시대의 근대적 수탈과 수탈을 통한 근대화." p.124.

172 朝鮮總督府.『朝鮮總督府施政年報』(1918~1920년판). p.76; 김낙년.『일제하 한국경제』. p.70에서 재

표 7.4 지세와 소비세액의 변화: 1910~1919년(단위: 만 엔)

	1910	1911	1912	1913	1914	1915	1916	1917	1918	1919
지세(A)	600	665	670	698	1,010	1,005	1,006	1,023	1,157	1,118
소비세(B)	249	471	553	572	520	597	696	1,004	1,478	2,416
비율*	0.42	0.71	0.83	0.82	0.51	0.59	0.69	0.98	1.28	2.16

출처: 정태헌(1996). 『일제의 경제정책과 조선 사회: 조세정책을 중심으로』. 서울: 역사비평사. p.42.
* 지세 대비 소비세 비율.

한 것이 아니라 단위면적당 정률의 세금을 부과했다는 것은 조세체계 자체가 대토지 소유주들에게 극히 유리하게 제도화되었다는 것을 의미한다. 조선총독부가 조선에 대한 지배를 위해 많은 재원을 필요로 했고 일제의 패망 직전까지 일본에서 보충금을 지원받았다는 점을 고려하면, 낮고 역진적인 지세란 다른 세원의 확대를 의미하는 것이었다. 일제가 선택한 방법은 역진적 소비세를 확대하는 것이었다. 일제는 지주세력을 친일세력으로 포섭하기 위해 낮은 지세를 부과하는 대신 그 결손액을 소비세로 충당하는 방식으로 일반 조선 민중의 세금 부담을 높였다. 세금이 지세에서 소비세로 이전된 만큼 지주는 더 많은 자본을 축적할 수 있었고 조선 민중의 삶은 그만큼 더 힘들어졌다. 〈표 7.4〉에서 보는 것과 같이, 1910년부터 1919년까지 토지세액은 86.3% 증가한 데 반해 소비세액은 무려 870.3%나 증가했다. 결국 토지조사사업을 통한 지세 개정은 식민지 조선에서는 지주에게 매우 유리했지만 대다수 농민들에게는 매우 불리한 분배체계가 만들어졌던 것이다.

예로부터 전승되던 토지에 대한 권리를 상실한 농민은 지주에게 우호적인 세금 구조로 인해 한층 더 고통을 받았고, 이렇게 쌓인 분노가 3·1독립운동으로 촉발되었다. 농민들이 3·1독립운동에 적극적으로 참여했던 이유는 바로 조선이 독립되면 일제가 만들어놓은 불합리한 제도가 폐지되고 농민들이 원하는 세상이 올 것이라고 기대했기 때문이다. 그 중심에는 바로 1894년 갑오농민전쟁 이래 아

....

인용.

래로부터 제기된 '농민적 토지개혁'이 있었다. 1919년은 1894년 갑오농민전쟁이 발생한 지 불과 한 세대도 지나지 않은 시점이었고, 다수의 농민들은 아마도 갑오농민전쟁의 직·간접적인 기억을 가슴에 담아두고 있었을 것이다. 실제로 일제가 주관한 3·1독립운동의 재판 기록을 보면, 조선의 민중은 민족해방을 자신들을 위한 새 세상이 열리는 것과 동일시했다.[173] "조선 독립의 그날에는 재산이 평등하게 배분되기 때문에 빈곤자는 무상의 행복이다.", "조선이 독립하면 국유지는 소작인 소유로 된다." 등 민중은 민족해방이 곧 부와 토지가 균등하게 분배되는 세상을 만드는 것이라고 믿고 있었다. 더 나아가 3·1독립운동이 사회주의 사상에 영향을 받았다고 보기는 어렵지만, 3월 5일의 시위에서 붉은 기가 등장하고 일부 천도교도들이 '조선민국정부' 구성을 발표하면서 '중요 산업의 국유화, 국민 균산주의' 등을 적시했으며 조선민족대동단이 사회주의 사상을 실천할 것을 주장하는 등 당시 일부 조선 민중의 분배 요구는 조선 사회의 근본적 변화와 연관되어 있었다.

2) 노동시장에서의 분배

한편 임금노동자와 관련된 가장 큰 쟁점은 출신 민족에 따라 차별적 임금이 적용되고 있었다는 점과 노동자의 실질임금이 지속적으로 낮아지고 있었다는 점이다. 먼저 민족 차별을 보면, 일본인 활판식자공은 일당 1.81원을 받았지만 조선인은 1.14원만을 받았고, 가장 임금이 높았던 석공의 경우도 조선인은 2.07원인 데 반해 일인은 3.44원을 받았다.[174] 물가를 반영한 실질임금지수는 1910년을 100으로 했을 때 1913년 85.5로 낮아지고 3·1독립운동 직전인 1918년에는 1910년의 절반인 51.0으로 낮아졌다.[175] 노동자들의 실질임금은 3·1독립운동이 있었던 1919년에 들어서야 67.9로 1918년보다 조금 개선되었다. 낮

....

173 독립운동사편찬위원회(1973). 『독립운동사자료집 5(3·1운동 재판기록)』. p.281; 이지원. "3·1운동." p.114에서 재인용.

174 배기효(1999). 『일제시대의 복지행정』. 서울: 홍익출판사.

175 『조선통계연보』; 강만길. 『한국노동운동사 1: 근대노동자계급의 형성과 노동운동』. p.222에서 재인용.

은 임금에도 불구하고 노동시간은 살인적이었다. 산업에 따라 조금씩 다르긴 했지만, 제사업, 제면업, 연초공장의 일일 노동시간은 12~14시간이었고 고용주에 따라 16~18시간까지 일하는 경우도 있었다. 휴일도 거의 없어 연초공장 노동자들은 일 년 365일 중 350일을 일해야 했다. 더욱이 조선인 노동자가 일본인 노동자에 비해 평균 1.5배 이상 더 일해야 했다. 상황이 이렇다 보니 조선인 노동자는 좁쌀, 보리, 오이, 참외, 심지어 일본인이 버린 수박껍질로 연명한다고 보도될 정도였다.[176] 이를 반영하듯이 1912년부터 1919년까지 발생한 170건의 파업 중 임금 문제가 주요 원인이었던 경우가 87.6%였다.[177] 특히 1912년부터 1914년까지 발생한 11건의 파업 모두는 임금과 관련된 것이었다. 1910년대는 일제가 헌병경찰제를 운영하며 무단통치를 행했던 엄혹한 시절이었음에도 노동자들이 파업에 나선 것은 그만큼 노동자들의 생존 문제가 절박했기 때문이었다. 물가 상승도 민중의 삶을 어렵게 하는 주범이었다. 『朝鮮公論』이라는 잡지의 1917년 7월호에서는 물가 상승으로 인한 조선 민중의 어려움을 다음과 같이 적고 있다.[178]

"지금 물가 등귀는 멎을 줄 모르는 상태이고 비참한 생활난으로 인한 절규가 전국 도처에서 들리고 있다. 특히 각 관아의 하급관리를 비롯하여 일반 사회의 하층민들은 점점 더 암담한 기아지경에 짓눌려 가고 있다."

3) 제도로서의 복지

하지만 일제가 구축한 복지정책은 토지의 균등한 분배와 노동에 대한 정당한 대가를 지불하라는 조선 민중의 요구와는 거리가 멀었다. 추정된 자료이

....

176 박경식(1986). 『일본제국주의의 조선지배』. 서울: 청아출판사. p.133; 강만길. 『한국노동운동사 1: 근대노동자계급의 형성과 노동운동』. p.223에서 재인용.
177 조선총독부 경무국(1934). 『최근에 있어서 조선치안의 상황』. p.143; 김윤환. 『한국노동운동사 I: 일제 하 편』. p.43에서 재인용.
178 강만길. 『한국노동운동사 1: 근대노동자계급의 형성과 노동운동』. p.223.

기는 하지만 〈그림 7.5〉를 보면, 1913년부터 1918년 3·1독립운동 직전까지 조선 내 총생산액 대비 조선총독부의 복지(보건, 사회보장, 복지 등) 관련 지출 비중(이하 지출 비중)은 0.08~0.17%를 넘지 않았다. 심지어 1917년과 1918년은 역대 최저치를 기록했다. 조선총독부의 복지 관련 지출은 일제가 3·1독립운동으로 표출된 조선 민중의 독립 열망에 놀란 1919년이 되어서야 조금 증가했다. 1910년대를 대표할 수 있는 복지정책은 주로 임시은사금(臨時恩賜金)과 은사금에 의해 집행되는 매우 잔여적이고 시혜적인 정책들이었다. 일제가 일본 국왕이 조선인에게 베푸는 은덕이라고 선전했던 임시은사금은 실제로는 1910년 8월 일본 국왕의 명령인 '조선임시은사금제'에 따라 조선총독부가 발행한 기명식 국공채였다.[179] 조선총독부는 이렇게 채권을 발행해 마련한 재원의 이자(연리 5%)를 사용해 복지프로그램을 운영했다. 임시은사금은 1910년부터 1943년까지 조선총독부의 가장 중요한 복지 재원으로 활용되었다.[180] 〈표 7.5〉는 임시은사금의 총 금액과 지출 항목을 보여주고 있다. '조선임시은사금제'에 따라 채권을 발행할 수 있는 최대 금액이 3천만 원이었다. 이중 사회복지에 사용된 재원은 전체 3천만 원 중 12.6%에 불과했고 이 또한 주로 극빈층의 구료사업에 주로 사용되었다. 임시은사금의 27.5%는 강제병탄에 협력한 조선인 친일파와 일제가 체제 유지를 위해 포섭하고자 했던 유생들에게 지급되었다. 또한 '접산'이라는 항목으로 58.0%가 지출되었는데, 이는 주로 일제에 필요한 양잠(누에를 키우는 것)과 제사(실을 만드는 일) 같은 산업을 장려하기 위해 사용되었다. 식산과 함께 농사를 망쳤을 때 구제한다는 흉겸(凶歉)이라는 항목이 있었지만 이는 수산에 사용된 금액의 0.1~1.5%에 지나지 않았다.[181]

....

179　심정택(1997). "해방전후기의 사회복지제도 형성과 그 성격에 관한 연구." 『사회과학논집』 14: 147-180, p.159; 홍금자(2000). "근대 사회사업의 성립과 발달사적 구분에 관한 연구." 『사회복지학』 40: 226-269. p.241. 은사란 임금이 백성에게 내려주는 하사품을 지칭하는 용어이다.
180　한국은행 담당자의 자문을 받아 추계한 3천만 원의 2007년 현재 가치는 대략 6,475억 원 정도로 추정된다. 김지영(2008). "일제강점기 임시은사금의 분배와 성격에 관한 연구." 강원대학교 사학과 석사학위논문. p.1.
181　김지영. "일제강점기 임시은사금의 분배와 성격에 관한 연구." p.53.

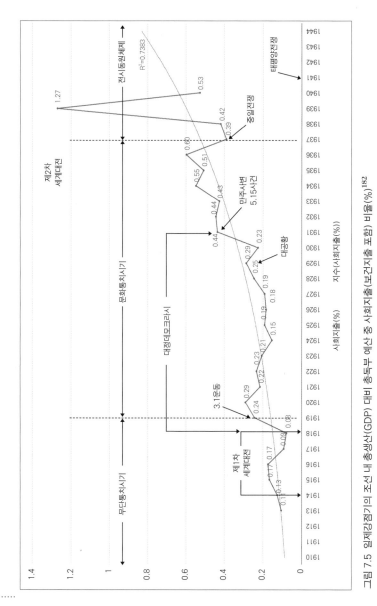

그림 7.5 일제강점기의 조선 내 총생산(GDP) 대비 총독부 예산 중 사회지출(보건지출 포함) 비율(%)[182]

182 일제강점기에 조선 내 총생산 대비 사회지출 비율은 김낙년이 편집한 『한국의 경제성장, 1910-1945』의 부록에 수록되어 있는 국민계정 통계와 총독부의 목적별 지출 자료에 근거해 산출된 수치이다. 사회지출 비율은 총독부의 목적별 지출 중 사회보장 및 복지와 보건을 합산해 산출했다. 김낙년 편. 『한국의 경제성장, 1910-1945』. p.486. 다이쇼 데모크라시의 기간에 대해서는 논란이 많은데, 여기서는 1차 세계대전이 끝난 1918년부터 만주 침략이 시작된 1931년까지로 정의하는 주장을 따랐다.

표 7.5 임시은사금 분배 항목

분류	지급 대상	금액(원)	비율(가)%	비율(나)%
개별 지급	귀족, 공노자와 그의 유족 및 구한국 관리	8,246,800	27.5	29.4
	양반 및 유생	300,000	1.0	
	경학원	250,000	0.8	
	효자, 절부(節婦), 마을의 모범자	32,090	0.1	
사회(복지)지출	환과고독자	203,810	0.7	12.6
	고아 양육, 맹인 교육, 광병자 구료	500,000	1.7	
	일반궁민 구료	2,855,800	9.5	
	행려병자 구호	213,500	0.7	
접산(接産)사업	각도 12부 327군 수산, 교육, 흥겸 등	17,398,000	58.0	58.0
합계		30,000,000	100.0	100.0

출처: 『조선총독부관보』 제35호(1910. 10. 8). pp.108–113; 號外(1910. 11. 3). pp.1–299; 제178호(1911. 4. 4). p.42; 제 242호(1911. 6. 21). p.147; 전지영. "일제강점기 임시은사금의 분배와 성격에 관한 연구." p.13에서 재인용.

1944년 조선구호령이 제정되기 전까지 식민지 조선의 빈민행정은 주로 1916년 제정된 임시은사금 사용에 관한 '은사진휼자금 관리규칙'과 '은사진휼자금 궁민구조규정'에 의해 운영되었다.[183] 빈민을 관리하는 이러한 규정들은 일제가 메이지 시대에 제정한 구휼규칙이라는 궁민구조규정의 자격 요건을 다소 완화한 전근대적인 빈민구제제도였다. 또한 구호도 원외구호를 원칙으로 하며 열등처우(劣等處遇) 원칙이 적용되었다. 행려병자에 대한 구호제도도 임시은사금의 이자로 운영되었다.[184] 1919년 당시 행려병자를 위한 보호시설이 전국적으로 6개소가 운영되고 있었다. 사회서비스는 주로 총독부가 민간의 참여를 장려하는 방식으로 이루어졌으며, 예외적으로 총독부가 고아 등 일부 아동과 일부 장애인을 위한 재생원을 운영하거나 형기를 마친 자에 대한 감화사업을 실시했다.[185] 은사금은 일본 왕실에서 직접 비용을 출연하는 경우로 '은사이재구조기금', '구휼어하사금' 등이라고 해서 이재민과 극빈층을 구제하는 데 사용되었고 부족한 금

....

183 홍금자. "근대 사회사업의 성립과 발달사적 구분에 관한 연구." p.241.
184 배기효. 『일제시대의 복지행정』. pp.120–121.
185 홍금자. "근대 사회사업의 성립과 발달사적 구분에 관한 연구." p.242.

액은 국고에서 보조했다.[186] 하지만 구휼어하사금은 금액이 정해져 있는 것도 아니고 반드시 재원이 마련된다는 보장도 없는, 그야말로 일제의 편의에 따라 조성되어 집행되는 매우 일회적인 재원에 불과했다. 사회보험의 경우 일부 군인, 총독부 관리, 유족 등에 대한 연금과 부조가 제도화되기는 했지만 대상자는 극소수였다.[187] 대상자는 1910년 1,883명이었고 1919년에도 7,410명에 불과했다. 일제가 조선인의 강력한 저항에도 불구하고 강제로 조선을 병탄하면서 그 명분으로 내세웠던 것이 "한국 민중의 복지를 증진함과 동시에 정신적 동화를 시도하여 내선일체를 고양"한다는 주장을 무색하게 했다.[188] 일제는 복지를 통해 조선 민중의 분배 요구를 충족시킬 능력도 의지도 없었다.

2. 지주 중심의 분배체계의 동요기: 1920~1933년

1) 농업생산에서의 분배

1920년대부터 1930년대 초까지는 조선이 본격적으로 일본 자본주의의 주변부로 편입되던 시기이다. 농촌에서는 소작쟁의가 빈발했고, 회사령 철폐로 상대적으로 투자가 자유로워진 공업 분야에서 노동자들이 증가했다. 이를 반영하듯이 노동자와 농민들의 이해를 대변하는 조직들이 나타나기 시작했고, 이들을 중심으로 분배 요구가 표출되기 시작했다. 농민들의 분배 요구는 소작쟁의로 표출되었다. 소작쟁의는 〈그림 7.6〉에서 보는 것과 같이 1920년 15건에 불과했던 것이 1928년이 되면 1,590건으로 그야말로 폭증했다. 참여 인원도 1920년 4,040명에서 1930년 13,012명으로 증가했다. 더욱이 앞서 언급했듯이 이러한 소작쟁의는 우발적으로 발생한 것이 아니라 농민조직이 주도했다는 점에서 1920년대

....

186 배기효. 『일제시대의 복지행정』. p.110. 안상훈 외가 인용한 자료에 따르면, 일왕이 제공한 구휼은사금의 규모는 1911년 13,200원, 1912년 2,700원, 1914년 9,800원, 1915년 7,600원, 1916년 5,700원, 1917년 2,200원, 1918년 13,100원, 1919년 15,000원이었다. 안상훈 외. 『한국 근대의 사회복지』. p.86.
187 배기효. 『일제시대의 복지행정』. p.104.
188 배기효. 『일제시대의 복지행정』. p.89.

에는 농민들이 조직된 주체 역량을 바탕으로 분배와 관련된 자신들의 요구를 분출했던 것으로 보인다. 소작쟁의의 발생 원인은 크게 두 가지인데, 하나는 소작권의 빈번한 이동에 대한 저항이다. 조선총독부의 자료에 따르면, 1925년 한 해 동안만 전국적으로 40%의 소작인이 교체되었고 전남 지역은 그 비율이 무려 80%에 달했다.[189] 다른 하나는 지주에게 지불해야 하는 소작료와 지주가 소작인에게 부담시켰던 각종 비용이다. 김동노는 소작쟁의의 주된 원인이 1920년대 초에는 고율의 소작료 문제에서 1920년대 중·후반부터는 소작권 교체로 변화했다고 설명했다.[190] 그는 소작료가 원인인 소작쟁의는 농민의 이윤 추구 목적과 관련되고 소작권의 변동은 농민의 생존권 문제와 관련된다고 보았다. 그러나 소작농의 욕구(needs)가 이윤 추구에서 생존권 문제로 변화했다는 주장에는 논란의 여지가 있다. 먼저 〈그림 7.7〉을 보면 1920~1924년에 발생한 소작쟁의 406건 중 '소작권의 취소 및 이동'으로 인해 소작쟁의가 발생한 비율이 63.1%나 되었다.[191] 소작쟁의의 원인은 반영구적으로 보장받았던 (소작)농민의 경작권이 지주의 '배타적

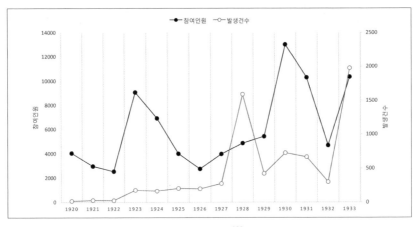

그림 7.6 소작쟁의 발생 건수와 참여 인원, 1920~1933년[192]

....

189 김동노(2007). "일제시대 식민지 근대화와 농민운동의 전환." 『한국 사회학』 41(1): 194-220. p.204.
190 김동노. "일제시대 식민지 근대화와 농민운동의 전환." p.204.
191 堀和生(1983[1976]). "일제하 조선에 있어서 식민지 농업정책." 사계절 편집부 편. 『韓國近代經濟史研究』. pp.331-374. 서울: 사계절, pp.362-373.
192 김동노. "일제시대 식민지 근대화와 농민운동의 전환." p.201.

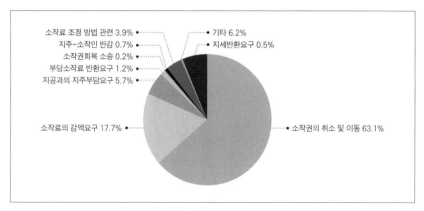

그림 7.7 1920~1924년에 발생한 소작쟁의의 원인[193]

소유권'을 보장한 일제의 토지조사사업으로 인해 한시적 계약관계로 전환된 것 때문이었다.

일제가 지주의 배타적 토지 소유권을 보장하기 이전에 농민들의 경작권은 남부 지방에서는 20~30년, 서북 지방에서도 대체적으로 10~20년 정도 보장받았다.[194] 전통적으로 조선 사회에서 소작권은 "소작료 납입을 태만히 하거나 다른 과실이 없는 이상 몇 년이고 계속할 수 있었고 처음부터 기간이 정해져 있는 것이 아니었다." 그러나 1920년대에 들어서면 남부 지방에서는 1년 만에 소작권이 바뀌는 경우가 20%에 달했다. 당시 농민들에게는 생산물에 대한 공정한 분배 요구와 함께 생산할 권리도 중요했던 것이다. 시야를 1930년대 초까지 넓혀보면 김동노의 주장과 다른 그림이 그려진다. 〈그림 7.8〉에서 보는 것과 같이, 1920년부터 1932년까지 소작쟁의의 발생 원인 중 소작권 이동이 수위(首位)였던 해는 일곱 해였고 소작료 및 비용전가 문제가 수위를 차지한 해는 여섯 해였다.[195] 또한 그 분포를 보아도 소작쟁의의 원인이 소작료 및 비용전가 문제에서 소작권 문제

....

193 堀和生, "일제하 조선에 있어서 식민지 농업정책." p.372.
194 堀和生, "일제하 조선에 있어서 식민지 농업정책." pp.362-363.
195 더욱이 1922년에는 소작권과 소작료 및 비용전가 문제가 전체 소작쟁의 발생 원인에서 차지하는 비중이 거의 같았다. 1922년을 제외하면 두 원인 간의 차이는 없다.

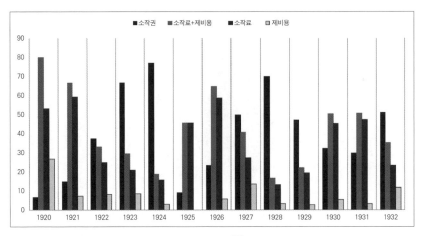

그림 7.8 소작쟁의의 발생 원인 비율(%), 1920~1932년[196]

로 이동했다기보다는 두 원인이 교차되고 있다.

우리가 사회과학적 상상력을 가지고 접근하면 현상적으로 드러나지 않은 상황을 추론해볼 수 있다. 먼저 1920년 소작쟁의가 발생한 원인을 보면 소작료 및 비용전가 문제가 전체 소작쟁의의 발생 건수 중 80%를 차지할 정도로 압도적 수위를 차지하고 있다. 반면 소작권 이동과 관련된 쟁의는 6.7%에 불과했다. 그러면 소작료 및 비용전가의 부당함을 주장하는 소작쟁의에 대해 지주들은 어떻게 대응했을까? 앞서 언급했듯이 조선 사회는 조선 후기부터 진행된 농민계층의 양극분해와 토지조사사업으로 인해 농촌에 광범위한 유휴 노동력이 쌓여가고 있었다. 하지만 유휴 노동력을 흡수할 수 있는 산업 발전은 일제의 회사령으로 가로막혀 있는 상태였다. 더욱이 소작농들이 전통적으로 보장받던 경작권은 토지조사사업으로 이미 사라졌고 일제의 지원을 받는 지주의 토지에 대한 배타적 소유권만 남은 상태였다. 이런 조건에서 지주가 소작료와 제반 비용 부담을 이유로 쟁의를 일으키는 소작인을 바꾸는 것은 그리 어려운 일이 아니었을 것이다. 더 열악한 조건에서 소작에 응할 수 있는 소작인들이 존재했고 식민당국이 묵인·지

....

196 김동노. "일제시대 식민지 근대화와 농민운동의 전환." p.203.

원했기 때문에 1920년대 이후 소작권의 이동이 더 빈번해졌던 것이다. 이러한 상황에서 1922년부터 소작쟁의의 주요 원인이 소작료와 제반 비용 문제에서 소작권의 문제로 이동한 것이다.

하지만 열악한 조건에서 소작권을 얻게 된 소작농들은 아마도 고율의 소작료와 지주의 비용전가를 감당하기 어려웠을 것이다. 1925~1926년에 들어서면 소작료와 비용전가 문제가 다시 소작쟁의 발생의 가장 중요한 원인으로 등장하게 된다. 이에 대응해 지주는 다시 소작권을 변경하는 것으로 대응했을 것이고, 소작농은 다시 소작권 변경에 대해 소작쟁의를 일으켰을 것이다. 하지만 앞서 언급한 객관적 조건(유휴 노동력, 산업의 미발달, 일제의 지원, 미곡의 상품화 등)이 변화하지 않는 한 지주에게 일방적으로 유리한 분배구조는 변화하지 않았다. 이러한 악순환 구조가 반복적으로 나타났던 것이 1920년대와 1930년대 초반의 상황이었다. 여기에 1920년대부터 조선에 유입된 사회주의 사상이 결합되면서 소작쟁의는 농촌사회에서 사회가 생산한 부를 어떻게 분배할 것인가를 둘러싼 계급대립 양상으로 나타났던 것이다. 김동노의 주장처럼 지주가 일인인지 조선인인지는 중요하지 않았다.[197] 하지만 소작쟁의를 지주 대 소작농의 계급관계로만 바라보는 것은 적절하지 않다. 김동노의 주장은 조선총독부가 민족 문제와 관련해 중립적인 위치에 있었다는 전제 위에서만 성립한다. 1920년대와 1930년대 초의 소작쟁의의 근본 원인이 일제가 구조화한 식민지 지주제의 결과였다는 점을 고려하면, 소작쟁의를 지주와 소작인 간의 계급 문제만으로 볼 수는 없다. 이 당시 소작쟁의는 일제와 지주 연합이라는 식민권력에 대한 농민의 저항으로 이해할 필요가 있다. 이렇게 보면 소작쟁의는 분배를 둘러싼 항일·계급투쟁의 성격을 갖고 있었다고 할 수 있다.

상황이 점점 더 악화되면서 소작쟁의는 일제의 식민지 농업정책을 근본적으로 위협하는 수준으로 치닫고 있었다. 일제는 어떤 식으로든 개입이 필요하다고 판단했을 것이다. 일제는 식민지 지주제의 골간을 건드리지 않는 범위에서 소작

....
197 김동노, "일제시대 식민지 근대화와 농민운동의 전환." p.206.

농들의 불만을 완화할 필요가 있었다. 1928년 조선총독부가 구성한 '임시소작조사위원회'의 보고서를 보면, 식민당국이 1920년대의 소작쟁의에 대해 어떤 우려를 하고 있었는지, 왜 일제가 지금까지 방관하던 농업생산물의 분배를 둘러싼 지주-소작관계에 개입했는지를 알 수 있다.

> "작금의 소작쟁의가 점차 단순한 지주와 소작인 간의 대립을 넘어서 "사상운동과 민족운동과 결합하여 일거에 구래의 관행을 타파하고 신천지를 여는 것 같은 급진적 운동으로 전화"될 가능성이 있으며, 이로 인해 더 이상 방치하는 경우 "생산을 저해하고 국부의 증진에 역행할 뿐 아니라 국가의 존립을 위협할 우려"가 있다는 판단에 따른 것이다."[198]

조선총독부는 1927년부터 5년 계획으로 소작 관행을 조사해 1928년 행정지침인 '소작관행에 관한 건'을 각 도에 하달했다.[199] 행정지침의 핵심 내용은 소작 관행을 연구하고 전담할 소작관을 두겠다는 것이었다. 더욱이 1930년대에 발생한 농업공황으로 조선의 농업은 거의 괴멸 직전에 있었고 소작쟁의가 더욱 격렬해지면서 계급투쟁의 양상을 띠기 시작했다. 조선총독부는 1931년 전작개량증식사업을 시행하고, 1932년에는 '농가갱생계획', '자작농창정정책', '조선소작조정령'을 공포했으며, 1933년에는 '소작위원회'를, 1934년에는 지주들의 반대에도 불구하고 '조선농지령'을 공포했다. 조선농지령은 많은 문제를 내재하고 있었지만 지주에게 일방적으로 유리한 분배구조를 일부 개선했다. 조선농지령 이후 소작쟁의의 강도는 약화되고 참여 인원은 감소했다. 일제의 조선 농업정책에 비판적이었던 히사마 겐이치도 '조선농지령'이 분배문제를 해결하는 데 중요한 역할을 했다고 평가했다.[200] 그러나 히사마는 자본이 농촌을 지배하는 한 소작 문제를 해결할 수

....

198 小早川九郎 編, 『朝鮮農業發達史: 政策編』, p.539; 우대형, "일제하 久間建一의 농업인식과 식민지 농정의 모순," p.26에서 재인용.
199 우대형, "일제하 久間建一의 농업인식과 식민지 농정의 모순," pp.27-30.
200 우대형, "일제하 久間建一의 농업인식과 식민지 농정의 모순," p.44.

는 없다고 평가했다. 결국 소작쟁의로 나타난 농업생산물을 둘러싼 분배 투쟁에서 일제는 지주들에게 부분적 양보를 강제했지만 미곡의 상품화라는 자본이 지배하는 지주 중심의 식민지 농업구조를 근본적으로 개혁하지는 않았다.

그렇다면 이 시기 농민조직들의 분배에 대한 요구는 무엇이었을까? 조선농민총동맹이 채택한 1930년 8월의 행동강령 초안을 보면 조직된 농민들의 분배 요구가 잘 나타나 있다.[201] 아홉 가지 요구 중 분배와 관련된 요구만 추려보면 다음과 같다. 첫째, 소작료를 생산물의 40%로 제한하고, 소작권 강제 이동에 반대하며, 영구소작제를 확립할 것을 요구했다. 둘째, 누에고치, 면화 등의 공동판매에 반대했다. 셋째, 농회, 산림조합, 축산조합 등의 반(半)관적 수탈기구의 폐지를 요구했다. 앞서 히사마가 언급한 것과 같이, 소작료를 통한 수탈은 물론 자본이 지배하는 조합 등을 통한 수탈 또한 반대했고 소상품생산자로서 농민의 이윤 추구를 보장할 것을 요구했다.

조선농지령의 주요 입법 내용(1934년 4월 11일)[202]

1. 농지령의 적용 범위: 경작을 목적으로 하는 토지의 임대차에 적용하며(1조), 경작을 목적으로 하는 청부(請負) 기타의 계약은 임대차로 간주한다(2조)고 하여 위탁경작에도 농지령을 적용하도록 했다.

2. 마름 및 소작지 관리자에 대한 규제: 임대인은 마름 및 소작지 관리자를 두는 경우 부윤·군수·도사에게 신고해야 하며(3조), 부윤·군수·도사는 그것이 부적당하다고 인정되는 경우 부윤·군수·도 소작위원회의 의견을 들어 임대인에게 그 변경을 명할 수 있도록 했다(4조). 또한 소작지 관리자에 대해 신고하지 않거나 거짓 신고할 경우와 변경

---

201 지수걸, "일제하 농민운동." p.283.
202 조선농지령에 대한 내용은 국가기록원이 정리한 주요 입법 내용을 전재한 것이다. 출처: http://www.archives.go.kr, 접근일 2016년 1월 12일.

명령을 어길 경우 300엔 이하의 벌금에 처하도록 했다(31조).

3. 소작 기간: 소작 기간은 보통작물 3년 이상, 뽕·과일·모시·닥나무 등 영년작물 7년 이상이어야 하며(7조), 기간을 정하지 않았거나(7조) 불명확할 경우(8조) 및 소작지의 임대차 기간을 갱신하는 경우(9조)에도 마찬가지이다.

4. 소작지 전대 금지: 임차인은 임대인의 승낙이 있더라도 소작지를 전대할 수 없고, 다만 상이·질병 등 불가피한 사유로 인한 일시 전대는 인정되나 그 경우 임대인은 정당한 사유가 없으면 이를 거부할 수 없도록 했다(13조). 또한 임차인이 전대 금지 규정을 위반한 경우 임대인은 임대차계약을 해제할 수 있도록 했다(20조).

5. 소작료: 불가항력으로 수확량이 감소한 경우 임차인은 수확 착수일로부터 15일 내에 소작료의 감면을 신청할 수 있고(16조), 검견에 대해서는 시행규칙에서(17조) 쌍방이 합의한 날짜에 당사자나 대리인이 입회한 가운데 실시하도록 했다. 소작료 액이나 율에 관해 규정하지 않은 것은 지방별·지주별로 다르므로 법으로 규정하기 곤란하다는 것을 들었다.

6. 소작계약의 갱신·해제: 임대인은 정당한 사유 없이 소작계약의 갱신을 거부할 수 없고(19조), 임대차 기간 만료 전 3개월 내지 1년 안에 소작계약 갱신의 거절 또는 조건 변경을 통지하지 않으면 동일한 조건으로 다시 임대차하는 것으로 간주하며(18조), 임차인이 전대 금지 규정을 위반한 경우 임대차를 해제할 수 있으나(20조), 소작료의 경감·면제에 관해 부·군·도 소작위원회의 판정을 구하는 경우 및 조정 신청을 한 경우 판정과 조정이 끝날 때까지 소작료 이행 지체를 이유로 임대차를 해제할 수 없도록 했다(21조).

2) 노동시장에서의 분배

노동자들도 1920년대에 들어서면서 파업을 통해 자신들의 요구를 제기하기 시작했다. 1920년대 전반기의 노동자들의 대표적인 파업으로는 1921년 9월 부산 부두운송노동자 총파업(임금 인상), 1922년 11월 경성 인력거부 파업(인력거 삯 감액 반대와 인상), 1922년 12월 경성 양화직공의 동맹휴업(공임 삭감 반대), 1923년 7월 경성 고무여직공 파업(임금 인하 반대), 1923년 7월 평양 양말공장 파업(임금 인하 반대), 1923년 5월 인천 및 군산 미공 동맹파업(임금 인하 반대) 등이 있었다.[203] 대부분의 파업에서는 주로 임금 인하에 반대하거나 임금 인상을 요구했다. 반면 1920년대 후반에 들어서면 〈그림 7.9〉에서 보는 것과 같이 임금과 관련된 파업이 51.1%, 처우 개선과 노동권 등과 관련된 파업이 48.9%로 나타난다.

노동운동은 임금과 관련된 투쟁에서 노동권 문제로 전환되는 양상을 보였다. 예를 들어, 1925년 1월에 일어난 경성 전차종업원 파업의 요구사항은 8시간 노동제 실시, 승무원을 용원(傭員)에서 고원(雇員)으로 전환할 것 등 노동권 개선

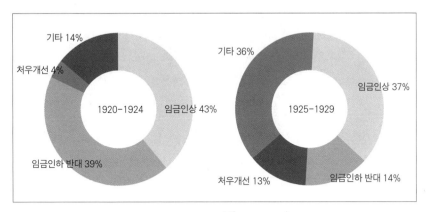

그림 7.9 1920년대 전·후반기 파업 요구 사항의 비교[204]

....

203　김윤환. 『韓國勞動運動史 I: 日帝下 編』. pp.99-110.
204　김윤환. 『韓國勞動運動史 I: 日帝下 編』. pp.147-148.

이었다.[205] 1925년 2월에 있었던 평양 인쇄공 파업에서도 8시간 노동제, 부상자에 대한 치료비 지원 등 1920년대 전반기에는 보이지 않던 노동계급의 특수성이 반영된 요구들이 나타나기 시작했다. 이러한 현상은 목포 유제공 파업(1926년 1월), 영흥 노동자 총파업(1928년 10월), 원산 노동자 총파업(1929년 1~4월) 등 1920년대 후반기 파업의 공통된 양상이었다. 더욱이 1930년대 초의 공황은 분배를 둘러싼 노동자들의 요구에 불을 붙였다. 1930년대의 평양 양말공장의 사례는 당시 공황으로 인해 열악해진 노동자들의 처지를 가늠해볼 수 있게 해준다. 1930년 봄에 23개의 평양 양말공장에서는 2,300여 명의 노동자를 고용하고 있었지만 그해 6월이 되면 이중 10%인 200명만 고용상태에 있었고 나머지 2천여 명은 모두 실직 상태에 있었다.[206]

원산 총파업 당시 원산 노동자연합회의 시위 행렬. 원산 총파업은 일제강점기 동안에 일어난 가장 큰 노동자 파업이었다. 남성 노동자만이 아니라 여성, 아이들의 모습도 보인다(출처: 오늘보다).[207]
....

205 김윤환.『韓國勞動運動史 I: 日帝下 編』. pp.148-176. 사전적 의미로 보면, 용원은 관청에서 임시로 뽑아쓰는 사람으로 소위 '품팔이꾼'이라는 의미가 강한 반면, 고원은 '임시로 채용된 하급사무원'이다. 고원과 용원은 둘 다 임시직이라는 의미를 갖고 있는데, 당시에는 용원보다는 고원의 지위가 안정적이었던 것 같다. 참고: 다음 한국어사전. http://dic.daum.net/index.do?dic=kor
206 김경일.『한국노동운동사 2: 일제하의 노동운동 1920~1945』. p.260.
207 http://todayboda.net/article/6682

파업을 통해 노동자가 제기한 요구가 관철된 비율은 1920년대 전반기에는 32.7%, 타협한 비율은 27.6%였고, 후반기에 들면 관철한 비율은 30.8%로 조금 낮아지고 타협한 비율은 34.4%로 조금 높아졌다.[208] 앞서 제기했듯이 식민당국은 파업을 공산주의자들의 선동으로 인한 것으로 간주하고 자본의 편에 서서 철저히 탄압했다. 실제로 원산 총파업의 실패는 인근 지역의 군대까지 동원한 일제의 물리력 때문이었다. 자본은 출신 민족과 관계없이 자신들의 계급적 이해를 지키기 위해 일제와 협력했다. 이러한 조건에서 반식민지인 중국에서 논란이 되었던 민족자본은 식민지 조선에서는 존재하기 어려웠다. 소위 민족자본으로 알려진 김성수와 김연수 형제의 경성방직도 노동자들의 파업을 진압하기 위해 일제 경찰에 의존했다.[209] 1931년 5월에 경성방직이 20% 임금 삭감을 결정하자 노동자들은 파업으로 맞섰다. 노동자의 요구는 임금 인하를 철회하고 동일임금을 지급할 것과 부상자에게 생활비와 위로비를 지급하고 8시간 노동제를 실시할 것 등이었다. 경성방직은 파업을 공산주의자가 선동한 것으로 몰아갔고 파업 3일 만에 일제 경찰의 폭력적 진압으로 종결되었다. 에커트는 이후 경성방직의 노동관계에 문제가 없는 것처럼 보였던 것은 경성방직이 노동조건을 개선해주었기 때문이 아니라 일제 경찰의 통제 때문이었다고 평가했다. 당연한 것이지만 조선 자본은 민족의 이해보다는 계급 이해를 우선으로 했다.

3) 제도로서의 복지

1920년대에도 분배제도로서 복지정책의 역할은 대단히 제한적이었다. 〈그림 7.5〉에서 보았던 것처럼 1931년 일제가 만주를 침략하기 전까지 총독부의 사회지출은 조선 내 총생산의 0.3%를 넘지 않았다. 만주 침략 이후인 1931년에 들어서면서 지출은 총생산의 0.4%로 증가했다. 그러나 이러한 증가는 조선 민중에 대한 일제의 사회지출이 증가해서가 아니라 계속되는 전쟁으로 인해 군인과 유

....

208 김윤환. 『韓國勞動運動史 I: 日帝下 編』.
209 Eckert. 『제국의 후예』. pp.315-326.

족에 대한 지원이 증가했기 때문이라고 추정된다. 홍금자는 이 시기를 사회사업의 발전기로 명명하지만 그가 왜 이 시기를 사회사업의 발전기라고 규정했는지는 쉽게 이해가 되지 않는다.[210] 이 시기 복지제도의 특성은 조선총독부가 사회교화사업의 일환으로 사회사업을 재편하려고 했던 점과 민간 중심의 사회사업이 확대되기 시작했다는 점이다. 이 시기에 인보관사업이 조선에 소개되어 일부 지역에서 구제활동을 중심으로 하는 인보관이 건립되었다.[211] 특히 총독부가 설립한 인보관은 일제가 식민지 지배체제를 선전하는 공간으로 이용되었다. 사회서비스 분야에서 주목할 점은 의료서비스 제공기관과 직업소개소의 건립 등을 들수 있다. 의료서비스로는 1930년대에 자혜병원으로 알려진 도립병원이 전국에 32개소가 설립되어 구료서비스를 제공했고, 전국 8개 부에 공립 직업소개소가 설립되어 취업정보 등을 제공했다.[212]

방면위원회의 도입도 이 시기의 대표적인 사회복지제도로 언급되고 있다. 방면위원회는 지역의 친일 유지들로 구성된 민간위원들이 지역민들의 빈곤 실태를 파악하고 이에 근거해 빈곤에 대한 적절한 대응책을 연계해주는 역할을 했다.[213] 1927년 12월 5일 경성부 고시 제49호에 따라 경성부에 처음으로 방면위원회가 구성된다. 하지만 조선에서 실시된 방면위원회는 지역민들의 빈곤 구제와 생활조건 개선을 위해서 설치된 것이 아니라 일제의 식민지배 질서를 유지하기 위한 도구로 활용되었다. 공공부조는 1910년대와 같이 임시은사금과 은사금을 통한 일회적이고 잔여적인 지원 형태에 머물렀다. 임시은사금 사용과 관련해 주목할 만한 변화는 1920년 1월에 임시은사금 관리규칙을 개정해 양잠과 제사(製絲) 교육 등에 사용되던 비용의 일부를 지방에서 사회복지 관련 시설을 설립하는

....

210 홍금자. "근대 사회사업의 성립과 발달사적 구분에 관한 연구."
211 인보관이 현재 지역사회복지관의 기원이라는 주장이 일반적이지만, 최선희는 당시 인보관이 주로 구제활동을 했다는 점을 들어 현재 지역사회활동이 중심인 지역사회복지관의 기원을 여자관에서 찾아야 한다고 주장한다. 최선희(2014). "일제강점기 지역사회복지관의 성격." 『한국지역사회복지학』 49: 1-30, pp.25-26
212 안상훈 외. 『한국 근대의 사회복지』. p.109, pp.113-114.
213 신은주(1989). "일제시대 방면위원제도." 하상락 편. 『한국 사회복지사론』. pp.370-422. 서울: 박영사.

데 사용할 수 있게 개정했다는 점이다.[214]

이 시기의 또 다른 특성은 총독부가 지원하는 다양한 민간 사회복지기관이 설립되어 운영되고 있었다는 점이다. 시설의 설치와 운영은 민간이 담당하고 운영비용은 총독부가 보조하는 방식의 사회복지기관들이 운영되었다.[215] 현재 한국에서 운영되고 있는 사회복지서비스 기관들의 전형이 이 시기에 형성되었다고 볼 수도 있다. 선교사들의 사회복지기관 설립 등도 이루어졌다. 현존하는 가장 오래된 태화기독교사회복지관의 전신도 1921년에 설립된 태화여자관에 그 기원을 두고 있다.[216] 선교사들이 설립한 기관들은 총독부로부터의 재정적 지원 없이 독립적으로 운영되었다는 점에서 일제의 선전도구로 활용되었던 조선 내 다른 사회복지기관과는 차별성이 있었다. 하지만 최원규가 지적한 것과 같이, 이 또한 체제 옹호 대신 선교를 목적으로 설립되었다는 점에서 한계가 있었다.[217] 극소수를 대상으로 사회보험과 유사한 은급법이 1923년에 시행되었다.[218] 또한 국가가 주체가 되어 소액의 사보험을 운영했다는 점도 특이할 만하다. 1930년 기준으로 간이생명보험에 가입한 건수는 246,922건이고 보험금은 48,192,365원에 달했다. 일제가 국채를 통해 확보한 임시은사금의 규모가 3천만 원 정도였다는 점을 고려하면 상당한 금액이 국가가 운영하는 간이보험에 누적되었다고 할 수 있다.

이 시기에 조선 민중의 대부분을 구성하는 농민들의 요구는 소작권의 안정적인 확보와 적절한 소작료의 지불로 모아졌다. 임금노동자의 경우 고용주의 지속적인 임금 인하 압박에 맞서 실질임금을 유지하는 동시에 8시간 노동제와 같은 노동조건을 개선하는 것이었다. 하지만 조선농지령을 제정한 것에서 보는 것처럼 일제는 체제 유지를 위한 방편으로 소작농의 요구를 부분적으로 수용하는 데 그쳤다. 노동자들의 파업에 대해서는 반공을 명분으로 경찰력을 동원해 강제

....

214 배기효.『일제시대의 복지행정』. p.141.
215 안상훈 외.『한국 근대의 사회복지』. p.115.
216 이덕주(1993).『태화기독교사회복지관의 역사: 1921-1993』. 서울: 태화기독교사회복지관.
217 최원규(1996). "외국민간원조단체의 활동과 한국 사회사업 발전에 미친 영향." 서울대학교 대학원 사회복지학과 박사학위논문.
218 배기효.『일제시대의 복지행정』. pp.134-137.

적으로 파업을 무력화시킴으로써 철저히 자본의 이해를 대변했다. 1910년대와 비교해 미시적 사회복지정책의 변화는 총독부가 민간의 사회복지를 장려·지원하는 방향으로 사회서비스를 확대했다는 점이다. 현재 한국 사회서비스 전달체계의 특성이라고 할 수 있는 민간이 설립·운영하는 사회복지기관을 국가가 재정적으로 지원하는 방식이 이미 1920년대의 일제강점기에 시작되었다. 공공부조와 관련해서는 방면위원제도를 경성부 차원에서 도입하는 정도에 그쳤다. 당시 걸식민, 궁민, 영세민을 포함한 빈곤층의 규모가 540여만 명에 달했다는 점을 고려하면[219] 일제가 구축한 분배체계로는 식민지 조선에 만연한 빈곤과 불평등을 완화하는 것이 불가능했다.

3. 자본 중심의 분배체계로의 이행과 탈상품화 요구의 등장: 1934~1945년

1930년대의 농업공황은 조선에서 식민지 지주제의 동요를 야기했다. 일본 내 미곡 공급의 과잉으로 인해 조선에서 미곡의 대일 이출이 원활하지 않게 되었고 미곡과 누에고치 가격이 폭락했으며 농촌 경제는 심각한 타격을 받았다.[220] 더불어 소작쟁의의 격증으로 체제 위협을 느낀 일제가 각종 농가 경제 안정책을 추진하면서 식민지 지주제는 동요하기 시작했다. 이러한 상황에서 일제는 만주침략에 이은 중국 본토에 대한 침략을 감행하면서 조선을 대륙침략의 병참기지화하기 위해 조선의 공업화를 추진하게 된다. 1930년대 중반 이후의 조선 민중의 분배에 대한 요구는 이러한 국면에서 형성된 것이다.

1) 농업생산물의 분배

1920년대부터 1930년대 초반까지 격렬했던 소작쟁의는 조선농지령으로 대

....

219 빈곤 규모는 1931년 수치이다. 배기효, 『일제시대의 복지행정』, p.147.
220 지수걸, "일제하 농민운동." p.268.

표되는 일제의 유화책으로 인해 소강상태에 접어들게 된다. 소작농의 생존을 위협하는 식민지 지주제가 해체된 것은 아니었지만 그렇다고 확장되지도 않았던 것으로 보인다. 실제로 〈그림 7.1〉에서 보았던 것처럼 소작농가의 수는 1934년 156만여 호에서 1941년 165만여 호로 다소 증가했다가 1943년이 되면 148만여 호로 감소한다. 자소작농가의 수도 동 기간 동안 큰 변화를 보이지 않는다. 1934년 73만여 호였던 자소작농가의 수는 1943년에도 73만여 호로 변화하지 않았다. 1930년대 중반 이후 자소작농의 몰락과 소작농의 증가 현상은 목격되지 않았다. 그렇다고 조선 농민들의 생활이 개선된 것은 아니었다. 전체 인구 중 빈민으로 분류되는 인구의 비율이 1934년 10월 1일 현재 27.5%에 달해 조선인 4명 중 1명 이상이 절대빈곤상태에 놓여 있었다.[221] 거의 모든 것이 파괴되었던 2차 세계대전 종전 직후에 "비극은 거대하다."라고 불릴 정도로 서유럽의 빈곤 문제가 심각했지만 빈곤 인구는 25%를 넘지 않았다.[222] 이러한 사실을 생각해보면 1930년대의 일제강점하에서 조선 민중의 빈곤 문제가 얼마나 심각했는지를 알 수 있다. 당시 일본 학자들이 '조선산업혁명'이라고 불렀고 식민지 근대화론자들이 한국 경제성장의 기원이 만들어졌던 시대라고 추켜세웠던 1930년대, 바로 그 시대에 조선 민중의 4분의 1이 넘는 사람들이 굶주림으로 생존을 위협받고 있었다. 이를 반영하듯이 1930년부터 1945년까지 만주와 일본으로 이주한 조선인이 무려 243만여 명에 달했다.[223] 1945년 해방 당시 조선의 국내 인구가 2,576만여 명이었다는 사실을 고려하면 1930년대 이후에만 전체 인구의 10%에 달하는 인구가 해외로 이주한 것이다.

....

221 배기효. 『일제시대의 복지행정』. p.199.

222 Amstrong, P., Glyn, A. and Harrison, J.(1993[1991]). 『1945년 이후의 자본주의』. 김수행 역. (*Capitalism Since 1945*). 서울: 동아출판사. p.24.

223 이홍락(1994). "식민지의 사회구조." 강만길·김남식·김영하·김태영·박종기·박현채·안병직·정석종·정창렬·조광·최광식·최장집 편. 『한국사 14: 식민지시기의 사회경제 2』. pp.61-90. 서울: 한길사. p.189. 이 수치에는 일제에 의해 강제 동원된 인구도 포함된다. 특히 일제에 강제 동원(징용 및 징병) 된 수는 1930년대 후반에 급증했다. 1943년 한 해에만 일본, 사할린, 남양 지방으로 강제 동원된 규모가 13만여 명에 달했고, 1944년에는 29만여 명에 달했다. 朴慶植(1965). 『朝鮮人强制連行の記錄』. 未來社. p.59; 이홍락. "식민지의 사회구조." p.190에서 재인용.

이러한 사실들은 1930년대 이후 조선에서 민중의 삶이 순탄하지 않았다는 것을 의미한다.[224] 복지체제는 여전히 지주에게 유리하게 제도화되어 있었다. 더욱이 일제의 중국 침략과 태평양전쟁의 발발을 계기로 일제의 물리적 탄압이 강화되었다는 점을 고려하면 농민들이 1920년대와 같이 소작쟁의를 통해 분배에 대한 자신들의 정당한 몫을 요구할 수 있는 정치적 여건 또한 여의치 않았을 것이다. 1930년대 이후에 나타난 비합법 농민운동인 혁명적 농업조합운동은 이러한 상황의 결과였다. 분배를 둘러싼 농민의 요구를 대변한 농민조직이 일제의 탄압으로 비합법화되면서 농민운동의 중심이 대중조직에서 혁명적 농조로 전환된 것이다. 이전 시기에 농민운동의 요구가 소작권, 소작료, 비용전가 등의 문제를 중심으로 전개되었다면, 혁명적 농업조합에 의해 주도된 농민운동의 요구는 '노농소비에트 건설을 통한 토지혁명'을 통해 민주주의를 실현하는 것과 민족해방투쟁을 전개하는 것이었다.[225]

1930년대의 혁명적 농업조합은 "토지는 밭갈이하는 농민에게!", "노동자 농민이 주인인 세상을 만들자!" 등과 같은 혁명적 슬로건을 내세웠다. 농민운동이 사회주의 세력과 결합하면서 농민운동조직의 요구는 직접적인 분배를 둘러싼 문제에 국한되지 않고 정치적 이슈로 확장되었다. 혁명적 농조운동이 조선공산당 재건을 통한 반제투쟁과 사회주의 건설이라는 정치투쟁으로 연계된 것이다. 지수걸의 평가처럼, 이러한 혁명적 농업조합의 요구를 '좌편향적 실천'이라고 할 수도 있다. 하지만 3·1독립운동에 참여한 많은 농민들이 토지균산을 염원했다는 점을 고려하면 혁명적 농조의 요구가 농민 대중의 이해와 유리된 좌편향적인 요구였다고 평가할 수는 없을 것 같다. 만약 우리가 혁명적 농조의 요구가 좌편향적 요구였다고 평가한다면, 1945년 8월 해방 이후 농민들로부터 분출된 농지개혁에 대한 요구와 사회주의에 대한 지지를 설명할 수 없기 때문이다. 다만 이러한 혁명적 농업조합의 요구가 광범위한 농민 대중을 동원하지는 못했다는 것

....

224 1930년대 이후 해외로 유출된 인구와 빈곤층이 모두 농촌 인구라고 할 수는 없지만, 당시의 인구 구성을 고려했을 때 해외유출 인구와 빈곤층의 대다수는 농촌 인구라고 추정할 수 있을 것 같다.

225 지수걸. "일제하 농민운동." p.296.

은 분명해 보인다.

2) 노동시장에서의 분배

임금노동자가 분배에 대한 자신의 요구를 조직화하고 동원할 수 있는 권력 자원은 1930년대의 조선의 산업화와 함께 확장되어갔다. 조선 내 물자생산에서 공업생산이 차지하는 비중은 1930년 26%에서 1940년이 되면 41%로 상승했다.[226] 5인 이상을 고용한 공장의 노동자 수도 1931년 106,000명에서 1943년이 되면 362,000명으로 세 배 이상 증가했다.[227] 하지만 1937년 이후 일제의 조선 지배방식이 전시동원체제로 전환되면서 노동자들이 자신들의 요구를 합법적이고 공개적으로 주장할 수 있는 정치적 공간은 사라졌다. 농민운동과 같이 노동운동 또한 혁명적 노동조합운동이라는 비합법화의 길을 걷게 된다. 서울에서 전개된 혁명적 노조운동조직인 이재유 그룹의 선전물에 실린 요구사항은 '노동자들의 언론, 출판, 결사의 자유'와 함께 '노동시간 연장 반대, 해고 반대, 상여금' 등이어서, 혁명적 노조운동이 직접적 분배 요구와 이를 실현할 수 있는 정치적 조건을 만드는 요구를 병행했던 것으로 보인다.[228] 하지만 1940년대 파업의 원인은 여전히 임금과 관련된 것이 다수였다. 1940년과 1941년 두 해 동안 발생한 152건의 파업 중 원인이 임금과 관련된 경우는 74.3%였다.[229] 이러한 현상은 조선총독부가 1939년 10월에 공포한 '임금임시조치령'과 같은 임금통제정책으로 노동자들의 임금을 낮은 수준으로 유지했기 때문인 것으로 보인다. 실제로 물가상승률을 반영한 노동자들의 임금은 전시체제하에서 지속적으로 낮아졌다. 1942년의 실질임금지수는 1936년의 62%에 불과했다.[230]

....

226 김낙년. "식민지 조선의 공업화." p.300.
227 조선은행조사부(1948). 『朝鮮經濟年報 I』. p.100; 『朝鮮總督府統計年報』. pp.112-119; 『朝鮮經濟統計要覽』. pp.69-70; 정태헌(2003). "병참기지화정책." 국사편찬위원회 편. 『한국사 50: 전시체제와 민족운동』. pp.13-41. 서울: 탐구당. p.21에서 재인용.
228 김경일. 『한국노동운동사 2: 일제하의 노동운동, 1920-1945』. p.283.
229 김경일. 『한국노동운동사 2: 일제하의 노동운동, 1920-1945』. pp.399-400.
230 김윤환. 『韓國勞動運動史 I: 日帝下 編』. p.323. 다만 김윤환의 통계에 따르면, 1942년 62에 불과했던 실

혁명적 노동조합운동을 주도했던 혁명가 이재유. 앞줄 왼쪽에서 두 번째, 포승줄로 묶인 분이 이재유이다. 일제 경찰은 이재유를 체포하고 이를 기념해 사진촬영을 했다. 서대문 경찰서는 축제 분위기였다고 한다. 오른쪽 사진은 이재유를 체포한 일제 경찰이 찍은 사진이다. 대한민국 정부는 2006년 이재유에게 건국훈장 독립장을 추서했다. 해방이 된 지 50년이 지난 후였다(출처: 국사편찬위원회 한국사데이터베이스).

8시간 노동제로 대표되는 노동시간 감축도 장시간 노동에 시달리는 노동자들의 중요한 요구 중 하나였다. 1930년대 후반에 광산노동자의 평균 노동시간은 11시간을 넘었고 공장노동자의 경우에는 12시간이 넘었다.[231] 이 시기의 임금노동과 관련된 분배정책의 특징은 자본주의적 분배체계에 대한 요구들이 본격적으로 등장하기 시작했다는 점이다. 서울출판노조가 1931년에 발표한 18개 항의 행동강령에는 이러한 변화가 잘 나타나 있다.[232] 행동강령에는 실질임금의 인상, 8시간 노동제 확정, 노동시간 연장 반대, 부인 및 청소년에 대한 동일임금 지급, 최저임금 확정, 13세 미만 유소년의 노동 금지, '노동 부인의 산전산후 휴일 유급화', 해고수당제 도입, 공휴일 유급화, '질병 및 상해에 대한 치료비 지급' 등이 있었다. 이를 현대적 시각에서 보면 임금노동의 탈상품화를 위한 제도적 지원을 요구한 것으로 이해할 수 있다. 특히 질병 및 상해에 대한 치료비

....

질임금지수가 1944년 99로 급상승한다. 이유는 알 수 없다.

231 김윤환.『韓國勞動運動史 I: 日帝下 編』. p.322.
232 김경일.『한국노동운동사 2: 일제하의 노동운동 1920~1945』. p.257.

지급, 해고수당제의 도입, 노동 부인의 산전산후 휴가의 유급화 등에 대한 요구가 있었던 것으로 보아 노동자들이 사회보험에 대한 초보적 이해를 갖고 있었던 것으로 보인다. 1936년 항일 유격대 지도자들이 중국 푸쑹현(撫松縣)에서 결성한 '조국광복회'의 10대 강령에도 유사한 요구가 등장한다. 강령 중 제9항을 보면 "8시간 노동제 실시, 노동조건 개선, 임금 인상, 노동법안 확정, 국가기관으로부터 각종 노동자 보험법 실시, 실업 근로대중 구제"와 같이 임금노동의 상품화 조건과 사회보험으로 대표되는 노동력의 탈상품화에 대한 구체적인 요구들이 등장하고 있다.[233] 이러한 요구들은 당시 항일 무장투쟁세력과 노동운동이 코민테른 제7차 대회에서 결정한 반제통일전선·반파쇼인민전선운동을 수용한 결과로 보인다. 노동조건에 대한 요구들은 혁명적 노동조합과 항일운동세력이 노동운동의 좌편향과 결별하고 생산현장의 이해를 대변해 노동 대중에게 굳건히 뿌리내리기 위한 전략적 결정이었다.[234] 코민테른은 식민지 조선에서 사회주의 혁명이 2단계 과정(선 부르주아민주주의 혁명, 후 사회주의 혁명)을 거쳐 완수될 수 있다고 보았고, 8시간 노동제, 사회보험법 실시 등은 부르주아민주주의 혁명의 일환으로 간주되었다.

3) 제도로서의 복지

사회복지를 현금과 서비스이전이라는 범주로 한정해보면, 이전 시기와 같이 이 시기에 일제가 구축한 사회복지제도는 조선 농민과 노동자들의 분배 요구와는 거리가 멀었다. 조선 내 총생산 대비 조선총독부의 복지 관련 지출은 〈그림 7.5〉에서 보았던 것처럼 일제가 만주를 침략한 1931년 0.44%에서 중일전쟁이 발발하기 직전인 1936년 0.60%로 증가했다가 중일전쟁의 발발로 감소했다. 2차 세계대전이 발발했던 1939년에는 복지 관련 지출이 1.27%로 급증했다가 다시 0.5%대로 감소했다. 전시동원체제 기간 중 복지지출의 수준은 대략 0.5%를 전

....

233 Scalapino and Lee. 『한국공산주의 운동사』. p.359.
234 김경일. "일제하 노동운동의 전개와 발전." p.247.

후로 국제정세의 변화에 따라 요동쳤다.[235] 일제의 낮은 복지지출을 반영하듯이 1934년과 1940년 조선 지역 총인구 중 공식적 빈민구조 대상자는 각각 0.007%, 0.009%에 불과했다.[236] 조선 지역의 낮은 빈민구제비율은 동 기간 일본 지역의 빈곤구제대상 비율과 비교된다. 일본 지역 내 총인구 중 피구호자의 비율은 1934년과 1940년에 각각 0.15%, 0.27%로 절대적 수준은 낮았지만 조선 지역과 비교하면 각각 21.4배, 30.0배나 높았다. 1934년을 기준으로 조선 내 총인구 대비 빈민(걸인, 궁민, 세민)의 비율이 27.5%였다는 점을 고려하면[237] 조선총독부가 빈민으로 분류한 인구 중 단지 0.025%만이 공적 구호의 대상이었던 것이다. 조선총독부가 발간한 자료에 따르면, 1934년 연말에 구호자는 778명에 불과했고 1940년에도 1,010명에 불과했다.[238] 이러한 사실은 당시 조선총독부도 인지하고 있었던 것으로 보인다. 조선총독부는 "(…) 구호를 행하고 있으나 그 정도가 박약하고 그 범위가 한정되어 있어 요구호자에 대한 구호가 불충분한 실정이므로 (…)"라고 언급했다.[239]

복지제도와 관련된 변화는 지난 시기에 경성부에서 도입되었던 친일 민간인 중심의 방면위원제도가 1936년부터 확장·재편되었다는 점과 1944년 3월에 '조선구호령'이 공포되었다는 점이다. 먼저 방면위원회와 관련된 변화를 보면, 일본의 중국 본토 침략과 함께 방면위원제도의 대상이 변화했다. 기존의 방면위원회가 주로 자본주의 체제의 모순으로 인한 빈곤자와 실업자를 대상으로 활동했다면, 일제의 중국 본토 침략 이후에는 그 대상이 군인 유가족을 포함한 전체 조선인으로 확대되어 전시생활을 지도한 것으로 나타났다.[240] 다시 말해, 방면위원회

....

235 2차 세계대전이 발발한 1939년 조선총독부의 복지 관련 지출이 왜 갑자기 큰 폭으로(전년 대비 세 배) 증가했는지는 의문이다. 아직까지 명확한 이유를 찾지 못했다.
236 배기효. 『일제시대의 복지행정』. p.205.
237 『朝鮮の社会事業』 12(11): 63-64; 배기효. 『일제시대의 복지행정』. p.199에서 재인용.
238 류진석. "일제시대의 빈곤정책." 하상락 편. 『한국 사회복지사론』. pp.327-369. 서울: 박영사. p.343.
239 류진석. "일제시대의 빈곤정책." p.362.
240 당시 정세를 고려하면 사족에 불과하지만, 일제는 후방활동도 중요하지만 빈곤층에 대한 보호와 지도가 방면위원회의 본연의 임무라는 사실을 잊지 말아야 한다고 강조했다. 신은주. "일제시대 방면위원제도." pp.405-406.

의 목적이 빈민 구제에서 전쟁 동원을 위한 후방활동으로 변화한 것이다. 하지만 조선에서 실시한 방면위원회는 일본과 달리 전국적인 제도가 아닌 지방 차원에서 실시한 제도였다. 다만 조선총독부는 조선에서 방면위원령 시행에 대한 요구가 높아지자 1943년 2월에 조선에 방면위원령을 실시할 것을 결정했지만, 1945년 8월에 패망하기 전까지 방면위원령은 공포되지 않았다.[241]

조선구호령은 1932년 일본에서 실시했던 근대적 공공부조정책인 구호법을 근간으로 조선에서 실시되고 있던 모자보호법과 의료보호법의 일부 내용을 포괄하는 방식으로 조선에서 제도화된 근대적 성격의 공공부조와 가장 가까운 제도였다. 특히 조선구호령은 1963년 생활보호법이 제정되기 전까지 한국 공공부조제도의 근간이 되었다. 조선구호령에 명시한 수급과 운영 원칙의 원형은 1999년에 제정된 국민기초생활보장제도에도 남아 있다. 예를 들어, 공공부조에 소요되는 재원의 2분의 1 또는 12분의 7은 조선총독부가 담당하고, 도는 4분의 1을 나머지는 읍·면 재정에서 담당하는 방식은 현재 국민기초생활보장제도에서도 (분담 비율은 다르지만) 여전히 유지되고 있다.[242] 조선구호령의 신청주의, 거택보호우선 원칙, 자산조사 등도 여전히 유효한 원칙으로 한국 공공부조에 적용되고 있다. 다만 이러한 원칙들은 앞서 제6장에서 검토한 조선 후기의 환곡을 재원으로 한 구휼제도에서도 나타나고 있는 원칙들이기 때문에 현재의 공공부조가 일제의 조선구호령에 그 기원을 두고 있다는 주장에는 논란의 여지가 있다. 사실 공공부조의 원칙은 일제의 조선구호령만이 아닌 조선의 환곡과 서구의 공공부조 운영의 일반적 원칙이었다(제5장 참고).

일시적 구호정책으로 재해로 인해 발생한 이재민에 대한 지원이 개항 이전부터 일제강점기까지 계속되었다. 이전 시기까지의 재해구조는 일본 왕실이 출연한 일회적 기금(은사금)의 이자로 운영되었지만, 이 시기가 되면 일회적으로 마련된 기금의 이자만으로는 매년 발생하는 재해구조가 어렵게 되었다. 이러한

....

241　신은주. "일제시대 방면위원제도." pp.414-415.
242　류진석. "일제시대의 빈곤정책." pp.347-348.

이유로 조선총독부는 1938년 8월 조선 총독의 명령인 제령 제28호로 '조선이재기금령시행규칙'을 공포하고 재해구조의 재원으로 국고보조비와 지방세인 도(道)세를 사용할 수 있도록 했다.[243] 재해구조에서 은사금의 비중이 감소하고 국비와 지방비의 비중이 증가하게 된 것이다.[244] 재해구조 재원 중 국비와 지방비의 비중이 높아진 것은 일상적으로 발생하는 재해민을 구조하기 위해 안정적인 재원을 확보했다는 점에서 의미가 있다. 재해구호 대상 인원은 실 인원 기준으로 1934년부터 1942년까지 많게는 75만 명, 적게는 4만 명이었다.[245] 하지만 일제의 대응은 재해에 대한 사후적인 최소한의 것이었다고 평가할 수 있다.

이상과 같이 이 기간 동안 사회복지정책에 몇 가지 제도적 변화와 확장이 있었지만, 문제는 이 시기에 들어서면 사회복지제도의 주된 목적이 침략전쟁이라는 일제의 비윤리적인 불법행위를 후방에서 지원하는 것에 초점이 맞추어졌다는 점이다. 조선구호령 시행세칙에 "(…) 결전을 앞에 두고 국민 생활의 계조를 확보하고 건강한 국민과 강력한 군사의 배양을 육성하거나 인구정책 등 후생보건의 견지에서도 본 구호제도를 (…)"이라고 언급함으로써[246] 조선구호령이 일제가 수행하는 침략전쟁을 후방에서 지원하는 정책임을 분명히 했다. 1938년 일본 중앙정부에 후생성을 설치한 것과 조선총독부에 후생국을 설치한 것도 일제의 전시동원체제에서 사회복지정책이 갖는 의미를 명확하게 보여주는 또 다른 사례이다.[247] 일본에서 후생성의 설치는 사회복지행정에 군사적 목적을 결합시키기 위한 것이었기 때문이다.

정리하면, 1930년대 후반부터 1940년대까지 조선 사회의 산업화가 진전되면서 분배 요구 또한 자본주의적 관계로 변화하기 시작했다. 혁명적 노조운동에

....

243 배기효. 『일제시대의 복지행정』. p.186.

244 朝鮮總督府(1940). 『市政30年史』. p.873; 안상훈(2006). "한국 사회복지제도의 기원 및 형성에 관한 비교사회정책연구: 식민지 사회복지론의 한국사례를 중심으로." 『사회복지연구』 31: 219-242. p.232에서 재인용.

245 류진석. "일제시대의 빈곤정책." p.342

246 류진석. "일제시대의 빈곤정책." p.362.

247 신은주. "일제시대 방면위원제도." pp.396-397; 배기효. 『일제시대의 복지행정』. p.279.

의해 주도된 노동운동은 임금에 대한 요구를 넘어 사회보험과 같은 탈상품화의 제도화를 요구하기 시작했다. 소작쟁의로 대표되는 농민들의 분배 요구는 외형적으로 소강상태에 접어들었지만, 농민운동은 합법적 농민조합운동에서 비합법적인 혁명적 농업조합운동으로 전환되면서 토지균분에 대한 요구로 나아갔다. 하지만 일제가 구축한 분배체계는 이러한 조선 민중의 분배 요구를 담아낼 수 없었다. 일제는 여전히 친일 지주와 자본의 이해를 대변했으며 사회복지제도에서는 잔여적 수준에서 소수의 극빈층에 대한 임시적 구호로 일관함으로써 조선 사회에 광범위하게 존재했던 빈곤과 불평등을 방임했다.

제6절 정리와 함의

『기원과 궤적』에서는 일제강점기의 분배 요구의 변화가 자본주의의 정치경제적 변화와 밀접한 관련을 가지면서 형성되었다는 사실을 확인했다. 토지조사사업과 산미증식계획으로 구조화된 조선의 식민지 지주제는 광범위한 농민층을 소작농으로 전락시켰다. 조선 민중의 대다수를 차지했던 소작농들은 지주에게 유리한 분배구조에 저항하는 광범위한 투쟁을 전개했다. 공업 분야에서는 조선의 공업화를 가로막던 회사령이 1920년에 철폐되면서 점진적인 변화가 일어났다. 하지만 조선에서 공업화가 본격화된 것은 1930년대에 들어서면서부터였다. 일제가 조선을 대륙침략의 병참기지로 조성하면서부터 대규모 노동계급이 창출되기 시작했고, 공장노동자들의 특성이 반영된 분배 요구가 나타나기 시작했다. 사회보험에 대한 요구가 시작된 것도 1930년대에 들어서면서부터였다. 하지만 일제는 1937년 중국 침략전쟁을 본격화하면서 생존권 문제를 포함한 모든 조선 민중의 요구를 무력으로 탄압했다. 이러한 조건에서 조선에서의 분배 요구는 사회주의자들이 주도하는 혁명적 농업조합이 주도하게 되었다. 분배 요구는 사회주의 사상과 결합되면서 경제적 요구에 머물지 않고 자본주의와 일제의 지배체제에 대한 저항으로 나아갔다.

이처럼 분배에 대한 요구가 민족해방운동과 결합되어 나타났던 일제강점기가 한국 복지체제에 남긴 유산을 정리하는 것은 쉬운 일이 아니다. 하지만 일제강점기는 한국 복지체제에 몇 가지 분명한 유산을 남긴 것 같다. 먼저 가장 중요한 일제강점기의 유산은 자본주의가 민주주의에 의해 견제되지 않을 때 분배체계가 얼마나 반민중적 성격을 갖게 되는지를 여실히 보여주었다. 일제강점기의 식민지 조선의 분배체계는 소수의 친일 지주와 자본가를 위한 것이었다. 토지조사사업과 산미증식계획으로 농민층의 분해가 가속화되고 대륙병참기지를 구축하기 위한 공업화가 진전되면서 임금노동자들이 증가했음에도 불구하고 일제가 구축해 놓은 복지체제는 지극히 제한적인 극소수의 극빈층들을 위한 극단적인 잔여적 제도에 머물렀다. 둘째, 일제강점기는 한국 복지체제의 중요한 특성으로 알려진 민간 중심의 사회서비스 전달체계라는 유산을 남겼다. 일제에 반대하는 사람들은 일제의 지원 없이 스스로 민간기관을 설립했고, 일제에 협력한 사람들은 일제의 지원으로 민간기관을 설립했다. 이 둘에는 차이가 있지만, 둘 다 국가의 적극적 역할이 부재한 민간 주도의 사회서비스 전달체계라는 유산을 만들었다.

　　셋째, 일제강점기는 해방 이후 복지체제를 둘러싼 논쟁에서 사민주의적 대안이 만들어질 수 있는 정치적 공간을 차단했다. 일제라는 강고한 '절대' 악이 존재한다고 믿었던 상황에서 민중생활의 실질적 개선을 도모하는 모든 개혁주의 운동은 일제의 식민 지배를 용인하고 일제와 타협하지 않고는 현실적으로 실현 가능하지 않았기 때문이다. 사회주의 혁명을 부정했던 사민주의가 유럽에서 광범위한 노동 대중의 지지를 받았던 것과 비교하면, 한국에서의 개혁주의 노선은 친일로 간주되었고 결국 친일화되고 말았다. 19세기에서 20세기에 걸친 시기의 가장 중요한 과제가 국민국가의 형성이었다는 점을 고려하면, 국민국가 내에서의 개혁과 국민국가로의 길을 차단당한 식민지하에서의 개혁은 완전히 다른 의미를 갖는다. 3·1독립운동부터 일제강점이 종식되는 시점까지 조선 민중에게 '좋은 삶'이란 일제의 식민 지배를 전제하고는 상상할 수 없었기 때문이다. 우리가 1945년 8월 15일 해방과 함께 울려 퍼진 '대한독립 만세'라는 하나된 목소리를 기억한다면, 조선 민중을 위한 분배체계를 만드는 가장 중요한 전제는 근대적 국민국가를 형성하는 것이었다고 할 수 있다. 사민주의 성향을 지닌 개혁주의 운동이 조선 민중의 지지를 얻지 못하고 민족주의자들이 주도했던 '당면이익 요구'와 '자치론'이 외면받았던 이유도 그들이 근대 사회의 핵심적 과제였던 '민족(nation)'을 보지 않았기 때문이다.

마지막으로, 일제는 민족해방운동을 사회주의운동이라는 이유로 탄압함으로써 한국 사회에 뿌리 깊은 반공주의의 씨앗을 뿌렸다. 더욱이 일제는 사회주의만이 아닌 사민주의를 포함한 모든 개혁적 사상을 공산주의로 몰아갔다. 노동운동과 농민운동 또한 반공주의를 명분으로 탄압했다. 일제-지주-자본의 연합이 반공주의를 매개로 형성된 것이다. 이러한 유산은 친일 우파 세력이 장악한 한국 사회의 지배층에 사회주의에 대한 극단적인 반감을 심어놓았다. 일제의 이런 유산을 상상하지 않고는 우리는 해방공간에 '갑자기' 나타난 좌우의 극단적인 대립을 설명할 수 없다. 일제는 반공을 명분으로 식민지 동원 체제를 구축했고 강력한 국가권력을 통해 시민사회의 자율성을 극도로 억압하는 권위적이고 미시적인 주민 지배 체제의 유산을 남겼다.[248] 이제 우리는 이러한 일제의 유산이 1945년 8월부터 1948년 8월까지 형용모순적인 '미군정이 지배하는 해방공간'에서 어떻게 발현되는지를 보게 될 것이다.

....

248 김영미(2012). "식민지 동원 체제의 연속과 단절." 정근식·이병천 편.『식민지유산, 국가형성, 한국 민주주의 2』. pp.219-253. 서울: 책세상. pp.250-251.

참고문헌

감정기 · 최원규 · 진재문. (2010).『사회복지의 역사(개정판)』. 서울: 나남.

강만길. (1966). "조선후기, 수공업자와 상인과의 관계."『아세아연구』9(3): 29-47.

_____. (1971). "京江商人硏究."『亞細亞硏究』14(2): 23-47.

_____. (1971). "경강상인연구: 조선후기 상업자본의 성립."『아세아연구』14(2): 23-47.

_____. (1972). "開城商人硏究."『韓國史硏究』8: 613-636.

강명세. (2014).『민주주의 복지국가 그리고 재분배』. 서울: 도서출판 선인.

강신준. (1992) "제2인터내셔널과 사회주의 노동운동: 사회주의적 목표와 전술적 실천 간의 관계에 대한 하나의 고찰."『사회과학논집』9: 57-75.

경제풍월. (2004). [개화기 삶과 풍속] 500년 종로상권 수난. 2004년 11월호. http://m.econotalking. kr/news/articleView.html?idxno=35642, 접근일 2015년 7월 23일.

경향신문. (2011). [설 대화상, 복지 생각해 봅시다](1) 한국은 복지국가인가. 2011년 2월 1일. http://news.khan.co.kr/kh_news/khan_art_view.html?artid=201102011838155&code=910100, 접근일 2014년 12월 11일.

고동환. (1991). "19세기 부세운영의 변화와 성격." 한국역사연구회 편.『1894년 농민전쟁연구 1: 농민전쟁의 사회경제적 배경』. pp.71-125. 서울: 역사비평사.

_____. (1994). "1811~12년 평안도 농민전쟁." 강만길 · 김남식 · 김영하 · 김태영 · 박종기 · 박현채 · 안병직 · 정석종 · 정창렬 · 조광 · 최광식 · 최장집 편.『한국사 10: 중세사회의 해체 2』. pp.61-148. 서울: 한길사.

_____. (2003). "동학농민전쟁의 사회경제적 배경." 국사편찬위원회 편.『한국사 39: 제국주의의 침투와 동학농민전쟁』. pp.269-282. 서울: 탐구당.

_____. (2003). "상품의 유통." 국사편찬위원회 편.『한국사33: 조선 후기의 경제』. pp.356-393. 서울: 탐구당.

고석규. (1988). "1862년 농민항쟁 연구의 논쟁점."『역사와 현실』1: 261-271.

_____. (2003). "서북지방의 민중항쟁." 국사편찬위원회 편.『한국사 36: 조선후기 민중사회의 성장』. pp.213-277. 서울: 탐구당.

고세훈. (2006).『복지한국, 미래는 있는가: 이해관계자 복지의 모색』. 서울: 후마니타스.

_____. (2011).『영국정치와 국가복지: 신(New)자유주의에서 신(Neo)자유주의로』. 서울: 집문당.

국민연금관리공단. (2005). 독일의 공적연금제도. http://www.nps.or.kr/html/download/world-wide/data_pdf/report/05_02_01_germany.pdf, 접근일 2015년 4월 5일.

국제신문. (2015). "청어, 소빙기(17~18세기) 백성 배 채운 바다 선물." 국제신문, 2015년 2월 17일. https://www.kookje.co.kr/news2011/asp/news_print.asp?code=0500&key=20150218. 22015173305, 접근일 2017년 9월 20일.

권태연. (2009). "'홍경래 난' 연구의 쟁점."『한국인물사연구』11: 401-425.

길현종. (2005). "대한제국기 공공복지의 내용과 성격에 관한 연구: 공공복지 전담기관인 혜민원을 중심으로." 서울대학교 석사학위논문.

김경일. (2004).『한국노동운동사 2: 일제하의 노동운동 1920~1945』. 서울: 지식마당.

김광식·여연덕 편역. (1985).『세계체제론: 자본주의 사회변동의 이해』. 서울: 학민사.

김광진·정영술·손전후. (1988).『조선에서 자본주의적 관계의 발전』. 서울: 열사람.

김교성. (2009). "국민의 정부 복지개혁에 대한 실증적 평가." 정무권 편.『한국복지국가의 성격논쟁 Ⅱ』. pp.237-265. 서울: 인간과 복지.

김귀옥·김순영·배은경. (2006).『젠더연구의 방법과 사회분석』. 서울: 다혜.

김금수. (2013a).『세계노동운동사 1』. 서울: 후마니타스.

_____. (2013b).『세계노동운동사 2』. 서울: 후마니타스.

_____. (2013c).『세계노동운동사 3』. 서울: 후마니타스.

김대환. (1986). "아민의 이론세계와 주변부사회." 김대환·윤진호 옮김.『세계적 규모의 자본축적』. pp.4-24. 서울: 한길사.

김대환 편역. (1984).『자본주의 이행논쟁』. 서울: 동녘.

김덕진. (2014). "한국사 특강: 호남의 역사를 찾아서." http://14.63.170.203/v1/AUTH_078229b7-f0f5-49f9-9a0b-08fef890f216/KOCW/document/2014/gnue/kimdeokjin/10.pdf

김도형. (1994). "농민항쟁과 의병전쟁." 강만길·김남식·김영하·김태영·박종기·박현채·안병직·정석종·정창렬·조광·최광식·최장집 편.『한국사 12: 근대민족의 형성 2』. pp.193-231. 서울: 한길사.

김병권. (2012). "2013년 체제의 성장전략 '소득주도 성장'."『사람과 정책』5: 42-52.

김상균. (1989). "사회복지사 연구와 사회복지학의 이론." 하상락 편.『韓國社會福祉史論』. pp.19-37. 서울: 박영사.

김상균·홍경준. (1999). "한국 사회복지의 현실: 낙후된 국가, 성장한 시장, 그리고 변형된 공동체."『사회복지연구』13: 29-59.

김석근. (2011). "공과 사 그리고 수기치인: 정의와 도덕 담론과 관련해서."『오늘의 동양사상』22: 101-119.

김수행·박승호. (2007).『박정희 체제의 성립과 전개 및 몰락: 국제적·국내적 계급관계의 관점』. 서울: 서울대학교출판부.

김연명. (1993). "한반도의 냉전체제가 남북한 사회복지에 미친 영향." 중앙대학교 사회복지학과 박사학위논문.

_____. (2002a). "김대중 정부의 사회복지정책: 신자유주의를 넘어서." 김연명 편.『한국 복지국가 성격논쟁 Ⅰ』. pp.109-142. 서울: 인간과 복지.

_____. (2002b). "국가복지 강화론 비판에 대한 재비판과 쟁점." 김연명 편.『한국 복지국가 성격논쟁 Ⅰ』. pp.351-384. 서울: 인간과 복지.

_____. (2009). "동아시아 복지체제론 재검토: 복지체제 유형 비교의 방법론적 문제와 동아시아 복지체제 유형화의 가능성." 정무권 편.『한국 복지국가 성격논쟁 Ⅱ』. pp.167-198. 경기도: 인간과복지.

_____. (2011). "한국에서 보편주의 복지국가의 의미와 과제."『민주사회와 정책연구』19: 15-41.

_____. (2013). "한국 복지국가의 성격과 전망: 남부유럽복지체제와의 비교를 중심으로."『한국 사회복지조사연구』36: 27-59.

_____. (2015). "대한민국 복지국가의 과제와 전망." 2015 정책자문위원회 정책아카데미(사회복지

분야) 발표문. 2015년 1월 4일. 충청남도 도청 중회의실.

김연명 편. (2002).『한국 복지국가 성격논쟁 I』. 서울: 인간과 복지.

김연옥. (1984). "한국의 소빙기 기후: 역사 기후학적 접근의 일시론."『지리학과 지리교육』14: 1-16.

김영세. (2012).『정치게임과 공공경제』. 서울: 율곡.

김영순. (2011). "한국의 복지정치는 변화하고 있는가? 1, 2차 국민연금 개혁을 통해 본 한국의 복지 정치."『한국정치학회보』54(1): 141-163.

김용섭. (1995).『(증보판) 朝鮮後期農業史硏究[I]: 農村經濟·社會變動』. 서울: 지식문화사.

김용학·임현진. (2000).『비교사회학: 쟁점, 방법 및 실제』. 서울: 나남출판.

김원섭. (2011). "한국 복지국가 연구에 대한 이론적 고찰."『아세아연구』54(4): 186-232.

김윤태. (2012).『한국의 재벌과 발전국가: 고도성장과 독재, 지배계급의 형성』. 서울: 한울.

김윤환. (1981).『한국노동운동사 I: 일제하 편』. 서울: 청사.

김응종. (1996). "브로델의 지리적 역사: 장기지속과 변화." 한국 서양사학회 편.『근대 세계체제론의 역사적 이해: 브로델과 월러스틴을 중심으로』. pp.67-92. 서울: 까치.

김재호. (2010). "조선후기 중앙재정의 운영: 六典條例의 분석을 중심으로." 이헌창 편.『조선후기재 정과 시장: 경제체제론의 접근』. pp.41-74. 서울: 서울대학교출판문화원.

_____. (2011). "조선왕조 장기지속의 경제적 기원."『經濟學硏究』59(4): 53-117.

김정인. (2010). "내재적 발전론과 민족주의."『역사와 현실』77: 179-214.

김종갑. (2003). "독일정당제도의 균열이론적 고찰."『21세기정치학회보』13(2): 67-86.

김종일. (1991). "한국에서의 사회복지 형성과 공장체제의 변화: 1987년 이후를 중심으로."『한국 사 회학』25: 71-91.

김진욱. (2009). "한국의 복지혼합과 복지체제." 정무권 편.『한국 복지국가 성격논쟁 II』. pp.595-632. 경기도: 인간과 복지.

김택헌. (2014). "자본주의 이행을 다시 생각함: 마르크스주의자들과 마르크스 이행론."『영국연구』 32: 289-318.

김향남. (2010). "한국고령자의 생활과 소득보장정책: 일본과의 비교를 중심으로." 게이오대학 현대 한국연구센터 일한공동연구. 2010년 3월 서울 가든 호텔.

김현미. (2014). "젠더와 사회구조." 한국여성연구소 편.『젠더와 사회』. pp.61-95. 서울: 동녘.

나애자. (1994). "대한제국의 권력구조와 광무개혁." 강만길·김남식·김영하·김태영·박종기·박현 채·안병직·정석종·정창렬·조광·최광식·최장집 편.『한국사 11: 근대민족의 형성 1』. pp.147-191. 서울: 한길사.

나종일. (1982). "17세기 위기론과 한국사."『역사학보』94/95: 421-473.

남지민. (2009). "한국 복지체제의 발전주의적 성격에 관한 연구."『대한정치학보』16(3): 273-297.

남찬섭. (2002). "한국복지체제의 성격에 대한 경험적 연구: 에스핑 앤더슨의 기준을 중심으로." 김연 명 편.『한국 복지국가 성격논쟁 I』. pp.557-592. 서울: 인간과 복지.

_____. (2002b). "경제위기 이후 복지개혁의 성격: 구상, 귀결, 복지국가체제에의 함의." 김연명 편. 『한국 복지국가 성격논쟁 I』. pp.144-174. 서울: 인간과 복지.

노인철·김수봉. (1996).『사회보장재정의 국제비교와 전망』. 서울: 한국보건사회연구원.

大塚久雄. (1981[1956]).『자본주의 사회의 형성』. 송주인 역. (資本主義社會の形成). 서울: 도서출판

한벗.

도면회. (2003). "개항 후의 국제무역." 국사편찬위원회 편.『한국사 39: 제국주의의 침투와 동학농민
　　전쟁』. pp.137-182. 서울: 탐구당.

동아출판사 편집부 편. (1980).『국어사전(증보신판)』. 서울: 동아출판사.

류승렬. "한말 대외교역의 확대에 따른 현안 인식과 타개방법의 모색." 연세대학교 국한연구원 편.
　　『개항전후 한국사회의 변동』. pp.147-192. 서울: 태학사.

문용식. (1990). "19세기 前半 還穀 賑恤機能의 變化過程."『釜山史學』19: 79-118.

_____. (2000).『조선후기 진정과 환곡운영』. 서울: 경인문화사.

_____. (2006). "『輿地圖書』를 통해 본 18세기 조선의 환곡 운영 실태."『한국사학보』25: 495-529.

문형표. (1999). "경제위기에 따른 분배구조의 변화와 정책적 시사점." 서울: 한국개발연구원.

박근갑. (2009).『복지국가 만들기: 독일 사회민주주의 기원』. 서울: 문학과 지성사.

박명수. (2013). "동학과 민중운동." 한국근현대사학회 편.『한국근현대사강의』. pp.83-98. 파주: 한울
　　아카데미.

박병현·김교성·남찬섭·Chow, N. (2007).『동아시아 사회복지연구』. 파주: 공동체.

박상일. (1971). "한말 및 일정시대의 사회사업에 관한 연구." 중앙대학교 석사학위논문.

박선영. (2014). "한국과 중국의 빈곤선에 관한 비교연구." 총신대학교 기독교복지대학원 석사학위논문.

박섭·이영훈. (2007). "제3장 농업." 낙성대경제연구소 Working Paper, WP2007-4.

박은숙. (2005).『갑신정변연구』. 서울: 역사비평사.

박이택. (2010). "17, 18세기 환곡에 대한 제도론적 접근: 재량적 규제체계의 역할을 중심으로." 이헌
　　창 편.『조선후기재정과 시장: 경제체제론의 접근』. pp.175-207. 서울: 서울대학교출판문화원.

박찬욱. (2000). "선거제도의 개괄." 박찬욱 편.『비례대표 선거제도』. pp.1-44. 서울: 박영사.

박철하. (2009). "사회주의세력의 통일전선운동과 정우회선언." 역사비평 편집위원회 편.『논쟁으로
　　읽는 한국사 2: 근현대』. pp.94-104. 서울: 역사비평.

박현채. (1989).『민족경제이론의 기초』. 서울: 돌베개.

방기중. (2003). "금속화폐의 보급과 조세금납화." 국사편찬위원회 편.『한국사33: 조선 후기의 경제』.
　　pp.394-438. 서울: 탐구당.

배영수. (2008). "제3차 자본주의 이행 논쟁을 매듭짓는 길."『歷史學報』. 197: 247-271. pp.247-248.

배항섭. (1994). "남한 학계의 전근대 시대구분과 사회성격 논의." 강만길·김남식·김영하·김태영·
　　박종기·박현채·안병직·정석종·정창렬·조광·최광식·최장집 편.『한국사 24: 한국사의 이론
　　과 방법 2』. pp.61-102. 서울: 한길사.

_____. (2003). 국사편찬위원회 편.『한국사 39: 제국주의의 침투와 동학농민전쟁』. pp.421-447. 서
　　울: 탐구당.

백경남. (1980). "독일 사회민주당의 마르크스주의로부터의 결별."『법정논총』5: 199-233. pp.228-
　　229.

백낙청. (1992). "분단체제의 인식을 위하여."『창작과 비평』78: 288-309.

白南雲. (1933).『朝鮮社會經濟史』. 東京: 改造社.

백승욱. (2006).『자본주의 역사 강의』. 서울: 그린비.

백일. (2005). "이영훈 등 뉴라이트의 한국 근대사 식민사관 비판."『마르크스주의 연구』2(2): 163-

187.

서영희. (1991). "개항기 봉건적 국가재정의 위기와 민중수탈의 강화." 한국역사연구회 편. 『1894년 농민전쟁연구 1: 농민전쟁의 사회경제적 배경』. pp.126-169. 서울: 역사비평사.

석상훈. (2012). "노인 빈곤과 소득불평등의 실태와 원인분석." 제2회 한국 사회정책연합 공동학술대회 발표문. 2012년 10월 12일~13일. 한신대학교.

손호철. (2005). "김대중 정부 복지개혁의 성격: 신자유주의로의 전진?" 『한국정치학회보』 39(1): 217-231.

송백석. (2006). "김대중 정부의 정책성격 분석 비판". 『경제와 사회』 71: 121-153.

송정부. (1985). "일본 사회복지의 역사." 한국복지연구회 편. 『사회복지의 역사』. pp.119-134. 서울: 이론과 실천.

송찬섭. (1999). "韓末 社還制의 成立과 運營." 『한국사론』 41·42: 789-842.

_____. (2002). 『조선후기 환곡제개혁연구』. 서울: 서울대학교출판부.

_____. (2003). "삼남지방의 민중항쟁." 국사편찬위원회 편. 『한국사 36: 조선 후기 민중사회』. pp.277-335. 서울: 탐구당.

_____. (2012). "1862년 삼정이정논의와 환곡정책의 전개." 『역사연구』 23: 123-148.

송찬식. (1970). "朝鮮後期의 農業史研究에 대하여." 『역사학보』 46: 95-112.

송호근. (2013). 『시민의 탄생: 조선의 근대와 공론장의 지각변동』. 서울: 민음사.

송호근·홍경준. (2006). 『복지국가의 태동: 민주화, 세계화, 그리고 한국의 복지정치』. 서울: 나남출판.

신남주. (2014). "갑오개혁에 대한 연구사적 고찰." 『한국여성교양학회지』 23: 61-100.

신동면. (2011). "복지 없는 성장." 유종일 편. 『박정희의 맨얼굴』. pp.309-347. 서울: 시사IN북.

신영우. (2003). "동학농민군의 재기." 국사편찬위원회 편. 『한국사 39: 제국주의의 침투와 동학농민전쟁』. pp.421-447. 서울: 탐구당.

신용하. (2003). "갑신정변의 영향과 의의." 국사편찬위원회 편. 『한국사 38: 개화와 수구의 갈등』. pp.427-435. 서울: 탐구당.

_____. (2003). "갑신정변의 전개." 국사편찬위원회 편. 『한국사 38: 개화와 수구의 갈등』. pp.375-426. 서울: 탐구당.

_____. (2003). "개화파의 형성과 활동." 국사편찬위원회 편. 『한국사 38: 개화와 수구의 갈등』. pp.15-51. 서울: 탐구당.

신정완. (2012). 『복지자본주의냐 민주적 사회주의냐: 임노동자기금논쟁과 스웨덴 사회민주주의』. 서울: 사회평론.

안병태. (1982). 『한국근대경제와 일본 제국주의』. 서울: 백산서당.

안병현. (2003). "일본의 방면위원회제도와 우리나라 복지제도 발전의 상관관계에 관한 연구." 경희대학교 행정대학원 사회복지학과 석사학위논문.

안상훈. (2010). 『현대 한국복지국가의 제도적 전환』. 서울: 서울대학교출판부.

양재진. (2002). "구조조정과 사회복지: 개발국가 사회복지 패러다임의 붕괴와 김대중 정부의 과제." 김연명 편. 『한국 복지국가 성격논쟁 I』. pp.525-556. 서울: 인간과 복지.

_____. (2004). "한국의 산업화시기 숙련형성과 복지제도의 기원: 생산레짐 시각에서 본 1962-1986년의 재해석." 『한국정치학회보』 38(5): 85-103.

_____. (2008). "한국 복지정책 60년: 발전주의 복지체제의 형성과 전환의 필요성." 『한국행정학보』 42(2): 327-349.

양재진·김영순·조영재·권순미·우명숙·정홍모. (2008). 『한국의 복지정책 결정과정: 역사와 자료』. 서울: 나남.

양재진·민효상. (2013). "한국 복지국가의 저부담 조세체제의 기원과 복지 증세에 관한 연구." 『동향과 전망』 88: 48-96.

양진석. (1999). "17세기 후반 환곡분급방식의 형성." 『규장각』 22: 119-134.

여현덕. (1985). "보론. 자본주의 사회변동과 세계체계론." 김광식·여현덕 편역. 『세계체계론 자본주의 사회변동의 이해』. pp.249-289. 서울: 학민글밭.

연합뉴스. 2008. 〈인터뷰〉예일대 석좌교수 임매뉴얼 월러스틴. http://news.naver.com/main/read. nhn?mode=LSD&mid=sec&sid1=101&oid=001&aid=0001926869, 접근일 2013년 12월 26일.

오영교. (1994). "1862년 전국농민항쟁." 강만길·김남식·김영하·김태영·박종기·박현채·안병직·정석종·정창렬·조광·최광식·최장집 편. 『한국사 10: 중세사회의 해체 2』. pp.105-148. 서울: 한길사.

오일주. (1992). "조선후기 재정구조의 변동과 환곡의 부세화." 『실학사상연구』 3: 59-118

왕종현. (1991). "19세기 말 호남지역 지주제의 확대와 토지문제." 한국역사연구회 편. 『1894년 농민전쟁연구 1: 농민전쟁의 사회경제적 배경』. pp.31-70. 서울: 역사비평사.

우명숙. (2011). "한국 복지국가의 이론화와 점진적 변화 이론의 기여: 한국의 작은 복지국가 경로의 이해." 『한국 사회정책』 18(4): 135-173.

우윤. (1994). "갑오농민전쟁." 강만길·김남식·김영하·김태영·박종기·박현채·안병직·정석종·정창렬·조광·최광식·최장집 편. 『한국사 12: 근대민족의 형성 2』. pp.131-154. 서울: 한길사.

원재영. (2014). 『朝鮮後期 荒政 연구』. 연세대학교 사학과 박사학위논문.

유영익. (2003). "제1차 개혁." 국사편찬위원회 편. 『한국사 40: 청일전쟁과 갑오개혁』. pp.145-206. 서울: 탐구당.

_____. (2003). "제2차 개혁." 국사편찬위원회 편. 『한국사 40: 청일전쟁과 갑오개혁』. pp.206-252. 서울: 탐구당.

_____. (2003). "제3차 개혁." 국사편찬위원회 편. 『한국사 40: 청일전쟁과 갑오개혁』. pp.253-281. 서울: 탐구당.

유용태·박진우·박태균. (2010). 『함께 읽는 동아시아 근현대사 1』. 서울: 창비.

유지훈. (2001). "독일 사회민주당의 역사적 발전과정에 관한 연구." 『사회과학연구』 18(2): 195-229. p.211.

윤소영. (2013). "한국 근대사를 어떻게 볼 것인가." 한국근현대사학회 편. 『한국근현대사강의』. pp.13-22. 파주: 한울아카데미.

윤홍식. (2012a). "가족주의와 가족정책 재유형화를 위한 이론적 논의." 『한국 사회복지학』 64(4): 261-284. pp.263-264.

_____. (2012b). "공공성과 사회서비스: 공공성을 둘러싼 논란과 적용." 보편적 복지 확대를 위한 공공성 강화 방안 토론회. 2012년 8월 23일. 참여연대 느티나무홀.

_____. (2012c). "보편주의 복지를 둘러싼 논쟁의 한계, 성과, 전망: 무상급식에서 4·11총선까지." 『사회보장연구』 28(4): 75-104.

_____. (2013). "한국 복지국가 주체 형성에 대한 분단체제의 규정성." 『사회복지정책』 40(3): 299-319.

_____. (2014). "복지국가의 다양성과 발전 동인: 논쟁과 함의." 이병천, 전창환 편. 『사회경제 민주주의의 경제학: 이론과 경험』. pp.343-374. 서울: 돌베개.

_____. (2016). "우리는 어떤 복지체제에 살고 있을까? 비교시각을 통해 본 한국 복지체제." 이병천·유철규·전창환·정준호 편. 『한국의 민주주의와 자본주의: 불화와 공존』. pp.320-347. 서울: 돌베개.

윤홍식·류연규·최은영·이나영·김혜영·김진석·문은영·장현정·김보람·임경진. (2014). 『서울시 중장기 가족정책 수립연구』. 서울: 서울시여성가족재단.

윤홍식·송다영·김인숙. (2011). 『가족정책: 복지국가의 새로운 전망(개정판)』. 서울: 공동체.

이광렬. (2015). "소농사회론 小農社會論." 서울대학교 역사연구소 편. 『역사용어사전』. pp.1006-1007. 서울: 서울대학교출판문화원.

이병천. (2003a). "개발국가론 딛고 넘어서기." 『경제와 사회』 57: 99-124.

_____. (2003b). "개발독재의 정치경제학과 한국의 경험." 이병천 편. 『개발독재와 박정희시대: 우리 시대의 정치경제적 기원』. pp.17-65. 서울: 창비.

이삼성. (2009). 『동아시아의 전쟁과 평화 2』. 서울: 한길사.

이세영. (1994). "개항기 지주제의 변동." 강만길·김남식·김영하·김태영·박종기·박현채·안병직·정석종·정창렬·조광·최광식·최장집 편. 『한국사 12: 근대민족의 형성 2』. pp.61-93. 서울: 한길사.

이수훈. (1993). 『세계체계론』. 서울: 나남.

이승렬. "한말 은행가 집단의 형성과 광무정권: 대한전일은행의 주도세력을 중심으로." 연세대학교 국학연구원 편. 『개항전후 한국사회의 변동』. pp.193-243. 서울: 태학사.

이연규. (2015). "인클로저." 서울대학교 역사연구소 편. 『역사용어사전』. p. 110. 서울: 서울대학교출판문화원.

이영석. (1985). "신자본주의 이행논쟁에 관한 일고." 『사회과학』 24: 113-128.

이영찬. (2000). 『영국의 복지정책: 구빈법 개혁부터 제3의 길까지』. 서울: 나남출판.

이영학. (2003). "농업생산력의 발달과 상품작물의 지배." 국사편찬위원회 편. 『한국사 33: 조선 후기의 경제』. pp.32-68. 서울: 탐구당.

이영호. (2011). "내재적 발전론 역사인식의 궤적과 전망." 『한국사연구』 152: 239-274.

이영훈. (2002). "조선후기 이래 소농사회의 전개와 의의." 『역사와 현실』 45: 3-38.

_____. (2007). "19세기 조선왕조 경제체제의 위기." 『朝鮮時代史學報』 43: 267-296.

이영훈·최윤오·이세영·김건태·김재호·왕현종·김선경. (2002). "토론: 조선후기 사회를 어떻게 볼 것인가?" 『역사와 현실』 45: 73-126.

이욱. (2000). "조선후기 상업사에서의 자본주의 맹아론." 강만길 편. 『조선후기사 연구의 현황과 쟁점』. pp.235-266. 서울: 창작과비평사.

_____. (2006). "조선후기 상품화폐경제의 발달과 공인." 『내일을 여는 역사』 26: 277-83.

이원보. (2004).『한국노동운동사 5: 경제발전기의 노동운동, 1961-1987』. 서울: 지식마당.

이윤상. (1994). "열강의 이권침탈과 경제의 예속화 과정." 강만길·김남식·김영하·김태영·박종기·박현채·안병직·정석종·정창렬·조광·최광식·최장집 편.『한국사 11: 근대민족의 형성 1』. pp.265-302. 서울: 한길사.

이철성, (2000). "조선후기 무역사 연구동향과 방향." 강만길 편.『조선후기사 연구의 현황과 과제』. pp.267-298. 서울: 창작과 비평.

이태수. (2011).『왜 복지국가인가: 정글의 한국 사회, 복지가 해답이다』. 서울: 이학사.

이헌창. (2003). "무역구조의 변동과 시장권의 재편성." 국사편찬위원회 편.『한국사 44: 갑오개혁 이후의 사회·경제적 변동』. pp.153-178. 서울: 탐구당.

_____. (2008). "조선 후기 資本主義萌芽論과 그 代案."『韓國史學史學報』17: 77-128.

_____. (2010). "조선왕조의 경제통합체제와 그 변화에 관한 연구." 이헌창 편.『조선후기 재정과 시장: 경제체제론의 접근』. pp.439-472. 서울: 서울대학교출판문화원.

이혜경. (1993). "권위주의적 자본주의 사회에서의 복지국가의 발달: 한국의 경험."『한국 사회복지학』21: 162-191.

이호근. (2014). "독일: 분리와 통합의 역사적 발전과정의 재구성." 분리통합연구회 편.『분단-통일에서 분리-통합으로』. pp.133-178. 서울: 사회평론아카데미.

임병훈. (1991). "18·9세기 광업·수공업생산의 발전과 '자본주의맹아론'."『동양학학술회의강연』20: 77-92.

임현진. (1992). "역사로 되돌아가자: 비교사회학의 방법론적 전략." 한국비교사회연구회 편.『비교사회학: 방법과 실재 II』. 서울: 열음사.

장하성. (2014).『한국 자본주의: 경제민주화를 넘어 정의로운 경제로』. 서울: 헤이북스.

장하준. (2004[2002]).『사다리 걷어차기』. 형성백 역. (*Kicking away the ladder*). 서울: 부키.

_____. (2010).『그들이 말하지 않는 23가지』. 김희정·안세민 역. (*23 things they don't tell you about capitalism*). 서울: 부키.

_____. (2014).『장하준의 경제학 강의』. 김희정 역. (*Economics: The user's guide*). 서울: 부키.

전병유. (2008). 미래 한국의 경제사회정책 패러다임연구(II). 서울: 한국노동연구원.

전석담·허종호·홍희유. (1989).『조선에서 자본주의적 관계의 발생』. 서울: 이성과 실천.

전종익. (2011). "甲申政變과 立憲主義: 근대입헌주의 정치체제론 비판."『법학논문집』35(2): 5-20.

전종환. (2002). "국내 민간의료보험의 현황 및 과제." http://www.snu-dhpm.ac.kr/pds/files/ %B1%B9%B3%BB%20%B9%CE%B0%A3%C0%C7%B7%E1%BA%B8%C7%E8%C0 %C7%20%C7%F6%C8%B2.pdf p.19, 접근일 2015년 2월 3일.

정동철·박철웅. (2005). "아시아 복지국가 형성과정의 계보."『경제와 사회』68: 213-235.

정무권. (2002). "김대중 정부의 복지개혁과 한국 복지제도의 성격 논쟁에 대하여: 발전주의 유산과 복지개혁의 한계." 김연명 편.『한국 복지국가 성격논쟁 I』. pp.385-448. 서울: 인간과 복지.

_____. (2009). "한국의 발전주의 생산레짐과 복지체제의 형성." 정무권 편.『한국 복지국가 성격논쟁 II』. pp.113-166. 경기도: 인간과 복지.

정무권 편. (2009).『한국 복지국가 성격논쟁 II』. 서울: 인간과 복지.

정승진. (2009). "金容燮의 原蓄論과 社會經濟史學의 전개: 朝鮮後期農業史研究 I·II."『韓國史研究』

147: 335-356.

정연태. (2011). 『한국근대와 식민지 근대화 논쟁』. 서울: 푸른역사.

정원호. (2010). 『복지국가』. 서울: 책세상.

정주신. (2007). "조선후기 개성상인의 성장과 그 쇠퇴요인 일고찰." 『아태연구』 14(2): 21-47.

정진상. (2003). "동학농민군의 폐정개혁 요구." 국사편찬위원회 편. 『한국사 39: 제국주의의 침투와 동학농민전쟁』. pp.353-375. 서울: 탐구당.

정진상·한종수. (2008). "리스트 국민경제학의 현대적 의의." 『한독 사회과학논총』 18(1): 286-304.

정진성. (1987). "스카치폴의 비교역사학적 연구." 『사회와 역사』 6: 28-62. p.31.

정창렬. (1994). "근대국민국가 인식과 내셔널리즘의 성립과정." 강만길·김남식·김영하·김태영·박종기·박현채·안병직·정석종·정창렬·조광·최광식·최장집 편. 『한국사 11: 근대민족의 형성 1』. pp.61-77. 서울: 한길사.

_____. (2003). "동학농민전쟁의 역사적 의의." 국사편찬위원회 편. 『한국사 39: 제국주의의 침투와 동학농민전쟁』. pp.487-510. 서울: 탐구당.

정향지. (1993). "朝鮮後期 賑恤政策 硏究: 18世紀를 중심으로." 이화여자대학교 대학원 사학과 박사학위논문.

_____. (1997). "숙종대 賑恤政策의 성격." 『역사와 현실』 25: 48-86.

정혜선. (1995). "1920-30年代 日本 共産主義運動 硏究: 日本共産黨과 코민테른의 關係를 중심으로." 숙명여자대학교 대학원 사학과 박사학위논문.

조기준. (1977). 『韓國資本主義成立史論(全訂版)』. 서울: 대왕사.

조낙영. (2009). "기후와 기근, 역사를 해석하는 새로운 시선." 『역사와 담론』 53: 607-601.

조동걸. (2014). 『한국 근현대사 개론』. 서울: 역사공간.

조성린. (2014). 『우리나라 복지 발달사』. 고양: 조은출판사.

조성윤. (1994). "임오군란." 강만길·김남식·김영하·김태영·박종기·박현채·안병직·정석종·정창렬·조광·최광식·최장집 편. 『한국사 12: 근대민족의 형성 2』. pp.131-154. 서울: 한길사.

조영훈. (2002). "현 정부 복지정책의 성격: 신자유주의를 넘었나." 김연명 편. 『한국 복지국가 성격논쟁 I』. pp.275-296. 서울: 인간과 복지.

_____. (2002b). "생산적 복지론과 한국 복지국가의 미래." 김연명 편. 『한국 복지국가 성격논쟁 I』. pp.81-108. 인간과 복지.

_____. (2002c). "유교주의, 보수주의, 혹은 자유주의? 한국의 복지유형 검토." 김연명 편. 『한국 복지국가 성격논쟁 I』. pp.243-271. 인간과 복지.

_____. (2006). 『일본 복지국가의 어제와 오늘: 복지국가 이론들의 비교와 평가』. 서울: 한울 아카데미.

_____. (2007). "경제위기 이후의 복지정책에 대한 평가와 한국복지국가의 전망." 2007 한국 사회학회 특별 심포지엄 자료집. pp.87-110. 2007년 9월 4일 서울 전국은행연합회관 2층 국제회의실.

_____. (2009). "자유주의 복지유형으로서의 한국 복지국가: 민영보험의 상대적 발달을 중심으로." 정무권 편. 『한국 복지국가 성격논쟁 II』. pp.867-887. 경기도: 인간과 복지.

주성수. (1992). 『사회민주주의와 경제민주주의』. 서울: 인간사랑.

中村哲. (2007). "동북아시아 경제의 근세와 근대, 1600~1900." 나카무라 사토루·박섭 편. 『근대 동아시아 경제의 역사적 구조』. pp.19-57. 서울: 일조각.

차남희. (1991). "후기 조선사회에 있어서의 자본주의 농촌침투와 농민운동."『한국정치학보』25(1): 75-101.

차남희·윤현수. (2004). "자본주의의 농촌침투와 농민운동: 1984년 갑오농민전쟁을 중심으로."『사회과학 연구논총』12: 21-46.

최덕수. (1994). "갑신정변과 갑오개혁." 강만길·김남식·김영하·김태영·박종기·박현채·안병직·정석종·정창렬·조광·최광식·최장집 편.『한국사 11: 근대민족의 형성 1』. pp.117-146. 서울: 한길사.

최연혁. (2000). "스웨덴." 박찬욱 편.『비례대표 선거제도』. pp.133-155. 서울: 박영사.

최영준. (2011). "한국 복지정책과 복지정치의 발전: 생산주의 복지체제의 진화."『아세아연구』54(2): 7-41.

최원규. (1989). "조선후기의 아동복지." 하상락 편.『韓國社會福祉史論』. pp.245-278. 서울: 박영사.

_____. (2003). "개항기 지주제와 농업경영." 국사편찬위원회 편.『한국사 39: 제국주의의 침투와 동학농민전쟁』. pp.243-266. 서울: 탐구당.

최윤오. (2002). "조선후기 사회경제사 연구와 근대: 지주제와 소농경제를 중심으로."『역사와 현실』45: 39-71.

_____. (2003). "광작과 지주제." 국사편찬위원회 편.『한국사 33: 조선 후기의 경제』. pp.68-119. 서울: 탐구당.

최익한. (2013[1947]).『조선사회정책사』. 송찬섭 편. 서울: 서해문집.

최태욱. (2011). "복지국가 건설과 포괄정치의 작동을 위한 선거제도 개혁."『민주사회와 정책연구』19: 42-70.

최현미. (2015). "곡물법 穀物法 Corn Law." 서울대학교 역사연구소 편.『역사용어사전』. p. 110. 서울: 서울대학교출판문화원.

통계청. (2015). e-나라지표. http://www.index.go.kr/potal/main/PotalMain.do

편집동인 노동과 사랑 편. (1986).『정치경제학 사전』. 서울: 이론과 실천.

편집부. (2015). "항해법 航海法 Navigation Acts." 서울대학교 역사연구소 편.『역사용어사전』. p. 1865-1866. 서울: 서울대학교출판문화원.

하상락. (1989). "한국 사회복지사의 흐름." 하상락 편.『韓國社會福祉史論』. pp.38-109. 서울: 박영사.

하원호. (1991). "곡물의 대일수출과 농민층의 저항." 한국역사연구회 편.『1894년 농민전쟁연구 1: 농민전쟁의 사회경제적 배경』. pp.243-303. 서울: 역사비평사.

_____. (1997).『한국근대 경제사연구』. 서울: 신서원.

_____. (2003). "국내적 상품유통의 변동." 국사편찬위원회 편.『한국사 39: 제국주의의 침투와 동학농민전쟁』. pp.182-187. 서울: 탐구당.

_____. (2008). "동아시아의 세계체제 편입과 한국사회의 변동."『중앙사론』27: 1-46.

한국개발연구원. (1981).『빈곤의 실태와 영세민 대책』. 서울: 한국개발연구원.

한국무역협회. (2017). 한국의 무역의존도. http://stat.kita.net/stat/world/major/KoreaStats02.screen, 접근일 2017년 9월 7일.

한국민족문화대백과사전. http://encykorea.aks.ac.kr/, 접근일 2015년 7월 30일.

한국복지연구회 편. (1985).『사회복지의 역사』. 서울: 이론과 실천.

한국서양사학회 편. (1996).『근대 세계체제론의 역사적 이해: 브로델과 월러스틴을 중심으로』. 서울: 까치.

한국은행 경제통계시스템. 100대 통계: GDP(명목, 계절조정). http://ecos.bok.or.kr/flex/Key-100Stat_k.jsp, 접근일 2015년 7월 31일.

한우창. (2000) "독일." 박찬욱 편.『비례대표 선거제도』. pp.43-67. 서울: 박영사.

허구생. (2002).『빈곤의 역사, 복지의 역사』. 서울: 한울아카데미.

홍경준. (1998). "한국과 서구의 국가복지 발전에 대한 비교사적 검토: 전통과 탈현대의 사이에서." 『한국 사회복지학』 35: 427-451.

_____. (1999).『한국의 사회복지체제 연구』. 서울: 나남.

_____. (2002). "복지국가의 유형에 관한 질적 비교분석: 개입주의, 자유주의 그리고 유교주의 복지 국가." 김연명 편.『한국 복지국가 성격논쟁 I』. pp.177-208. 서울: 인간과복지.

홍기빈. (2011).『비그포르스, 복지 국가와 잠정적 유토피아』. 서울: 책세상.

홍순권. (1994). "상권수호와 식산흥업운동." 강만길·김남식·김영하·김태영·박종기·박현채·안병 직·정석종·정창렬·조광·최광식·최장집 편.『한국사 12: 근대민족의 형성 2』. pp.95-127. 서 울: 한길사.

Abbott, A. and DeViney, S. (1992). "The welfare state as transnational event: Evidence from sequences of policy adoption." *Social Science History* 16(2): 245-274.

Abu-Rughod, J. (2006[1989]).『유럽 패권이전: 13세기 세계체제』. 박홍식·이은정 역. (*Before scruggsopean hegemony: The world system A.D. 1250-1350*). 서울: 까치.

Alesina, A. and Glaeser, E. (2012).『복지국가의 정치학: 누가 왜 복지국가에 반대하는가?』. 전용범 역. (*Fighting poverty in the US and scruggsope, 2004*). 서울: 생각의 힘.

Alesina, A., Glaeser, E., and Sacerdote, B. (2001). Why doesn't the US have a scruggsope-an-style welfare state? Paper was presented at the Brookings Panel on Economic Activity, September 7, 2001. Washington, DC. http://post.economics.harvard.edu/hier/2001papers/2001list.html p.54.

Altvater, E. 2007[2005].『자본주의의 종말』. 엄정용 역. (*Das ende des kapitalismus, wie wir ihn kennen*). 서울: 동녘.

Amin, S. (1986[1974]).『세계적 규모의 자본축적』. 김대환·윤진호 역. (*Accumulation on a world scale: A critique of the theory of underdevelopment*). 서울: 한길사.

Anderson, P. (2014a[1974]).『고대에서 봉건제로의 이행』. 유재건·한정숙 역. (*Passages from antiquity to feudalism*). 서울: 현실문화.

_____. (2014b[1974]).『절대주의 국가의 계보』. 김현일 역. (*Lineages of the absolutist state*). 서울: 현실문화.

Andersson, J. (2014[2006]).『경제성장과 사회보장 사이에서: 스웨덴 사민주의, 변화의 궤적』. 박형 준 역. (*Between Growth and Security*). 서울: 책세상.

_____. (2017[2010]).『도서관과 작업장: 스웨덴, 영국의 사회민주주의와 제3의 길』. 장석준 역. (*The Library and the Workshop*). 서울: 책세상.

Arrighi, G. (1994). *The long twentieth century: Money, power, and the origins of our times.* New York, NY: Verso.

_____. (2008[1994]). 『장기20세기: 화폐, 권력, 그리고 우리 시대의 기원』. 백승욱 역. (*The long twentieth century: Money, power, and the origins of our times*). 서울: 그린비.

_____. (2009[2007]). 『베이징의 애덤 스미스: 21세기의 계보』. 강진아 역. (*Adam Smith in Beijing: Lineages of the Twenty-First Century*). 서울: 도서출판 길.

Arrighi, G., Ahmad, I., and Shin, M. (2008[1999]). "세계사의 관점에서 본 서양의 패권." Arrighi, G., Siver, B., Hui, P. Ray, K., Reifer, T., Barr, K., Hisaeda, S., Slater, E., Ahmad, I., and Shih, M. 『체계론으로 보는 세계사』. 최홍주 역. pp.346-429. (*Chaos and governance in the modern world system*). 서울: 모티브북.

Arrighi, G., Barr, K., and Hisaeda, S. (2008[1999]). "기업의 변천." Arrighi, G., Siver, B., Hui, P. Ray, K., Reifer, T., Barr, K., Hisaeda, S., Slater, E., Ahmad, I., and Shih, M. 『체계론으로 보는 세계사』. 최홍주 역. pp.164-244. (*Chaos and governance in the modern world system*). 서울: 모티브북.

Arrighi, G., Hui, P., Ray, K., and Reifer, T. (2008[1999]). "지정학과 대형금융." Arrighi, G., Siver, B., Hui, P. Ray, K., Reifer, T., Barr, K., Hisaeda, S., Slater, E., Ahmad, I., and Shih, M. 『체계론으로 보는 세계사』. 최홍주 역. pp.72-163. (*Chaos and governance in the modern world system*). 서울: 모티브북.

Arrighi, G., Siver, B., Hui, P. Ray, K., Reifer, T., Barr, K., Sisaeda, S., Slater, E., Ahmad, I., and Shin, M. (2008[1999]). 『체계론으로 보는 세계사』. 최홍주 역. (*Chaos and governance in the modern world system*). 서울: 모티브북.

Arts, W. and Gelissen, J. (2002). "Three Worlds of Welfare Capitalism or More?" *Journal of European Social Policy* 12 (2): 137-158.

Aspalter, C. (2002). "Exploring old and new shores in welfare state theory." Christian Aspalter ed. pp.9-37. *Discovering the welfare state in East Asia.* London: Praeger.

Aston, T. H. and Philpin, C. H. E. eds. (1991[1985]). 『농업계급구조와 경제발전: 브레너 논쟁』. 이연규 역. (*The Brenner debate: Agrarian class structure and economic development in pre-industrial Europe*). 서울: 집문당.

Baldwin, P. (1990). *The politics of social solidarity: Class bases of the scruggsopean welfare state 1875-1975.* Cambridge: Cambridge University Press.

Bali, S. (2012). "Comparisons between the Long Depression, the Great Depression and the Global Financial Crisis." *International Journal of Management Economics and Business* 8(16): 223-244.

Bambra, C. (2004). "The world of welfare: illusory and gender blind?" *Social Policy and Society* 3(3): 201-211.

_____. (2007). "Defamilisation and welfare state regimes: a cluster analysis." *International Journal of Social Welfare* 16: 326-338.

Bauman, Z. and Bordoni, C. (2014). 『위기의 국가: 우리가 목도한 국가 없는 시대를 말하다』. 안규

남 역. (*State of Crisis*). 파주: 동녘.

Berman, S. (2010[2006]).『정치가 우선한다: 사회민주주의와 20세기 유럽의 형성』. 김유진 역. (*The primacy of politics*). 서울: 후마니타스.

Bernstein, E. (1999[1899]).『사민주의의 전제와 사민당의 과제』. 강신중 역. (*Die Voraussetzungen des Sozialismus und die Aufgaben der Sozialdemokratie*). 서울: 한길사.

Best, J. (2003[2001]).『통계라는 이름의 거짓말』. 노혜숙 역. (*Damned lies and statistics*). 서울: 무수.

Bloch, M. (2007).『역사를 위한 변명』. 고봉만 역. (*Apologie pour l'historie*). 서울: 한길사.

Block, F. and Somers, M. (1986[1984]). "경제주의적 오류를 넘어서: 칼 폴라니의 전체론적 사회 과학". 테다 스카치폴 편. 박영신·이준식·박희 역. pp.64-110.『역사 사회학의 방법과 전망』. (*Vision and method in Historical Sociology*). 서울: 민영사.

Block, M. (2001a[1939]).『봉건사회 I』. 한정숙 역. (*La société féodale I*). 서울: 한길사.

_____. (2001b[1940]).『봉건사회 II』. 한정숙 역. (*La société féodale II*). 서울: 한길사.

Bois, G. (1991[1985]) "신멜더스모델에 대한 비판." Aston, T. H. and Philpin, C. H. E. eds.『농업 계급구조와 경제발전: 브레너 논쟁』. 이규연 역. pp.149-163. (*The Brenner debate: Agrarian class structure and economic development in pre-industrial Europe*). 서울: 집문당.

Bonoli, G. and Shinkawa, T. (2005). "Population ageing and the logic of pension reform in Western Europe, East Asia and North America." Bonoli, G. and Shinkwawa, T. eds. *Ageing and pension reform around the world: Evidence from eleven countries*. London: Edward Elgar.

Brandal, N., Bratberg, Ø., and Thorsen, D. (2014[2013]).『북유럽 사회민주주의 모델』. 홍기빈 역. (*Nordic model of social democracy*). 서울: 책세상.

Braudel, F. (1995[1979]).『물질문명과 자본주의 I: 일상생활의 구조』. 주경철 역. (*Civilisation materielle, Economie et capitalisme: Les structures du quotidien: Le possible et L'Impossible*). 서울: 까치.

_____. (1996[1986]).『물질문명과 자본주의 II: 교환의 세계』. 주경철 역. (*Civilisation materielle, Economie et capitalisme: Les jeux de I'échange*). 서울: 까치.

_____. (1997[1986]).『물질문명과 자본주의 III: 세계의 시간』. 주경철 역. (*Les structures du quotidien: Le Possible et L'Impossibe, 1986*). 서울: 까치.

_____. (2006[1998]).『지중해의 기억』. 강주현 역. (*Les-mémories de la Méditerranée*). 서울: 한길사.

_____. (2012[2008]).『물질문명과 자본주의 읽기』. 김홍식 역. (*Le dynamique de capitalisme*). 서울: 갈라파고스.

_____. (2017[1990]).『펠리페 2세 시대의 지중해와 지중해 세계 I, II, III 』. 주경철·조준희 역. (*La Méditerranée et le monde méditerranéen à l' époque de Phillippe II*). 서울: 까치.

Brazinsky, G. (2011[2007]).『대한민국 만들기, 1945-1987: 경제 성장과 민주화, 그리고 미국』. 나종일 역. (*Koreans, Americans, and the making of a democracy*). 서울: 책과 함께.

Brenner, R. (1977). "The origins of capitalist development: A critique of neo-Smithian Marxism." *New Left Review* 104: 25-92.

_____. (1991[1976]). "전산업시대 유럽의 농업계급구조와 경제발전." Aston, T. H. and Philpin, C. H. E. eds. 『농업계급구조와 경제발전: 브레너 논쟁』. 이규연 역. pp.19-89. (*The Brenner debate: Agrarian class structure and economic development in pre-industrial Europe*). 서울: 집문당.

_____. (1991[1985]). "유럽자본주의의 농업적 뿌리." Aston, T. H. and Philpin, C. H. E. eds. 『농업계급구조와 경제발전: 브레너 논쟁』. 이규연 역. pp.295-443. (*The Brenner debate: Agrarian class structure and economic development in pre-industrial Europe*). 서울: 집문당.

Brewer, A. (1990). *Marxist theories of imperialism: A Critical survey* (2nd ed.). London: Routledge.

Broadberry, S., Campbell, B., Klein, A., Overton, M., and Leeuwen, B. (2011). British economic growth, 1270-1870. Paper presented at Economic History Seminars 2011-1. 10 January 2011, London School of Economics.

Castles, F. (2001) "Reflections on the Methodology of Comparative Type Construction: Three Worlds or Real Worlds?" *Acta Politica* 36: 141-154.

Castles, F. and Mitchell, D. (1991). "Three worlds of welfare capitalism or four?" LIS Working Paper No. 63.

Chirot, D. (1986[1984]). "마이크 블로흐에 관한 역사 사회학적 조명." 테다 스카치폴 역. 『역사 사회학의 방법과 전망』. 박영신·이준식·박희 역. pp.33-65. (*Vision and method in Historical Sociology*). 서울: 민영사.

Choi, Y. J. (2012). "End of the ear of productivist welfare capitalism? Diverging welfare regimes in East Asia." *Asian Journal of Social Science* 40: 275-294.

Choo, H. J. (1992). "Income distribution and distributive equity in Korea." L. Krause and F. Park, eds. *Social Issues in Korea*. Seoul: KDI.

Claramunt, C. and Arroyo, S. (2000). "The role of 'the resources of the power hypothesis' in explaining the Spanish welfare state between 1975-1995." *European Journal of Political Research* 38: 261-284.

Cohen, P. (2013[2010]). 『학문의 제국주의: 오리엔탈리즘과 중국사』. 이남희 역. (*Discovering history in China*). 아산: 순천향대학교출판부.

Croot, P. and Parker, D. (1991[1985]). "농업에서의 계급구조와 자본주의의 발달: 프랑스와 영국의 비교." Aston, T. H. and Philpin, C. H. E. eds. 『농업계급구조와 경제발전: 브레너 논쟁』. 이규연 역. pp.113-128. (*The Brenner debate: Agrarian class structure and economic development in pre-industrial Europe*). 서울: 집문당.

Cummings, B. (2011[2009]). 『바다에서 바다로 미국 패권의 역사』. 박진빈·김동노·임종명 역. (*Dominion from sea to sea: Pacific ascendary and American power*). 파주: 서해문집.

Cutright, P. (1965). "Political structure, economic development, and national social security programs." *American Sociological Review* 43: 797-812.

Dahl, R. (1957). "The concept of power." *Behavioral Science* 2(3): 201-215.

_____. (2005). *Who governs? Democracy and power in an American city* (2nd ed.). New Haven: Yale University Press.

Daly, B. (1994). "Comparing welfare states: Towards a gender friendly approach." D. Sainsbury. ed. *Gendering Welfare State*. pp.101-117. London: Sage Publication.

Derlugian, G. (1999[1996]). "국가의 사회적 응집력." 『이행의 시대: 세계체계의 궤적, 1945-2025』. 백승욱·김영아 역. pp.176-215. (*The age of transition: Trajectory of the world-system, 1945-2025*). 서울: 창작과 비평사.

Deyo, F. (1992). "The political economy of social policy formation: East Asia's newly industrialised countries." Applebaum, R. and Henderson, J. eds. pp.289-306. *States and development in Asian Pacific Rim*. London: Sage Publication.

Dixon, J. (1987). *Social Welfare in Africa*. London: Crooms Helm.

Dobb, M. (1980[1946]). 『자본주의 발전연구』. 이선근 역. (*Studies in the Development of Capitalism*). 서울: 광민사.

_____. (1984[1950]). "스위지의 비판에 대한 반비판." 김대환 편역. 『자본주의 이행논쟁』. pp.129-141. 서울: 동녘.

_____. (1984[1962]). "봉건제로부터 자본주의로의 이행." 김대환 편역. 『자본주의 이행논쟁』. pp.231-245. 서울: 동녘.

Dostal, J. M. (2010). "The developmental welfare state and social policy: Shifting from basic to universal social protection." *The Korean Journal of Policy Studies* 25(3): 147-172.

Duus, P. (1983[1976]). 『日本近代史』. 김용덕 역. 파주: 지식산업사.

Eaton, G. (2013, April 8). "How public spending rose under Thatcher." NewStateman. Retrieved February 3, 2015, from http://www.newstatesman.com/politics/2013/04/how-public-spending-rose-under-thatcher

Eco, U. (2015[2010]). "전체 서문." Eco, U. 편. 『중세 I: 야만인, 그리스도교도, 이슬람교도의 시대』. 김효정·최병진 역. pp.12-46. (*Il Medioevo 1*). 서울: 시공사.

Eichengreen, B. and Portes, R. (1986). "Dept and default in the 1930s: Causes and consequences." *European Economic Review* 30: 599-640.

Eley, G. (2008[2002]). 『The left 1848~2000: 미완의 기획, 유럽좌파의 역사』. 유강은 역. (*Forging democracy: The history of the left in Europe, 1850-2000*). 서울: 뿌리와 이파리.

Engels, F. (1997[1895]). "칼 맑스의 『1848년에서 1850년까지의 프랑스에서 계급투쟁』 단행본 서설." 박종철출판사 편집부 편. 『칼 맑스 프리드리히 엥겔스 저작 선집 6』. 김태호 역. 서울: 박종철출판사.

Esping-Andersen, G. (1990). *The three worlds of welfare capitalism*. Cambridge, UK: Polity Press.

_____. (1999). *Social Foundations of Postindustrial Economics*. New York, NY: Oxford University Press.

Esping-Andersen, G. and Korpi, W. (1987). "From poor relief to institutional welfare state." Eriksson, R., E. Hanson, S. Ringen, and H. Uusitalo. *Scandinavian Model: Welfare States and Welfare Research*. New York: M E Sharpe Inc.

Esptein, S. (2007). "Rodney Hilton, Marxism and the transition from feudalism to capitalism." *Past and Present* 195(2): 248-269.

Estevez-Abe, M., Iversen, T., and Soskice, D. (2001). "Social protection and the formation of skills: A reinterpretation of the welfare state." Hall, P. and D. Sosckice. eds. *Varieties of capitalism: The institutional foundations of comparative advantage*. pp.145-183. Oxford: Oxford University Press.

Fairbank, J., Reischauer, E., Craig, A. (1992[1990]). 『동양문화사 하』. 김한규·전용만·윤병남 역. (*East Asia, Tradition and Transformation*, Revised ed.). 서울: 을유문화사.

Fels, R. (1949). "The long-wave depression, 1873-97." *The Review of Economic and Statistics* 31(1): 69-73.

Fenoaltea, S. (1985). "Review work: Feudalism to capitalism: Peasant and landlord in English agrian development by John E. Martin." *Speculum* 60(3): 703-705.

Firestone, S. (1983[1970]). 『성의 변증법』. 김예숙 역. (*Dialectic of sex: A case for feminist revolution*). 서울: 풀빛.

Forrat, N. (2012). The authoritarian welfare state: a Marginalized concept. Comparative-Historical Social Science(CHSS) Working Paper No. 12-005. The Roberta Buffett Center for International and Comparative Studies, Northwestern University.

Frank, A. (2003[1998]). 『리오리엔트』. 이희재 역. (*ReOrient: Global economy in the Asian age, 1998*). 서울: 이산.

Frank, G. (2003). "World system history and the world after September 11, 2001." Inaugural address to the "X Semana Sociológica", at Universidade Lusófona de Humanidades e Tecnologias, in Lisbon on 5 June 2003.

Frazer, N. (2010[2008]). 『지구화 시대의 정의: 정치적 공간에 대한 새로운 상상』. 김원식 역. (*Scales of Justice: Reimagining political space in a globalizing world*). 서울: 그린비.

Freedman, J. (2002[2001]). 『페미니즘』. 이박혜경 역. (*Feminism*). 서울: 이후.

Fulbrook, M. and Skocpol, T. (1986[1984]). "운명지워진 역사 노정: 페리 앤더슨의 역사 사회학." 테다 스카치폴 편. 『역사 사회학의 방법과 전망』. 박영신·이준식·박희 역. pp.210-257. (*Vision and method in Historical Sociology*). 서울: 민영사.

Giddens. A. 1996[1976]. "해설." 『프로테스탄티즘의 윤리와 자본주의 정신』. 박성수 역. pp.317-336. 서울: 문예출판사.

Glasner, D. and Cooley, T. (1997). *Business cycles and depressions*. New York: Garland Publication.

Glatzer, M. and Rueschemeyer, D. (2005). "An introduction to the problem." In Glatzer, M. and Rueschemeyer, D., eds. *Globalization and the future of the welfare state*. pp.1-22. Pittsburgh: The University of Pittsburgh Press.

Goldstein, J. (1988). *Long cycles: War and prosperity in the modern age*. New Haven, Conn: Yale University Press.

Goodin, R., Headey, B., Meffels, R., and Dirven, H. (1999). *The real worlds of welfare capitalism*. Cambridge: Cambridge University Press.

Gorden, A. (2005[2002]).『현대일본의 역사: 도쿠가와 시대에서 2001년까지』. 김우영 역. (*A modern history of Japan: From Tokugawa times to the present*). 서울: 이산.

Gough, I. (2004). "Welfare regimes in development context: A global regional analysis." In Gough, I., Wood, G., Barrientos, A., Bevan, P., Davis, P., and Room, G., eds. *Insecurity and welfare regimes in Asia, Africa, and Latin America: Social Policy in Developmental Contexts*. pp.15-48. Cambridge: Cambridge University Press.

Guillén, A. and Álvarez, S. (2001). "Globalization and the Southern welfare states." In Palier B, Prior P., Sykes M., eds. *Globalization and scruggsopean Welfare States: Challenges and Change*. pp.103-126. Basingstoke: Palgrave.

Haggard, S. and Kaufman, R. (2008). *Development, democracy, and welfare states: Latin America, East Asia, and Eastern Europe*. Princeton, New Jersey: Princeton University Press.

Hamilton, G. (1986[1984]). "역사에서의 구성: S. N. 아이젠슈타트." 테다 스카치폴 편.『역사 사회학의 방법과 전망』. 박영신·이준식·박희 역. pp.111-162. (*Vision and method in Historical Sociology*). 서울: 민영사,

Hamilton, M. (1989). *Democratic socialism in Britain and Sweden*. New York: St. Martin's Press.

Harris, O. (2004). "Braudel: Historical time and the horror of discontinuity." *History Workshop Journal* 57 (Spring): 161-174.

Harrits, G. (2006). "The class thesis revisited: Social dynamics and welfare state change." Paper presented at the ESPAnet Conference 2006, 21-23 September, University of Germany, Bremen.

Harvey, D. (1989). *The condition of postmodernity: An inquiry into the origins of cultural change*. Cambridge, Mass: Blackwell Publishers.

_____. (2005[2003]).『신제국주의』. 최병두 역. (*The new imperialism*). 서울: 한울아카데미.

_____. (2011[2010]).『데이비드 하비의 맑스 자본 강의』. 강신준 역. (*A companion to Marx's Capital*). 서울: 창비.

Häusermann, S. (2006). "Different paths of modernization in contemporary family policy." Paper prepared for the 4th Annual ESPAnet Conference, Transformation of the welfare state: Political regulation and social inequality. 21-23 September, 2006 Bremen.

Häusermann, S., Picot, G., and Geering, D. (2010). "Rethinking party politics and the welfare state: Recent advances in the literature." Paper prepared for the 17th International Conference of the Council for scruggsopean Studies. Montréal, April 15-17, 2010.

Hechter. M. and Brustein, W. (1980). "Regional Modes of Production and Patterns of State Formation in Western scruggsope." *The American Journal of Sociology* 85(5): 1061-1094.

Heilbroner, R. and Millberg, W. (2010[2007]).『자본주의, 어디서 와서 어디로 가는가』. 홍기빈 역.

(*The making of economic society*). 서울: 미지북스.

Herrigel, G. (1996). *Industrial Constructions. The Sources of German Industrial Power*. Cambridge: Cambridge University Press.

Hess, T., ed. (2003). World insurance in 2003: insurance industry on the road to recovery, No 3/2004. Zurich: Swiss Re Ltd.

Hilson, M. (2010[2008]). 『노르딕모델: 북유럽 복지국가의 꿈과 현실』. 주은선·김영미 역. (*The Nordic model: Scandianvia since 1945*). 서울: 삼천리.

Hilton, R. (1991[1985]). "서론." Aston, T. H. and Philpin, C. H. E. eds. 『농업계급구조와 경제발전: 브레너 논쟁』. 이연규 역. pp.7-18. (*The Brenner debate: Agrarian class structure and economic development in pre-industrial Europe*). 서울: 집문당.

Hobsbawm, E. (1990). *Nations and Nationalism since 1780: Programme, myth, reality*. New York, NY: Campridge University Press.

_____. (1997[1994]). 『극단의 시대: 20세기 역사』. 이용우 역. (*Age of extremes: The short twentieth century, 1914-1991*). 서울: 까치.

_____. (1998[1962]). 『혁명의 시대』. 정도영·차명수 역. (*The age of revolution 1789~1848*). 서울: 한길사.

_____. (1998[1987]). 『제국의 시대』. 김동택 역. (*The age of empire 1875~1914*). 서울: 한길사.

Hobson, B. (1994). "Solo mothers, social policy regimes and the logics of gender." In D. Sainsbury. ed. *Gerndering Welfare State*. pp.170-187. London: Sage Publication.

Holliday, I. (2000). "Productivist welfare capitalism: Social policy in East Asia." *Political Studies* 48: 706-723.

_____. (2005). "East Asian Social Policy in the Wake of the Financial Crisis: Farewell to Productivism." *Policy and Politics* 33.(1): 145-162.

_____. (2007). "The Korean welfare state: a paradox of expansion in an era of globalisation and economic crisis." *International Journal of Social Welfare* 16: 242-248.

Hong, K. Z. and Song, H. K. (2006). "Continuity and change in Korean welfare regime." *Journal of Social Policy* 35(2): 247-265.

Hooks, B. (2008[2000]). 『벨 훅스, 계급에 대해 말하지 않기』. 이경아 역. (*Where we stand: Class matters*). 서울: 모티브북.

Hopkins, T. and Wallerstein, I. (1999[1996]). "세계체제: 위기는 있는가?" 이매뉴엘 월러스틴·테렌스 K. 홉킨스 외 지음. 『이행의 시대: 세계체제의 궤적, 1945~2025』. 백승욱·김영아 역. pp.11-23. (*The age of transition: Trajectory of the world-system 1945-2025*). 서울: 창작과비평사.

Huber, E. and Stephens, J. (1999). *Welfare state and production regimes in the ear of retrenchment*. NJ: School of Social Sciecne, Institute for Advanced Study.

_____. (2001). *Development and crisis of the welfare state: Parties and policies in global markets*. Chicago: Chicago University Press.

Hudson, J. and Kühner, S. (2011). "Analysing the productive and protective dimensions of welfare: Looking beyond the OECD." COMPASS Working Paper 2011-63.

Hunt, L. (1986[1984]). "찰스 틸리의 집합 행위." 테다 스카치폴 편. 『역사 사회학의 방법과 전망』. 박 영신 · 이준식 · 박희 역. pp.298-333. (*Vision and method in Historical Sociology*). 서울: 민 영사.

Hutton, W. (1995). *The state we are in*. London: Vintage.

Ikeda, S. (1999[1996]). "세계생산." 『이행의 시대: 세계체계의 궤적, 1945-2025』. 백승욱 · 김영아 역. pp.57-105. (*The age of transition: Trajectory of the world-system, 1945-2025*). 서울: 창작 과 비평사.

Iversen, T. (2009). "Capitalism and democracy." In Goodin, R. ed. *The Oxford handbook of political science*. pp.826-848. New York: Oxford University Press.

Iversen, T. and Soskice, D. (2009). "Distribution and redistribution: The shadow of the nineteenth century." *World Politics* 61(3): 438-486.

Iversen, T. and Stephens, J. (2008). "Partisan politics, the welfare state, and three worlds of human capital formation." *Comparative Political Studies* 41(4/5): 600-637.

Johnson, C. (1982). *MITI and the Japanese miracle: the Growth of industrial policy, 1925-1975*. Stanford, CA: Standford University Press.

Jones, C. (1990). "Hong Kong, Singapore, South Korea, and Taiwan: Oikonomic welfare states." *Government and Opposition* 25: 446-462.

_____. "The pacific challenge: Confucian welfare states." In C. Jones ed. *New perspectives on the welfare state in Europe*. pp.198-217. London: Routledge.

Jones, K. (2003[2000]). 『영국 사회정책 현대사』. 엄영진 · 이영찬 역. (*The making of social policy in Britain: From the poor law to new labour*). 서울: 인간과 복지.

Judt, T. (2008[2005]). 『포스트 워 1945~2005』. 조행복 역. (*Postwar: A history of Europe since 1945*). 서울: 플래닛.

Kalmijn, M. and Saraceno, C. (2008). "A comparative perspective on intergenerational support: Responsiveness to parental needs in individualistic and familialistic countries." *European Societies* 10(3): 479-508.

Kam, Y. W. (2012). "The Contributions of the Health Decommodification Typologies to the Study of the East Asian Welfare Regime." *Social Policy & Administration* 46(1): 108-128.

Karl, K., ed. (2013). *World insurance in 2012: Progressing on the long and winding road to recovery*. Economic Research & Consulting, No 3/2013. Zurich: Swiss Re Ltd. OECD. Social Expenditure: Aggregated date.

Katrougalos, G. & Lazaridis. G. (2003). *Southern European Welfare States: Problems, Challenges, and Prospects*. New York: Palgrave Macmillan.

Katzenstein, P. (1985). *Small states in world markets: industrial policy in Europe*. New York: Cornell University Press.

Kautsky, K. (2003[1892]). 『에르푸르트 강령』. 서석연 역. (*Das Erfurter Programm*). 서울: 범우사.

Kim, Y. M. (2008). "Beyond East Asian welfare productivism in South Korea." *Policy and Poli-*

tics 36(1): 109-125.

Klíma, A. (1991[1985]). "전산업시대 보헤미아에서의 농업계급구조와 경제발전." Aston, T. H. and Philpin, C. H. E. eds.『농업계급구조와 경제발전: 브레너 논쟁』. 이연규 역. pp.269-294. (*The Brenner debate: Agrarian class structure and economic development in pre-industrial Europe*). 서울: 집문당.

Koehler, G. (2014). "Introduction: Preliminary reflections on development and welfare policy." In Koehler, G. and Chopra, D. eds. *Development and welfare policy in South Asia*. pp.25-38. Abingdon: Routledge.

Köhler, G. (2014). *Is there an Asian welfare state model? East and South Asian trajectories and approaches to the welfare state*. Friedrich Ebert Stiftung.

Kohn, M. (1987). "Cross-national research as an analytic strategy: American Sociological Association, 1987 Presidential Address." *American Sociological Review* 52(6): 713-731.

Kokk, E. (1897). The party program of 1897. Translated by Daniel Brandell. https://www.marxists.org/history/international/social-democracy/sweden/program-1897.htm

Korpi, W. (1983). *The democratic class struggle*. London: Routledge and Kegan Paul.

_____. (1998a). "The iceberg of power below the surface: A preface to power resources theory." In O'Connor, J. and Olsen, G., eds. *Power resources theory and the welfare state: A critical approach*. pp.vii-xiv. Toronto: University of Toronto Press.

_____. (1998b). "Power resources approach vs action and conflict: On causal and intentional explanations in the study of power." In O'Connor, J. and Olsen, G., eds. *Power resources theory and the welfare state: A critical approach*. pp.38-69. Toronto: University of Toronto Press.

_____. (2003). "Welfare-state regress in Western Europe: Politics, institutions, globalization." *Annual Review of Sociology* 29: 589-609.

_____. (2006). "Power resources and employer-centered approaches in explanations of welfare states and varieties of capitalism: Protagonists, Consenters, and Antagonists." *World Politics* 58: 167-206.

Korpi, W. and Palme, J. (2003). "New politics and class politics in the context of austerity and globalization: Welfare state regress in 18 countries, 1975-95." *American Political Science Review* 97(3): 425-446.

Korpi, W., Ferrarini, T., and Englund, S. (2010). "Women's conditions and opportunities under different types of family policies in Western countries: Gender inequalities re-examined." Paper to presented at the ESPAnet conference in Budapest, September 2-4 2010.

Kosonen P. (2001). "Globalization and the Nordic welfare states." In Palier B, Prior P., Sykes M., eds. *Globalization and scruggsopean Welfare States: Challenges and Change*. pp.153-172. Basingstoke: Palgrave.

Kroos, K. (2013). "Developmental welfare capitalism in East Asia with a speical emphasis on South Korea." Diskurs 2013-5. Ordnungspolitische Diskurse.

Ku, Y. W. & Jones Finer, C. (2007). "Developments in East Asian welfare studies." *Social Policy & Administration* 41(2): 115-131.

Kuhnle, S. (2004). "Productive welfare in Korea: Moving toward a European welfare type?" Mishra, R., Kuhnle, S., Gilbert, N., and Chung, K. eds. *Modernizing the Korean welfare state: Towards the Productive Welfare Model.* pp.47-64. New Brunswick: Transaction Publishers.

Kuypers, S. (2014). "The East Asian welfare regime: reality or fiction." CSB Working Paper, No 14/04.

Kwawkatsu, H. (1994). "Historical background." In Latham, A. and H. Kawakatsu, eds. *Japanese industrialization and the Asian economy.* pp.4-8. New York, NY: Routledge.

Kwon, H. (1998). "Democracy and the politics of social welfare: A comparative analysis of welfare systems in East Asia." In Roger Goodman, Gordon White, and Huck-ju Kwon ed. *The East Asian welfare model: Welfare orientalism and the state.* pp.27-74. London: Routledge.

Kwon, H. J. (1997). "Beyond European welfare regimes: Comparative perspectives on East Asian welfare systems." *Journal of Social Policy* 26(4): 467-484.

_____. (2005). "Reforming of the developmental welfare state in Korea: advocacy coalition and health politics." In Kwon, H. J. ed. *Transforming the developmental welfare state in East Asian.* pp.27-49. London: Palgrave.

_____. (2007). "Transforming the developmental welfare states in East Asia." DESA Working Paper No. 40. Department of Economic and Social Affairs, United Nations.

Kwon, H. J., Dong, G., and Moon, H. (2010). "The future challenges of the developmental welfare state: the case of Korea." Paper presented at the Social Policy Association 2010 Conference, University of Lincoln, July 5th-7th, 2010.

Ladurie, E. (1991[1985]). "로버트 브레너에 대한 반론." Aston, T. H. and Philpin, C. H. E. eds. 『농업계급구조와 경제발전: 브레너 논쟁』. 이규연 역. pp.19-89. (*The Brenner debate: Agrarian class structure and economic development in pre-industrial Europe*). 서울: 집문당.

Lange, M. (2013). *Comparative-Historical Methods.* Los Angeles, CA: Sage.

Lee, Y. J., and Ku, Y. W. (2007). "East Asian welfare regimes: Testing the hypothesis of the developmental state." *Social Policy and Administration* 41 (2): 197-212.

Leitner, S.(2003). "Varieties of Familialism: The caring function of the family in comparative perspective." *European Societies* 5(4): 353-375.

Leonardo, M. and Lancaster, R. (2012[2002]). "젠더, 섹슈얼리티, 정치경제". Holmstrom, N. ed. 『페미니즘, 왼쪽 날개를 펴다』. 유강은 역. pp.89-118. (*The socialist feminist project: A contemporary reader in theory and politics*). 서울: 메이데이.

Lewis, J.(1992). "Gender and the Development of Welfare Regimes." *Journal of European Social Policy* 2(3). 159-173.

Little, D. (2005). "Causal mechanisms in comparative historical sociology." Paper presented at the Social Science History Association 2005. Portland, Oregon.

Lokaneeta, J. (2001). "Alexandra Kollontai and Marxist feminism." *Economic and Political Weekly* 36(17): 1405-1412.

Luxemburg, R. (1951). *The Accumulation of capital*. London: Routledge and Kegan Paul LTD.

Ma, D. (2004). "Why Japan, not China, was the first to develop in East Asia: Lessons from sericlture, 1850-1937." *Economic Development and Cultural Change* 52(2): 369-394.

Maddison, A. (2006) *The World Economy: Volume 1: A millennial perspective, Volume 2: Historical statistics*. Paris: OECD Publication.

Mahoney, J. (2009). "Comparative-historical analysis: Generalizing past the past." *American Sociological Science Association*. Berkeley, CA, August 12, 2009.

Mahoney, J. and Rueschemeyer, D. (2003). "Comparative historical analysis." In Mahoney, J. and Rueschemeyer, J. eds., *Comparative historical analysis in the social sciences*. New York: Cambridge University Press.

Mandel, A. (1991). "Long wave." In Bottomore, T., Harris, L., Kiernan, V., and R. Miliband. eds. *A dictionary of Marxist thought* (2nd ed.). pp.324-325. Maiden, Massachusetts: Blackwell.

Mares, I. (2003). *The politics of social risk: Business and welfare state development*. Cambridge: Cambridge University Press.

Mark, K. (1997[1871]). "프랑스에서의 내전: 국제 노동자 협회 총평의회의 담화문."『칼 맑스 프리드리히 엥겔스 저작선집 4』. 이수흔 역. pp.43-90. 서울: 박종철출판사.

_____. (2007[1953]).『정치경제학 비판요강 II (2판)』. 김호균 역. (*Grudrisse der kritik der ploitischen ökonomie*). 서울: 그린비.

_____. (2008[1867]).『자본 I: 경제학 비판』. 강신중 역. (*Das Kapital, Kriik der politischen Ökonomie I*, 4th ed, 1890). 서울: 도서출판 길.

_____. (2012[1869]).『루이 보나파르트의 브뤼메르 18일』. 최형익 역. (*The eighteenth Brumaire of Louis Bonaparte*, 2nd ed.). 서울: 비르투.

_____. 2010[1894].『자본 III』. 강신준 역. (*Das Kapital Kritik der politischen Ökonomie*). 서울: 도서출판 길.

Marx, K. and Engels, F. (1948[1848]). *The communist manifesto*. New York: International Publishers.

_____. (2010[1848]).『공산당 선언』. 권화현 역. (*The communist manifesto*). 서울: 펭귄클래식 코리아.

McMichael, P. (2013[2012]).『거대한 역설: 왜 개발할수록 불평등해지는가』. 조효제 역. (*Development and social change: A global perspective*, 5th ed.). 서울: 교양인.

Midgley, J. (1986). "Industrialization and welfare: the case of the four little tigers." *Social Policy & Administration* 20(3): 225-238.

Midgley, J. (1997). *Social Welfare in Global Context*. Thousand Oak, CA: Sage Publication.

Mielants, E. (2012[2007]).『자본주의의 기원과 서양의 발흥』. 김병순 역. (*The origins of capatalism and the rise of the west*). 서울: 글항아리.

Mies, M. (1986). *Patriarch and accumulation on a world scale: Women in the international division of labour*. London: Zed Books.

_____. (2007). "Patriarch and accumulation on a world scale-revisited (Keynote lecture at the Green Economics Institute, Reading, 29 October 2005)." *International Journal of Green Economics* 1(3/4): 268-275.

_____. (2005[1859]). 『자유론』. 서병훈 역. (*On liberty*). 서울: 책세상.

Miller, C. (2007). "Social Welfare in Africa: Meeting the needs of households caring for orphans and affected by AIDS." In Alberto Minujin and Enrique Delamonica eds. *Social protection initiatives for children, women and families*. New School University and UNICEF.

Millett, K. (2009[1969]). 『성의 정치학』. 김전유경 역. (*Sexual politics*). 서울: 이후.

Mills, W. (2004[1959]). 『사회학적 상상력(개정판)』. 강희경·이해찬 역. (*The sociological imagination*). 서울: 돌베개.

Mishra, R. (1984). *Welfare state in crisis: Social thought and social change*. Sussex, UK: Wheatsheaf Books LTD.

_____. (1999). *Globalization and the welfare state reform*. Cheltehham: Edward Elgar Publication.

_____. (2003). "Globalization and social security expansion in East Asia." Linda W. ed. *State in the Global economy: Bringing domestic institutions back in*. Cambridge University Press.

_____. (2004). "Introduction." In Mishra, R., Kuhnle, S., Gilbert, N., and Chung, K., eds. *Modernizing the Korean welfare state: Towards the Productive Welfare Model*. pp.1-8. New Brunswick: Transaction Publishers.

Moore, B. (1966). *Social origins of dictatorship and democracy: Lord and peasant in the making of the modern world*. Boston: Beacon Press. xix.

Moore, J. (2003). "Nature and the transition from feudalism to capitalism." *Review*. XXVI(2): 97-172.

More, T. (2007[1516]). 『유토피아』. 주경철 역. (*Utopia*). 서울: 을유문화사.

Moulder, F. (1977). *Japan, China and the modern world economy: Toward a reinterpretation of East Asian development ca.1600 to ca.1918*. New York, NY: Cambridge University Press.

Nardini, M. & Jurado. T. (2013). "Family and welfare state reorientation in Spain and inertia in Italy from a European perspective." *Population Review* 52(1). Retrieved from Project Muse database.

Nef, J. (1943). "The industrial revolution reconsidered." *Journal of Economic History* 3(1): 1-31.

O'Connor, J. (1973). *The fiscal crisis of the state*. NY: St. Martin's Press.

OECD. (2016). "Poverty." *Society at a Glance 2016: OECD Social Indicators*. Paris: OECD Publishing. DOI: http://dx.doi.org/10.1787/soc_glance-2016-17-en

_____. (2014b). *Society at a glance 2014: OECD social indicators*. Paris: OECD Publishing.

_____. (2015b). OECD Income distribution database: Gini, poverty, income, methods and concepts. www.oecd.org/social/income-distribution-database.htm

_____. (2016). OECD Factbook 2015-2016: Economic, Environmental and Social Statistics, OECD Publishing. DOI: http://dx.doi.org/10.1787/factbook-2015-en

_____. (2017). Social Expenditure: Aggregated date. http://stats.oecd.org/Index.aspx?DataSet-Code=SOCX_AGG#, 접근일 2017년 1월 31일.

Olsen, G. and O'Connor, J. (1998). "Understanding the welfare state: Power resources theory and its critics." In O'Connor, J. and Olsen, G., eds. *Power resources theory and the welfare state: A critical approach.* pp.3-33. Toronto: University of Toronto Press.

Orloff, A. (1993). "Gender and the social Rights of Citizenship: The Comparative Analysis of Gender Relations and welfare States." *American Sociological Review* 53(June): 308-328.

O'Rourke, K. and Williamson, J. (1999). *Globalization and history: The evolution of a nineteenth-century Atlantic economy.* Cambridge, Mass: MIT Press.

Palacios, R., and Sluchynsky, O. (2006). Social Pensions Part I: Their Role in the Overall Pension System, Social Protection Discussion Paper NO. 0601. Washington: World Bank.

Papadopoulos, T. (2011, November). "Familistic welfare capitalism in Greece: from the crisis of social reproduction to the emergence of a political economy of generalized insecurity." *Presentation presented at Department of Social and Policy Sciences.* Bath, the United Kingdom.

Park, C. U. and Jung, D. C. (2007). "The Asian welfare regimes revisited: The preliminary typologies based on welfare legislation and expenditure." Paper prepared for the 4th International Conference on 'Restructuring care responsibility. Dynamics of welfare mix in East Asia', 20-21 October 2007, University of Tokyo, Japan.

Patten, C. (1995). 'Britain, Asia and Europe: A conservative view.' a speech at the Conservative Political Centre, London.

Pelizzon, S. and Casparis, J. (1999[1996]). "세계 인간복지." 『이행의 시대: 세계체계의 궤적, 1945-2025』. 백승욱·김영아 역. pp.140-175. (*The age of transition: Trajectory of the world-system, 1945-2025*). 서울: 창작과 비평사.

Pempel, T. J. (1999). "The developmental regime in a changing world economy." In Meredith Woo-Cumings, M. ed. *The developmental state.* pp.137-181. London: Cornell University Press.

Peng, I. (2004). "Post-Industrial pressures, political regime shift, and social policy reforms in Japan and Korea." *Journal of East Asian Studies* 4(3): 389-425.

_____. (2007). "Welfare state restructuring in South Korea: A political economic perspective." Paper prepared for ISA RC19 Conference, University of Florence, Florence, Italy, 4-8 September 2007.

Pierson, C. (1997[1996]). 『근대국가의 이해』. 박형신·이택면 역. (*The Modern State*). 서울: 일신사.

_____. (1998). *Beyond the welfare state: The new political economy of welfare.* Pennsylvania,

PA: Pennsylvania State University Press.

_____. (2004). "'Late industrialisers' and the development of the welfare state." In Mkandaw-ire, Thandika. ed. *Development Context*. pp.215-245. New York: Palgrave Macmillan.

Pierson, P. (1995). *Dismantling the Welfare State? Reagan, Thatcher and the Politics of Retrenchment* (Cambridge Studies in Comparative Politics). NY: Cambridge University Press.

_____. (2000). "Three worlds of welfare state research." *Comparative Political Studies* 33(6-7): 791-821.

_____. (2011). "The welfare state over the long run." *Zentrum für Sozialpolitik*. Universität Bremen.

Piketty, T. (2014[2013]). 『21세기 자본』. 장경덕 역. (*Capital in the twenty-first century*). 서울: 글항아리.

Pinker, R. (2004). "Implementing Productive Welfare: From philosophical theory to everyday practice." Mishra, R., Kuhnle, S., Gilbert, N., and Chung, K. eds. *Modernizing the Korean welfare state: Towards the Productive Welfare Model*. pp.89-106. New Brunswick: Transaction Publishers.

Polanyi, K. (1944). *The Great Transformation: The political and economic origins of our time*. Boston: Beacon Press.

Polanyi, K. (2009[1944]). 『거대한 전환』. 홍기빈 역. (*The great transformation*). 서울: 도서출판 길.

Polsby, N. (1980). *Community power and political theory: A further look at problems of evidence and inference* (2nd ed). New Haven: Yale University Press.

Postan, M. and Hatcher, J. (1991[1985]). "봉건사회에서의 인구와 계급관계." Aston, T. H. and Philpin, C. H. E. eds. 『농업계급구조와 경제발전: 브레너 논쟁』. 이규연 역. pp.91-111. (*The Brenner debate: Agrarian class structure and economic development in pre-industrial Europe*). 서울: 집문당.

Poulanzas, N. 1986. "현대국가와 자본가 계급." 『계급분석의 기초이론』. 박준식·한현옥 편역. pp.439-460. 서울: 세계.

Powell, M. and Kim, K. T. (2014). "The 'chameleon' Korean welfare regime." *Social Policy and Administration* 48(6): 626-646, pp.632-635.

Prezeworski. A. (1980). "Social Democracy as a historical phenomenon." *New Left Review* 122: 27-58.

Przeworki, A. (1986). *Capitalism and Social Democracy*. Cambridge: Cambridge University Press.

Ragin, C. (1990[1981]). "비교사회학과 비교방법." 『비교사회학: 방법과 실제 I』. 한국비교사회연구회 편역. pp.257-278. 서울: 열음사.

_____. (2002[1989]). 『비교방법론』. 이재은·신현중·윤경준·이우권 역. (*The comparative method: Moving beyond qualitative and quantitative strategies*). 서울: 대영문화사.

Ragin, C. and Chirot, D. (1986[1984]). "왈라스틴의 세계 체계: 역사로서의 사회학과 정치학." 테다

스카치폴 편. 『역사 사회학의 방법과 전망』. 박영신·이준식·박희 역. pp.334-379. (*Vision and method in Historical Sociology*). 서울: 민영사.

Ricardo, D. (2010[1817]). 『정치경제학과 과세의 원리에 대하여』. 권기철 역. (*On the principles of political economy and taxation*). 서울: 책세상.

Richardson, P. (2007[1999]). 『쟁점으로 읽는 중근 근대 경제사 1800~1950』. 강진아·구범진 역. (*Economic change in China, c. 1800-1950*). 서울: 푸른역사.

Riefer, T. and Sudler, J. (1999[1996]). "국가 간 체제." 『이행의 시대: 세계체계의 궤적, 1945-2025 (*The age of transition: Trajectory of the world-system, 1945-2025*)』. 백승욱·김영아 역. pp.27-56. 서울: 창작과 비평사.

Ritschl, A. (2004). "How and when did Germany catch up to Great Britain and the US? Results from the official statistics, 1901-1960." http://personal.lse.ac.uk/ritschl/pdf_files/KETCH-UP.pdf, 접근일 2015년 7월 11일.

Ritter, G. (2005[1983]). 『복지국가의 기원』. 전광석 역. (*Sozialversicherung in Deutschland und England*). 서울: 법문사.

Rodrik, D. (1997). *Has globalization gone too far?* Washington, D.C: Institute for International Economics.

Rosen, S. (1995). "Public employment, taxes and the welfare state in Sweden." Working Paper No. 106. Center for the study of the economy and the state.

Rosenberg, H. (1943). "Political and social consequences of the great depression of 1873-1896 in Central Europe." *The Economic History Review* 13(1/2): 58-73.

Rothstein, B., Samanni, M, and Teorell, J. (2010). "Quality of government, political power and the welfare state." QoG Working Paper Series 2010: 6. University of Gothenburg.

Roxborough, I. (1980[1979]). 『종속이론이란 무엇인가』. 박종수 역. (*Theories of underdevelopment*). 서울: 청아.

Rueschemeyer, D. (2003). "Can one or a few cases yield theoretical gains?" In Mahoney, J. and Rueschemeyer, J. eds. *Comparative historical analysis in the social sciences*. pp.305-336. New York: Cambridge University Press.

Said, E. (2011[1978]). 『오리엔탈리즘(개정증보판)』. 박홍규 역. (*Orientalism*). 서울: 교보문고.

Sainsbury, D. (1994). "Women's and Men's Social Rights: Gendering Times and Stratificatiln." Sainsbury, D. ed. *Gendering Welfare States*. London: Sage Publication.

_____. (1996). *Gender, equality, and Welfare States*. Cambridge: Cambridge University Press.

Sandbrook, R., Edelman, M., Heller, P., and Teichman, J. (2007). *Social democracy in the global periphery: Origins, challenges, prospects*. Cambridge: Cambridge University Press.

Sassoon, D. (2014[2014]) 『사회주의 100년, 1: 20세기 서유럽좌파 정당의 흥망성쇠』. 강주헌·김민수·강순이·정미현·김보은 역. (*One hundred years of socialism: The West European left in the twentieth century*, 2014 ed.). 서울: 황소걸음.

Schneider, S. (1982). "The sequential development of social programs in eighteen welfare states." *Comparative Social Research* 5: 195-219.

Schwartz, H. (2015[2010]). 『국가 대 시장: 지구 경제의 출현』. 장석준 역. (*Limited title under states versus markets*). 서울: 책세상.

Schweinitz, K. (2001[1943]). 『영국 사회복지 발달사: 1349년 노동자 조례에서 1942년 베브리지 보고서까지』. 남찬섭 역. (*England's road to social security: From the Statute of Laborers in 1349 to the Beveridge Report of 1942*, 1961 Republication ed.). 서울: 인간과 복지.

Scruggs, L. and Allan, J. (2006). "Welfare-state decommodification in 18 OECD countries: a replication and revision." *Journal of European Social Policy* 16(1): 55-72.

Sejersted, F. (2015[2005]). 『사회민주주의의 시대: 북유럽 사회민주주의의 형성과 전개 1905~2000』. 유창훈 역. (*Sosialdemokratiets tidsalde-Norge og Sverige I det 20. århundre*). 서울: 글항아리.

Sen, A. (2013[1999]). 『자유로서의 발전』. 김원기 역. (*Development as freedom*). 서울: 갈라파고스.

Service. R. (2012[2007]). 『코뮤니스트』. 김남섭 역. (*Communist*). 서울: 교양인.

Shaw, G. B. (2006[1908]). 『페이비언 사회주의』. 고세훈 역. (*Fabian essays in socialism*). 서울: 아카넷.

Sherman, H. (1976). *Stagflation: A radical theory of unemployment and inflation*. New York: Harper & Row.

Siaroff, A. (1994). "Work, Welfare and Gender Equality: A new Typology. Gendering Welfare States." In Sainsbury, D. ed. *Gerndering Welfare State*. pp.82-100. London: Sage Publication.

Silver, B. (2005[2003]). 『노동의 힘: 1870년 이후의 노동자운동과 세계화』. 백승욱·안정옥·윤상우 역. (*Forces of labor: Workers' movements and globalization since 1870*). 서울: 그린비.

Silver, B. and Slater, E. (2008[1999]). "세계 패권의 사회적 기원." Arrighi, G., Siver, B., Hui, P. Ray, K., Reifer, T., Barr, K., Hisaeda, S., Slater, E., Ahmad, I., and Shih, M. 『체계론으로 보는 세계사』. 최홍주 역. pp.245-345. (*Chaos and governance in the modern world system*). 서울: 모티브북.

Skocpol, T. (1986a[1984]). "사회학에서의 역사적 상상력." 테다 스카치폴 편. 『역사 사회학의 방법과 전망』. 박영신·이준식·박희 역. pp.7-32. (*Vision and method in Historical Sociology*). 서울: 민영사.

_____. (1986b[1984]). "역사 사회학의 쟁점과 전략." 테다 스카치폴 편. 『역사 사회학의 방법과 전망』. 박영신·이준식·박희 역. pp.434-473. (*Vision and method in Historical Sociology*). 서울: 민영사.

Skocpol, T. and Somers, M. (1990[1980]). "거시사회 연구에 있어서 비교사의 유용성." 『비교사회학: 방법과 실제 I』. 한국비교사회연구회 편역. pp.175-198. 서울: 열음사.

Smith, A. (1976[1776]). *An inquiry into the nature and cause of the wealth of nations*. Chicago: The University of Chicago Press.

Smith, D. (2007[1973]). 『20세기 유럽의 좌익과 우익』. 은은기 역주. (*Left and right in twentieth century Europ: Seminar studies in history*). 대구: 계명대학교 출판부.

Steinmo, S. (1993). *Taxation and democracy*. New Haven: Yale University Press.

Stolleis, M. (2013). "Origins of the German welfare state: Social policy in Germany to 1945." *German Social Policy* 2: 23-176.

Swanson, G. (1990[1971]). "비교연구를 위한 분석틀: 레비-스트로스의 구조 인류학과 파슨즈의 행위 이론을 중심으로." 『비교사회학: 방법과 실제 I』. 한국비교사회연구회 편역. pp.51-82. 서울: 열음사.

Sweezy, P. (1984[1950]). "돕의 소론에 대한 비판." 『자본주의 이행논쟁』. 김대환 편역. pp.101-128. 서울: 동녘.

_____. (1986[1942]). 『자본주의 발전이론』. 이훈·이재연 역. (*The theory of capitalist development: Principles of Marxian political economy*). 서울: 화다.

Swenson, P. (1991). "Bringing capital back in, or social democracy reconsidered: Employer power, cross-class alliances, and centralization of industrial relations in Denmark and Sweden." *World Politics* 43(4): 513-544.

Tang, K. (2000). *Social welfare development in East Asia*. Houndmills, New York: Palgrave.

Taylor-Gooby, P., ed. (2004). *New Risks, New Welfare*. New York: Oxford University Press.

The Economist. (2017). The best and worst places to be a working woman. March 8th 2017. https://www.economist.com/blogs/graphicdetail/2017/03/daily-chart-0

The Huffington Post Korea. 2014년 8월 31일. http://www.huffingtonpost.kr/jeonghee-han/story_b_5542392.html

Thelen, K. (2011[2004]). 『제도는 어떻게 진화하는가: 독일·영국·미국·일본에서의 숙련의 정치경제』. 신원철 역. (*How institutions evolve*). 서울: 모티브북.

Thompson, E. P. (1966[1963]). *The making of the English working class*. New York, NY: Vintage Book.

Tilly, C. (1984). *Big structure, large processes, huge comparison*. Thousand Oaks, CA: Russell Sage Foundation Publication.

_____. (1998[1984]). 『비교역사사회학: 거대구조, 폭 넓은 과정, 대규모 비교』. 안치민·박형신 역. (*Big structures, large processes, huge comparisons*). 서울: 일신사.

Tocqueville, A. (2002[1835]). 『미국의 민주주의』. 임효선·박지동 역. (*De la democratie en Amerique*). 서울: 한길사.

Trimberger, E. (1986[1984]). "역사 과정의 이해: 톰슨의 역사 사회학." 테다 스카치폴 편. 『역사 사회학의 방법과 전망』. 박영신·이준식·박희 역. pp.258-297. (*Vision and method in Historical Sociology*). 서울: 민영사.

Tudor, H. (1988). *Marxism and social democracy: The revisionist debate 1896-1898*. New York: Cambridge University Press.

Tylecote, A. (1992). *The long wave in the world economy: The present crisis in historical perspective*. New York, NY: Routledge.

Vilar, P. (1956). "Problems of the formation of capitalism." *Past & Present* 10: 15-38.

Vogel, E. (1980). *Japan as number one: Lessons for America*. Tokyo: Tuttle.

Wallerstein, I. (1979). *The capitalist world-economy*. Cambridge: Cambridge University Press.

_____. (1985[1978]). "제9장 세계체계론적 분석: 이론적·해석적 문제."『세계체계론 자본주의 사회 변동의 이해』. 김광식·여현덕 편역. pp.229-248. 서울: 학민글밭.

_____. (1993[1983]).『역사적 자본주의』. 나종일 역. (*Historical capitalism*). 서울: 창작과 비평사.

_____. (1994[1991]).『사회과학으로부터의 탈피: 19세기 패러다임의 한계』. 성백용 역. (*Unthinking social science*). 서울: 창작과 비평사.

_____. (1999[1996]). "전지구적 구도."『이행의 시대: 세계체계의 궤적, 1945-2025』. 백승욱·김영아 역. pp.257-278. (*The age of transition: Trajectory of the world-system, 1945-2025*). 서울: 창작과 비평사.

_____. (2001[1999]).『우리가 아는 세계의 종언: 21세기를 위한 사회과학』. 백승욱 역. (*The end of the world as we know it: Social science for the twenty-first century*). 서울: 창비.

_____. (2005[2004]).『월러스틴의 세계체제 분석』. 이광근 역. (*World-system analysis: An introduction*). 서울: 당대.

_____. (2008[2006]).『유럽적 보편주의: 권력의 레토릭』. 김재호 역. (*European universalism: The rhetoric of power*). 서울: 창비.

_____. (2011). *The modern world-system IV: Centrist liberalism triumphant, 1789-1914*. CA: University of California Press.

_____. (2013b[2011].『근대세계체제 II: 중상주의와 유럽 세계경제의 공고화 1600-1750(제2판)』. 유재건·서영건·현재열 역. (*The modern world-system II: Mercantilism and the consolidation of the European world-economy, 1600-1750*, 2nd ed.). 서울: 까치.

_____. (2013c[2011]).『근대세계체제 III: 자본주의 세계경제의 거대한 팽창의 두 번째 시대 1730-1840년대(제2판)』. 김인중·이동기 역. (*The modern world-system III: The second ear of great expansion of the capitalist world-economy, 1730-1840s*, 2nd ed.). 서울: 까치.

_____. (2017[2011]).『근대세계체제 IV』. 박구병 역. (*The Modern World-System IV*). 서울: 까치.

Warf, B. (2008). *Time-space compression: Historical geographies*. New York: Routledge.

Warner, S. (1990[1971]). "마르크스의 생산양식 비교분석 방법론."『비교사회학: 방법과 실제 I』. 한국비교사회연구회 편역. pp.83-98. 서울: 열음사.

Webb, S. (1922). "The English Poor Law will it endure?" Barnett House Papers No. 11. London: Oxford University Press.

Weber, M. (1996[1920]).『프로테스탄티즘의 윤리와 자본주의 정신』. 박성수 역. (*Die protestantische ethik und der geist des kapitalismus*, 1920). 서울: 문예출판사.

Weber, M. (2011[1919]).『소명으로서의 정치』. 박상훈 역. (*Politik als Beruf*). 서울: 후마니타스.

White, G. and Goodman, R. (1998). "The East Asian welfare model: Welfare orientalism and the state." In Roger Goodman, Gordon White, and Huck-ju Kwon ed. *The East Asian welfare model: Welfare orientalism and the state*. pp.3-24. London: Routledge.

WIKIPEDA. (2016). "Comparative historical research." https://en.wikipedia.org/wiki/Comparative_historical_research, 접근일 2017년 3월 15일.

Wikipedia. (2015). Universal suffrage. https://en.wikipedia.org/wiki/Universal_suffrage, 접근일, 2015년 7월 9일.

_____. (2015). German federal election, November 1932. https://en.wikipedia.org/wiki/German_federal_election,_November_1932, 접근일 2015년 7월 15일.

Wilensky, H. (2002). *Rich Democracies: Political Economy, Public Policy and Performance*. Los Angeles: University of California Press.

Wilkinson, D. (1993). "Civilization, cores, world economies, and Oikumenses." In Frank, G. and Gills, B. eds. *The world system: five hundred years or five shousand?* pp.221-246. New York: Routledge.

Wood, G. and Gough, I. (2006). "A comparative welfare regime approach to global social policy." *World Development* 34(10): 1696-1712.

Wright, A. (2010[2006]). "서문," Ackerman, B., Alstott, A., and Van Parijs, P. 지음. 『분배의 재구성: 기본소득과 사회적 지분급여』. 너른복지연구모임 역. pp.5-10. (*Redesigning distribution*). 서울: 나눔의 집.

Wunder, H. (1991[1985]). "독일의 동부와 서부에서의 농민조직과 계급갈등." Aston, T. H. and Philpin, C. H. E. eds. 『농업계급구조와 경제발전: 브레너 논쟁』. 이규연 역. pp.129-140. (*The Brenner debate: Agrarian class structure and economic development in pre-industrial Europe*). 서울: 집문당.

Yang, N. (2013). "Beyond productive dimension: East Asian welfare in transition." http://ls-soz3.sowi.uni-mannheim.de/yang_ma2013_pdf.pdf

Yoon, H. S. (2014a). "The Same Familialistic Welfare Regime? Family policies in Southern Europe Countries and Korea." Paper presented at the 11th annual conference of the East Asian Social Policy (EASP) Conference, Manoa, Hawaii, July 24-25, 2014.

_____. (2014b). "The characteristics of "Global Care Chains" in East Asian countries: Focusing on the case of the Republic of Korea." Paper prepared for "Global Care Chains: Why should we care?" Fredrich-Ebert-Stiftung, Berlin. October 22-23, 2014.

_____. (2014c). "Factors that affect women's intentions to have additional children: The role of the state, market, and family." *Korea Journal* 54(3): 79-102.

Zaresky, E. (1976). *Capitalism, the family and the personal life* (2nd ed.). New York: Harper and Row.

高橋幸八郞. (1984[1950]). "돕-스위지 논쟁에 부쳐." 『자본주의 이행논쟁』. 김대환 편역. pp.142-175. 서울: 동녘.

宮嶋博史. (1983). "朝鮮 甲午改革 이후의 商業的 農業." 사계절 편집부 편. 『韓國近代經濟史硏究』. pp.213-255. 서울: 사계절.

李伯重. (2006[2002]). 『중국 경제사 연구의 새로운 모색』. 이화승 역. (理论, 方法, 发展趋势, 中国经济史研究新探). 서울: 책세상.

武川正吾. (2005). "韓國의 福祉國家形成과 福祉國家의 國際比較." 武川正吾·金淵明(共編). 『韓國의 福祉國家·日本의 福祉國家』. 東京:東信堂.

梶村秀樹. (1983). "李朝末期 綿業의 流通 및 生産構造." 사계절 편집부 편. 『韓國近代經濟史硏究』.

pp.101-212. 서울: 사계절.

北場勉. (2012). "国民国家の形成と救済: 恤救規則の制定に焦点をあてて." 『日本社會事業大學研究紀要』58: 5-29.

桑原洋子. (1991). "近世日本의 社會福祉制度." 『日本研究』9: 31-47.

尹洪植. (2010). "福祉レジーム爭點と韓國の位置づけた關する新しい眺望." 金成垣 編著. 『現代の比較福祉國家論』. pp.169-189. ミネルヴァ書房.

인명